国际贸易

主　编：林　文
副主编：陈朝斌　吴飞霞

中国财经出版传媒集团
经济科学出版社
Economic Science Press

图书在版编目（CIP）数据

国际贸易 / 林文主编 . —北京：经济科学出版社，2018.11

ISBN 978 – 7 – 5141 – 7293 – 5

Ⅰ.①国… Ⅱ.①林… Ⅲ.①国际贸易 Ⅳ.①F74

中国版本图书馆 CIP 数据核字（2018）第 273808 号

责任编辑：刘　莎
责任校对：杨　海
责任印制：邱　天

国际贸易

主　编：林　文
副主编：陈朝斌　吴飞霞

经济科学出版社出版、发行　新华书店经销
社址：北京市海淀区阜成路甲 28 号　邮编：100142
总编部电话：010 - 88191217　发行部电话：010 - 88191522
网址：www.esp.com.cn
电子邮件：esp@esp.com.cn
天猫网店：经济科学出版社旗舰店
网址：http://jjkxcbs.tmall.com
北京季蜂印刷有限公司印装
787×1092　16 开　27.5 印张　620000 字
2018 年 11 月第 1 版　2018 年 11 月第 1 次印刷
ISBN 978 – 7 – 5141 – 7293 – 5　定价：59.00 元
（图书出现印装问题，本社负责调换。电话：010 - 88191510）
（版权所有　侵权必究　打击盗版　举报热线：010 - 88191661
QQ：2242791300　营销中心电话：010 - 88191537
电子邮箱：dbts@esp.com.cn）

前言

在经济全球化浪潮推动下,各国间经贸融合日益加深。来自世界各国的货物与服务已渗透到人们生活的方方面面。经历了多年的高速发展后,2008年以来,全球经济和国际货物贸易整体增速放缓,而服务贸易和跨境电子商务的兴起为全球经贸增长注入了新的活力,全球经济持续复苏、国际贸易形势总体向好,全球经贸增长动力增强。但近期"逆全球化"和贸易保护主义倾向抬头。2016年,在英国和欧盟双方的不断拉锯下,英国脱欧之事越来越明朗;2017年,美国政府先后提出退出TPP(跨太平洋伙伴关系协定)、重启NAFTA、频繁展开"232""301"等调查,以"美国优先"名义推行的单边主义外交与贸易保护政策越来越强硬;2018年,中美经贸摩擦愈演愈烈。这一系列事件增加了未来国际贸易政策环境的不确定性。在发展与波动中,国际贸易是否会给人们带来利益,频繁发生的贸易保护事件将对国家和个人造成什么影响,政府可采取何种贸易政策,其原因是什么,这些都可在本书中寻找答案。

国际贸易是国际经济学的一个重要分支,它通过研究国际货物与服务交换的产生与发展,国际贸易利益的形成与分配,国际贸易的政策措施与协调机制,揭示了国际贸易的运行特点与规律,为各国的对外贸易实践提供理论指导。因此,如何让读者在学习的过程中更好地把理论知识转化为实践能力,培养和提高分析、解决现实问题的能力是编者们一直思考的一个重要问题。为此,本书紧密结合当前国内外贸易的发展状况,吸收了近年来国际贸易教材建设和教学实践中的新知识,系统介绍了国际贸易的基础知识和基本理论与政策。书中每章的章首都明确了学习要点,章末整理总结了主要的专业术语和习题,精心设计案例,并将国际贸易的最新研究成果、最新事件融入本书内容中。既帮助读者正确理解和掌握国际贸易的基本原理,又扩展了知识面。与其他同类教材相比,本书有以下特点。

通俗性。本书深入浅出地介绍了国际贸易理论的相关知识,为使未接受数理方面训练的读者也能轻松理解,在内容论述上略去烦琐和较难理解的模型推导与证明过程。

前沿性。本书紧跟国内外经贸发展形势和贸易理论发展趋势，采用了可获得的最新数据与资料为读者提供国际贸易方面的前沿信息。

系统性。本书共有十一章，包括国际贸易的基础知识和基本理论、政策、措施与协调组织，以及贸易实践等内容。

本书的纲目由闽江学院林文设计，并由各参编作者多次讨论、修改后最终确定，共计十一章。各章编写情况具体为：福建师范大学福清分校吴飞霞负责第一章、第十章、第十一章及各章章首案例与章末习题的编写，台湾实践大学陈朝斌负责第二章的编写，林文和吴飞霞负责第三章的编写，闽江学院钟玉梅负责第四章的编写，钟玉梅和吴飞霞负责第五章的编写，闽江学院林斐婷负责第六章的编写，福州墨尔本理工学院邵李津负责第七章的编写，闽江学院陈王盈负责第八章的编写，林文负责第九章的编写。全书由林文、吴飞霞和陈朝斌负责统稿、定稿与校对。本书在编写过程中还得到了闽江学院海峡学院各位领导的帮助，在此一并表示衷心感谢！

本书在编写过程中参阅、引证了大量国内外文献资料，书中未能一一注明，在此谨表诚挚的歉意并致以由衷的感谢。由于编者水平和学识有限，难免出现差错、疏漏之处，敬请读者不吝指正。在使用本书的过程中发现的问题或建议均可与编者联系。

编者
2018 年 9 月 28 日

目录
CONTENTS

第一章 国际贸易基础知识 ·· 1
　第一节 国际贸易相关概念 ·· 3
　第二节 国际贸易的分类 ·· 11

第二章 国际贸易理论 ·· 20
　第一节 国际贸易概述 ·· 22
　第二节 欧洲国际贸易理论源流 ·· 24
　第三节 古典经济学中的大卫·李嘉图模型 ······························ 27
　第四节 资源禀赋与国际贸易 ·· 41
　第五节 当代贸易理论与对贸易进行干预的理论 ·························· 55

第三章 国际贸易利益 ·· 69
　第一节 国际贸易利益概述 ·· 70
　第二节 国际贸易的直接利益分析 ······································ 72
　第三节 国际贸易的间接利益分析 ······································ 82
　第四节 国际贸易利益的分配 ·· 89

第四章 国际贸易政策 ·· 105
　第一节 国际贸易政策概述 ·· 107
　第二节 自由贸易政策 ·· 111
　第三节 保护贸易政策 ·· 113

第四节　发展中国家的对外贸易战略 ························· 115

第五章　国际贸易措施 ························· 123

　　第一节　关税措施 ························· 124
　　第二节　非关税措施 ························· 136
　　第三节　贸易救济措施 ························· 145
　　第四节　国际贸易措施的经济效应 ························· 154

第六章　国际贸易协调组织 ························· 182

　　第一节　国际贸易协调的含义和客观基础 ························· 184
　　第二节　经济全球化下的国际贸易协调组织 ························· 187
　　第三节　区域经济一体化下的国际贸易协调组织 ························· 196
　　第四节　国际贸易协调组织的运行 ························· 211

第七章　国际贸易与外汇汇率 ························· 220

　　第一节　国际收支 ························· 222
　　第二节　外汇汇率与汇率制度 ························· 223
　　第三节　国际贸易中的外汇风险 ························· 229

第八章　国际贸易与资本流动 ························· 237

　　第一节　资本流动概述 ························· 238
　　第二节　国际贸易与资本流动 ························· 246
　　第三节　资本流动理论研究的基本内容 ························· 255

第九章　国际贸易与跨国公司 ························· 264

　　第一节　跨国公司概述 ························· 265
　　第二节　国际贸易与跨国公司 ························· 272
　　第三节　跨国公司理论研究的基本内容 ························· 282

第十章　国际服务贸易 ························· 295

　　第一节　国际服务贸易概述 ························· 297
　　第二节　国际服务贸易的统计体系与分类 ························· 308

	第三节 国际服务贸易政策与国际协调	328
	第四节 国际服务外包	344

第十一章 国际贸易实践 ... 362

	第一节 国际贸易发展简史	363
	第二节 国际服务贸易格局	370
	第三节 中国的对外贸易	386
	第四节 世界其他主要经济体的对外贸易	406

第一章　国际贸易基础知识

> **引例**

"中国制造"标签，于你于我，到底意味着什么？有它和没它，到底对我们有什么影响？

差不多12年前的圣诞节后，在一个阴沉的星期一，美国路易斯安那州的经济新闻记者萨拉·邦焦尔尼坐在沙发上，环顾节日后乱得一塌糊涂的家，后背猛然冒出一股不安的凉意。照理说她早该注意到，可她直到此刻才发现——"中国"占领着她的家！萨拉赶紧清点圣诞礼物，发现39件圣诞礼物中，"Made in China"的有25件；而家里的DVD、鞋、袜子、玩具、台灯……也统统来自中国。

"原来圣诞节竟是个中国节，事情似乎已经失控了。"萨拉突然冒出一个疯狂的想法：把"中国制造"从家里"请"出去，"如果没有中国产品，美国人还能不能活下去？"于是她决定从2005年1月1日起，带领全家开始尝试一年不买"中国制造"的日子。

萨拉在《离开"中国制造"的一年：一个美国家庭的生活历险》中写下这样一段话："12月31日是我们家'拒绝中国'的最后一天。没有中国货的一年，生活简直是在与家人的争吵中度过的。我试图证明'中国制造'并不能影响我生活的方方面面，但事实证明并非如此。"

那么，把"中国"从家里"请"出去的一年，对萨拉有了哪些影响，以致她觉得生活一团糟？

他们碰到的头一道障碍，出现在萨拉的老公凯文打算给儿子维斯造个木头赛车的时候。因为事先知道塑料轮子都是中国造的，凯文打算改用木头轮子，再买个木销子，自己动手锯断。

但是木工店里从地到天都是中国产品，包括一美元一根的中国造木销子。接着凯文来到本地的五金店，找到一根售价五美元的巴西造木销子，还在一个空柜子里找到若干钉子，售货员赌咒发誓说是美国产的。

凯文最终给维斯做成了一辆车，但萨拉觉得它更像根木头棍儿。"有时候，你很难取悦一个21世纪的小男孩，尤其是你连一套中国造的轮子都没有。"

有一天，萨拉意识到儿子的网球鞋太小，她尝试逛了一家童鞋连锁店、两家百货商店和一家折扣鞋店，所卖的儿童鞋基本上全是中国来的。为了给儿子买一双非中国产的新鞋，她甚至还给一家鞋店主发了邮件，而他告诉萨拉，打从20世纪60年代美国就没地方生产儿童运动鞋了，它们都搬到了中国。

经过两周的奔波，萨拉总算是给维斯买到一双非"中国制造"的童鞋，却花费了68美元，要说不心疼那是假的，原来她可是习惯了10美元一双"中国制造"的童鞋。

中国生产的玩具大量出口，美国孩子们经常玩耍的"鳄鱼医生"、充气游泳池、塑料光剑等玩具基本都是"中国制造"，萨拉不得不无视孩子们渴求拥有一件新玩具的眼神，孩子们也只能眼巴巴地在商场橱窗里看着他们心爱的玩具，掰着手指头盼望这一年早点过去，他们就可以尽情地买中国的玩具了。

因为抵制活动，萨拉的丈夫则抱怨她犯了三宗"度假之罪"：没有水枪，没给儿子买眼镜，没给他买拖鞋。

这才是刚刚开始，随后，许多小事都变得非常麻烦。

为了给丈夫的生日蛋糕买蜡烛，萨拉开车去了6家杂货店，都没有买到非中国产的。最后，他们在厨房里找到了一盒落满灰尘的蜡烛，将就着用了。

家里的搅拌器和电视机坏了，也只能让它坏在那里，因为维修用的零件都是中国制造的。家里的咖啡壶坏了后，全家人不得不烧开水冲泡咖啡，感觉就像是在野外宿营。老鼠肆虐，不知道是该选人道的"中国制"捕鼠器，还是非人道的"美国制"捕鼠器。以前再平常不过的购物，现在对萨拉一家人都变成了一种煎熬。

圣诞节终于来了，也意味着这个试验进入尾声。"我们快活地按着中国造雪娃娃的按钮，让它不停跳舞，接着又花了好几分钟翻检圣诞树模型底座上的标签，做成陶器小房子形状的烛台，还有其他圣诞季节用品，甚至包括圣诞树，全都是中国造。"即使窗外的天色还黑的跟墨汁儿似的，但她们一家人都知道新年头一天意味着什么。

回顾一年的冒险生活，萨拉感叹道："抵制中国制造，意味着要不断安抚我愤愤不平、想要造反的老公，外加屡次让小儿子的心愿落空。"

最终，在2006年的第一天，萨拉很高兴能与"中国制造"重修旧好，并在书中写道："发誓一辈子不用中国产品，貌似不太现实。因为这意味着我们以后永远不再买手机，说不定哪天连电视也没法买了。从某些方面来说，我情愿不去设想，未来10年不靠中国产品过活，日子会有多难。"

（资料来源：新华每日电讯2017-3-18，只有"中国制造"的一天VS没有"中国制造"的一年，节选。http://mb.yidianzixun.com/article/0FsuwKJe?s=mb&appid=mibrowser）

本章学习要点

1. 国际贸易的含义；
2. 国际贸易的其他相关概念；
3. 国际贸易的类型。

第一节　国际贸易相关概念

通过国际贸易可以促进各国间的分工，提高生产率，使全球资源得到优化配置，并节约社会劳动，满足各国的不同需求，更可以经由乘数效应和产业关联作用，促进产业升级和推动技术进步，从而拉动国民经济的增长。国际贸易业务复杂，其所涉及的概念也较多，因此在学习国际贸易理论与政策前有必要了解和掌握国际贸易中所涉及的一些基础性的概念，并对相应的概念进行区分。

一、国际贸易

（一）国际贸易与对外贸易

1. 概念

（1）国际贸易（international trade）是指各个国家（地区）之间货物和服务的交换活动。

狭义上的传统国际贸易是指货物贸易，第二次世界大战后，随着资本、技术和人员流动的加强，国际贸易的内涵和外延也不断扩大，包括服务的交换和国际经济技术合作。电子商务的出现也给国际贸易赋予了新的内涵。

（2）对外贸易（foreign trade）指一国（地区）与其他国家（地区）之间所进行的货物和服务的交换活动。

国际贸易的产生需要有两个前提条件：一是在经济上，有可供交换的剩余产品；另一个是在政治上，存在有对特定区域具有管辖权的政治实体，一般以国家的形式存在。不同政治实体间进行剩余产品的交换才构成了国际贸易。定义中的地区可指按地理区分的各大洲，或区域经济一体化组织，也可指单独的关税区。可以思考，香港与内地之间的贸易是否属于国际贸易？那么欧盟国家内部之间的贸易呢？

2. 两者的联系与区别

（1）联系：两者的实质内容一致，它们都是指一种跨境的商品交换活动。这商品既可以是有形的货物（goods），也可以是无形的服务（service）。

（2）区别：两者的考察角度不同。国际贸易的考察角度是立足于全世界范围，是各国外贸的总称，它又被称为世界贸易或全球贸易。而对外贸易则是以单个国家（地区）的视角来考察贸易。在英国、日本等四面临海的海岛国家（地区）也把这种交换活动称为海外贸易（oversea trade）。

一国的对外贸易会涉及进口和出口。若一个国家（地区）从其他国家（地区）购进货物或服务用于国（地区）内生产和消费，这种活动将被称为进口（import）。反之，一个国家（地区）向其他国家（地区）输出本国（地区）货物和服务的活动，称为出口（export）。

商品的进口与出口之间往往并不平衡，因此，当某类商品的进口大于出口时，将被称为净进口商品，反之为净出口商品。

（二）国际贸易与国内贸易

国际贸易是国内贸易发展到一定程度，交易的市场范围超越国家边界的结果。它与国内贸易一样都是货物与服务的交换活动，两者的交易流程相似，交易的目的也都是获得经济利益。但与国内贸易相比，国际贸易更为复杂和更具风险性，它们的主要差异在于：

1. 各国的经济政策不同

各国的金融、产业、海关等政策都存在着较大的差异。国内贸易只受本国经济政策影响，而国际贸易不仅要受本国的还要受交易国经济政策的影响。例如，一国对货物进出口会有准许、管制或禁止的规定，出口货物的种类、品质、规格、包装和商标等都有相关的规定。

2. 语言、法律及风俗习惯不同

例如，在语言上，英语语系有英式英语和美式英语之分，同一单词或句子的含义有时并不一样，"corn"英式英语中意为小麦，而美式英语里却是玉米，若使用不同语系而没有明确就可能发生争议。风俗习惯也是影响国际贸易的一个非常重要的因素。例如，在中国，红色是喜庆吉祥的象征，而西方却易让人联想到鲜血和危险。在中国，龙是一种神圣、吉祥的图腾形象，可以比喻才能优异的人，汉民族素以"龙的传人""龙的子孙"自称。但在西方，龙却往往是罪恶与邪恶的代表。在图案上各国的好恶也各有不同，孔雀在缅甸象征喜庆，在英国却是祸害，土耳其禁用绿色三角形等。所以这些风俗上的禁忌在贸易中要特别注意回避，以免造成纠纷和损失。

3. 各国间货币、度量衡、海关制度等不同

国际贸易涉及不同国家间的交易，也就存在使用的货币种类的差异，同一个"元"可能代表人民币的元，也可能代表"美元""日元"或其他；同样的"吨"（ton）也有"公吨""长吨""短吨"的差别。

4. 面临的风险不同

由于国际贸易的复杂性，其所面临的风险也更大更复杂，不仅有信用风险，还有商业风险、汇兑风险、价格风险、运输风险、政治风险等。

二、贸易额与贸易量

(一) 贸易额 (value of trade)

贸易额又称贸易值,是以货币表示的反映贸易规模的经济指标。因贸易有国际贸易和对外贸易之分,相应地也就有国际贸易额和对外贸易额之分。

1. 对外贸易额 (value of foreign trade)

对外贸易额又称对外贸易值,指用货币表示的一定时期内(通常指一年)一国进出口贸易总值。因此,一国的对外贸易总额就是它的出口贸易总额与进口贸易总额之和。但国际贸易额就不能如此计算。

2. 国际贸易额 (value of international trade)

国际贸易额亦称世界贸易额,指世界各国出口贸易额的总和。这意味着不能把世界各国的进口额和出口额相加,因为一国的进口就是另一国的出口,如果进出口相加就会导致世界总贸易额重复计算。而且在没有特别说明的情况下,国际贸易额特指出口总额,而非进口总额。这主要是因为,在各国计算对外贸易额时,进口商品与出口商品的计价方式不同,一般进口采用 CIF 价格计算,而出口采用 FOB 价格计算,这两种价格存在差异,CIF 价中含有国际海运运费和保险费,FOB 价却没有,所以在理论上世界总进口额往往大于总出口额。

(二) 贸易量 (quantity of trade)

贸易量是以数量、重量、面积、体积等计量单位表示的反映贸易规模的经济指标。

但由于一国的贸易商品繁多,计量单位也各不相同,这样不同商品间的汇总就会存在困难,因此,此处的量并不能直接使用其原有的计量单位,而要将它们转换为可比较的统一单位,即货币。因此,对外贸易量 (quantum of foreign trade) 是指剔除了价格变动影响,以基期价格作参照,用不变价格计算的对外贸易额,即经价格指数调整后的对外贸易额。由于剔除了价格变动的因素,对外贸易量可比对外贸易额更准确地反映对外贸易的实际规模,也更便于对不同时期的对外贸易规模进行分析和比较。与对外贸易额类似,还可计算进口量、出口量和国际贸易量等指标。它们的计算公式为:

$$贸易量 = 贸易额 / 商品价格指数 \qquad (1-1)$$

其中,价格指数 = 报告期的价格/基期价格 × 100。

> **[例 1-1]**
>
> 假如，某国的出口值 1990 年为 980 亿美元，1998 年为 1680 亿美元；出口价格指数 1990 年为 100%，1998 年为 180%，问：与 1990 年相比 1998 年该国的出口贸易规模扩大了还是缩小了？
>
> 按贸易值计算，该国 1998 年的出口规模比 1990 年扩大了；
>
> 但按贸易量计算，该国 1998 年的出口规模比 1990 年并没有扩大，而是缩小了。
>
> 1998 年贸易量 = 1680 ÷ 180% = 933.33（亿美元）< 980（亿美元）

（三）贸易差额（balance of trade）

贸易差额指一个国家在一定时期内出口总额与进口总额之间的差额。出口总额与进口总额之间存在不平衡时就会存在顺差（surplus）或逆差（deficit）。当出口总额大于进口总额时，称为贸易顺差，它也可用贸易盈余或贸易出超一词。当出口总额小于进口总额时，则称为贸易逆差，或者说贸易赤字或贸易入超。由于顺差在一定程度上可以保证国民经济的增长①和进口高新技术所需的外汇以及偿还外债和保证汇率的稳定，因此谋求贸易顺差是许多国家贸易政策的共同选择。但不论是长期的巨额顺差还是长期的巨额逆差，对一国的对外贸易和国民经济发展都是不利的。若贸易顺差过大不仅容易造成对方的不满，易引起贸易摩擦，还会加大本币升值压力和导致外汇储备增加而削弱货币政策的独立性，影响对外经贸和国民经济的稳定性。

三、国际收支

国际收支（balance of payment）是指一国在一定时期内（通常为一年）所有对外经济交易的收入与支出总额的对比。当国际收支的收入总额与支出总额相等时，称为国际收支平衡，但这种状态往往很难达到。所以就会存在国际收支顺差（或黑字），即收入总额大于支出总额；或国际收支逆差（或赤字），收入总额小于支出总额。

对外贸易是一国对外经济活动的重要组成部分，其收入与支出将会影响到国家的整体收支状况。所以对外贸易的资金流动也是国际收支的重要记载事项，被划入了国际收支中的经常账户项下。从表 1-1 可以看到，中国的国际收支中经常项目项长期顺差，其中，在货物贸易上基本保持顺差状态，但规模近一两年有缩减的势头，而服务贸易除了个别年份外长期逆差，且额度不断扩大。

---

① 国民收入 $Y = C + I + G + X$，其中 $X = Export - Import$。

表1-1 中国国际收支状况

单位：亿美元

项目	1982年	1987年	1992年	1997年	2002年	2007年	2012年	2013年	2014年	2015年	2016年	2017年
1. 经常账户	57	3	64	370	354	3532	2154	1482	2360	3042	2022	1649
贷方	243	354	736	1986	3551	13842	23933	25927	27434	26193	24546	27089
借方	-186	-351	-672	-1617	-3197	-10310	-21779	-24445	-25074	-23151	-22524	-25440
1. A 货物和服务	48	3	50	428	374	3080	2318	2354	2213	3579	2557	2107
贷方	226	341	668	1874	3330	12581	21751	23556	24629	23602	21979	24229
借方	-178	-338	-618	-1446	-2956	-9500	-19432	-21202	-22416	-20023	-19422	-22122
1. A. a 货物	42	-13	19	366	377	3028	3116	3590	4350	5762	4889	4761
贷方	199	300	543	1532	2868	11227	19735	21486	22438	21428	19895	22165
借方	-158	-313	-524	-1167	-2491	-8199	-16619	-17896	-18087	-15666	-15006	-17403
1. A. b 服务	6	16	31	63	-3	52	-797	-1236	-2137	-2183	-2331	-2654
贷方	27	41	126	342	462	1353	2016	2070	2191	2174	2084	2065
借方	-20	-25	-94	-280	-465	-1301	-2813	-3306	-4329	-4357	-4415	-4719
1. B 初次收入	4	-2	2	-110	-149	80	-199	-784	133	-411	-440	-344
贷方	10	10	56	57	83	835	1670	1840	2394	2232	2258	2573
借方	-6	-12	-53	-167	-233	-754	-1869	-2624	-2261	-2643	-2698	-2918
1. C 二次收入	5	2	12	51	130	371	34	-87	14	-126	-95	-114
贷方	7	4	12	55	138	426	512	532	411	359	309	286
借方	-2	-2	-1	-3	-8	-55	-477	-619	-397	-486	-404	-400
2. 资本和金融账户	-60	11	19	-147	-432	-3665	-1283	-853	-1692	-912	272	570
2.1 资本账户	0	0	0	0	0	31	43	31	0	3	-3	-1
贷方	0	0	0	0	0	33	45	45	19	5	3	2
借方	0	0	0	0	0	-2	-3	-14	-20	-2	-7	-3
2.2 金融账户	-60	11	19	-147	-432	-3696	-1326	-883	-1691	-915	276	571
3. 净误差与遗漏	3	-14	-83	-223	78	133	-871	-629	-669	-2130	-2295	-2219

资料来源：国家外汇管理局，《中国国际收支平衡表时间序列数据（BPM6）》。

四、对外贸易依存度

对外贸易依存度（ratio of dependence on foreign trade）也称对外贸易指数（系数），指一国在一定时期内的对外贸易总额在该国国内生产总值中所占的比重。它可一定程度上反映出不同国家参与国际分工的深度和对外贸易在一国国民经济中的重要程度。其计算公式为：

$$对外贸易依存度 = 对外贸易额 / GDP \qquad (1-2)$$

若是出口贸易额占国内生产总值的比重，可得到出口贸易依存度（出口系数）。同理，进口贸易依存度（进口系数）就是进口贸易额占国内生产总值的比重。此外，还可计算某商品的对外贸易依存度，以及对某些国家的贸易依存度。

一般来说，对外贸易依存度越高，意味着参与国际分工和国际竞争的能力越强，经济对贸易的依赖程度越高。但也不能一味地追求高依存度，过高的系数将会导致国内经济易受到国际市场波动的影响，而且也没有证据证明依存度高的国家比低的国家更好或更差。通常情况下，外向型、小国型的对外贸易依存度较大，而自主型、大国型的对外贸易依存度较小。中国在改革开放后，对外贸易依存度不断攀升，一度达到了60%以上，之后不断调整结构，依存度逐年下降。

五、贸易条件

贸易条件（terms of trade）是一个国家用出口交换进口的条件，即进出口商品的交换比例。它有两种衡量方式——实物衡量和货币衡量。

以实物衡量时，若等量出口货物能够换到更多的进口货物，表明贸易条件改善，贸易对本国有利；反之则表明贸易条件恶化，贸易处于不利地位。

以货币衡量时，通常用出口价格指数与进口价格指数之比来表示。

贸易条件指数主要有三种：价格贸易条件指数、收入贸易条件指数和要素贸易条件指数。

1. 价格贸易条件指数

价格贸易条件指数是一国（地区）一定时期内的出口商品价格与进口商品价格之间的比值，采用如下公式计算：

$$TOT = (P_x / P_m) \times 100 \qquad (1-3)$$

其中，P_x 为出口商品价格指数，P_m 为进口商品价格指数。

当 TOT 值等于 100 时，该国贸易条件不变；大于 100 时，贸易条件改善，进口能力提高；反之则贸易条件恶化，进口能力削弱。但贸易条件的变化本身不能说明贸易条件是否合理，它的改善或恶化只是一种相对的概念，是考察期相对于基期的比较而言的。而且贸易条件指数的计算前提是假定进出口商品结构没有发生变动。

[例 1-2]

现以 2000 年为基准年，其进出口价格指数均是 100，而 2015 年出口价格上涨 3%，进口价格上涨 8%。那么 2015 年的贸易条件指数为多少？与 2000 年相比，它是恶化了还是改善了？

依题意可得，2015 年出口价格指数为 103，进口价格指数为 108，则该年贸易条件指数为：

TOT = (103/108) × 100 = 95.37

(95.37 − 100) × 100% = 4.63%

因此，贸易条件恶化了 4.63%。

2. 收入贸易条件指数

收入贸易条件指数是一定时期内出口量指数与商品贸易条件指数的乘积。计算公式为：

$$I = (P_x/P_m) \times Q_x \tag{1-4}$$

其中，Q_x 为出口量指数。P_x 与 Q_x 的乘积表示一国出口总收入指数，再除以进口价格指数 P_m，可以显示出一国以出口支付进口的能力。

若例 1-2 中 2015 年的出口量指数相对于 2000 年提高了 6%，该国收入贸易条件如何变化？

I = (103/108) × 106 = 101.09

由此可见，尽管相对于 2000 年，2015 年的商品贸易条件恶化了，但由于出口量的上升，该国的进口能力却增加了 1.09%。

3. 要素贸易条件指数

要素贸易条件指数是以出口商品生产所需生产要素投入量作为衡量依据的贸易条件，用于考察单位生产所获得的交换利益的变动情况，它可分为单要素贸易条件指数（single factorial terms of trade，SFTT）和双要素贸易条件指数（double factorial terms of trade，DFTT）。前者为一定时期出口部门要素生产率指数与商品贸易条件指数的乘积，只限于贸易国一方的出口产业的要素生产力变动；后者是在单要素贸易条件指数的基础上除以国外进口商品的要素生产率指数，因此它需要同时考察双方的出口产业的要素生产力变动情况。

六、贸易商品结构

贸易商品结构（composition of trade）是指一定时期内某大类商品在进出口总额中所占的比重。它可分为对外贸易商品结构和国际贸易商品结构。

对外贸易商品结构（composition of foreign trade）指一个国家在一定时期内的进出口贸易中各类商品的构成情况，通常以各种商品在该国进口总额或出口总额中所占的比重来表示。

国际贸易商品结构（composition of international trade）指一定时期内各类商品在国际贸易中的地位，通常用它们在世界出口总额中所占的比重来表示。

对外贸易商品结构可以反映出一国经济发展水平、产业结构和自然资源状况等。反过来，一国经济发展状况，以及其他因素，例如，国家经济贸易政策也会影响一国的对外贸易商品结构。同样，国际贸易商品结构也可以反映世界的经济和产业状况。反过来，世界经济发展状况，以及其他因素也会影响国际贸易商品结构。

国际贸易中通常把进出口商品分为两大类：一类是没有加工或加工较少的初级产品，另一类是经过充分加工的工业制成品。一般来说，一国的工业制成品出口占的比重越大，说明该国的工业化程度和生产水平越高，也说明其经济发展水平越高。中国在改革开放后出口商品结构日益改善，出口的主导产品从资源性初级产品转向劳动密集型的轻纺产品再逐渐向知识技术密集型的机电产品和高新技术产品转变，1986年工业制成品出口比重超过了初级产品，1995年机电产品出口超过纺织品，成为第一大类出口商品。2017年中国机电产品出口比重达到58.4%，同期增长12.1%；传统劳动密集型产品占出口总值的20.1%。

七、贸易地理方向

贸易地理方向（direction of trade）又称贸易地理分布，是指国际贸易的地区分布和商品流向。也可分为对外贸易地理方向和国际贸易地理方向。

对外贸易地理方向（direction of foreign trade）表示一定时期内一个国家的出口商品流向和进口商品的来源，通常用一国的出口贸易总额或进口贸易总额占进出口总额的比重来表示。它可以反映该国同世界各国（地区）的经济贸易联系的紧密程度，以及主要的贸易伙伴是谁，如近年来中国的前五大贸易伙伴分别是欧盟、美国、东盟、中国香港和日本。2017年，中国对欧盟、美国和东盟进出口分别增长15.5%、15.2%和16.6%，三者合计占中国外贸总额的41.8%。

国际贸易地理方向（direction of international trade）通常用它们的出口贸易额或进口

贸易额占世界出口总额或进口总额的比重来表示，可显示各洲、各国或各地区在国际贸易中所处的地位。如美国、中国和德国多年来一直占据着世界货物出口贸易的前三名位置。

第二节　国际贸易的分类

一、按商品形态分

（一）有形商品贸易（tangible goods trade）

指买卖那些看得见、摸得着的具有物质形态的商品的交换活动。

为了便于统计，联合国制定了《国际贸易标准分类》（standard international trade classification，SITC），把有形商品分成10类（section）、66章（chapter）、262组、1023分组和2652个基本编号。其中，10大类分别如表1-2所示，0~4类为初级产品，5~9类为工业制成品。

表1-2　　　　　　　　　　有形商品类别

大类编号	中文名称	英文名称
0	食品和活动物	Food and live animals
1	饮料及烟草	Beverages and tobacco
2	粗材料，非食用，除燃料外	Crude materials, inedible, excepts fuels
3	矿物燃料、润滑剂和有关材料	Mineral fuel, lubricants and related materials
4	动物和植物油，油脂和蜡	Animal and vegetable oils, fats and waxes
5	化学品及有关产品，不另说明	Chemicals and related products, n.e.s.
6	主要以材料分类的制成品	Manufactured goods classified chiefly by materials
7	机械和运输设备	Machinery and transport equipment
8	杂项制品	Miscellaneous manufactured articles
9	没有分类的其他商品	Commodities and transaction not classified elsewhere in the SITC

资料来源：联合国经济和社会事务部统计司统计文件M辑第34号/修订4《国际贸易标准分类修订4》（ST/ESA/STAT/SER. M/34/REV. 4），2008年。

除了《国际贸易标准分类》外，世界海关组织的《商品名称及编码协调制度》（harmonized commodity description and coding system，HS）、联合国统计局的《广泛经济类别分类》（classification by broad economic categories，BEC）也都对有形商品做出了规定。HS 制度于 1988 年实施以来经过了多次修订，新修订的第七版即 HS 2017，把货物根据社会生产部类、自然属性和不同功能用途结合加工程度，按原材料、未加工产品、半成品和成品的顺序排列，形成了 21 大类。BEC 分类采用 3 位数编码结构，第三次修订本把全部国际贸易商品分为 7 大类：食品和饮料、工业供应品、燃料和润滑油、资本货物（运输设备除外）及其零附件、运输设备及其零附件、其他消费品、未列名货品；7 大类分为 19 个基本类，按最终用途汇总为资本品、中间产品和消费品三个门类。

（二）无形商品贸易（intangible goods trade）

无形商品贸易是指一切不具备物质形态的商品的交换活动。其可分为服务贸易和技术贸易。

服务贸易（trade in services）是指提供活劳动（非物化劳动）以满足服务接受者的需要并获取报酬的活动。乌拉圭回合达成的《服务贸易总协定》将服务贸易分为 4 种模式，共 12 个部门，具体可参见本书第十章相关内容。

技术贸易（international technology trade）是指技术供应方通过签订技术合同或协议，将技术有偿转让给技术接受方使用的活动。

有形贸易由于涉及物质产品的跨境流动，因此需要向海关进行申报，贸易的数据也会录入海关统计系统中，而无形贸易大部分不涉及物质性产品的跨境，因此也不受海关的监管，无法在海关统计中反映。

二、按商品流向分

（一）出口贸易与进口贸易

按照交易商品的流向划分，国际贸易可以分为出口贸易和进口贸易。

(1) 出口贸易（export trade）指一国把自己生产的商品输往国外市场销售，又称输出贸易。

(2) 进口贸易（import trade）指一国从国外市场购进用以生产或消费的商品，又称输入贸易。

若从国外输入的商品，没有在本国消费，又未经加工就再出口，将被称作复出口或复输出、再出口（re-export）。同样，输往国外的商品未经加工又输入本国，则称作复进口或再输入（re-import）。

(二) 转口贸易与过境贸易

在贸易中是否有第三方的参与,国际贸易涉及了转口贸易与过境贸易。

(1) 转口贸易 (entrepot trade),指本国(地区)从一国(地区)进口商品后,再出口至另一国(地区)的贸易,本国(地区)的贸易就称为转口贸易。新加坡、中国香港等的对外贸易就是以转口为主的。

国际收支统计口径中的转手买卖 (merchanting) 即离岸转手买卖,与海关统计口径中的转口货物再出口贸易 (re-export) 非常相似,在日常操作中,离岸转手买卖和再出口也被统称为转口贸易,但两者实际上并不相同。

离岸转手买卖是指中转国居民从非居民处购买货物后,在不实质性改变货物性质(可从海关编码中看出)的情况下,又转售给另一非居民,但货物未从中转国过境(也不进出保税区等场所),物权交换在境外实现。

狭义上的转口贸易也称为再出口贸易,即保税区转口贸易,指货物由出口国运往中转国(即货物已实际进出国境,一般进入中间商指定的保税区域)后,再输出境外出口至消费国,物权交换在保税区内实现。

(2) 过境贸易 (transit trade)。某种商品从甲国经由乙国输往丙国销售,对乙国来说,这项买卖就是过境贸易。

过境贸易有两种类型:一种是直接过境,如在海运时外国货物到达港口后,在中转国海关监管下,直接在港口进行转运;另一种是间接过境,货物到港后,先存入海关保税仓库,之后未经加工又从保税仓库提出运出国境。

有些内陆国家必须经第三国运输。目前全球共有 44 个内陆国家,例如,亚洲的尼泊尔、蒙古国、阿富汗等,欧洲的瑞士、奥地利、匈牙利等。世界最大的内陆国是亚洲的哈萨克斯坦,其对外贸易绝大多数需要通过其他国家运往另一国。

(3) 两者的区别。

转口贸易与过境贸易的区别主要有:

①运输形式上的差异。转口贸易可以从生产国直接运往消费国而不经过中转国境内,也可以通过中转国运输,在货物无实质性改变的情况下,前者被称为转手买卖,后者被称为再出口或复出口;过境贸易在运输上必须经过中转国。

②中转国身份的差异。转口贸易中的生产国与消费国之间不直接进行交易,而是通过中转国分别与两个境外客户签订供货和购货合同而实现商品的转移,存在货物所有权经由生产国到中转国再到消费国的更替,中间人通过此类交易获取利润;过境贸易中的中转国并不参与贸易,不存在经其手的所有权变更现象,过境国一般只收取少量转运的手续费。

③贸易统计上的差异。过境贸易未进入一国市场,不计入中转国统计系统。转口贸

易会由于是否从中转国运输而计入不同的项目,转手买卖未在中转国通关,仅涉及中间商交易单据的处理,因此不记入中转国海关系统,但在国际账户统计中单独列示;再出口业务涉及进关和出关,均要计入海关统计。若上述进口货物在中转国经加工发生改变性质,则记为一般商品进出口;若货物进口并进行加工,但并未发生所有权转移又将被作为服务贸易处理,就不属于转口贸易的范畴。

三、按统计口径分

(一) 总贸易与专门贸易

总贸易(general trade)是以国境为标准统计的进出口贸易。美国、日本、英国、加拿大及中国等90个国家(地区)采用这一标准。

凡是进入本国国境的货物一律计为进口,称为"总进口"(general import);凡是离开本国国境的货物一律计为出口,称为"总出口"(general export),两者之和为总贸易额。

专门贸易(special trade)是以关境为标准统计的进出口贸易。德国、意大利、瑞士等80个国家(地区)采用这一标准。

专门贸易额包括专门进口额和专门出口额,前者是指从外国进入关境的商品以及从保税仓库提出进入关境的商品的总额。如果是进入国境但是存在保税仓库不算专门进口。后者指国内运出关境的本国产品和进口后未经加工又运出关境的商品总额。

(二) 国境与关境

国境是一国行使国家主权的所有领域,包括海域、陆域和空域。关境是一国海关可以全面实施海关法规的领域。在没有特殊情况的时候,国境与关境应是重合的,但一些情况下它们并不一致。若一国的国境内设有保税区或自由贸易区,国境将大于关境;而如果几个国家结成关税同盟,此时关境将会大于单个成员方的国境。

四、其他分类方式

(一) 按清偿方式分

现汇贸易(spot exchange)又称自由结汇贸易(free-liquidation trade),指的是以国际货币作为清偿手段的国际贸易。

易货贸易(barter trade)又称记账贸易(clearing account trade)或换货贸易,指以经过计价的商品作为清偿手段的国际贸易。

（二）按贸易发生地域分

边境贸易（border trade），指相邻国家在接壤地区（一般为边境两边各15公里）准许居民在指定的边境口岸和集市上，在规定的金额、品种的范围内，进行生活必需品和生产资料的小额贸易。其出现主要是为了照顾双方边境居民的需要。

区域贸易（regional trade），指某一特定区域的国家之间相互开展的货物与服务交换活动。

（三）按贸易关系分

直接贸易（direct trade），指商品直接从生产国（出口国）销往消费国（进口国），不通过第三国转手而进行的贸易，这两国之间的贸易称为直接贸易。

间接贸易（indirect trade），指商品从生产国销往消费国中通过第三国转手的贸易。对生产国和消费国来说，开展的是间接贸易；而对于第三国来说，则进行的是转口贸易。

（四）按部门分

产业间贸易（inter-industry trade），指一个国家在一段时间内同一产业部门产品只出口或只进口的现象。

产业内贸易（intra-industry trade），也称部门内贸易，是指一个国家在一段时间内同一产业部门产品既进口又出口的现象。

（五）按参与国家的数量分

双边贸易（bilateral trade），指依照两国政府之间商定的贸易规则和调节机制下的贸易。

多边贸易（multilateral trade），指在多个国家政府之间商定的贸易规则和调节机制下的贸易。

（六）按经济发展水平分

水平贸易（horizontal trade），指经济发展水平比较接近的国家之间开展贸易活动。

垂直贸易（vertical trade），指经济发展水平不同的国家之间的贸易。

本章习题

一、名词解释题

国际贸易、对外贸易、贸易额、贸易量、对外贸易依存度、贸易条件、贸易商品结构、贸易地理方向。

二、判断题

1. 净出口是指输入国内的产品再出口。（   ）
2. 直接贸易需直接运输，而转口贸易需间接运输。（   ）
3. 对外贸易的进出口都要经过海关办理手续。（   ）
4. 过境贸易属于间接贸易。（   ）
5. 在其他条件不变的情况下，一国贸易条件恶化会导致该国贸易逆差扩大或贸易顺差减少。（   ）
6. SITC 中包括对服务贸易商品的分类。（   ）

三、单项选择题

1. 一国与其他国家之间所进行的货物和服务的交换活动称为（   ）。

   A. 国际贸易   B. 对外贸易   C. 多边贸易   D. 区域贸易

2. 当一国的出口总额小于进口总额时，可称为贸易（   ）。

   A. 顺差   B. 出超   C. 入超   D. 盈余

3. 一国对外贸易依存度能够反映（   ）。

   A. 出口货物流向   B. 进口货物来源
   C. 与他国经济联系的紧密度 D. 经济对外贸的依赖度

4. 以 2000 年为基期，若 2016 年中国出口价格指数为 137.2，进口价格指数为 127.3，则与 2000 年相比，2016 年中国的贸易条件（   ）。

   A. 改善了   B. 不变   C. 恶化了   D. 不确定

5. 能够比较确切地反映一国对外贸易实际规模，便于各个时期进行比较的是（   ）。

   A. 贸易差额   B. 对外贸易额   C. 贸易顺差   D. 对外贸易量

6. 贸易条件可用（   ）来表示。

   A. 各国商品在进出口总额中所占比重   B. 进出口商品的交换比价
   C. 各类商品在进出口总额中所占比重   D. 进出口商品的来源和流向

7. 能够反映一国在国际贸易中地位的指标是（   ）。

   A. 对外贸易依存度   B. 对外贸易地理方向
   C. 国际贸易地理分布 D. 国际贸易商品结构

8. 一般而言，一国的经济发展水平越高，（   ）占比越大。

   A. 工业制成品   B. 农产品   C. 初级产品   D. 机电产品

9. 一国按总贸易统计的进口额（   ）按专门贸易统计的进口额。

   A. 等于   B. 小于   C. 大于或等于   D. 小于或大于

10. 在不实质性改变货物性质的情况下，中转国居民将从一国居民处购得的货物转售给另一国居民，期间货物未从中转国过境，该种贸易形式称为（   ）。

A. 转口贸易　　　B. 过境贸易　　　C. 再出口贸易　　　D. 离岸转手买卖

四、材料分析题

各年中国 GDP、货物与服务进出口贸易额

年份	GDP（亿元）	货物（亿元）		服务（万美元）		汇率*
		出口	进口	出口	进口	
1978	3678.7	167.60	187.40			168.36
1979	4100.5	211.70	242.90			155.49
1980	4587.6	271.20	298.80			149.84
1981	4935.8	367.60	367.70			170.50
1982	5373.4	413.80	357.50	258700	202400	189.25
1983	6020.9	438.30	421.80	257500	199400	197.57
1984	7278.5	580.50	620.50	289700	285700	232.70
1985	9098.9	808.90	1257.80	314500	252300	293.67
1986	10376.2	1082.10	1498.30	402600	227600	345.28
1987	12174.6	1470	1614.20	443700	248500	372.21
1988	15180.4	1766.70	2055.10	485800	360400	372.21
1989	17179.7	1956	2199.90	460200	391000	376.51
1990	18872.9	2985.80	2574.30	585500	435200	478.32
1991	22005.6	3827.10	3398.70	697900	412100	532.33
1992	27194.5	4676.30	4443.30	924900	943400	551.46
1993	35673.2	5284.80	5986.20	1089800	1203600	576.20
1994	48637.5	10421.80	9960.10	1636600	1629900	861.87
1995	61339.9	12451.80	11048.10	1913000	2522200	835.10
1996	71813.6	12576.40	11557.40	2060000	2258500	831.42
1997	79715	15160.70	11806.50	2456936	2796787	828.98
1998	85195.5	15223.60	11626.10	2389633.24	2667315.79	827.91
1999	90564.4	16159.80	13736.50	2624813.33	3158760.91	827.83
2000	100280.1	20634.40	18638.80	3043048.66	3603060.82	827.84
2001	110863.1	22024.40	20159.20	3333513.48	3926614.83	827.70
2002	121717.4	26947.90	24430.30	3974450.52	4652840.82	827.70
2003	137422	36287.90	34195.60	4675970	5530626.96	827.70
2004	161840.2	49103.30	46435.80	6491291.18	7272080.46	827.68

续表

年份	GDP（亿元）	货物（亿元）		服务（万美元）		汇率*
		出口	进口	出口	进口	
2005	187318.9	62648.10	54273.70	7440409.85	8396639.60	819.17
2006	219438.5	77597.20	63376.86	9200601.42	10083314.99	797.18
2007	270232.3	93563.60	73300.10	12220633.28	13011612.90	760.40
2008	319515.5	100394.94	79526.53	14710978.76	15892358.59	694.51
2009	349081.4	82029.69	68618.37	12947571.50	15885583.11	683.10
2010	413030.3	107022.84	94699.30	16216507.27	19332109.83	676.95
2011	489300.6	123240.56	113161.39	18600900.59	24765419.87	645.88
2012	540367.4	129359.30	114801	20157559.96	28130047.60	631.25
2013	595244.4	137131.40	121037.50	20700580.27	33060753.88	619.32
2014	643974	143883.75	120358.03	21914075.17	43288312.65	614.28
2015	689052.1	141166.83	104336.10	21739903.59	43571934.39	622.84
2016	743585.5	138419.29	104967.17	20840400	44155000	664.23

注：*人民币对美元汇率（美元=100），为年平均价。

资料来源：根据中华人民共和国国家统计局官网提供的年度数据整理。

1. 根据材料分析中国的进出口市场状况。

2. 分别计算出相应年份的中国货物（服务）对外贸易依存度、出口贸易依存度和进口贸易依存度，并进行分析。

3. 查找相关数据计算2000年至今其他国家（地区）的对外贸易依存度，并与中国进行比较，你可以得出什么结论。

五、案例分析题

请结合章首案例和下列材料分析中国在全球贸易体系中的地位，对此你有何发展思路？

美国BBC财经记者佐伊·托马斯最近做了个试验，看能不能只用中国货在美国度过一天。他立下规矩：全天只用中国制造的或中国人为股东的公司的产品。

佐伊只用"中国制造"的一天从早上挑选衣服开始，却发现比想象的要难，因为佐伊的衣服大部分都是越南造的。虽然挑选"中国制造"的衣服让佐伊犯了点难，但在接下来的一天中，佐伊的生活还算如鱼得水。

佐伊表示，美国人的早餐从最爱的培根开始，即使不吃饺子和面条，一不留神也会吃到中国制造的培根。2014年，中国的双汇集团以47亿美元收购全球最大的猪肉加工企业、位于美国弗吉尼亚的"史密斯菲尔德"（Smithfield Foods）。这是当时中资最大手笔收购美国公司。

美国人很难接受，他们的火腿、培根、香肠归中国人了。收购提案曾在美国受到挑战，也引发有关食品安全的质疑，但最终总算成交。从此，"中国早餐"被端上美国餐桌。

过去几年，苹果在中国的生产规模以及中国工人的工作条件都引起关注。虽然佐伊使用的 iPhone 和 iPad 是在美国完成绝大部分研发工作，却不可否认，手机硬件确实是在中国生产的。

接下来佐伊去看电影，虽然爆米花加可乐很美国，但电影院却是中国人的。2012 年，中国的万达集团以 26 亿美元买下全球排名第二的美国 AMC 连锁影院，并表示将继续投资不低于 5 亿美元用于后续运营。AMC 是北美第二大院线，至今已有 92 年的历史，在美国是家喻户晓的品牌。万达集团收购 AMC 公司后，已经成为全球规模最大的电影院线运营商。

此外，万达还斥资 35 亿美元买下传奇影业，这家公司出品了《蝙蝠侠》《盗梦空间》《侏罗纪世界》等大作。万达希望增加在全球电影业的话语权，或许今后有一天，人们不出美国就能看到中国出品的电影。

电影结束后佐伊又来到华尔道夫酒店。1933 年接待胡佛总统以来，华尔道夫曾经欢迎过历任所有的美国总统。2014 年中国保险公司以 19.5 亿美元的价格买下此酒店，在这里，你可以鸟瞰景色秀丽的中央公园风光，住一夜起码 600 美元。身为记者，佐伊表示自己也就能在华尔道夫的酒吧喝杯酒。

随后，佐伊在美国一家大规模零售店转一圈，柜台里的玩具、电子产品中，贴有"中国制造"标签的确实占据主导，但是，到服装、家用产品、化妆品柜台看一看，进口国家多了许多，也有许多美国国产品牌。

佐伊通过她一天"只用中国货"的经历，得出的结论是："仅凭中国货在美国生活，还是困难的。"

全球经济确实是全球性的。投资人来自各国、供应链涵盖全球、加上自由贸易协定，某一个国家要做到"掌控"相当困难，"中国制造"不过是正在全球经济体系中确立自己大玩家的地位。

（资料来源：新华每日电讯 2017 - 3 - 18，只有"中国制造"的一天 VS 没有"中国制造"的一年，节选。http：//mb.yidianzixun.com/article/0FsuwKJe?s＝mb&appid＝mibrowser）

参考文献

[1] 薛荣久. 国际贸易（第六版）[M]. 北京：对外经贸大学出版社，2016.

[2] 李雁玲. 国际贸易理论与实务（第 2 版）[M]. 北京：机械工业出版社，2017.

第二章　国际贸易理论

> **引例**

　　在 2016 年 11 月 8 日，特朗普（Donald John Trump）当选为美国第四十五任总统。令人惊讶的是，特朗普是一个曾经在全世界各地经营房地产、酒店和赌场的企业成功人士，还曾主持过美国的电视真人秀节目，其财富总值还名列于《福布斯》杂志的排行。如今，这位纵横于全球商业圈的美国总统，有鉴于美国多年来的贸易赤字①，却选择高举"公平贸易"的旗帜，对目标行业进行管制和提高关税税率，重筑贸易壁垒，对其贸易伙伴展开了"贸易战"。

　　这场贸易战肇始于 2018 年 3 月 1 日，当特朗普召见美国钢铁和铝业企业代表时，宣布了要对钢和铝分别征收高达 25% 和 10% 的关税来保护美国钢铝产业②。随后，特朗普以中国对美国知识产权和商业秘密的侵犯为由，宣布美国将对某些中国货物征收进口税，估计每年中国会增加税额约 600 亿美元③。中美双方即在此后展开了贸易谈判并宣称两国达成不打贸易战和暂停互征关税的共识④。但讽刺的是，特朗普不久仍然宣布对价值 500 亿美元的中国产品征收 25% 的关税⑤，而中国也随即宣布 600 亿美元向美国进口的产品征收对等关税⑥，美国挑起了中美贸易大战的序幕。

　　美国的贸易战线不仅仅发生在中国，特朗普同一时间也宣布对来自欧盟、加拿大和墨西哥的钢铝产品分别征收 25% 和 10% 的关税⑦，导致欧盟、中国、印度、加拿大、墨西哥、挪威和俄罗斯都因此向世贸组织投诉。此后，各国纷纷通过对美产品加征关税的行为展开报复行动。欧盟宣布将对总额 28 亿欧元的美国商品征收 25% 的关税，加拿大、

---

① 根据统计，2017 年中国占美国商品贸易的约 16%，而中国向美国出口了大约 5000 亿美元的商品，中国向美国进口大约 1300 亿美元的商品。
② 参阅 BBC 中文网页新闻，https：//www.bbc.com/zhongwen/simp/business-43261261，2018/03/03。
③ 参阅 BBC 中文网页新闻，https：//www.bbc.com/zhongwen/simp/chinese-news-43500214，2018/03/23。
④ 参阅新华网网页新闻，http：//www.xinhuanet.com/fortune/2018-05/20/c_1122857981.htm，2018/05/20。
⑤ 该计划随后被拆分成两阶段的方式来执行，第一阶段于 7 月 6 日，首先对 340 亿美元商品课征关税；第二阶段则在 8 月针对剩余的 160 亿美元清单内容进行课征。
⑥ 参阅 BBC 中文网页新闻，https：//www.bbc.com/zhongwen/simp/chinese-news-44498506，2018/06/15。
⑦ 参阅美国之音网页新闻，https：//www.voachinese.com/a/us-eu-tariffs-20180531/4418962.html，2018/06/01。

墨西哥、印度、土耳其、俄罗斯跟随欧盟步伐也宣布对美国商品加征关税。

这场贸易战到2018年9月时，仍方兴未艾。美国为报复中国600亿美元的回礼，计划出台一个规模高达2000亿美元的报复清单，而最新的课税清单上已不仅仅对于原先钢铝和原物料项目课征高关税，新清单中的消费品项显著增多，包括汽车轮胎、家具、木制品、手提包、宠物食品、棒球手套等。若大量消费品被加征关税将直接损及美国消费者和零售企业的利益①。而中国方面也警告美国，若确定美国加码税额，中国也一定会采取反制措施。结果在9月，美方宣布对中方2000亿美元的产品加税后，中方立即回敬对美600亿美元加税，并发表了中美经贸摩擦白皮书，宣示中方立场，并暂时中断协商，贸易战开始扩大升级。

有趣的是在这场贸易战中，iPhone手机尚不在美国这一轮的关税清单中，iPhone手机为何可以成为免征关税的商品？这也点出了美国是如何精打细算的，还有中美贸易逆差的规模可能被美国夸大了②。iPhone手机所使用的绝大部分硬件都是在中国生产，根据数据公司Newzoo的统计，在2017年7月至2018年第一季度，苹果公司总共售出7.3亿台iPhone，其中2.43亿台是在中国销售的，占比达1/3。而在美国本土，iPhone仅售出1.34亿台。显然，中国是iPhone手机销售的重要市场。虽然手机的硬件大多是中国制造，但若从中国进口iPhone手机将会为美国实际上带来多少的贸易赤字呢？以iPhone 7为例，根据IHS Markit公司在2016年该机上市时统计，该机制造成本大约240美元，在240美元的制造成本结构中，大陆实际只分配到8.46美元，美国和日本的供货商拿到68美元，中国台湾拿到48美元。用市场售价减去240美元的制造成本，苹果公司iPhone 7手机的毛利为283美元。因此，若每台运抵美国的iPhone 7，以每台240美元计入贸易逆差，是不合理的，因为实际上中国只有拿到每台8.46美元。说穿了，在iPhone的全球价值链上，美国占比远超中国，所以对其加征关税美国的损失要大于对中国的伤害。

为了让贸易逆差的统计更客观，世界贸易组织（WTO）和经贸合作组织（OECD）已经开始编制附加价值贸易统计（trade in value added, TiVA）。根据OECD的统计，2011年中国对美国出口的TiVA规模是4135.026亿美元③，而同年美国对中国出口的TiVA规模是1381.827亿美元。因此，根据TiVA的统计数据而论，中美的贸易逆差在2011年时的实际规模约为2753.2亿美元。因此，美国宣称的贸易公平性问题，是否有夸大其词之嫌，仍有待检验。

如上所述，在真实的世界中，完全的自由贸易仍然不是一个常态。

---

① 参阅BBC网页新闻，https：//www.bbc.com/zhongwen/trad/business-45413091，2018/09/05。
② 参阅BBC网页新闻，https：//www.bbc.com/zhongwen/trad/business-44817546，2018/07/13。
③ 有兴趣的读者可以到OECD的网页进行查询，https：//stats.oecd.org/index.aspx?queryid=75537，查询项目分别为2011年中国全部产业对美国毛出口（gross export）的附加价值总额和以及美国全部产业对中国毛出口（gross export）的附加价值总额和。

📖 本章学习要点

1. 重商主义的贸易思想；
2. 古典国际贸易理论模型；
3. H-O 贸易模型；
4. 当代国际贸易理论；
5. 干预自由贸易的理论。

第一节 国际贸易概述

老子曰："至治之极，邻国相望，鸡狗之声相闻，民各甘其食，美其服，安其俗，乐其业，至老死不相往来。"这是汉代的司马迁在《史记·货殖列传》中一开头就引述的理想世界。在这个理想世界中，人民可以安居乐业，不用为了生计而终生奔波劳顿，而圣贤的治理之道，则是使这个理想世界得以实现的关键。试想我们今日的生活，科技与通信的进步，已经让我们不用出门就可以看到世界各地的特色商品和服务，只需在家滑动手机，琳琅满目的商品和服务就可以送上门来。可见只要治理得适当，物能尽其用、货能畅其流的理想是越来越可行的经济发展目标。

国际贸易进行的方式通过大数据分析和人工智能技术的发展，在未来将会为我们的生活方式带来与过去完全不同的体验。未来的贸易、服务将朝向更"客制化"的方向发展，贸易商的角色很可能会被智能机器人或软件给取代，我们的消费行为和喜好都将被未来的科技所记录与分析，甚至我们看见商品的表情和心跳等情绪特征，都将成为厂商定价的参考信息。只要物流和资金流的服务能够进行跨国整合，跨国贸易的需求就会扩大产生，当全球的贸易网络可以在公开透明的平台串联整合时，全球的贸易体系将会产生重大的变革，国际贸易的渠道可以不再掌握在大企业手上，中小型企业更能发挥其经济上的影响力。

2016 年在杭州举行的 APEC G20 峰会中，大会发布了有关 electronic world trade platform（eWTP）的公报，该公报的理念在建立和完善一套全新的、适应互联网时代的贸易体系。这项倡议由阿里巴巴董事局主席马云率领 107 家国际企业提出了规划报告，其要求包括推动公共部门与私营部门的对话、孵化电子商贸规则、建立切实有效且高效的政策和商业环境，其目标是帮助全球发展中国家和最不发达国家、中小企业、年轻人更方便地进入全球市场并参与全球经济。eWTP 是一种平台的架构而不仅仅是一个国际组织。因此，未来平台的功能不但要能发挥全球贸易规则制定与纠纷协商，更重要的是能产生一种自我管理、成长与修复的学习性平台。平台上电子商务的数据、资金流、物流、通关程序等都必须开放与透明。在杭州 APEC 峰会后不到一年，马来西亚吉隆坡国际机场航空城成立了"数字自由贸易区"，成为实践 eWTP 平台的第一个海外实验区。"数字自由贸易区"将打造成物流、仓储、通关、贸易、金融、支付一体化的数字中枢，探索跨境电子商务贸易新规则，通过提供"一站式"外贸综合服务，协助中小企业与年轻人参与全球贸易。但尽管进行国际贸易的方式日新月异，但究其贸易活动的本质，根本上还是没变的。

国际贸易是一项从古至今都没有间断过的商业活动。但国境内的贸易活动和境外的贸易活动到底有何不同之处呢？最明显的差别可能是境外的贸易活动将涉及使用与境内不同的支付工具，其商品或劳务递送的过程也比较复杂，如需要进行通关的程序或转换不同的运输工具等。此外，由于国际贸易的交易对象其语言和文化或商业习惯可能与境内的交易者完全不同，而境外的销售渠道与包装标示的成本也较境内的成本高昂许多。因此，探索一个国家或地区为什么要或为什么能进行国际贸易是一个值得深思的课题。

谈到为什么要进行国际贸易，在中国最早的诗歌总集《诗经》里的《国风·卫风》有以下一段有趣的叙述："氓之蚩蚩，抱布贸丝。匪来贸丝，来即我谋。送子涉淇，至于顿丘。"这首诗歌一开场把场景拉到了春秋时期一个临河岸的市集里，有位贩丝的卫国姑娘，在人来人往的市场里，她望见了一位外地来的男子，他看起来外表敦厚老实且手上抱着布走向她来，男子开始和她攀谈假装要用他的布和她交换丝，结果两人一见钟情，于是在四目交接后纷纷坠入了情海，这女子事后回想起这段往事就感叹着说，当初这个男人一定不是来找我买丝的，他是费了心机想到用这个法子来接近我的。

虽然上述的典故主要是由一个女子的角度抒发她在情场的失意及遗憾，但我们不难看出春秋时期国际贸易活动的雏形。我们观察到了一个外地人在关外的市集里抱布贸丝，市集附近有水利交通之便，否则外来的货物运不进来而本地的货物也运不出去。至于交易的媒介，也是一个值得探索的问题。在春秋时期，大小诸侯国林立，当时各国已能发行各自的青铜铸币，但各国间的铸币是否能够互相流通，这可能还需要进行更多的学术考究。但当没有统一的货币时，使用商品来当成交换的工具，似乎就是很自然的行为了。不论如何，国际贸易活动的进行自古以来就与我们的生活息息相关。

随着运输工具的发达，国际贸易的活动也就越来越频繁。19 世纪欧洲发明蒸汽机并将其运用于轮船和火车上，此后工业生产的数量和国际贸易的活动就呈现出大规模的成长。例如，到 2017 年以前，全球最大的物流业者是联邦快递（FedEx），旗下拥有 664 架货机和 9 万辆的货车，每日穿梭于全球 375 个空港、2100 个站点、横跨 220 个国家，每日运送 6 百万件的包裹，千里之外的货品只需 1~2 日的时间即可送达[①]。

---

① 联邦快递 2018 年度报告. 联邦快递官网, http://investors.fedex.com/investor-home/default.aspx.

另外，为加强与欧洲国家的商业贸易联络，自2016年起中国铁路总公司与中亚和欧洲各国铁路系统协作，开通从中国苏州、义乌、深圳、郑州、成都等地到达一带一路沿线的城市如伦敦、汉堡等地的集装箱国际铁路联运班列，即中欧班列（China Railway Express）。2017年以前，中欧班列共计52条线，连接了欧洲12个国家32个城市，其运行时间比海运约节省3/4，价格约为航空的1/5，适合对交货时限有要求的大宗电商产品、轻工及高科技电子产品以及需要冷藏的葡萄酒等食品的运输需求，将能再造现代丝绸之路的风华。

第二节　欧洲国际贸易理论源流

一、重商主义的思想源流

谈到近代国际贸易活动在欧洲的兴起，我们可以从15~17世纪欧洲的大航海时代说起。在这段时间，欧洲的武装商船队伍出现在世界各处的海域上，除了探索殖民地之外，这些欧洲国家也积极寻找新的贸易路线和贸易机会，此时的欧洲已进入了欧洲文艺复兴运动的初期。欧洲在这个思想蓬勃且国际关系紧张的新时代，发展出了以民族（nationalism）为中心的经济思想。亚当·斯密（Adam Smith）以"重商体系"（mercantile system）一词来描述以鼓励出口限制进口的方法来累积国家财富的经济思想，这种以累积黄金或白银为经济政策的思想，我们称为重商主义（mercantilism）。这种经济思想是欧洲16~18世纪的主流经济哲学。有关在这个时期的各种经济思想流派，有兴趣的读者可以自行参阅雅各布·维纳（Jacob Viner）的专著《国际贸易理论研究》（*Studies in the Theory of International Trade*, 1937），书中有很详细的讨论。综而观之，重商主义在西欧社会进入封建社会的瓦解时期，商业和资本累积逐渐成为欧洲国家追求竞争优势的策略，而各国航海的地理发现也扩大了国际市场的规模，商业活动、航海技术、工业发展成为这个阶段欧洲各国的经济发展目标。例如，荷属东印度公司、英属东印度公司等都是当时这些国家在贸易政策上的具体实践。

在这段时间，欧洲各国以壮大自己的军事实力为增进海外贸易的途径，因此，各国间的军事冲突频繁，发展强大的海军舰队和陆军成为扩张海外势力的必要条件，而支持这些军备开支同时又要更多的黄金和白银，国际贸易的发展也就伴随着更多的战争。这样的发展让商人需要政府的军事保护和支持，而政府则需要商人阶级通过贸易来累积更多黄金和白银。"保护主义"的经济政策就成为让商人阶级的利益可以保全的手段，这些保护性的政策其形式可包括政府对工业发展进行补贴、给予特定商人经营某种产业的特许权利、课征关税和对进口采取配额、限制资本和技术设备输往海外、限制外籍船舶自由进出港口等。当时欧洲的经济思维都认为国际贸易是一种"零和赛局"或"零和博弈"。即一个国家通过国际贸易所累积的财富是由其他国家在国际贸易中流失的黄金和白银所造成的。世界各地的贵重金属通过国际贸易与战争逐渐流入欧洲,带动了欧洲的工业发展和工业革命,而英国就成为后来经济和军事发展的佼佼者,到了18世纪英国已成为当时海外殖民地最多、全球人均国民所得最高的国家,而英国伦敦也成为当时全球的金融重镇,以黄金为本位的货币制度也逐渐形成而影响了后来国际金融制度的发展。英国的成功,也刺激了当时在欧陆的大国如法国和德国等,贸易保护主义和军备竞赛成为欧洲国家发展的手段,并埋下了第一次世界大战的导火索。

亚当·斯密在其名著《国富论》中就针对重商主义思维的谬误提出匡正。他强调国家的财富并不是建立在黄金或白银的积累或贸易盈余之上,自由贸易的结果是双赢的,双方都可以通过交换得到更好的经济结果。他指出国家财富真正的来源是依靠劳动的专业分工,来提高劳动的生产力,达到更大的生产规模和经济增长。对于当时政府干预自由贸易的进行,亚当·斯密则坚决反对,他认为这些在重商主义思想下以保护国家利益为由的干预政策,其实是政治和商业阶级的勾结,对国民的经济福祉是不利的。因此,他大力倡导自由贸易和市场机制。在18世纪的欧洲与亚当·斯密同期对重商主义的著名评论者还包括戴维·休谟(David Hume)。休谟是当时苏格兰的哲学家、历史学家和经济思想家。在其1752年的著作中提到①,一个能进行国际贸易的国家其人民会比自给自足的国家还要富裕与快乐。他认为出口贸易可以为本国创造更多的劳动机会,因此可以使该国的工业生产规模扩大。同时进口贸易可以为本国的生产提供更多原物料和国外的商品,可增加各种消费和奢侈品的选择。因此,他相信国际贸易是一个富强国家的象征。但他并不相信国际贸易本身的目的在于累积黄金或白银,他强调国际贸易是一种发达国家经济发展的途径。根据他的观察,当时的英国虽然能囤积大量的黄金,但其财富水平并未因此而得以同比例的增加。因为,他发现当一个国家因贸易盈余而累积大量黄金时,增量的黄金将会引发国内物价的上升,而物价上升则会迫使这个国家减少出口而增加进口。同时,贸易有逆差的国家其黄金的减少将会让其国内物价下降,而物价下降将会导致该国减少进口而增加出口。休谟因此推论,黄金和物价的关系将会阻止一个国家可以长期维持在贸易上的优势,任何一个国家都将无法长期不断地累积黄金。休谟发现了国际贸易会改变货币供给的数量,提出了物价—货币流动机制(price-specie flow)理论,让后世的经济学者们注意到了国际收支平衡(balance of payment)的议题,而他的论述也成为反驳当时重商主义思维的另一股力量。

---

① David Hume, 1752, political discourses, essays, moral, political, and literary, part II, essay I, of commerce, II. I. 14.

二、比较优势思想的源流

亚当·斯密在《国富论》的第四册第三章的第三十一段中提及，重商主义的学派从国际收支的角度论述国际贸易的结果，认为若双方贸易的结果是均衡的话，则贸易的结果对双方而言都必然不会产生好处或坏处，但若贸易的收支是不均衡的情形，则必然会让交易的一方受益而让另一方受害，因为重商学派的分析把交易后的货币数量变化视为影响国家财富的重要因素，当进口大于出口的不均衡情形发生时，贸易将不利于国家的所得。但亚当·斯密则认为国家的财富是来自劳动后所产生的社会价值，生产力才是累积财富的关键，国际贸易的好处并非由黄金或白银的数量来进行衡量的。亚当·斯密驳斥了重商学派对国际贸易结果的分析观察，并强调国际贸易会使交易的双方都能同时受益。亚当·斯密解释，若两国各自以擅长的生产进行贸易，则双方从贸易交换都将同时获得好处且所获得的利益将会相当接近，因为双方都是以本国的生产来出口交换等值的进口，而这些劳动都是在满足国内的需求后所多出来的（surplus）。因此，在双方贸易是均衡时，国际贸易能使双方的劳动增加而都能同时从贸易中得到好处。若其中一国的出口不全然是本国的生产，例如，商品是从其他国家进口后再进行转售，但另一国的出口则完全是自己的生产时，两国是否依然都能同时从贸易中获得好处呢？亚当·斯密显然对类似进行三角贸易或来料加工的贸易情况进行了分析。他指出，使用国外产品进行贸易的国家会出现所得必须分配给提供其商品或原料的来源国，因此其最终收入将少于完全使用本国生产进行贸易的情形，但尽管如此，这种进口活动仍然能创造国内劳动的机会，因而通过贸易仍可产生价值，虽然其产生的收入将少于完全使用本国生产来进行贸易的情况，但贸易仍然使两国都能同时受益。

亚当·斯密指出贸易可以使两国同时都受益，他的立论基础主要建立在本国具有优势的生产上，若本国以其具有生产优势的商品与国外进行交换则必然可以获得好处。因此他主张解除贸易管制，支持自由贸易的进行。亚当·斯密的论述在当时的欧洲受到了重视。因此，欧洲的经济思想开始摒弃重商主义的思维，接受了自由贸易可以为国家带来利益的观点。但深入进行分析时，欧洲的论述者们发现，亚当·斯密并未明白地指出，当一个国家在每项生产活动都不具有生产优势时，这个国家是否还能进行国际贸易？这个问题成为19世纪初政治经济分析的热点。一般的学者都相信，大卫·李嘉图（David Ricardo）是第一个以比较优势（comparative advantage）的观点评论若一个国家在所有的生产活动项目和贸易对象相比都不具备生产优势时，仍然可以进行贸易，且贸易依然可以同时为两国同时带来利益。其实，罗伯特·托伦斯（Robert Torrens）在其1815年发表的论文[①]和詹姆士·

[①] Torrens, R. 1815. Essay on the External Corn Trade. London: Hatchard.

密尔（James Mill）在 1818 年的文章①及 1821 年的著作②都曾经针对比较优势的概念提出看法。但大卫·李嘉图在其著作《政治经济学与赋税原理》（*On Principles of Political Economy and Taxation*，1817）中第七章的第 16 段，提出了一个后来广为人知的例子。他在这一段中以英国和葡萄牙两个国家分别能生产衣服和酒为例。其中，英国每年要投入 100 人来生产衣服而投入 120 人来生产酒③，而葡萄牙只需投入 90 人来生产衣服而生产酒则只需要投入 80 人。这个例子有趣的地方在于不管衣服或酒，葡萄牙的生产力都高于英国，而大卫·李嘉图告诉读者，对英国有利的交易方式是出口衣服和进口酒；对葡萄牙有利的交易方式则是出口酒和进口衣服，虽然大卫·李嘉图在这段的文字中并没有详细证明如何得到这个结论的，但是在这章的脚注中，他又以生产鞋子和帽子的例子，更清楚地指出了比较优势的原理。这个例子提及两个人都能生产鞋子和帽子，且其中一人不管在生产鞋子或帽子的能力都优于另外一个人，这个人在生产鞋子或帽子的生产力都优于另一个人，若选择生产帽子其产量将比另一个人多出 20%，若选择生产鞋子其产量将比另一个人多出 33%，大卫·李嘉图提出这个人应该选择生产鞋子，而另一个人应该选择生产帽子，两人互相贸易对两人都将产生利益。因此，大卫·李嘉图通过这些例子，企图说明自由贸易不论是在绝对优势或是比较优势的情形下，贸易都将是一种互利的结果。因此一般都认为大卫·李嘉图建立了古典经济学中比较优势的原理。

第三节　古典经济学中的大卫·李嘉图模型

大卫·李嘉图 1772 年生于英国伦敦，他曾经是一名股票交易员，也曾靠着股市致富，大约 28 岁时读到了亚当·斯密的《国富论》，开启了他对政治经济学的兴趣。42 岁时他离开了证券交易所，之后成为英国下议院的议员，成为反对英国实施强制征收进口关税的"谷物法"（corn law）之一员，并出版了许多经济相关著作，包括前述的《政治经济学与赋税原理》。到他 51 岁去世那年，英国的谷物法仍未废除。他和当时的英国学者詹姆士·密尔（James Mill）及马尔萨斯（Malthus）都是好友。大卫·李嘉图当时并没刻意发展我们现在熟悉的比较优势原理，比较优势原理是由 19 世纪之后的古典经济学者不断讨论和演绎的结果。以下，我们以比较正式的方法，来分析和讨论大卫·李嘉图的比较优势原理，以及这个模型隐含着怎样的经济意涵。

---

① Mill, J. 1818. "Colony." Supplement to the Fourth, Fifth and Sixth Editions of the Encyclopedia Britannica, edited by Macvey Napier. Edinburgh: Constable.
② Mill, J. 1821. Elements of Political Economy. London: Baldwin, Cradock and Joy.
③ 大卫·李嘉图的例子并没有详细说明两国所生产的数量，但我们可以假定两国生产两种商品的数量相同。

一、模型的基本假设

交易的两方分别是本国（home country，以 H 来表示）和外国（foreign country，以 F 来表示）。

两国分别都能生产衣服（cloth，以 C 来表示本国生产的衣服，以 C^* 来表示外国生产的衣服）和酒（wine，以 W 来表示本国生产的酒，以 W^* 来表示外国生产的酒）。

每一期本国衣服产出的数量为 Q_c、酒产出的数量为 Q_w。外国衣服产出的数量则为 Q_c^*、酒产出的数量为 Q_w^*。

生产衣服和酒两种货品只需投入劳动（labor，以 L 来表示本国的劳动，以 L^* 来表示外国的劳动），其他的生产要素暂时不予考虑。

两国的两种商品其生产力都具有固定规模报酬（constant return to scale）的特质，即生产力不会衰减，每个劳动的投入都能获得固定的产量。

本国生产一个单位的衣服所需投入的劳动为 L_c 个单位，外国生产一个单位的衣服所需投入的劳动为 L_c^* 个单位。本国生产一个单位的酒所需投入的劳动为 L_w 个单位，外国生产一个单位的酒所需投入的劳动为 L_w^* 个单位。本国劳动的总数量为 L，外国劳动的总数量为 L^*。

两国衣服和酒的市场为完全竞争市场（perfect competitive market），即国内和国外所生产的酒和衣服都是同质的（homogeneous），两国的货品供需都是均衡的。

两国对衣服和酒的需求型态相同，即两国在选择消费衣服和酒的偏好（preference）是相同的。

劳动市场为完全竞争且充分就业的，且两国的劳动者都可自由地选择在生产衣服或酒的产部门工作。

两国的劳动者皆不能在国家间移动。

二、大卫·李嘉图模型分析

基于上述的假设，本国每期的生产可以由一个只需投入劳动的生产函数和投入劳动的条件限制来表示：

$$Q_c = f(L_c) \quad (2-1)$$

$$Q_w = f(L_w) \quad (2-2)$$

$$L_c \times Q_c + L_w \times Q_w = L \quad (2-3)$$

同理，外国每期的生产也是由一个只需投入劳动的生产函数和投入劳动的条件限制来表示：

$$Q_c^* = f(L_c^*) \tag{2-4}$$

$$Q_w^* = f(L_w^*) \tag{2-5}$$

$$L_c^* \times Q_c^* + L_w^* \times Q_w^* = L^* \tag{2-6}$$

根据式（2-3），若本国将所有的劳动都投入衣服的生产上，则本国最多将可生产（L/L_c）单位的衣服。若本国将所有的劳动都投入酒的生产上，则本国最多将可生产（L/L_w）单位的酒。因此，我们可以得本国的两种生产可能组合，分别为（L/L_c，0）、（0，L/L_w）。因为我们假定其生产力具有固定规模报酬的特性，式（2-1）和式（2-2）中的生产函数将是线性的（linear）、衣服和酒的劳动边际生产（marginal product of labor，MPL）是固定不变的，因而本国的生产可能性曲线（production possibility frontier，PPF）将会是一条负斜率的直线。同样的道理，我们也可以得到国外生产可能性曲线是一条负斜率直线的推论。本国的生产函数和生产可能性曲线如图2-1所示。

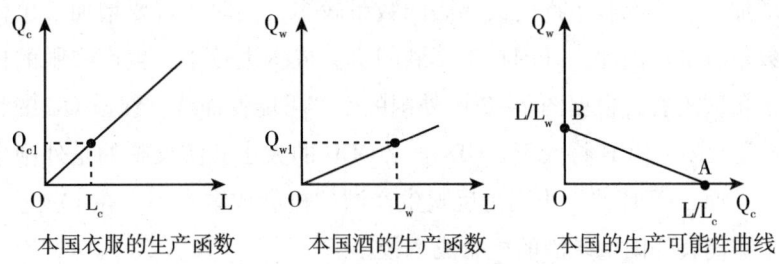

图2-1 本国的生产函数和生产可能性曲线

在图2-1中，若生产一个单位的衣服（Q_{c0}）需投入的劳动量是L_c，而生产一个单位的酒（Q_{w1}）需投入的劳动量是L_w，若$L_c < L_w$，即生产一个单位的衣服需投入的劳动量少于生产一个单位酒所需投入的劳动量。若本国生产一单位衣服所投入的劳动量少于生产一单位酒所需投入的劳动量，则在图2-1中本国的生产可能性曲线将较为平坦，这说明增加一单位衣服的生产要放弃酒的数量较少，同时要增加一单位酒的生产要放弃衣服的数量较多。因此，负斜率的生产可能性曲线隐含着生产时必须做出取舍（trade-off）的特性。而生产可能性曲线之斜率（slope of PPF）大小则可以视为生产一个单位的衣服将放弃多少数量的酒。在这个例子中本国生产衣服的机会成本（opportunity cost）较生产酒为小，因为本国在生产衣服所投入的劳动时间较少，其生产的机会成本也较小，而生产酒要投入较多的劳动，因此其机会成本较大。我们也可从另一个角度来说明机会成本的意涵。根据图2-1中本国的生产可能性曲线，线段OA的长度将大于线段OB的长度，即∠OAB将小于∠OBA。∠OAB的大小其实反映的是本国生产衣服的机会成本大小，而∠OBA的大小则是反映生产酒的机会成本大小。在本例子中，∠OAB小于∠OBA，即代表本国生产衣服的机会成本较小。

同前所论，但我们假定外国生产衣服所需投入的劳动量大于生产酒的，则我们可以将外国的生产函数和生产可能性曲线表述如图2-2所示。

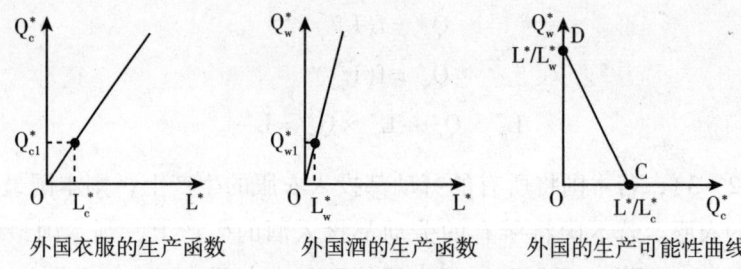

图 2-2 外国的生产函数与生产可能性曲线

在图 2-2 中，若国外生产一个单位的衣服（Q_{c1}^*）需投入的劳动量是 L_c^*，而生产一个单位的酒（Q_{w1}^*）需投入的劳动量是 L_{w0}^*，当 $L_c^* > L_w^*$ 时，即表示外国生产一个单位的衣服需投入的劳动量多于生产一个单位酒所需投入的劳动量。若外国生产酒所需投入的劳动量较生产衣服所需投入的劳动量少，在图 2-2 中外国的生产可能性曲线将较为陡峭，这说明增加一单位衣服生产要放弃酒的数量较多，同时，若要增加一单位酒生产要放弃衣服的数量较少。因此，外国在生产酒的机会成本也较小，生产衣服的机会成本较大。从另一个角度来看，根据图 2-2 中外国的生产可能性曲线，线段 OC 的长度将小于线段 OD 的长度，即∠OCD 将大于∠ODC。∠OCD 的大小其实反映的是外国生产衣服的机会成本大小，而∠ODC 的大小则是反映生产酒的机会成本大小。在本例子中，∠ODC 小于∠OCD，即代表外国生产酒的机会成本较小。

若 $L_c > L_c^*$，则外国在生产一单位的衣服所需投入的劳动量较本国小，因此外国在生产衣服上的生产力较高，我们可以称外国在生产酒上具有绝对优势（absolute advantage）。同理，若 $L_w > L_w^*$，则外国在生产衣服上具有绝对优势。然而比较优势（comparative advantage）指的并不是某项商品其生产力的高低，而是该国在生产该项商品时，其机会成本较另一国为小。因此，当外国不管是衣服或是酒的生产力都高于本国，即 $L_c > L_c^*$ 且 $L_w > L_w^*$ 时，两国该如何进行贸易才能使双方都同时获得益处呢？根据比较优势原理，若两国分别根据其具有比较优势的商品来生产并进行贸易，贸易的结果将可使两国都同时获益。具有比较优势的商品是依据该国生产该商品的机会成本和其贸易伙伴在生产该商品的机会成本进行比较来决定的，若该商品在该国生产的机会成本小于另一国该商品生产的机会成本，我们就可以认定该项商品在生产上是具有比较优势。我们前面解释过，本国生产衣服的机会成本即本国生产可能性曲线的斜率，该斜率的计算可以根据图 2-1 中三角形 OAB 的高（OB）除以底（OA）得到，将 L/L_w 除以 L/L_c 就可以得出本国生产衣服的机会成本是 L_c/L_w 个单位的酒。同理，本国生产酒的机会成本可由三角形 OBA 的高（OA）除以底（OB）得到，将 L/L_c 除以 L/L_w 可以得出本国生产酒的机会成本是 L_w/L_c 个单位的衣服。国外生产衣服的机会成本则可根据图 2-1 中三角形 OCD 的高（OD）除以底（OC）得到，而国外生产酒的机会成本则可由三角形 ODC 的高

(OC) 除以底（OD）得到。因此，国外生产衣服的机会成本为 L_c^*/L_w^* 个单位的酒，国外生产酒的机会成本则是 L_w^*/L_c^* 个单位的衣服。我们将两国在生产两种货品的机会成本整理如表 2-1 所示。

表 2-1　　　　　　　　两国在生产衣服和酒的机会成本

	衣服（C）	酒（W）
本国（H）	L_c/L_w 个单位的酒	L_w/L_c 个单位的衣服
外国（F）	L_c^*/L_w^* 个单位的酒	L_w^*/L_c^* 个单位的衣服

通过比较两国生产衣服的机会成本，即比较 L_c/L_w 和 L_c^*/L_w^* 值的大小就可以找出哪一国在生产衣服上具有比较优势。例如在上例中，我们假设 $L_c<L_w$，因此 L_c/L_w 其值将小于 1，我们又假设 $L_c^*>L_w^*$，因此 L_c^*/L_w^* 其值将大于 1，我们不难推论出本国在生产衣服上具有比较优势。若 L_c/L_w 其值将小于 1，则 L_w/L_c 的值将会大于 1，同时也可知 L_c^*/L_w^* 其值将小于 1，我们也得到外国在生产酒上具有比较优势的结论。根据以上简单分析，我们可以观察到，若一国在某项商品的生产上具有比较优势，则在另一项商品的生产上将不会具有比较优势，因此，若两国在生产某项商品的机会成本不同时，两国在生产上具有比较优势的货品必定不同，因而创造了分工生产和贸易的可能。

三、贸易的交换与贸易后的结果

接下来我们分析在大卫·李嘉图模型的假设下，两国应如何进行贸易才能获益。到目前为止，我们并没有谈及两国的商品其市场价格要如何决定。我们若以两国各自发行的货币来为商品进行标价，则我们会发现汇率的因素可能会让比较优势的情形难以决定，因为汇率的因素就可能造成比较优势的改变。为解决这个问题，大卫·李嘉图模型中的商品价值是以投入的劳动量来衡量。如此，国内的商品有了进行交换的标准。例如，若完成一件衣服须投入 20 小时的劳动量，而完成一瓶酒需投入 60 小时的劳动量，则一瓶酒应可兑换三件衣服。因此，在本国一单位的衣服可以交换 L_c/L_w 个单位的酒，而一单位的酒可以交换 L_w/L_c 个单位的衣服。外国一单位的衣服可以交换 L_c^*/L_w^* 个单位的酒，而一单位的酒可以交换 L_c^*/L_w^* 个单位的衣服。由此可知，在大卫·李嘉图模型里机会成本反映了商品的交易价值。

若两国要进行贸易，那么商品交换条件应该要能让两国都能同时接受。在本例中，本国在生产衣服具有比较优势，换句话说，若本国以衣服和国外交换酒，那么从国外换得的酒之数量应该不会少于从国内换得的数量。同理，外国在生产酒上具有比较优势，外国用酒来交换本国衣服的数量也应该不会少于在外国所换得的数量。因此，一单位的衣服其交换条件将不会低于 L_c/L_w 个单位的酒，若交换率低于 L_c/L_w 个单位的酒，本国在国内交换即可，衣服的交换比率也不会高于 L_c^*/L_w^* 个单位的酒，若高于这个比率，外国将没有意愿与本国进行交换。因此，衣服的交换条件将介于两国生产衣服的机会成本之间。同理，酒的交换条件也将介于两国生产酒的机会成本之间。一单位的酒其交换条件将不会低于 L_w^*/L_c^* 个单位的衣服，也不会高于 L_w/L_c 个单位的衣服。因此，两国要进行贸易，在本例中，一单位衣服的交换条件（P_c）、一单位酒的交换条件（P_w）分别是：

$$L_c/L_w \text{ 单位的酒} \leq P_c \leq L_c^*/L_w^* \text{ 单位的酒} \tag{2-7}$$

$$L_w^*/L_c^* \text{ 个单位的衣服} \leq P_w \leq L_w/L_c \text{ 个单位的衣服} \tag{2-8}$$

很显然，若式（2-7）成立，式（2-8）也将必然成立。两国根据其具有比较优势的商品和对方交换，贸易必然可以获得利益[①]。只要式（2-7）的交换条件能达成，本国必可在出口中换回更多的酒。同理，外国必可在其出口换得更多的衣服。简而言之，在本例中，本国具有比较优势的货品是衣服，而外国具有比较优势的货品是酒，因此，本国应该出口衣服和外国交换酒，而外国应该使用酒来进口衣服。比较优势原理可以推论出两国贸易的模式（pattern of trade），即若两国的生产力存在着差异时，两国可各自出口具有比较优势的货品，进口没有比较优势的货品，只要交换条件在合理的范围内，贸易的结果可以使双方都能同时获益。在本例中，本国在生产衣服具有比较优势，因此，本国应该出口衣服进口酒。

在大卫·李嘉图模型中，若两国不进行贸易，则是自给自足（autarky）的经济模式。这种经济模式是假设本国所生产的货品数量最终等于本国所消费的货品数量。如图2-3所示，本国生产可能性曲线的各种生产组合都是可行的生产组合，但由于我们假设本国社会在自给自足的条件下是追求最大效用（utility）的，又本国的生产可能亦可以视为本国的消费限制，因此，生产组合和消费组合将出现在本国生产可能性曲线和效用水平 U_1 相切的 E_1 点。E_1 点的衣服和酒的生产组合是（Q_{c1}, Q_{w1}），因为我们假设生产的货品数量最终等于消费的货品数量，因此，社会整体在衣服和酒的消费组合也是（Q_{c1}, Q_{w1}）。

当本国开始和外国进行贸易，本国的消费将发生变化。若存在一个交换条件 P_c 满足式（2-7），那么本国消费会产生什么变化呢？首先，按照比较优势原理，本国出口衣服并进口酒将可提升其经济利益。通过图2-3来说明，本国将出口（$Q_{c1} - Q_{c2}$）单位的衣服并换取到外国（$Q_{w2} - Q_{w1}$）单位的酒。因此，若本国和外国贸易，其消费组合为

[①] 若不考虑交易的成本，当交换条件刚好等于其中一方的机会成本时（即等号成立时），双方仍可进行贸易，唯贸易的结果，将只有一方能获得利益，另一方的经济效果则会不变。

(Q_{c2}，Q_{w2})，即 C_2 这点。通过点 C_2 最大的效用水平是 U_2，因此，贸易后本国消费效用水平由 U_1 提升至 U_2。通过和国外的贸易，本国可以用衣服换到比自己生产还要多的酒，因此，贸易后的消费组合会出现在本国生产可能性曲线边界之外的地方，即 C_2 点，因此，效用水平可以得到更进一步的提升，此即印证了古典经济学中贸易可以获益的论点。

外国的情况也是如此的，通过贸易，外国的经济福祉也会获得提升。根据图 2-4，在贸易前，外国的生产组合和消费组合将出现在外国生产可能性曲线和效用水平 U_1^* 相切的 E_1^* 点。若存在一个交换条件 P_w 满足式 (2-8)，外国将和本国进行贸易，且外国的消费将发生变化。因为外国的比较优势是生产酒，因此，外国出口酒并进口衣服将可提升其经济利益。若外国出口 ($Q_{w1}^* - Q_{w2}^*$) 单位的酒并换取到本国 ($Q_{c2}^* - Q_{c1}^*$) 单位的衣服，此时外国的消费组合为 (Q_{c2}^*，Q_{w2}^*)，此即 C_2^* 这点。通过点 C_2^* 最大的效用水平是 U_2^*，由此可知，贸易后外国消费效用水平由 U_1^* 提升至 U_2^*。外国在进行贸易后，和本国一样，其消费组合可以出现在外国生产可能性曲线边界之外的地方，因此其效用水平可以得到提升。

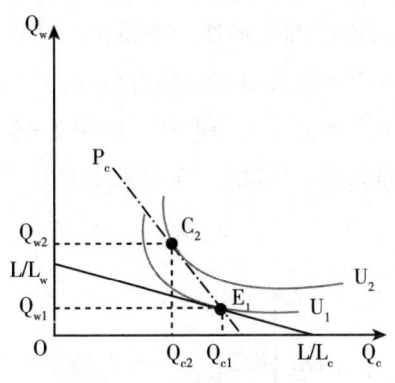

图 2-3 本国的生产与消费

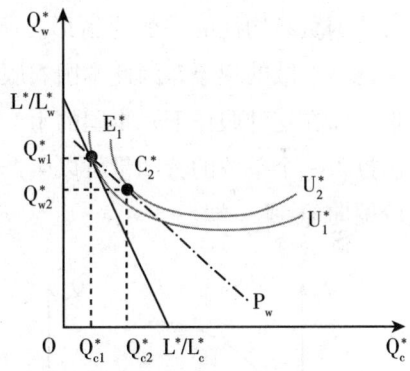

图 2-4 外国的生产与消费

在前述的例子中，两国是同时生产衣服和酒。若两国分别只专注生产具有比较优势的货品上，则双方贸易可获得的利益更大。我们可以使用图 2-5 来加以说明。若本国一开始的时候就全部生产衣服不生产酒，初始的生产组合在 E_1' 点，即本国只生产 L/L_c 单位的衣服而不生产酒。若存在一个交换条件 P_c 满足式 (2-7)，本国将出口 ($L/L_c - Q_{c2}'$) 单位的衣服去换取 Q_{w2}' 单位的酒，此时，本国效用最大的消费组合将会是 C_2' 点，效用水平为 U_3。由此可见，专业化生产后贸易的利益大于同时生产两种货品后贸易的利益，更大于自给自足的经济生产，即 $U_3 > U_2 > U_1$。大卫·李嘉图模型建议专业化生产的利得将比一般贸易交换获得更多利益。同理，外国若只生产酒并以酒交换衣服，我们也会得到相同结论。

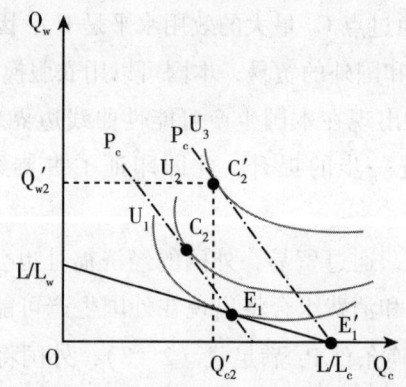

图 2-5 本国专业生产与贸易利得

四、生产力呈现递减特性的大卫·李嘉图模型

在上述的例子中,两国的生产力假设都是固定不变的,但由于生产要素往往具有生产力递减(diminishing return)的特性,因此,我们将此生产特性放进大卫·李嘉图模型中并探讨两国贸易均衡的一般化情形。所谓生产力递减即是增加一个单位的劳动投入,产出水平逐渐衰减的现象,因此本国衣服和酒的生产函数其斜率将随着劳动的增加而越来越平坦,而在这种假设下,本国的生产可能性曲线将会是一条曲线,如图2-6所示。由于本国投入一个单位的劳动量可以生产出较多的衣服,因此,OA 将大于 OB,即这条曲线比较偏向 Q_c 那一端。

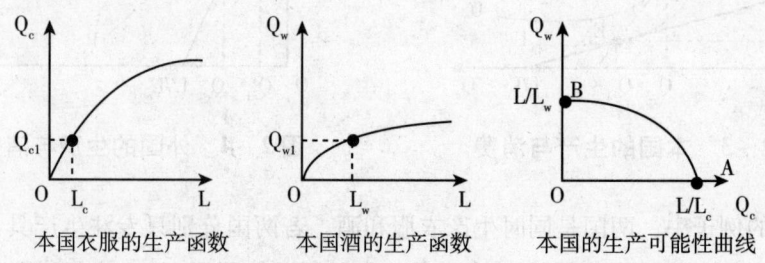

图 2-6 具有生产力递减特性的本国生产可能性曲线

同样的道理,若国外的生产也具有边际生产力递减的特性,那么外国的生产可能性曲线也将是一条曲线。但由于我们假设国外较擅长于造酒,因此,其生产可能性曲线的形状将和本国的生产可能性曲线不同,如图 2-7 所示。由于外国投入一个单位的劳动量可以生产出较多的酒,因此,OB^* 将大于 OA^*,即这条曲线比较偏向 Q_w^* 那一端。

在自给自足不进行贸易的情况下,本国衣服和酒的交换条件是什么呢?根据我们模型的劳动条件,即式(2-1)到式(2-3),$Q_c = f(L_c)$、$Q_w = f(L_w)$、$L_c \times Q_c + L_w \times Q_w = $

L，但在此处，我们已将生产函数式（2-1）和式（2-2）设定为非线性的函数，而生产限制式（2-3）则仍然以大卫·李嘉图模型的假设将其设定为线性的。因此，我们可以决定出在自给自足的情况下，本国最有效率的生产均衡将在 E_1 点，如图 2-8 所示。

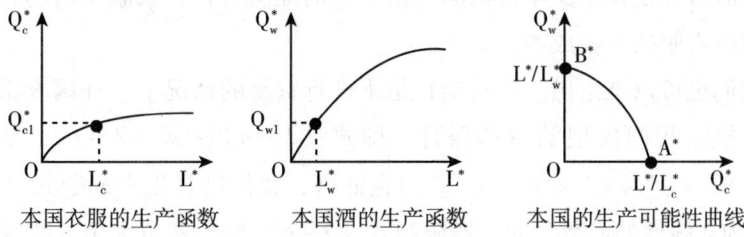

图 2-7　具有生产力递减特性的生产可能性曲线

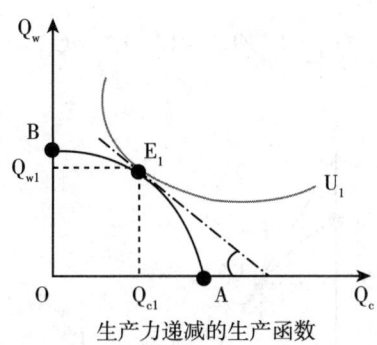

图 2-8　本国最有效率的生产组合和效用最大的消费组合

根据式（2-3），有：

$$Q_{w1} = L/L_w - L_c/L_w \times Q_{c1} \tag{2-9}$$

即在上述的条件之下，生产一个单位衣服的机会成本即 L_c/L_w 个单位的酒。若从商品市场的消费选择来分析，假若本国衣服的价格是 P_c，酒的价格是 P_w，则本国社会整体创造的消费限制（R）为衣服和酒的销售总额，即 $R = P_c \times Q_{c1} + P_w \times Q_{w1}$，即在上述的条件下，有：

$$Q_{w1} = R/P_w - P_c/P_w \times Q_{c1} \tag{2-10}$$

式（2-9）和式（2-10）是否重合呢？为了验证这个问题，我们可以假设本国的均衡工资率为 W，则商品的价格将可以由其生产成本来决定，即：

$$P^c = W \times L_c \tag{2-11}$$

$$P^w = W \times L_w \tag{2-12}$$

将式（2-11）和式（2-12）相除，则我们可以很容易证得 $P_c/P_w = L_c/L_w$。又若代表本国社会整体对衣服和酒的偏好可以用效用水平 U_1 来代表的话，则本国效用最大的消费组合也会发生在 E_1 点。这意味着 E_1 点即是生产组合也是消费组合，此时消费限制与本国的生产限制重合。我们将 P_c/P_w 定义为衣服换酒的相对价格（relative price），即一个单位的衣服可以换得多少单位的酒。由上述的证明可知，衣服换酒的相对价格其实就是生产一单位衣服的机会成本。

同理，我们也可以推论出，在自给自足不进行贸易的情况下，外国衣服和酒的交换条件是什么。根据我们模型的劳动条件，即式（2-4）~式（2-6），$Q_c^* = f(L_c^*)$、$Q_w^* = f(L_w^*)$、$L_c^* \times Q_c^* + L_w^* \times Q_w^* = L^*$。但在此处，我们已将生产函数式（2-4）和式（2-5）设定为非线性的函数，而生产限制式（2-6）则仍然以大卫·李嘉图模型的假设将其设定为线性的。因此，我们可以决定出在自给自足的情况下，外国最有效率的生产均衡将在 E_1^* 点，如图 2-9 所示。根据式（2-6），有：

$$Q_{w1}^* = L^*/L_w^* - L_c^*/L_w^* \times Q_{c1}^* \tag{2-13}$$

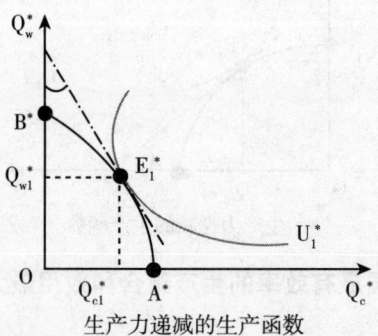
生产力递减的生产函数

图 2-9 外国最有效率的生产组合和效用最大的消费组合

即在上述的条件之下，生产一个单位衣服之机会成本即 L_c^*/L_w^* 个单位的酒。若从商品市场的消费选择来分析，假若本国衣服的价格是 P_c^*，酒的价格是 P_w^*，则本国社会整体创造的消费限制（R）为衣服和酒的销售总额，即 $R^* = P_c^* \times Q_{c1}^* + P_w^* \times Q_{w1}^*$，即在上述的条件下，有：

$$Q_{w1}^* = R^*/P_w^* - P_c^*/P_w^* \times Q_{c1}^* \tag{2-14}$$

式（2-13）和式（2-14）其实也是重合的。我们可以很容易证得 $P_c^*/P_w^* = L_c^*/L_w^*$。又若代表外国社会整体对衣服和酒的偏好可以用效用水平 U_1^* 来代表的话，则本国效用最大的消费组合也会发生在 E_1 点。这意味着 E_1^* 点既是生产组合也是消费组合，此时消费限制与本国的生产限制重合。P_c^*/P_w^* 既是外国衣服换酒的相对价格，在国外衣服换酒的相对价格也是生产一单位衣服的机会成本。

由于我们假设本国和外国生产衣服的机会成本不同，且本国生产衣服的机会成本小于外国，即 $L_c/L_w < L_c^*/L_w^*$，可见本国的相对价格将小于外国的相对价格，即 $P_c/P_w < P_c^*/P_w^*$，因此，本国可以使用较具有比较优势的衣服和国外交换酒，而外国则可以使用较具有比较优势的酒和本国交换衣服。此时，两国贸易的条件是什么呢？

若本国要使用衣服与外国交换酒，则国外衣服的相对价格应该要大于 L_c/L_w 单位的酒，若其相对价格并没有优于国内的相对价格，则本国并没有动机出口其衣服去交换酒，但一单位衣服的交换条件也不应该大于 L_c^*/L_w^*，否则衣服的相对价格将高于外国，此时外国将失去动机进口本国的衣服。在此例中，本国的出口品是衣服、进口品是酒，我们若将本国出口品的价格除以本国进口品的价格定义为本国的贸易条件（terms of trade，TOT）。则我们可以知道本国的贸易条件将介于两国衣服的相对价格之间，即：

$$P_c/P_w \leqslant TOT \leqslant P_c^*/P_w^* \qquad (2-15)$$

而外国的贸易条件则是：

$$P_w^*/P_c^* \leqslant TOT^* \leqslant P_w/P_c \qquad (2-16)$$

我们很容易可以看出，若式（2-15）成立则式（2-16）也将成立。当上述的条件成立时，则本国和外国将可同时由贸易活动中获得比不贸易更大的效用。这个现象可以借由观察图 2-10 和图 2-11 来进行理解。根据图 2-10，本国自给自足的生产和消费组合为 E_1 且社会效用水平为 U_1，若贸易条件（TOT）符合式（2-15）且本国与外国各按其比较优势来进行贸易，即本国以衣服出口去向外国进口酒时，本国的生产将由 E_1 改变为 E_2 点，消费组合将改变为 C_2 点，此时本国的社会总效用由 U_1 提升至 U_2。生产组合的改变是由于衣服在国外的相对价格较高，出口衣服可以换取到更多的酒，因此本国会生产更多的衣服并减少酒的生产，最有效率的生产组合是 TOT 线与生产可能性曲线的切点 E_2。由于本国可以换得比未进行贸易前更多的酒，因此本国社会的总效用将可提升，效用最大的消费组合是 TOT 线与效用函数的切点 C_2。本国出口衣服的数量为 $(Q_{c2} - Q_{c3})$，由外国进口酒的数量则为 $(Q_{w3} - Q_{w2})$。

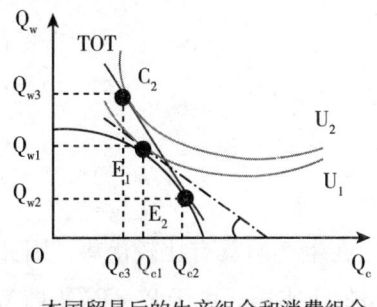

本国贸易后的生产组合和消费组合

图 2-10　本国与外国贸易后社会总效用可以提升

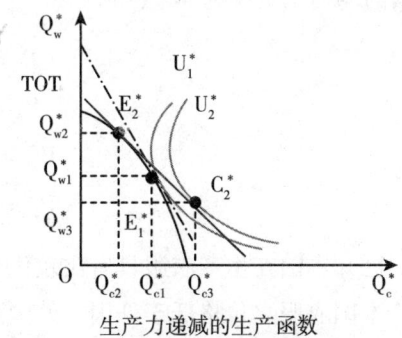

生产力递减的生产函数

图 2-11　外国与本国贸易后社会总效用可以提升

外国的情况则与本国相似，根据图 2-11，外国自给自足的生产和消费组合为 E_1^* 且社会效用水平为 U_1^*，若贸易条件（TOT）符合式（2-15）且外国与本国各按其比较优势来进行贸易，即外国以酒出口去向本国进口衣服时，外国的生产将由 E_1^* 改变为 E_2^* 点，消费组合将改变为 C_2^* 点，此时外国的社会总效用由 U_1^* 提升至 U_2^*。生产组合的改变是由于酒在国外的相对价格较高，出口酒可以换取到更多的衣服，因此外国会生产更多的酒并减少衣服的生产，最有效率的生产组合是 TOT 线与生产可能性曲线的切点 E_2^*。由于外国可以换得比未进行贸易前更多的衣服，因此外国社会的总效用将可提升，效用最大的消费组合是 TOT 线与效用函数的切点 C_2^*。外国出口衣服的数量为 $(Q_{c2}^* - Q_{c3}^*)$，由外国进口酒的数量则为 $(Q_{w3}^* - Q_{w2}^*)$。

根据上述的分析，交易的双方皆可从彼此贸易中获得比不进行贸易时还要更好的结果，这是因为此时的贸易条件，能促使双方生产更多具有比较优势的商品或劳务。因此，贸易后，双方的消费组合都能突破其生产可能性曲线的限制。换言之，通过贸易，两国分享了分工所带来的好处，而这个好处即双方以更有效率的方式生产所带来的。这些观察和我们之前的论述是一致的。

另外，我们也可以从生产成本来思考贸易的模式。根据古典经济学的劳动价值论，由于在大卫·李嘉图模型中唯一的生产要素只有劳动力，我们可以按货品生产所需的投入劳动量来计算货品的价格。若本国衣服的价格是 P_c，酒的价格是 P_w、外国衣服的价格 P_c^*，酒的价格是 P_w^*。按照上述的模型设定，由于两国的劳动市场是完全竞争的且在国内劳动可自由在部门间移动，因此，在当地劳动市场达到均衡时，生产衣服和生产酒的部门其工资率最后会相等。若某国两个部门的工资率不相等，则劳动会移往工薪较高的部门，而该部门的劳动增加时其工资率将下降，而另一部门的劳动减少时其工资率将增加，故在任一国内，劳动市场达到均衡时，其工资率将相等。但由于两国的劳动是无法自由流动的，因此，两国的工资率可以是不等的。

所谓工资率即投入每单位的劳动所需支付的成本，我们假设本国的均衡工资率为 W、外国的均衡工资率为 W^*，则：

$$P_c = W \times L_c \tag{2-17}$$

$$P_w = W \times L_w \tag{2-18}$$

$$P_c^* = W^* \times L_c^* \tag{2-19}$$

$$P_w^* = W^* \times L_w^* \tag{2-20}$$

我们已知本国在生产衣服具有比较优势、外国在生产酒具有比较优势，因此，我们可以推论本国衣服之价格低于外国、外国酒的价格低于本国。由于 $P_c < P_c^*$，即 $W \times L_c < W^* \times L_c^*$，可见 $W/W^* < L_c^*/L_c$。同理，由于 $P_w^* < P_w$，即 $W^* \times L_w^* < W \times L_w$，可见 $W/W^* > L_w^*/L_w$。若我们定义两国的相对工资率（relative wage rate）为 W/W^*，即 $L_w^*/$

$L_w < W/W^* < L_c^*/L_c$，或经过简单的转换，$L_w^*/L_c^* < W/W^* < L_w/L_c$。$L_w/L_c$ 代表什么意思呢？我们知道 L_c 是本国生产一个单位的衣服要投入的劳动量，换句话说，每单位劳动生产衣服的生产力即是 $1/L_c$ 单位衣服。同理，本国每单位劳动生产酒的生产力即是 $1/L_w$ 单位的酒。因此，我们将 L_w/L_c 可以改写成 $(1/L_c)/(1/L_w)$，则可知 $(1/L_c)/(1/L_w^*) < W/W^* < (1/L_c)/(1/L_c^*)$。因此，当本国在生产衣服具有比较优势的情况下，我们可以得到两国的相对工资率将会小于本国和外国在衣服相对生产力之比，即 $W/W^* < (1/L_c)/(1/L_c^*)$。通过这样的分析，我们可以应用于判别本国和贸易伙伴之间，哪些产业本国是具有比较优势的，只要两国产业的相对工资率小于产业的相对劳动生产力，本国在该产业就具有生产的比较优势。

五、大卫·李嘉图模型的评价

大卫·李嘉图模型的核心论述就是在资源有限的情形下，按照比较利益进行分工生产并进行合理的交换，则交易双方都可以同时获益。自从亚当·斯密和大卫·李嘉图的自由贸易论述提出来之后，自由贸易的思想很快地就在欧洲传播开来，也为后来英国采取自由贸易政策奠定了重要的基础，但历史告诉我们，不到40年的时间，英国和其他欧洲各国纷纷地放弃了自由贸易，为了保护本国的利益筑起了贸易壁垒，最终引发了两次的世界大战。虽然大卫·李嘉图的比较利益原理指出自由贸易可以让双方都购买到更便宜的商品或服务，但大卫·李嘉图的贸易模型却在关键议题上并未做出更清楚的解释，这个关键问题即涉及贸易后的利得应该如何进行分配。例如，按照大卫·李嘉图模型的说法，贸易条件只要落在对双方都有利的情况下，进行贸易就都会对彼此产生更好的社会福祉。若交易双方无法对贸易条件的设定达成共识，则双方可能仍然不会进行贸易。尤其在贸易条件明显偏向某一方时，较弱势的一方将会认为贸易的利得遭受到较强势的一方剥削，因而反对贸易的进行。由此可见，自由贸易的思想虽然很好，但是在资源的竞争下，若没有分配贸易利得的合理机制，要说服当时的世界各国持续打开自由贸易之门是一件很不容易的事。

英国虽然在18世纪末开始接受了自由贸易的原则，但直到1840年，其才完全开放英国市场。在这期间英国撤销了《玉米法》和《航海条例》。从此，英国正式开放了市场，而欧洲其他各国也在19世纪中叶开放他们的市场。作为第一个工业化的国家，当时英国将整个世界作为其原材料的来源地和英国工业品的出口市场，英国很快地成为当时的世界工厂，到了1880年左右，英国当时的总贸易额已占世界总贸易额的1/4。自由贸易的结果虽然使得英国越来越富裕，但财富的分配在各国之间却分配不均，另外，英国在海外扩张殖民的行为也没有停止过。随着英国财富和海外势力的持续累积，其竞争对手选择了保护国内产业发展的方案，为了提升工业化和生产能力的竞争力，在19世纪末,各国纷纷放弃自由贸易的市场原则。例如,德国于1879年、法国于1881年先后都放弃自由贸易的原则,而美国也接着实行贸易保护政策。在贸易保护的政策下,19世纪末,德国的纺织和金属工业的生产效能已经可以赶超英国,并且在德国国内市场上已经击败英国同类产品。通过经济实力累积,为了自身的生产优势,越来越多国家寻求保护其原材料的供应和出口市场。大部分的亚洲、非洲、拉丁美洲都成为欧洲列强和美国的殖民区,这些海外殖民地成为宗主国的出口市场,而他们则被安置在贸易壁垒的保护之下,使得其他国家商品无从与宗主国产品竞争,同时这些地区还是廉价的原材料供应地。

考察欧洲在大卫·李嘉图提出比较利益原理之后在国际贸易活动的发展,历史的经验显示,欧洲列强对外贸易还是基于扩张其海外势力的目的,并非以互利的精神分享双边贸易的成果。因此,虽然英国的国力在大卫·李嘉图去世后不久达到了历史的巅峰,但贸易带来丰厚的财富却无法使英国避免卷入随之而来的两次世界大战。欧洲在19世纪和20世纪的经济扩张造成了当时西方列强不断地向外抢夺海外殖民地,欧洲各国的贸易竞争逐渐形成了军备竞赛。在第一次世界大战前,英国殖民地面积达到了历史纪录,成为一个"日不落帝国"。① 但贸易霸权的发展,最终还是背离了自由贸易的精神,进而引发了第一次世界大战和第二次世界大战。而中国也在当时列强要求"自由贸易"的理由中,饱尝不平等待遇和经济侵略的苦难。可见西方古典自由贸易的理论,应更重视贸易利得分配的机理,否则,自由贸易的发展结果,最终又是回到"重商主义"的老路子。

世界大战的发生,使得英国停止黄金的输出,而这也造成了实行约百年的国际金本位制度的瓦解。在历史上,英国于1816年首先实行金本位制度,到了第一次世界大战以前,欧美列强都实行了金本位制度,即以金币为中心的固定汇率制度。战前英镑是当时主流的国际货币,但英国为巨大战争开支而使其国内黄金大量外流,最终英镑遭到挤兑,以英镑为中心的金本位制度最终难以维持。金本位制度的瓦解提示了大卫·李嘉图模型中忽略了汇率对比较优势的影响。由于典型的大卫·李嘉图模型强调比较优势是由两国生产力的差异来决定的,但若考虑贸易条件是以货币来计价时,汇率的因素就可能导致比较优势的转向。

此外,若考虑运输时间和成本,贸易的比较优势也可能消失。在贸易实务上,运输成本往往是进行贸易的关键,当交通运输十分不便利的情况下,贸易就没有机会发生。有些商品或服务还具有消费的时效性,若商品和服务无法快速地送达,交易也可能无法产生。因此,即使生产上具有比较优势,但运输成本太高或运输时间太慢,都将阻碍贸易发生,使得商品或劳务本身是无法贸易的(non-traded),此时不适合应用大卫·李嘉图模型来分析贸易的行为。

---

① 王建. 第二次世界大战与英帝国的衰落 [D]. 兰州:西北师范大学, 2012.

尽管从宏观的运作上来评析，大卫·李嘉图模型在实务的应用上可能还需要进行更进一步的补充，但从微观的角度看来，大卫·李嘉图模型最重要的贡献是提出了机会成本的概念来定义相对的生产优势，这项深入的观察，让我们对于如何进行分工和提高生产效率，提供了很重要的论证基础。大卫·李嘉图的模型很清楚地解释了为什么有些产业可以成为出口产业，而又为何有些产业成为进口产业。大卫·李嘉图模型对现代贸易行为的解释，至今还是一项很重要的一种观点。

第四节　资源禀赋与国际贸易

有句话说："靠山的人，靠山吃饭；靠海的人，靠海吃饭。"这句话的内容与我们这个章节要研究的内容关系密切。我们在前一节中，阐述了生产技术的差异，将可为商品或劳务的交换带来利益，因此我们将此列为贸易的因素之一。然而，另一种更直觉的因素，可能更能解释人们为何进行贸易或交换，这就是本节要探讨的资源禀赋（endowments）多寡的程度。在这一节我们要将这种直觉通过较为严谨的方法来论证资源多寡如何影响国际贸易的进行。

在我们的生活经验中，不知道大家有没有在旅游的途中购买一些当地土特产的经验呢？若是有，你可以告诉我为什么会有购买的欲望呢？也许大家购买的理由有许多，如用来馈赠亲友、好奇尝鲜、作为纪念、质量较高、价格便宜等。但世界各国的旅游景点都会摆上其土特产作为吸引观光客的手段，当然这些观光景点贩卖给游客的价格都会比当地市场的价格贵上许多，所以要购买这些土特产可以前往当地的传统市集或是当地的超级市场中选购，一定可以取得质量好价钱又公道的商品或劳务。若缺乏当地消费的信息或是交通和语言的障碍，抑或是时间不允许等因素，一般的观光客无法到达合理的地点进行选购，价格的弹性较小，再加上大批游客同时都想购买，所以在观光景点通常会买到较贵的商品或劳务。

世界各地的物产各不相同，资源禀赋的多寡大部分是自然环境所造就的。有些地方水源充足适合农耕，有些树林密布容易伐木，有些地方遍地沙漠但地底下却有丰富的石油矿藏。因此，以这些天然资源作为贸易的商品当然是理所当然的。但进入工业社会后，各地所生产的商品和劳务就可能与各地生产资源分布多寡的程度有关。有些地方土地丰富，有些地方劳动力丰富，而有些地方则是资本丰富。若某地的某些生产要素较为丰富，会不会使其在生产该项商品或劳务上具有优势而成为其主要的贸易商品？例如，劳动力丰富的国家是不是在生产劳动密集的商品上具有优势因而出口劳动密集的商品？资本丰富的国家是不是在生产资本密集的商品上具有优势因而可以出口资本密集的商品？

一、H-O 模型

20世纪后，国际贸易理论开始出现了解释贸易行为的其他观点。赫克歇尔—俄林模型（Heckscher-Ohlin model），或称H-O模型（H-O model），其理论概念是由瑞典的经济学家学赫克歇尔于1919年提出，并指导其学生俄林于1924年发表于其博士论文中。俄林的论文于1933年经哈佛大学翻译成英文之后，H-O模型的经济观点受到了广泛的重视与讨论，其中著名的学者包括美国经济学家萨缪尔森（Paul Samuelson）、俄裔美国经济学家里昂惕夫（Leontief）、波兰裔英国经济学家罗伯津斯基（Rybczynski）等。

赫克歇尔和俄林根据大卫·李嘉图的比较利益（comparative advantages）原理解释了资源禀赋的多寡和产品特性将如何影响国际贸易进行的模式。所谓产品的特性是根据产品或劳务在生产中需要投入不同程度的生产要素。例如，有些商品或劳务需要较多的劳动力，是一种劳动力密集的生产，而有些则是需要较多的资本，是一种资本密集的生产。由于各地资源禀赋多寡的不同，因此在各种不同的产品或劳务上具有各自的比较优势。H-O理论和见解[①]，提供了我们另一种解释国际贸易行为的论述。除了生产技术上的差异外，资源禀赋的多寡也是解释比较利益存在的因素。资源分配的情形形成了两国可能进行的贸易型态。例如，森林资源丰富的国家可能出口与木材相关的制品，而油气储量丰富的国家则可出口油品。H-O模型的提出，使得贸易的相关理论更重视生产要素的分析。

基于H-O模型的讨论，美国的经济学家萨缪尔森和约翰森（Paul Samuelson and Ronald Jones）在20世纪70年代初期提出了特定要素模型（specific factors model）。这个模型特别将贸易后的所得分配进行了比较，解释了出口部门的特定要素，在贸易后可以获得更多分配，而进口部门的特定要素，其利润将在贸易后缩小，对于共同要素的贸易后所得分配的结果则是不确定的。

二、H-O 模型的假设和罗伯津斯基定理

H-O模型补充说明了比较优势理论的另一种内容，提出了两国间资源禀赋相对的多寡和产品使用资源密集程度的差异也可造成生产上的比较优势。以下我们简单地介绍赫克歇尔和俄林论述资源禀赋如何影响国际贸易（以下简称H-O模型），我们通过假设存在两个国家、生产两种商品、投入两种生产要素的模型来说明相关的概念，其假设如下：

---

① 有兴趣读者可以参阅 Bertil Ohlin 的英文著作，Interregional and International Trade，1933。

(1) 交易的两方分别是本国和外国（以 * 来表示）。

(2) 两国分别都能生产 X 产品和 Y 产品。我们以 X 代表本国所生产的 X 产品，Y 代表本国所生产的 Y 产品。X^* 则代表着外国所生产出的 X 产品，Y^* 则代表外国生产的 Y 产品。

(3) 每一期本国 X 产品产出的数量为 Q_x、产出 Y 的数量为 Q_y。外国产出了 X 的数量则为 Q_x^*、产出 Y 的数量为 Q_y^*。

(4) 生产 X 和 Y 两种产品都必须同时投入劳动力和资本。其中本国的劳动力（Labor）投入量，以 L 来表示；外国的劳动力投入量则以 L^* 来表示。本国的资本（Capital）投入量，以 K 来表示；外国的资本投入量则以 K^* 来标示。因此，在本国 X 产品使用的劳动量，我们以 L_x 表示，X 产品使用的资本量我们以 K_x 表示；外国 X 产品使用的劳动量，我们以 L_x^* 表示，X 产品使用的资本量我们以 K_x^* 表示。同理，本国 Y 产品使用的劳动量，我们以 L_y 表示，Y 产品使用的资本量我们以 K_y 表示；外国 Y 产品使用的劳动量，我们以 L_y^* 表示，Y 产品使用的资本量我们以 K_y^* 表示。

(5) 我们假定本国和外国的生产技术是相同的，但两国的资源禀赋的分布相对上来讲是不同的，我们暂且假设本国是劳动力较丰富的国家，外国是资本较丰富的国家。这样的假设是便于凸显资源禀赋的差异本身也会造成两国在贸易上比较利益的存在。在现实的环境中，更可能存在的是生产技术和资源禀赋都是不同的，但我们可以假想在长期均衡的情况下，两国在长期下可以达到生产技术相同的情形。在这个假设中值得提醒的是，所谓资源禀赋的不同，指的是相对上（relatively）的不同，而不是绝对上（absolutely）的不同。所谓本国是劳动力较丰富的国家并不是指 $L > L^*$，而是指 $(K/L) < (K^*/L^*)$。同理，外国是资本较丰富的国家并不是指 $K^* > K$，而是指 $(K^*/L^*) > (K/L)$。我们将 (K/L) 称为生产要素比。

(6) 我们假定 X 产品生产时使用较多的劳动量，是劳动力密集的（labor-intensive），Y 产品使用较多的资本量，是资本密集的（capital-intensive）。因此，依照这个假定，$(K_x/L_x) < (K_y/L_y)$。同理，$(K_x^*/L_x^*) < (K_y^*/L_y^*)$。即劳动力密集型产品的生产要素比较小，资本密集型产品的生产要素比较大。

(7) 两国的两种商品的生产都具有固定规模报酬（constant return to scale，CRS）的特征，即我们假定两国的生产函数都是一次齐序函数（homogeneous function of degree one），例如，若同时投入两倍的劳动力和两倍的资本量，则产出即可增为两倍。根据 CRS 这个特性，当两个生产要素的其中一项要素的投入数量被固定时，只单一增加其中一项生产要素的数量时，则会造成该项生产要素生产力规模报酬递减（diminishing returns）的现象。例如，在资本的投入数量固定时，增加劳动的投入，会使得劳动力的生产力递减，因而使得每单位劳动的生产力下降。

(8) 劳动和资本的使用在两国的国内可以自由选择要使用在 X 产品或是 Y 产品，

即生产要素在国内是可移动的（mobile）。但两国的生产要素是不能跨国使用的，即生产要素在国家间是不可移动的（immobile）。

（9）两国 X 产品和 Y 产品的市场为完全竞争市场（perfect competitive market），即国内和国外所生产的 X 产品和 Y 产品都是同质的（homogeneous），两国的产品供需都是均衡的，而且两国间不存在贸易障碍、没有运输成本和汇率兑换的问题等。

（10）两国对 X 产品和 Y 产品的需求形态相同，即两国在选择消费衣服和酒的偏好（preference）是相同的。

综上所述，我们假设两国的要素禀赋不同，并假设本国拥有相对较多的劳动要素，即本国劳动禀赋拥有量对资本禀赋拥有量的比例 K/L 较低，我们可以将本国称为劳动丰裕国（labor abundant country），外国拥有相对较多的资本要素，称为资本丰裕国（capital abundant country）。此外，我们假定 X 产品要使用比较多的劳动要素，即我们假定 X 产品为劳动密集型产品（labor-intensive goods），相对的 Y 产品要使用比较多的资本要素，因此称为资本密集型产品（capital-intensive goods）。可见 H-O 模型强调两国所拥有的要素禀赋比例不同，个别产品生产所需的要素比例也不同，因此又被称为要素比例模型（factor proportion model）。

相较于大卫·李嘉图模型而言，H-O 模型使用两种生产要素的假设来讨论生产函数，使其模型可以展现出生产力规模报酬递减的特性，此点假设使 H-O 模型较大卫·李嘉图模型而言有更多丰富的内涵，使得 X 产品和 Y 产品的生产可能性曲线（PPF）呈现出是一条凹向原点的曲线而不是直线。有趣的是，我们可以通过罗伯津斯基定理来说明，劳动力较为丰富的国家，其生产可能性曲线将会是一条偏向劳动密集商品的曲线；资本较为丰富的国家，其生产可能性曲线将会是一条偏向资本密集商品的曲线。

罗伯津斯基（Rybczynski）是一位波兰裔英国籍经济学家，罗伯津斯基定理是指在其他条件不变之下，某一要素的增加会使密集使用该要素部门的生产增加，而另一部门的生产则下降。为了方便解释这个定理，我们先简单复习一下，在劳动力、资本两种生产要素可以相互替代的生产和边际技术替代率递减（diminishing marginal rate of technical substitution）的假设下，成本最小的生产要素组合是如何选择的？首先，我们假设本国劳动力的成本为每单位 w 元，资本的成本为每单位 r 元。通过等产量曲线（isoquants）的分析，本国成本最小的生产决策将会是在 A 点的生产要素组合，如图 2 - 12 所示。成本最小的选择是假定理性的生产者追求最大利润的行为。在图 2 - 12 中，∠ABOx 的夹角大小代表生产要素的相对价格（w/r）。要证明这一点并不困难，我们若假设生产的总成本是 TC，则成本最小的目标函数可以表述为 $TC = wL + rK$，由此可知，在图 2 - 12 中，总成本线的斜率是 $-(w/r)$，此即生产要素的相对价格。在等产量曲线为 Q_{x0} 的假设下，成本最小的生产要素组合将会出现在 A 点，即选择生产要素组合（L_{x0}，K_{x0}）来生产 X 产品。在此例中，夹角 $\angle AO_xB$ 大小，即射线 O_xA 的斜率为本国在生产 X 产品所需投入的生产要素比（K_{x0}/L_{x0}）。同理，本国生产 Y 产品所需投入的生产要素比，可以图 2-13 来说明。

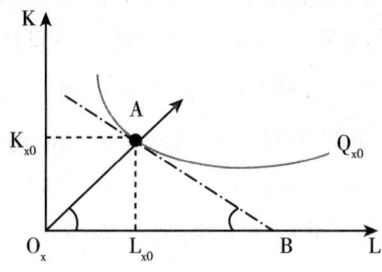

图 2-12 本国生产 X 产品所需投入生产要素比例的决策

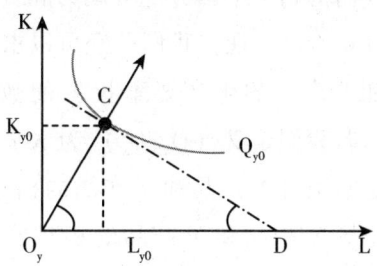

图 2-13 本国生产 Y 产品所需投入生产要素比例的决策

在图 2-13 中，$\angle CDO_y$ 的夹角大小同样代表生产要素的相对价格（w/r）。在等产量曲线为 Q_{y0} 的假设下，成本最小的生产要素组合将会出现在 C 点，即选择生产要素组合（L_{y0}，K_{y0}）来生产 Y 产品。在此例中，夹角 $\angle CO_yD$ 大小，射线 O_yC 和横轴所夹的斜率即本国在生产 Y 产品所需投入的生产要素比（K_{y0}/L_{y0}）。由于我们假定 X 产品是劳动密集商品，Y 产品是资本密集商品，因此我们比较图 2-12 和图 2-13 可知，（K_{x0}/L_{x0}）<（K_{y0}/L_{y0}）。通过生产要素比的比较，我们可以判断出两种产品哪个是劳动密集，哪个是资本密集。

别忘记，在本例中我们假设本国将同时生产 X 产品和 Y 产品，且 X 产品和 Y 产品个别都需要投入劳动力和资本两种生产要素来进行生产。若本国的劳动力总数量为 L 个单位，资本总数量为 K 个单位，本国该如何分配投入多少单位的劳动力和资本去生产 X 产品和 Y 产品呢？

根据图 2-12 和图 2-13 的分析，一个理性且追求利润最大的生产行为将以生产要素比（K_{x0}/L_{x0}）和（K_{y0}/L_{y0}）来生产 X 产品和 Y 产品。若我们令横轴的长度为本国劳动力的总数量，纵轴的长度为本国资本的总数量，则将图 2-12 和图 2-13 两图结合成图 2-14，则可找出合理分配生产要素的方法。

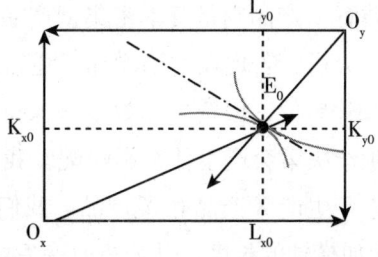

图 2-14 本国如何同时分配劳动力和资本生产 X 产品和 Y 产品

根据图 2-14 的分析结果，本国将使用生产要素（L_{x0}，K_{x0}）来生产 X 产品，使用生产要素（L_{y0}，K_{y0}）来生产 Y 产品。根据假设，$L = L_{x0} + L_{y0}$；$K = K_{x0} + K_{y0}$。因此，我们得到了本国分配劳动力和资本的均衡点应该在点 E_0，此时本国的要素相对价格是（w_0/r_0）。现在我们已经可以求得本国分配劳动力和资本的方法，一旦决定了 X 产品和 Y 产品的生产要素投入的数量，则我们可以得到本国的生产组合为（Q_{x0}，Q_{Y0}）。若我们定义（Q_x/Q_y）为 X 产品和 Y 产品的相对供给（relative supply，RS），在给定本国对 X 产品和 Y 产品的相对需求（relative demand，RD）时，我们即可决定本国市场 X 产品和 Y 产品的相对价格（P_{x0}/P_{y0}），此时本国的生产均衡在 E_0，如图 2-15 所示。

在已知相对价格（P_{x0}/P_{y0}）和生产组合（Q_{x0}，Q_{y0}）的情况下，我们可以使用生产可能性曲线（PPF）来呈现生产均衡 E_0，如图 2-16 所示。

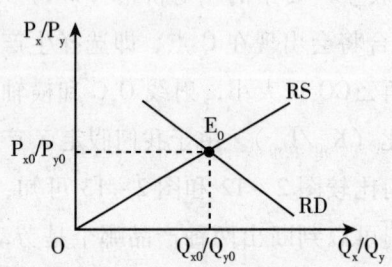

图 2-15　本国的相对供给和相对需求
决定了本国 X 产品和 Y 产品的相对价格

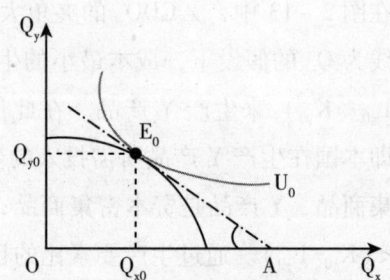

图 2-16　本国的生产可能
曲线和生产均衡点

在图 2-16 中，本国的生产可能性曲线是一条凹向原点的曲线，原因是我们假定本国的生产具有固定规模报酬的特性，这一点在前面已经解释过了。通过 E_0 点并和生产可能性曲线相切的直线和横轴所形成的 $\angle E_0 AO$，其夹角大小相当于本国均衡的相对价格（P_{x0}/P_{y0}）。此时通过 E_0 点的还有表达出本国相对需求的效用函数 U_0，此时本国的均衡生产组合（Q_{x0}，Q_{y0}）满足了本国市场的供需。

利用以上一般均衡的分析基础，我们以下开始介绍罗伯津斯基定理的内容。在本例中，X 产品是劳动密集型产品而 Y 产品则是资本密集型产品，而本国则是劳动力相对较丰富的一方。按照我们上述的分析，若现在本国增加了更多的劳动力，例如，本国劳动总量由原先的 L 单位增加了 ΔL 单位，但资本的数量却保持不变。即劳动这项资源禀赋的数量改变了，则对本国的生产决策会产生什么影响呢？我们可以回想在图 2-14 中本国如何同时分配劳动力和资本于生产 X 产品和 Y 产品。我们也许可以尝试将图 2-14 中的劳动量增加 ΔL 单位，即增加横轴的长度，并分析改变后的均衡将有何变化，如图 2-17 所示。

本国增加劳动力后，均衡点由原先的 E_0 转变为 E_1。此时，生产 X 产品的要素组合为（L_{x1}，K_{x1}），生产 Y 产品的要素组合为（L_{y1}，K_{y1}）。这意味着本国将使用更多的劳动力（$L_{x1} > L_{x0}$）以及使用更多的资本（$K_{x1} > K_{x0}$）来生产 X 产品。这也表示生产 Y 产品的劳动力不但不会增加反而减少，因为很显然用来生产 Y 产品的资本减少了。劳动资源的增加有利于劳动密集商品的生产，因此，新增的劳动力很自然地就会用来生产劳动密集的 X 产品，但生产 X 产品也需要同时使用资本这项生产要素，所以用来生产 X 产品的资本将会增加，而用来生产 Y 产品的资本则会受到排挤而减少。综合上述的分析我们可知，当本国的劳动力增加后，投入生产 X 产品的劳动力和资本量都会增加，投入 Y 产品的劳动力和资本量都会减少，因此产生 X 产品的生产量增加而 Y 产品生产量减少的结果。上述的例子可以协助我们佐证罗伯津斯基定理，即在其他条件不变之下，某一生产要素的增加会使密集使用该要素部门的生产增加，而另一部门的生产则将下降。

那么本国在劳动资源增加后其生产可能性曲线会产生怎样的变化呢？若本国原先的生产可能性曲线如图 2-16 所示，那劳动力的总量增加后，应该可以生产出更多的 X 产品或更多的 Y 产品，即生产可能性曲线应当要整个往外移，新的生产均衡也会随之改变，如图 2-18 所示。

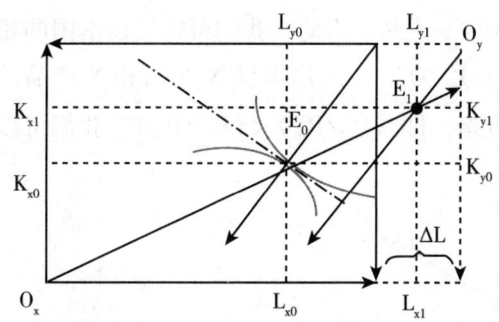

图 2-17　新增劳动量后本国如何分配 X 产品和 Y 产品的生产

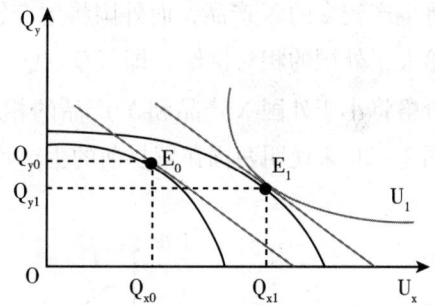

图 2-18　新增劳动力后本国生产可能曲线和生产均衡点的改变

当劳动力增加后，新的生产均衡会在 E_1 点，此时的生产组合为（Q_{x1}，Q_{y1}）。均衡变动后，本国将生产更多的 X 产品，且会减少 Y 产品的生产。我们可以想象一下，若本国的劳动力可以不断增加，那本国的生产可能性曲线将会如何变化下去呢？我们应该会发现生产可能性曲线会越来越偏向劳动力密集的那一方，即偏向 X 产品的生产。因此，罗伯津斯基定理告诉我们，劳动力比较丰富的国家，其生产可能性曲线的发展会偏向劳动力密集商品那一方，而资本比较丰富的国家，其生产可能性曲线的发展则会偏向资本密集商品那一方，如图 2-19 所示。

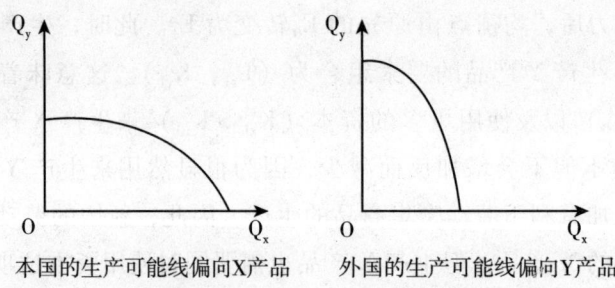

本国的生产可能线偏向X产品　　外国的生产可能线偏向Y产品

图2-19　资源禀赋与生产可能性曲线发展的偏向

三、H-O定理

这项定理的内容即劳动力较为丰富的国家在生产劳动密集商品具有比较优势，因此将出口劳动密集的商品而进口资本密集的商品；资本较为丰富的国家在生产资本密集的商品具有比较优势，因此将出口资本密集的商品而进口劳动力密集的商品。定理的内容看起来很自然也很简单，我们可以利用罗伯津斯基定理得到证明。

首先，在本章前面的假设下，我们先推论资源禀赋如何决定本国和外国在生产上的比较优势。在贸易前，若本国和外国的相对需求是同一型态的，根据罗伯津斯基定理，本国将生产较多的X产品，而外国将生产较多的Y产品。因此，我们可以假设本国的相对供给大于外国的相对供给，即$(Q_{x0}/Q_{y0}) > (Q_{x0}^*/Q_{y0}^*)$。所以本国X产品和Y产品的相对价格将小于外国X产品和Y产品的相对价格，即$(P_{x0}/P_{y0}) < (P_{x0}^*/P_{y0}^*)$。我们可以使用图2-20来说明两国在贸易前的生产均衡。

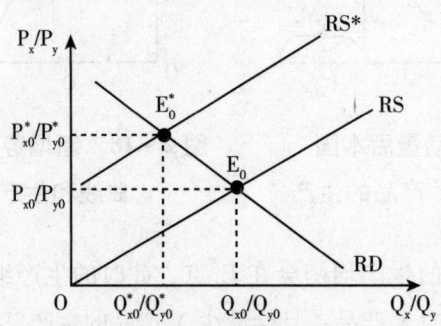

图2-20　本国和外国在贸易前X产品和Y产品的相对价格与均衡

根据图2-20，本国的生产均衡点为E_0，表示X产品和Y产品的相对数量较大，相对价格则较低；外国的生产均衡点为E_0^*，表示X产品和Y产品的相对数量较小，相对价格较高。因此，我们可以看出本国在生产X产品具有比较优势，而外国则在生产Y产品具有比较优势，即可由$(P_{x0}/P_{y0}) < (P_{x0}^*/P_{y0}^*)$的条件看出来，我们可以说劳动力较为

丰富的本国在生产劳动力密集商品 X 产品有较低的机会成本，资本较为丰富的外国则在生产资本密集商品 Y 产品有较低的机会成本，所以两国之间可以通过贸易增进彼此的经济福祉。我们也可以使用不同偏态的生产可能性曲线来说明两国在贸易前的生产均衡，如图 2-21 所示。从图 2-21 中我们可以看到本国的相对价格可以呈现在一条斜率比较平缓的直线中，外国的相对价格则是呈现在一条斜率比较陡峭的直线上，另外，我们也可以看出来本国生产的相对数量比值（Q_{x0}/Q_{y0}）较大，而外国生产的相对数量比值（Q_{x0}^*/Q_{y0}^*）则较小。

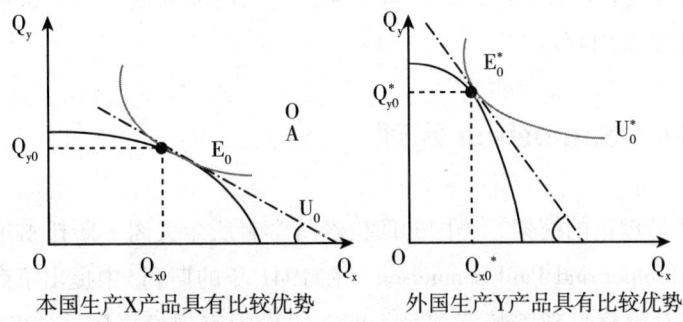

图 2-21　本国和外国在贸易前之生产均衡与生产的比较优势

若本国和外国进行贸易，则两国应按各自的比较优势来进行贸易，假设存在 X 产品的贸易条件 P^T，且 $(P_{x0}/P_{y0}) < P^T < (P_{x0}^*/P_{y0}^*)$，则本国将出口 X 产品进口 Y 产品，外国则将出口 Y 则进口 X 产品，此时双方都能同时由贸易中提升自己的经济福祉，如图 2-22 所示。

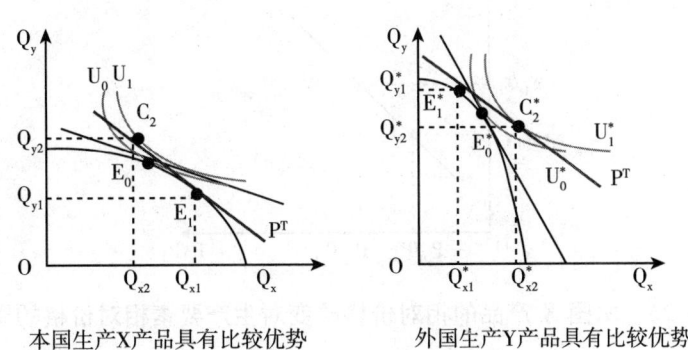

图 2-22　本国和外国贸易后之生产均衡

两国若按 P^T 的贸易条件进行贸易，则 X 产品的出口价格将高于本国 X 产品的价格，此时本国将生产更多的 X 产品，本国的生产组合由原先的 E_0 变为 E_1，贸易后的生产组合为 (Q_{x1}, Q_{y1})，本国可出口 X 产品来进口 Y 产品，因此本国贸易后的消费组合为 (Q_{x2}, Q_{y2})，本国的社会总效用可由原先的 U_0 提升至 U_1；同理，Y 产品的出口价格将高于外国 Y 产品的价格,外国的生产决策也将朝向生产更多 Y 产品来进行,此时外国的生产组合由原先的 E_0^* 变为 E_1^*。贸易后的生产组合为 (Q_{x1}^*, Q_{y1}^*),外国可出口 Y 产品来进口 X 产品,因此外国贸易后的消费组合为 (Q_{x2}^*, Q_{y2}^*),外国的社会总效用可由原先的 U_0^* 提升至 U_1^*。

由上述的分析结果,我们可以总结出本国与外国的比较优势,可以由资源禀赋的差异所决定,并且我们可以证明劳动力较为丰富的国家在生产劳动密集商品具有比较优势,因此将出口劳动密集的商品而进口资本密集的商品;资本较为丰富的国家在生产资本密集的商品具有比较优势,因此将出口资本密集的商品而进口劳动密集的商品。以上就是 H-O 定理的基本内容。

四、Stolper-Samuelson 定理

根据 H-O 贸易理论的框架,美国的两位经济学者沃尔夫冈·斯托尔珀和保罗·萨缪尔森(Wolfgang Stolper and Paul Samuelson)在 1941 年的期刊[①]中提出了商品的相对价格和生产要素的相对价格呈现着特定关系,即在假设固定规模报酬(CRS),市场完全竞争且达到长期均衡的状况下,当商品的相对价格上升时,将导致该商品密集使用的要素价格上升,使另一生产要素的价格下降。

我们可以使用图 2-23 来说明 Stolper-Samuelson 定理中商品的相对价格(P_x/P_y)和生产要素的相对价格(w/r)之关系。

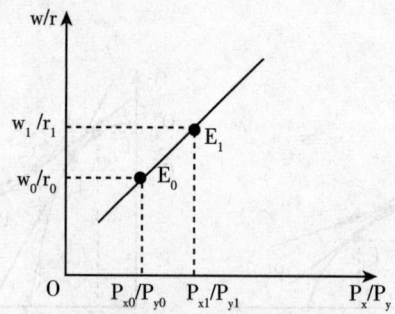

图 2-23 本国 X 产品的相对价格改变对生产要素相对价格的影响

以我们上述所举的情形为例,本国在贸易前 X 产品均衡的相对要素价格是 w_0/r_0,相对价格是 (P_{x0}/P_{y0})。当本国和外国进行贸易时,X 产品在本国的价格将会上涨,Y 产品的价格将会下跌,均衡点由 E_0 移至 E_1,贸易后的相对要素价格是 w_1/r_1,相对价格是 (P_{x1}/P_{y1})。

---

① Stolper, W. F.; Samuelson, Paul A. (November 1941). "Protection and real wages". The Review of Economic Studies. Oxford Journals. 9 (1): 58-73.

为什么在这个例子中，我们定义的相对要素价格和商品相对价格的关系是正相关呢？我们可以利用图 2-24 进行简易的证明。首先，我们整合图 2-12 和图 2-13，将 X 产品和 Y 产品的生产要素分配决策一起分析，我们将等产量曲线稍加修改成为一条等价值曲线，并找出均衡点 E_{x0} 和 E_{y0}。请注意，在图 2-24 中，通过 E_{x0} 点的射线和横轴的夹角大于通过 E_{y0} 点，这表示 $(K_{x0}/L_{x0}) < (K_{y0}/L_{y0})$，即假设 X 产品是劳动密集型产品，Y 产品是资本密集型产品，此时达成均衡的生产要素相对价格为 (w_0/r_0)。

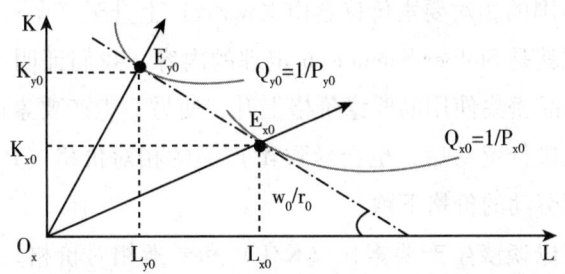

图 2-24　本国在贸易前 X 产品和 Y 产品的要素分配决策

我们可以令等价值产量曲线的生产量为 $1/P_{x0}$，这表示我们令生产量（Q_{x0}）为价值一个货币单位的数量（$1/P_{x0}$）。例如，若物价为 10 元，则生产出价值 1 元的数量为 1/10。可以假设，若本国开始与外国进行贸易时，本国的 X 产品价格就会上升为 P_{x1}，Y 产品价格就会下跌为 P_{y1}。此时，价值 1 元的 X 产品等价值产量曲线（Q_{x1}）为 $1/P_{x1}$，Y 产品等价值产量曲线（Q_{y1}）为 $1/P_{y1}$，可以看出 $(1/P_{x0}) > (1/P_{x1})$ 且 $(1/P_{y0}) < (1/P_{y1})$，因此，X 产品的等价值产量曲线会向左方移动，而 Y 产品的等价值产量曲线会向右方移动，如图 2-25 所示。

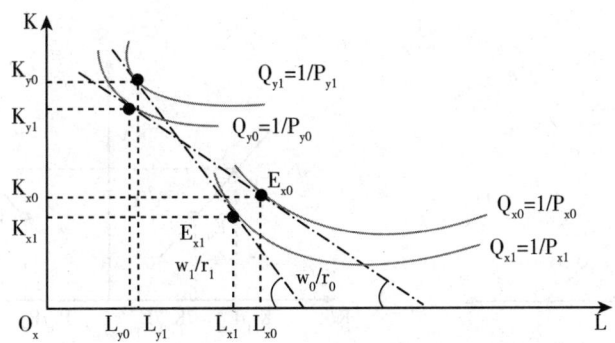

图 2-25　贸易后 X 与 Y 产品的价值产量变动

在图 2-25 中，贸易后本国的 X 产品价格上升，会使生产要素分配的均衡点由 E_{x0} 点转变为 E_{x1} 点，使本国 Y 产品的价格下跌，使生产要素分配的均衡点由 E_{y0} 点转变为 E_{y1} 点，本国贸易后的要素相对价格由 (w_0/r_0) 上升至 (w_1/r_1)。为什要素的相对价格会上升呢？由于贸易后，本国将 X 产品出口到外国，X 产品的价格因此上升，而 Y 产品的价格则会下跌，根据图 2-22 的分析，本国将重新调整其生产组合，即本国将生产更多的 X 产品且减少 Y 产品的生产。由于 X 产品是劳动密集的商品，要生产更多的 X 产品需要更多的劳动力和资本，但 Y 产品是资本密集的商品，减少 Y 产品的产出所释放出来的劳动力量较少而资本量较多。因此，在本国的要素市场中劳动力供不应求而工资上升，资本量则供过于求而价格下跌。由此可见，当 X 产品的相对价格由（P_{x0}/P_{y0}）上升至（P_{x1}/P_{y1}）时，本国的相对要素价格会由（w_0/r_0）上升至（w_1/r_1）。

以上的分析主要就是 Stolper-Samuelson 定理的内容，我们证明了当商品的相对价格上升时，将导致该商品密集使用的要素价格上升，使另一生产要素的价格下降。读者可以自行推论，外国在进行贸易后，也会导致 Y 产品的相对价格（P_y/P_x）上升，使得外国资本的价格上升而劳动的价格下跌。

最后，我们还可以谈谈生产要素比（K/L）和要素相对价格（P_x/P_y）的关系。根据图 2-24，本国贸易前，要素相对价格为（w_0/r_0），此时，X 产品的要素比是（K_{x0}/L_{x0}），Y 产品的要素比则是（K_{y0}/L_{y0}）。那么当本国的要素相对价格上升为（w_1/r_1）时，X 产品的生产要素比会产生什么变化呢？我们可以利用图 2-26 来分析这个问题。

若要素相对价格由（w_0/r_0）上升为（w_1/r_1），本国将减少劳动力的投入而改以资本来替代，新的均衡点 E_1 的要素组合为（K_{x1}/L_{x1}），且 $L_{x1} < L_{x0}$，$K_{x1} > K_{x0}$。因此，生产要素相对价格上升将会导致生产要素比也上升，即（K_{x1}/L_{x1}）>（K_{x0}/L_{x0}）。在 H-O 贸易理论的框架中，我们可以得到商品相对价格（P_x/P_y）和要素相对价格（w/r）之间呈现正相关，要素相对价格和生产要素比（K/L）之间也呈现正相关的结论。我们可以将这个关系整理成图 2-27。

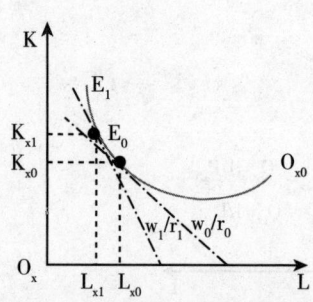

图 2-26 相对要素价格
上升对要素比的影响

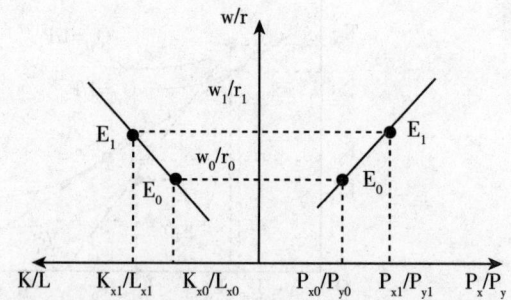

图 2-27 X 产品的生产要素比和要素
相对价格与商品相对价格的关系

在图 2-27 中，我们仅以本国 X 产品的生产要素比为例，读者应不难推论，如何再加上 Y 产品的生产要素比到图中。

五、要素价格均等化定理

1948年美国经济学者保罗·萨缪尔森以H-O模型的框架证明了通过自由贸易的运作可使国家间商品的交易价格一致,并促使贸易国间商品所使用的生产要素之价格趋于一致[①]。

开放贸易后,在完美市场的假设下,两国的贸易条件会达到一致,我们可以利用图2-28来说明。

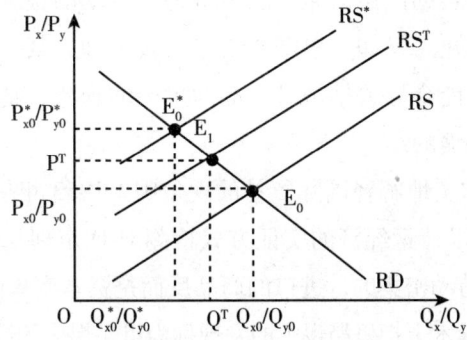

图2-28 开放贸易后使本国和外国的商品价格趋于一致

在两国贸易前,本国是劳动丰裕国且X产品是劳动密集商品,因此,本国X产品的相对价格(P_{x0}/P_{y0})较低。外国是资本丰裕国所以外国X产品的相对价格(P_{x0}^*/P_{y0}^*)较高。开放贸易后,本国X产品的相对价格上升,而外国X产品的相对价格下降,在达到均衡时,两国X产品的相对价格皆为P^T。根据Stolper-Samuelson定理,两国生产要素的相对价格也将随之改变,即本国的(w/r)将会上升,外国的(w^*/r^*)将会下降,两国生产要素相对价格最后会趋于一致,本国的工资率将等于外国的工资率,即$w = w^*$,本国的资本价格将会等于外国的资本价格,即$r = r^*$。此时,本国和外国不论是X产品或Y产品的劳动的边际生产产出(marginal product of labor)都是一样的,即$w_x = w_y = w_x^* = w_y^*$。同理,本国和外国不论是X产品或Y产品资本的边际生产产出(marginal product of capital)都是一样的,即$r_x = r_y = r_x^* = r_y^*$。这即反映了H-O模型的基本假设,若两国的生产技术相同,且商品市场和要素市场都是完全竞争的情况下,两国要素的边际生产力和要素的报酬将为之趋同。

---

① Samuelson, P. A. (1948). "International Trade and the Equalisation of Factor Prices", Economic Journal, June, pp. 163–184.

六、H-O 贸易模型的评价

H-O 贸易模型继承了古典经济学的基础,并跳出了以生产技术为核心的理论框架,发展成为另一套解释比较优势的理论。与大卫·李嘉图的贸易模型比起来,H-O 贸易模型更深入地分析了生产要素和国际贸易的关系。因此,H-O 贸易模型更能在所得分配的层面做出较深入的贡献。例如,根据 Stolper-Samuelson 定理的推论,我们可以发现资本较为丰富的国家,通过国际贸易,资本的报酬会增加,而其他资源的报酬可能会因为贸易而恶化;劳动力较为丰富的国家,通过国际贸易,劳动的报酬会增加,其他资源的报酬也可能会因为贸易而恶化。又如,根据罗伯津斯基定理,某一生产部门密集使用的要素,其资源禀赋的增加可能会导致排挤另一部门生产的现象,造成该要素密集的生产部门独大,其他生产部门萎缩的结果。

但 H-O 定理是否能如实地解释国际贸易的现象呢?1953 年俄裔美籍的经济学家里昂惕夫(Wassily Leontief)以计量经济的实证方式检测 H-O 定理[①],他发现资本较为丰富的美国其出口的商品主要是劳动密集的,进口的商品反而是资本密集的,由于他的发现和 H-O 定理的预测正好相反,在学术上把里昂惕夫的发现称为里昂惕夫的悖论(Leontief Paradox)。

理论和模型的重要性是提供我们超越直觉或直观的认知去解释问题或现象。或许要解释自古以来的国际贸易问题和现象所牵涉的因素过于复杂,许多经济模型的假设在真实的世界里是很难成立的,也因使用理论来解释实际的经济现象将受到很大的限制,虽然 H-O 定理很难完全准确地预测真实的贸易现象,但其洞察出资源禀赋对经济贸易的影响仍然丰富了我们思考的视野。

H-O 贸易模型继承了古典经济学的基础,也继承了许多古典经济的假设,这些假设限制了其应用的空间。例如,古典经济假设商品和要素市场是完全竞争的,在自由贸易存在的市场经济运作下,商品和要素的价格会趋于一致。但我们知道,在真实的商业环境中,自由贸易是很难达成的,商品在各国报关时会加上不同的加值税(VAT),另外,贸易的过程中也存在着运输和仓储的费用,汇率的波动也会造成商品价格的差异。同时,各国市场的需求型态也可能会存在差别,对交易商品或劳务的偏好可能不同,因此,商品价格实际上理应不会完全一致。

H-O 贸易模型假设厂商所生产的商品或提供的劳务其质量是相同的,通过贸易的进行可使要素的报酬也趋于一致,也就是假设各国的劳动力和资本是同质的,即使生产要素不进行跨国的移动,只要依靠商品或劳务的自由贸易,就可以使国家间要素价格均等

[①] Leontief, Wassily. "Domestic Production and Foreign Trade; The American Capital Position Re-Examined". Proceedings of the American Philosophical Society. 1953, 97 (4): 332–349.

化。也就是预测两国开始进行贸易后，本国的工资率和外国的工资率将会趋同。但其实要素价格均等化的情形在目前的国贸实务中也很少发现，因为各国的劳动力其生产力还是有所差别的，生产力较高的劳动力其报酬理当较高，且各国金融制度和环境也都有些差异，取得信用的成本和难易程度当然不同，因此资本的报酬也会有所差别。古典的贸易模型假设产品和生产要素皆是同质的，这种完美的假设比较适用于经济存在长期均衡的情况，当贸易国间生产要素存在较大差异且市场结构不是完全竞争的情况下，我们就必须调整产品同质、生产要素同质与完全竞争市场等这些假设，才能更进一步探究贸易的真相。然而，现代的国际贸易理论却也在古典贸易模型的孕育下，尝试突破这些限制，发展出了新贸易理论，对现实的贸易现象做出更贴切之分析。

第五节　当代贸易理论与对贸易进行干预的理论

到了20世纪70年代末期80年代初期，美国的经济学者克鲁格曼（Paul Krugman）将商品差异化和生产上具有规模经济的特性等假设置入其贸易模型，提出了贸易不仅仅可能是大卫·李嘉图模型所解释的产业间贸易（interindustry trade）型态，也可以存在一种以相同产业类别的商品相互贸易的情形，即所谓的产业内贸易（intraindustry trade）类型。产业内贸易的优点是可以让消费者可有更多的消费选择，而生产者则可以降低其生产成本。由于克鲁格曼打破了古典经济学完全竞争和同质商品的假设，而采用了不完全竞争和异质商品的假设，因此被称为新贸易理论（new trade theory）。不久，异质厂商的假设也被提出来，说明国际贸易和个别厂商的生产优势有关。另外，多国籍企业的兴起也是解释国际贸易发展的其他观点。

因此，在这节中，将介绍当代的国际贸易理论以及赞成干预自由贸易的相关理论，从市场结构、异质产品、异质厂商等特征来探讨贸易的现象。此外，我们也可以从国家发展策略、社会、文化、国土安全等层面来说明限制自由贸易的相关理由。

一、市场结构与异质产品

如前所述，古典的贸易理论是建构在完全竞争市场的假设基础上进行推论的。在完全竞争的市场结构中，产品是假定为同质的，但在真实的世界里，产品往往是不同质的。例如，手机这项产品，有些强调高质量的照相功能，有些则强调电子笔记本的功能，而也有一些手机是专门设计给老人和孩童所使用的。古典的国际贸易理论，说明了"产业间"的贸易现象，例如为何某些国家以农产品的出口来交换工业产品的进口，而某些国家则以工业产品的出口来交换农产品的进口。这种现象即是以产业间的贸易现象来理解国际贸易的交易模式。但其实，我们往往发现同一个产业类别里，产品间可能存在着各种不同特色的产品，例如在市场中我们可以买到台湾米之外，也可以买到日本米、泰国米等，在汽车的市场里，除了国产车之外，我们也可以买到德国车、美国车和日本车等，因此，更贴切地说，一个国家可能同时出口和进口相同产业类别的商品，形成了所谓的"产业内"贸易现象。又例如在手机的市场里，本国可以同时出口国内制造的手机，但同时也可进口韩国和日本制造的手机。这种现象的解释却不曾出现在过去古典国际贸易理论模型中[1]。关于"产业内"贸易现象的解释首先由赫尔普曼和克鲁格曼（Helpman and Krugman）于1985年时提出[2]，他们的理论被称为新贸易理论。在新的贸易理论中，其产品假定为异质商品，同时市场以垄断性竞争的形式存在着（monopolistic competitive market）。在生产成本方面，则以规模经济（economies of scales）的特性诠释了市场份额对厂商成本的影响。

新的贸易理论比古典的贸易理论更务实地分析了国际市场交易的现象。首先，新贸易理论假定市场结构是一种垄断性竞争的样态，同产业中的每一项商品都各具特色，在短期中，厂商可以获得利润，但在长期下，产品特色会被模仿而功能相近，最后也会产生类似于竞争性市场的均衡结果。同时，在生产的特性上，新贸易理论假设生产成本具备了内部规模经济的特性[3]，所谓内部的规模经济是指，在其他条件不变之下，生产者的平均生产成本（averaged total costs）随着产量的扩大而下降的特性。这样的生产特性意味：产品异质的厂商进行国际贸易将有助于扩大其生产规模，并使其平均生产成本下降，因此在短期内可获得更高的收益，而在长期下则会留下有能力在国际市场中竞争的厂商。这样的假设应该更能贴近真实的市场运作。此外，从消费需求面来分析，新贸易理论证明了产品异质的厂商进行国际贸易将有助于消费者以更低廉的价格取得商品，消费者在产品的选择上将会更具多样性。

以下我们使用克鲁格曼[4]所举的例子来简略说明新贸易理论的框架。在此例中，我们可以理解为什么通过国际贸易的进行可以让市场的销售规模扩大，并使得厂商的生产得以产生规模经济的效果，造成国际市场中交易的商品将更多元且价格更低廉。我们以汽车产业为例。在汽车产业中，厂商所面临的市场结构为一垄断性竞争的市场，即制造者所生产的汽车各自具有其产品特色（即产品是异质的），但各厂商的生产成本皆是

---

[1] 但仍然有当代的学者应用古典模型来说明产业内的贸易现象，Davis, D. R. (1995). "Intra-industry trade: A Heckscher-Ohlin-Ricardo approach". Journal of International Economics. 39 (3/4): 201-226.

[2] 请参阅 Helpman, Elhnan and Krugman, Paul, 1985. Market Structure and Trade, Cambridge, MA, MIT Press.

[3] 外部规模经济则指的是随着相关产业的汇聚，厂商获得水平整合或垂直整合的生产优势而降低了其生产成本。

[4] 请参阅 Krugman, Paul; Obstfeld, Maurice, Marc Melitz (2018). International Economics: Theory and Policy (11th ed.) Pearson.

一样的,生产成本是由固定成本(F)和变动成本乘上产量所决定的,例如厂商的总生产成本是 $TC = 750000000 + 5000 \times Q$,前一项即是固定成本而后一项即是变动成本,此时边际成本为5000。则可知本国和外国的生产者其平均生产成本皆为 $AC = (750000000/Q) + 5000$,这可以视为厂商的供给函数。另外,我们以 $Q = S[(1/n) - b(P - \bar{P})]$ 代表每个厂商所面临的市场需求,这个需求方程中,Q是指市场的总需求量,S则是指市场的规模,n则是指市场中厂商的数量(每个厂商都提供异质产品),b是一个大于零的参数,可以任意设置,P则是该厂商的商品售价,$\bar{P}$代表该市场中该项产品的平均售价。例如,若令 $b = 1/30000$,则本国和外国厂商所面临的汽车市场需求我们可以都设定成 $Q = S \times [(1/n) - (1/30000) \times (P - \bar{P})]$。

在这个垄断性竞争市场的长期均衡中,将存在着以下两项条件:(1) $P = \bar{P}$,即个别的商品价格将等于平均售价;(2) $MR = MC$,边际收益等于边际成本。(3)在完全竞争市场的均衡条件中 $P = AC$ 是一个长期稳定的均衡条件,即在长期均衡时商品售价等于平均成本,此时厂商将无超额的利润。例如,在本例中,我们将本国的总销售量设定成 $S = 900000$ 台汽车,则在长期均衡时,本国将有汽车需求量 $Q = 900000/n$,此时本国的供给函数 $AC = (750000000/Q) + 5000$ 可化简为 $AC = (7500 \times n)/9 + 5000$。由供给函数可以看出当市场上生产者的数量越多,即n越大时,每个厂商的平均生产成本就越高,AC和n是正相关的。

由需求面来看,我们可以改写 $Q = S[(1/n) - b(P - \bar{P})]$ 为 $P = 1/bn + \bar{P} - (1/bS) \times Q$,总收益即为 $P \times Q = TR = (1/bn) \times Q + \bar{P}Q - (1/bS) \times Q^2$。此时边际收入 $MR = (1/bn) + \bar{P} - 2(1/bS) \times Q$。在长期均衡时,$P = \bar{P}$,则此时 $Q = S/n$,重新整理边际收入函数 $MR = (1/bn) + P - 2(1/bn)$。又在竞争市场的长期均衡时边际收益等于边际成本,且已知 $MC = MR = 5000$,$b = 1/30000$,此时可以得到需求的均衡条件 $P = 30000/n + 5000$。由需求的均衡条件可知,售价(P)和厂商的数量(n)之间的关系是负相关的,即当n越大时,汽车的售价将会越低。

若要求出上例的长期均衡解,我们可以利用 $P = AC$ 的条件来求出。即 $30000/n + 5000 = (7500 \times n)/9 + 5000$,化简后 $30000/n = 7500n/9$,$n^2 = 36$,则知 $n = 6$,$P = 10000$。由上述的计算结果可知,在这个异质产品长期竞争下的均衡中,本国的市场将存在6家厂商,每家厂商各自生产150000台汽车,而汽车的售价为10000元。我们若假设外国也存在一个相同的垄断性竞争市场,其制造者所生产的汽车也各自具有其产品特色(即产品是异质的),且各厂商的生产成本也如国内的汽车生产者,即国外的厂商的总生产成本也是 $TC = 750000000 + 5000 \times Q$。但若国外的汽车之销售量为 $S = 1600000$ 台汽车,则外国汽车市场在长期均衡下之售价和厂商数量应为多少呢?

要解出外国在长期竞争下的均衡并不难,利用上述本国的计算方式,$Q = 1600000/n$,$AC = (7500 \times n)/16 + 5000$,$P = 30000/n + 5000$,化简后 $30000/n = 7500n/16$,$n^2 = 64$,则知

n=8，P=8750。由上述的计算结果可知，在这个异质产品长期竞争下的均衡中，外国的市场将存在 8 家厂商，每家厂商各自生产 200000 台汽车，而汽车的售价为 8750 元。由此可以看出，外国的汽车市场规模较国内大，因此拥有较多的汽车类型可选择，且汽车的价格也较为低廉。根据新贸易理论之分析观点，若本国和外国进行贸易，则市场将可进一步地扩大，当厂商生产规模能进一步扩大时，则汽车之平均生产成本可以进一步地下降，也意味着汽车的售价可以进一步降低，且两国的消费者将有更多的汽车类型可供其选择。

这样的分析结论可以利用上述的例子得到印证。若两国进行贸易，则本国的市场将与外国的市场整合，这意味着两国的厂商所面临的市场规模 S = 2500000 台汽车，Q = 2500000/n，AC = (7500 × n)/25 + 5000，P = 30000/n + 5000，化简后 30000/n = 7500n/25，n^2 = 100，则知 n = 10，P = 8000。由上述的计算结果可知，在这个异质产品长期竞争下的均衡中，两国的市场整合后将存在 10 家厂商，每家厂商各自生产 250000 台汽车，而汽车的售价为 8000 元。由此可以看出，两国的汽车市场整合后可获得更大的规模，因此两国的消费者将拥有更多的汽车类型可选择，且汽车的价格更为低廉。我们可以使用下图简要地说明汽车市场在贸易后的长期均衡（见图 2 - 29）。

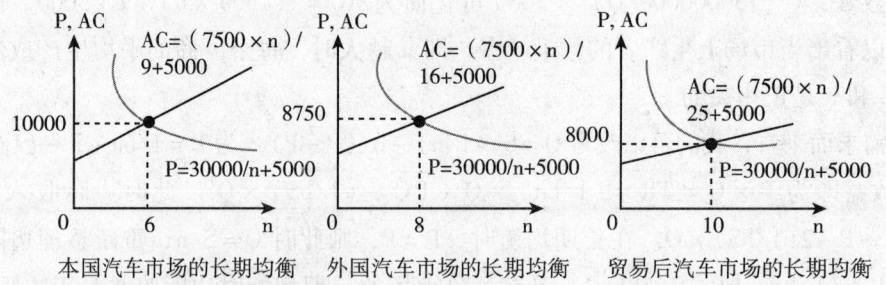

本国汽车市场的长期均衡　　外国汽车市场的长期均衡　　贸易后汽车市场的长期均衡

图 2 - 29　国际贸易可以扩大生产规模使生产成本下降且产品种类变多

二、异质厂商的贸易理论

古典的国际贸易理论或是新贸易理论都是基于同质厂商的假设来演绎的，但事实上，在真实的商业环境中，厂商的生产能力应该是不同的，或是市场中的生产者其生产的成本结构应有所不同，有些厂商之生产成本较高，有些厂商之生产成本则较低，因此，若我们允许异质厂商的存在，则国际贸易的进行对厂商的影响，是否还如同古典理论或新贸易理论所解释的那样呢？美国哈佛大学的经济学者 Marc Melitz 在 2003 年的期刊中[①]，延伸了克鲁格曼的模型，并采用了异质厂商的假设，论证了在国际贸易的进行

---

① 请参阅 Melitz, Marc J. "The Impact Of Trade On Intra-Industry Reallocations And Aggregate Industry Productivity," Econometrica, 2003, v71 (6, Nov.), 1695 - 1725.

下,厂商将可扩大商品的市场,并在国际市场的竞争中,某些边际成本较低的厂商将受益,某些边际成本较高的厂商其利润将下降,而某些边际成本过高的厂商将退出市场。Melitz提出的异质产商模型又被称为新的新贸易理论。

以下我们简略介绍一下Melitz（2003）的分析框架。首先,我们延续上述新贸易理论对市场需求的假设,仍以$Q = S[(1/n) - b(P - \bar{P})]$代表每个厂商所面临的市场需求,也可将P变量移到左方改写成$P = 1/bn + \bar{P} - (1/bS) \times Q$,此时$MR = (1/bn) + \bar{P} - 2(1/bS) \times Q$。我们可以将每个厂商所面对的市场需求表达为如图2-30所示。

在图2-30中,需求线（D）的斜率是$-1/bS$,需求线与纵轴之截距交于C^*,且$C^* = 1/bn + \bar{P}$。由需求线我们可以导出边际收入的函数（MR）,MR通过C^*点,而其斜率是$-2/bS$。若我们存在两个生产成本异质的厂商,厂商A与厂商B,其中厂商A的生产成本较厂商B有效率,假设厂商A生产的边际成本（MC_1）固定为C_1,厂商B生产的边际成本（MC_2）固定为C_2,且$C_1 < C_2$,则根据厂商利润最大的决策法则MR = MC,厂商A将选择生产数量Q_1,且将其商品定价为P_1,厂商B则将选择生产数量Q_2,且将其商品定价为P_2,此时,$P_1 < P_2$。为了讨论方便,我们可以假设两个厂商的固定成本皆为零,而其生产成本就是变动成本,因此,厂商A的营运利润（operating profit）为$(P_1 - C_1) \times Q_1$,即为P_1C_1AC的面积大小;厂商B的营运利润为$(P_2 - C_2) \times Q_2$,即为P_2C_2BD的面积大小。在这样的分析框架中,若厂商生产的边际成本越低,则可获得越大的营运利润,也就在生产上越有竞争力,若厂商生产的边际成本等于C^*时,则厂商利润为零,而厂商生产的边际成本大于C^*时,则该厂商将产生亏损,此时厂商将没有意愿长期在该市场中持续经营下去。由此可见,厂商的营运利润和生产之边际成本是负相关的,如图2-31所示。

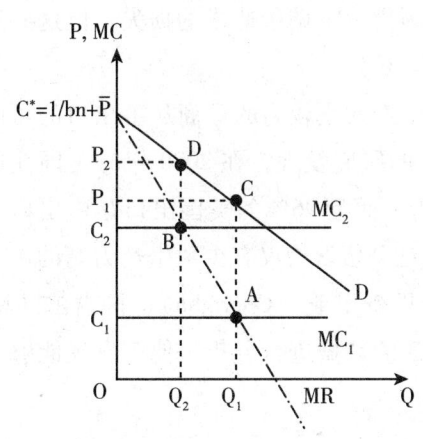

图2-30 异质厂商的生产决策

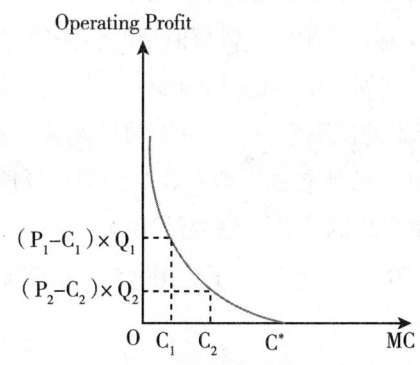

图2-31 异质厂商的营运利润

若开放国际贸易后,上述的生产决策对营运利润将会产生什么变化呢?国际贸易的进行将会使市场规模扩大且国内的厂商也将面临国外厂商的竞争,因此,需求的价格弹性将变得更大些,也就是说需求线将较原先的需求线更为平坦。因为当国际贸易开放后,厂商的数量 n 和市场销售的规模 S 都将变大,因此,需求线和纵轴的截距 $1/bn + \bar{P}$ 以及需求线和横轴的夹角(即斜率)$1/(b \times S)$ 都将变小,即开放贸易后,每个厂商所面对的需求线将比原先更为平坦,如图 2-32 所示,需求线由 D 变成 D'。

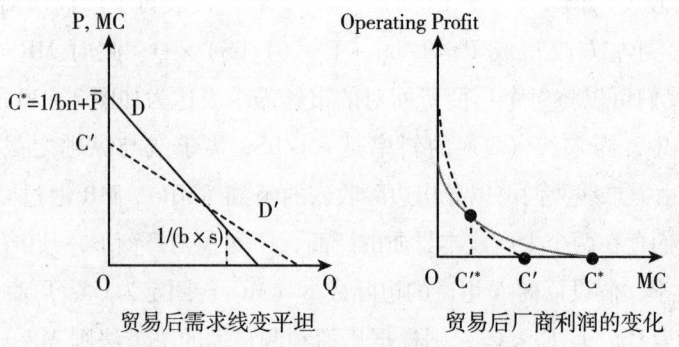

图 2-32 贸易后厂商的营运利润变化

开放贸易后,有些厂商营运利润变大、有些变小、有些则必须退出市场,Melitz 在上述的框架中证明了,贸易后厂商的营运利润将产生不同的变化,如图 2-32 之右图所示。首先,在国际市场中,营运利润为零的生产边际成本由 C^* 缩小为 C'。这意味着生产边际成本大于 C' 点的厂商都无法在国际贸易的情况下获得利润,因此,这些厂商将选择退出市场。但那些生产边际成本小于 $C^{*\prime}$ 点的厂商其营运利润将在开放贸易后变得更大。这是因为当商品售价降低时,销售量的扩大反而让利润增加,所以开放贸易对于生产边际成本较小的厂商较为有利。至于生产的边际成本介于 $C^{*\prime}$ 点和 C' 点的厂商,其营运利润将会下降,因为其增加的销售量无法弥补因售价下调所造成的损失,但这些厂商仍有利可图,因此在开放贸易后也能继续经营。

有关于异质厂商贸易模型的实证研究发现,生产效率较高的厂商从事出口的可能性较高。例如,伯纳德(Bernard)等人(2007)[1] 的研究发现,在 2000 年时美国注册的 550 万家的厂商中只有约 4% 的厂商有出口的行为,而且 96% 的美国出口是由出口厂商中的前 10% 所包办,他们针对美国厂商所做的实证分析认为仅有少数生产力高的厂商可以从事出口的活动。格森纳韦(Greenaway)、格里哥里亚(Guariglia)、科内尔(Kneller)(2007)[2] 则针对了英国 9000 多家制造业厂商的数据进行分析,他们发现能够进行

---

[1] 请参阅 Andrew B. Bernard & J. Bradford Jensen & Stephen J. Redding & Peter K. Schott, 2007. "Firms in International Trade," Journal of Economic Perspectives, American Economic Association, Vol. 21 (3), pages 105–130, Summer.

[2] 请参阅 Greenaway, David & Guariglia, Alessandra & Kneller, Richard, 2007. "Financial factors and exporting decisions," Journal of International Economics, Elsevier, Vol. 73 (2), pages 377–395, November.

出口活动的厂商其财务能力较佳。瓦格纳（Wangner）（2007）[①] 则整理了 1995~2006 年，跨越 34 个国家资料的 54 份实证研究结果，发现进行出口的厂商较不进行出口的厂商有更高的生产力。这些实证的研究结果大都支持异质厂商贸易理论的分析结果。

异质厂商贸易理论点出了进行国际贸易活动的厂商将负担较高昂的成本，因此，唯有获利较佳的厂商能够进入国际市场。但也有学者应用 Melitz 的异质厂商模型，也将商品在质量上的差异纳入贸易的重要因素[②]，这些学者认为生产效率和产品质量都是进行国际贸易的关键。此外，若两国之间的运输成本较高，消费者将会选择质量较高的产品进行贸易，此时，商品的价值将远远超过其交易的成本，所以消费者愿意购买价格较高的产品。异质厂商的相关模型可以说明为什么往往都是规模较大的厂商活跃在国际市场中，因为除了生产效率高使得成本得以较低而获得较高的利润外，这些厂商具备长期投入研究发展的能力，使得产品的质量得以持续提升，商品的销售价格也可以较高。总之，异质厂商的相关贸易模型说明了，由于进入国际市场，厂商要负担更多额外的成本，因此，只有少部分的厂商有能力进行国际贸易活动。

三、贸易的引力模型

到目前为止，我们所讨论的贸易模型都是基于比较优势原理的演绎，但以下我们将介绍一个主要以国家的经济规模与彼此在地理上的距离为解释变量的贸易模型。贸易的引力模型认为两国间贸易主要是受到地理区位、经济规模、消费偏好或经济发展相似的程度而定。其模型的内涵主要是受到物理学中牛顿万有引力理论之启发，认为双边的贸易会随着两国的经济规模的扩大而成比例的增加，但双边的贸易却会随着两国地理上的距离扩大而成比例的减少。贸易的引力模型（gravity model of trade）其概念曾经由美国的经济学者沃尔特·艾萨德（Walter Isard）提出[③]，但其模型经过荷兰的经济学者简·丁伯根（Jan Tinbergen）的进一步发展与分析[④]，引力模型成为另一种有别于古典或新贸易理论的观点。这个模型主要认为双边的贸易量主要是由国家的经济规模（通常使用国民所得来衡量）和双边距离远近所决定。其模型可以简要地表述如下：

$$F_{ij} = G \times M_i \times M_j / D_{ij}$$

[①] Wanger, Joachin, 2007. "Exports and Productivity: A Survey of the Evidence from Firm-level Data," The World Economy, 30 (1), 60–82.

[②] 请参阅 Richard Baldwin & James Harrigan, 2011. "Zeros, Quality, and Space: Trade Theory and Trade Evidence," American Economic Journal: Microeconomics, American Economic Association, Vol. 3 (2), pages 60–88, May.

[③] 请参阅 Isard, Walter, 1954. "Location Theory and Trade Theory: Short – Run Analysis," Quarterly Journal of Economics. 68 (2): 305.

[④] 请参阅 Tinbergen, Jan. 1962. "An Analysis of World Trade Flows," in Shaping the World Economy, edited by Jan Tinbergen. New York, NY: Twentieth Century Fund.

其中，F_{ij} 表示 i 和 j 双边的总贸易流量，G 则是一个常数，M_i 和 M_j 则分别表示衡量两国经济情况的变量，例如两国的所得水平，此外也可以加入是否使用相同的语言、是否使用相同的货币、是否有类似的文化历史、是否加入相同的贸易组织等虚拟变项，D_{ij} 则指两国间的距离。引力模型的主要论述是双边的贸易除了和两国的经济发展背景相关外，因距离所产生的交易成本会直接影响双边的贸易，距离越远，贸易的情况将越少。

贸易的引力模型并不是建构在比较利益的理论基础上的，但它仍然可以通过一些转置程序，使引力模型成为古典大卫·李嘉图模型、H-O 模型和新贸易理论模型的一种特殊解[①]，因此，引力模型的包容性较强，也许更适合说明复杂的贸易关系，已有许多经济的实证研究指出经济的规模、地理位置、相近的语言或历史文化等都会使两国之间的贸易发展更为密切，这也使得贸易的引力模型受到学术界的重视。当然学术界也有其他的学者对于贸易的引力模型持着保留的态度。这是因为我们还不太能确定经济发展和贸易之间的因果关系，例如贸易量越大也可能造成越高的所得水平，因此，所得水平较高可能是贸易的结果而并非贸易的原因。另外，交通和通信方式与成本的改善也可能使地理上的障碍缩小，而现代的服务贸易有些则是不受到地理区位影响的。但无论如何，贸易的引力模型采用了一个较为简洁且可以跨越时间的方式来预测贸易现象，例如在历史上不同的年代可能采取不同的生产方式，但不管当时生产技术的发展程度如何，贸易量将与经济发展规模成正比，与其距离成反比。

我们补充一则与贸易引力模型相关的有趣研究。在 2015 年，亚述古历史学者拉尔森（Mogens Trolle Larsen）出版了一本名为《古代卡内什》（*Ancient Kanesh*）的著作，他详细地描写并揭示了古代卡内什的社会经济面貌。卡内什是位于今日土耳其境内灰山（Kültepe）的一个古城，这座城市在公元前 2000 年到公元前 1750 年之间就相当的繁荣，是古代亚述时期重要的贸易重镇，并被认为是历史上最早形成商业社会的地点，这个地点当然也是中国古代丝路的必经之地。根据该书的描述，在当地的商贾家中进行的考古发掘，发现了 2300 多块以楔形文字刻印的泥板，这些泥板的内容显示，当时该城的贸易对象可远达中亚地区和黑海与爱琴海地区了。这些泥板记录珍贵的史料，包括古代亚述时期该地区文化、语言和民间生活百态。但如今，这座古城和外围的地区大都已是一块块覆盖着厚厚沙尘的旷野，如今我们很难想象，在距今 4000 多年以前，在这些黄沙的底下，竟然可能隐藏着一座座曾经繁荣的商业城镇。

根据另一位亚述古历史学者戈伊科·巴亚莫维奇（Gojko Barjamovic）的研究，由那些已能辨识的泥板记录中一共整理出了 51 座古城的名字，而其中的某些古城的地点已被学者们确认了，其中有一些已发掘出来但尚待确认，而更有一些古城仍深埋地底。为

---

① 请参阅 Michele Fratianni 2007，The Gravity Equation in International Trade，The Oxford Handbook of International Business（2ed.）.

了寻找那些失落的古城,古代亚述学者巴亚莫维奇(Barjamovic)和三位经济学者共同合作①,根据那些泥板中所记录的出货数据,应用贸易的引力模型,尝试找出与卡内什相互贸易的其他古城地点,通过模拟运算和与现有的考古数据交叉比对,学者们提出了12座消失古城的地点。研究结果相当有趣,经过贸易的引力模型设置所预测出的城市位置,有些地点和历史学家们的说法颇为一致,这是经济学理论与历史学、考古学的一次美妙结合,而那些消失的古城是否如引力模型所预测,则有待日后考古的挖掘来证实了。

四、干预自由贸易的相关理论

2018年美国总统特朗普掀起了美国的贸易保护浪潮,为何美国政府要干预美国和世界各国间的自由贸易?特朗普在2018年9月25日在纽约举行的联合国大会演说时提及,自从中国2001年加入WTO以来的17年间,美国失去了300多万个制造业岗位(几乎占所有钢铁岗位的1/4)、6万家工厂。在过去20年里,美国积累了13万亿美元的贸易赤字。特朗普在联合国大会中所说的理由是否可以成为干预中美自由贸易的理由呢?②

就国际贸易理论的观点而论,开放自由贸易虽会造成国内失业,但这并不一定会对本国的经济产生不利的影响。自古以来,人类就是通过生产与交换的过程来提升生活质量,物质的发达也一并创造了更高的文明。不论是古典的贸易理论或新的贸易理论,都是认为通过贸易可以提升社会福祉的。是谁的福祉呢?是生产者和消费者共同的福祉,是国内外参与者共同的福祉。当进行国际贸易时,国内外不具生产效率的生产就必须要转型或升级,因此不具生产效率的工厂就必须进行调整,这些劳工必然会面临失业,虽然这些失业的劳工们的经济福祉下降了,但换来的却是有更多的消费者能由贸易中获取更佳的福祉,因此,从社会福祉的角度来评论,贸易后社会福祉仍然是增加的。但对那些工厂劳工们所造成的伤害要如何使其降到最低呢?这就涉及贸易政策的设计了。贸易政策若能合理地重新分配社会在贸易后的利益,使没有效率的产业顺利转型,使失业的劳工获得新的工作技能,则能及早进行产业结构的调整使社会转型的成本降低。倘若政府为了保护失去竞争优势的产业将市场封闭起来,则产业将失去变革的刺激,耽误了转型的契机,将造成更大规模的失业,更高的社会成本。因此,以造成失业的理由干预自由贸易并不是很好的选择,因为产业结构调整是经济进步必须经历的过程,失业是必然会发生的,重要的是如何进行产业变革,缩短劳工失业的时间。

贸易赤字是否可以成为干预自由贸易的理由呢?贸易赤字或贸易盈余本身是一个中

---

① 请参阅 Gojko Barjamovic & Thomas Chaney & Kerem A. Coşar & Ali Hortaçsu, 2017. "Trade, Merchants, and the Lost Cities of the Bronze Age," NBER Working Papers 23992, National Bureau of Economic Research, Inc.

② 特朗普总统在第73届联合国大会发表讲话 https：//china.usembassy-china.org.cn/zh/remarks-by-president-trump-to-the-73rd-session-of-the-united-nations-general-assembly-new-york-ny/? from = groupmessage&isappinstalled = 0

性的概念，就像贷出和借入本身都是经济活动正常的现象。贸易赤字的现象表示一国消费了国外的劳动成果，而国外则将其劳动成果先储蓄起来。我们前文讨论过的重商主义思维，认为一国应该追求贸易盈余而避免贸易赤字，这样的想法就好比一个人只懂得生产而不懂得消费是一样的，因此，消费本身并没有问题的，消费的行为可以为生产活动创造收入，也可以为社会提供更多的就业机会。但是长期的消费或是长期的储蓄却是对经济发展不利的，若只单单消费或只生产，商业活动的规模将会缩小，经济持续运作的方式就会受到阻碍，因此，健全的经济发展应该是生产与消费同时并重。如今，美国累积了多年的贸易赤字，且除了中国外，和其主要的贸易伙伴如欧盟、日本、德国、墨西哥和加拿大等都是存在多年贸易逆差的。因此，从经济循环的道理上来理解，可以预知这样的发展现象对美国而言，在将来无疑是不可持续的。政府通过贸易政策的干预以缩小长期贸易赤字的动机可以理解，但限制自由贸易的做法是否能达到其目的，则仍是有疑虑的。在短期内，消费者若没有调整消费习惯、生产者没有提高其生产力，则"市场失灵"的问题，很可能演变成"政府失灵"的结果，而这样的结果，全世界的消费者恐怕都是输家。

政府干预自由贸易常见的目的大致上可以分成三类：产业发展策略论、矫正市场发展的不完全性及维持贸易的公平性。

（一）产业发展策略论

这是一种最为常见的干预理论。产业发展策略论认为保护发展刚起步的产业可以培养该产业未来的竞争优势。由于刚起步的产业一般生产成本较高，不但市场规模小，且缺乏发展经验，而上下游的产业链也尚未建立，因此和国外经营多年的产业比起来，刚起步的产业是不具备国际竞争力的。但是，若这项新兴产业被认为是该国未来经济发展的重要战略且该国在发展该项产业的条件上具备相当发展潜力时，则通过政府的保护或补贴政策可以为该项产业提供创造竞争优势的可能。例如，政府可以将国内的市场保护起来，提供该产业进行生产的可能，政府在政策上还可以提供补贴，或设立发展该项产业的经济特区，使生产的资金、人才和相关产业链可以汇集，营造发展该项产业的有利经济环境。干预市场的政策可以为厂商解决起步营运成本过高的问题，并确保有一定的国内市场规模得以维持其发展需要，通过生产效率的提升、生产成本的下降、产业经验的累积和产业环境的改善，该项产业就有机会可以继续扩大市场和技术升级，最终成为具有国际竞争优势的产业。

策略性产业的发展成功当然就是全民之福，但是产业发展的干预政策所带来的经济效益却未必都能达到预期的目标，一旦产业发展失败，则投入的成本和产生的损失该由谁来负责呢？但若回到起点，该策略性产业是由谁来挑选和决定受到政府保护和补贴的呢？亚当·斯密在他的著作《国富论》中不断地提到，市场机制是配置有限资源最有效率的办法，因此，我们应该进一步思考如何通过市场的运作方式来协助国家发展其策略性产业。例如，政府可以不要采取直接补贴的方式来发展策略性的新兴产业，而是通过金融体系中私人的银行或创投基金来决定投入的资金规模，通过银行审核的企业计划可由政府来担任信用保证，干预政策仍然可以结合市场机制来协助厂商在初期发展的阶段取得需要的资金，因此，厂商仍然要面对与思考如何与国际市场竞争，要为企业的盈亏负责，如此可以避免企业受到过度的保护而失去国际竞争力，或在过度保护的政策下企业成为一个"扶不起的阿斗"。

（二）矫正市场发展的不完全性

由于现实的市场结构都是具有不完全性，因此通过政策的干预使社会可以获得更大的效益。最典型的市场不完全性就是市场的外部性（externality）。所谓外部性是指经济的交易会产生交易相关的其他成本或利益，但在交易的过程中往往被忽略了。因此，通过政策的设计，可以使交易产生的额外成本得到补偿，或使交易产生的额外利益得到补贴。例如，政策可以对那些会产生高工业污染的进口商品课征较高的关税，如此可以一方面减少会产生污染的商品的进口量，另一方面又可以由关税收入中拨经费来防治污染，因此，这种政策的干预实质上可以使社会整体获得更大的效益。又如政策可以对引进会产生外溢效果的高新技术进行补贴，由于这种高新技术，一方面可以提升产业整体的实力，另一方面可以创造更多就业的机会，因此，政府可以给予这种能提升社会整体利益的进口项目补贴。另外，大型的经济体若课征关税也有可能会增加社会整体的福祉，若政府能设定出最适税率（optimal tariff），则税收的利益将大于贸易上的效率损失，因此，政府采取关税的干预仍然可以为社会创造更佳的利益。

（三）维持贸易的公平性

不公平的贸易竞争会使贸易后的利益分配产生扭曲，破坏市场的良性竞争。因此，各国对于贸易对手采取的一举一动投入高度的关注是理所当然的现象。但正因国际市场的高度竞争，厂商生怕对手采取不公平贸易的手段取得竞争优势，如今各国厂商都以维持贸易的公平性为由，针对其要打击的特定厂商或产业进行诉讼与调查。由于各国各自具有独立的司法调查权，因此，在国家间互相控诉不公平贸易的调查案件，自20世纪90年代以来，有增无减。以不公平贸易的理由进行贸易的干预政策显然成为贸易保护的另一种选项。虽然追求公平是人类社会的普世价值，但问题是公平要如何定义？和由谁来定义？

在国际贸易的实务中，倾销（dumping）和补贴（subsidy）是两种最常被认定为不公平贸易的行为，因此，为了维持贸易的公平，政府常常会采取课征反倾税和平衡税来反制倾销或补贴的行为。事实上，反倾销的控诉往往成为各国实行贸易保护政策的另一种替代工具。根据WTO的调查，从1995年到2016年间，全球的反倾销案件超过了5000件以上。各国（地区）为了保护本国（地区）的产业利益，纷纷以贸易的公平性为由来进行利伯维尔场的干预。例如，2016年的9月，美国四大钢铁企业联合向美国商务部提起中国钢铁倾销的诉讼，美方认为产能过剩的中国钢铁产品为了规避美国的关税，特意绕道越南进行加工后再廉价倾销到美国市场。除了美国，欧盟委员会在2017年1月27日起对从中国进口到欧盟会员国市场的不锈钢管件相关产品，实施5年的反倾销措施，17种相关产品的反倾销税税率为30.7%~64.9%。欧盟在2018年的7月起向来自中国的电动单车，征收21.8%~83.6%关税，以报复中国电动单车在欧盟市场占有率升至35%，使电动单车平均售价跌了11%的情形。2016年全球有20个国家和地区发起48项针对中国钢铁出口产品的贸易调查，其中反倾销案件32起，反补贴案件9起。2017年起，美国持续控诉中国的钢铁产品涉嫌倾销到美国市场，最后还演变成中美贸易战的导火索。

中国商务部也在美国发起贸易战后展开反制的控诉。例如，于2017年6月对自美国、韩国以及中国台湾进口的苯乙烯的反倾销案调查，在2018年6月发布公告，对原产于韩国、美国以及中国台湾的进口苯乙烯实施反倾销税的措施，将对苯乙烯产品征收反倾销税，对中国台湾课征反倾销税率为3.8%~4.2%，美国13.7%~55.7%，韩国6.2%~7.5%，征收期限为5年。接着在2018年7月开始对从欧盟、日本、韩国以及印度尼西亚进口的不锈钢产品进行反倾销调查。另外，2018年9月中国向世界贸易组织控诉美方没有针对中方所提之多项违规反倾销措施之产品采取纠正行动①，因此，中方已向世贸组织申请授权对美实施每年约70亿美元的贸易报复。

干预自由贸易的现象普遍存在，从古至今，贸易的障碍并没有消失。不论是以挽救失业、发展策略性产业，还是矫正市场发展的不完全性、维持贸易的公平性等各种理由，各国的干预政策都使得贸易摩擦变得更加严重。我们在短期可能无法找到解决之道，但各国政府应该从历史中学得教训，自由贸易才是提升人类社会福祉的根本之道。

本章习题

一、名词解释题

重商主义、H-O定理、要素价格均等化、Stolper-Samuelson定理、内部规模经济、外部规模经济。

---

① 2016年世贸组织专家报告已裁定美国对中国机电、轻工等多个行业出口产品所实施的13项反倾销措施违反世贸规则。

二、简答题

1. 国际贸易的特点有哪些？
2. 在真实的商业环境中，生产要素价格往往不均等的可能原因为何？
3. 除了比较利益外，规模经济如何造成贸易的原因？
4. 为何两国会以同一产业的产品相互进行贸易？
5. 贸易的引力模型和古典的贸易理论有何异同？
6. 政府干预自由贸易的目的有哪些？
7. 在历史上，贸易保护主义对世界经济的发展产生过什么影响？

三、论述题

1. 请利用大卫·李嘉图模型作图说明贸易后可以使两国的经济福祉提升，并标明何谓交换利得？何谓专业化利得？

2. 根据 H-O 贸易理论，假设存在两种生产要素资本和劳动，两种贸易商品 X 产品和 Y 产品，和两个贸易国即本国和外国。若本国为资本资源较丰裕国，外国为劳动资源较丰裕国，X 产品是劳动密集，Y 产品是资本密集。

（1）请作图说明当本国的资本资源增加时，对本国 X 产品和 Y 产品的生产将造成什么影响？

（2）请分析本国的生产可能性曲线（PPF）和外国的生产可能性曲线，并请说明这两国的生产可能性曲线之型态有何特性？

3. 根据 H-O 贸易理论，假设存在两种生产要素资本（K）和劳动（L），若资本的单位报酬为 r，劳动的单位报酬为 w，若 X 产品是资本密集型产品，Y 产品是劳动密集型产品，要素相对价格为（w/r），生产要素比为（K/L）。

（1）请作图说明在要素相对价格为（w_0/r_0）的条件下，X 产品的生产要素比大于 Y 产品的生产要素比。

（2）若要素的相对价格由（w_0/r_0）上升为（w_1/r_1），请作图说明 X 产品和 Y 产品的生产要素比会产生什么变化？

4. 根据 H-O 贸易理论，假设存在两种生产要素资本（K）和劳动（L），两种贸易商品 X 产品和 Y 产品，若本国为资本资源较丰裕国，外国为劳动资源较丰裕国，X 产品是资本密集，Y 产品是劳动密集，资本的单位报酬为 r，劳动的单位报酬为 w，要素相对价格为（w/r），生产要素比为（K/L），商品的相对价格为（P_x/P_y），试作图说明当商品相对价格由（P_{x0}/P_{y0}）上升为（P_{x1}/P_{y1}）时，要素相对价格将由（w_0/r_0）上升为（w_1/r_1），X 产品和 Y 产品的生产要素比会产生什么变化？

四、分析题

1. 根据大卫·李嘉图模型的假设，本国和外国（由 * 表示）的生产可能性曲线由下列方程式表示之：

$$aL_x Q_x + aL_y Q_y = L$$
$$aL_x^* Q_x + aL_y^* Q_y = L^*$$

请绘出下列条件成立时，两国的生产可能性曲线；并指出哪一国在生产 Y 产品具有比较优势。

$$\frac{aL_x}{aL_y} > \frac{aL_x^*}{aL_y^*}$$

2. 下表所示为美国和英国生产一个单位的脚踏车与计算机所需投入的劳动的天数：

	脚踏车	计算机
美国	2 天	4 天
英国	3 天	15 天

若两国交易的条件是每单位的计算机可换取 3 台脚踏车，请问英国可以从每单位的进口品中节省多少天的人力？

3. 根据大卫·李嘉图模型的假设，本国和外国的生产可能性曲线由下列方程式表示之：

$$2L_x + 5L_y = 10 （本国）$$
$$L_x^* + 2L_y^* = 20 （外国）$$

（1）请绘出两国的生产可能性曲线。
（2）请指出哪一国在生产 X 产品具有比较优势。
（3）Y 产品合理的交易条件应在什么范围发生？

第三章 国际贸易利益

> **引例**
>
> "想想你日常生活中的某一天。你在早上起来,并给自己倒了一杯佛罗里达产的橘子汁和巴西产的咖啡。早餐时,你从日本产的电视上看纽约播放的新闻节目。你穿上用佐治亚生产的棉花而在泰国工厂缝制的衣服。你开着用来自全世界十几个国家生产的部件组装的车去上学。然后你打开经济学教科书,这本书由一位麻省的学者所写,由位于得克萨斯的一家公司出版,并印在用俄勒冈生长的树制成的纸上。
>
> "每天你都依靠全世界的许多人向你提供所享用的物品与劳务,而其中绝大多数人你根本不认识。这种相互依存性之所以可能是因为人们相互交易。那些为你提供物品与劳务的人并不是出于仁慈或对你福利的关心而这样做的,也没有一个政府机构命令他们生产你所需要的东西并给予你。相反,人们向你和其他消费者提供他们生产的物品与每天你都依靠全世界的许多人向你提供所享用的物品与劳务,而其中绝大多数人你根本不认识。这种相互依存性之所以可能是因为人们相互交易。那些为你提供物品与劳务的人并不是出于仁慈或对你福利的关心而这样做的,也没有一个政府机构命令他们生产你所需要的东西并给予你。相反,人们向你和其他消费者提供他们生产的物品与劳务是因为作为回报他们也得到了某些东西。"
>
> (资料来源:[美]曼昆(N Gregory Mankiw). 经济学原理(第5版)微观经济学分册[M]. 北京:北京大学出版社,2009:54.)

本章学习要点

1. 国际贸易直接利益和间接利益的概念;
2. 国际贸易直接利益的局部均衡分析与一般均衡分析;
3. 国际贸易间接利益的体现;
4. 影响国际贸易利益分配的因素。

国际贸易利益又称为国际贸易利得(gains from international trade)。互利性贸易的产生,其直接原因在于两国间存在的商品生产、消费以及相对价格上的差异。由于资源、需求、技术等各方面的差异，世界各国间的商品价格差普遍存在，使国际贸易的开展有着广泛的基础。但在本质上，贸易利益的源泉来自生产，纯粹的流通（交换）过程本身只是商品价值的实现过程，不能创造任何财富，只有生产才能使价值增值。生产的专业化是通过分工实现，国际贸易通过两国间按照国际分工原则所进行的生产过程的调整，引导各国把生产资源流向效率较高的部门而增加生产，进而通过交换实现各国福利的增加。因此，国际分工是国际贸易的基础，国际贸易利益的实现离不开国际分工和交换。

第一节　国际贸易利益概述

从古典贸易理论到新古典贸易理论再到当代的国际贸易理论都对国际贸易利益进行过深入的探讨，包括其来源、分配机制和分配主体等方面，并进一步研究利益分配的效率性、公平性，以对当局的贸易政策提供决策支撑。对于国际贸易利益的划分，一般从直接和间接两方面加以区分。

一、直接利益与间接利益

国际贸易的直接利益，又被称为静态利益，特指传统国际贸易理论中的贸易比较利益，即一国通过国际贸易能以等量的代价获得比贸易前（封闭经济时）更多的产品，或以更低的代价获得与贸易前等量的产品。其表现为在资源总量和生产技术条件都不变的前提下，通过贸易分工而实现的整个社会直接福利的增加。

伴随着科技的进步，生产国际化和资本国际化日益加深，各国通过从事自身具有比较优势的产品分工并与其他国家进行交换，不仅可以获得贸易中所蕴含的直接利益，还可借由技术的国家之间转移推动本国技术进步从而实现间接利益的提升。

国际贸易的间接利益，又被称为动态利益，它是国际贸易给贸易双方经济和社会发展所带来的间接的积极影响。通过国际分工和国际贸易所形成的知识、技术等溢出效应促进了贸易国的技术进步、经济增长和经济结构的改善而得到的利益。

二、贸易利益研究的理论阐述

对于静态的直接利益，古典与新古典经济学家们对其做了充分的论述，如亚当·斯密、大卫·李嘉图、赫克歇尔和俄林等，他们通过绝对优势、比较优势及要素禀赋等角度论证了国际贸易产生的原因以及对外贸易给参与国所带来的好处。对国际贸易利益的动态效应和不断变化的贸易实践的分析则始于 20 世纪 50 年代的当代国际贸易。

（一）古典国际贸易理论

古典国际贸易理论建立在对重商主义的批判之上。亚当·斯密对重商主义所持的"我之所得即为彼之所失"的"零和"贸易观念进行了批驳，在其《国富论》一书中阐述了他的观点，在各国劳动生产率绝对差异，由此形成生产成本绝对差异的基础上，通过国际分工和贸易，至少可以获得包括如下的利益：（1）国际贸易增加了产品的交换价值。将超过本国需求的那部分剩余产品输往国外，换回本国有需求的产品，将使剩余产品具有价值。（2）通过使用价值的交换，可以消费到一部分原先不可能消费到的产品，增加消费者需求的满足。（3）对外贸易会扩展市场范围，劳动分工从国内延伸至国外，促进了分工程度的深化，从而促进劳动生产率的提高和社会总产出的增加。

大卫·李嘉图修正了亚当·斯密的劳动生产率绝对差异的假定，提出了比较优势理论，通过相对的劳动生产率差异来刻画各国间由于相对成本的差异而形成的贸易利益。但不论是亚当·斯密的绝对优势理论还是大卫·李嘉图的比较优势理论，他们所论证的国际贸易利益来源都是由于资源的自由配置和国际分工的形成，通过国际贸易一个国家能获得超过本国现有资源条件下生产能力的产品，由此得到贸易所带来的额外收益。特别是对作为利益分配主体之一的消费者而言，由于贸易，使得原本需要高价购买的产品能够按国外的较低价格在国内消费，消费者福利增加。对于产品生产者，对外开放带来了市场的扩大，专业化的分工也促进了单位劳动价值的提升，由此带来利润率的提高。

（二）新古典国际贸易理论

新古典国际贸易理论放松了古典国际贸易理论单一生产要素的假设，从资本和劳动力两种生产要素角度，分析了国际贸易产生的原因以及贸易的结果和影响。以 H-O 模型为代表的新古典国际贸易理论认为，借由国际分工和国际贸易，各国可以集聚资源生产并出口那些密集使用本国丰裕要素的产品，进口那些需要密集使用本国稀缺要素的产品，由此得到利益的增加。具体来看，出口使得本国的生产者获益，而进口则会使本国的生产者利益受到损害。但由于生产中包含多种生产要素，因此国际贸易对不同生产要素所有者收益的影响又有所不同。长期来看，在出口产品生产中密集使用的生产要素（本国的丰裕要素）的报酬将会提高，而在进口产品生产中密集使用的生产要素（本国的稀缺要素）的报酬将会降低，而不论这些要素是在出口行业还是在进口行业中使用。也就意味着，本国稀缺要素拥有者的利益会因国际贸易而获得提高，但与此相反，本国丰裕要素拥有者的利益将会在国际贸易中受到损害。

新古典国际贸易理论虽然扩展了分析的角度，但仍只是从静态和完全竞争市场的前提下讨论国际贸易利益问题。第二次世界大战结束后，古典和新古典国际贸易理论无法对国际贸易中出现的一系列新现象进行解释，例如，产业内贸易的出现，发达国家之间的贸易成为国际贸易的主体，各国的比较优势在不断发生变化等。

（三）现代国际贸易理论

新的国际贸易理论从多个方面来放松传统贸易理论的约束条件，在不完全竞争市场下，从规模经济、技术差距、产品生命周期，甚至消费偏好等方面分析了贸易产生的原因和贸易模式以及贸易利益的分配问题。各国从国际贸易中获得的利益不再局限于传统贸易理论所探讨的静态结果，而有了动态性的变化。国际贸易的参与主体也不再是简单的生产者与消费者，而是更加多元化和复杂化，国家政府、跨国公司、国际性经济组织或区域贸易集团的参与，使得贸易利益分配关系错综复杂。各主体间的利益冲突让他们在贸易自由化与贸易保护之间争论不休，也导致了国际贸易不仅仅体现出经济上的重大意义，也成为各国政治、外交政策上的重要权衡工具。

第二节　国际贸易的直接利益分析

由于国际贸易的直接利益在资源总量和生产技术条件都不变的前提下，通过贸易分工获得的，因此它可借用市场均衡的分析工具从局部均衡和一般均衡两个角度进行分析。

一、局部均衡分析

局部均衡分析针对的是单一产品市场，指在自由贸易条件下，其他情况不变时，某一产品的供给和需求达到均衡时，国际贸易对产品的价格、生产、消费及各方利益的影响。在具体分析前需引入两个概念，即消费者剩余与生产者剩余。

（一）消费者剩余与生产者剩余

消费者剩余是衡量消费者福利的重要指标，它又被称为消费者的净收益，指消费者愿意支付的价格与实际支付的价格之间的差额。反映消费者在其购买行为中所获得的额外的满足感或福利感，但这并不是实际收入的增加，而只是一种心理感觉。需求曲线上的每一点表示消费者在相应的需求量时愿意且有能力支付的最高价格，价格线意味着其购买了相同的数量,却支付了较低的价格,因此,消费者剩余的大小可以用需求曲线下方、价格线上方和价格轴所围成的面积表示。一般而言,在其他因素不变时,如果价格上升,消费者剩余下降;反之,消费者剩余则上升。

相应地,生产者剩余用来衡量生产者在市场供给中所获得的经济福利的大小,是指生产要素所有者、产品提供者由于生产要素、产品的供给价格与当前市场价格之间存在差异而给生产者带来的额外收益,也就是生产者在市场交易中实际获得的价格与其愿意接受的最低价格之间的差额。供给曲线上的每一点表示生产者在相应的供给量时愿意接受的最低价格,价格线意味着其提供了相同的数量,却得到了更高的价格,因此,生产者剩余的大小通常可以用市场价格线以下、供给曲线以上和价格轴所围成的面积来表示。一般来说,在其他因素不变时,市场价格的提高会增加生产者剩余,供给价格或者边际成本的降低也会增加生产者剩余;反之,生产者剩余将下降。生产者剩余与消费者剩余之和构成了社会的总剩余,它是社会经济福利的重要衡量指标。在图形上,社会总福利表现为市场供给曲线、需求曲线与坐标轴之间所围成的面积。

如图3-1(a)所示,在封闭条件下,一国(设为A国)的国内商品供求均衡点为国内厂商的供给曲线(S)与消费者的需求曲线(D)的交点(E),该点即该国的国内均衡产量与消费量(Q_e)以及均衡价格(P_e),则消费者剩余和生产者剩余相应为图3-1(a)中S_e和D_e的面积,社会总福利为两者之和(S_e+D_e)。

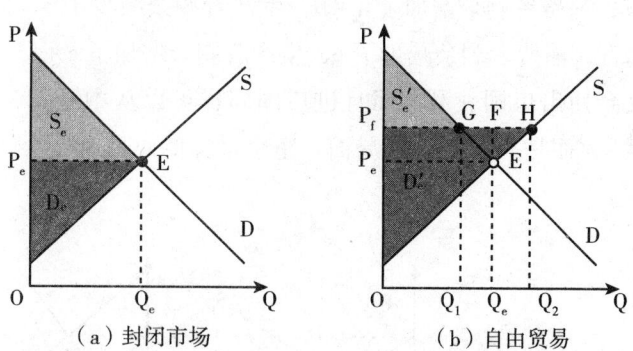

图3-1 不同市场条件下A国的国内均衡状态

(二)自由贸易下贸易国的直接利益分析

假设封闭时A国的国内商品市场价格高于B国,两国间开展自由贸易后,双方的出口供给与进口需求达到均衡时形成了均衡的国际市场价格P_f。在不考虑运输等各类交易成本的情况下,两国各自的国内市场价格将与国际市场价格趋于一致,国内市场供求与贸易利益也将发生变化。

首先来看A国,其市场将发生以下变化,图示详见图3-1(b):

(1) 国内市场价格上升（由 P_e 上升至 P_f）。

(2) 价格上升后，国内消费量减少（由 OQ_e 降为 OQ_1），消费者剩余减少。

(3) 价格上升后，国内生产量增加（由 OQ_e 增加为 OQ_2），生产者剩余增加。

(4) 国内厂商的生产大于国内需求的部分用于出口（为 Q_1Q_2）。

从封闭市场转向自由贸易后，由于国内价格提高，A 国的消费者需要支付更高的价格来购买商品，因此消费总量会减少，表现为需求量沿着原有的消费曲线向左上方移动；而国内厂商由于价格的上升则会增加产量，表现为供给量沿着原有的供给曲线向右上方移动。由此，国内的供给与需求会形成一个缺口，该缺口将由国际贸易予以弥补。此时，国内生产大于消费，因此是向外出口产品。消费者和生产者的福利也发生相应的变动，消费者剩余和生产者剩余分别变成图 3-1（b）中 S'_e 和 D'_e 的面积。其中，所减少的消费者剩余（P_eP_fCE 的图形面积）转变为出口厂商的生产者剩余；出口厂商增加的生产者剩余除消费者转移的部分外，还加上 GEH 图形面积部分。该剩余又由两部分构成，一部分是国内价格与国际价格接轨后，由于价格提高而多增加的收益（图形 GEF）；另一部分是由于产量扩大所获得的收益增加（图形 HEF）。

B 国在开展自由贸易后的市场变化与 A 国相反，其国内市场价格将会下降，相应地，国内需求扩大而供给减少，国内市场将供不应求，供求差额需由国外进口满足，从而使得国内消费者受益而进口竞争集团受损。具体可结合图 3-2 和表 3-1 来看，对 A 国（出口国）而言，消费者剩余增加了 a+b，生产者剩余减少了 a，总福利增加 b；对 B 国（进口国）而言，消费者剩余减少了 e，生产者剩余增加了 e+f，总福利增加 f。故而，自由贸易不仅会使出口国获利，而且进口国同样可以从中受益，它不是"一赢一输"的"零和游戏"，而是"双赢"的局面，整个世界的总福利也会随之增加，净获益 b+f。

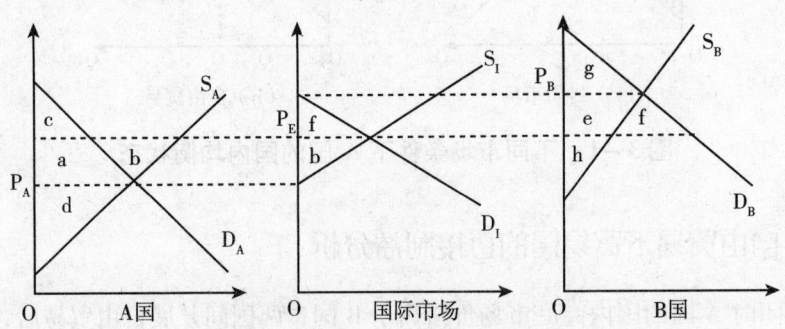

图 3-2　A、B 两国开展贸易后的市场变化示意图

由此可见，在自由贸易条件下，出口贸易将使出口国的国内消费者受损，而国内出口集团受益；进口商品的消费者从自由贸易中获得的利益提升，而进口竞争部门生产者受到损失。但不论是进口国还是出口国以及整个世界，它们的总福利都是增加的。

表 3-1　　　　　　　　　两国贸易前后的福利变化比较

	A 国			B 国		
	消费者剩余	生产者剩余	总福利	消费者剩余	生产者剩余	总福利
贸易前	a+c	d	a+c+d	g	e+h	g+e+h
贸易后	c	a+b+d	a+b+c+d	g+e+f	h	g+e+f+h
福利变化	-a	a+b	b	e+f	-e	f

二、一般均衡分析

一般均衡状态下的国际贸易利益是指一国所有产品的供给和需求达到均衡时的贸易获利状况分析。一般均衡的目标在于经济效率最优，即经济福利最优。它需要利用一些经济分析工具来开展。

（一）分析工具

1. 生产可能性曲线（供给方面，production possibility curve，PPC）

生产可能性曲线，亦可称为生产可能性边界（Production Possibilities Frontier，PPF），它是在一定的资源与技术条件下，一国所能够生产的各类产品的最大数量组合的轨迹。生产可能性曲线的形状取决于各产品生产的机会成本。机会成本（opportunity cost）是由于资源的有限性与其用途的多样性之间的矛盾而形成的，它又被称为选择的成本，指在一定的资源条件下，把资源投入某一特定用途后，所放弃的其他用途所能获得的最大利益。在产品生产上即把一定的资源用于生产某种产品时，所放弃生产的另一种产品的产量（产值）。

从几何上看，机会成本是生产可能性曲线的斜率，它可以是不变的、递增的或递减的。相应地，生产可能性曲线的形状是直线的、向外凸的或者向内凹的，如图 3-3 所示。

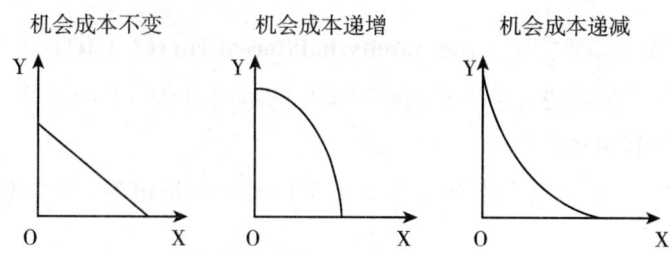

图 3-3　生产可能性曲线的形状

生产可能性曲线的斜率绝对值是产品的边际转换率（marginal rate of transformation，MRT），它是指在既定的技术条件下，减少（或增加）一单位某种产品（如 X 产品）的生产时，所增加（或减少）的另一种产品（如 Y 产品）的数量。如图 3-4 所示，生产点由 A 到 B，放弃了 3 单位的 X 生产，可增加 2 单位的 Y 生产，即一单位 X 转换为 Y 的比率为 2/3，它也就是生产 X 的机会成本为 2/3Y。

由于商品的交换价值（反映为价格）由生产中所耗费的劳动量决定，在没有国际贸易时（即封闭条件下），根据交换中价值等量的原则，两种产品相互替代的机会成本就等于两种产品的相对价格，即：$\Delta Y/\Delta X = P_X/P_Y$。相对价格是指直接用一种商品的数量来表示的另一种商品的价格，它也是两种商品的交换比率或贸易条件。在几何图形中，两种产品的交换比率大小与其价格线的斜率值相关，而与价格线所在位置无关。如图 3-5 所示，价格线 AB 与 CE 的比率是一样的，同为 1，但它们都大于价格线 CD 的比率（1 > 2/3）。这表明，当价格线为 AB 与 CE 时，X 产品与 Y 产品的价格相等，即一单位 X 产品的机会成本为一单位的 Y；而价格线为 CD 时，X 的价格是 Y 的 2/3，即一单位 X 产品的机会成本为 2/3 单位的 Y。

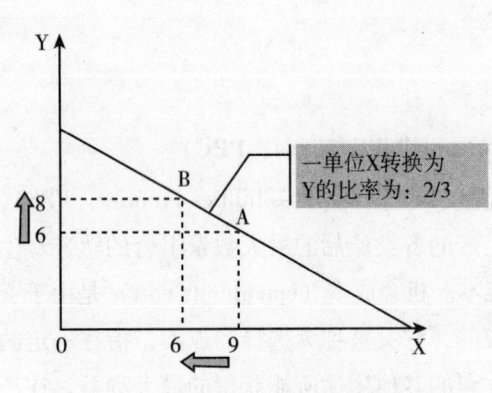
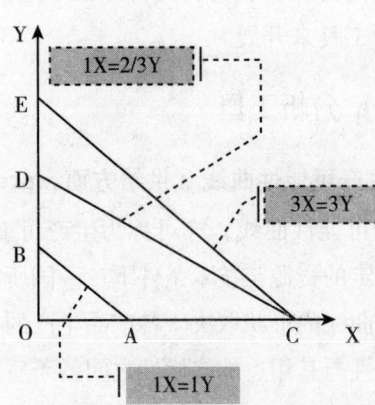

图 3-4　产品的边际转换率　　　　图 3-5　两种产品的交换比率

因此边际转换率等于两种产品的机会成本或相对价格。其公式为：

$$\text{MRT} = \Delta Y/\Delta X = P_X/P_Y \tag{3-1}$$

2. 无差异曲线（需求方面，community indifferent curve，CIC）

无差异曲线是能为消费者带来相同效用满足的不同商品组合的连线，反映了一国消费者的消费组合及其福利水平。

在图 3-6 中，A 和 B 消费组合的效用（福利水平）是相等，但它们都小于 C 组合的效用。

无差异曲线上各点的斜率绝对值称为边际替代率（marginal rate of substitution，MRS），指在效用水平不变的情况下，增加一单位 X 商品的消费所必须放弃的 Y 商品的消费数量，即：

$$\text{MRS} = |\Delta Y/\Delta X| = P_X/P_Y = U_X/U_Y \tag{3-2}$$

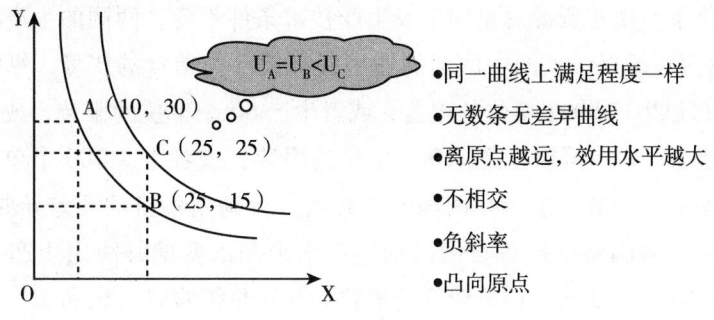

图 3-6 无差异曲线

一般而言，随着 X 消费数量的不断增加，该商品给消费者所带来的边际效用将不断降低，因而增加一单位的 X 商品所能替代的 Y 商品的数量也不断减少，即消费者为了得到一个单位的 X 所愿意放弃的商品 Y 的数量将不断减少，如图 3-7 所示。此现象称为边际替代率递减规律。

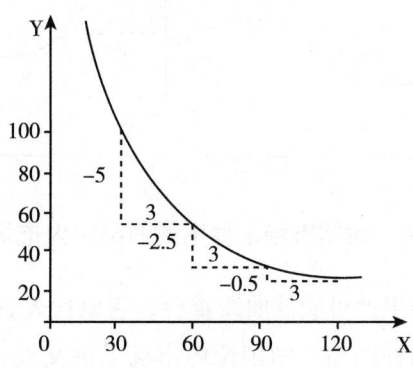

图 3-7 商品边际替代率递减规律

（二）模型假定与封闭条件下的国内市场

这里自由贸易利益的一般均衡分析模型将设定几个前提：
（1）世界上只有两个国家，A 国和 B 国；一种生产要素资源，即劳动力资源。
（2）两国各自的资源总量和生产技术条件不变。
（3）两国都只生产两种产品，粮食（F）和服装（C）。
（4）国家间为自由贸易，不存在交易成本。
（5）生产要素在国内可自由流动，但国家间无法流动。

假设，如果两国将所有的资源都投入粮食的生产上，A 国和 B 国的粮食产量将分别达到 90 单位和 100 单位；而若全部资源都投入服装的生产上，服装产量将达到 60 单位（A 国）和 120 单位（B 国）。由于劳动是唯一的生产要素投入，同时两国的生产技术条件虽然不同，但在国内是不变的，即一国的劳动生产率固定，因此各自产品的机会成本也固定不变。

在封闭条件下，由于资源总量固定及生产技术条件不变，两国的生产可能性曲线将如图 3-8 所示为一条直线。图中两国的横坐标都表示为粮食的产量，纵坐标为服装的产量。则 A 国可以生产 90 个单位的粮食，或者生产 60 个单位的服装，或者生产介乎其间的各种数量组合。B 国可以生产 120 个单位的服装，或者生产 100 个单位的粮食，或者生产介乎其间的各种数量组合。两国的消费组合分别用各自的无差异曲线 CIC 表示。当无国际贸易时，两国将根据各自国内的生产水平和消费偏好决定生产与消费的均衡点，即图中生产可能性曲线与位置较低的消费无差异曲线的切点 S_0 和 S_0'。假设此时两国粮食和服装的生产组合各为（30，40）和（50，60），各国生产的产品全部用于国内消费，各自的社会福利达到最大化 U_0 和 U_0'。

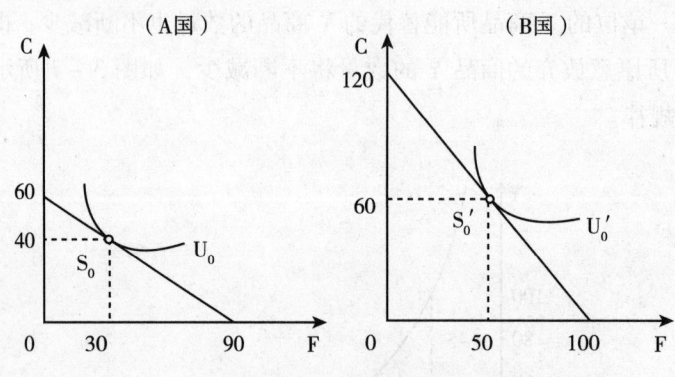

图 3-8 封闭市场条件下的两国国内市场均衡

两国的国内交换比率与生产可能性曲线重合，它也代表着国内市场价格线。依据等价交换原则，粮食和服装两种产品在两国国内市场上的交换比率 R_a 和 R_b 分别为 60∶90 和 100∶120。在 A 国 1 单位粮食的相对价格（也是它的机会成本）为 2/3 单位的服装，1 单位服装的相对价格是 1.5 单位的粮食；在 B 国 1 单位粮食的相对价格是 1.2 单位的服装，1 单位服装的相对价格是 5/6 单位的粮食。由此可见，A 国在粮食生产上的机会成本小于 B 国，而 B 国在服装生产上的机会成本小于 A 国，则 A 在粮食生产上具有比较优势，B 在服装生产上具有比较优势。

（三）开放条件下贸易国的直接利益分析

由前面假设可以看到，两国产品的相对生产成本存在差异，从而产品相对价格也存在差异，它是互利性贸易的基础。依照比较优势理论，两国将致力于生产本国劳动成本相对较低的商品与另一国家交换本国劳动成本相对较高的商品。

在模型中，只要 1 单位的粮食能交换到 2/3 单位以上的服装，A 国就会向 B 国出口粮食、从 B 国进口服装。同样，只要 1 单位的服装能交换到 5/6 单位以上的粮食，B 国就会向 A 国出口服装、从 A 国进口粮食。但 A 出口 1 单位的粮食到 B 国，最高只能交换到 1.2 单位的服装,因为超过这个界限 B 国就会退出交换,而 B 国出口 1 单位服装到 A 国,最多也只能交换到 1.5 单位的粮食,超出这个界限 A 国便会退出贸易。因此,国际上粮食与服装的交换比率介于两国国内的交换比率之间:$2/3C < 1F < 1.2C$。

两国按照专业化分工的原则组织生产,各自的生产均衡点朝着发挥比较优势的方向,分别由 S_0 和 S'_0 调整到 S_1 和 S'_1 点。虽然各国都没有超出自己的生产可能性曲线,但世界总产量(90F 和 120C)却大于各自孤立生产时的总和(80F 和 100C)。在新的生产点上,A 国可向 B 国出口粮食,与 B 国的服装相交换。如果两国间的竞争最终使国际市场上 1 单位粮食同 1 单位服装相交换,即两种商品交换比率为 1∶1。则 A、B 两国通过建立在各自比较优势基础上的国际分工与交换都能确定地获得贸易利益。其中,A 国每出口 1 单位的粮食可比贸易前多换得 1/3 单位的服装,B 国换得 1 单位的粮食可比贸易前少支付 0.2 个单位的服装,这些构成了它们的贸易净利益(见图 3-9)。

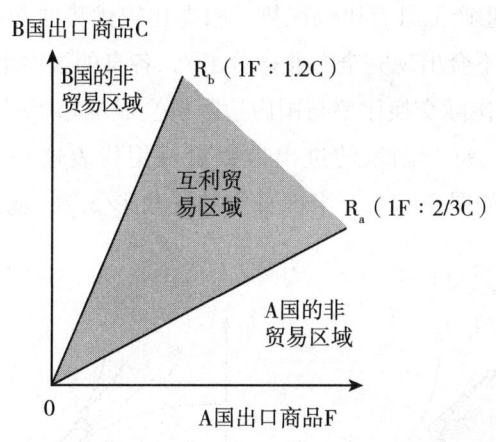

图 3-9　产品国际交换比率与贸易利益区间

假设 A 国用 55 单位的 F 与 B 国 55 单位的 C 相交换。自由贸易后,两国国内新的消费组合分别为(35,55)和(55,65),与贸易前的(30,40)和(50,60)相比,A 国多了 5 单位 F 和 15 单位 C,B 国的 F 和 C 也各多了 5 单位。即参与贸易的双方得到的商品数量也大于各国在封闭状态下生产所得到的数量,使得社会消费脱离了生产可能性边界的限制,处在了比贸易前更高位置的消费无差异曲线 U_1 和 U'_1 上(见图 3-10)。

由此可见,两国按照双方可接受的价格来进行交换,可以获得比没有贸易分工时更多的商品,从而增加本国的实际福利。这是在各国资源总量不增加、技术条件没有改进的前提下而实现的实际福利的增长,因此被称为国际贸易的静态利益。

上述分析是在机会成本不变的前提下,生产可能性曲线为一条直线,若机会成本递增,生产可能性曲线将向外凸,如图 3-11 所示。生产与消费均衡也由生产可能性曲线 PPF 与消费无差异曲线 U_0 的切点 E_0 决定,两种商品的国内交换比率由过该切点的国内价

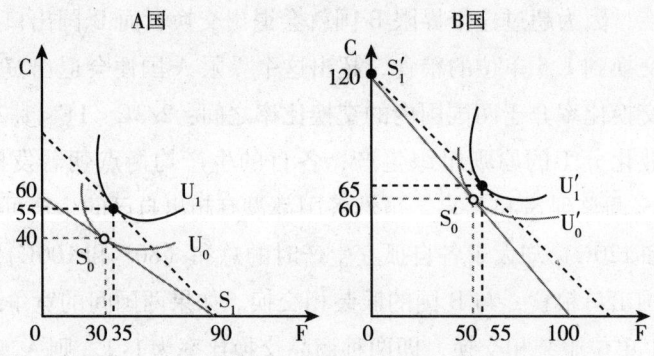

图 3-10 开放市场条件下的两国国内市场均衡

格线 R 表示。国际市场价格线 P_i 在 X 轴上的斜率大于 A 国国内市场价格线 R_a 在 X 轴上的斜率,而小于 B 国国内市场价格线 R_b 在 X 轴上的斜率,表明 A 国在粮食生产上具有比较优势,B 国在服装生产上具有比较优势。根据比较优势原理进行专业化分工(由于边际机会成本递增,并不会出现完全专业化分工),各自的国内生产点由 S_0 调整到 S_1 点,按照新的相对价格 P_i(国际交换比率与国内边际机会成本相等时)展开贸易。P_i 又被称为贸易线(trade line),每个国家的进出口数量可用代表这一数量的"贸易三角形"(trade triangle)表示。如图 3-11 上半部分中的三角形 S_1TC_1 就是贸易三角,斜边为贸

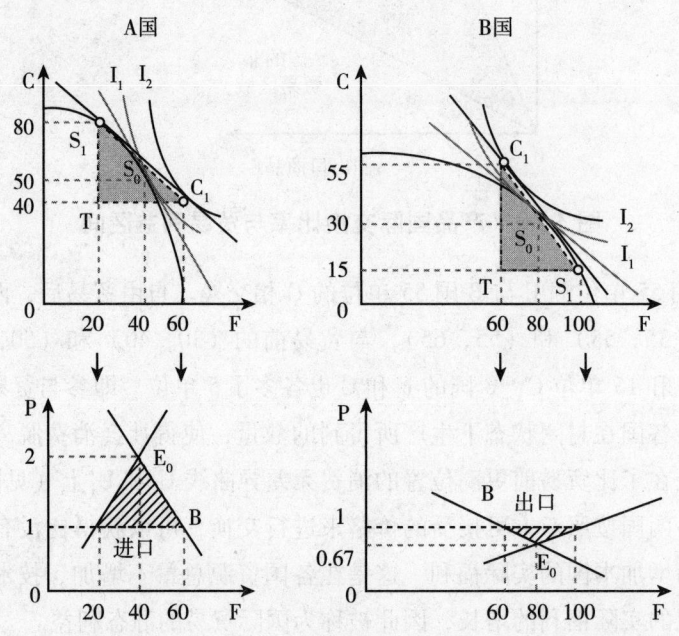

图 3-11 机会成本递增情形下的标准贸易利益模型

注:图中上半部分表示一般均衡时两国两种产品间的自由贸易,下半部分为单一产品市场(F 产品)时的贸易均衡。

易线,其斜率的绝对值代表世界价格水平或开放经济下的贸易条件。A 国与 B 国的贸易三角形相等,即 A 国的出口与 B 国的进口、A 国的进口与 B 国的出口两两相等,国际均衡得以实现。贸易三角形表示的比较优势基础上的进出口贸易,也就成为实现贸易利益的手段,各国的社会消费水平由 I_1 提高到了 I_2。

三、贸易利益的分解

为了对贸易利益的来源有一个更清晰和全面的认识,可以对贸易利益进行分解,分为来自交换的利益和来自分工的利益。

(一)来自交换的利益(gains from exchange)

来自交换的利益又称为消费利益(consumption gain),是产品在消费领域的重新配置所得。具体来讲,是在资源配置和产出组合不变,即该国未开展产品的专业化生产的情况下,仅仅只须通过对外贸易活动用国内优势产品去换取外国生产的本国生产成本太高的产品,就可以获得利益。此时所交换回来的产品是按照国际市场价格而不是国内市场价格交易,消费者付出的代价更小,由此提升了国内消费水平,使消费者得到更高程度的满足。如图 3-12 所示,生产点仍在原先的 S_0 上,但交换使消费点从 S_0 移动到 C_2,从而社会福利由 U_0 提升至 U_2。

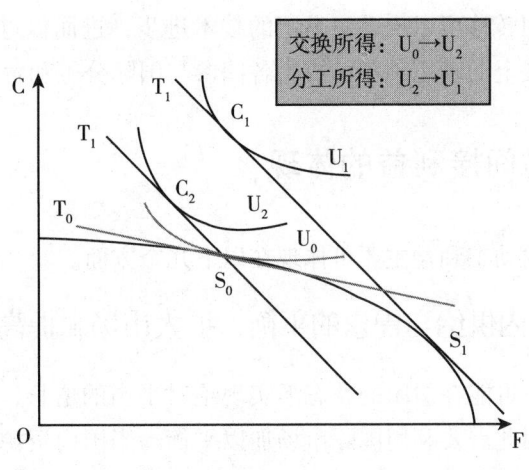

图 3-12 国际贸易利益的分解

(二)来自分工的利益(gains from specialization)

来自分工的利益又称为得自专业化的利益,或生产利益(production gain),是资源在生产领域的优化配置所得,这意味着国际分工会产生利益。两国间开展国际贸易是通过参与国际分工专门生产本国具有比较优势的产品,其实质在于生产者按照比较利益的原则根据国际市场价格对资源进行重新配置实现专业化生产和产业结构的调整,由此可以提高本国的资源利用效率,或者说社会生产率得到提升,从而获得生产利益的增加。

如图 3-12 所示,当国际交换比率比国内交换比率更为有利时,在更高价格的吸引下,一国将生产更多地具有比较优势的 F 产品,资源流向优势产品,此时生产点 S_0 沿着生产可能性曲线变动到 S_1 点,无差异曲线进一步向外推移,消费者福利水平由 U_2 提升至 U_1。来自分工的利益与来自交换的利益之和,共同构成了国际贸易的总利益。

在商品的消费数量组合上,国内的最终消费水平取决于该国的需求偏好,有可能一国特别偏好某种商品的消费而导致另一种商品的消费数量低于贸易前,但这并不意味着福利水平的降低。由于贸易利益用社会的福利水平衡量,即使两种商品的最终消费组合的数量不是都比贸易前更多,但只要新的消费组合是国际价格线上与更高水平的社会无差异曲线相切的点,贸易后的福利水平就比贸易前增加。

通过上述的分析,我们可以将国际贸易的直接利益概括为:产品价格的变化和生产的扩大与消费的增加,及整体社会福利水平的提升。

第三节 国际贸易的间接利益分析

由于技术的国家间转移可以推动贸易国的技术进步,进而促进经济增长和经济结构的改善,这些经济发展上的动态利益已成为各国参与国际分工和贸易的着眼点。

一、国际贸易间接利益的体现

国际贸易所带来的动态利益主要可体现在以下几个方面。

(一)有利于国内供给与需求的平衡,扩大市场和提高消费水平

由于任何一国都不可能在封闭的状态下实现绝对平衡的增长,即国内的供给结构与需求结构刚好吻合,因此需要利用国际市场加以平衡。当国内资源与供给超过其需求导致产品过剩时,就要积极开拓国外市场,通过国际贸易出口本国的剩余产品,使市场扩大;当国内的资源和条件缺乏或不足时,本国无法生产或生产成本较高导致某些产品的供给无法满足国内需求时,就要适当进口,由此提升国内消费水平,增加国家福利。

(二)有利于资源配置和产业结构的优化,推动经济增长

国际贸易有利于资源配置和产业结构的优化,产业结构优化又是推动现代经济持续

增长的重要推动力。产业结构优化既可以是各产业之间的协调发展，使各产业的比例结构更符合社会市场需求结构，也可以是各产业内部生产效率和社会资源配置效率的提高，实现由劳动密集型向资本密集型进而向技术密集型转变的产业现代化。

开展国际贸易的国家是面向整个国际市场参与竞争，必然要求发展本国具有现实的或潜在的比较优势的产业，在国内资源和技术水平有限的情况下将导致资源流向优势产业，而某些落后的产业将被淘汰或市场萎缩，生产要素的利用率提高，一些闲置要素也会被利用起来，如一些处于原始状态的自然资源得以开发，劳动者得以充分就业，机器、设备、厂房的开工率得以提高等。资源由此得到优化配置，产业结构升级，进一步导致生产规模的扩大和经济的增长。

一方面，出口产业由于面对世界市场来组织生产，市场容量的扩大更容易获得规模经济效应，使得产品生产率提高，生产成本降低。在同样的投入下，社会总产出将会增加，生产可能性边界向外扩张。在对外贸易的推动下，出口部门的扩张必然会带动其上下游产业部门或者相关的新产业的发展，形成具有比较优势的产业链，从而带动整个经济的增长。另一方面，进口国外产品特别是新产品既可弥补国内因资源或技术限制而导致的生产不足，还可刺激国内需求和促进本国产品的不断更新换代，引导新产业的萌发和成长。

（三）推动技术进步，促进生产效率提高

技术进步是人类社会发展的一个重要推动力，更先进的技术应用到生产劳动中，将使人们的生活消费水平不断提高，从而社会福利水平得到不断提升。国际贸易引进了竞争机制，激发企业的创新机制，将有利于推动技术进步。技术进步按其性质可分为两类：硬件的技术进步和软件的技术进步。前者表现为新的生产设备，对一种新产品的生产能力；软件技术进步表现为科研能力，以及这种研究所形成的专有技术或专利产品。国际贸易对技术进步的作用体现在：

1. 国际贸易提供了企业追求技术进步的动力

企业要在激烈的国际竞争中立足，必须具备有某一方面的技术比较优势。出口企业在面向国际市场时的竞争压力将转化为企业创新的动力，同时，国外进口产品的竞争也将迫使国内企业努力改进技术，提高生产效率。

先进技术的获得可以通过自我研究与开发（R&D），也可以国外购买得到，还可以通过技术外溢或学习和模仿得到。发达国家主要通过研发获得新知识、新技术和新产品，研发投入可占其国内生产总值的2%以上，世界领先的高新技术几乎都出自发达国家；而发展中国家多数通过购买或技术外溢获得，这其中国际投资和国际贸易是技术外溢的主要渠道，越开放的国家从其他国家学到先进技术的机会越大。

2. 国际贸易为技术进步创造了条件

国际贸易会加速知识的国际传递，增加一国的知识存量，强化新技术和新产品所形

成的技术示范和扩散效应。通过先进技术设备、新产品的生产专利、新的工艺以及信息、人才等的引进可节约研发成本，提高生产效率。

国际贸易扩大了市场规模，使企业能够获得更多的市场份额和利润，增强企业技术创新实力。市场规模的扩大也令企业面临更激烈的竞争，技术相对落后企业将会加强引进新技术，发挥后发优势努力提高新技术的适应性，形成技术的二次开发或创新。学习与模仿不仅减少了技术落后企业开发新技术的成本，还降低了单纯依靠自主创新可能面临的巨大风险。

（四）提升就业水平，提高人力资源素质

劳动力的就业问题关系到一个国家的发展与稳定，若失业率过高将严重制约一国的经济增长和社会发展的进程。在研究国际贸易与就业关系的理论中，影响最大的是 H-O-S 理论和对外贸易乘数理论。前者是以要素禀赋差异和生产要素均衡化的趋势来解释国际贸易对贸易双方的就业效应；后者则是根据消费倾向规律，把"投资乘数"运用到对外贸易中形成"对外贸易乘数"，以此解释国际贸易对一国经济增长和就业的影响。

依据 H-O-S 理论，建立在要素禀赋差异基础上的国际贸易会导致各国生产要素的价格均等化，从而改变各国生产要素的相对丰裕与稀缺程度和要素价格差异（这部分的相关内容将在本章第四节进行具体介绍）。一般而言，本国丰裕要素价格将会提升，而稀缺要素价格会降低。要素价格变化所形成的收入分配变化会导致资源的重新配置。例如，资金、技术相对丰裕的发达国家主要生产和提供资金、技术密集的产品和服务；而技术、资金比较稀缺的发展中国家则主要利用劳动力的比较优势生产和提供劳动、资源密集型的产品和服务。在生产要素价格均等化规律的作用下，发达国家工人的工资水平会相对地降低，同时发展中国家的工人收入会相对地提升。但由于劳动力价格具有很强的刚性，发达国家难以采取降低工资的做法，因此会更多地依赖于资金和技术替代来获取竞争优势和比较优势，从而减少国内的就业机会，特别是减少非熟练劳动力的就业机会。同样，发展中国家由于普遍存在劳动力无限供给的现象，也无法把工资提高到发达国家的水平，劳动力成本优势反而会由于国际贸易而得以强化。同时，由于国内庞大的剩余劳动力队伍带来的就业压力也会扩大国内劳动密集产品和服务的提供，从而扩大就业机会和提高就业人员的工资水平。

"对外贸易乘数"认为，一国的出口能够通过增加投资需求和消费需求来增加国内有效需求，进而增加国民收入和提高国内就业水平，但进口对就业和国民收入具有反方向的乘数作用，因此只有获得贸易顺差，才能增加国内就业和提高国民收入。

由于发达国家产业结构的"服务化"和"高技术化"，国际贸易对其国内就业的影响较为有限，因此贸易的就业效应对发展中国家具有更大的意义。由于城市化进程的加快和经济结构的升级，发展中国家从农村释放出大量剩余劳动力，同时城市一部分低技

能劳动力也被释放出来。国际贸易的开展和全球价值链分工的深化为这些剩余劳动力提供了大量的就业机会,也促使了就业质量的提升。

(五) 加速资本要素的积累

国际贸易是资本积累的重要途径。在资本主义发展初期,国际贸易就在资本原始积累中扮演着重要的角色,随着国际贸易的扩大,国际商品市场对资本积累具有更加重要的意义。

生产要素主要包括资本、劳动力和土地,土地是较为固定的,而相对于发达国家来说,大多数发展中国家的劳动力要素是较为充裕甚至过剩的,但资本要素却相对稀缺,因而资本要素积累是发展中国家要素积累的核心,国际贸易对其资本要素的积累起到了积极的作用。由于出口市场的扩大给出口部门生产和销售扩大提供了出路,提高了资本积累率。同样,进口市场的扩大,给进口竞争部门形成巨大的压力,要扩大再生产、促进技术进步需要扩大资本积累,也因此提升了进口竞争部门的资本积累率。此外,伴随着世界市场的开放,国家间资本流动加快,对外贸易发展为引进外资提供了必要条件,出口能力的提高增强了一国的偿债能力,进而增强了对外资的吸引力。

(六) 有助于制度创新

国际贸易的扩大对国家间的协调制度创新和一国国内制度创新都有着重要的影响。关贸总协定的建立和世界贸易组织的诞生是国际贸易制度逐渐走向完善的重要标志,各国政策的协调与全球贸易的自由化发展由此纳入了有组织的制度安排之中。随着区域性贸易集团的纷纷建立,区域内协调不仅弥补了全球协调制度无法实现的功能,而且直接推动了全球协调制度的创新。例如,第二次世界大战后区域经济一体化发展最快和一体化程度最高的区域一体化组织欧盟,其跨行政区的制度创新为区域间协调提供了借鉴。

制度落后和不健全会妨碍一国的发展,而国际贸易对一国的政治、文化和社会进步会产生积极影响,从而推动制度创新。国际贸易对一国生产和消费所产生的示范作用和某种教育效果,会促进人们思想的进步、思维方式的改变和观念的更新。尤其是现代商品经济和社会化大生产孕育出来的精神文明成果,诸如效率观念、效益观念、服务观念、开拓进取精神等,对于发展中国家而言尤为重要,开展国际贸易有助于发展中国家引进国外的先进经济制度。

二、国际贸易与国民收入

国际贸易的间接利益最终将表现为对经济增长的促进作用,而经济增长又可以用国民收入增加来表示。对外贸易对一国宏观经济的影响可用对外贸易乘数或对外贸易依存度来分析。

（一）对外贸易乘数理论

对外贸易乘数是由凯恩斯主义者在凯恩斯的投资乘数理论基础上发展而来的，指净出口量的增加与国民收入的增加是乘数或倍数关系，即国民收入的增加量是贸易顺差的若干倍。根据对外贸易乘数理论，一国的出口与国内投资一样，属于"注入"，对就业和国民收入有倍增作用；而一国的进口，则与国内储蓄一样，属于"漏出"，对就业和国民收入有倍减效应。当商品与劳务输出扩大时，从国外获得的货币收入会增加，就会使出口产业部门收入增加，消费也随之增加，进而带动其他相关产业部门生产增加、就业增多和收入增加。如此往复发展下去，最终国民收入将成倍增加。当商品和劳务输入时，须向国外支付货币，使得收入减少，消费随之下降、国内生产缩减、收入减少。因此，只有当对外贸易为顺差时，才能增加一国就业量，提高国民收入。此时，国民收入增加将为投资增加和贸易顺差的若干倍。

1. 国民收入均衡

依据宏观经济理论，在封闭的经济体中，一国的国民收入（Y），根据其来源（总需求角度）包括社会总消费（C）和总投资（I）两部分，按其最终用途（总供给角度）可分为消费（C）和储蓄（S），此时国民收入的均衡条件为总供给等于总需求，即 $Y = C + I = C + S$，或 $I = S$。当加入政府支出（G）和政府税收（T）时，国民收入均衡条件为 $Y = C + I + G = C + S + T$，即 $I + G = S + T$。

当以对外开展贸易视为开放经济的主要特征时，进出口贸易将成为影响国民收入的重要指标，开放经济下的国民收入均衡条件为 $Y = C + I + G + X = C + S + T + M$，即 $I + G + X = S + T + M$，其中，X 代表出口，M 代表进口。（I + G + X）是国民收入的扩张力量，投资、政府支出既是新增的收入，又可成为总支出的部分，出口的增加可以使出口部门的总收入增加；而（S + T + M）是国民收入的收缩力量，储蓄与政府税收部分将离开国民生产循环，不再创造新的收入，进口由于是购买国外产品，该部分收入也将离开国民生产循环，不再创造新就业和增加新收入。

2. 对外贸易对国民收入的影响

在其他条件不变的情况下，假设消费、投资、政府购买、出口和进口等函数与国民收入呈线性关系，即：

$$C = C_0 + c[Y - (T_0 + tY)] \qquad (3-3)$$

$$I = I_0 + iY \qquad (3-4)$$

$$G = G_0 + gY \qquad (3-5)$$

$$X = X_0 \qquad (3-6)$$

$$M = M_0 + mY \qquad (3-7)$$

当国民经济达到均衡时，$Y = C + I + G + X - M$，则：

$$Y = \{1/[1 - c(1-t) - i - g + m]\}(C_0 - cT_0 + I_0 + G_0 + X_0 - M_0) \qquad (3-8)$$

其中，c 为边际消费倾向，t 为边际税率，i 为边际投资倾向，g 为边际政府支出倾向，m 为边际进口倾向，C_0、I_0 和 G_0 分别为自发消费、自发投资和自发政府支出，X_0 与 M_0 为自发出口与自发进口。

若以 ΔA 表示自发性支出的增加，ΔY 表示国民收入的增加，K 表示乘数，则：$\Delta Y = K \Delta A$。故有，出口贸易乘数 K_x、进口贸易乘数 K_m 和贸易差额乘数 K_n，它们分别为：

$$K_x = \Delta Y / \Delta X_0 = 1/[1 - c(1-t) - i - g + m] \qquad (3-9)$$

$$K_m = \Delta Y / \Delta M_0 = -1/[1 - c(1-t) - i - g + m] \qquad (3-10)$$

$$K_n = \Delta Y / \Delta(X_0 - M_0) = 1/[1 - c(1-t) - i - g + m] \qquad (3-11)$$

可见对外贸易乘数的变动与 ΔY、ΔX_0、ΔM_0 和 $\Delta(X_0 - M_0)$ 无关，其大小取决于 c、t、i、g 和 m 的大小，它与 c、i、g 成正方向变化，而与 t、m 成反方向变化。

令 $K_f = 1/[1 - c(1-t) - i - g + m]$，则有：

$$\Delta Y = K_f \times \Delta X_0 \qquad (3-12)$$

$$\Delta Y = -K_f \times \Delta M_0 \qquad (3-13)$$

$$\Delta Y = K_f \times \Delta(X_0 - M_0) \qquad (3-14)$$

由式（3-12）可知，出口的增加对国民收入的增加具有正效应，即出口增加，国民收入也增加，且国民收入的增加额是出口增加额的 K_f 倍。

由式（3-13）可知，进口的增加对国民收入的增加具有负效应，即进口增加，则国民收入减少，且国民收入的减少额是进口增加额的 K_f 倍。

由式（3-14）可知，贸易差额对国民收入的影响既具有倍增效应，又具有倍减效应，它取决于贸易差额的正负与大小。当出现贸易顺差时，K_f 发挥倍增效应，国民收入随贸易顺差的增加而成倍增加，但增加的幅度比出口额增加所引起的国民收入增加的幅度小；反之，当出现贸易逆差时，K_f 产生倍减效应，国民收入则随贸易逆差的增加而成倍地减少，但减小的幅度比进口额增加所引起的国民收入的减小的幅度要小。

3. 对外贸易乘数的现实意义

对外贸易乘数理论在一定程度上揭示了对外贸易与国民经济发展之间的内在规律性，但它也存在很大的局限性。乘数的作用是通过产业链的连锁反应而实现，外贸乘数效应在一定条件下发生。一是国内有闲置资源，没有供给的限制。二是世界经济健康发展，总进口额增加。否则，对外贸易乘数的作用就无法充分发挥。此外，由于进口增加对国民收入增加的负效应，为政府干预贸易提供了理论支持，对外贸易政策将倾向于追求贸易顺差。但如果一味追求贸易顺差又将导致贸易保护盛行，从而阻碍整个国际贸易的发展。

（二）对外贸易依存度

国际贸易对一个地区经济发展和国民收入总量增长的作用还可用对外贸易依存度（foreign trade dependence，FTD）来衡量。贸易依存度又称为对外贸易系数，可反映一国经济发展对对外贸易（或国际市场）的依赖程度，也是一国对外开放程度的重要指标。它一般用对外贸易额占国内生产总值（GDP）或国民生产总值（GNP）[①]的比重来表示，其数值越大表明经济发展越依赖对外贸易，对外开放程度越高。

纵观美国、日本等发达国家的发展历史可以发现，对外贸易依存度都经历了由低到高再下降的过程，在经济起飞和快速发展的阶段，贸易依存度也快速增加，在经济发展比较稳定后，贸易依存度将攀升至高点后回落下来，中国的贸易发展也正经历着同样的过程。从积极方面来看，对外贸易依存度的提高对发展中国家意义重大，是实现一国经济快速发展的重要动力。发展中国家需要借助国际贸易将自身的生产要素优势发挥出来，从而从国际市场中获得经济发展的资金，并逐步实现工业化。

对外贸易依存度的计算方法比较简单而易于应用，但当存在大量加工贸易时，用贸易依存度来反映一国的经济发展对对外贸易的依赖程度就变得不准确。由于对外贸易总额包括进口和出口，加工贸易中的原材料或零部件进口只是为了最终制成品的出口，导致原材料或零部件的价值在进口和出口时会重复计算，从而无法真实反映贸易的总额。因此，又可将对外贸易依存度细分为进口依存度和出口依存度。这里的进口依存度就是贸易乘数中的边际进口倾向。

例如，在中国的对外贸易结构中，加工贸易占比曾一度达到53%左右，使得2006年的对外贸易依存度达到了64%的历史高点。随着加工贸易占外贸的比重大幅下降（目前仅占30%左右），对外贸易依存度也逐年下降，2017年约为33.6%。加工贸易曾在中国的对外贸易和经济发展中发挥了重要作用，但加工贸易的大量出口并不代表我国在贸易过程中获得了相当的贸易利益，若用包含加工贸易的外贸依存度指标会夸大中国经济

[①] 国内生产总值（gross domestic product，GDP）和国民生产总值（gross national product，GNP）是用于衡量一个国家（地区）的经济状况和发展水平的两个重要指标。GDP是从国内生产的角度衡量一个国家或地区的经济总量，体现的是增加值的创造。其核算方法有生产法、收入法和支出法等三种。其中，收入法GDP是本国生产过程中创造的各项要素收入之和，包括本国应付给境外的要素收入，但不包括来自境外的要素收入。GNP在衡量经济总量时由于是从收入初次分配的角度衡量出发，实际上它与"生产"并没有直接的联系，因此，1994年联合国、世界银行、国际货币基金组织、经济合作和发展组织及欧洲共同体委员会等五大国际组织在1993年修订的国民经济核算体系（1993年SNA）中，将其改称为国民总收入（gross national income，GNI），中国在2003年开始采用1993 SNA的标准称谓，统计"术语"GNP改用GNI。GNI与GDP之间的关系为GNI = GDP +（来自境外的要素收入 – 付给境外的要素收入）。两者的用途各有侧重，在反映生产成果、衡量经济增长时更多使用GDP，而在分析收入水平和生活质量时更多使用GNI。

对外贸的依赖程度。由于中国加工贸易的主体是以进料加工为主要经营模式的外商投资企业，生产以生产劳动密集型产品为主，即使是高新技术产品也主要集中在劳动相对密集的低端环节，产品加工深度和增值率都较低。而且许多中间投入品没有实现国内供给替代，主要依靠大量进口，加工贸易与国内相关产业的关联带动性较差。因此，要发挥加工贸易对经济发展的促进作用须转型升级加工贸易结构，使产品加工由低端向高端转变，提高产品的技术含量和附加值；使产业链向研发设计、营销服务等上下游延伸，增加国内价值增值链。

第四节　国际贸易利益的分配

国际贸易所带来的利益分配是每个参与国际贸易主体的追求目标，他们都希望能从国际贸易中获得收益。从前面的分析来看，参与自由贸易的双方都可以从中获利，按理都应支持自由贸易，但为何现实中还存在许多自由贸易政策的反对者，甚至一国政府也经常会动用包括关税在内的贸易保护政策？这其中的原因主要在于，虽然自由贸易可以使各国在整体上都获得利益，但对于国内不同利益集团而言，其利益变化并不相同，因此总会存在贸易的受益者和受损者；而国家间贸易利益的分配也由于国别差异而存在不均衡现象。利益分配上的差异促使了反自由贸易思想的形成和限制贸易政策的出台。

一、国际贸易对生产要素收益的影响

在本章第一节的贸易利益分析中划分了生产者和消费者两个利益集团，可以看到，出口使本国的生产者盈利，消费者受损，而进口则使本国的生产者受损，消费者盈利。但这样区分受益者和受损者还不够全面。因为在生产中，消费者也会以生产要素的所有者（如土地所有者、劳动所有者或资本所有者等）身份出现，由此可获得要素使用的相应报酬。贸易使生产者受益（或受损），是否意味着所有要素所有者也会受益（或受损），抑或其他，值得探讨。所以分析国际贸易对不同生产要素所有者收入的影响更具有现实意义。

（一）国际贸易对本国生产要素收益的影响

从短期来看，国际贸易的直接结果是促使国内出口产品价格上升、进口竞争行业的产品价格下降，从而导致出口集团获益、进口竞争集团受损。但从长期来看，国际贸易

会引起生产要素在出口部门和进口竞争部门之间的重新配置,引起生产要素市场供求关系的变化,从而使生产要素价格和收益也发生变化。

1. 生产要素价格的决定[①]

在完全竞争要素市场上,为追求利润最大化,厂商愿意支付的要素价格不会超过要素投入所创造的价值。因此,生产要素的价格(收益)取决于其边际产品价值(VMP),它是指增加一单位要素投入带来的产品价值的增加,用公式表示为:

$$VMP = P \times MP \qquad (3-15)$$

其中,P 是产品价格;MP 为要素的边际产量,也称边际要素生产率,即增加一单位要素投入带来的产量增加。

边际要素生产率可表示单位要素的实际收入,MP = VMP/P。也就是,实际收入 = 名义收入/价格。一般来说,要素投入量的增加,其 MP 起初可能递增,但随着要素使用量的继续增加,MP 会转为下降,甚至成为负值,即边际要素生产率递减规律。

2. 自由贸易对国内生产要素收益的影响

由式(3-15)可见,国际贸易对生产要素收益的影响主要通过两个途径实现:一是产品价格,二是边际要素生产率。产品价格的变动是国际贸易的直接结果,它在短期内会影响要素的价格;而边际要素生产率的变动是生产组合变动与生产要素流动的结果,短期内劳动力和资本还没有足够的时间变换工作和重新投资,因此,只有经过长期的调整,才会对要素价格产生影响。下面进行具体分析。

(1) 产品价格变动的影响。

在短期内,国际贸易会使国内出口部门的产品价格上升,进口部门的产品价格下降,由于生产要素还不能做出快速的反应,因此不会在各部门间自由流动,要素价格变动主要由产品价格变动决定,它们之间的关系如下:

出口部门:

$$VMP(上升) = P(上升) \times MP(不变) \qquad (3-16)$$

进口部门:

$$VMP(下降) = P(下降) \times MP(不变) \qquad (3-17)$$

因此,产品价格上升的行业(出口部门)中的所有生产要素所有者都会获益,而产品价格下降的行业(进口部门)中的所有生产要素所有者都会受损。

国际贸易对产品价格变动的影响,最终又会影响生产要素需求从而影响产品生产和生产要素收益。

---

① https://wenku.baidu.com/view/f724f74401f69e314332945d.html

(2) 边际要素生产率变动的影响。

在长期上,生产要素会对不同产业间的要素报酬差异做出反应,在国内各行业间流动,生产和投资会由于国际贸易的发展而做出进一步的调整。一般来说,生产要素会流向收益更高的部门。由于短期内出口部门的所有生产要素所有者都会获益,而进口部门中的所有生产要素所有者都会受损,将导致进口部门的生产下降而出口部门生产提高,因进口部门萎缩而游离出来的生产要素将向扩大了产量的出口部门流动。但进出口部门的要素密集度并不一样,生产要素自由流动的结果是,要素间的供给与需求比例将变得不平衡,进而边际要素生产率发生变动,对要素价格调整形成压力。

假设一国劳动丰裕而资本稀缺,则其将出口劳动密集型产品、进口资本密集型产品。当进口部门萎缩时,转移出的资本要素较多而劳动要素较少,但出口部门的扩张需要更多的是劳动要素而非资本要素,这将导致劳动变得相对不足,而资本又显得相对过剩。若各部门仍按照原先的资本劳动比进行生产,则一部分资本将会被闲置。但在充分就业和各要素间可以相互替代的条件下,这种情况不会发生。因为当资本相对过剩时,它就会变得相对便宜且容易获得,不论是出口部门还是进口部门就会倾向于比贸易前使用更多的资本来代替相对不足的劳动,导致两个部门的资本劳动比都较贸易前有所提高,边际劳动生产率(MP_l)因而提高,同时边际资本生产率(MP_k)下降。若以工资(W)代表劳动力的收益,利润(R)代表资本的收益,则各要素价格变动情况为:

出口部门:

$$W(上升) = P(短期上升) \times MP_l(长期提高) \qquad (3-18)$$

$$R(不确定) = P(短期上升) \times MP_k(长期下降) \qquad (3-19)$$

进口部门:

$$W(不确定) = P(短期下降) \times MP_l(长期提高) \qquad (3-20)$$

$$R(下降) = P(短期下降) \times MP_k(长期下降) \qquad (3-21)$$

综合长短期影响可见,国际贸易引起的国内生产调整和要素流动对出口部门的劳动收入和进口部门的资本收入的影响非常明确。出口部门劳动力的工资不仅在短期内会由于出口品价格上升而提高,在长期上还会由于劳动要素生产率的提高而进一步上涨;进口部门的资本利润则不仅在短期内会由于进口品价格下跌而降低,在长期上还会由于资本要素生产率的下降而进一步减少。

从前面分析上看,短期产品价格上升和长期资本要素生产率下降对资本要素价格的影响哪一个所起的作用更大,无法直观地进行判断,即国际贸易对出口部门的资本收入影响并不明确。同样,其对进口部门的劳动收入的影响也不确定。但如果是在完全竞争的市场中,劳动力和资本可以在各部门之间自由流动,必然导致两个部门的工资和利润率在长期上是相等的。也就意味着,若自由贸易后出口部门的劳动力工资是上升的,进口部门的劳动力工资也必然是上升的。就是说，进口部门劳动要素生产率的提高所产生的正面影响将超过短期产品价格下降的负面影响，最终使得进口部门劳动收入得以提升。同理，出口部门资本要素生产率的下降影响也会超过短期产品价格上升的影响，最终使得出口部门资本收入下降。

因此，整体而言，与自由贸易前相比，劳动力工资上升，而资本利润率下降。总之，从长期上看，自由贸易后本国丰裕要素（出口部门密集使用的要素）的报酬将会提高，而稀缺要素（进口部门密集使用的要素）的报酬会下降。

（二）国际贸易对各国要素收入差距的影响

从前面的分析可以看到，国际贸易会对本国要素收益造成影响，同样，它对贸易双方的要素收入差距也会有影响，主要表现为：国际贸易使不同国家生产要素价格趋于一致，此即"生产要素价格均等化定理"。根据要素价格均等化定理，即使要素在各国间不能自由流动，但借助于国际贸易，最终将导致各国要素收益相等（见表3-2）。

表3-2 自由贸易对要素收益的影响

	A国	B国
要素禀赋	劳动丰裕，资本稀缺	劳动稀缺，资本丰裕
比较优势	劳动密集型产品（服装）	资本密集型产品（汽车）
封闭状态的产品价格	服装相对价格较低	汽车相对价格较低
贸易模式	出口服装 进口汽车	进口服装 出口汽车
自由贸易后产品价格效应	服装价格上升 汽车价格下降	服装价格下降 汽车价格上升
要素价格效应（短期）	出口部门（服装）的劳动与资本要素都受益 进口部门（汽车）的劳动与资本要素都受损	进口部门（服装）的劳动与资本要素都受损 出口部门（汽车）的劳动与资本要素都受益
产品生产效应	服装产量增加 汽车产量减少	服装产量减少 汽车产量增加
要素需求效应	劳动要素需求增加 资本要素需求减少	劳动要素需求减少 资本要素需求增加
要素供给效应（长期）	劳动与资本流向出口部门。在充分就业的前提下，两个部门的资本—劳动比率都提高，边际劳动生产率提高，边际资本生产率下降	劳动与资本流向出口部门。在充分就业的前提下，两个部门的资本—劳动比率都降低，边际劳动生产率下降，边际资本生产率提高

续表

	A 国	B 国
要素价格效应（长期）	两个部门的劳动工资率都提高，资本利润率都下降	两个部门的劳动工资率都下降，资本利润率都提高
长期结果	两国的产品价格均等化，专业化分工深化； 中国的劳动和美国的资本在贸易中受益，中国的资本和美国的劳动在贸易中受损； 两国的要素投入比例均等化、边际要素生产率均等化、要素价格均等化	

资料来源：参见海闻《国际贸易》表 4.1，有所删改。

在 H-O 模型基础上，萨缪尔森在其于 1948 年发表的 *International Trade and the Equalization of Factor Prices* 一文中，对生产要素价格均等化定理进行了论证，得出如下结论：

自由贸易不仅使两国的商品价格相等，而且使两国生产要素价格相等。不管两国的要素供给和需求模式如何，最终两国的所有工人都能获得同样的工资率，所有的资本都能获得同样的利润率。

假设，在封闭条件下，劳动丰裕的国家（设为 A 国）的工人工资率较低，而资本丰裕的国家（设为 B 国）的资本利润率较低，即两国的工资-利润比为 $(w/r)_A < (w/r)_B$。我们已经知道，生产要素的报酬率由产品价格和边际要素生产率两个因素决定，如式（3-15）所示。开放贸易后，A 国劳动密集型产品（服装）价格上升、资本密集型产品（汽车）价格下降，产品价格变动在长期上会引起生产的调整和国内各部门间生产要素的流动，进而导致国内工资率上升、利润率下降；B 国与此相反，国内的工资率将下降而利润率上升（详见前面贸易对要素价格的长期影响的分析）。由此，两国间要素收入差距逐渐缩小，最终导致两国相同技能的劳动力获得同样的工资率、资本获得同样的利润率。

由此可见，即使在国家间不能流动的要素，也可以通过各国间的商品流动来间接实现要素流动。各国都按照的出口密集使用本国丰裕要素生产的产品、进口密集使用本国稀缺要素生产的产品模式开展贸易，使得各要素都在向贸易前该要素稀缺的国家流动。

虽然在理论上证明了，只要两国存在生产要素价格的差异，产品生产成本和价格就会不同，贸易就会继续开展，直到两国要素价格相等为止。但在现实世界中，各国间的要素价格并没有完全均等化。例如，相同技能的劳动在美国和在中国，他们所获得的收入并不相同。主要原因在于，理论上的要素价格均等化是以大量的假设为前提，在现实世界这些假设条件并无法全部满足，所以现实的结果往往与理论结论不一致。虽然完全均等化的情况在现实中不会出现，但这一趋势却确实存在，各国间的要素价格差距在不断缩小。

二、要素流动对贸易利益的影响

在前面的分析中,生产要素不能在国家间自由流动,但国际贸易对要素报酬的影响可通过对商品价格的传导来起作用,从而影响贸易利益分配。但由于经济全球化的深化,特别是跨国公司的发展,生产要素(主要是资本和劳动力)的国际流动目前已成为一个普遍现象,通过劳动力和资本市场变动可以考察国际生产要素流动给各国所带来的利益变动和社会福利变化情况。

(一)国际劳动力流动的利益变动分析

劳动力的流动形式主要有两种:移民和外籍劳工。前者最终成为劳动力输入国的居民,而后者仅是在输入国临时工作。劳动力一般是从劳动力较多的国家流向劳动力较少的国家,从工资较低的国家流向工资较高的国家。

在劳动力无法自由流动时,劳动力的工资水平由国内劳动力的供给(S)与需求(D)状况决定。假设中国代表劳动力丰裕的国家,则劳动力平均工资较低;而美国是资本丰裕的国家,劳动力工资较高。

现在,若各国允许劳动力在国家间自由流动,由于美国的劳动力工资高于中国,中国的劳动力就会流向美国市场,导致中国国内劳动力减少,美国国内劳动力增加,两国的劳动力供给曲线分别向左和向右平移,如图3-13所示。在中国,新的劳动力供给曲线S_1表示仍留在国内的劳动力,美国新的劳动力供给曲线S_1'则包括原来的国内劳动力和从中国流入的劳动力。在各国国内劳动力需求不变的情况下,中国的劳动力工资上升,美国的劳动力工资下降。若劳动力的国际流动没有成本,则只要美国的工资高于中国就会一直引诱中国劳动力流向美国,一直到两国的工资差异消失,劳动力流动才会停止,市场又恢复到均衡状态。那么,劳动力的国际流动对各国的利益又有着怎样的影响?

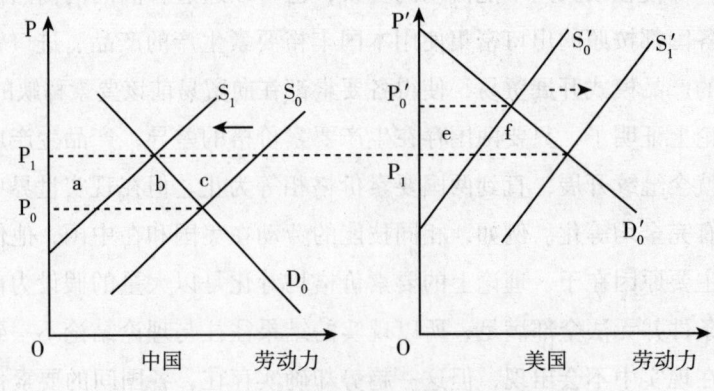

图3-13 国际劳动力流动的利益变动

在美国，一方面，由于流入了大量的外国劳动力，国内市场供给增加，在需求不变的情况下，工资下降，国内劳动力受损，损失为 e。另一方面，由于劳动力工资下降，厂商受益，既可支付较低的工资又可雇用更多的劳动力，收益为 (e+f)，大于劳动力损失，美国的整体福利为净收益 f。

在中国，剩下的劳动力由于总供给的减少而获得了较高的工资收入，收益增加 a。但国内厂商却由于劳动力工资的上涨而面临收益减少的局面，其损失为 (a+b)，大于劳动力收益的增加，中国整体福利为净损失 b。与此同时，中国流向美国的那部分劳动力必然是得益的，否则就不会流动，其收益为 b+c。这部分收益的归属需视具体的情况而定，如果流动的劳动力仅是临时在美国工作，他们仍是中国人，则其所得也归中国，那么中国的整体福利为纯收益 c；若这些劳动力最终成为美国公民，其收益则归美国，那么中国的损失仍为 b，而美国的净收益为 (b+c+f)。但由于许多移民者很可能在中国仍有亲属，他们会将工资所得汇回国内，则中国的损失至少不会多于 b。

虽然劳动力国际流动对输出和输入国有着不同的影响，但从整个世界来看，劳动力的自由流动提高了资源的利用效率，世界整体获益，净收益为 (c+f)，如表 3-3 所示。

表 3-3　　　　　　　　劳动力国际流动的利益变动

利益集团	流出国	流入国
本土劳动力	a	-e
本土厂商	-(a+b)	e+f
净福利	-b	f
流入的劳动力*	b+c	
全世界	c+f	

注：*流动劳动力的收益归属哪国视具体情况而定，参见书中分析。

上述的分析是在其他情况不变和不存在流动成本的基础上所进行的，而事实上，劳动力流动在现实世界中存在诸多的流动成本，这会影响各国和世界福利的变动。同时，劳动力国际流动除了通过劳动力供求市场变化对社会福利产生影响外，还会带来包括财政、技术、人才、文化和社会等方面的影响，有些影响甚至是极其深远的。例如，在众多移民美国的人中，相当大比例的为高知识、高技术的人才，他们给美国的社会发展和科技进步带来了巨大的贡献。而"智力外流"的国家则会因为缺乏高级的专门人才而造成科技发展的障碍。

（二）国际资本流动的利益变动分析

国际资本流动形式也大致可分为两种类型：一是单纯的货币资本流动，仅为了获得金融收益；二是伴随着技术管理的对外直接投资（foreign direct investment，FDI），不仅要获益,还为了要拥有所投资公司的有效管理权。不论是哪种的资本流动,对资本输出国而言,资本外流将导致国内资本变得相对稀缺,资本收益率上升。同时,若是以 FDI 形式的资本外流,意味着一些跨国公司将国内工厂搬往国外,国内生产将下降,也就会减少本国劳动力的工作机会,导致劳动力需求下降从而劳动力的平均工资下降。由此可见,资本输出会使本国资本要素受益而劳动力要素受损。但从整体上看,资本的收益会大于劳动力的损失,整个社会从资本流动中获得净利益。

从静态角度来看,FDI 形式的资本流动对母国的效应,主要有几个方面:(1) 对母国的相关生产要素提供者的效应。东道国生产代替母国生产,将使母国的劳动力要素所有者利益受损。(2) 对母公司的效应。母公司所有者是 FDI 的主要受益者,他们将获得更多的资产收益。(3) 对母国政府的效应。由于跨国公司中的一部分利润将转变为国外子公司的利润,母国政府将失去一部分的税收收入。

FDI 对东道国的影响路径与母国类似,东道国本土企业所有者的收益由于竞争的加剧会遭受到损失。但东道国的劳动力要素和子公司的其他投入要素所有者的利益将由于生产的增加而获利,若东道国政府的税收收入超过其为外国子公司提供服务所花费的成本的话,东道国政府的财政收入也是增加的。

假设整个世界由两个国家(母国与东道国)组成,两种要素——资本和劳动,其中资本可在国家间自由流动,劳动不能流动。在图 3-14 中,横轴为两国的资本存量总和,母国和东道国的资本存量分别为 OK_1 和 $O'K_1$。曲线 MP_{K1} 和 MP_{K2} 分别表示两个国家在不同投资水平下的资本边际产出率,它们向下倾斜,意味着,投资水平越高,增加的每单位资本投入的产出越低,即投资收益遵循边际收益递减规律。将每个要素在某国的边际产品相加,就可以得到该国的所有产品总量(即总产出或 GDP),它们相当于这个国家 MP 曲线下面与该国拥有的要素总量所包含的区域面积。相关福利分析如下:

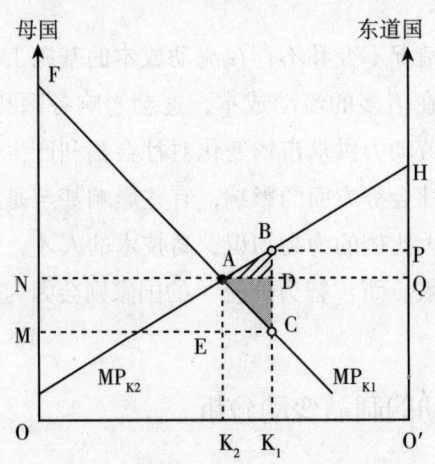

图 3-14 国际劳动力流动的利益变动

在封闭状态下，若两国所有要素都得到充分利用，即母国把其全部资本 OK_1 投入国内生产，则资本的边际收益为 CK_1，总产出（总福利）为梯形 HOK_1C 的面积，其中资本使用者（即劳动）的收益是三角形 FCM 的面积，资本所有者的收益是矩形 MOK_1C 的面积（此时资本尚未发生流动，其收益 ECK_1K_2 部分涵盖在里面）；东道国也把其全部资本 $O'K_1$ 投入国内生产，则资本的边际收益为 BK_1，总产出为梯形 $HO'K_1B$ 的面积，其中资本使用者的收益是三角形 HBP 的面积，资本所有者的收益是矩形 $PO'K_1B$ 的面积。资本国际流动的福利效应如表 3-4 所示。

表 3-4　　　　　　　　　资本国际流动的福利效应

福利效应＼利益集团	母国			东道国			流动资本的收益
	总福利	资本收益（未流动的）	劳动收益	总福利	资本收益（本土）	劳动收益	
流动前	FOK_1C	MOK_2E	FCM	$HO'K_1B$	$BO'K_1P$	HBP	ECK_1K_2
流动后	FOK_2A	NOK_2A	FAN	$HO'K_1DA$	$QO'K_1D$	HAQ	$ADK_1K_2^*$
福利变动	$-ACK_1K_2$	$AEMN$	$-ACMN$	ABD	$-BPQD$	$ABPQ$	$ADCE$
世界总福利	ABC						

注：＊该收益归属视具体情况而定。

现两国开放资本市场，资本可在两国间自由流动，资本就会由低收益率的母国流向收益率更高的东道国，当两国的资本边际收益率相等，也就是两国的 MP 曲线相交时，从母国到东道国的资本流动才会停止，此时有 K_1K_2 部分的资本发生外流。现在母国和东道国各自有 OK_2 和 $O'K_2$ 数量的资本，都拥有相同的回报 K_2A。福利变化方面，就母国而言，资本使用者的收益为三角形面积 FAN，留在本国的资本所有者的收益为矩形面积 NOK_2A，国内总产出变为梯形面积 FOK_2A，总福利减少了图形 ACK_1K_2 的面积。而对于东道国，资本使用者和本土资本所有者的收益分别变为三角形面积 HAQ 和矩形面积 $QO'K_1D$，国内总产出变为不规则图形面积 $HO'K_1DA$，社会总福利增加了三角形面积 ABD。

流动资本的收益在流动前为 ECK_1K_2，此时归母国所有，流动后的收益为 ADK_1K_2，其归属需视具体情况而定，若收益仍留在东道国归东道国所有，但若收益汇回母国则归母国所有，因此，该收益的去留将影响各方利益。但从整体来看，资本流动所增加的世界总福利为三角形 ABC 的面积，它为三角形 ABD 和 ACD 的面积之和。

由此可见，国际资本流动将使各国的资本边际产出率趋于一致，世界总资本得到最佳利用，从而提高世界总产出和各国福利。

此外，FDI 的国际流动往往伴随着管理、技术的转移，FDI 的流出使母国失去技术的外溢收益，但增加了东道国的收益。母国政府对 FDI 是采取限制还是鼓励的政策，须综合考虑前述的所有收益与损失。但从目前的趋势来看，大多数国家对 FDI 的流出并没有太多的限制，甚至有些是鼓励的。

（三）国际资本流动对国际贸易的影响

FDI 对国际贸易的影响也是十分复杂的，它们之间既可能存在相互替代的关系又可能存在相互促进的关系。在运输成本和贸易壁垒足够低的情况下，跨国公司的母公司与子公司在不同的国家进行不同环节的生产，公司内部贸易的增加将扩大国际贸易的总规模。但当在某些情况下，如为了在某个或某几个国家集中生产，以获得规模经济效应，或者为降低运输成本、规避贸易壁垒或为获得当地市场优势而在东道国生产时，FDI 将与国际贸易形成替代关系。

同时国际资本的流入，会使东道国的生产增加，若生产的增加仅发生在出口部门，虽然会扩大东道国的对外贸易规模，但有可能压低出口产品的价格，导致对外贸易条件恶化；若生产的增加仅发生在进口竞争部门，则会降低东道国的对外贸易规模。当然，更多时候，发生资本流入的并不会是单一部门，既有可能是出口部门也可能是进口竞争部门，这也导致国际资本流动与国际贸易的关系变得错综复杂。

三、国家间贸易利益分配的影响因素

（一）影响国际贸易整体利益大小的因素

1. 贸易参与国间的比较成本差距

国际贸易的可获益空间介于双方的国内相对价格之间，而各国相对价格差异的形成基础在于各自商品相对生产成本上的差异。因此，贸易参与国间的比较成本差距越大，整体的贸易获益越大。

2. 贸易规模

贸易规模与相对价格差距之积构成了贸易利益的大小。在相对价格差异不变的情况下，若贸易规模越大意味着贸易量越大，整体贸易利益越大。反之则获利越少。

3. 交易成本

纯理论分析中是假设国际贸易没有交易成本，但事实上，国际贸易中存在着形式多样的交易成本，包括运输成本、信息获取成本、金融服务成本、市场风险成本、贸易壁垒成本、寻租成本等。交易成本的存在将会减少国际贸易的整体利益，阻碍自由贸易的开展。

4. 提供曲线弹性越小，贸易利益越大

提供曲线（offer curve）作为一国出口商品价格变动时该国的出口供给曲线同一国进

口商品价格变动时该国的进口需求曲线的统一体，可以显示随着国际贸易条件的改变，有关国家的出口供给与进口需求的商品数量组合。它决定了双方贸易机会的大小，也决定了在一定贸易条件下贸易双方对贸易利益的分割。

贸易条件与一国提供曲线所包围的面积，与该国参与国际贸易所获得的利益呈正相关关系。在贸易条件不变的情况下，要增加贸易获利，需使提供曲线的弹性变小（降低进口需求贸易条件弹性，或提高出口供给贸易条件弹性），即提供曲线的弧度变大，则其与贸易条件所包围的面积变大，将使该国获得更多的贸易利益。

（二）影响各国获利大小的因素

国际贸易利益在各国间的分配并不均衡。进出口商品的贸易条件、国别与分工差异、汇率与技术状况变动等都将影响着各国从国际贸易中所获得利益的大小。

1. 贸易条件

在其他条件不变的情况下，各国从贸易中获益的大小取决于国际贸易对参与国国内价格的影响程度，或者说取决于自由贸易后参与国进出口商品价格变化的程度。其表现为贸易条件（terms of trade，TOT）的变动状况。

在第一章中我们已经知道，贸易条件就是指用出口交换进口的条件，它是一国或地区一定时期内的出口商品价格与进口商品价格的比值。由于两国情形下一国的出口正是另一国的进口，因而，它的贸易条件与另一国的贸易条件互为倒数。例如，若 A 国出口商品 F 进口商品 C，A 国的贸易条件可表示为 P_f/P_c；而 B 国出口商品 C 进口商品 F，B 国的贸易条件可表示为 P_c/P_f，它正是 A 国贸易条件的倒数。如果一国出口商品价格相对于其进口商品价格有所提高，即贸易条件指数上升，意味着贸易条件的改善，这表示每单位出口商品可以换回更多的进口商品；反之则为贸易条件恶化。

贸易利益在各国间的分配依循以下规律：在其他条件不变的情况下，自由贸易所蕴含的直接利益分配与贸易对商品相对价格变动的影响（即贸易条件变化）呈正向变动的关系。一般来说，贸易后的国际均衡价格与贸易前的相对价格差距越大，贸易后的社会无差异曲线的位置将越偏上，因此该国从贸易中得到的净利益也就越大。这意味着国际交换比价越靠近另一国的国内交换比价，本国的获益将越大。

国际贸易条件中的价格是国际市场价格而非本国市场价格。国际市场价格由所有出口商品和进口商品的国际市场供求状况决定，通常情况下，若出口商品供不应求则出口商品价格会下降，将促使贸易条件改善，反之若进口商品供不应求，贸易条件将恶化。一国贸易条件的改善或恶化取决于多种因素。出口导向型贸易增长会使一国的贸易条件恶化，而进口导向型增长则会改善一国的贸易条件。同时，根据克鲁格曼的标准贸易模型：一国贸易条件的改善会增加一国的福利水平；反之，贸易条件的恶化会降低一国的福利水平。

2. 国别分工差异

建立在比较优势基础上的国际分工差异决定了发达国家与发展中国家在国际贸易利益分配上的不均等。发达国家出口产品多为工业制成品、高技术产品和创新产品，发展中国家则集中于初级产品、低技术产品和劳动密集型产品。低层次的产业结构和处于国际分工体系的底端使发展中国家在自由贸易中所获得的利益与发达国家相比差之甚远，甚至出现贸易利益倒退的"贫困化增长"现象[①]。这主要是由于随着收入水平的提高，人们的消费偏好由初级产品更多地转向了工业制成品，初级产品的价格由于需求的下降而不断下跌，导致作为初级产品出口国的发展中国家在贸易中处于越来越不利的地位。因此伴随着全球贸易规模不断扩大的是发展中国家初级产品的贸易条件相对于发达国家工业制成品的贸易条件，呈现出长期恶化的趋势，使得发展中国家从国际贸易中所获得的贸易利益也越来越少，形成"富国越来越富，穷国越来越穷"的马太效应[②]（见表3-5）。

表3-5　　　　　各主要初级产品价格指数（2000年=100）

产品	2010年	2011年	2012年	2013年	2014年	2015年	2016年
初级产品	256	302	277	258	243	202	200
食品	230	265	270	255	240	204	207
热带饮料	213	270	212	174	214	197	190
菜籽油	262	333	307	269	253	203	226
农业原料	226	289	223	206	186	161	157
矿物、矿石和金属	327	375	322	306	280	218	205

资料来源：世界银行 https：//data.worldbank.org/indicator/TT.PRI.MRCH.XD.WD? view = map UNCTAD 2017 Handbook of Statistics 联合国贸易和发展会议《统计手册2017》P59.

3. 汇率

汇率变动对贸易利益分配变动的影响是间接的，它主要通过影响贸易条件和贸易差额来间接地影响利益分配。当一国的国际收支为顺差时，则外汇供给大于需求，外汇价格会呈现下降趋势，本币升值（即汇率上升）；反之，外汇价格会呈现上升趋势，本币贬值（即汇率下降）。外汇价格的变动又会影响到国际贸易规模和进出口国的国内总供

[①] 贫困化增长理论又被称为贸易条件恶化论（deteriorating terms of trade theory），指外围发展中国家初级产品的贸易条件相对于中心发达国家工业制成品的贸易条件被认为呈现出长期恶化的趋势，即后进国家的对外贸易在出口规模扩大的同时，会由于本国出口供给缺乏弹性或外国对本国出口商品需求弹性低，而导致本国贸易条件恶化，进而降低国民福利水平。这种现象在贫困化增长理论中被充分讨论。

[②] 马太效应（Matthew effect）指强者越强、弱者越弱，或者富的更富、穷的更穷的两极分化现象。由美国学者罗伯特·莫顿提出：任何个体、群体或地区，在某一个方面（如金钱、名誉、地位等）获得成功和进步，就会产生一种积累优势，就会有更多的机会取得更大的成功和进步。经济学中借以反映赢家通吃的收入分配不公的现象。

给与总需求。若本国货币贬值，会起到促进出口、抑制进口的作用，因为本币贬值时以外币表示的出口商品价格一般会下降，出口量增加；而进口商品价格会上升，进口量减少；贸易差额相应发生变动，贸易逆差减少或顺差增加，又进一步影响国际收支差额变动。因此，当一些国家的国际收支出现逆差时，会通过调整汇率使得本币贬值来改善贸易差额和贸易条件，进而改善国际收支。但货币贬值，会加剧投机和金融市场动荡，影响国际贸易的正常发展，要谨慎对待。

4. 技术进步

技术进步对贸易利益的影响是通过对贸易量和贸易条件的影响来实现。发生技术进步的部门的生产规模会扩大，而另一部门生产规模相对缩小。若出口部门发生技术进步，生产规模的扩大会使得出口产品相对价格下降，增强了原有的比较优势，出口贸易规模相应扩大。若贸易规模扩大所带来的利益增加幅度超过了相对价格下降导致的福利下降幅度，一国所获得贸易利益将增加，反之减少。

本章习题

一、名词解释题

直接利益、间接利益、消费者剩余、生产者剩余、生产可能性曲线、边际转换率、无差异曲线、边际替代率、对外贸易乘数、边际产品价值、提供曲线。

二、单项选择题

1. 贸易小国是指（ ）的国家。

   A. 经济规模很小　　　　　　　　B. 贸易绝对量很小

   C. 国土面积很小　　　　　　　　D. 某商品的贸易量占世界总量的比重很小

2. 在生产可能性边界不变的情况下，通过自由贸易资源获得重新配置，由此获得的利益称为（ ）。

   A. 得自交换的利益　　　　　　　B. 得自分工的利益

   C. 得自生产的利益　　　　　　　D. 得自消费的利益

3. 在资源总量和生产技术条件不变的情况下，通过自由贸易获得社会福利的增加，这属于（ ）。

   A. 直接的或动态的利益　　　　　B. 间接的或动态的利益

   C. 直接的或静态的利益　　　　　D. 间接的或静态的利益

4. 在资源配置和产出不变的情况下，国内产品以国际市场价格进行贸易而获得的利益增加，称为得自（ ）。

   A. 得自交换的利益　　　　　　　B. 得自分工的利益

C. 得自生产的利益　　　　　　D. 得自消费的利益

5. 下列对自由贸易的影响，说法不正确的是（　　）。

A. 出口国消费者受损　　　　　B. 进口国消费者获益

C. 出口国生产者受益　　　　　D. 进口部门生产者获益

6. 根据对外贸易乘数理论可知，（　　）。

A. 进口的增加对国民收入的增加具有正效应

B. 贸易差额对国民收入的影响是正效应

C. 国民收入随贸易逆差的增加而成倍地减少

D. 贸易顺差对国民收入的倍增效应大于出口额的

7. 下列说法正确的是（　　）。

A. 短期上看，出口部门中的所有生产要素所有者都会获益

B. 长期上看，进口部门中的所有生产要素所有者都会受损

C. 短期上看，出口部门密集使用的要素报酬将会提高

D. 长期上看，进口部门密集使用的要素报酬会提高

8. 在其他情况不变和不存在流动成本的条件下，劳动力的国际流动（　　）。

A. 会提高输出国的福利水平

B. 会降低输入国的福利水平

C. 会提高流动劳动力的福利水平

D. 会降低整个世界的福利水平

9. 在其他条件不变的情况下，（　　）。

A. 各国间的产品相对价格差距越大，整体的贸易获益越小

B. 各国间的贸易规模越大，整体贸易利益越大

C. 降低进口需求贸易条件弹性，会降低贸易获利

D. 降低出口供给贸易条件弹性，会增加贸易获利

10. 下列说法正确的是（　　）。

A. 自由贸易的直接利益与贸易条件呈反向变动的关系

B. 自由贸易的间接利益与贸易条件呈正向变动的关系

C. 贸易前后的均衡价格差异越大，一国的贸易获利越大

D. 国际交换比价越靠近本国的国内交换比价，本国的获益将越大

三、简答题

1. 自由贸易对一国福利的影响是如何的？

2. 国际贸易的静态利益来源于何处？

3. 国际贸易会产生哪些间接利益？

4. 影响一国在贸易中获利大小的因素有哪些？

四、案例分析题

阅读下列案例，讨论并分析为何加纳与韩国的差距会拉开？这对中国有什么启示？

于 1957 年获得独立的加纳，拥有适宜的气候、肥沃的土壤和便利的海运航线，曾是世界上最适宜于种植可可的地方，也是世界上最大的可可生产国与出口国。但在该国的第一任总统克瓦米·恩克鲁玛的影响下，加纳开始对很多进口产品征收关税，实行进口替代政策以促进本国在某些制成品方面的自给自足，并且采取阻止本国企业进行出口贸易的政策。在可可的贸易上，新独立的国家政府创设了一个由国家控制的可可推销委员会，它有权确定可可的价格，并且被指定为加纳生产的所有可可的唯一购买者。该委员会压低可可的国内收购价格，又以市场价格将收购的可可在世界市场出售。这样，它可能以 25 美分/磅的价格从种植者手中购得可可，再以 50 美分/磅在世界市场上出售。事实上，该委员会付给种植者的价格远低于可可在世界市场上实际价值，这样一来就等于对可可的出口征了税，而国内收购价与出口价格之间的差额都进入了国库，这笔钱被用于政府的国有化和工业化政策。

1963～1979 年，可可推销委员会付给加纳可可种植者的价格增长了 6 个系数，而加纳的消费品价格增长了 22 个系数，邻近国家的可可价格增长了 36 个系数。按实际价格计算，可可委员会付给加纳种植者的价格每年都在减少，而世界市场价格却在大幅度上升。在这种情况下，加纳的农民放弃了种植可可，转而生产一些能在国内市场销售出去的基本粮食作物。这样，在 7 年的时间里，加纳的可可生产和出口锐减了 1/3 以上。与此同时，加纳政府依靠国有企业建立国家工业基础的努力宣告失败。结果加纳出口收入的减少使本国经济陷入衰退，外汇储备下降，这严重限制了该国购买必要进口产品的能力。资源的低效使用损害了加纳的经济，也抑制了该国的经济发展。

与加纳不同，韩国政府强调对制成品的进口设置低障碍（对农产品则不同），并采取刺激措施鼓励韩国公司进行出口。从 20 世纪 50 年代后期开始，韩国政府逐渐将进口关税的平均水平从进口产品价格的 60% 降低到 80 年代中期的 20% 以下，并将大多数非农产品的进口关税降为 0。此外，受配额限制的进口产品的数目也从 50 年代后期的 90% 以上减少到 80 年代初的 0。同时，韩国政府给出口商的补贴也从 50 年代后期的占销售价格的 80% 逐渐下降到 1965 年的不到 20%，到 1984 年则不给补贴。除在农业部门（农业部门的游说集团强烈要求对农产品实施进口限制）以外，韩国的贸易政策逐渐向自由贸易发展。外向型的经济定位，使韩国的资源从农业转向劳动密集型产业。80 年代初又确立了"科技立国"战略，大力发展知识密集型产业和高新技术产业，并逐步由模仿创新转向自主创新。

两国对于国际贸易的不同态度也使两国的经济走向了不同的道路。20 世纪 50 年代，韩国还是一个相当落后的国家，而加纳曾是非洲最繁荣的国家之一。1970 年，加纳与韩国的生活水平大致相同；当年加纳的人均国内生产总值为 250 美元，韩国为 260 美元。

到了1992年，情况发生了极大的变化。韩国的人均国内生产总值达6790美元，而加纳仅为450美元，这反映出两国完全不同的经济增长率。1968~1988年，加纳的年均国内生产总值增长率为1.5%，而1980~1992年仅为0.1%。当年的加纳，现在竟变成了世界上最贫穷的国家之一。与此相反，1968~1992年韩国的年均国内生产总值增长率高达9%，成为当时经济增长最快的国家之一，也使其从一个贫穷国家跻身富裕国家之列。

（资料来源：陈宪、应诚敏、韦金鸾. 国际贸易理论与实务（第四版）[M]. 北京：高等教育出版社，2012. 有删改。）

参考文献

[1] 佟家栋. 对外贸易依存度与中国对外贸易的利益分析 [J]. 南开学报（哲学社会科学版），2005（6）：16-22.

[2] 杨玉华. 国际贸易就业影响的国际比较——H-O-S及贸易乘数理论对贸易大国的适应性实证分析 [J]. 云南财经大学学报，2007（04）：102-106.

[3] 海闻，P. 林德特，王新奎. 国际贸易 [M]. 上海：格致出版社，上海人民出版社，2012.

[4] 托马斯·A. 普格尔（Thomas A. Pugel）著，赵曙东，沈艳枝译. 国际贸易（第15版）[M]. 北京：中国人民大学出版社，2014.

第四章　国际贸易政策

引例

——美国的农业政策

美国是反补贴措施的使用大户,据世贸组织(WTO)统计,2015年美国已超越印度,成为全球最大的贸易救济"双反"调查使用国。但它在不断对别国发起"双反"调查的同时,一面坐收巨额惩罚性关税,一面通过各类补贴、减免退税、直接贷款和保险、风险投资、政府建设合同和采购、研发的推动、标准设置、价格控制、准入许可等产业政策,大力补贴缺乏国际市场竞争力的本国产品——从农产品到工业品,从原材料到制成品,从传统行业到核能、风能和太阳能等新能源及互联网、半导体、高温超导等高新科技行业等多手段、全方位推动和提升出口竞争力,以改善国内就业。

作为当今世界最重要的农业生产和贸易大国,美国农产品种类多,2013年农产品出口总额达到创纪录的1409亿美元,占比全球总量的1/6。但长期以来,美国农产品出口一直依靠政府采取"低价格+高补贴"的政策来支撑。

从1933年起,美国政府为应对经常出现的农产品过剩危机,开始启动农业补贴,并使之成为基本国策之一。农业补贴绕过WTO规则,动态平衡国内外农产品价格,有效保障了美国在国际农产品贸易中价格优势最大化。

1975~2014年,美国6种主要农作物40年净利润数据显示,稻谷和玉米仅13年为正值,27年为负值;燕麦和棉花仅9年正值,31年为负值;最差的小麦仅4年为正值,36年为负值;最好的大豆24年正值,也有16年负值。故美国政府每年都保持较高的农产品补贴,使农民虽然不能从市场上赚钱,却能借政府补贴保持较高收入,从而维系农业基础不至于荒废。这是强国特有的经济支持方式。美国的政府补贴分为直接和间接两种形式,均由联邦政府农业部下属农场服务局负责发放。

直接补贴是根据种植类别与面积给予现金补贴。主要分为直接与反周期支付和水土保持两个项目。直接支付是政府为鼓励农民种粮而设,先由农业部确定目标价,当农作物的有效价格(市场价格+直接支付)低于目标价时,政府就补贴两者间的差额,额度按基期面积和预计单产计算,如按作物当前的市场行情,按单产每蒲式耳补贴一定的额度。反周期支付只在市场价格低于过去5年平均水平约一半之后启动,以保证一旦粮价意外大跌，农民仍可获得预期收入的50%，以维持继续生产和生活需要。2011年联邦政府共支付直接补贴41.8亿美元。

水土保持项目为保护农村环境而设。农民拥有的土地如属盐碱地、湿地、动物栖息地之类环境敏感地区，政府便要求与其签订10年租地合同，其间可暂停农业生产，或提供部分改善当地环境的资金。农民可自行决定签约与否，双方商定租金。2011年美国政府该项目开支18.6亿美元。

间接补贴包括低息农业贷款和农业保险补贴。低息农业贷款的核心是帮助创业或弱势农民从事农业生产，由于该群体难以获得商业贷款，故以政府贷款填补空白。低息农业贷款包括直接贷款和贷款担保两项。前者来自国会拨款，利率一般低于商业贷款；后者由商业银行系统提供，利率则由借款人与银行商定，农场服务局提供担保。突发性重大自然灾害如导致受损超过往年利润的30%，农场服务局还提供低息紧急贷款。该项贷款占农业信贷市场2.5%的份额，商业银行占比为43.9%，农业合作社占比为41.4%。

农业保险是美国最主要的农产品补贴措施，也是农业扶持政策的核心，由美国农业部风险管理局负责，农民自愿参与，联邦政府提供保费补贴，私营商业保险公司承担保险业务。2011年其为农民提供了207万份保单，补贴成本高达68亿美元。农业保险补贴主要为保费补贴和业务费用补贴，前者补贴比例与所保产出比重成反比，即导致产出低于50%的巨灾保险费由政府100%补贴，此后随着农民选择的产出保险范围提高，政府补贴比例相应下降；而后者由美国联邦农作物保险公司向承办联邦农作物保险项目的私营保险公司提供一定的管理与运营补贴。此外，还为私营农业保险公司提供三项政策支持：一是通过联邦农作物保险公司向私营保险公司提供再保险；二是联邦及地方政府对农业保险全免税；三是立法鼓励各州提供保费补贴。

美国农产品补贴的主要目的在于支持出口，其农业最大特征为经常性农产品过剩，必须严重依赖出口。出口补贴主要包括出口信贷担保和出口扩大计划，前者覆盖面广，涉及资金范围大，是美国农产品出口补贴最重要的形式之一；后者具有明显的价格支持作用，直接用于推进农产品出口。WTO认为农业补贴扭曲了农产品价格，属不鼓励使用的"黄箱政策"。然而为保持农产品的出口竞争力，美国一直为燃油、农药、化肥等农业生产资料提供巨额补贴。

（资料来源：刘奥南. 美国农业补贴对世界农产品贸易的影响，2018-03-06. http://www.qhrb.com.cn/2018/0306/225127.shtml 有删改。）

本章学习要点

1. 国际贸易政策的概念；
2. 国际贸易政策的基本类型及其演变史；
3. 出口导向与进口替代战略的比较。

"没有进口"的政策带来的结果就是"没有出口"。自由贸易会激发许多美国人生产有竞争力的商品,相反,贸易壁垒只会让一个国家没什么任何东西拿得出手和别人交换。

——曼昆

第一节　国际贸易政策概述

一、国际贸易政策的概念及意义

(一) 国际贸易政策的概念

国际贸易政策（international trade policy）是指一国政府在一定时期内，根据本国的政治经济利益和发展目标而制定的进出口贸易活动的准则和所采取的手段。它既是一国对外政策的重要组成部分，又是一国经济政策的重要组成部分，反映了一个国家在世界市场上的实力和地位，也是一个国家与其他国家之间关系和矛盾的一面镜子。它通常涉及以下三个层面的内容。

(1) 对外贸易总政策。它是指一国从整个国民经济发展的需要出发，在较长时期内实行的对外贸易方针政策，包括外贸发展战略、进出口贸易总政策等。

(2) 进出口货物与服务贸易政策。是根据本国对外贸易总政策，结合国内外市场实际情况及国内产业结构等制定的关于本国货物与服务的进出口政策。其基本原则是对不同的商品实行不同的待遇。

(3) 国别对外贸易和地区政策。指对某些特定的国家或地区制定和实施的国别和地区贸易政策，是根据本国发展对外经济政治关系的需要，在对外贸易总政策、进出口货物与服务贸易政策的指导下制定并实施的。对不同国家规定差别税率和差别优惠待遇是各国国别政策的基本做法。

(二) 国际贸易政策的意义

(1) 扩大本国产品和服务的出口市场。即通过各种措施鼓励本国出口商增加出口，鼓励外国进口商增加进口，如提高出口退税率等，从而使本国的出口市场不断扩大。

(2) 保护本国市场。外国产品和服务的进口将增加本国商品的竞争压力，可通过各种关税和非关税壁垒措施来限制外国商品的进口。

(3) 积累资本或资金。通过各种税费政策，国家能够获得财政收入；通过积极的宏观调控政策可以为进出口商创造良好的外贸环境,从而提高进出口商的盈利能力。

(4) 促进本国产业结构的转型升级。

(5) 维护和发展本国对外经济和政治关系。

二、国际贸易政策的制定与执行

(一) 国际贸易政策的制定

各国国际贸易政策及有关的各种法令、法规的制定颁布及修改都是由立法机关进行的。最高立法机关在制定和修改国际贸易政策前,要征询各个利益集团的意见。在我国,最高立法机关是全国人民代表大会。最高立法机关所制定并颁布的各项国际贸易政策,既包括一个国家较长时期内对外贸易政策的总方针和基本原则,也包括某些重要措施以及给予行政机构的特定权限。

(二) 国际贸易政策的执行

国际贸易政策的执行由有关的行政机构负责。

(1) 通过海关对进出口贸易进行管理。海关是国家行政机关,是设置在对外开放口岸的进出口监督管理机关。

(2) 国家广泛设立各种机构,负责促进出口并对进口进行管理。

(3) 国家政府出面参与各种国际贸易、关税等国际机构与组织,如 WTO,进行协调与谈判。

三、国际贸易政策的演变与基本类型

纵观世界贸易的历史,国际贸易政策的演变大致经历了以下几个阶段。

1. 从 15 世纪至 17 世纪的重商主义时期

在 15~17 世纪资本主义生产方式准备时期,为了完成资本的原始积累,英、法等欧洲国家信奉重商主义学说和政策,积极推行国家干预对外贸易的做法,采取严厉的贸易保护措施。当时的人们认为,财富的唯一表现形式是贵金属,人们在商品的交易中可以通过贱买贵卖来获得这种货币财富。西欧各国除了向原料进口提供优惠外,对其他进口货物则实行保护关税和种种限制措施,同时采用各种强有力的政策手段奖励出口。

2. 从 18 世纪至 19 世纪的自由贸易和保护贸易政策并存时期

自由贸易政策是指政府取消对进出口贸易的限制,不对本国商品和服务的进出口商提供各种特权和优待,力图消除各种贸易障碍,使商品和服务能够自由地输出和输入,在世界市场上实行自由竞争与合作。

保护贸易政策是指政府采取各种措施限制商品和服务的进口，以保护本国的产业和市场不受或少受外国的竞争。同时，政府对本国商品和服务的出口实行补贴和各种优待，以鼓励出口。保护贸易政策的实质是奖出限入。

18世纪70年代在英国开始的产业革命使生产力迅速发展，资本主义生产方式开始建立，1820年英国工业生产在全球工业生产中所占比例已达50%，因此，新兴工业资产阶级需要更广阔的国际市场，以销售其工业产品。而各国重商主义的保护贸易政策则阻碍了国际贸易的发展，妨碍了新兴工业资产阶级利益的实现，因此，工业资产阶级强烈要求实行贸易政策。于是出现了以古典经济学派亚当·斯密和大卫·李嘉图为代表的贸易学说。

亚当·斯密的"绝对利益说"奠定了贸易政策的理论基础，它是以生产成本的绝对差别为依据的，主张从绝对利益出发。把国内分工扩大到国际分工，每个国家只发展那些具有绝对优势条件的工业，并用这些优势工业的产品与其他国家进行交换，而不必发展那些不具备优势条件的工业。但这种理论在英国产业革命后，也不能适应英国工业资产阶级要求最大限度地扩大国外市场的需要，因此，继亚当·斯密之后，大卫·李嘉图又提出了"比较利益说"。他认为：由于各个国家在生产商品上的优势地位不同，不利程度也不同，因此，每个国家不一定要生产各种商品，而应集中力量生产那些有利程度较大或不利程度较小的商品，即"两优取其重，两劣取其轻"，然后通过对外贸易进行交换，这样在资本和劳动力不能流动的情况下，生产总量将增加，这种交易对各方都有利。

在同一历史时期，当产业革命在英、法等国深入发展时，欧洲其他国家和美洲的经济并不发达，资本主义工业尚处于萌芽状态的一些国家的工业资产阶级则需求政府保护其幼稚工业，实行贸易保护，减少外国商品进口，以保护本国成长中的资本主义工业。于是形成了与贸易学说相对立的以汉密尔顿和李斯特为代表的保护贸易学说。

美国第一任财长汉密尔顿主张保护贸易的依据是：新的工业在早期的发展中效率不高，不能和经验丰富的外国生产商进行竞争，而需要用关税壁垒进行保护，直到效率提高到可以在免税基础上与外国同类商品进行竞争的水平。因此，当时的贸易理论不适用于美国，因为英美两国经济情况不同，不能在平等基础上进行贸易，美国如实行贸易政策，将会严重损害其经济。汉密尔顿的保护贸易主张对美国经济发展以及美国的产业革命都起到了积极的作用，对美国以后的贸易政策也产生了很大的影响。

德国历史学派的代表李斯特认为，当一国工业尚无力和外国竞争时，如果实行贸易政策，则该国必然会因工业被挤垮而导致灭亡，一国应根据经济发展的不同历史阶段确定自己的外贸政策，而不应固定不变。他认为，国家的富强不在于现有财富的多少，而在于将来能创造多少财富，而能创造财富的是生产力，生产力比财富本身更重要。

3. 从第一次世界大战到第二次世界大战期间盛行的超保护贸易政策时期

19世纪末20世纪初,国际经济制度发生了很大的变化,竞争的资本主义完成了向垄断资本主义的过渡,垄断代替了竞争。到20世纪20年代初,随着市场矛盾的尖锐化,垄断资本主义不仅要求垄断国内市场,也要求垄断国外市场,因此,许多资本主义国家都积极干预对外贸易,不同程度地提高关税、实行外汇限制、进口数量限制、鼓励出口,即实行以保护垄断资本利益为目的的外贸政策。

超保护贸易政策的基本特点:既保护本国幼稚工业,也保护国内高度发展的工业或夕阳工业。保护的目的不再是培养竞争的能力,而是巩固和加强对国内外市场的垄断,在垄断国内市场的基础上对国外市场进行进攻性扩张;保护的措施多样化,既有关税措施,也有名目繁多的非关税措施。

4. 第二次世界大战后到20世纪80年代中期的贸易自由化与新贸易保护抬头阶段

第二次世界大战后,发达资本主义国家在"贸易自由化"的口号下,加强相互市场的渗透。首先是美国为打入西欧和日本市场提出了"贸易自由化",接着西欧各国随着经济的恢复和发展,也开始搞"贸易自由化",资本主义国家之间普遍地降低关税、减少进口数量限制、放松外汇管制。但进入20世纪70年代后,随着经济危机严重,市场问题日益尖锐,主要资本主义国家的超保护贸易政策又重新抬头。主要表现为:(1)对工业产品保护程度降低,但对农产品的保护程度提高;(2)非关税壁垒在新增保护政策中占据主导地位;(3)国家垄断资本主义在贸易保护政策和措施中的作用大大加强。

5. 20世纪80年代中期后至今的协调贸易政策阶段

协调贸易政策是指国家对内制定一系列的贸易政策、法规,加强对外贸易有秩序、健康发展的管理;对外通过谈判签订双边、区域及多边贸易条约或协定,协调与其他贸易伙伴在经济贸易方面的权利与义务。

20世纪80年代前,美国曾长期主张无条件的贸易。然而当进口迅速增长,美国公司第一次在国内面临激烈的外国竞争时,尤其是进入20世纪80年代中后期,美国贸易地位迅速衰落,美国政府不得不重新审视其贸易政策和寻找新的理论依据。1980~1988年,美国占世界进口份额从13%迅速增长到16%,而出口则在11%左右徘徊,结果导致美国经常项目从1980年的20亿美元顺差变为1988年的1200亿美元逆差,同期,欧洲国家也发生了类似的现象。于是新的贸易理论——协调贸易理论应运而生。

协调贸易理论认为,政府在国内寻求的是本国国民福利,而不是世界或外国消费者、生产者福利的最大化。政府的干预能帮助国内企业获得可能会被外国企业抢占的利润。如果政府政策有利于国内企业贷款以增加生产设施,外国企业的扩张就会受到阻碍,结果便是国内企业的利润和市场份额增加。同时,由于政府干预往往是基于对国内企业和政府的相对不公平竞争行为而实行的,因此这种干预也将迫使外国政府开放受保护的市场,进而实现贸易的目标。在这一理论的支持下,发达国家的外贸政策呈现了一些新的特点。

（1）保护措施是针对某些进口商实施的限制性措施，这些措施之间既可以是互不关联的，形式和内容也有不确定的特点，往往是一些临时性的保护措施。而保护贸易措施本身已制度化即随着政府管理贸易活动的加强而不断充实和调整。并且这些措施彼此相互配合，具有综合性、系列化的优点，形成了一个比较完善的管理贸易体系。

（2）管理贸易的法律已由原来的单一的法律发展成为以对外贸易法规为中心，与其他方面的国内法规相配合的统一整体。管理外贸法律的整体化主要表现在涉及范围广并且有一定的弹性，如西方国家用法律条款规定处理不同国家、地区和多边贸易关系的准则以及进出口贸易的管理和控制、外汇管理、对外经济援助、技术转让等多项内容。

（3）经济一体化的迅猛发展推动了经济一体化组织内部贸易、投资的变化。无论是欧洲的经济一体化还是美洲的经济一体化发展，都为协调贸易政策的实行提供了更为便利的条件。

（4）以世界贸易组织为核心的多边贸易体制得到增强。贸易化和开放贸易体制成为全球贸易的主流，发达、发展中国家都在努力地实施世界贸易组织的各项协议、协定，并以这些协议、协定为核心，协调本国贸易政策，以便推动贸易与投资的变化，促进全球贸易的发展。

第二节　自由贸易政策

一、自由贸易政策的演变过程

自由贸易政策是指国家对进出口贸易不加干预，任其自由竞争。自由贸易政策有单边、双边、诸边和多边多种。自由贸易政策实施表现为关税的降低和应税商品的减少、非关税壁垒等的减少与取消。自由贸易政策随资本主义建立而出现，随资本主义发展而演变。时强时弱，没有绝对意义上的自由贸易政策。在国家存在不平衡规律作用下，自由贸易政策成为主流政策时期短于保护贸易政策时期。但自由贸易政策有利于资本扩张本性的追求。第二次世界大战以来，随着资本国际化和经济全球化的发展，自由贸易政策成为主流，但不稳定。

19世纪产业革命以后，英国经济竞争力大大增强。为了扩大市场，追求高额利润，形成以英国为中心的国际分工，确立单方面的自由贸易政策，并通过各种渠道推行，甚至通过战争，强加给战败的国家。

在20世纪初期，随着英国经济竞争力的下降和大危机的降临，自由贸易政策被超保护贸易政策取代。第二次世界大战以后，美国成为经济强国。为了对外扩张，美国从第二次世界大战前的贸易保护主义转向自由贸易政策，并推动关税与贸易总协定的建立，推行贸易自由化，把单边的自由贸易政策演变为多边的自由贸易政策。随着资本国际化和经济全球化的发展，1995年建立世界贸易组织，取代1948年生效的关税与贸易总协定，使多边的自由贸易政策得到加强。

2008年以来，在世界性的金融危机冲击下，各国为了挽救经济，采取各种救市活动，其中有不少贸易保护主义成分。其特点是利用了世界贸易组织协议中的"灰区"、打"擦边球"，滥用和歪曲世界贸易组织规则，冲击了世界贸易组织主导的自由贸易政策。但尚未从根本上动摇自由贸易政策的主导地位。在各种国际会议上，与会者发表声明，共同声讨贸易保护主义，阻止贸易保护主义的泛滥，维护多边贸易体制。它在一定程度上显示出的自由贸易政策的权威性和主导性，同时也指明世界贸易组织应改革的方向。

二、自由贸易政策的主要措施

1. 废除谷物条例

该条例是当时重商主义保护贸易的重要立法，为保持国内粮食价格处于较高水平，用征收滑准关税的办法，限制谷物进口。经过工业资产阶级与地主贵族之间的长期斗争，该条例终于在1846年废除，工业资产阶级从中获得降低粮价、降低工资的利益，被视为英国自由贸易的最大胜利。

2. 改革关税制度

1842年英国进口项目共有1052个，1859年减至419个，1860年减至48个，以后又减至43个。把极复杂的关税则加以简化，绝大部分进口商品不予征税，并基本上废除出口税。

3. 签订自由通商条约

1860年英法通商条约以及后来的英意、英荷、英德等通商条约，相互提供最惠国待遇，放弃贸易歧视，意味着通商条约，相互提供最惠国待遇，放弃贸易歧视，意味着英国自由贸易政策在国际上的胜利。

4. 取消对殖民地的贸易垄断

解散特权贸易公司，开放殖民地市场，把殖民地贸易纳入自由贸易体系。法国是当时第二个工业强国，从19世纪中叶起也逐渐倾向于自由贸易。1853~1855年，曾降低煤、铁、钢材、羊毛、棉花进口税。1860年全部取消禁止进口货单，接着又废除出口奖励金，降低原料进口税，并同一些国家签订旨在推进自由通商的商约。德国工业落后，直到19世纪60年代才逐渐放松以关税为主要工具的保护政策，出现自由贸易倾向。从

1865 年修改关税法开始，1867 年修改关税同盟条约，以后又废除出口税及部分进口税，降低进口税率，关税壁垒政策具有自由色彩，反映南方种植园主用农产品出口换回低价工业品的要求。北方胜利后，转到保护贸易方面，不断提高工业品进口关税，从工业品贸易来说，美国并未出现自由贸易时代。

第三节 保护贸易政策

一、保护贸易政策概念及历史背景

（一）保护贸易政策概念

保护贸易政策是一种限入奖出的外贸政策，即国家采取各种限制进口的措施以保护其本国市场免受外来商品的竞争，并对本国出口商品给予优惠和津贴以鼓励其出口。

保护贸易政策主要是为了保护国内市场以促进国内生产力的发展。表现方式主要有：出口补贴、进口关税和进口配额。国家广泛利用各种限制进口的措施，保护本国市场免受外国商品的竞争，并对本国商品给予优待和补贴，以鼓励出口。

（二）历史背景

保护贸易政策在第一次世界大战与第二次世界大战之间盛行。在这个阶段，资本主义经济具有以下特点：（1）垄断代替了自由竞争；（2）国际经济制度发生了巨大变化；（3）1929~1933 年资本主义世界发生空前严重的经济危机，使市场问题进一步尖锐化，使超保护贸易政策发展到空前的规模。

二、保护贸易政策形式

（一）重商主义

重商主义是 16~17 世纪资本主义生产方式准备时期欧洲各国普遍实行的保护贸易政策。重商主义代表商业资本的利益，追求的目标是把金银财富集中在国内，实现资本积累。早期重商主义注重货币差额，主张扩大出口、减少进口或根本不进口，因为出口可以增加货币收入，而进口必须支出货币。规定本国商人外出贸易必须保证有一部分金银或外国货币带回国内；外国商人来本国贸易必须把销售所得全部用于购买本国商品。禁止货币和贵金属出口，由国家垄断全部货币贸易。晚期重商主义注重贸易差额，从管制货币进出口转为管制商品进出口。主张通过奖励出口、限制进口、保证出超,以达到金银货币流入的目的。

(二) 幼稚工业保护政策

幼稚工业保护政策是18~19世纪资本主义自由竞争时期美国、德国等后起的资本主义国家实行的保护贸易政策。当时,这些国家的工业处于刚刚起步的幼稚阶段,缺乏竞争力,没有力量与英国的工业品竞争,这些国家的政府代表工业资产阶级利益,为发展本国工业,实行保护贸易政策。保护的方法主要是建立严格的保护关税制度,通过高关税削弱外国商品的竞争能力;同时也采取一些鼓励出口的措施,提高国内商品的竞争力,以达到保护民族幼稚工业发展的目的。

(三) 超保护贸易政策

1. 政策背景

超保护贸易政策是19世纪末至第二次世界大战期间资本主义垄断时期各资本主义国家普遍实行的保护贸易政策。在这一时期,垄断代替了自由竞争,成为社会经济生活的基础。同时,资本主义社会的各种矛盾进一步暴露,世界市场的竞争开始变得激烈。于是,各国垄断资产阶级为了垄断国内市场和争夺国外市场,纷纷要求实行保护贸易政策。但是,这一时期的保护贸易政策与自由竞争时期的保护贸易政策有明显的区别,是一种侵略性的保护贸易政策,因此称其为超保护贸易政策。

2. 政策特点

(1) 保护的对象不再是国内幼稚工业,而是国内高度发达或出现衰落的垄断工业;

(2) 保护的目的不再是培植国内工业的自由竞争能力,而是垄断国内外市场;

(3) 保护的手段不仅仅是关税壁垒,而且出现了各种各样的奖出限入的措施。

(四) 新贸易保护主义

1. 政策背景

新贸易保护主义是对第二次世界大战后贸易自由化倾向的反省,形成于20世纪70年代中期。其间,资本主义国家经历了两次经济危机,经济出现衰退,陷入滞胀的困境,就业压力增大,市场问题日趋严重。尤其是在战后贸易自由化中起领先作用的美国,在世界市场的竞争中,日益面临着日本和欧共体国家的挑战,从70年代开始,从贸易顺差转为逆差,且差额迅速上升。在这种情况下,美国率先转向贸易保护主义,并引起各国纷纷效尤,致使新贸易保护主义得以蔓延和扩张。

2. 政策特点

新贸易保护主义之所以"新",是因为与传统的贸易保护主义相比,在保护手段上

具有显著的特点:

(1) 保护措施由过去以关税壁垒和直接贸易限制为主逐渐被间接的贸易限制所取代;

(2) 政策重点从过去的限制进口转向鼓励出口,双边与多边谈判和协调成为扩展贸易的重要手段;

(3) 从国家贸易壁垒转向区域贸易壁垒,实行区域内的共同开放和区域外的共同保护。

第四节 发展中国家的对外贸易战略

世界银行在其1987年发展报告中特别指出了对外贸易对发展中国家的重要性。因而选择适当的贸易政策是发展中国家制定经济发展战略的主要议题之一。国际贸易是一国经济发展的重要推动力,而国民经济的工业化是一国发展经济的重要途径。总结有关理论和实际经验,发展中国家参加国际贸易至少可以从比较利益、规模经济及贸易和由贸易引起的投资中获得本国生产技术水平提高等方面获得好处。

当今世界经济发展中最引人瞩目的大趋势当属经济全球化,这一趋势影响着世界各国整体的发展。随着经济全球化进程的明显加快,国际贸易在这一背景下得到了快速发展。经济全球化进一步促进了国际分工和专业化生产,一国通过经济全球化融入世界经济,凭借本国的优势所在,能够在世界市场上明确自己的定位,从而更有效地参与国际分工,带动资本、商品以及服务等要素的充分流动。在此过程中,贸易增长得以促进,贸易结构可得到有效改善。第二次世界大战后,许多发展中国家走上了政治独立化的道路,并开始致力于工业化和民族经济的发展。发展中国家的经济发展和工业化进程取决于其对外贸易的方向、规模和速度等。发展中国家对外贸易战略分为出口导向战略和进口替代战略。

一、出口导向战略

(一) 出口导向战略的概念

出口导向战略(export substitution strategy)又称出口替代工业化政策或出口导向工业化政策,是指一国采取各种措施扩大出口,发展出口工业,逐步用轻工业产品出口替代初级产品出口,用重、化工业产品出口替代轻工业产品出口,以带动经济发展,实现工业化的政策。出口导向战略是外向型经济发展战略的产物。

出口导向战略其核心思想是以制成品的出口代替初级产品的出口，并使本国的工业生产面向世界市场。该战略是根据国际比较利益的原则，通过扩大其有比较利益的产品的出口，以改善本国资源的配置，从中获得贸易利益和推动本国经济的发展。这种以出口鼓励作为经济动力的发展模式，将本国产品置于国际竞争的环境中，其优点是比较显著的。以这种方式发展的国家，大多取得了实绩优良的高速经济增长，这一事实成功地推翻了传统的工业发展只能通过进口替代来实施的观点。

20世纪60年代中期，新加坡、韩国等亚洲国家以及巴西、墨西哥等拉丁美洲国家开始从进口替代战略转向出口导向战略。到了70年代初，印度、马来西亚和菲律宾也相继实施这一战略，大力发展本国具有优势的产品。70年代中期以后，巴西、韩国和新加坡等国家和地区还把出口侧重点逐步从劳动密集型产品转向资本和技术密集型产品，终于成功打进了发达国家的市场。

（二）出口导向战略的措施

出口导向战略的实施过程实际上是一个利用在本国的比较优势发展相关产业，并根据比较优势的变化而及时进行产业结构升级换代的过程。这一战略的实施通常采取如下措施。

（1）对出口企业给予优惠政策，如减免税收、低息贷款、增加补贴等。

（2）对出口企业须从国外进口的资本品、中间产品和技术专利等实行减免税、放宽进口配额。

（3）使本国货币贬值，从而降低本国出口商品以外币计算的价格，增加企业和产品在国际市场上的竞争力。实施这一战略可以通过保持较高的出口增长率来保持较高的经济增长速度，使一国经济在很大程度上融入世界经济大循环圈中。由于国际竞争压力对国内企业形成了有效的激励，促使国内企业必须不断提高生产效率、改善经济管理、开发新技术、培训员工，只有这样才能在激烈的国际竞争中求得生存和发展。

20年来，几乎所有经济高速增长的国家和地区都是出口占GDP比重不断上升的国家和地区，包括中国、东盟等。

（三）出口导向战略的利弊

1. 实施出口导向战略的有利之处

在一个资金、技术缺乏，市场狭小和大部分人从事农业的不发达经济中，如果选择出口替代型战略，有以下有利之处。

（1）充分利用国外的资源，并与本国具有绝对优势的劳动力资源相结合，生产并出口本国具有比较优势的产品，以缓解一国的外汇压力。

(2) 在国际分工中节约劳动，充分发挥自身的比较优势，在全球性的产业结构调整中，促进本国产业结构的优化升级，获取因分工而产生的规模经济效益。

(3) 通过对外贸易，互通有无，使本国居民享受到更多的经济福利，提高其生活水平；通过外部市场的开拓，带动国内相关产业和部门的发展，不仅为国内的剩余产品或闲置生产资源找到了出路，还扩大了就业量。

2. 实施出口导向战略的弊端

出口导向战略并非完美无缺，通过对我国的台湾地区和韩国的全要素生产效率增长与出口的关系比较，一些经济学家提出了不同的看法，他们认为出口企业的生产效率并没有表现出随着积累出口量的增加而递增的趋势，实施出口导向战略存在以下弊端。

(1) 出口导向战略受到国际市场的极大限制。国际市场对劳动密集型工业品的需求有限，随着更多的发展中国家采取外向型贸易战略，各国之间的竞争日趋激烈。再加上发达国家的贸易保护主义政策，发展中国家的出口扩张面临着越来越大的困难。

(2) 实行出口导向战略使一国经济开放度大大提高，国内经济容易受到外部经济冲击的影响，如汇率、利率、贸易条件、债务条件的变动和国际游资的袭击等。发展中国家的经济实力比较薄弱，市场体系不够发达，监督和管理制度也不健全，缺乏抵御外部经济冲击的能力，一旦危机发生，会对经济发展产生非常严重的后果。

(3) 出口导向战略也需要实行一些保护措施，这些措施实施的同时也会在某种程度上扭曲市场价格体系，降低资源配置效率。

二、进口替代战略

（一）进口替代战略的概念

进口替代战略（import substitution strategy）又称进口替代工业化政策，是内向型经济发展战略的产物，是指一国采取各种措施，限制某些外国工业品进口，促进本国有关工业品的生产，逐渐在本国市场上以本国产品替代进口品，为本国工业发展创造有利条件，实现工业化。一般做法是国家通过给予税收、投资和销售等方面的优惠待遇，鼓励外国私人资本在本国设立合资或合作方式的企业；或通过来料和来件等加工贸易方式，提高工业化的水平。

进口替代一般要经过两个阶段。第一个阶段，先建立和发展一批最终消费品工业，如食品、服装、家电制造业以及相关的纺织、木材工业等，以求用国内生产的消费品替代进口品，当国内生产的消费品能够替代进口商品并满足国内市场需求时就进入第二阶段。在第二个阶段，进口替代由消费品转向国内短缺的资本品和中间产品的生产，如机器制造、石油加工等资本密集型工业。

（二）进口替代战略的措施

进口替代战略的实施需要实行贸易保护政策，主要包括以下几个方面的措施。

（1）关税保护，即对最终消费品的进口征收高关税，对生产最终消费品所需的资本品和中间产品征收低关税或免征关税。

（2）进口配额，即限制各类商品的进口数量，以减少非必需品的进口，并保证国家扶植的工业企业能够得到进口的资本品和中间产品，降低它们的生产成本。

（3）使本国货币升值，以降低进口商品的成本，减轻外汇不足的压力。其中关税和配额是进口替代战略中最重要的保护措施。

（三）进口替代战略的利弊

1. 实施进口替代战略的有利之处

实施进口替代在一定程度上刺激了民族工业中消费品工业的发展，加强了发展中国家独立发展经济的能力，能够减少经济的对外依赖程度，一些专门技术人才和熟练劳动力也培养出来了，政府部门从中也获得了管理经济的经验和知识，因此许多拉美、南亚、中欧国家选择了进口替代战略，一定程度上实现了经济发展目标。实施进口替代战略对一个国家或地区的有利之处主要体现在以下方面。

（1）为弱小的民族工业的成长创造出一个宽松的发展环境。这种战略及其配套政策要重点保护的是落后国家的幼稚工业，这种工业的产品成本高、质量低、竞争力较差，很难与外国的同类产品进行市场较量。各国的经济发展史已充分证明，在一个没有保护的市场中进行竞争，落后国家的幼稚工业会在发达国家的成熟工业面前败下阵来。实施进口替代战略的国家为本国的弱小工业提供了一个温和的成长空间，使民族工业能在这种环境里从幼稚走向成熟，从弱小走向强大。

（2）改善了发展中国家的经济结构，增强了经济成长的独立性。发展中国家的传统经济结构是单一的，甚至是畸形的，主要依靠农产品和矿产品的生产和出口来维持国民经济的运行。通过进口替代战略的实施，这种传统的经济结构会发生明显的改善，主要表现为：①国内生产总值中工业的比重在上升；②工业生产总值中制造业的比重在上升；③制造业中重化工业和机电工业的比重在上升。这几个"上升"表明了发展中国家工业化进程的合理化与经济结构的多样化。这种多样化的经济结构使发展中国家摆脱了历史上对发达国家过分依赖的状态，增强了独立自主发展民族经济的信心和能力。

（3）扭转了发展中国家在国际分工体系中的不利地位。各种资料表明，国际分工体系对生产和出口初级产品的发展中国家是不利的，具体表现为这类国家的贸易条件处于一种长期恶化的趋势。这种趋势在战后更为明显，国际市场上初级产品的相对价格不断下降，工业制成品的相对价格不断上升。实施进口替代战略的国家已经在很大程度上扭转了这种不利局面，因为它们已改变了生产和出口初级产品并进口工业制成品的传统做法，把更多的初级产品留在国内，供自己的进口替代工业使用。

2. 实施进口替代战略的弊端

进口替代战略在促进落后国家经济快速发展的同时，也存在着一些弊端。

（1）保护完好的市场环境抑制了企业的积极进取精神，使经济发展容易产生高成本和低效率。这主要是因为在严密的保护中，本国企业感受不到来自进口产品的激烈的生存竞争。

（2）经济发展难以形成规模效益。进口替代战略下的企业生产主要面向国内市场，政府并不特别鼓励去开发国外市场，这就使产品销售受到很大限制，囿于了收入水平低、消费层次浅的国内消费者群。

（3）国际收支经常项目的逆差状况长期得不到缓解。实施进口替代战略的目标之一是想通过保护贸易政策限制产品进口，以便改善不利的国际收支状况。然而，该战略实施的结果表明，这一目标远远没能达到。所实际达到的结果不是进口产品量的大幅度减少，而是进口商品结构的改变：资本品的进口代替了消费品的进口。资本品的进口，无论是机器设备还是原材料，都是为了提高国内的工业化水平，以实现用国产品代替进口品这一重大战略目标，因而这一阶段多进口些资本品是合理的和无可厚非的。问题的关键在于应如何去平衡这种进口贸易以实现外汇的收与支相等呢？

（4）进口替代战略易造成市场信号扭曲，导致资源配置不合理和产业结构失衡。进口替代战略下的政府对经济运行的干预较强，如过重的进口许可证限制、过多的政府补贴，这些都会使市场信号出现扭曲，使产品价格不能正确反映一国资源的稀缺程度，从而导致资源使用上的浪费和产业结构上的倾斜。

三、发展中国家的横向联合政策

面对实力雄厚的发达国家，广大发展中国家深感仅凭自身力量难以维护其民族经济的发展，更难以在竞争中站住脚跟。因此，发展中国家除了实施出口替代和进口替代战略外，还采取了经济集团化和加强横向联合政策。

（一）经济集团化政策

实行经济集团化政策，可以运用共同的力量来同发达国家相抗衡，以维护和扩大本国的正当经济利益，甚至可以通过集体力量来提高整个发展中国家在世界经济中的地位，为此，20世纪60年代和70年代，发展中国家采取了一系列重大联合行动。

1963年，发展中国家在联合国大会上成立了"77国集团"，商讨贸易、金融、关税、经济援助、开发等问题，彼此协调政策，采取共同行动。1967年，通过了《阿尔及尔宪章》，决定联合行动以结束旧的国际经济秩序。此后，该集团定期召开全体成员大会，就一系列重大经济问题进行磋商和协调，以期联合行动。该集团目前已有 100 多个成员，但是仍沿用"77 国集团"名称。

此外，还成立了原料输出国组织、东南亚国家联盟、西非经济共同体、加勒比共同体、安第斯条约组织等。1982 年 2 月，在印度德里召开南南经济合作会议后，地区经济合作进入一个新的阶段。1983 年 3 月，联合国拉丁美洲经济委员会在智利圣地亚哥召开了拉丁美洲经济一体化组织成员对外贸易部长级会议。会议提出取消地区内部贸易保护主义措施、建立拉丁美洲地区内部贸易优惠制等倡议。

（二）提出建立国际经济新秩序的战略目标

1974 年第六届特别联合国大会通过《关于建立新的国际经济秩序的宣言》和"行动纲领"，发展中国家正式提出并系统阐述了建立国际经济新秩序的要求，这就为它们的联合斗争进一步指明了方向。20 世纪 70 年代以来，建立新秩序的内容不断完善，主要包括：(1) 各国对其自然资源的经济活动享有并行使永久主权；(2) 改善在国际贸易关系中的地位和条件；(3) 增加向发展中国家资金转移、改革国际货币金融制度；(4) 改善转让条件，争取发达国家更多地向发展中国家转让技术；(5) 保护海洋资源和争取海运权；(6) 加强发展中国家间的合作，即南南合作；(7) 世界经济结构的改革。

（三）在国际性经济机构里联合行动

发展中国家在世界贸易组织、国际货币基金组织、世界银行等国际机构中联合一致的行动，使得上述机构在改变国际经济、金融秩序和维护发展中国家的正当权益中起到一定的积极作用。贸发会议和关贸总协定等组织机构在维护和争取发展中国家正当权益、冲击国际经济旧秩序的根本问题上，起着一定的推动作用。这些正是广大发展中国家团结一致、联合斗争的结果。

总的来说，发展中国家联合行动已初见成效，但由于发达国家占有明显的优势，这种联合行动的实际成果还不尽如人意。值得注意的是，20 世纪 90 年代以来，发展中国家内部两极分化愈益显著，差距急剧拉大。这势必削弱发展中国家整体的凝聚力，使得横向联合政策陷于停顿甚至倒退的境地。因此，如何加强广大发展中国家的团结和联合，争取其在国际经济贸易活动中的正当权益，是这些国家外贸政策的一大问题。

本章习题

一、名词解释题

国际贸易政策、自由贸易、保护贸易、出口导向战略、进口替代战略。

二、判断题

1. 18世纪至19世纪西方世界处于自由贸易政策时期。（ ）
2. 在由竞争的资本主义向垄断资本主义过渡时期，各国实施的是超保护贸易政策。（ ）
3. 20世纪70年代的保护贸易政策提高了对工业产品的保护程度。（ ）
4. 政府实施协调贸易政策寻求的是世界或外国消费者、生产者福利的最大化。（ ）
5. 自由贸易政策就是要取消全部的贸易壁垒，国家对进出口贸易完全不加干预。（ ）
6. 对本国出口商品给予优惠和津贴也是保护贸易政策的一种形式。（ ）
7. 实施超保护贸易政策的目的是垄断国内外市场。（ ）
8. 出口导向战略是要以工业制成品出口来替代工业制成品的进口。（ ）
9. 进口替代战略的实施需要实行贸易保护政策。（ ）
10. 发达国家间的协调活动是整个国际经济协调中的主体部分。（ ）

三、简答题

1. 简述国际贸易政策的基本类型及其特征。
2. 各国制定对外贸易政策的目的是什么？
3. 超保护贸易政策的内容是什么？
4. 重商主义政策的主要内容是什么？

四、案例分析题

根据下面的案例分析一国制定对外贸易政策的依据是什么？

2018年2月4日，中国商务部发布《关于对原产于美国的进口高粱进行反倾销立案调查的公告》，决定对原产于美国的进口高粱进行反倾销立案调查。初步证据和信息显示，中国已成为美国高粱出口倾销的主要市场。这些进口高粱在美国接受了美国政府的补贴，以低于正常价值的价格向中国出口销售，存在较大幅度的倾销。同时，该产品进入中国市场数量大幅增长，价格持续下降，对中国国内产业同类产品价格造成削减和抑制，国内产业同类产品有关经济指标呈恶化趋势。于是，商务部于4月7日做出初步裁定，决定采用保证金形式实施临时反倾销措施。但在后续的调查过程中，调查机关收到大量下游用户的反映，认为案件调查将会提高下游养殖业成本，对原产于美国的进口高粱采取反倾销反补贴措施影响广大消费者生活成本，不符合公共利益。经调查，调查机关发现近期国内猪肉价格持续下降，许多养殖户生计面临困难，在此情况下，对原产于美国的进口高粱采取反倾销反补贴措施不符合公共利益。因此终止对原产于美国的进口高粱反倾销、反补贴调查，此前所征收的反倾销临时保证金也如数退还。

（资料来源：根据中国商务部2018年第12号、第38号公告及第44号等相关资料整理所得。）

参考文献

[1] [美] 曼昆（N. Gregory, Mankiw）著. 梁小民，梁砾译. 经济学原理（第7版）[M]. 北京：北京大学出版社，2015.

[2] [以] 埃尔赫南·赫尔普曼，[美] 保罗·克鲁格曼著，李增刚译. 贸易政策和市场结构 [M]. 上海：格致出版社，2014.

第五章 国际贸易措施

引例

"双反"大棒挥向全球

历史上及世贸组织（WTO）成立以后的实践表明，实施反补贴措施的，主要是为数较少的发达国家。自从美元成为全球通用的支付、结算和储备货币，美国只须牢牢把持"铸币权"，就可以通过源源不断地输出美元，换取世界各国最价廉物美的产品，贸易逆差因而成为常态。美国前四大逆差来源地依次为中国、墨西哥、日本和德国。2011年3月美参众两院全票通过《1930年关税法》修正案，赋予政府对来自非市场经济国家的产品进行"双反"的特权，从而使随心所欲发起"双反"调查也成为贸易战的常态。只要"双反"调查裁定进口产品属倾销价，出口国就将面临重罚。于是"量化宽松"的美元轻松换取价廉物美产品后，提供产品的别国企业反而经常被罚得倾家荡产。中国的钢、铝、橡胶、塑料、大米等各类产品频遭美国"双反"贸易壁垒。因互为第一大贸易国的中美之间双边贸易额高达数千亿美元，导致中国成为美国"制裁"的重灾区。

2014年，美国国会通过简化"双反"调查规则的新法案，"双反"调查并核准惩罚性关税大幅提速。

2015年，美国已超越印度，成为全球最大的贸易救济"双反"调查使用国，全年共发起43起反倾销和22起反补贴调查，调查对象从中国、韩国、巴西、澳大利亚，一直延伸到英国与荷兰。

2016年，美方统计数据显示，仅"双反"调查中涉及的中国产品案值就超过1810万美元，包括向WTO起诉中国对大米、小麦和玉米种植提供非法补贴；对中国产不锈钢板带材做出反倾销初裁，认定中国企业反倾销税率为63.86%~76.64%，反补贴税率为57.3%~193.92%；对中国碳合金钢定尺板做出反补贴调查初裁，认定中国企业反补贴税率为210.5%；对中国的耐腐蚀板征收209.97%的反倾销税和39.05%的反补贴税；对中国的冷轧板征收265.79%的反倾销税和256.44%的反补贴税；对中国输美碳钢与合金钢产品发起337调查；初裁认定中国产大型洗衣机倾销幅度为49.88%~111.09%。

美国商务部最新文件显示，2017年1月20日特朗普上台至2018年3月1日，美国对全球各国发起"双反"调查110余起，仍在执行的双反贸易"裁制"430余例，2018

年仅1月至3月涉及中国的就有4起,包括对中国产塑料装饰缎带产品,对进口自韩国、土耳其、希腊、印度、加拿大和中国的大口径焊管产品,对进口自中国、斯里兰卡和泰国的橡皮筋产品的"双反"调查,以及对进口钢材及铝材分别征收25%和10%的关税。

美国政府无视自己以救济之名行贸易保护之实,对贸易对象国吹毛求疵夸大事实动辄发起制裁。其之所以大行其道,主要有四大原因:一是在经贸领域渗透政治因素。二是通过"擦边球"策略,对自己的各项政府补贴政策肆意隐蔽化、模糊化、边缘化。三是凭借政治、经济、军事实力,无视联合国、WTO等国际机构的权威,公然以国内法对抗和覆盖国际法。四是由于美国政府补贴下的出口产品具备一定的性价比优势,许多发展中国家出于保持和改善对美贸易顺差的长期需求,不得不忍辱负重。即使采取反制措施,也是旁敲侧击"以战求和"。

(资料来源:刘奥南. 美国农业补贴对世界农产品贸易的影响 [J]. 黑龙江粮食,2018 (03):18-20. 有删改。)

📖 本章学习要点

1. 关税的概念及其特征;
2. 关税的种类;
3. 关税保护度的概念及其内容;
4. 非关税措施的主要种类;
5. 主要的贸易救济措施;
6. 关税措施及非关税措施的经济效应分析。

与社会上的其他群体相比,绝大多数经济学家都对自由贸易持赞同的态度,并反对使用关税和其他贸易壁垒。从经济学的角度分析,他们认为,除了一些特殊情况外,贸易自由化总体上是优于贸易保护的。要明确国际贸易政策的实施效果,就要从关税这种典型的贸易保护措施开始了解。

第一节 关税措施

一、关税的定义和特征

(一) 关税的定义

关税通常是一个国家贯彻贸易政策的最重要的外贸政策措施之一。关税(tariff,

customs duties）是指进出口商品在经过该国关境时，由政府设置的海关对进出口商所征收的一种税收。海关征收关税的领域，同时也是管辖、执行有关法令和规章的区域，被称为关境或关税领域。当今世界大多数国家通常只对进口商品征收关税，而对于出口商品，除了重要的战略性、资源性商品外，绝大部分是免征关税的，这有利于降低企业的出口成本，增强商品在国际市场上的价格竞争力。

（二）关税的特征

作为一项重要的外贸政策基本措施，一般具有如下特征。

1. 关税的税收主体是进出口商

当商品进出国境或关境时，进出口商根据海关法的相关规定向海关缴纳关税，因此，关税的主体是本国的进出口商人，这与一些国内税是有区别的。

2. 关税的税收客体是进出口的商品

关税的税收客体，也就是通常说的课税对象是进出口的商品。

3. 关税具有强制性、无偿性和预定性

关税具有强制性、无偿性和预定性，这点与其他国内税并无区别。强制性是指国家凭借拥有的政治权力和法律征收关税，纳税人即进出口商必须无条件地依法纳税，否则将受到法律制裁。无偿性是指关税税款缴纳后，即成为国家财政收入，不直接归还纳税人，也无须给予纳税人任何补偿。预定性是指关税的征收对象和税率是国家通过有关法律事先规定的，不管是海关还是纳税人均无权随意变动。

4. 关税是一种间接税

关税不同于以纳税人的收入和财产为征收对象直接税，关税的纳税人虽然是进出口商，但进出口商通常将其作为一种成本加到货价上，在商品售出后，关税就顺利转嫁到了买方或者消费者身上。因此，关税是一种间接税。

二、关税的作用

关税的征收，将使进出口商的成本提高，进而发挥作用影响贸易市场。其作用表现如下。

1. 保护国内市场

出于保护目的征收的关税可以增加国外出口商的成本，进而有效削弱进口商品的竞争力，从而起到保护本国产品的市场占有率的作用。

2. 调节国民经济，保护本国幼稚工业

关税是国家重要的经济杠杆，税率的高低和关税的减免措施，将影响商品进出口结构、规模,进而达到鼓励一国所需商品的进口,限制非必需商品的进口的目的,最终国民经济活动得以有效调节。

发展中国家在发展国民经济、实现工业化过程中,一般实行保护关税政策。对进口货物征收高额的关税,将提高进口货物的销售成本,从而削弱了其与本国同类产品的竞争力,将外国竞争者对本国生产的损害程度降到最低。例如,我国作为发展中国家,非常重视利用关税保护我国的"幼稚工业"产品。

消费效果,指消费者因进口品价格上涨而减少购买,降低消费者的满足程度。其效果大小与国内需求弹性相关,需求价格弹性大,消费效果也大;反之,效果则小。

3. 增加政府的财政收入

关税可以产生收入效果即财政效果,是指政府通过关税,对进口商品征税所获得的货币收入。收入大小决定于关税税率和进口数量的乘积。可见,除非关税提高到禁止性关税水平,政府或多或少都能取得关税收益。

4. 调节进出口贸易平衡

一直以来,关税与国际经济有着密切的联系。通常,关税是各国追求友好贸易往来、密切贸易关系的一种重要手段,也是国际经济斗争中的一个重要武器。各国在经济利益是有差异的,通常进行贸易谈判,而关税是贸易谈判中的重要武器,可以通过关税调节维护国家主权和民族利益。此外,过高的贸易顺差必然导致他国的不满和围攻。当一国贸易顺差增大时,可以调低关税,使顺差减少;反之,逆差过大时可以提高关税,以减少贸易逆差。

三、关税的种类

关税的种类很多,可按照下列方式分类。

(一)按课税对象分类

1. 进口税

进口税(import duties)是指一个国家的海关在国外商品输入时对本国进口商征收的一种关税。进口税的征收对象是本国进口商,它通常是在国外商品进入关境或国境时征收,或是在国外商品由自由港、自由贸易区或海关保税仓库提出并运往国内市场时由本国海关征收。我们所说的关税壁垒,通常指高额进口税。进口税是保护关税的主要手段,属于关税中最重要的税种。

2. 出口税

出口税(export duties)是指一国海关在本国商品输往国外时对出口商征收的关税。出口税的征收,会导致出口商品成本增加,在国外市场的销售价格随之提高,削弱出口商品在国际市场的竞争力，不利于出口。因而目前大多数国家对大多数产品不征收出口税。有些国家有时出于增加财政收入、保护本国资源、保证本国生产需要和本国市场供给等方面的目的，会适当地采取征收出口税的措施。如中国对一小部分资源类等关系到国计民生的重要出口商品征收出口税。

3. 过境税

过境税（transit duties）是指一国向通过其关境的外国商品所征收的关税，又称为通过税。目前，为了增加本国有关行业的收益和财政收入，大多数国家都鼓励外国商品过境。但第二次世界大战后，大多数友好国家之间一般不再征收过境税，仅仅在外国商品通过其领土时征收少量的登记费、准许费、印花费和签证费等。世界贸易组织也明文规定成员方之间不应征收此项关税，实施"自由过境"原则。

（二）按征收方式分类

1. 从量税

从量税（specific duty）是以商品的数量、重量、容量、长度和面积等计量单位为标准计征的关税。其计算方法是以商品的计量单位数乘以每单位应纳税额。从量税无须对货物的品质、规格、价格等进行审定，具有便于计算、手续简便的优点，征收对象一般为大豆、麦、棉等标准商品和大宗产品。从量税的单位税额是固定的，不受商品价格高低、质量好坏的影响，因为对质量差的低档进口商品与质量好的高档进口商品征收的关税没有差别，对低价的低档商品的进口不利，从而起到对廉价的低档进口商品的抑制作用。不少国家将从量税广泛应用于食品、动植物油和饮料等的进口方面。

2. 从价税

从价税（ad valorem duty）是指按商品价格的一定比例征收的关税。从价税的计征对象一般是制成品，从价税额随商品价格的变动而变动，其征收以商品的完税价格为标准，计算公示可以表示为：

$$从价税额 = 完税价格 \times 从价税率 \qquad (5-1)$$

因为从价税比较符合税收的公平原则，既可增加财政收入，又可起到保护关税的作用，所以为世界各国广泛采用。明确商品的完税价格（即经海关审定作为计征关税标准的货物价格）是征收从价税的关键所在。由于世界各国有不同的海关估价，因此确定完税价格比较复杂。

在从量税和从价税的基础上，两者的不同组合和运用又形成了滑准税和混合税。

3. 滑准税

滑准税（sliding duties）也称滑动税、差价税，是对进口税则中的同一种商品按其市场价格标准分别制定不同价格档次的税率而征收的一种进口关税。一般高档价格的税率低或不征税,低档价格的税率高。征收这种关税的目的是使该种进口商品,不论其进口价格高低,其税后价格保持在一个预定的价格标准上,以稳定进口国内该种商品的市场价格。

滑准税最早出现于重商主义时期(1670年)的英国谷物法。该法规定,当小麦每夸脱价格在53先令4便士至80先令时征税8先令,当小麦每夸脱价格低于53先令4便士时征税16先令,以便使英国小麦市场经常保持较高价格,保护封建农场主的谷物生产。1997年10月1日到2002年,中国首次对进口新闻纸实行滑准税。2005年5月1日起,又对关税配额外进口的棉花实行滑准税,较好地解决了国内棉花供应不足的问题,又稳定了国内棉花价格,保障了棉农利益。

4. 混合税

混合税(mixed duties)是在税则的同一税目中订有从量税和从价税两种税率。征税时混合使用两种税率计征。混合税又可分为复合税和选择税两种。

(1)复合税(compound duties)。

复合税是征税时同时使用从量、从价两种税率计征,以两种税额之和作为该种商品的关税税额。复合税按从量、从价的主次不同又可分为两种情况:一种是以从量税为主加征从价税,即在对每单位进口商品征税的基础上,再按其价格加征一定比例的从价税;另一种是以从价税为主加征从量税,即在按进口商品的价格征税的基础上,再按其数量单位加征一定数额的从量税。目前,我国对一些录、播音电子设备实行复合税。

(2)选择税(alternative duties)。

选择税是指对某种商品同时订有从量和从价两种税率,征税时由海关选择其中一种征税,作为该种商品的应征关税额。一般是选择税额较高的一种税率征收,在物价上涨时使用从价税,物价下跌时使用从量税。有时,为了鼓励某种商品的进口,或给某出口国以优惠待遇,也会选择税额较低的一种税率征收关税。目前,中国对天然橡胶实行选择税。

混合税结合使用了从量税和从价税,无论进口商品价格高低,都可起到一定的保护作用。目前世界上大多数国家都使用混合税,如美国、欧盟、加拿大、澳大利亚、日本以及一些发展中国家如印度、巴拿马等。中国也对一些税目适用混合税。

(三)按征税的依据分类

按征税的依据不同,关税可以分为正税和附加税两种类型。对进口关税而言,按照一国海关税则上的法定税率征收的关税被称为正税,也就是我们通常所说的进口关税。而进口附加税(import surtaxes)是指一国对进口货物,除了征收一般进口税外,根据某种目的再加征的进口税。这种对进口商品征收一般关税以外,再加征额外的关税,就被叫作进口附加税。

进口附加税通常是一种特定的临时性措施。其征收的主要目的在于，应付国际收支危机，维持进出口平衡，以及防止外国商品低价倾销、补贴等。因此，进口附加税又称特别关税。常见的特别关税有：

（1）反倾销税，它是针对实行商品倾销的进口商品而征收的一种进口附加税。

（2）反补贴税，是对于直接或间接接受奖金或补贴的进口货物和物品所征收的一种进口附加税。

反倾销税与反补贴税的征收，需按照 WTO 规定的程序对倾销的商品或接受补贴的商品发起反倾销或反补贴调查，只有符合条件的商品才能依法征收反倾销税或反补贴税。

（3）差价税，亦称滑准税、滑动税，指按其市场价格标准分别制定不同价格档次的税率而征收的一种进口附加税。

中国政府规定，任何国家或地区对其进口的原产于中华人民共和国的货物征收歧视性关税或者给予其他歧视性待遇的，中国海关对原产于该国家或地区的进口货物，可以征收特别关税。

（四）按照差别待遇和特定的实施情况分类

按照差别待遇和特定的实施情况，关税通常可分为普通税和优惠关税。普通税是指对原产于与进口国未订有任何关税互惠协议的国家或地区的进口货物，按照普通税率征收的关税。该税率一般较高。优惠进口关税是指原产于与进口国订有关税互惠协议的国家或地区的进口商品，依据优惠税率征收的关税。优惠进口关税的税率一般都比较低。

优惠关税具体包括普惠关税、最惠国税和特惠关税。普惠关税是一种普遍的、非歧视的、非互惠的关税优惠，一般是发达国家给予发展中国家的普遍优惠待遇，针对的是制成品和半制成品。普遍、非歧视、非互惠是普惠关税的三大原则。实行普惠关税的国家在提供此种关税优惠的同时，通常会在受惠商品范围、受惠商品关税削减幅度、受惠国家和地区、给惠国的保护措施、原产地规则等方面做出种种规定。最惠国税是指依据最惠国待遇，缔约双方在关税方面相互给予的不低于现时或将来给予任何第三国的优惠、特权或豁免待遇。最惠国税适用于与该国签订有最惠国待遇贸易协定的国家和地区所进口的商品，其税率比普通关税低，而且税率的差距较大。通常一国对外签订的贸易条约都含有最惠国条款，因此，一般适用的关税就是最惠国税，其又被称为正常关税。最惠国税并不是最优惠的关税，只是一种非歧视性的关税待遇。例如，美国对几种商品征收的最惠国税率与普通税税率的差距就比较大（见表5-1）。

表5-1是2018年中国部分商品征收的进出口税率，可以看到，最惠国税率与普通税之间的差距较大。

表5-1 中国部分商品征收的进出口税率情况

税则号列	货品名称	进口最惠国税率	进口普通税率	进口暂定税率*	出口税率	出口暂定税率*	进口消费税税率	增值税税率
08029020	鲜或干的白果	25%	70%	20%	—	—	0	10%
2709000	石油原油及从沥青矿物提取的原油	0元/千克	0.085元/千克	0元/千克	—	5%	0	16%
3303000010	包装标注含量以重量计的香水及花露水	3%	150%	—	—	—	完税价大于等于10000元：15%，完税价小于10000元：0	16%
3702429201	未曝光红色或红外激光胶片	2.4元/平方米	213元/平方米	1.05元/平方米	—	—	0	16%
85211011	广播级磁带录像机	完税价不高于13820.6元/台：7.5%，完税价高于13820.6元/台：3%+3283元/台	完税价不高于13820.6元/台：130%，完税价高于13820.6元/台：6%+20600元/台	—	—	—	0	16%
8703213010	仅装有排量≤1升的点燃往复式活塞内燃发动机的小轿车	15%	230%	—	—	—	1%	16%

注：*指发布当年的暂定税率。

资料来源：根据中国海关总署发布的税则整理所得。http://www.customs.gov.cn/customs/302427/302442/shangpinshuilv/index.html.

特惠关税是指一国对从某个国家或地区进口的全部商品或部分商品，给予特别优惠的低关税、减免税待遇。这种待遇是其他国家和地区所不能享受的。特惠关税包含互惠和非互惠两种类型。例如，对 8703213010 税号的小轿车，根据中国与新加坡、哥斯达黎加、智利、冰岛的双边自贸协定，它们就适用零税率的优惠待遇。

四、海关税则和报关手续

（一）海关税则

海关税则（customs tariff）也称关税税则。它是指一国海关据以对进出口商品计征关税的规章和对进、出口的应税与免税商品加以系统分类的一类表。

海关税则包括海关课征关税的规章条例、说明和关税税率表两部分。发达国家常常利用海关税则实行贸易歧视政策和差别对待，是发达国家关税政策的具体体现。海关税则具有商品分类极为详细的特征，按照不同的分类依据可作如下分类。

1. 按税率有无区别分类

按税率有无区别，可分为单式税则和复式税则。单式税则只有一个税率，没有差别待遇，是一种自主的和非歧视的税率，适用于来自任何国家的商品。复式税这种税则在一个税目下有两个或两个以上税率，实行差别待遇和贸易歧视政策，对于来自不同国家的进口商品，适用不同的税率征收。这种税则可分为两栏、三栏、四栏不等，因此也被称为多栏税则。目前绝大多数国家采用此种税则。

2. 按制定者权限不同分类

按制定者的权限不同，海关税则可分为自主税则和协定税则。自由税则是指一国立法机构根据关税自主原则单独制定而不受对外签订的贸易条约或协定约束。协定税则是指一国与其他国家或地区通过贸易与关税谈判，以贸易条约或协定的方式确定的关税率。协定税则通常是两国关税减让谈判的结果，因此比国定税率低。协定税则不仅适用于该协定或条约的签字国，也适用于享有最惠国待遇的国家。对于没有减让关税的商品，仍然采用自主税则。

（二）报关手续

报关手续又称"通关手续"，是指进出口商向海关申请进口或出口，履行海关规定的手续，接受海关的监督与检查。当办完各种手续，付清应缴税款及其他费用时，经海关同意，进出口商品即可通关放行。

办理报关手续的一般程序为：

1. 申报

当进口货物抵达进口国的港口、车站或机场时,进口商应向海关提交有关单证和填写由海关发出的表格。一般来说,要提交进口报单、货运提单、商业发票以及有关证明书(包括原产地证明书、进口许可证、品质证书、卫生检验证书等),由海关逐一检查。

2. 验货

海关按照有关法令和规定,查验准备运进海关的货物,审核货物和单证是否一致。

3. 缴款放行

当海关认定各种单证符合规定,且货物与单证完全一致后,进口商应按规定缴纳税款及其他费用,然后货物便被允许进入海关。

五、关税的保护度

关税保护度指一个国家进口税的保护程度。关税对一国经济整体或某一经济部门的保护程度,通常以关税水平衡量;而对某一类商品的保护程度则以关税保护率来衡量。

(一)关税水平

关税水平指一个国家进口关税的平均税率。在一国参加国际贸易协定进行关税谈判时,常将关税水平作为比较各国关税高低及削减关税的指标。

关税水平的计算主要有简单算术平均法和加权算术平均法。

1. 简单算术平均法

简单算术平均法是根据一国税则中的税率(法定税率)来计算平均值,即不管每个税目实际的进口数量,只按税则中的税目数求其税率的算术平均值,用所有税率之和除以所有税率的个数(税目之和),即:

$$关税水平 = \sum t_i/n \tag{5-2}$$

由于税则中很多高税率的税目是禁止性关税,有关商品很少或根本没有进口,而有些大量进口的商品是低税率或免税的,因此,这种将贸易中的重要税目和次要税目均以同样分量计算的方法并不合理,不能如实反映一国的真实关税水平,因此很少被使用。

2. 加权算术平均法

加权算术平均法是以一国各种进口商品的价值在进口总值的比重为权数,再结合税率进行计算的平均税率,即:

$$\text{关税水平} = \sum t_i f_i \tag{5-3}$$

其中，t_i 表示个别关税率，f_i 表示某一关税率的进口商品占总进口商品的比例。

根据权数计算方法不同，加权算术平均法又可分三种。

(1) 全部商品加权平均法。

$$\text{关税水平} = \text{进口关税总额}/\text{进口商品总值} \tag{5-4}$$

在这种计算方法中，若一国税则中免税的项目较多，计算出来的数值就偏低，不易看出有税商品税率的高低。因此，可按进口税额占有税商品进口总值的百分比计算，即采用有税商品加权平均法。

(2) 有税商品加权平均法。

$$\text{关税水平} = \text{进口关税总额}/\text{有税商品进口总值} \tag{5-5}$$

这种方法计算出的平均税率会比第一种方法高一些，但由于各国的税则并不相同，税则下的商品类别也不尽相同，因而这种方法会降低各国关税水平的可比性。若各国选取同样的代表性商品进行加权平均，对各国的关税水平比较则成为可能。

(3) 选择性商品加权平均法。

选择性商品加权平均法是选取若干种有代表性的商品，按一定时期内代表性商品的进口关税总额占这些商品进口总额的百分比计算。

$$\text{关税水平} = \text{有代表性商品进口关税总额}/\text{有代表性商品进口总值} \tag{5-6}$$

这种方法比全额加权平均更为简单和实用，便于各国进行关税水平比较和开展对外关税减让谈判。

[例 5-1]

有 A、B、C 三种代表性商品，其进口值和税率分别如下：

	A	B	C
进口值（万元）	100	40	60
税率（%）	10	20	30

则，

关税水平 = [(100×10% + 40×20% + 60×30%)/(100+40+60)] × 100%
= 18%

（二）关税保护率

关税保护率可分为名义保护率和有效保护率。

1. 名义保护率（Nominal Rate of Protection，NRP）

名义保护率指一国由于实现关税保护而引起的国内市场价格超过国际市场价格的部分与国际市场价格的百分比。计算公式为：

$$NRP = (P' - P)/P \times 100\% \quad (5-7)$$

其中，P' 为进口商品的国内市场价格，P 为进口商品的国际市场价格。

[例 5-2]

国际市场汽车价格 10000 美元，关税保护下的国内市场价格为 11000 美元。试计算汽车的名义保护率。

解：名义保护率 = $(11000 - 10000)/10000 \times 100\%$
　　　　　　　　 = 10%

在理论上，国内外差价与国外价格之比等于关税税率，因而在不考虑汇率的情况下，名义保护率在数值上和关税税率相同。一般而言，在其他条件相同的情况下，名义保护率越高，对本国同类产品的保护程度也越高。

2. 有效保护率（effective rate of protection，ERP）

有效保护率又可称为实际保护率，是一种制成品在各种保护措施的作用下带来的价值增值与其在自由贸易条件下的价值增值的百分比。它不仅可以考察最终产品的关税税率对其价格的影响，而且还可考察本国同类制成品所用进口原材料或中间产品的关税税率对该制成品价格的影响。具体计算方法是：

$$ERP = (V' - V)/V \times 100\% \quad (5-8)$$

其中，V' 为保护措施下的价值增值（国内增值），V 为自由贸易条件下加工增值（国际增值）。

$$国内增值(V') = (国外最终产品价格 + 关税) - 进口原材料价格 \quad (5-9)$$

$$国际增值(V) = 国际最终产品价格 - 国际原材料价格 \quad (5-10)$$

当知道某种制成品和中间品的名义税率，以及中间品在制成品价值中所占的比重，就可以推导出该种制成品的有效保护率：

$$V' = [(T \cdot Z + Z) - Y] - t \cdot Y \quad (5-11)$$

$$V = Z - Y \quad (5-12)$$

$$E = (V' - V)/V = \{[(T \cdot Z + Z) - Y] - t \cdot Y - (Z - Y)\}/(Z - Y)$$

$$= (T \cdot Z - t \cdot Y)/(Z - Y)$$

$$= (T - t \cdot q)/(1 - q) \quad (5-13)$$

其中，V′为征收关税后的价值增加额，V′等于征收关税后最终产品增值额减去征收关税后原材料增值额；T 为最终产品的名义关税税率，t 为原材料或中间产品的名义关税税率；原材料或中间产品在最终产品价值中所占的比例为 q（其中最终产品价值为 Z，原材料或中间产品的价值为 Y）；E 为最终产品的有效关税税率。则名义保护率与有效保护率之间的关系为：

（1）若 q=0，E=T。即假如国内生产的产品中不含进口原料或中间产品，则最终产品的有效保护率等于其名义保护率。

（2）当 q、t 一定时，最终产品名义关税率 T 越大，E 值越大。

（3）当 T、t 一定时，q 越大，E 值越大，即原材料在最终产品价值中所占的比例越大，有效保护率越大。

（4）当 t<T 时，E>T；当 t=T 时，E=T；当 t>T 时，E<T。这说明了一个很重要的道理，即原材料的名义关税率应当低于制成品的名义关税率，否则制造部门就不能得到有效的保护。

（5）若 t·q>T，则 E<0。即假如最终产品名义关税率小于原材料名义关税率与原材料在最终产品价值中所占比例之乘积时，有效保护率为负值。

[例 5-3]

自由贸易条件下 A 商品的国际市场价值为人民币 100 元（其中 50 元为中间投入品的价值，50 元为 A 商品的价值增值）。

（1）假定该国对同类 A 商品征收 20% 的进口关税，对进口投入品免税，则该国 A 商品的有效保护率为多少？

解：征税后该国 A 商品价格升为 120 元

ERP = [（120−50）−50]/50 = 40%

（2）再假定：该国对 A 商品进口征收 20% 的关税，对 A 商品进口投入品也征收 20% 的关税，则该国 A 商品的有效保护率为多少？

解：征税后该国 A 商品价格升为 120 元，投入品价格升为 60 元

ERP = [（120−60）−50]/50 = 20%

（3）问：如果对 A 商品的进口投入品征收 50% 的关税，其他条件不变，其结果如何？

解：结果是投入品价格上升到 75 元（50+50×50%），保护措施下的国内增值为 120−75=45（元）

ERP = [（120−75）−50]/50 =（45−50）/50 = −10%

最终产品有效保护率的高低，取决于其名义税率与投入品的名义税率的高低，其关系如下：

当最终产品的名义税率即关税税则中规定的税率大于其投入品的名义税率时，对最终产品的有效保护率大于名义税率；

当最终产品的名义税率等于其投入品的名义税率时，对最终产品的有效保护率等于名义税率；

当最终产品的名义税率小于其投入品的名义税率时，对最终产品的有效保护率则小于名义税率；

而当对进口投入征收的税率过高时，会出现负数的保护率。

由此可见，最终产品名义关税率一定时，对所需原材料或中间产品征收的名义关税率越低，对最终产品的保护程度越高。而若对中间产品或原材料征收的关税越高，则越会降低相关最终产品的实际保护效应。因为对中间产品或原材料征收关税就相当于对最终产品的生产征税，会降低国内生产（最终产品）的增加值，由此降低实际保护率。

因此，利用关税保护国内市场不能单纯依赖于较高的关税税率，还要有合理的关税结构，即关税税率结构，指一国关税税则中各类商品关税税率之间高低的相互关系。通常各国实施的是关税升级结构（tariff escalation），又叫瀑布式关税结构，即对原材料进口实行免税或只征收极低的关税，对中间产品征收较低的关税，对最终产品实行高关税，从而使最终产品受到最充分的保护。

第二节　非关税措施

第二次世界大战后，在关贸总协定的有力推动下，多边贸易谈判取得了重大成效，关税减让成为中心，世界整体关税水平已大幅度降低，关税对本国市场的保护作用呈减弱趋势。随着国际贸易的发展，非关税壁垒呈现不断加强的趋势。早在20世纪30年代资本主义世界爆发经济危机期间，非关税壁垒已在资本主义国家逐渐建立起来。第二次世界大战后，尤其是20世纪60年代后期以来，发达国家利用关税壁垒继续推行贸易保护主义已越来越困难，为了维护其在双边贸易中的有利地位，利用其在技术上的优势及世界贸易组织规则，技术性贸易壁垒（TBT）、动植物卫生检验措施（SPS）等技术标准不断增加，通过这些非关税措施来抵制国外商品的进口。目前，非关税措施已经成为世界各国实施贸易保护的主要手段。

一、非关税措施的定义和特征

（一）定义

非关税壁垒（non-tariff, barriers，NTBS）是指除关税以外的一切限制进口的各种措施。关税是限制进口的最基本手段，但 20 世纪 60 年代后期以来，在关贸总协定的推动下，发达国家被迫较大幅度地降低了关税。失去了关税的保护作用，资本主义发达国家不得不寻求关税以外的其他贸易保护措施，非关税壁垒的名目不断增加，到 20 世纪末期已达到 3000 多种之多。非关税壁垒措施在国际贸易中的作用日益突出，已成为限制国外商品进口的重要手段。

（二）特征

与关税壁垒相比，非关税壁垒有如下特征。

1. 隐蔽性

关税税率的提高是公开透明的，关税税率经过法律程序确定后，通常要以法律的形式向大众公布，同时依法执行，外商很容易了解，透明度大。但与关税壁垒不同，非关税壁垒无须作出公开规定，可以巧妙地隐藏在具体执行中；而且能够以正常的海关检验要求和进口国有关行政规定、法令条例等的名义出现，规定的一些标准还有可能极为烦琐和复杂，导致人们很难清楚地辨识、有力地反对此类措施，出口商往往难以适应。

2. 灵活性

非关税壁垒的制定和具体实施，一般采用行政程序就够了。非关税壁垒措施具有出台迅速、程序简单的优点。因为程序简单，所以每一类措施都可根据实际需要作必要的调整与变动，而关税税率的制定和调整则必须经过严格的法律程序，手续复杂，耗时较长，并且还有可能受到世界多边贸易体制的约束，难以适应限制进口的紧急措施。因此，关税税率调整缺乏灵活性，而非关税壁垒在限制进口方面显示出比关税壁垒更大的灵活性和时效性，越来越受到世界各国的青睐。

3. 歧视性

由于非关税壁垒能随时针对某国和某种商品采取或更换相应的限制进口措施，而且这些措施往往因不同的政治经济关系而产生差异，从而较快地达到限制进口的目的，这种有针对性的贸易保护措施带有明显的歧视性。

4. 有效性

有些非关税壁垒对进口的限制具有很强的绝对性，出口商几乎没有办法能够避开这种壁垒。如进口配额，预先限定进口的金额或数量，超过限额就直接禁止进口，这种措施可以快速和直接地达到预期的效果。关税措施则难以达到这种效果，面对关税壁垒可能导致的进口商品国内价格的提高，出口国如果给予本国出口商出口补贴或采取商品倾销的手段，将使得关税措施失去限制商品进口的效果。

二、非关税措施的主要种类

（一）传统的非关税措施

1. 进口配额制

（1）进口配额的概念。

进口配额制（import quotas）又称进口限额制。它是直接限制进口的一种重要措施。进口配额制是指一国政府在一定时期内（如一季度、半年或一年内），对某些商品的进口数量或金额规定一个数额加以直接的限制。在规定时限内，配额以内的货物可以进口，超过配额则不准进口，或者征收较高的关税、附加税或罚款后才能进口。

（2）进口配额的种类。

进口配额具体有绝对配额和关税配额两种方式。

绝对配额（absolute quota）是指在一定时期内，对某项商品的进口在数量上或金额上规定一个最高限额，超过这个限额便不准进口。绝对配额又有全球配额和国别配额两种管理方式。"全球配额"（global quotas）是属于世界范围内的配额，它适用于来自任何国家或地区的商品。主管当局按进口商申请先后或按过去某一时期的进口实绩，批给一定的额度，直至总配额发放完毕为止；"国别配额"（country quotas），是在总配额中按国别和地区分配配额。不同国家和地区如超过所规定的配额，就不准进口。

关税配额（tariff quota）不绝对限制商品的进口总量，而是在一定时期内对一定数量的进口商品，给予低税、减税或免税的待遇，对超过此配额的进口商品，则征收较高的关税或附加税和罚款。从而起到限制而不是禁止进口的作用。

绝对配额与关税配额的共同之处都是以配额的形式出现，可以通过提供、扩大或缩小配额向贸易对方施加压力，使之成为贸易歧视的一种手段。绝对配额规定一个最高进口配额，超过就不准进口；而关税配额在商品进口超过规定的最高额度后，仍允许进口，只是超过部分被课以较高关税。关税配额是一种将征收关税同进口配额结合在一起的限制进口措施。

2. 自动出口配额制

（1）自动出口配额制的概念。

自动出口配额制（voluntary export quotas）也是一种限制进口的手段，又称"自愿"出口限制。自动出口配额制是指出口国家或地区在进口国的要求或压力下，"自动"规定某一时期内（一般为 3~5 年）某些商品对该国的出口限制，在限定的配额内自行控制出口，超过配额即禁止出口。它是在第二次世界大战后出现的非关税壁垒措施，出口限制实际上是进口配额制的变种，同样起到了限制商品进口的作用。它的重要特点就是带有明显的强制性。"自愿"出口限制往往是出口国在面临进口国采取报复贸易措施的威胁时被迫做出的一种选择。

(2) 自动出口配额的形式。

"自动"出口配额制一般有两种形式：非协定的"自动"出口配额和协定的"自动"出口配额。非协定的"自动"出口配额即不受国际协定的约束，而是出口国迫于进口国的压力，自行单方面规定出口配额，限制商品出口。这种配额有的是由政府有关机构规定配额，并予以公布，出口商必须向有关机构申请配额，领取出口授权书或出口许可证才能出口。有的是由本国大的出口厂商或协会"自动"控制出口。协定的"自动"出口配额即进出口双方通过谈判签订"自限协定"或有秩序的销售协定。在协定中规定有效期内的某些商品的出口配额，出口国应根据此配额实行出口许可证或出口配额签证制，自行限制这些商品的出口。进口国则根据海关统计进行检查，"自动"出口配额大多数属于这一种。例如，1974 年 1 月 1 日生效的《多种纤维协定》就涉及此种配额形式。[①]

3. 进口许可证制

(1) 进口许可证制的概念。

进口许可证制（import license system）可控制进口货物的品种和数量，达到保护国内生产的目的。进口许可证制是指进口国家规定某些商品进口必须事先领取许可证，才可以进口，否则一律不准进口。

(2) 进口许可证制的分类。

从进口许可证和进口配额的关系上看，进口许可证可分为两种：一种为有定额的进口许可证，即国家有关机构预先规定有关商品的进口配额，然后在配额的限度内，根据进口商的申请对每一笔进口货发给进口商一定数量或金额的进口许可证；另一种为无定额的进口许可证，即进口许可证不与进口配额相结合。

4. 进口押金制

进口押金制（advanced deposit）又称进口存款制，是对进口国外商品设置的一种金融障碍。在这种制度下，进口商在进口商品时，必须先按进口额的一定比率和规定的时间，在指定的银行无息存放一笔现金。这种制度无疑增加了进口商的资金负担，影响了资金的正常周转，同时，由于是无息存款，利息的损失等于征收了附加税，因此，进口押金制度能够起到限制进口的作用。有些国家还规定进口方必须获得出口方所提供的一定数量的出口信贷或提高开出信用证押金等方式限制进口。这样就增加了进口商的资金负担，从而也起到了限制进口的作用。

5. 海关估价制

(1) 海关估价制的概念。

海关估价制度（customs valuation system）是指一国在实施从价征收关税时，由海关

---

① 该协议在 1995 年为《纺织品与服装协议（ATC）》所取代。到 2005 年 1 月 1 日，后者也自动废止，纺织品与服装类产品被完全纳入 WTO 规则中，并最终取消配额制。

根据国家的规定，确定进口商品完税价格，并以海关估定的完税价格作为计征关税的基础的一种制度。但是，海关估价若被滥用，人为地高估进口商品的价格，无疑就增加了进口商的税收负担，对商品进口形成了障碍。例如，美国"售价制"的特殊估价标准使焦油产品、胶底鞋类、蛤肉罐头和毛手套等商品的国内售价很高，从而使这些商品进口税收负担大大增加。

（2）海关估价制的分类。

海关估价制度有广义和狭义之分，广义的海关估价制度是由参加海关估价的主体、海关估价活动和海关估价作业程序三部分构成的法律制度。

其中包括三方面内容：（1）对进出境货物的人员或纳税义务人的权利义务和海关的权利义务等的有关规范；（2）估价的准则，即限定在什么情况或条件下的价格才能作为海关估价的价格或价格依据、估价的方法、海关审定价格的办法等具体业务操作规程；（3）为了保证估价工作顺利进行的各种管理措施或执行程序，如价格申报、交验单证、申报时间地点等手续制度，对估价争议的解决、违章处理等一系列的规章制度。

狭义海关估价制度是指海关估价准则、估价方法和海关估价的具体操作规程等规定。

6. 外汇管制

（1）外汇管制的概念。

外汇管制（foreign exchange control）在中国又称外汇管理，是指一国政府为平衡国际收支和维持本国货币汇率而对外汇进出实行的限制性措施。是一国政府通过法令对国际结算和外汇买卖进行限制的一种限制进口的国际贸易政策。外汇管制有狭义与广义之分。狭义的外汇管制指一国政府对居民在经常项目下的外汇买卖和国际结算进行限制。广义的外汇管制指一国政府对居民和非居民的涉及外汇流入和流出的活动进行限制性管理。

（2）外汇管制的分类。

外汇管制是政府或中央银行为避免该国货币供给额的过度膨胀，或外汇准备的枯竭，对于外汇之持有，对外贸易或资金流动所采取的任何形式的干预。

外汇管制分为数量管制和成本管制。外汇数量管制是指国家外汇管理机构对外汇买卖的数量直接进行限制和分配，通过控制外汇总量达到限制出口的目的；外汇成本管制是指国家外汇管理机构对外汇买卖实行复汇率制，利用外汇买卖成本的差异，调节进口商品结构。

（二）新型非关税措施

1. 绿色贸易壁垒

（1）绿色贸易壁垒的概念。

绿色贸易壁垒（green barriers trade）是指在国际贸易活动中，进口国基于"保护自然资源、生态环境和人类健康"的目的和需要而制定的一系列限制进口的措施,也称为环境贸易壁垒(environmental trade barriers,ETBs)。通常是进出口国以保护本国生态环境和公众健康为由,蓄意制定一系列苛求的保护措施、法规和环境标准等,对来自国外的产品或服务加以限制,是一种新的非关税壁垒形式,已成为有些国家国际贸易措施的重要构成部分。近年来,绿色壁垒被使用的频率越来越高,成为继反倾销措施以后的又一重要的贸易保护措施。

(2) 绿色壁垒的主要形式。

①绿色市场准入。绿色市场准入是指进口国对一些污染环境和影响生态环境的商品禁止其进口,甚至实行贸易制裁。如美国食品与药品管理局规定,所有在美国出售的鱼类都必须来自未受污染的水域,并且必须经过美方证明。

②绿色技术标准。绿色技术标准是指进口国利用其技术上的优势,借保护环境之名,通过立法手段制定严格的强制性环保技术标准,限制国外商品进口。通常发达国家的科技水平较高于发展中国家,往往在技术上处于垄断地位,对于发达国家来说可以轻易达到的技术标准,对于技术水平低的发展中国家来说却很不容易。其结果势必导致发展中国家的产品被无情地排斥在发达国家市场之外。

③绿色标志。绿色标志又称环境标志、生态标志,是指由政府管理部门或民间团体按照严格的程序和环境标准颁发给厂商并附印于产品及包装上,以向消费者表明该产品从研制、开发到生产、使用直至回收利用的整个过程均符合生态和环境保护要求。绿色标志又有"绿色通行证"之称,因为发展中国家的产品只有得到"绿色环境标志"才能进入发达国家市场。绿色标志产生的时间虽然不长,但却飞速发展。例如,从1978年德国率先推出"蓝色天使"计划以来,许多发达国家纷纷效仿,现已有美国、日本、加拿大等30多个发达国家、20多个发展中国家和地区推出绿色标志制度,这些标志广泛地应用于各种产品。环境标志制度对环境保护的独特作用是毋庸置疑的,但其也为构成贸易壁垒提供了可能。

④绿色包装制度。与其他绿色壁垒一样,绿色包装制度的形成,源于20世纪90年代的世界贸易危机。绿色包装制度(green package system)是指规范商品包装及包装材料要符合节约能源、用后易于回收再利用、易于自然分解、不污染环境、保护环境资源和消费者健康要求的法律、规章。20世纪爆发的全球性的环境危机引发了全球性的环境保护大潮,世界各国普遍赞同保护人类生存环境等理念。随着消费者环保消费心理的增强,绿色消费浪潮在全球快速掀起。目前,许多发达国家都制定了绿色包装的有关法律、法规,绿色包装制度在世界各国已广泛流行。例如,丹麦曾颁布法令,要求所有进口的啤酒、软饮料、矿泉水等一律使用可再装的容器,如不符合要求,则拒绝进口。再如德国于1992年公布《德国包装废弃物处理法令》,这些"绿色包装"法令的颁布与实施,有利于保护本国环境,但同时也顺势为这些国家筑起了绿色壁垒。

⑤绿色卫生检疫制度。绿色卫生检疫制度是指国家有关部门对产品是否含有毒素、污染物及添加剂等进行全面的卫生检查，防止超标产品进入国内市场。绿色卫生检疫制度包括动植物检疫法、进口商品检疫法等法律法规要求及程序。如果不通过上述程序，的确可能带来健康和安全方面的问题，如进口的动植物可能带来的病虫害、病毒等，进口食品中的农药残留等，如果不加强管控，就可能对本国公民健康造成危害，甚至产生严重后果。但是，近年来，很多国家对于进口的动植物制定了非常严苛的卫生检疫标准和要求，将其他国家的动植物产品拒之国门之外，成为事实上的非关税壁垒。例如，日本新修订的《肯定列表制度》，对于进口鸡肉、大米、猪肉等产品的检验项目大幅增加，其中的猪肉检验由 30 项增加到了 410 项。而且这种检验还必须是由日本的检测机构出具证明方有效。

2. 技术性贸易壁垒

（1）技术性贸易壁垒的概念。

技术性贸易壁垒（technical barriers to trade，TBT）又称"技术性贸易措施"或"技术壁垒"，是指通过颁布法律、法令、条例、规定，建立技术标准、认证制度、检验制度等方式，提高对进口产品的技术要求，增加进口难度，最终达到限制进口的目的。技术性贸易壁垒已成为当前在国际贸易中隐蔽性最强、最难以防范的非关税壁垒。虽然技术性贸易壁垒设置的初衷是出于保障生产安全、环境保护或者消费者健康等，但是有些国家往往制定过度严格的技术标准和要求，通过技术的合法外衣，达到限制进口的目的。因此，在当今的国际贸易中，技术性贸易壁垒呈现出灵活多变、名目繁多的发展趋势，并逐渐成为目前各国，特别是占据技术优势的发达国家推行贸易保护主义的最有效手段。

（2）技术性贸易壁垒的主要类型。

世界贸易组织《技术性贸易壁垒协议》将技术性贸易壁垒分为以下类型。

①技术标准。在国际贸易实践中，技术标准呈不断增加之势。虽然技术标准能够为生产者和消费者提供身体健康和安全方面的有力保障，但是因为技术标准名目繁多、要求日趋严格，逐渐成为进口产品进入进口国的有力障碍，技术壁垒因此形成。技术标准一方面表现为繁杂而严格的技术法规与技术标准。发达国家凭借自身在技术方面的主导和优势地位，往往容易成为游戏规则的制定者。而如果按照发达国家的技术标准和技术法规作为进出口产品的准绳，对于技术水平相对比较落后的发展中国家来说，要么完全无法达到要求，要么需要付出巨大的代价才能勉强达到要求，这种代价的增加会导致产品成本上升，将极大地削弱进口产品的市场竞争力。而且这种壁垒具有很强的隐蔽性和非对等性，进口国往往难以招架。技术标准的另一具体表现就是复杂的合格评定程序。进口国不仅要求进口产品必须与本国制定的技术标准和技术法规相符，而且以经过严格的评定程序后得到的质量认证或者合格资质作为判断依据。例如，中国的家电产品想要

进入美国市场，不仅要求达到 ISO9000 相关标准，而且必须提前申请美国家电企业相关标准的认证，通过认证取得相关资格后才能进入美国市场。如此复杂的程序，使得一大批的中国企业被挡在了美国等发达国家的市场之外。

②卫生检疫规定。国际贸易发展至今，各国要求检疫的商品越来越多，规定也日趋严格，卫生检疫标准的适用范围主要包括食品、药品、化妆品和农副产品等。例如，美国规定，进口的饮料、食品、药品和化妆品必须符合《联邦食品、药品及化妆品法》的规定，并且通关时还必须接受食品药品监督管理局的检验。

③包装标准与标签规定。很多国家出于安全考虑，为了防止包装及其废弃物可能对本国公民、动植物的安全以及生态环境造成危害，专门颁布了一系列关于产品包装和标签的法律法规。进口商品只有符合相关规定方可进入市场。有时为了符合这些规定，进口商品只得作相应的重新包装或者更换标签的处理，成本也随之增加，其结果不仅可能导致产品竞争力被削弱，产品滞销积压，还可能使得国外的出口商丧失贸易机会。

3. 歧视性政府采购

歧视性政府采购（discriminatory government procurement policy）指国家制定法令，规定政府机构在采购时要优先采买本国产品的做法。这种优先购买本国产品的规定，无疑形成了对进口产品的歧视，限制了外国产品的进口，属于非关税壁垒。很多国家都有类似的规定，例如，日本规定，政府机构需用的办公设备、汽车、计算机、电缆、导线、机床等不得采购外国产品。再如，美国于1933年开始实行《购买美国货法案》，该法案规定，凡是美国政府所要采购的货物，必须是美国制造的或是美国原料制造的。该法案后又经过数次修订。为了执行该法案，美国财政部等机构甚至购买比进口商品价格高出50%的美国货。

4. 国家垄断

对外贸易的国家垄断（national monopoly）是指国家只允许国有企业，或者是国家指定的企业从事对外贸易。在这种做法下，一国的进出口的价格和数量均有政府有关机构控制，而并非由市场自由竞争决定，丧失了市场的自我调节的功能，是对市场交易行为的干预，这种人为的干预显然存在诸多的不公平。这种措施的实施，结果必然也导致资源配置的扭曲，本国净福利水平随之下降。因此，对外贸易的国家垄断也是非关税壁垒的一种重要表现形式。古今中外不少国家都存在一定程度的对外贸易国家垄断的情况。例如，我国对于石化产品、粮油产品等国家认为关系国计民生的重要产品的对外贸易就采取了国家垄断的形式。

5. 社会责任壁垒

社会责任壁垒（social responsibility barrier）又称社会贸易壁垒或社会壁垒，是指劳动者劳动环境和生存权利为借口采取的贸易保护措施。当今世界，越来越强调企业的社会责任，要求企业必须遵守商业道德、保护劳工权利、保护环境等。社会责任壁垒由各种国际公约的社会条款构成,具体包括社会保障、劳动者待遇、劳动权利、劳动技术标准等条款,它与公民权利和政治权利是相辅相成的。如今,企业的社会责任不再只是毫无实质内容的口号,而是很多跨国公司选择供货商时必须考虑的重要条件。

在社会壁垒措施中,比较具有影响力的是 SA8000 标准,SA8000 全称是 Social Accountability 8000 International standard,即社会责任国际标准。该标准是从 ISO9000 质量管理体系及 ISO14000 环境管理体系演绎而来的道德规范国际标准。其宗旨是确保供应商所供应的产品,皆符合社会责任标准的要求。SA8000 标准适用于世界各地,任何行业,不同规模的公司。随着贸易保护主义的重新抬头和贸易壁垒形式的不断翻新,作为旨在关注劳工身心健康和劳工权益的 SA8000,它不仅迎合了发达国家借口保护人权和环境,从而达到保护本国产业、抑制发展中国家竞争优势的目的,而且也满足了公众和消费者关注可持续发展的好奇心,因此,SA8000 成为一种新型的贸易壁垒形式,具有一定的隐蔽性和欺骗性,在推行过程中几乎没有什么障碍。

三、非关税措施的发展趋势

随着经济全球化进程的进一步加快,国际贸易的地位不断提升,非关税壁垒领域新的保护手段层出不穷、花样繁复。总体上呈现以下趋势。

1. 技术性贸易壁垒发展迅速

WTO 允许各国根据自身的特点制定与别国不同的技术标准,有关技术壁垒的协议并不否认 TBT 存在的合理性和必要性,这使得发达国家制定多种多样的技术法规、技术标准和质量认证等手段,以达到限制其他国家产品进口的做法,也就找到了法律依据。而随着科技的进步、创新的不断推进,将不断涌现出新的技术标准。作为 WTO 成员的欧美一些发达国家对 TBT 的操控和运用能力正不断地提高,新的检测设备、检测手段和方法越来越多地应用于进口产品,技术水平较低的发展中国家在国家贸易中遇到的技术性障碍越来越多,出口压力进一步增大。例如,欧盟自 2000 年 7 月 1 日实行新的茶叶农残限量标准以来,几乎每年都要加以修订,对中国茶叶的检测指标由原来的 72 项增加到了 480 多项,茶叶出口的难度越来越大。此外,技术性贸易壁垒涉及的领域也在不断地扩展,从最初的生产领域扩张到贸易领域,从有形的货物扩张到信息、金融等服务以及知识产权等各个领域。

2. 绿色壁垒作用凸显

随着世界经济的发展,工业化进程中对环境造成的破坏与威胁日益严重,环境问题开始受到各国的重视,保护环境日益成为世界性议题。随着世界贸易自由化程度的不断提高和各国市场开放程度的加大,消费者绿色消费意识不断增强,贸易与环境问题成为国际政治、经济领域的焦点问题之一。因此,西方发达国家利用绿色浪潮席卷全球与世界绿色经济兴起的趋势，打着保护自然资源、保护环境和人类健康的旗帜，制定一系列复杂苛刻的环保制度和标准，对来自别国或地区的产品及其服务设置屏障。如北欧四国的"白天鹅制度"、欧盟的"EU 制度"、日本的"生态标志制度"等。

3. 数量保障实施使用频繁

进口禁止、进口配额、自愿出口限额等措施是数量保障措施的主要形式。相比其他非关税措施，数量保障措施对出口限制作用具有直接、迅速的特点。因此，许多西方国家针对发展中国家对外贸易迅速发展的特点，作为攻击他国出口商品的"数量激增"手段。其中，最具威胁力的是专门针对中国制定的"特保条款"。例如，2005 年 6 月 23 日，巴西政府将对原产于中国的产品采取特别保障措施，从而暂时保护巴西国内工业，这两部法令一部针对中国的纺织品服装实施配额和附加税，另一部针对中国的其他特定产品。另外，近年来欧盟、美国等我国主要的出口国还出现了这样一种趋势，即当找不到合适的理由实施技术贸易壁垒和反倾销措施时，就会转求助于特保条款。

4. 反倾销措施不断增强

在贸易自由化的过程中，各国的关税水平不断下降，但由于反倾销得到 WTO 协议认可，成为贸易保护的最有效手段之一。反倾销的最初目的是消除价格歧视，抵制国际贸易中的不公平行为。但是近年来很多国家却以维护公平竞争为借口，利用反倾销措施实行贸易保护。一些国家将反倾销措施作为打击竞争对手和防止对手强大的有力武器来使用，反倾销的立案数量不断增加，反倾销手段也在日益增加。1995~2014 年，WTO 各成员发起的反倾销调查已有 4757 起之多。我国自 2001 年加入 WTO 后，国外对华反倾销的浪潮不断高涨，且有愈演愈烈之势。截至 2017 年，我国已经连续 23 年成为全球遭遇反倾销调查最多的国家，成为受贸易保护主义危害最严重的国家之一。

5. 劳工标准的兴起

为了削弱发展中国家劳动力和原材料的成本优势，发达国家一直力图将劳工标准问题纳入多边贸易体系。由于发展中国家经济发展水平相对较低，劳工工资标准低，福利差，工作环境有待改善，发达国家强调的关于国际贸易中的劳工标准将构成发展中国家产品进入发达国家市场的新壁垒。劳工标准和动物福利虽然尚未被纳入国际贸易制度中，但是发达国家已经逐步开始使用该措施限制发展中国家的产品出口。例如，2003 年年初，家居巨头瑞典宜家（IKEA）进入成都寻找供应商时，在其开出的标准中就提出了劳工标准。

第三节　贸易救济措施

贸易救济（trade remedy）措施是指为了维护公平贸易和正常的竞争秩序、保护国内产业而制定的措施。WTO 规则允许在进口产品倾销、补贴和过激增长等给其国内产业造成损害的情况下，各成员可以使用反倾销、反补贴和保障措施等贸易救济措施，以抵消国内产业因不公平进口行为或过量进口带来的冲击。多年来中国一直是全球贸易救济调查的最大目标国，2017 年，中国产品共遭遇来自 21 个国家和地区发起的 75 起贸易救济调查，其中反倾销 55 起、反补贴 13 起、保障措施 7 起，涉案金额总计 110 亿美元。

一、反补贴措施

反补贴（countervailing）是一国政府或国际社会为了保护本国经济健康发展，维护公平竞争的秩序，或者为了国际贸易的自由发展，针对补贴行为而采取必要的限制性措施。政府的出口补贴实际上干预了产品的市场价格，对于进口国来说，是一种不公平的竞争行为。因此，政府的出口补贴被认为是一种不正当的贸易政策。WTO 原则上反对出口补贴，并允许进口国在一定条件下，对出口补贴国采取反补贴的报复措施。

（一）出口补贴

1. 出口补贴的含义

出口补贴（export subsidy）是指本国政府为了鼓励出口，对于有竞争优势的出口厂商给予直接或者间接的补助，以提高本国出口产品在国际市场上的竞争力。

出口补贴是一种政府干预市场正常运行的行为，在一定程度上破坏了市场的公平竞争。这种人为降低出口产品成本的方式，使得不具备比较优势的一些产品成为具有比较优势的产品，这对于原本真正具备比较优势的产品是一种打击。因此，政府的补贴是一种贸易保护主义的措施。这种措施必将伤害进口国具有比较优势的产品，往往迫使进口国采取反补贴的措施来保护本国市场和产业的发展。如此一来，国际贸易中的双方在补贴与反补贴中相互较劲，不仅损害了进行交易的各国利益，而且正常的贸易秩序被破坏，必将影响国际贸易的健康发展。

2. 出口补贴的方式

（1）直接补贴。

直接补贴（direct subsidies）是指政府在商品出口时，利用财政拨款直接付给出口商的现金补贴。通过政府的直接补贴，可以弥补出口商品国内市场价格高于国际市场价格所带来的亏损。当出口商在国际市场所获利润低于国内市场利润时，政府也可以通过直接补贴的方式予以弥补。例如，欧盟对农产品的出口补贴力度就非常大，成为全球最大的出口补贴使用者。据统计，1994 年，欧盟对农民的补贴总计高达 800 亿美元。

（2）间接补贴。

间接补贴（indirect subsidies）是指政府通过财政上的优惠措施给予出口企业间接的

鼓励和帮助，如减免所得税、提供低息贷款、实行优惠汇率、退还或减免出口商品缴纳的税等。如果出口企业需要进口原料或半成品，还可以通过给予免征或退还已交进口税的方式给予补贴。例如，在 2005 年以前，我国为加大成品油的出口，曾采用出口退税的方式进行鼓励。

（二）反补贴措施的实施条件

《补贴与反补贴措施协议》（agreement on subsidies and countervailing measures，SCM Agreement）是世界贸易组织管辖的一项多边贸易协议。各国（地区）发起反补贴调查和征收反补贴税须依据该协议及农产品协议的规定开展，其实施条件包括：

第一，进口产品存在补贴，即进口的产品存在直接或间接地接受了出口国（地区）政府给予的财政方面的补贴事实。

第二，存在一定的损害后果，即对已经建立的国内产业造成实质损害或者产生实质损害威胁，或者对建立国内产业造成实质阻碍。

第三，两者之间存在因果关系。这就意味着，要对进口产品采取反补贴措施，不仅要证明存在补贴行为和进口国（地区）产业存在损害，而且还要证明这两者之间存在因果关系。

当上述三个条件同时满足时，才可根据反补贴条例的规定，采取反补贴措施，主要以反补贴税的形式存在。反补贴税只能对终裁决定公告之日后进口的产品适用，但下述情形除外：违反承诺的，可采取临时反补贴措施，并可对实施临时反补贴措施前 90 天内进口的产品追溯征收反补贴税，但违反承诺前进口的产品除外。终裁决定确定存在实质损害或实质损害威胁，此前已经采取临时反补贴措施，反补贴税可对临时反补贴措施的期间追溯征收。

（三）反补贴的特点

1. 调查范围更广泛

反补贴的调查范围囊括可能接受政府补贴对象的下游企业甚至整个产业链，影响范围更加广泛。而反倾销和保障措施仅涉及特定企业或产品。

2. 影响时间长

为应对反补贴调查，一国（地区）政府不得不逐步调整相应的贸易和产业政策，一国（地区）经济、政治、社会发展等各方面都将在较长时间内受这种调整的影响，这种影响是持久而广泛的。

3. 较强的连锁效应

这是指在一个成员反补贴调查中被认定的补贴措施，可以直接被其他成员在反补贴调查中援引。

4. 应诉主体为政府

补贴是政府行为，反补贴的调查对象是政府的政策措施。因此，反补贴会影响被调查国（地区）的贸易和产业政策、宏观经济政策甚至总体经济战略。

总体上说，与反倾销和保障措施相比，反补贴作为新型贸易壁垒对被调查国外贸出口和经济发展具有更持久和深远的影响。

（四）反补贴措施的形式

贸易救济的裁决结果一般是征收惩罚性关税或配额限制。

1. 承诺

产品的原产国或者出口国政府，自愿承诺的情形一旦出现，就可中止或终止调查，而不再采取征收反补贴税或采取临时措施。承诺的形式既包括价格上的承诺，也包括补贴的取消或限制等。

2. 征收反补贴税

反补贴税是指对直接或间接接受任何补贴的产品在进口时所征收的一种附加税，又称为反津贴税或抵销税。征收的税额应与其所接受的补贴数额相等。这种措施的目的在于抵销进口产品在降低成本方面所获得的额外好处，避免受补贴的产品在进口国市场上进行低价竞争或倾销，从而保护进口国同类商品的生产。无论进口商品是在生产、制造、加工、买卖、输出过程中的哪个环节接受了直接或间接补贴或优惠政策，进口国都可以此作为征收反补贴税的理由。征收反补贴税同样需满足进口商品对进口国某项工业造成重大损害或产生重大威胁，或者严重阻碍新建某项工业这样一些条件，否则不得征收。

3. 临时措施

临时措施是指为顺利进行继续反补贴调查而采取的预防性措施。调查机关采取临时性措施，表明其对补贴的存在和补贴进口产品给国内产业造成的损害已经有了初步肯定性的结论，但采取临时措施并不表明一定要采取最终的反补贴措施。这种前序性非正式措施，是判定最终是否征收反补贴税的重要依据。

二、反倾销措施

反倾销（anti-dumping）是指对外国商品在本国市场上的倾销所采取的抵制措施。在《关税及贸易总协定》中对反倾销问题做了明确规定，但在贸易实践中，很多国家（地区）依然把反倾销作为贸易战的主要手段之一。譬如遭受倾销的国家（地区）可以对倾销的外国（地区）商品除征收一般进口税外，再增收一定的附加税，此种附加税就是"反倾销税"，以提高倾销商品的成本，迫使其不能廉价出售。例如，2012年12月6日，美国商务部宣布，对从中国进口的硅砖产品发起反倾销调查。

（一）倾销

1. 倾销的含义

倾销（dumping）是指一个国家或地区的出口经营者以低于国内市场正常或平均价格甚至低于成本价格向另一国市场销售其产品的行为。倾销也属于价格歧视的一种类型，因其以消灭其他竞争对手，进而垄断整个市场为目的，是一种不正当的竞争手段，进口国通常会反对出口国的倾销行为，并有可能采取反倾销的报复措施，从而爆发贸易战，破坏国际贸易的正常秩序。因此，WTO禁止倾销行为，也反对滥用反倾销。

2. 倾销的类型

（1）偶然性倾销。

偶然性倾销（sporadic dumping）是指由于产能过剩，超出国内市场的容量，生产商为防止产品积压影响价格结构而在短期内向海外市场大量地低价抛售该商品，也称作短期倾销。这种倾销行为是偶尔为之，如因为季节变化而进行的倾销属于此类。

（2）长期性倾销。

长期性倾销（long-run dumping）是指某一商品的生产商为了在实现其规模经济效益的同时，维持其国内价格的平衡，而将其中一部分商品持续以低于正常价值的价格向海外市场销售。这种倾销行为是垄断厂商的正常市场行为，倾销者一般采取扩大生产规模的方式最大限度地降低生产成本，只要市场条件允许就会持续不断地施行下去，因此也称为持久性倾销。

（3）掠夺性倾销。

掠夺性倾销（predatory dumping）是指出口国的厂商以击垮进口国的竞争对手为目的，以低价向进口国抛售商品，占据进口国市场，垄断这个市场后，再提高价格获取更高的垄断利润。这种倾销行会为对进口国市场造成巨大的冲击，损害进口国相关产业的利益，严重违背公平竞争的原则，破坏国际市场的正常秩序，各国往往采取征收反倾销税等措施进行严厉抵制。

出口国的倾销行为损害了进口国同类企业的利益，破坏了公平竞争的市场秩序，一般会遭到进口国的抵制，进口国采取的抵制措施和手段，就是反倾销。

（二）实施反倾销的条件

根据世界贸易组织《反倾销协议》的规定，不管是哪种类型的倾销，进口国（地区）如果要采取反倾销的报复措施，原则上必须满足三个条件。

1. 倾销事实的客观存在

首先要确定来自外国（地区）的出口产品以低于正常价格在本国（地区）市场销售的事实，再详细比较出口价格与正常价格之间的差额，以进一步确定倾销幅度。出口价格是指出口商将其产品出口给进口商的价格。而正常价格的确定则包括三种方法：被指控倾销商品在出口国（地区）国内销售的价格、销往第三国（地区）的价格以及结构价格。其中的结构价格一般是在采用前两种方法无法确定正常价格时才会采用，即以被指控倾销的商品的生产成本加上各种费用及利润，其计算公式如下：

$$正常价格 = 生产成本 + 管理费用 + 销售费用 + 一般费用 + 利润 \quad (5-14)$$

确定了出口价格和正常价格，应将两种价格进行比较，得出倾销幅度。倾销幅度通常作为征收反倾销税等措施的重要依据。

2. 实质损害或威胁的确定

确定被指控倾销的产品确实对进口国的国内产业造成了实质性的损害或者威胁，或者对国内该种产业的建立构成了巨大障碍，这是采取反倾销措施的必要条件之一。通常实质性的损害有以下具体表现：倾销产品的数量急剧增长；倾销产品的出口价格严重抑制了国内相同或相似产品的价格，导致其价格的下降；进口国国内产业相同或类似产品的生产商遭受了严重的冲击。

实质性的威胁是指虽然尚未产生实质性的损害，但是进口国国内产业已经受到真实的、可预见的、迫切的威胁。

3. 倾销和损害之间因果关系的确定

确定倾销存在，损害存在之后，还必须确定倾销和损害之间存在必然的因果关系。即确定进口国（地区）国内产业受到的损害是由于进口产品的倾销直接导致的。值得注意的是，在确定此种因果关系时，只须证明倾销的进口产品是对进口国产业造成损害的原因之一即可，并不要求证明是主要原因。

（三）反倾销措施的具体形式

1. 临时性措施

在已经初步裁定存在倾销及其造成的损害，为防止倾销在调查过程中继续造成损害，各当事方已经得到充分的提供情况和发表意见的机会的前提下，受害成员可以采取临时性的措施。具体来说，可以采取征收临时性反倾销税或者采取支付现金或担保金的方式。临时性反倾销措施的实施期限一般不得超过4个月，最长不超过9个月，而且只能从开始反倾销调查之日起60天后采取这种措施。

2. 价格承诺

在反倾销调查初期，倾销事实如果已经初步裁定，假若出口商愿意主动提高倾销产品的价格或者停止以倾销价格出口产品至进口国，且这种承诺得到进口国反倾销调查当局的认可，反倾销调查程序可以暂时停止或终止，而且不采取征收反倾销税或其他临时性措施。

3. 征收反倾销税

当倾销事实最终确定，而且倾销产品确实对进口国相同或类似产品的产业造成了实质性的损害或威胁，进口国可对该倾销产品征收反倾销税。征收反倾销税是应对反倾销侵害的最终补救措施，反倾销税的数额通常不得高于前述确定的倾销幅度。反倾销税的征收时间一般不得超过 5 年，并且在抵消倾销损害的期限内有效。WTO 同时也规定，出口国（地区）的倾销行为一旦停止，进口国（地区）就必须停止征收反倾销税。

（四）反倾销调查的程序

反倾销调查是指一国当局根据国内受到倾销损害的相关产业的起诉，对被指控倾销的产品立案调查的过程。

反倾销调查的过程一般分为申诉与立案、调查及裁定三个环节。首先，从进口国认为受损害的产业或其代表所提交的书面申诉开始，反倾销的申诉是反倾销立案调查的重要依据。其次，进口国有关当局对倾销事实、倾销造成的损害以及此两者之间的因果关系进行调查确认，调查过程一般不得超过 18 个月。最后，根据调查取证的结果作出裁定，具体分为初步裁定与最终裁定两种。初步裁定的情况是进口国当局采取临时措施与价格承诺的依据；而最终裁定的结果则是进口方当局作出征收反倾销税决定的重要依据。

三、保障措施

保障措施是指当一国（地区）的某一产业受到突然大量增加的进口产品的冲击，从而受到了严重损害或严重损害威胁时，该国（地区）所采取的临时性进口限制措施。

世界贸易组织《保障措施协议》（Agreement on Safeguards）对保障措施规定了严格的纪律，其目的是澄清和加强 GATT 1994 的纪律，防止各成员方对保障措施的滥用。《保障措施协议》对保障措施的实施规定了条件和程序，具体包括：总则、条件、调查、严重损害或严重损害威胁的确定、保障措施的实施、临时保障措施、保障措施的期限和审议、减让和其他义务的水平、发展中国家成员、先前存在的第 19 条措施、某些措施的禁止和取消、通知和磋商、监督、争议解决。

（一）保障措施的实施条件

协议规定的采取保障措施应符合以下条件。

（1）产品进口出现不正常情况，包括进口数量是因为未预见的发展情况或因为承担关税与贸易总协定的义务所致，进口激增对国内生产者造成严重损害或严重损害威胁。

（2）采取的保障措施，必须在防止或纠正严重损害或其威胁的必要限度和时间内，不能长久地实施。

（3）采取的保障措施必须针对某一产品的所有进口，而不分其来源，不能针对该项产品的出口国。

（4）遵守关税与贸易总协定的有关程序。所谓关税与贸易总协定的有关程序是：在采取保障措施之前，必须向关税与贸易总协定秘书处提出书面通知，并且应给予该产品有实质性利害关系的各缔约方提供机会，就拟采取的行动进行协商。在延迟会造成难以补救损害的紧急情况下，也可以临时采取保障措施而在此后进行协商。如果协商没有达成协议，拟采取保障措施的进口国（地区）也可以采取行动。在这种情况下，贸易利益受到不利影响的国家（地区）可以采取报复行动并对采取保障措施的国家（地区）的贸易"暂停大体上对等的减让或其他义务"。

（二）保障措施的实施形式

1. 临时保障措施

在拖延将导致难以弥补的损害的特殊情形下，成员可根据有明显证据进口增加已造成严重损害或正在威胁造成严重损害这一初步认定，可采取实施期限不超过 200 天的临时保障措施。此类措施只能采取提高关税的形式。若随后的调查未认定进口产品的增加对某一国内产业已造成严重损害或存在严重损害威胁，则增加的关税应予以退还。

2. 保障措施

保障措施的实施期限通常不超过 4 年，它包括提高关税、纯粹的数量限制和关税配额三种。目前各国多使用的是关税配额，配额的形式由进口方与所有利害关系方协商。如果适用数量限制，则限制的数量不能使进口量减少至低于有统计数据表明的有代表性的最近三年的平均进口水平，除非有正当理由说明不同的水平为防止或救济严重损害所必需。

（三）保障措施与反倾销、反补贴的差异

反倾销和反补贴措施针对的是价格歧视的不公平贸易行为，保障措施针对的是进口产品激增的情况，它是一种特殊的救济措施，只在紧急情况下采取。这种措施是在没有证明存在不公平竞争的情况下实施的进口限制措施。因此，保障措施所针对的可能是其他成员的公平贸易做法，从而影响其他成员享受在多边贸易谈判中所得到的贸易利益。

在实践中，既要合理地利用 WTO 规则维护公平贸易环境，也要防止贸易救济措施的滥用，各方需审慎、克制、规范地使用贸易救济措施，确保贸易救济调查符合 WTO 规则。

（四）特别保障措施

特别保障措施指 WTO 成员利用特定产品过渡性保障机制（transitional product-specific safeguard mechanism)针对来自特定成员的进口产品采取的措施,即在 WTO 体制下,在特定的过渡期内,成员方政府为防止来源于特定成员的进口产品对本国相关产业造成损害而实施的限制性保障措施。该措施最早适用于日本,此后,在波兰、匈牙利、罗马尼亚等东欧国家和中国加入 GATT(WTO)时,也适用特别保障措施条款。

1. 中国的特别保障措施

针对中国的特别保障措施主要包含在《中华人民共和国加入世界贸易组织议定书》(以下简称《议定书》)第 16 条和《中国加入世界贸易组织工作组报告书》(以下简称《报告书》)第 242,245~250 段中。

根据《议定书》第 16 条规定,在中国加入 WTO 之日起的 12 年内,在两种情形下,WTO 成员方可对原产于中国的产品采取特别保障措施。

(1) 市场扰乱(market disruption)。

市场扰乱指一项产品的进口快速增长(无论绝对增长还是相对增长),是对生产同类产品或直接竞争产品的进口国国内生产者造成实质损害或实质损害威胁的一个重要原因。

该 WTO 成员可请求与中国进行磋商,如双方同意原产于中国的进口产品是造成此种情况的原因并有必要采取行动,则中国应采取行动以防止或补救此种市场扰乱。如果未能在收到磋商请求后 60 天内达成协议,该 WTO 成员有权在防止或补救此种市场扰乱所必需的限度内,对此类产品撤销减让或限制进口。

(2) 重大贸易转移(significant trade diversion)。

原产于中国的产品因遭遇一成员方的特保措施而进入另一 WTO 成员方市场对其国内产业实质损害或实质损害威胁,则另一成员方有权对中国此类产品撤销减让或限制进口。

2. 纺织品特别保障措施

根据《报告书》第 242 段规定,在 2008 年 12 月 31 日前,WTO 成员可以对来自中国的纺织品和服装采取特别保障措施。2005~2008 年,如中国的纺织品对 WTO 成员方的市场造成"市场扰乱",WTO 成员可实施临时限制,但 4 年内只能用一次。

3. 特别保障措施与一般保障措施的区别

特别保障措施与一般保障措施都是在进口产品并不存在不公平竞争的情况下就可实施的贸易救济措施,但它们又存在着明显差别。

(1) 原则依据不同。保障措施应针对一正在进口的产品实施,而不考虑其来源;特别保障措施则是针对特定国家的进口产品。

(2) 实施条件不同。特别保障调查的提起只须存在"市场扰乱"的情况下即可,低于一般保障措施的损害判定标准——严重损害。

(3) 实施期限不同。一般保障措施的实施期限通常不超过 4 年,特殊情况下可以延期,但最长不得超过 8 年,发展中国家的实施期限则最长可为 10 年。特别保障措施的实施期限则没有明确的限制性规定,但一般较长(如中国为加入 WTO 之日起持续 12 年)。但无论是特别保障措施,还是一般保障措施,其临时措施的期限均为"不得超过 200 天"。

(4)措施的后果不同。在进口绝对增长的情况下,一般保障措施与特别保障措施的措施后果是一致的,即在该措施实施的前 3 年内不得针对实施该措施的 WTO 成员的贸易中止实施实质相当的减让或义务。但在进口相对增长的情况下,对一般保障措施而言,受影响成员方可以及时针对实施该措施的 WTO 成员的贸易中止实施实质相当的减让或义务;对特别保障措施而言,只有在该措施实施满一定期限后(如中国为 2 年),才有权针对实施该措施的 WTO 成员的贸易中止实施实质相当的减让或义务。

第四节　国际贸易措施的经济效应

国际贸易措施的经济效应主要研究一国实施关税或非关税措施后,对本国相关利益集团和国家整体福利,以及世界和其他国家利益的影响。关税措施的经济效应可从静态和动态两个角度分析。

一、关税措施的静态效应

征收关税会影响到资源的配置效率,并可对征税国、其贸易伙伴国乃至世界的经济福利水平产生影响。关税的静态效应主要采用均衡分析方法,包括局部均衡和一般均衡,前者是假定"其他条件不变",即假定一种商品的均衡价格只取决于这种商品的供求情况时对单一产品市场的分析;后者是假定一种商品的价格不仅取决于它本身的供求状况,还要受到其他商品的价格和供求状况的影响,是在所有商品的价格和供求都达到均衡时对整体市场均衡的分析。动态分析则是考察征收关税的远期效应。

(一)局部均衡分析

在国别上,贸易大国征收进口关税与贸易小国所形成的结果会有所不同。

1. 贸易小国征税的局部均衡

小国征收进口关税后,将会对小国本身形成以下几种效应。

(1)价格效应——国内市场价格上升。

征收进口关税后,进口的成本上升,导致进口品在国内的售价提高。由于小国对商品的国际市场价格没有影响力,因此征税后,商品的国际售价仍为 P_w,但其国内价格却

升至 P_t,且 $P_t = P_w + T$,即小国征收关税使进口品及其替代品的国内价格提高了相当于所征进口税的幅度。

（2）生产效应——国内厂商扩大生产,产量增加。

征收关税后,国内的进口竞争厂商面对更高的价格,能够补偿因产出增加而提高的边际成本,于是他们会扩大生产而使本国产量增加。如图5-1所示,自由贸易时,世界市场和国内市场价格均为 P_w,国内生产为 OQ_1,征收关税后,国内市场价格升至 P_t,国内生产提高到 OQ_3,增加了 Q_1Q_3。

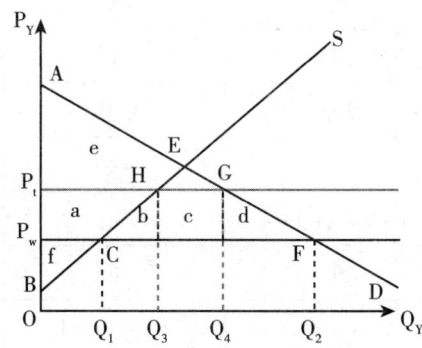

图 5-1　小国征税的福利变化

（3）消费效应——消费减少。

征收关税使国内市场价格提高,这将导致消费的减少。如图5-1所示,自由贸易时,国内消费量为 OQ_2,征税后国内消费量为 OQ_4,比征税前减少了 Q_4Q_2。

（4）贸易效应——小国征收关税使该商品国内价格上升,导致消费量减少,最终进口量减少,贸易规模缩小。

国内供给量与消费量的变动也影响了贸易量的变动。征税后国内生产的增加和消费的减少将导致进口的减少,即关税效应 = 生产效应 + 消费效应。如图5-1所示,自由贸易时,进口量为 Q_1Q_2,征税后进口量为 Q_3Q_4,减少了 Q_1Q_3 和 Q_4Q_2。

（5）税收效应——政府收入提高。

自由贸易时,未征进口税,政府的此项收入为零,而征税后,若征收的关税收入由进口政府获得,将提高政府的财政收入,即收入额为关税征收幅度与进口量的乘积。

（6）净福利效应——关税的生产效应、消费效应和税收效应的综合结果。

征收进口税的福利变动情况可用生产者剩余和消费者剩余表示。从上述分析可见,小国征收进口税会导致进口品价格上升,国内生产者面对升高的价格将扩大生产规模,产量提高,由此福利增加了 f;消费者因价格的提高将会减少消费,消费量下降,消费者福利也因此降低了（a+b+c+d）;虽然在征税后进口规模下降,但进口国政府仍可获得关税收入 c。综合考察生产者、消费者和政府的福利变动,进口国整体福利下降,总福利损失了（b+d），它们构成了关税的社会成本，因此又被称为关税的净效应或关税的福利损失效应（见表5－2）。

表5－2　　　　　　　　　　　　小国征税的经济效应

经济效应		征税前（自由贸易）	征税后	结　果
价格效应		P_w	P_t	价格升高，幅度为t
生产效应		OQ_1	OQ_3	产量提高Q_1Q_3
消费效应		OQ_2	OQ_4	消费量下降Q_4Q_2
税收效应		0	t	收入增加$Q_3Q_4 \times t$
贸易效应		Q_1Q_2	Q_3Q_4	规模下降$Q_1Q_3+Q_4Q_2$
福利效应	生产者	f	a+f	a
	消费者	a+b+c+d+e	e	－(a+b+c+d)
	政府	0	c	c
	总福利	a+b+c+d+e+f	a+c+e+f	－(b+d)

总福利损失（b+d）有着不同的来源，分别代表着生产与消费的扭曲。

b为生产扭曲。它表示征税后国内成本高的生产替代原本来自国外成本低的生产，从而导致资源配置效率下降所造成的损失。

d为消费扭曲。它是在征收关税后，本国消费者因为减少了比现实价格较低的进口产品的消费导致消费者满足程度下降而遭受的损失。

由于征税国是一个小国，不能影响征税产品的国际市场价格，因此该国征收关税对贸易伙伴也就没有什么影响，贸易伙伴国的福利水平不变。但征收关税却会降低世界总体福利水平，下降的部分即关税实施国的福利净损失部分。

可见，关税会降低小国的福利水平，而且其关税负担完全由其本国消费者承受。因此，对小国而言，最优的贸易政策是不征收关税，即自由贸易是最好的贸易政策。

2. 贸易大国征税的局部均衡

大国征收进口关税后，初期在本国也会产生与小国情形相似的生产效应、消费效应、贸易效应和税收效应，即进口品价格会因征税而上升，国内生产者将扩大产量，消费者减少消费量，从而进口规模下降，政府获得关税收入。但贸易大国进口规模的变化，将会影响世界市场价格的变化，即会存在贸易条件效应，这是小国情形时所没有的。国际市场上，商品价格将随着大国进口需求的下降而下降，价格的调整在达到贸易平衡状态时停止。在出口价格不变的情况下，贸易大国的贸易条件改善；大国的贸易规模将大于小国情形，财政税收效应也比小国情形时大，即政府福利提高幅度较大。而生产者福利提高和消费者福利下降的幅度都小于小国情形。综合考察生产者、消费者和政府的福利变动，大国的关税净福利效应因贸易条件的改善而有可能获得正收益。但大国贸易条件的改善意味着贸易伙伴国贸易条件的恶化，国际市场价格的下降使国外生产商的利益受损，虽然国外消费者的福利会有所提升但还不足以弥补生产者的损失，所以贸易伙伴国的总体福利水平将下降。因此进口大国征税有可能提高国民福利实际上是以贸易伙伴国的利益损失为前提，通过对国际市场价格的影响能力迫使出口国承担一部分关税成本（见图5-2）。

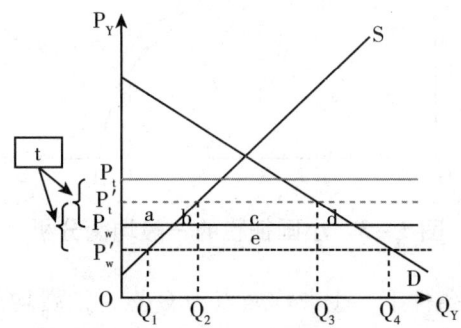

图 5-2 大国征税的福利变化

$$\begin{aligned}大国的关税净福利效应 &= 生产者剩余增加 - 消费者剩余损失 + 政府财政收入\\ &= a - (a+b+c+d) + (c+e)\\ &= e - (b+d)\end{aligned} \quad (5-15)$$

可见，在大国情形下，关税的净福利效应是不确定的，它取决于贸易条件效应与关税保护成本的比较。当 $e > (b+d)$ 时，征税国净福利增加；当 $e < (b+d)$ 时，征税国净福利减少。

（二）一般均衡分析

一般均衡分析要考察的是所有产品市场都达到均衡时的福利状态。为了便于分析，将所有产品分为两个部门：出口部门（X）和进口竞争部门（Y）。

1. 小国征税的一般均衡分析

如图5-3所示，在封闭条件下，该国最多只能在生产可能性边界 TT' 上进行生产和消费。但是在开放条件下，通过国际交换可在相对价格线 P_w 上进行消费。例如，该国可以在Q点上进行生产，并根据国际相对价格用 AQ 数量的 XP_w 产品去换取 AC_1 数量的 Y 产品，此时消费点为 C_1（国际交换相对价格线与本国社会无差异曲线 I_1 相切点），超出了封闭条件下生产可能性边界的范围。能够实现效用最大化的生产和消费的均衡点应该满足这样的条件：在生产可能性边界与斜率等于相对价格的直线（其

斜率为 $-P_X/P_Y$）相切的点上从事生产，在预算约束线与可能达到的最高无差异曲线的切点上消费。

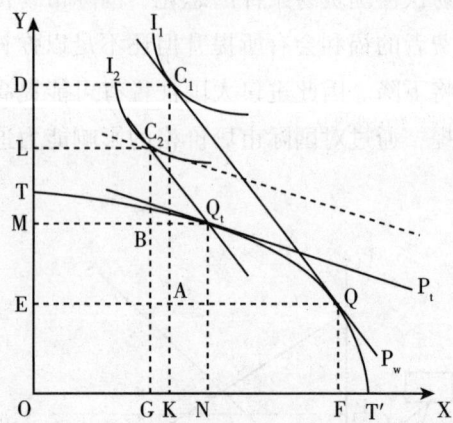

图 5–3 小国征税的一般均衡分析

所以该国在自由贸易条件下，生产均衡点为 Q 点，消费均衡点为 C_1 点。对该国来说，此时出口 AQ 数量的 X 产品，进口 AC_1 数量的 Y 产品。

对于小国，在对单位商品征收进口关税 T 后，X 产品的出口价格和 Y 产品的进口价格不变，但 Y 产品的国内销售价格从 P_Y 上升为 P_Y+T，故国内生产者将面对一条新的相对价格线 P_t，其斜率为 $-P_X/(P_Y+T)$。相对价格线 P_t 的斜率的绝对值变小，故其较自由贸易下的相对价格线 P_w 更平坦一些。于是生产均衡点由 Q 上移至 Q_t，与征税前相比进口竞争部门的生产增加，但出口部门的生产减少了。由此可见，关税壁垒不利于出口部门的生产，但却有利于进口竞争部门的生产，即具有反贸易倾向。

由于征税国是一个小国，征税后其贸易条件不发生变化，国际贸易仍按照原来的国际相对价格进行，所以新的消费均衡点在通过 Q_t 与相对价格线 P_w 平行的线上。另外，国内消费者面对的相对价格为 P_t，根据效用最大化条件，通过新的消费均衡点的社会无差异曲线在该点的切线斜率绝对值应等于 P_t。如图 5–3 所示，通过新的消费均衡点 C_2 的社会无差异曲线的切线与相对价格线 P_t 是平行的。C_2 同时满足两个条件：国际贸易仍按原来的价格进行，而国内消费者则按征税后的国内价格来决定其最佳选择。

征税后的消费水平由原来的 C_1 降至 C_2，通过 C_2 的社会无差异曲线 I_2 位于通过 C_1 的社会无差异曲线 I_1 之下，这表明征税国的社会福利水平下降了。

总体而言，小国征收关税后会产生以下几种主要效应。

(1) 关税的生产效应。征收关税使进口竞争部门的产出增加、出口部门的产出减少。进口竞争部门的产出由原来的 QF 增加到 Q_tN；出口部门的产出由原来的 QE 减少到 Q_tM。

(2) 关税的消费效应。征收关税使 X 产品和 Y 产品的消费都减少了。X 产品的消费由原来的 OK 减少到 OG，Y 产品的消费由原来的 OD 减少到 OL。

(3) 关税的贸易效应。征税以后，X 产品和 Y 产品的贸易量都会减少。X 产品的出口量从 AQ 下降到 BQ_t，Y 产品的进口量从 AC_1 下降到 BC_2。

(4) 关税的净福利效应。征税将使本国社会福利受到损失。社会无差异曲线从 I_1 下降到 I_2，这说明征税后的社会福利水平下降了。

2. 大国征税的一般均衡分析

在分析大国关税效应的一般均衡时，可引入另一种分析工具——贸易提供曲线。假定世界上只有本国和外国两个国家，只生产 X 和 Y 两种产品，本国出口 X 产品、进口 Y 产品；外国则相反，进口 X 产品、出口 Y 产品。如图 5-4（a）所示，本国在没有征税时的贸易提供曲线 OB 和外国的贸易提供曲线 OA 的交点确定了自由贸易时的均衡点 F，对应的国际市场的相对价格 PX/PY 等于 OD 的斜率。

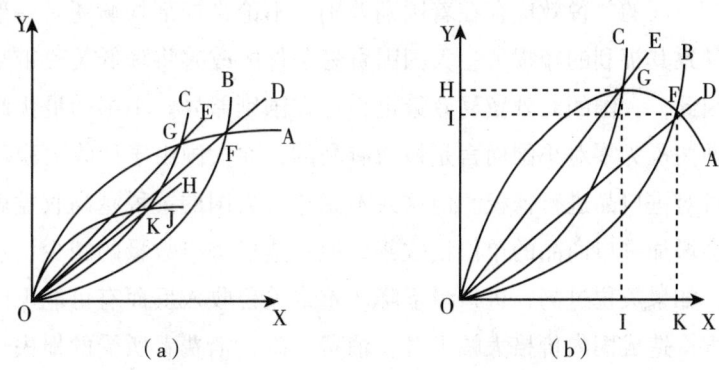

图 5-4 大国征税的一般均衡分析

大国征收关税以后，Y 产品的国际市场价格下降，本国的提供曲线将沿着衡量其可进口商品的 Y 轴旋转。如图 5-4（a）所示，本国新的提供曲线为 OC，与外国的提供曲线 OA 相交于 G 点，此为新的贸易均衡点。新的国际相对均衡价格等于 OE 的斜率，其值大于 OD 的斜率，即国际市场相对均衡价格 PX/PY 变大，本国的贸易条件 PX/PY 改善，而外国的贸易条件 PY/PX 恶化。同时，也可以看出征收关税以后，两国的贸易量减少。对本国来说，贸易条件的改善增进了其福利，但是贸易量的减少却降低了福利水平。所以本国福利水平的变化并不确定，它取决于这两种相反作用的净效应。与局部均衡的结论一样，大国征收关税的一般均衡效应也是不确定的。

下面来讨论一种特殊情况，即外国提供曲线无弹性或者说外国完全依赖本国市场。在这种情况下，本国征收关税以后的出口量减少，而进口量则在外国被迫降低其出口价格后增加。

如图 5-4（b）所示，本国在没有征税时的贸易提供曲线为 OB，外国的贸易提供曲线为 OA。本国出口 X 产品，进口 Y 产品；而外国进口 X 产品，出口 Y 产品。外国提供的曲线在开始一段的斜率是正的，说明该段提供曲线是有弹性的；但是后半段斜率变负，说明该段提供曲线是无弹性的。

本国征收关税以后，本国的提供曲线旋转到 OC，贸易条件由原来的 OD 变为 OE，贸易条件改善。征税前本国出口 OK 数量的 X 产品来换取外国 OM 数量的 Y 产品的进口。本国征税以后，本国用 OH 数量的 X 产品来换取外国 OL 数量的 Y 产品。这说明本国征税后，不仅贸易条件改善了，而且用更少的 X 能比征税前换取更多的 Y 产品。这时征税的福利效应是正的，即征税能增进该国的福利水平。

从上述分析可以发现，在大国关税效应的一般均衡分析中，本国征税的效应与外国的贸易提供曲线的弹性有很大关系。如果外国的贸易提供曲线是无弹性的，而本国的贸易提供曲线是有弹性的，则征税能提高本国的福利水平；本国的贸易提供曲线的弹性越大，外国的贸易提供曲线的弹性越小，征收关税对本国就越有利。

综上所述，一国的关税效应存在着国别差别，不论是局部均衡还是一般均衡，小国征收关税都会导致其福利的净损失；大国因贸易条件的改善将降低关税带来的损失甚至有可能获益。因此，一国的对外贸易政策也将存在国别差异。小国的最优政策是实行自由贸易政策，即关税为零对小国而言是最为有利的；而大国由于征收关税可能提高其福利水平，因此可对进口品进行征税。但这并不意味着大国的关税越高收益就越大。提高关税幅度虽然会增加进口商品的单位税收额，但也造成进口数量的减少，总的关税收入就不一定增加。如果关税过高，进口量下降严重，关税收入反而有可能下降。而且如果进口缩减得厉害，造成国内价格大幅上升，消费下降，消费者所受的损失也会增加。因此，只有在适当的税率下，进口国才有可能使净收益达到最大。这个能使一国的经济收益达到最大的适当税率，就被称为"最优关税率"。

大国的最优关税率选择原则是：税率上的任何微小变动所引起的额外损失不能超过由此带来的额外收益，在最优点上两者正好相等。最优关税率界于自由贸易零关税和禁止性关税之间。当需求弹性一定时，最优关税率取决于出口厂商向进口国提供产品的供给弹性的倒数。即：

$$T = 1/E_s \qquad (5-16)$$

其中，T 为最佳关税率，E_s 为供给弹性。

由于小国在国际市场上面临的供给曲线具有完全弹性（$\varepsilon_x = \infty$），因此小国的最优关税率是零。大国面临的供给曲线是有弹性但不是无限的，所以最优关税率大于零。若外国的出口供给曲线越没有弹性，进口国的关税率就越可以提高。当进口国的关税率低于最优关税率时，它将失去一部分可获得的利益，而一旦高于最优关税率，进口国的损失将开始增加。

需要注意的是，最优税率只是对进口国利益而言，而对于整个世界，任何关税都会带来效率的损失。最优税率给进口国带来的收益，实际上是出口国损失的一部分。因此，最优关税率的存在是以出口国不实施报复为假设前提的，如果出口国也采取同样的方法进行报复，那么通过关税所得的收益就会在出口中失去，最终可能导致两败俱伤。

（三）关税的动态效应

从以上的静态效应分析可看出，关税的征收不仅会损害消费者的利益，带来国民的净损失，而且使资源不能得到有效的利用。此外，征收关税对本国经济还会带来许多动态的不利影响。

1. 征收关税对收入再分配的影响

征收关税在收入分配上的影响最为明显的是为了保护某些生产者集团的利益而损害消费者的利益。消费者既要将收入的一部分用以补贴生产者，还要将收入的一部分交给政府作为财政收入的一部分。从发达国家来看，征收关税在收入分配方面的影响主要表现在以下三个方面。

其一，发达国家征收关税所保护的多是本国没有国际竞争力的产业，特别是夕阳产业。这种保护不仅损害了消费者眼前的利益，而且损害了消费者的长远利益，使得一些资源不能得到有效的利用，不能用于发展新兴产业。其政策的理论根据是多种多样的，其中最有影响力的是保护本国的就业。但事实上在全球产业链日益交错复杂的情况下，每一次的关税保护都未能真正地解决就业问题。

其二，发达国家征收进口关税，在收入分配上的影响具有明显的累退性，大量的税收负担落在低收入者身上。这是因为发达国家所保护的产业是纺织服装、食品、鞋类、汽车等，低收入者收入中的大部分用于这些日常的消费品。因此，低收入者收入的相当大的部分以关税的形式被吞噬。据美国纽约联邦储备银行计算，美国在服装、食糖和汽车方面所征收的关税，或实施进口配额和自愿出口限制等，造成价格的上升，使得每年收入在 1 万美元以下的家庭，收入中的 23% 用以缴纳关税等保护性的费用，而年收入在 6 万美元以上的家庭的收入中只有 3% 用以缴纳关税等保护性的费用。另据世界银行统计，年收入在 8000 美元以下的家庭，其收入中的 66% 用于支付关税等保护性的措施，年收入超过 6 万美元的家庭，其收入中只有 1% 支付关税等保护性的费用。

其三，发达国家征收进口关税，存在受益者不纳税、纳税者不受益的不公平现象。即广大的消费者是关税的最终承担者，但征税的受益者并非他们，而是生产者，导致了收入分配上的扭曲。

2. 征收关税对经济增长的影响

征收进口关税，对某些产业实施保护，其结果会降低经济增长的效益和效率。

其一，在自由贸易的条件下，各国之间可以进行专业化的分工，发挥本国的技术或资源的比较优势，进行产业间贸易，使得本国资源得到合理的配置和有效的使用。即使进行贸易的国家要素禀赋相同，可以通过产业内贸易，同一产品实行国际专业化分工，不仅能发挥各自的专业优势，同时能发挥规模经济的效益。这两种情况都能提高劳动生产率，提高产品质量、降低成本、加快经济的发展。然而，征收关税会阻碍国际贸易的发展，也就阻碍了国际专业化分工的发展，影响各国比较优势和规模经济效益的发挥，使得资源不能得到合理的配置和有效的利用，降低了经济的增长速度。

其二，征收关税会带来低效率，从而影响经济的增长速度。在市场经济条件下，企业是在两种动力的推动下发展的：一是内在的动力，即追求最大限度的利润。企业为了获得最大限度的利润，必须降低成本。降低成本的方法，一方面要改进技术；另一方面需要改善管理，从而促进企业发展。二是外在的压力即竞争。企业在激烈的竞争中求生存和发展，必须不断地提高劳动生产率、降低成本，同时还得提高产品质量或开发新的品种，只有这样才能在竞争中处于优势地位。然而，在政府实施贸易保护政策的条件下，使得商品的价格上升，进而导致利润的上升，企业的管理者们不需要作出很大的努力，就能很容易地获得满意的利润。由于实施关税保护，也阻碍了国际竞争，使得企业减少了竞争的压力，企业不需要做出很大的努力，就可以平平稳稳地生存下去。因此征收关税导致企业不思进取，维持着低效率的生产，从而失去推动经济增长的力量。

其三，实施关税保护，会极大地削弱企业发展、创新的动力，降低经济的增长速度。由于政府实施关税保护，企业的效率下降表现为：生产中单位产品投入的资源增多，产品的质量下降，成本上升；企业不需要努力加强研究和开发新的技术和新的产品，研究和开发费用大量减少，创新能力下降。

3. 征收进口关税不利本国的出口

贸易保护主义政策的核心是限制进口，鼓励出口。然而，对于进口商品征收关税，限制进口，其结果不仅不能鼓励出口，还会损害本国的出口行业。

从宏观经济的角度分析，有以下几点：

其一，由于征收关税，进口产品的价格上升，进口数量减少，这就导致为了购买进口商品换取外汇的需求量减少。对于外汇需求的减少，会导致外汇市场上本国货币对外国货币比价的上升。本国货币汇率上升，出口者将会发现，出口所赚得的外汇换回的本国货币减少了，也就是本币升值不利本国的出口。

其二，关税有着传递的效应。由于征收关税使得商品的价格上升，人们都想将征收关税所带来的损失传递出去。例如，进口商将关税加入在商品的价格中，传递给商品的购买者。而一些企业购买这些征税的进口商品，作为生产中的投入，它们会将这些关税计算在生产成本之中。例如，一些国家对进口钢铁征收关税，并非这些钢铁的进口商承担了关税的损失，而是在将钢铁卖给汽车制造商、建筑商、机器制造商时，将关税转移至价格之中,而汽车制造商、建筑商、机器制造商也不会承担这一部分关税的负担。它们会将进口钢铁所征收的关税计算在汽车、建筑物、机器的成本之中,将关税的负担转嫁给消费者。由于征收关税不仅仅使得进口商品的价格上升,同时还会使得本国同类商品价格上涨,从而引起价格的全面上升,消费者会直接地或者间接地受到关税的损害。他们也会极力将这种损失传递出去,要求提高工资。总之,每一个人都会寻找办法,将征收关税所带来的损失传递给别人,但是仅仅只有出口者集团无法将征收关税的损失传递至出口市场。因为出口商在国际市场上是国际竞争者,必须按照国际市场上的价格销售商品,如果企图提高商品的价格,转嫁国内因征收进口关税的损失,在竞争中只会丢失市场。可见,对进口商品征收关税最终导致出口商品的成本上升,阻碍本国的出口贸易。有研究表明,如果征收关税导致价格上升5%,紧接着劳动成本会上升4.4%。在这种情况下,征收关税的80%最终传递给出口商。因此征收关税最终会损害本国的出口。

二、非关税措施的经济效应

非关税壁垒种类繁多,这里仅选择进口配额、"自动"出口限额、补贴和反倾销等较为典型的非关税壁垒进行分析。

(一)进口配额

进口配额可分为绝对配额和关税配额。

1. 绝对进口配额的效应分析

进口配额在竞争和垄断型市场结构中对经济福利有着不同的影响,以下对小国和大国情形下实施绝对进口配额的效应分别进行讨论。

(1)完全竞争市场条件下的小国绝对配额效应。

这里先假设,进口国某种进口商品的国内同类商品市场是完全竞争的。在自由贸易的情况下,国内厂商与外国同类产品厂商竞争,国内市场价格由国际市场供求决定。

不难理解,实施配额后的进口量通常要小于自由贸易下的进口量,该商品的国内市场价格会上涨。如果实施配额的国家是一个小国,那么配额只能影响其国内市场价格,对世界市场价格没有影响;如果实施配额的国家是一个大国,那么配额不仅导致国内市场价格上涨,而且还会导致世界市场价格下跌。这一点与关税的价格效应一样。同样,配额对国内生产、消费等方面的影响与关税也大致相同。下面先来讨论小国实施绝对配额引起的福利效应变化。

如图5-5所示,S_d、D_d分别为一小国的国内供给曲线和需求曲线,国内消费者面临的国际市场供给曲线是表示无限供给的S_w水平线。在自由贸易条件下,国内外价格相同,均为P_w,国内生产和消费分别为OS_1和OD_1,进口量为S_1D_1。

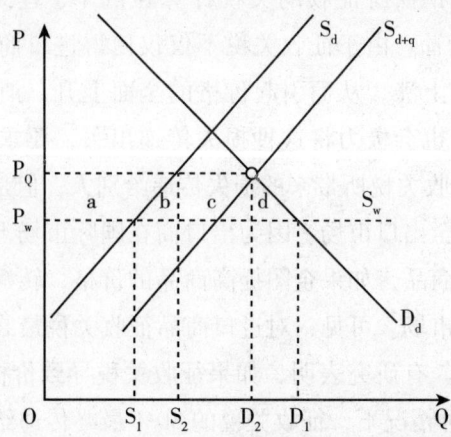

图 5-5　完全竞争市场下小国实施绝对配额的经济效应

现假设进口小国对进口设置一个数量为q的绝对配额,且$q<S_1D_1$。于是,原先国际市场的无限供给S_w变成了有限供给q,国内市场的总供给变成了图中的S_{d+q}曲线(即国内供给曲线S_d加上配额q)。新的供给曲线与需求曲线相交,决定了产品的新的国内价格P_Q,比原来的P_w上涨了。国内生产也由此增加至OS_2,而国内消费减少至OD_2。进口缩减到S_2D_2,正好等于配额q。可见,与关税一样,实施进口配额也会形成价格上升、生产提高和消费下降等效应。但它们又存在着许多差别。

从福利变化上看,生产者剩余在实施配额后增加了a,消费者剩余却减少了(a+b+c+d)。在征收关税的情况下,c是政府的关税收入,但在进口配额下它被称为配额租金(quota rent),它是由于配额的存在,进口商可以以较低的国际价格P_w进口而以较高的国内价格P_Q售出,从而获得的配额利润。但配额租金为谁所得是不确定的,它要视政府分配配额的方式而定。

在实践中,进口配额的分配常常与进口许可证相结合。进口许可证是由进口国政府签发的允许一定数量的某种商品进入关境的证明。一般来说,进口许可证的分配方法有以下几种。

①无偿发放。直接颁发进口许可证给进口商,颁发给谁由政府决定。许可证是免费的,谁拿到就可以从进口中获利。进口商在进口时只需要支付国际市场的价格,转手就能在国内市场按国内的高价出售。在这种情况下,进口国的社会总利益变动与征收关税时一样,只不过c部分从政府转到了国内的进口商或一部分消费者手里。其所得的利润正好等于征收进口关税时政府的税收部分c。进口许可证的发放可以采用先到先得原则随机分配,谁先到就给谁。然而,最先到而拿到配额的却可能并不是最想得到配额的进口商。同时为了能够先到,进口商还要花费上排队的成本,导致进口商实际获利小于c。

当然进口许可证也许会直接发给需要使用进口品的消费者（企业），但这样又要有某些标准来确定谁有需要，于是就要进口商进行申请。

②根据申请发放。政府根据进口商或消费者的申请颁发许可证。这种方式与前一种略有不同的是，谁都可以申请许可证，政府在申请的基础上审批颁发，其程序比前者复杂烦琐。为了得到许可证，进口商或消费者必须出具申请书，详细说明需要进口的理由，互相之间还要竞争，这些需要花费时间和精力，因此得到许可证的过程不像前一种那么容易。而且如果政府产生判断失误或存在某种偏好，则会破坏市场的公平竞争。此外，作为非价格竞争方式，其透明度低。进口商在申请过程中还可能要花钱疏通关节，即出现经济学所称的"寻租"（rent-seeking）行为，它要付出一定代价。这些在申请过程中所耗费的人力物力是额外的，是社会资源的纯浪费。因此，最后归于拿到许可证的进口商或消费者的利益减去所用花费，必然会小 c，即整个社会的利益少于征收关税时的情况，介于 $-(b+d)$ 和 $-(b+d+c)$ 之间。

③竞争性拍卖（公开拍卖）。政府公开拍卖许可证。谁愿出高价谁就可以拿到许可证。作为进口商，愿出的最高价不会超过进口所能获得的利润，即不超过 c。一般来说，拍卖中的竞争会把价格最终抬到最高，从而使许可证的价值等于 c。但不管进口商最终出什么价，他们所付的正好等于政府所收的。c 部分即由政府和进口商共分。这种情况下各集团间的利益分配与征收关税的情况更为相似，整个社会的利益变动也与征收关税时的一样。因而这也是成本最小、社会福利净损失最少、最接近关税的一种配额方式。

④配额由出口国自行分配。政府在设置限额以后，将权限交给出口国由出口国自行分配。这种情况相当于将进口许可证免费交给了外国的出口商，出口商将他们的商品按进口国国内市场的高价出售而获得本来属于进口国政府或进口商的利益。c 部分到了外国出口商手中，对进口国来说，是一种额外损失，整个社会的净损失变成了 $(b+d+c)$，大于征收关税时的净损失，是所有配额分配方案中最劣的一种情况。

(2) 完全竞争市场条件下的大国绝对配额效应。

与征收关税相似，大国实施配额的效应也要比小国情况下复杂一些。

如图 5-6 所示，D_d 是本国的需求曲线，S_d 是本国的国内供给曲线，S_{d+q} 是本国的总供给曲线。在没有配额的条件下，国内消费的均衡点为 B，国内生产的均衡点为 A，进口量为 S_1D_1，进口价格为 P_W。

现在假定本国实行进口配额制，配额的数量为 S_2D_2。因为最多只能进口 S_2D_2 数量的外国产品，因此国内价格上升到 P_Q，国内供给为 OS_2，进口数量为 S_2D_2，比实施配额前下降。由于大国的进口需求变动会影响国际市场价格，因此国际价格从 P_W 下降到 P'_W，显而易见，本国的贸易条件得到改善。

实施配额后，国内生产由于国内价格上升而从 A 点转移到 G 点，产量增加 S_1S_2，生产

者剩余增加梯形 P_WAGP_H 的面积；同理，国内消费从 B 点转移到 H 点，消费量减少 D_2D_1，消费者剩余减少梯形 P_WBHP_H 的面积。配额租金（垄断租金）可以用矩形 EFHG 的面积来表示，它包含贸易条件得益 e 的面积。

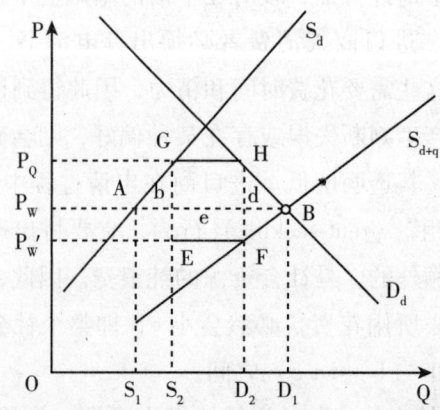

图 5-6　完全竞争市场下大国实施绝对配额的经济效应

综合来看，大国实施进口配额的净福利效应为 $e-(b+d)$，其中，b 为生产扭曲，d 为消费扭曲，e 为贸易条件改善收益。显然，此时有一个最优配额的问题。

由此可见，在完全竞争市场条件下，配额与关税的福利效应实际上是相同的，不过福利的分配形式不同。在关税效应分析中的关税收入，相当于在配额效应分析中配额租金。但是，关税收入为政府所得，而配额租金由谁获得则要取决于配额的分配方式。

（3）垄断条件下的绝对配额效应分析。

如果说在竞争条件下的配额对社会造成的损失可能与关税相似，那么，在垄断条件下实行配额对社会经济利益造成的损失则绝对比关税大。这是因为，在进口国国内市场是独家垄断的情况下，使用配额对国内生产、消费、价格和利益会产生与征收关税很一样的影响。下面以小国为例进行说明。

如图 5-7 所示，D 和 MC 分别是国内厂商的需求曲线和边际成本曲线。在自由贸易时，国内厂商不能控制价格，只能以国际价格 P_W 出售其产品。此时，本国厂商的生产点为 OS_f，国内的消费为 OD_f，此时本国的进口量为 S_fD_f。

如果政府征收进口关税，会提高进口商品市场的价格。国内价格变成 P'_W，国内垄断企业的产品也提高了价格，并相应地扩大了生产。但是由于关税并没有限制进口数量，只是提高了价格，国内厂商仍然不能拥有垄断地位，只能在新的国内价格上与国外生产者竞争。在利润最大化的原则下，企业生产 OS_t，以 P'_W 的价格出售，消费为 OD_t，进口 S_tD_t，整个社会的损失为 △ADK + △BCL 部分。

如果政府实施配额政策，限制了进口的数量，则除了进口的那一部分外，国内的其他需求就完全取决于国内企业的供给。即国内厂商可以垄断除配额以外的国内市场，此时国内市场的价格由垄断厂商的利润最大化原则决定，而与国际市场价格无关。

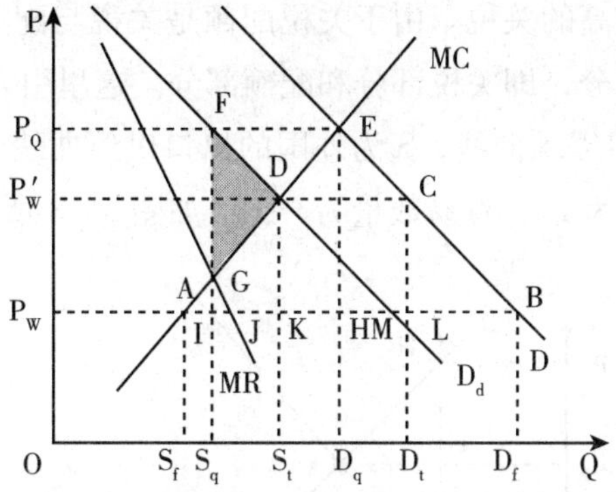

图 5-7　垄断市场下小国实施绝对配额的经济效应

假设配额数量 q 与征收进口关税时的进口量 S_tD_t 相当，根据这个配额量推导出的国内厂商面对的国内需求曲线为折线 D_d，它是国内厂商的原需求曲线 D 减去固定配额 q 后的结果，MR 为厂商的边际收益曲线。垄断厂商根据 MR = MC 的利润最大化原则，其最终生产量会确定在边际收益等于边际成本的地方，即 S_q 点。此时的国内厂商的产量为 OS_q，大于自由贸易时的产量 OS_f，国内市场的消费量为 $OS_q + S_qD_q$，即 OD_q，进口量为 S_qC_q（即进口配额）。此时的国内价格为 P_Q，高于自由贸易条件下的国内价格 P_w，但进口价格保持不变仍为 P_w。可见，虽然关税会扭曲价格机制，但并不抹杀价格机制的作用。而配额却使国际市场或国内市场的价格机制对进口完全失效。

在垄断市场条件下，实施配额后与自由贸易时相比，价格从 P'_w 上升到 P_Q，消费者剩余的损失是 P_wBEP_Q 的面积；而国内垄断厂商则从中攫取了垄断利润，其生产者剩余的增加为 P_q 价格线以下，供给曲线 S_q（即边际成本曲线）以上，OS_q 产量间的部分，即 P_wAGFP_Q 的面积；配额实施产生的配额租金为配额量乘以 P_w 与 P_Q 的价格差部分，相当于 HEFI 面积。这样，配额的净福利效应 = 生产者剩余 − 消费者剩余 + 配额租金，即 △AIJ + △HBE 面积，为净福利损失。其中，图形 HEFI 与 BEFL 的面积相等，因此社会福利净损失可看作图形 FMAG 的面积。具体来看，其中△ADM 的损失是在竞争市场条件下也会发生的。前面分析已知，征收关税的损失为△ADK + △BCL，它们与竞争市场条件下的配额损失是一样的。由于△BCL 与△MDK 相等，因此垄断市场下实施配额与征收关税及竞争市场条件下的配额措施相比，进口国损失增加了△FDG，即图 5-7 中阴影部分。

此外，由于政府分配配额方式的差异，又将影响配额租金的归属（详见前面对配额分配方式的讨论），若政府采取非价格竞争方式或由出口国自行分配配额的方式，则本国损失将会更大。

2. 关税配额的效应分析

关税配额（tariff quotas）是将关税和进口配额结合使用的一种进口限制措施。它并不绝对限制商品的进口总量,而是对配额内的进口商品征收较低的关税或者减免关税,对超过配额的进口征收较高的关税。由于关税配额是关税与配额的结合使用,因此关税配额的效应就要分为两部分,即关税部分和配额部分。这里引入大国模型。

假设 D_d 为本国的进口需求曲线,S_f 为外国的出口供给曲线。在自由贸易条件下,贸易均衡点为 B,均衡价格为 P_1,贸易数量为 OQ_1,如图 5-8 所示。

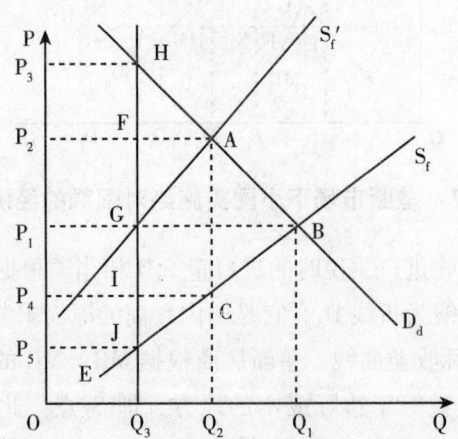

图 5-8　大国实施关税配额的经济效应

若本国对进口产品课征关税率为 t 的从价关税,使外国的出口供给曲线从 S_f 移动到 S'_f,在没有其他市场干预下,这个产品的市场需求和供给将收缩到 OQ_2。此时贸易均衡点为 A,本国消费者的消费量为 OQ_2,支付的含有关税的价格为 P_2。这个从价关税产生的关税收益为 P_2ACP_4。此时本国的进口价格为 P_4。本国的贸易条件改善,关税负担由国内消费者和外国生产者分摊。

现在假定本国又设置进口配额,即实施关税配额,并假定配额内进口免征关税。图 5-8 所示,进口配额为 OQ_3,任何超过这个进口配额限制的数量,都必须支付关税率为 t 的从价关税。因此,一旦设置配额,进口的有效供给曲线就变为 EJGA,本国国内市场的均衡价格和数量分别为 P_2 和 OQ_2。此时,关税配额的配额租金为矩形 P_2FIP_4,关税收入为矩形 ACIF。

从以上分析可知,在相同进口量的条件下,关税、绝对配额和关税配额这三种形式的纯福利效应实际上是相同的,不过具有不同的分配形式。对关税配额来说,操作管理比较复杂,但它越来越成为许多国家普遍使用的数量限制工具。这可能与关税配额的两个特点有关。

(1) 关税配额对进口商品的绝对数额不加限制,而是利用关税税率的高低和减免来控制进口数量。因此关税配额壁垒的严厉程度介于关税和绝对配额之间。

(2) 关税配额具有两个调控手段:一是配额数量,二是配额内外的税率。是增加关税配额数量使得配额外关税自动失效（只保留特殊情况下的使用机会），还是对配额外关税实行逐步减让从而使关税配额内、外税率趋于一致，一国可以根据实际情况灵活运用。

至此，我们可以知道为何GATT/WTO要求其成员优先撤除配额，只使用关税手段了。

首先，虽然关税也限制了贸易，但若出口商的成本足够低，就仍然可以继续出口，问题仅在于出口利润减少，而配额却直接限制了贸易的数量或金额，也就否定了贸易伙伴的比较优势。这既违背了多边贸易体制促进各国贸易的宗旨，也有违通过贸易相互得益的基本道理。

其次，关于配额效应的分析已经说明：比起关税来，配额更容易引起实施国国内收入或利益分配中的不公平，在分配配额的情况下，甚至还会引起行政腐败。简单地说，实施配额可能既不利他也不利己。

因此，现在世界贸易组织仅在特定情况或例外情况下，如由于国际收支恶化而需要限制进口，或者进口数量激增而需要暂时限制进口，或者经谈判得到其他成员认可时，才允许其成员使用或恢复使用配额制。在正常情况下，世界贸易组织要求各成员实行关税化，即把现行配额换算成关税，再逐步降低关税，实现贸易的自由化。

3. 关税与配额政策比较

（1）市场变动下关税与配额的差别。

通过前面的分析可知，关税是通过提高进口商品价格从而减少进口；而配额则通过数量限制直接减少进口，结果也抬高了商品价格。与关税相比，在垄断条件下实行配额对社会经济利益造成的损失将比完全竞争市场条件下更大。虽然在完全竞争市场条件下，两者在保护本国生产者和影响国内产品市场价格上的最终结果是一样的。但是，在国内市场状况发生变化时，这两种手段对经济的影响是有区别的。

征收关税时，国内价格与国际价格的差距是既定的（相当于税率），而且国内价格是固定的。当需求发生变动时，进口量会相应改变，如果消费者愿意支付较高价格，进口可以继续增加，进口状况不易确定。关税的经济效应取决于本国进口需求和外国出口供给的弹性，由于它们不易测定，关税效应难以预知。而在进口配额下，进口量是被限定的，无法增加，因此进口需求的增加只会导致价格的变化，却不改变进口量。由此可知，配额对进口的限制更强，保护效果更好，而且是确定的。但配额下国内价格与国际价格的差价，从理论上说可以是无限制的。具体可通过图5-9来分析。

在自由贸易时，国内外市场价格均为P_W，本国厂商生产S_1，本国需求量D_1，进口数量为S_1D_1。若进口国征收进口关税，单位商品征收关税额为t，则国内市场价格将升到P_Q（$P_Q = P_W + t$），本国厂商生产S_2，本国需求量D_2，进口数量下降为S_2D_2。若本国不是征收进口关税，而是设置数量为q的进口配额，其结果和对单位产品征收t关税额是等价的，都把进口限制在了$S_2D_2 = q$的水平上，同样导致价格上涨到P_Q。

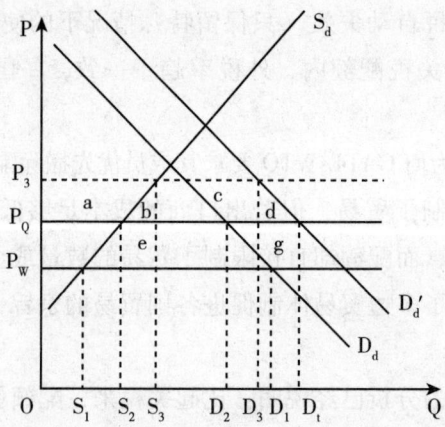

图 5-9　国内市场变化时小国实施关税和绝对配额的差异

现假设本国需求突然增加了，需求曲线由 D_d 右移到 D'_d。在征收进口关税且关税税率不变的情况下，国内价格与国际价格的差距不变（相当于税率），即需求增加不会对国内的价格产生影响，因此国内生产也不会发生变化，P_Q 仍保持原状，但需求的增加会引起进口量的增加，从 S_2D_2 增加到 S_2D_t。在进口配额下，当国内需求增加、进口量却被限制不变时，会产生一个需求缺口 D_2D_t，而导致国内价格上升，进而带动国内生产增加。图 5-9 所示，最终价格停留在 P_3，市场重新处于均衡。此时，进口量为 S_3D_3（和进口限额 S_2D_2 相当），国内生产 OS_3，总消费量为 OD_3，比征收进口关税的 OD_t 减少了 D_3D_t。

从福利变动看，在国内市场发生变动情形下，与征收进口关税相比，实施进口配额福利增加的变化为：本国消费者剩余减少 $(a+b+c+d)$，本国厂商福利增加 a，配额租金与关税收入的相对应部分增加 $(c-e-g)$；总体上损失 $-(a+b+c+d)+a+(c-e-g)=-(b+d+e+g)$。

因此，对一个给定的进口关税而言，需求的增加将使国内价格和国内生产不变，但比等额的进口配额要导致更多消费和进口；另外，对一个给定的进口配额而言，需求的增加却比等额的进口关税导致更高的国内价格和更多的国内生产。在福利效应上，与征收关税相比，实施进口配额将造成更多的损失。

（2）关税与配额政策的选择。

从以上分析看，不管哪种市场状况和分配方式，进口国整个社会的利益变动至多也仅与征收关税时相似，不会更好。那么，在现实生活中为什么许多政府对一些商品不用关税却用配额呢？其主要原因有：

第一，配额可以比关税更有效地控制进口，实现其保护国内产业或控制进口外汇支出改善国际收支的目标。关税是间接的，而配额是直接的。如果本国的进口需求是有弹性的，在征收关税的情况下，外国厂商可以通过降低价格来保持竞争力，本国进口也许并不能减少多少。而配额则可以直接控制进口量,在控制外汇支出或保证本国企业市场份额方面的结果是确定的。

第二,配额比关税灵活,政府可以通过发放进口许可证随时调节进口数量。而政府在调节关税方面却不那么容易。关税的征收由关税法进行协调,法律需要有一定的稳定性。所以除非某种例外条款允许,政府是不能随意调整关税的。

第三,实行配额给政府更多的权力。这种权力不仅表现在对贸易的控制上,也体现在对企业的控制上。在进口配额制度下,政府官员通常对谁能得到进口许可证拥有权力,并能利用这种权力控制企业得到好处。对于利益集团来说,他们也看到在配额制度下可以通过游说或其他活动来谋取许可证特权的机会。

第四,国际贸易自由化的压力。关税是最古老的贸易保护的武器之一,而且是明显的保护,在国际贸易谈判中也是最令人注目的。在关贸总协定成立后最初十几年的贸易谈判中,主要的议题是降低关税税率。1947~1994年结束的乌拉圭回合,发达国家的平均关税大约从40%降到了3%,发展中国家的关税也大幅下降,乌拉圭回合后平均水平降至10%左右。而且关贸总协定的原则之一是关税只能降不能升,从而使得关税保护在现实中的使用变得越来越困难。国际上对于非关税壁垒的限制却开始得比较晚一些,1973~1979年的"东京回合"上,才就取消非关税壁垒达成一些协议。配额虽然被认为应该取消,但实施中仍有许多灵活方式。当然,随着世贸组织中多边谈判的进展,配额也正作为陈旧的保护手段而逐渐被淘汰。

(二)"自愿"出口限制

"自愿"出口限制是一种特殊形式的配额,它对于进口国的影响和进口配额是类似的。所不同的是,在"自愿"出口限制的条件下,配额的发放是由出口国政府分配配额给本国的出口公司。由于出口数量的限制,导致进口国受限制商品的供应量减少所引起的商品价格上升,进而产生的配额租金部分,不为进口国所得,而为出口国所得。因此,在"自愿"出口限制下原属进口国政府或进口商的那部分利益(即配额租金)现在转归外国出口商,进口国消费者剩余的损失为($a+b+d+c$),只有a部分通过生产者剩余的增加转移到了国内生产者手中,社会福利净损失为($b+d+c$),比征收进口关税损失还要大一些。

而且事实上,实施"自愿"出口限制,常常不会达到进口国的预期效果。出口国经常寻找各种办法来抵消它的影响。例如,出口国转向不受限制的同类商品,增加出口量。1977~1981年,美国要求韩国"自愿"出口限制到美国市场上的非胶鞋的出口量。这一期间韩国非胶鞋的出口量受到限制,然而增加了对美国胶鞋的出口量。在美国对韩国非胶鞋实施"自愿"出口限制的第一年,韩国对美国出口的胶鞋的数量增加了115%。同期,没有受到鞋类出口限制的其他国家,占美国市场的份额由4%上升到15%。有的国家或地区由于受到"自愿"出口的限制,将工厂转移到一些不受限制的其他国家,增加了对美国的出口量。

那么,"自愿"出口限制对于出口国来说又会产生什么样的影响呢?

第一,在实施"自愿"出口限制的条件下,出口国既有损失,也有获利,获利有可能大于损失。如图 5-10 所示,假定在没有实施"自愿"出口限制时,进口国的汽车进口量为 S_1D_1,售价为 P_0,出口国可从此获得收入为 (e+f+g)。实施"自愿"出口限制后,汽车的进口量下降为 S_2D_2,汽车售价上升至 P_Q。在这种情况下,出口国一方面受到损失,因为每年出口的汽车量减少,损失了图 5-10 中的 e 和 f 两部分。另外,由于汽车出口数量的限制,使得进口国汽车价格上升,出口国又会增加额外收入,即图中的 c 部分。因此,在"自愿"出口限制下,出口国净福利为 (c-e-f)。其中,在减少销售的 e 和 f 两部分中,既包括利润,也包括成本,而增加的 c 部分收入则是净收入。而且,"自愿"出口限制还可能引起更大的价格波动。因此,出口国的获利可能大于其损失。

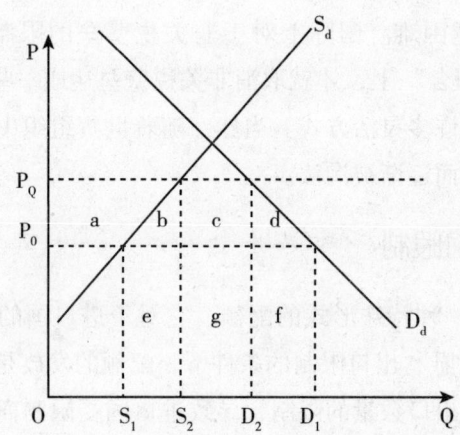

图 5-10 "自愿"出口限制的经济效应

第二,在实施"自愿"出口限制的条件下,对于出口企业的影响有两种可能性:一种是削弱出口企业的竞争能力;另一种是增强出口企业的竞争能力。如果实施"自愿"出口限制,即使出口企业获得的净利大于由于减少销售量所产生的损失,但由于出口数量的减少,企业生产规模相应地缩小,影响其规模经济的发挥,削弱其竞争能力。但如果当企业获得出口配额许可证,获得了额外的利润后,它们将这部分收入的相当大的部分用于再投资,开发新的产品和发展新的技术,也可能增强企业的竞争能力。

第三,实施"自愿"出口限制。在出口国可能形成既得利益集团。这是因为一些出口企业每年都可以获得一定数量的配额,能够得到稳定的出口市场,这些企业在出口市场上一方面避免了竞争,另一方面又获得相当可观的额外利润,从而形成既得利益集团。因此,这些利益集团为了维护它们的既得利益,必然竭尽全力进行院外活动,或对政府的官员进行行贿活动,其结果可能导致它们的注意力不在于如何增强企业的竞争力。

(三) 补贴

1. 出口补贴

当政府提供出口补贴时,出口商会扩大产量,增加出口量,直到国内价格和国外价格的差额正好等于补贴额,生产者获利;出口补贴使国内消费者的购买价格上升,福利下降;政府需支付补贴的费用,福利下降。

如图 5-11 所示,在自由贸易时,小国以国际市场价格 P_0 出口产品,出口量为 D_1S_1。现政府实施 s 额度的出口补贴,国内厂商每出口一单产品可获得 (P_0+s) 的收入,因此在国内市场上他也将以 (P_0+s),即 P_s 的价格销售(此时应有一种机制使国内市场与国际市场分离,以防止本国消费者以较低的国际市场价格回购出口品)。价格上升导致国内产量扩大到 OS_2,出口量增加到 D_2S_2,但消费量下降为 OD_2,国内生产者获得 (a+b+c) 面积的生产者剩余,消费者减少了 (a+b) 面积的消费者剩余,政府支付了 (b+c+d) 面积的出口补贴成本,出口国的净福利为 -(b+d),即出口补贴造成了福利净损失。其中,b 是出口补贴的消费效应,即当国内价格上升后,导致消费下降而造成的损失;d 是出口补贴的生产效应,即当国内价格上升后,国内生产者扩大生产,但是由于部分低效率资源被利用(该生产效率高于世界标准)而造成的损失。

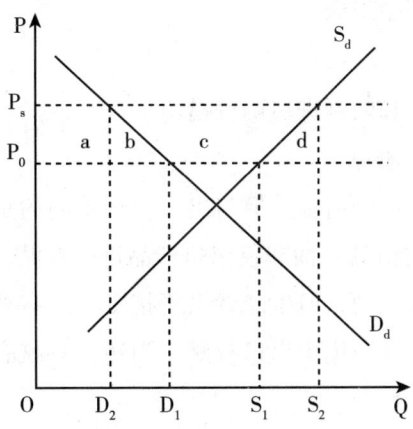

图 5-11　出口补贴的经济效应

上述变动是在贸易小国的情况下发生的,若采取出口补贴的是贸易大国,情况又会如何?大国的国内市场变动会影响到国际市场价格,所以按以往的经验,情况也许会好点,但也可能更糟糕。

与小国一样，大国对出口提供补贴也会增加国内的产量和出口量，而出口量的增加将会降低产品的国际市场价格，价格下降又反过来影响升高的产量回落、降低了的消费量回升。假设在新的均衡点上，国际价格为 P_0'。产品新的国内价格就是新国际价格加上 s 的额度，为 P_s'。大国实施出口补贴导致的国内产量和出口量的扩大规模都比小国要小，在出口价格下降而进口价格保持不变时，大国的贸易条件恶化，贸易效应低于小国，出口量扩张幅度小于小国情形，仅为 $D_2'S_2'$（见图 5-12），政府的补贴支出将会小于小国情形。

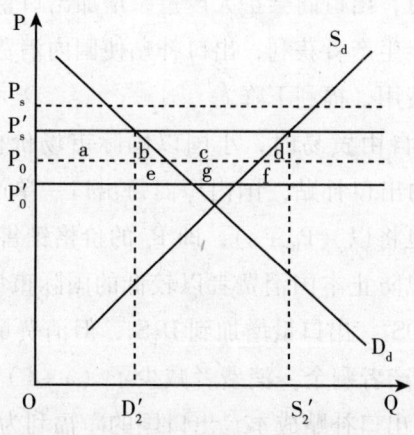

图 5-12　出口补贴的经济效应

在福利变动上，大国出口补贴导致了消费效应和生产效应的损失（b+d）和贸易条件恶化的损失（e+f+g）。所以出口补贴不仅扭曲了国内生产，还恶化了出口国的贸易条件，给出口国带来了福利净损失。

2. 生产补贴

生产补贴包括鼓励出口和限制进口两种措施。

（1）对出口工业的生产补贴。

虽然它也是属于鼓励出口的措施，但与出口补贴不同的是，生产补贴是对出口工业部门生的所有产品（包括内销品）而非仅出口产品进行补贴。因此市场价格不会发生变动，消费者福利也不会发生变动，但生产者由于接受了政府补贴，其福利上升，因而从整个社会的利益来说，生产补贴优于出口补贴。当然，对政府而言，生产补贴的支出要远大于出口补贴的支出。

（2）对进口竞争工业的生产补贴。

政府生产补贴的结果是：生产者价格提高，国内生产增加；消费者的价格不变，国内消费不变。整个社会的利益变动：进口竞争工业生产者显然得到了好处。生产者盈余会增加了 a，与关税时一样。消费者利益没有变动。政府则与征收关税时不同，总补贴支出为 a+b。社会净损失为 b（见图 5-13）。

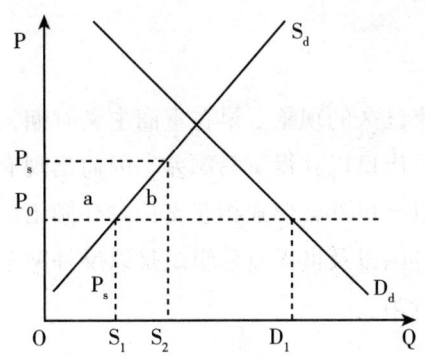

图 5-13 进口竞争部门生产补贴的经济效应

与关税相比,生产补贴对刺激国内同类产业的生产的效果相同,但前者的社会净损失是 b+d,而后者只有 b。因此,从整个社会的利益来说,实施关税造成国民福利的净损失要大于实施生产补贴造成的国民福利净损失。但对政府而言,实施生产补贴会造成政府财政的净支出,而征收进口关税却给政府带来净收入。

上述各类贸易政策的经济效应比较可参见表 5-3。

表 5-3 不同贸易政策的经济效应与净福利变化(与自由贸易相比)

经济效应	价格	生产者剩余	消费者剩余	贸易	政府收入	净福利
进口关税 (对进口国)	提高	提高	下降	减少	增加	大国不确定, 小国下降
进口配额 (对进口国)	提高	提高	下降	减少	不确定	大国不确定, 小国下降
"自愿"出口限制 (对进口国)	提高	提高	下降	减少	不变	下降
出口补贴 (对出口国)	提高	提高	下降	增加	下降	下降(大国比 小国损失更大)
出口行业生产 补贴(对出口国)	不变	提高	不变	增加	下降	下降(比出口 补贴小)
进口行业生产 补贴(对进口国)	不变	提高	不变	不变	下降	下降 (小于关税)

(四) 反倾销

倾销是国际贸易中由来已久的现象。早在重商主义时期，欧洲尤其是西欧国家向其出口生产商提供补贴，低价出口以获得贸易顺差，因而出现有补贴的倾销；同时，一些出口生产商也组织起来，以出口基金形式相互支持对外倾销出口。不过在现代国际贸易中，前者属于补贴范畴，各国以及世界贸易组织是以反补贴来加以调整的，而倾销这一概念专指厂商的低价出口行为。

1. 倾销的经济学分析

在经济学中，倾销通常被认为与不完全竞争的市场条件相联系。进行倾销的厂商在国内市场往往具有定价能力，即它在国内市场上具有垄断地位，但它在国际市场上却可能面临完全竞争。如果国际市场上生产相同产品或者虽然有差异但能完全替代的产品足够多，垄断厂商为达到在国内国外两个市场的利润最大化（使每个市场上的边际收益等于边际成本，即 MR = MC），就会出现倾销。假定垄断厂商在国内国外两个市场的边际成本曲线相等，则在需求弹性较小（需求曲线较陡）的国内市场，垄断厂商会采用高价策略，以 P_d 价格出售；而在需求弹性较大的国际市场上采用低价策略，按 P_f 价格出口，如图 5-14 所示。由于 $P_d > P_f$，即出口价格低于其国内售价，所以该厂商在进行倾销。

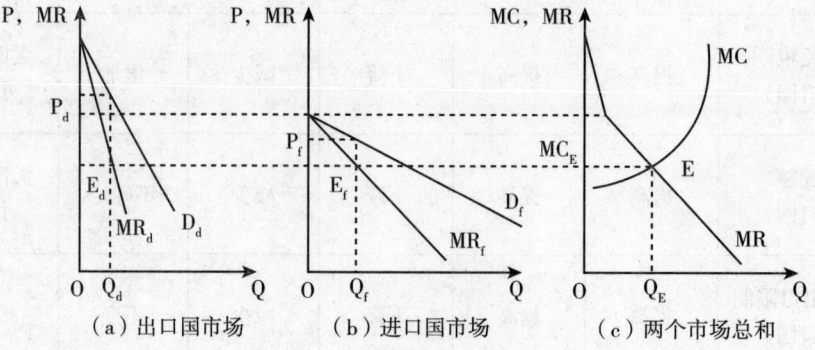

图 5-14 垄断厂商的倾销

此时，垄断厂商会按利润最大化原则来分配在国内市场和出口市场上的销量（国内销量 Q_d，国外销量 Q_f，两个市场的总销量为 Q_E），从而确定生产均衡点 E，获得最大利润。

实际上这个模型暗含着一个条件——本国市场是一个受到保护的市场，即本国和外国被很好地分隔。否则，国内市场的高价将吸引其他国家商品进口，或者倾销商品因价差足够大，可以抵消运回国内的成本而回流，倾销商也就难以在国内市场维持高价。

当然，在现实中，倾销厂商并不一定在国内市场拥有垄断能力。如果存在关税、非关税壁垒或运输成本障碍，国内市场与国外市场受到一定程度阻隔时，一个非垄断厂商为获取国外市场也有可能进行倾销。

倾销引起的经济效应是一个比较复杂的问题。通常来说，倾销意味着激烈的价格竞争，因而对倾销商来说虽然可以扩大出口，但是存在利润下降和亏损风险。而对进口国的竞争厂商也不利，但对消费者（在倾销产品是中间品的情况下，则还包括使用这些中间品的下游产业）有利。当倾销具有持续性时，它对消费者的利益更为确定。如果发生的是掠夺性倾销，即厂商进行倾销是为了在进口国市场以低价击败竞争对手后再实行垄断高价，则进口国无论竞争厂商或消费者都会受到损害。不过，在当代国际市场上，进行掠夺性倾销已经越来越困难了。

2. 反倾销的经济效应

反倾销的做法通常是征收反倾销税，即在名义关税的基础上加征相当于倾销差价的额外进口关税。一般而言，从进口国角度来看，反倾销措施的效应同征收关税或实施进口配额的效应是类似的，它也会引起关税的价格效应（导致进口品的价格上升，进而影响进口国的生产和消费）、贸易限制效应（限制了来自指控对象国的进口），国内进口竞争厂商由此得到了保护，而消费者将不能继续得到低价商品的好处，从而导致生产者与消费者福利变动。除此之外，反倾销措施还会在贸易上产生一系列与关税不同的影响，主要有贸易转移效应（增加了未受指控的进口来源地的同类产品进口）和调查效应（未做出终裁前，反倾销调查对指控对象国的非指控企业的出口起到抑制）等。

图 5-15 可反映进口国征收反倾销税后倾销厂商所受到的影响。被征收反倾销税后，出口厂商的边际曲线会上移，上移幅度取决于反倾销税的征收幅度。由于出口商的倾销幅度为 $(P_d - P_f)$，如果进口国征收相同幅度的反倾销税 t，则出口商的边际成本曲线将由 MC 向上平移至 MC + t 的位置。在新的边际成本 = 边际收入（即 MC + t = MR）的条件下，出口国的出口将由 OQ_f 减少至 OQ_f'，出口价格上升至 P_f'（价格上升幅度会小于反倾销税的征收幅度，大小取决于所处市场的需求弹性），市场均衡点由 E 移至 E'。在出口市场上的利润最大化的产出下降意味着厂商的出口受到了抑制，体现了反倾销措施的贸易抑制作用。

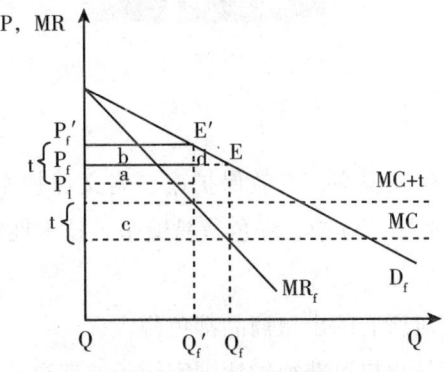

图 5-15 反倾销的经济效应

从进口国角度看，征收反倾销税使政府获得一笔税收收入 $OQ'_f \times t$，设为 c；同时当出口厂商提高出口价格后，使得进口国国内厂商得到了保护，但进口国消费者却面临损失（b+d）。为便于比较，将政府收入部分平移至 P'_1 位置，设 P'_1 与 P_1 之间的差距等于反倾销税 t，则面积 a+b=c。进口国整体净福利为（a−d），是获利还是损失取决于 a 与 d 的比较，其总福利并不确定。

因此，进口国有可能通过反倾销而增加经济利益，它比实施一般进口关税更具优越性。因为在一般关税情况下，进口国必须是贸易大国才有可能增加收益，而实施反倾销措施即使是小国也有可能获益。同时，反倾销作为一种贸易救济措施是 WTO 规则所允许的，不易受到指控国和国际社会的谴责。那么，进口国实施反倾销措施对整个世界来说是有利的吗？

从全球角度看，进口国征收反倾销税影响了国际贸易的开展，整个世界利益受到影响。对于出口国来说，虽然由于价格提高得到了额外收入 b，但要支付反倾销税 c，将 c 用 a+b 代替后，出口国仍损失 a。可见，出口国倾销商垄断高额利润的损失 a，作为反倾销税的一部分转移给了被倾销国。此外，由于反倾销的实施导致价格上升从而抑制了出口，销售量下降，出口国损失了 $OQ'_f \times (Q_f - Q'_f)$。因此，出口国总损失大大超过了进口国可能获得的净收益。整个世界的福利下降了 $EE'Q_fQ'_f$ 的梯形面积。

由上述分析可以看到，虽然反倾销的初衷是为了反对不公平竞争。但在现实中，反倾销措施同关税与其他非关税措施一样，也具有反竞争和贸易保护的作用，会损害出口国和整个世界的福利。经济学家们对反倾销行为普遍持否定的意见，其主要理由是：反倾销措施可能否定出口国的生产优势，否定厂商在竞争程度不同的市场上制定不同价格这种正常商业行为，可能为进口竞争产业提供不恰当的保护，进口国资源有效的重新配置可能因此而延误等。如果受保护的是国内垄断产业，或者倾销产品是对国内下游产业重要的中间品，那么反倾销可能反而不符合进口国的总体利益。

本章习题

一、名词解释题

关税、关税水平、最有关税率、有效保护率、名义保护率、关税结构、进口配额、绝对配额、关税配额、反补贴、倾销、绿色贸易壁垒、技术性贸易壁垒。

二、判断题

1. 为了鼓励出口，应对所有的出口商品都免税。（   ）
2. 发展中国家的农产品出口可获得发达国家给予的普惠税优惠。（   ）
3. 最惠国税是一种普遍的、非歧视的、非互惠的关税优惠。（   ）

4. 进口附加税通常是一种特定的临时性措施。（   ）

5. 要提高进口关税对商品的保护程度可以提高其关税税率。（   ）

6. 各国限制进口的最主要措施是关税措施。（   ）

7. 贸易救济措施的滥用，其效果等同于贸易壁垒。（   ）

8. 小国征税会使其贸易条件恶化。（   ）

9. 征收进口税对贸易大国的影响是不确定的。（   ）

10. 当出口国的倾销行为停止后，进口国可继续征收一定时期的反倾销税。（   ）

三、单项选择题

1. 啤酒每升征税 3 美元，按这种方法所征的关税类型称为（   ）。
   A. 选择税　　　B. 混合税　　　C. 从量税　　　D. 从价税

2. 某国对某种商品规定，全年进口额在 200 万美元以内者征关税 10%，超过 200 万美元以上的部分，除原征关税外，加征关税 60%，这种措施称为（   ）。
   A. 混合税　　　　　　　　　　B. 进口附加税
   C. 罚款　　　　　　　　　　　D. 关税配额

3. 有些国家在国境内设立自由港、自由贸易区和保税区时（   ）。
   A. 国境大于关境　　　　　　　B. 国境小于关境
   C. 国境等于关境　　　　　　　D. 上述三种情况均有可能

4. 下列不是普惠制特点的是（   ）。
   A. 普遍的　　　B. 非歧视的　　C. 互惠的　　　D. 非互惠的

5. 正常关税是指（   ）。
   A. 特惠税　　　B. 最惠国税　　C. 普惠税　　　D. 普通税

6. 关税的特征是无偿的、（   ）和预定的。
   A. 强制的　　　B. 有偿的　　　C. 自愿的　　　D. 直接的

7. 下列不属于 WTO 规定的贸易救济措施的是（   ）。
   A. 关税措施　　B. 反补贴　　　C. 反倾销　　　D. 保障措施

8. 小国征收进口关税会导致（   ）。
   A. 国际市场价格上升　　　　　B. 外国生产者福利增加
   C. 国内消费者福利下降　　　　D. 贸易伙伴国福利下降

9. 进口国实施配额措施对国内福利的影响（   ）。
   A. 比关税好　　　　　　　　　B. 与关税一样
   C. 不会好于关税　　　　　　　D. 一定比关税差

10. 实施反补贴措施的条件包括（   ）。
    A. 进口产品存在补贴
    B. 对国内产业造成实质损害或者产生实质损害威胁

C. 补贴与产业损害之间存在因果关系

D. 以上都是

四、简答题

1. 关税的主要种类有哪些？
2. 与关税相比，非关税壁垒具有哪些特征？
3. 非关税壁垒呈现怎样的发展趋势？
4. 倾销的主要类型有哪些？
5. 判断倾销的依据是什么？
6. 与小国相比，大国实施进口关税有哪些不同的经济效应。
7. 关税的动态效应有哪些？
8. 试解释关税升级效应。

五、计算与分析题

假设在中国和美国的两国贸易模型中，中国对汽车的需求和供给为：$D_c = 2000 - 0.02P$；$S_c = 1200 + 0.03P$；美国对汽车的需求和供给分别为：$D_u = 1800 - 0.02P$；$S_u = 1400 + 0.03P$。试计算：

1. 贸易前，双方汽车的均衡价格和产量。
2. 自由贸易条件下，国际市场汽车的均衡价格、各国的产量及贸易量（不考虑运输成本）。并分析自由贸易给两国福利带来的影响。
3. 中国对进口汽车每辆征收 3000 美元的关税，这时各国汽车市场的价格、产量及贸易量；与自由贸易相比，中国汽车制造商、国内消费者和中国政府的福利变化，及净福利情况。
4. ①中国为美国的汽车进口设定的配额为 100，这时各国汽车市场的价格、产量；与自由贸易相比，各国消费者、厂商的福利变动情况。

②如果中国为美国的汽车进口设定的配额为 150，这时各国汽车市场的价格、产量，及福利变动情况。

5. 如果中国的政策目标是保护国内汽车制造业，你认为应该实行哪一种政策？它在实践中会有什么问题？

参考文献

[1] Nicholas Weller. Trading policy：Constituents and party in U. S. trade policy [J]. Public Choice . 2009 (1).

[2] Robert J. Carbaugh. International Trade [M]. Beijing：China Renmin University Press. 2017.

［3］林波，何海燕．美国反倾销反补贴联动实施宏观影响因素研究［J］．经济学动态，2012（05）．

［4］郭波．新贸易壁垒论［M］．北京：中国经济出版社，2008．

［5］顾春芳．全球贸易摩擦研究报告［M］．北京：中国商务出版社，2011．

［6］海闻，P. 林德特，王新奎．国际贸易［M］．上海：格致出版社，上海人民出版社，2012．

［7］王耀中，洪联英．新编国际贸易理论与实务［M］．北京：高等教育出版社，2015．

第六章　国际贸易协调组织

> **引例**

美国与巴西的棉花补贴争端

棉花作为一种重要的经济作物，是巴西等发展中国家重要的出口产品之一。然而，以美国为首的发达国家实施的棉花补贴政策严重扭曲了世界棉花贸易价格，使其他棉花主要生产和出口大国深受其害，棉花产业发展和小农户生存处境艰难，在一个各种选择都非常有限的地区尤其如此。在上述背景下，棉花问题在世界农业谈判中获得了极为特殊的关注。贝宁等4个非洲棉花出口国于2003年5月在WTO提出，美国、欧盟等对棉花进行了大量补贴，压低了世界棉花价格，妨碍了非洲四国棉花的出口竞争力，要求在新一轮谈判中先行对棉花产业实行自由化。棉花问题最终成为坎昆会议中农业问题的重要议题。与此同时，巴西与美国之间爆发了棉花贸易争端，并诉诸WTO争端解决机构，由此拉开了棉花补贴博弈的序幕。该贸易争端成为WTO（包括GATT）历史上第一次针对"绿箱"政策的争端，也是第一次将"严重损害"规则应用到农业补贴问题上的争端。

2002年9月27日，巴西将美国的棉花补贴问题诉诸WTO，并与美方先后进行了3次磋商，试图说服美国削减，甚至完全取消棉花补贴，但遭到美国的拒绝。根据美国农业法，美国政府对棉花的补贴政策要持续到2007年。这意味着如果巴西不能解决这一问题，它将蒙受更大的损失。为此，巴西政府于2003年9月要求世贸组织成立专家组调查美国棉花补贴问题。根据巴西的起诉，世贸组织于2004年4月初成立WTO专家组。经过几个月对证据复核，2004年6月18日，WTO争端解决机构做出初裁，认定美国棉花补贴的相关立法和部分措施违反了WTO规则，并指出，美国政府凭借补贴保持了棉花产量和出口增长，人为降低了国际市场棉花价格，造成了巴西利益的严重损害，美国有义务采取适当措施消除补贴的不利影响或撤销补贴。

但美国不服，提出了上诉。2004～2008年，WTO专家组和上诉机构四次裁决美国在此案中败诉。尽管随后美国修正了一些棉花补贴条款，但2009年8月WTO裁定美国政策调整还不到位，授权巴西可对采取美国贸易总额为2.95亿美元的制裁措施。而依据巴西外贸协会的计算，制裁总额将达8.29亿美元。但若采取传统的惩罚性关税手段进行贸易报复，最终遭受多数损害的是巴西而不是美国。对进口消费品征税不仅可能引发输入性通货膨胀，而且巴西自美国进口的许多是资本品和其出口产品的重要中间投入品。因此巴西向 WTO 申请采取"跨部门报复"的惩罚性政策，授权其可以对美国违反正常的知识产权规则（TRIPs）和服务贸易总协定（GATS），以此将农业补贴成本转移到美国的其他行业和公司。为避免遭受贸易制裁，双方展开磋商。2010 年 4 月，美国政府同意建立一项基金，每月向巴西棉花种植者支付 1227.5 万美元，直到颁布新的棉花法。但受美国联邦政府削减预算影响，美政府从 2013 年 10 月开始停止支付这笔资金。由于美国未能正常向巴西棉业提供协议资金，巴方决定成立报复技术小组评估是否有必要对美国采取报复措施。

2014 年 2 月，美国国会通过了新的 2014~2018 财年《农业法案》（或称《农田法案》），对国内棉花补贴政策进行了重要调整，取消了直接支付补贴项目，但扩大了保险项目的覆盖范围，并将"多重收入保护计划"（STAX）纳入传统棉花保险中，取得了与此前补贴项目类似的保护效果。双方再次就此进行磋商。同年 10 月，美巴就结束长达 12 年的棉花补贴争端达成了和解协议，双方间的纠纷暂告一段落。根据协议，美方同意一次性向巴西棉花产业支付 3 亿美元资金，并为国内棉花出口商的出口信贷和担保设置上限；巴西则同意在美国现行农业政策下，不再向世贸组织就美国棉花补贴问题提起新诉讼，并放弃对美国采取贸易制裁措施的权利。

（资料来源：[1] 刘志雄，卢向虎，王永刚. 巴西——美国棉花贸易争端及其给中国的启示 [J]. 调研世界，2005（10）：27-29+37；[2]［美］皮厄特拉·里佛利著，王海峰，吴恒源译. 一件 T 恤的全球经济之旅 [M]. 北京：机械工业出版社，2016：286-288.）

📖 本章学习要点

1. 国际贸易协调的含义；
2. 主要的国际贸易协调组织；
3. 区域经济一体化的含义与类型；
4. 区域经济一体化的经济效应；
5. 国际贸易协调机制的局限性。

国际贸易协调是世界经济发展到一定历史阶段的产物，它本质上是国家经济调控的国际化。第二次世界大战以后，随着生产力的提高，生产的国际化进一步发展，世界经济联系日益紧密，相互依赖程度加深，国际竞争也日趋激烈。竞争必然引起矛盾和经济摩擦，世界各国为了缓和这些矛盾和摩擦，普遍采取了国际协调手段，使国际协调机制得到相当程度的发展和完善。

第一节　国际贸易协调的含义和客观基础

一、国际贸易协调的含义

国际贸易协调是世界上政府和有关国际机构为维持世界贸易的正常运行，对国际贸易活动进行联合干预、管理和调节，以及各国之间相互调整、相互适应的方式及过程。各国政府和有关的国际机构是实施国际贸易协调的主体，稳定发展国际贸易从而使之有利于各国的经济发展则是这类协调行为的目的，其实施对象是国际贸易活动，而共同或联合对国际贸易活动进行干预、管理和调节则是上述协调行为的表现特征。

从生产力的角度考察，国际贸易是各国实行优势互补和进行资源有效配置的重要渠道。不过在现实经济生活中，完全自由贸易的主张一直只是人们所追求的理想目标，各种贸易障碍始终存在，这限制了生产国际化和资本国际化的发展。在传统认识上，人们常常认为国家间进行贸易政策协调的目的在于减少贸易壁垒、恢复自由贸易。但是，第二次世界大战后世界贸易发展的历史表明，贸易政策的国际协调总是在贸易保护主义和自由主义两种力量的对抗中实现的，其目的不仅仅在于扩大各国之间的贸易量，更重要的是通过协调调整各自的利益，避免冲突激化。如果说第二次世界大战前由于缺少国际贸易协调机制，贸易领域的纷争通常是导致资本主义国家之间战争的主要因素之一，那么，第二次世界大战后情况就有所不同。国际贸易领域里的矛盾和摩擦虽然较第二次世界大战前并不逊色，但最终都能通过各种协调手段加以缓解。其中，发达国家间的贸易政策协调起到了一定的积极作用。

从国民经济角度考察，国际贸易协调可以区分为主动协调和被动协调。所谓主动协调，是指正确认识了国际分工条件和格局的变化，能够恰当地评价本国在国际分工中的地位，并能适应本国比较利益和国民价值增值途径的变化，因此采取适当的措施调整本国经济结构和宏观经济政策，从而达到促进本国经济快速增长的目的。而被动协调则是指未能认识到国际贸易协调机制和国际分工条件、格局的变化，采取的宏观经济政策常常有悖于世界经济发展客观规律的要求，在国际分工和国际交换中往往处于不利地位，并且不能主动地采取措施改变这种不利地位，而往往是在国际分工条件和世界经济格局发生的变化直接影响该国经济时，才被迫作出适应性的调整，但整个调整过程是滞后的，对经济发展的推动作用远不及主动协调有力。

主动协调和被动协调是从国民经济角度分析划分的，从整个世界贸易发展的客观需要看，这两种协调具有相同意义，因为这两种协调都是世界生产关系适应世界生产力发展的必然产物,是不以某一个国家国民经济状况的主观需要为转移的。谁在国际贸易协调中掌握了主动权,谁就能获得较快的经济增长,反之,则会导致经济增长缓慢或停滞不前。正确认识这一点对一个国家制定适宜的宏观调节政策、发挥开放经济效益、促进能够带来国民经济发展是很重要的。既然已没有一个国家的经济能够独立于世界经济之外,开放经济和参与国际分工能够带来国民经济的增值效应,那么每个国家都有必要扩大开放并在开放中协调本国经济与世界经济的关系。

二、国际贸易协调的客观基础

国际贸易协调实质上是国际经济领域竞争和矛盾尖锐化的产物。因此,它的产生和发展是有其客观基础的。

(一)世界经济是开放经济

所谓开放,既是一国国民经济与世界经济相联系及相互依赖的程度,也是国民经济与世界经济融为有机整体的发展过程。作为整体而存在的世界经济既非国民经济的简单总和,也非普通意义上的国际经济,而是这两者的总和。因此,世界经济最基本的特征是开放性,有了开放经济才有世界经济,而世界经济又是一个开放的体系。正是世界经济的开放性这一特性,决定了开放的国民经济之间相互依存、相互影响和相互协调的必然性。因为开放经济间相互联系的条件是不断发展变化的,开放的条件变了,国际协调就不可避免。相互开放本身就意味着需要相互适应、相互调整。因此,开放经济是世界经济的前提,而协调是为了使开放进一步顺利和健康发展。从这个意义上说,开放的进程就是国际经济协调的过程。

(二)世界经济是市场经济

各国经济不论其宏观管理模式如何,分配体制怎样,对于世界经济而言,都是世界商品的生产者。市场经济的内在动力在于商品生产者在市场上为实现其商品的交换价值所展开的竞争。在世界市场上,各国商品生产者作为独立的经济单位或作为国民经济的一个组成部分要实现的是商品的国际交换价值,它们之间的竞争往往要超过国内市场上的竞争。但是,对世界市场和竞争行为的规范无法像一国国内那样依靠强制的法律和行政手段来确立,而只能通过国际经济协调来实现。当世界市场上的竞争所引起的矛盾尖锐化、激烈化,以致影响世界市场的正常运行时,国际经济协调就不可避免。当然,矛盾不总是通过协调趋于缓和,通过激烈的对抗来解决的可能性也是存在的。但这种方式的解决毕竟是非正常的解决,是偶然的和相对的,而协调是经常的和绝对的。伴随着商品经济的深化,协调变得越来越经常和重要,可以说国际经济协调是与经济的市场深化相联系的。

（三）世界经济是整体性经济

从世界经济的整体性看，世界经济是一个不能割裂的生产体系。一方面，国际分工的存在和扩大使所有国家的生产越来越专业化，各国在或大或小的程度上既依赖于他国的生产又满足他国的需要，世界生产力是一个整体；另一方面，国际分工的参与者被特定的经济制度和国界所阻隔，但所有的参与者之间已形成了一种特殊的生产关系，即参与国际分工的单位不仅必须遵守自己国家的规则，而且还必须遵守其他主权国家的规则，世界生产关系也是相互联系的有机整体。世界规模的市场和生产体系与各国政府的管辖权是矛盾的，它在很大程度上削弱了民族的、国家的自决能力，使一个国家的经济政策难以孤立地实施，政府决策的效果不明朗化，这就在客观上需要进行国际经济协调，从协调建立国际经济行为规则以适应世界生产力发展的需要这一角度而言，国际经济协调本身就是世界生产关系的重要内容之一。因此，国际经济协调的过程也是经济整体性不断增强的过程。

（四）国家垄断资本主义的影响

在认识世界经济的基本特性是国际经济协调的客观基础的同时，也不能忽视国家垄断资本主义生产方式对国际经济协调的影响，因为当代世界经济是资本主义生产方式占统治地位的世界经济。就目前而言，国际经济协调在很大程度上是国家垄断资本主义对经济调节和国际化的一种形式，整个协调机制和协调过程都与发达国家的国家垄断资本主义有密切的联系。这主要表现在以下几个方面。

第一，国家对经济的强化促进了国际经济协调，国际协调的发展又反过来使国家垄断地位得到加强。第二次世界大战后主要西方国家的国家垄断资本主义都得到了空前的发展，政府既是经济活动的仲裁者，作为上层建筑从外部提供资本主义生产发展所需要的各种条件；同时又是直接参与者，作为经济基础深入经济生活内部调节和干预经济运转。随着经济活动的国际化，由国家政权出面对经济进行国际干预和调节不仅成为必要，而且有了可能。特别是当资本主义的世界性经济衰退到来时，国家垄断资本主义在对付危机时就自然而然地会采取国际协调的方式。而国际经济协调又必然会加强国家垄断资本主义对经济生活干预的能力，单个国家的干预往往力不从心，通过国际协调便能奏效。

第二，区域经济集团、区域性经济一体化组织既是国际协调的产物，也是国家垄断资本主义干预经济生活的新的高级形式。如欧盟这样的超国家经济集团就是国家垄断资本主义的国际联合，同时也是国际经济协调不断发展和深化的产物。

第三，跨国垄断资本全球性的投资和经营活动也迫切需要国家政权间的经济协调，以保证它们获得高额垄断利润并具有稳定的外部环境。从这个角度看，国际经济协调也是私人资本与国家政权融合和合作的形式，是国家政权干预经济生活的国际延伸。

第二节 经济全球化下的国际贸易协调组织

20世纪90年代以来,世界经济形势发生了极其深刻的变化,世界经济发展进入了一个崭新的时期。一方面,在世界范围内,各国、各地区的经济相互交织、相互影响、相互融合成统一整体,即形成全球统一市场。另一方面,在世界范围内建立了规范经济行为的全球规则,并以此为基础建立了经济运行的全球机制。在这个过程中,市场经济一统天下,生产要素在全球范围内自由流动并优化配置。所有这一切体现在世界经济中的突出表现就是经济全球化的大发展。

一、经济全球化的含义及成因

"全球化"一词,最早是由经济学家特·莱维于1985年提出的。他用这个词形容之前20年间国际经济的巨大变化,即商品、服务、资本和技术在世界性生产、消费和投资领域的扩散。因此,他所说的全球化是经济全球化。但是,迄今为止,经济全球化还没有一个公认的定义。一般认为,经济全球化具有多维特征,它是指人类经济活动超越民族、国家界限以及各国经济在世界范围的相互融合过程。以此为出发点,经济全球化既指资本、生产、技术、信息、货物等生产要素在全球范围内广泛而自由地跨国界流动,从而实现资源有效配置的过程,也指由于这个过程的深化使各国之间的联系和相互作用不断加强,形成各国经济"你中有我,我中有你"的相互依赖和制约关系。它是生产力和国际分工向高级阶段发展的必然结果。

全球化并非一种新现象,只是自20世纪80年代中期以来,经济全球化得到了进一步的有力推动和迅速发展,其原因是复杂的、多方面的。

首先,科技革命带来的生产力高度发展为经济全球化奠定了物质技术基础。第二次世界大战后,科学技术迅速发展,特别是信息技术日新月异,推动了经济运行数据的收集、分析与决策的自动化并提高了其透明度。同时,运输与通信手段也发生了革命性变化,运输方面,喷气式飞机、大型远洋超级货轮、集装箱运输迅速发展;通信方面,卫星、光缆、传真技术快速发展,信息高速公路的兴建及互联网开通。这些都使全球经济活动的速度越来越快,规模越来越大,形成了全球性的交通运输和信息网络,使地球形成了时空大为缩小的"地球村"。科学技术的发展是经济全球化的根本动力。

其次,跨国公司的迅速发展为经济全球化打下了微观基础。跨国公司以世界市场为舞台,以越过贸易障碍、降低成本、增强竞争力从而增加利润为目的,利用和重组世界各地的自然资源、资金、技术、人才、劳动力等生产要素，组织全球性的生产和销售，从而把世界各国和各地区的经济直接连接起来，把各国之间的国际分工变成其公司的内部分工。跨国公司的全球经营战略大大推动了生产的跨国组合、国际贸易的繁荣及国际投资的增加，尤其是南北间资金的双向流动已成为一种不可忽视的相互联结的合作纽带。

最后，全球性市场经济体制的实现为经济全球化奠定了制度基础。市场经济体制现在已被世界各国所接受，并且发挥着越来越重要的作用。发达国家推行的不同类型的市场经济模式，正随着世界经济的发展和形式的变化而不断调整和完善。发展中国家特别是经济转轨国家，也先后从计划经济体制向市场经济体制转化。推行市场经济，实行对外开放，与世界市场接轨，按国际规则运行，已成为世界几乎所有国家的共同要求和发展趋势。市场经济制度有力地促进了世界统一市场的形成和发展，因而使经济全球化成为可能。

二、经济全球化下国际贸易发展的新趋势

在经济全球化下，随着国际分工的不断深化和细化，跨国公司自身管理模式、全球战略的调整以及金融资本在国际贸易领域影响力的不断增强，国际贸易结构、贸易壁垒、贸易方式和国际贸易秩序等都出现了与以往不同的新特点。

（一）国际贸易在结构上出现软化趋势

在经济全球化的背景下，国际贸易结构趋向高级化，技术贸易和服务贸易发展方兴未艾。经济全球化引发了各国间产业结构和经济结构的调整，这种调整导致了国际贸易结构的变化，突出表现在两个方面：一是高技术产品贸易比重越来越大，智能化、高技术化、知识含量高的产品逐渐成为世界产品市场的主体，传统的初级产品以及一般技术制成品逐渐让位于高技术产品。据统计，在1976年的全球国际贸易中，以资源为基础的初级产品和低技术产品占67%，高技术产品仅占11%。到1998年，以资源为基础的初级产品和低技术产品所占比例下降为48%，而高技术产品的比例跃升为22%。2007年，全球高技术产品出口已超过全球出口总额的1/4。二是服务贸易所占比重不断上升，服务外包成为跨国投资的主流。为了应对全球市场竞争，跨国公司不断调整资源配置和公司经营战略，按照成本和收益原则剥离非核心的后勤与生产服务业务，增强了服务产品的可贸易性，这使服务贸易增长异军突起，服务产品的生产也成为国际投资的重要领域。根据WTO统计资料显示，1970年，国际服务贸易的出口额仅为710亿美元，1980~2006年，国际服务贸易出口额从3650亿美元增长到2.4万亿美元，26年间增长了6倍多，占世界贸易出口的比重从1/7增长到1/5。

（二）国际贸易在贸易壁垒上出现技术化趋势

从贸易壁垒的发展线索来看，长期的关税减让谈判使关税壁垒的作用已经很弱，国

际公共规则的不断建立和完善也使传统制度化的非关税壁垒的作用受到很大的限制。但是，由于各国对贸易保护的需求，在传统贸易壁垒被削弱的情况下，贸易壁垒的形式不断更新并进入了更高的层次，出现了一系列新的贸易壁垒。新贸易壁垒是相对于传统贸易壁垒而言的，指的是以技术壁垒为核心的包括绿色壁垒和社会壁垒在内的所有阻碍国际商品自由流动的新型非关税壁垒。新贸易壁垒的核心是技术，无论是技术壁垒还是绿色壁垒都通过设置一系列严格的技术标准来保护本国市场。新贸易壁垒具有双重性特点。一方面，新贸易壁垒往往以保护人类生命、健康和保护生态环境为理由，无可厚非，这其中有合理的部分，况且世贸组织协议也允许各成员方采取技术措施，其必要性和合理性以不妨碍正常国际贸易或对其他成员方造成歧视为准。所以新贸易壁垒有其合法和合理的一面。然而另一方面，新贸易壁垒又往往以保护消费者、劳工和环境为名行贸易保护之实，对某些国家的产品进行有意刁难或歧视，这是它不合法和不合理的一面。这些负面的东西经常混淆是非，给国际贸易带来障碍。

（三）国际贸易在交易方式上出现网络化趋势

近年来，互联网应用范围的极度扩张给国际贸易带来深刻变化。网络技术的成熟和普及、网络经济的逐渐形成使国际贸易网络化趋势越来越明显。网络贸易是指在网络平台的基础上直接进行在线交易，利用数字化技术将企业、海关、运输、金融、商检和税务等有关部门有机连接起来，实现从浏览、洽谈、签约、交货到付款等全部或部分业务的自动化处理。简而言之，网络贸易即指交易各方借助互联网完成商品订购和销售。网络贸易具备两个基本特征。其一，交易无纸化。生产方与消费方或者买方和卖方均通过国际互联网获得信息、接触和签约，通过电子邮件邀约和受约，而传统的贸易方式需要当面洽谈和书面签约。其二，付款方式电子化。网络的迅猛发展使买卖双方可以在网络上实行电子付款，即通过电子银行在网络上进行资金的结算和转账等。网络贸易是国际贸易手段的创新，代表着国际贸易的发展趋势。它一经产生，就成为不可逆转的趋势。据统计，全球互联网上的交易额 1996 年仅为 30 亿美元，2016 年已达 27.7 万亿美元。目前约有 16 亿人至少在网上购物一次，占所有互联网用户的 50% 以上，这其中又以亚太地区为最，全球一半的网购人数集中在该地区。在当前国际贸易持续低迷的情况下，跨境电商给全球贸易注入了新的活力。当前网络贸易发展如此迅猛是因为它具有传统贸易无法比拟的优势。网络贸易活动中的交换信息、磋商交易、订立合同、转让货物、报送商检、进出口代理、付款交付等综合贸易及服务功能都能通过电子商务系统传输和处理，通过遍布世界各地的销售网络和用户资源为贸易商寻找买主，得到订单，销售产品，从而降低成本。据美国《福布斯》的统计，网上交易可以节省 5%~10% 的成本，使国内生产总值增加 100 亿~200 亿美元。

（四）国际贸易在贸易规则上出现规范化趋势

国际贸易从产生起就不断朝着规范化的方向发展。随着全球化和新经济的到来，知识型服务贸易、网络贸易和网络税收等新事物不断涌现,一国对外贸易的发展更需要协调一致的贸易规范,各国对国际贸易规范化的呼声也越来越强烈,这使得国际贸易规范化向着更全面、更完善的方向迈进。一方面,新经济对国际贸易流通主体的影响已经突破了传统国际贸易以货物贸易为主的局限,信息技术转让等知识性服务贸易日益成为国际贸易活动的主要内容。为了适应这一要求,乌拉圭回合中加入了有关服务贸易和与贸易有关的知识产权的谈判,并在历时8年后达成了《服务贸易总协定》《与贸易有关的知识产权协议》《与贸易有关的投资协议》,奠定了新经济时代国际贸易法规的基本框架。另一方面,世界贸易组织(简称世贸组织,WTO)的成立更加有利于监督各国(地区)的贸易行为是否规范化。目前,WTO正在就环境问题、劳工问题和网上税收问题进行新一轮的磋商谈判。可以肯定,国际贸易规范化的发展将越来越有利于世界贸易的发展,世界贸易的发展也必将越来越规范化。

三、世界贸易组织的宗旨、职能与基本原则

(一)世界贸易组织的宗旨和目标

在《建立世界贸易组织的协定》的序言中,规定了WTO的宗旨是提高生活水平,保证充分就业,大幅度稳步地提高实际收入和有效需求,扩大货物、服务的生产和贸易,坚持走可持续发展的道路,各成员应促进对世界资源的最优利用,保护环境,并以符合不同经济发展水平下各自成员需要的方式加强采取各种相应的措施,积极努力确保发展中国家(地区)尤其是最不发达国家在国际贸易增长中获得与其经济发展水平相应的份额和利益。

WTO的目标是建立一个完整的,包括货物、服务、与贸易有关的投资及知识产权等在内的更具活力、更持久的多边贸易体制,以落实GATT贸易自由化的结果和乌拉圭回合所达成的所有成果。

(二)世界贸易组织的职能

为了实现它的宗旨,世界贸易组织协定赋予该组织以下几个方面的主要职能。

(1)促进世界贸易组织协定及各项多边贸易协定的执行、管理、运作及目标的实现,同时对各种多边贸易协定的执行、管理和运作提供组织机制。

(2)为多边贸易磋商提供一个场所,按一体化的争端解决规则与程序主持解决各成员之间的贸易纠纷。

(3)按照有关贸易政策审议机制,负责定期审议各成员方的贸易制度和与贸易有关的国内经济政策。

(4）负责与国际货币基金组织、世界银行及其附属机构的合作，以便进一步促进对全球统一的经济政策的制定。

(5）编写年度世界贸易报告和举办世界经济贸易研讨会。

(6）向发展中国家和转型经济国家提供必要的技术援助。

（三）世界贸易组织的基本原则

世界贸易组织协定包括29个独立的法律文件，涉及从农产品到纺织品，从服务贸易到政府采购、原产地规则及知识产权等有关贸易的所有问题。另外，还有25个附属的部长级宣言、决议和谅解。然而，有几个基本原则是贯穿于这些文件当中的，它们构成了多边贸易体制的基础。

1. 非歧视原则

非歧视原则又称不歧视待遇或无差别待遇原则，是世贸组织全部规则体系的基础，它充分体现了平等精神，完全符合各国主权平等的国际法原则。非歧视原则规定成员方在实施某种优惠或限制措施时，不得对其他成员方采取歧视待遇。该原则主要通过关贸总协定中的最惠国待遇条款和国民待遇条款予以体现。

（1）最惠国待遇。

最惠国待遇（most-favored-nation treatment，MFN）是指一成员方现在和将来给予另一成员方的优惠、特权和豁免，都不应低于该成员方给予任何第三方的优惠、特权和豁免，否则就构成差别待遇或者歧视。也就是说，成员方可以不直接就某个商品项目同其他成员方谈判就可以享受任何成员方通过谈判达成的所有优惠待遇。

（2）国民待遇。

国民待遇要求进口商品与本国商品在国内税费等政府管理措施方面享受同等待遇。这两个原则保证了进口商品和本国商品能在同等条件下竞争，避免成员方利用征收国内税费的办法保护国内产业、抵消关税减让效果。

总之，最惠国待遇和国民待遇都体现了非歧视原则。两者的区别在于最惠国待遇强调两国不得针对不同进口来源的商品实行歧视待遇，而国民待遇则强调两国不得在进口商品与本国商品之间实行歧视待遇。最惠国待遇的目的是使来自不同国家的进口商品在成员方市场上处于同等竞争地位，不受歧视，而国民待遇的目的是使进口商品在成员方的国内市场上与其本国商品处于同等竞争地位，不受歧视。

2. 关税保护原则

世贸组织主张各成员方主要通过关税来保护国内产业和市场，也就是说，关税是唯一合法的保护手段。这是因为关税措施的保护程度显而易见，并且各成员方容易就关税措施的使用进行谈判。关税保护原则在肯定关税保护是合法手段，限制、取消或禁止使用各种非关税措施的同时，要求各成员方在互惠基础上通过多边谈判削减关税，各成员方政府不得征收高于它在关税减让表中所承诺的税率。因此关税保护的原则不是提倡用关税进行保护,而是只允许采用关税这种透明的保护措施而不允许采用非关税壁垒,并且在原则上税率应当不断降低。

关税保护原则也有例外规定,例如,允许发展中国家以促进经济发展或国际收支平衡的需要等为由修改或撤销已作出的关税减让。

3. 透明度原则

透明度原则要求各成员方正式实施的有关进出口贸易的所有法律、法规、条例以及与其他成员方达成的所有影响贸易政策的条约与协定等都必须事先正式公布,否则不得实施。但它不要求成员方公布那些可能会影响到法令的贯彻执行、会违反公共利益或会损害某一公、私企业正常商业利益的机密资料。透明度原则的目的是保证各成员方在货物贸易、服务贸易和知识产权保护方面的贸易政策实现最大限度的透明。

4. 公平贸易原则

公平贸易原则也称公平竞争原则,是指各成员方在国际贸易中不应采用不公正的贸易手段进行竞争,尤其是不应以倾销或补贴方式出口商品。进口国如果遇到其他国家出口商以倾销或补贴方式出口商品,就可以采取反倾销或反补贴措施来抵制不公平竞争,维护公平竞争的贸易环境。为防止滥用反倾销和反补贴措施达到贸易保护主义目的,世贸组织对反倾销和反补贴规定了严格的程序和标准。

但是,世贸组织中有一些协议构成公平贸易原则的例外,例如,《与贸易有关的知识产权协议》旨在改善涉及智力成果和发明的竞争条件,《服务贸易总协定》则规范与改善服务贸易的竞争条件,《政府采购协议》则对政府机构的采购活动予以约束,这些协议与货物贸易相比贯彻公平贸易原则的力度较小。

5. 互惠贸易原则

互惠互利是世贸组织成员方之间利益、优惠或特权的相应让与,是成员方之间确定贸易关系的基础,也是多边贸易谈判的行为规范。互惠贸易原则要求成员方在互惠互利的基础上通过多边贸易谈判进行关税或非关税措施的削减,对等地向其他成员方开放本国市场,以获得本国产品或服务进入其他成员方市场的机会。此外,当新成员加入时,要求申请加入方保证通过关税及其他事项的谈判作出一定的互惠承诺,以此作为享受其他成员方给予优惠的先决条件。

互惠原则的例外主要体现在世贸组织允许成员方在某些特殊情况下可以援引"免责条款"撤销已作出的关税减让,例如,当发展中国家出现严重的国际收支困难时可暂时免除互惠义务。

6. 市场准入原则

市场准入是指成员方允许其他成员方的货物、服务与资本进入其市场的程度。市场准入原则要求各成员方根据自身经济发展水平,在一定期限内对其他成员方的货物、服务与资本逐步开放国内市场，并不断加大开放程度。市场准入原则具体体现在乌拉圭回合的一系列协定或协议中。

7. 公平解决争端原则

世贸组织的争端解决机制以公正、平等为原则，这些原则体现在调节程序、上诉机构、从关贸总协定的全体一致通过到世贸组织的全体一致否决机制的转变、对违反上诉和非违反上诉的规定以及对发展中国家及最不发达国家的特殊规定等。公平解决争端原则要求成员方之间一旦出现国际贸易争端，应通过公正、客观、平等和友好的方式使有关贸易争端得到妥善解决。

四、世界贸易组织的运行机制

世界贸易组织的运行机制包括法律框架和组织结构、加入和退出机制、决策机制、争端解决机制、贸易政策审议机制等。这些机制为世贸组织的运行提供了法律基础和组织保障。

（一）世界贸易组织的法律框架和组织结构

世贸组织的法律框架是由《建立世界贸易组织的协定》及其4个附件组成的。附件1是《货物贸易多边协定》《服务贸易总协定》《与贸易有关的知识产权协定》，附件2是《关于争端解决规则与程序的谅解》，附件3是《贸易政策审议机制》，附件4是《政府采购协议》《民用航空器贸易协议》《国际奶制品协议》《国际牛肉协议》。其中，《国际奶制品协议》和《国际牛肉协议》已于1997年12月31日终止。前3个附件作为多边贸易协定，所有成员方都必须接受。附件4属于诸边贸易协定，仅对签署方有约束力，其他成员方可以自动选择参加。

根据《建立世界贸易组织的协定》的规定，世贸组织建立了相应的组织结构。

1. 部长级会议和总理事会

部长级会议是世贸组织的最高权力机构，由全体成员方的代表组成，负责履行世贸组织的职能。部长级会议的主要权利有：有权对世贸组织的各项协定作出修改和权威性解释；对成员方之间发生的争议或其贸易政策是否与世贸组织规定一致作出裁决或提出修改意见；在特定情况下豁免某个成员的义务；批准世贸组织的新成员或观察员；部长级会议至少两年举行一次。

在部长级会议休会期间，其职能由总理事会代为行使。总理事会由全体成员方的代表组成，负责处理世贸组织的日常事务，监督和指导各项协定及部长级会议所作决定的贯彻执行情况。总理事会只有两项具体职能，即履行争端解决机构和贸易政策审议机构的职责。总理事会定期召开会议，通常为每两个月一次。

2. 理事会

世贸组织在总理事会下设有三个理事会，即货物贸易理事会、服务贸易理事会和与贸易有关的知识产权理事会（简称为知识产权理事会），它们在总理事会的指导下分别负责管理、监督相关协议的实施，并负责行使相关协议规定的职能以及总理事会赋予的其他职能。其中货物贸易理事会负责管理、监督货物贸易多边协议的执行，包括《1994年关税与贸易总协定》及其附属的 12 个协议或守则。货物贸易理事会下又设市场准入委员会等 11 个委员会以及纺织品监督机构，具体负责处理专项协议的有关事宜。服务贸易理事会负责管理、监督《服务贸易总协定》的实施，下设金融服务贸易委员会和具体承诺委员会。知识产权理事会负责管理、监督《与贸易有关的知识产权协议》的执行，目前尚无下设机构。

3. 专门委员会

世贸组织在总理事会下还设有五个专门委员会，负责处理三个理事会的共性事务及其他事务。专门委员会包括贸易与发展委员会、贸易与环境委员会、国际收支限制委员会、区域贸易协议委员会以及预算、财务与行政委员会。此外，根据《民用航空器贸易协议》和《政府采购协议》的规定，世贸组织还设立了民用航空器贸易委员会和政府采购委员会，负责监督实施相关的诸边贸易协议。这两个委员会不是总理事会的附属机构，但在世贸组织框架内运作，并定期向总理事会通报其活动。

4. 秘书处及总干事

世贸组织下设秘书处，秘书处由总干事负责。部长级会议任命总干事并明确规定其权力、职责、服务条件及任期，总干事任命副总干事和秘书处工作人员并按部长级会议通过的规则确定他们的职责。总干事、副总干事和秘书处工作人员必须独立地承担各自的职责，不得寻求或接受部长级会议之外任何政府或其他权力机构的指示或指挥，以保持世贸组织作为一个国际组织的独立性。

5. 其他机构

除上述常设机构外，世贸组织还根据需要设立了一些临时机构，即所谓的工作组，如加入世贸组织工作组、服务贸易理事会下的专业服务工作组、《服务贸易总协定》规则工作组等。工作组的任务是研究和报告有关专门事项并最终提交相关理事会作决定。有的工作组则直接向总理事会报告，如加入世贸组织工作组。

（二）世贸组织的加入和退出机制

世贸组织允许任何国家（地区）申请加入。一国或地区要加入世贸组织，必须经过提出申请和受理、对外贸易制度的审议和双边市场准入谈判、多边谈判和起草加入文件、表决和生效四个阶段。任何成员都可以退出世贸组织。但这种退出必须在世贸组织总干事收到退出的书面通知之日起 6 个月后才能生效。世贸组织之所以作这种期限上的规定，主要是基于如下三点考虑：一是便于世贸组织其他成员方有较充分的时间调整与退出方之间在世贸组织及其规则中的权利义务关系。二是防止退出方使用权宜之计，利用退出程序逃避其应承担的有关义务。三是为退出方重新考虑退出决定和撤回退出通知创造机会。

（三）世贸组织的决策机制

世贸组织的决策采用协商一致优先、诉诸表决其次的程序。具体来说，任何重大决策均须先在各成员方之间磋商，力求通过协商达成一致，只有在无法协商一致时才诉诸投票表决。

协商一致实际上是 GATT 时期形成的决策惯例，世贸组织的决策程序沿用了这个惯例。所谓协商一致，就是在作出任何重大决策之前，先进行成员之间的广泛协商，争取获得所有成员的支持。而世贸组织具体决策中对于协商一致的理解，则是不反对即意味着赞许。权威的表述是："在作出决定的会议上，如果任何一个与会成员方对拟议通过的决议不正式提出反对，就算达成了协商一致。" 1995 年 11 月，世贸组织总理事会议定了一项有关决策规则的重要说明，强调在讨论有关义务豁免或加入请求时，总理事会应寻求以协商一致达成协议，只有在无法协商一致的情况下才进行投票表决。

部长会议和总理事会的表决实行一个成员一票的办法。一般情况下，部长会议和总理事会依据成员所投票数的简单多数作出决定，但在某些重大问题上，则须按照绝对多数原则表决。其中在以下三类议题的表决上有专门规定。

第一类是关于世贸组织多边贸易协定条款之解释的投票表决。按照章程，部长会议和总理事会拥有对《建立世界贸易组织协定》和其他多边贸易协议解释的权利。在具体解释中若发生争执且无法通过协商达成一致时，部长会议或总理事会可就监督实施协定的相应理事会提出的建议进行表决。此类表决须获 3/4 以上多数方算通过。

第二类是关于义务豁免权的表决。根据世贸组织的有关协定，任何成员既享有一定的权利，也需要履行一定的义务。但在特殊情况下，部长会议可决定豁免某一成员方应尽的某项义务。对成员方提出的豁免要求，部长级会议应确定一个不超过 90 天的期限进行审议。首先应按协商一致的原则作出决定如果在此期限内未能达成一致，则需投票表决。此类表决须获 3/4 多数方能通过。

第三类是关于修正案的表决。世贸组织的任何成员方均有权就《建立世界贸易组织协定》和其他多边协定条款提出修正意见。部长会议或总理事会应在 90 天或更长的期限内，本着协商一致的原则提出修正案，提请各成员方协商。若未能达成一致，则可诉诸表决。此类表决须获 2/3 多数通过，方能作出将修正案提请各成员接受的决议。

除此之外，世贸组织对于某些重要协定条款的修正还奉行一致赞同原则。所谓一致赞同,就是必须获得全体成员的一致同意方为有效。与一致赞同方式并行不悖的是另外两种方式:一种是多数赞同全部适用原则。世贸组织多数协定的修改表决主要奉行此种方式,即经 2/3 或 3/4 多数票通过的决议,对所有成员均具有约束力。另一种是多数赞同多数适用方式。对有些关键条款或原则性条目的修改,即使获得 2/3 乃至 3/4 的压倒性多数赞同,但也只对那些愿意接受此类修正的成员方有约束力,而对那些反对修改的成员方不具有约束力。这类修正案主要包括那些可能会从实质上改变成员方权利与义务界定的条款或项目的修正案。

(四) 世贸组织的争端解决机制

世贸组织争端解决的基本程序包括磋商、专家组审理、上诉机构审理、决策的执行和监督等。除基本程序外,在当事方自愿的基础上,也可采用仲裁、斡旋、调节和调停等方式解决争端。世贸组织的争端解决机制适用于多边贸易体制所管辖的各个领域。与关贸总协定相比,该争端解决机制建立在一套完整严谨的条款之上,对争端解决和监督履行都有明确的规定,而且世贸组织的法人地位也使其对争端的调节更具强制性和法律约束力,从而使多边贸易体制的遵守和执行获得更大保障。世贸组织总理事会同时作为负责争端解决的机构,履行成员方之间争端解决的职责。

(五) 世贸组织的贸易政策审议机制

世贸组织的贸易政策审议机制赋予总理事会对各成员方的贸易政策进行定期、系统审议的职能。根据规定,该机制对各成员方贸易政策审议的周期取决于它们在世界贸易中的份额。贸易额占世界前 4 名的国家每 2 年审议一次;对排第 5～第 20 名的成员每 4 年审议一次;第 20 名以后的成员每 6 年审议一次;对其中最不发达国家的审议周期可以更长。该机制的目的是审议、评估各成员方的贸易政策及其对多边贸易体制的影响,并通过公开各成员方的贸易政策促使它们提高贸易政策和措施的透明度,履行所做的承诺,更好地遵守世贸组织的规则。

第三节 区域经济一体化下的国际贸易协调组织

第二次世界大战以后,区域经济一体化是世界经济格局变化的一个重要发展趋势。这一趋势已经发展成为当前世界经济的重要特征之一,是第二次世界大战后集团贸易自由化与贸易保护主义的一种新形式。研究区域经济一体化的发展与作用已经成为各国制定经济贸易发展战略的一项重要内容。

一、区域经济一体化的含义

资本主义国家之间的经济联合早在第二次世界大战前就已出现。当时少数发达国家的私人垄断组织曾签订过不少国际卡特尔协议,借以瓜分原料来源、分割市场、控制生产和确定垄断价格。但这种国际经济联合基本上限于流通领域。第二次世界大战前,也曾出现过国家之间的双边或多边协定,用以协调国家间的经济活动。但这种协定往往是短命的,其协调活动的范围也是有限的。

第二次世界大战后,随着国际范围内生产专业化和社会化程度的迅速提高以及跨国公司的发展,世界各国之间的经济联系和相互依赖关系日趋加强,同时国家间竞争和矛盾的加剧也使国家之间的经济联合有进一步发展。其突出表现就是出现了区域经济一体化的新趋势。

区域经济一体化(regional economic integration)又称为地区经济一体化,是指参与成员方之间减少与取消歧视性的贸易壁垒以及采用一定程度上的共同的对外贸易与经济发展的政策,而逐步形成有组织的、可协调的、能有效运转的国际经济体系,使区域经济成为一个有机整体。区域经济一体化的具体表现形态则是区域经济集团化。

所谓区域经济集团化,是指若干国家(或地区)通过各种条约让渡自己的部分经济或政治主权,建立起超国家的管理机构负责制定和执行共同政策,对内实现贸易投资自由化、对外构筑种种贸易壁垒的排他性经济实体。

区域经济一体化和区域经济集团化既有联系又有区别,区域经济一体化是区域经济集团化形成的客观基础,而区域经济集团化是区域经济一体化的具体表现形式。

二、区域经济一体化的类型

区域经济一体化按关税壁垒和商品及服务自由化程度,以及在产业、财政、金融、政治等各方面的联系程度,可分为以下几种类型。

(一)优惠贸易安排(preferential trade arrangement)

这是市场经济一体化最低级、最松散的一种形式。优惠贸易安排主要是通过协定或其他形式减少成员方之间的进口关税,即对全部商品或部分商品规定特别的关税优惠。如东盟和非洲优惠贸易区等就属此类。但这种一体化形式的发展程度较低,现在许多区域经济集团大多直接以自由贸易区为起点进行经济一体化。

(二)自由贸易区(free trade area)

自由贸易区指由签订有自由贸易协定的国家组成的贸易区,其内容包括在成员方之间取消工业品贸易限额，减免或废除关税，使商品在区域内各成员方之间逐步自由移动，但各成员方保持独立的对区外成员方的贸易壁垒。例如，欧洲自由贸易联盟和拉丁美洲自由贸易协会，以及中国—东盟自由贸易区（CAFTA）等就属此类。

（三）关税同盟（customs union）

关税同盟指由两个或两个以上的国家签订协定，相互免除关税和取消其他贸易壁垒，并对非同盟国家实行统一的关税税率而缔结的同盟。它在一体化程度上高于自由贸易区，它除了包括自由贸易区的基本内容外，同盟对外还建立统一的关税税率。结盟的目的在于使参加同盟的商品在统一关税之内的市场上处于有利的地位，排除非同盟国商品的竞争，它开始带有超国家的性质。例如欧洲经济共同体实行经济一体化的基础就是关税同盟。

（四）共同市场（common market）

所谓共同市场，就是在共同市场成员方内完全废除关税与数量限制，并建立对非成员方的统一关税，同时也允许资本和劳动力等生产要素在成员方间自由流动。

共同市场常表现为区域内各成员方的一种或几种产业形成的部门一体化，如"欧洲煤钢联营"就是欧洲法、德、意、荷、比、卢等六国政府间的煤钢经济一体化组织。其内容包括逐步取消成员方之间煤钢产品的进出口关税和限额，成立煤钢共同市场，通过控制投资、产品价格、原料分配、企业的兴办与合并等调节共同体成员方的煤钢生产，并建立具有超国家性质的"协调机构"对各成员方、企业和个人实行约束。这种形式的部门一体化还有欧洲原子能共同体（EAEC）、欧洲经济共同体的农业共同市场。

（五）经济同盟（economic union）

所谓经济同盟，就是各成员方之间不但商品和生产要素可以完全自由流动，对外建立统一关税，而且要求成员方制定和执行某些共同经济政策和社会政策，逐步废除政策方面的差异，使一体化的程度从商品交换扩展到生产、分配乃至整个国民经济，形成一个庞大的经济集团。欧洲经济共同体在1991年12月11日召开的首脑会议正式通过了政治和经济与货币联盟条约，即《马斯特里赫特条约》，欧盟自此成立。它是目前世界唯一一个达到经济同盟阶段的一体化集团。

（六）完全经济一体化（complete economic integration）

完全经济一体化也称为政治同盟（political union），是经济一体化的最高阶段。在此阶段，区域内各国在经济、金融、财政等政策上完全统一化。在各成员方之间完全消除商品和生产要素（劳动力、资本等）自由流通的人为障碍。完全经济一体化不仅包括货币在内的经济的完全一体化，而且也是政治、外交与防务的一体化。虽然欧盟目前还处于经济同盟向完全经济一体化发展的阶段，在一些领域实施共同外交与安全政策，开展共同防务建设，签署了欧洲宪法条约。但随着成员国的不断增加，成员国间经济实力的差距越来越大，实现这一目标的难度也在不断加大。

三、主要的区域经济一体化组织

当今世界，区域经济一体化组织多种多样，并且它们之间也存在着较大的差异。这种差异不仅体现在一体化进程的速度和程度上，而且还表现在组织形式和运作机制上。在这里主要介绍目前世界上规模和影响较大的几个经济一体化组织——欧洲联盟、北美自由贸易区和亚太经济合作组织。

（一）欧洲联盟

欧洲联盟（European Union，EU），简称欧盟，其前身是欧洲经济共同体（又称"西欧共同市场"），它是欧洲主要资本主义国家组成的一个经济和政治集团。1957年3月25日，法国、联邦德国、意大利、荷兰、比利时和卢森堡六国政府代表在意大利首都罗马签署了《欧洲经济共同体条约》，即《罗马条约》。1958年1月1日，欧洲经济共同体正式成立。英国、丹麦和爱尔兰于1973年加入欧共体，1981年希腊、1986年西班牙和葡萄牙相继成为欧共体成员国。欧共体当时有成员国12个，面积225.5万平方公里，人口3.4亿人，总产值与美国相近，是世界上最大的经济贸易与政治集团。

欧洲经济共同体成立后，不仅提前实现了关税同盟、共同市场等《罗马条约》的主要目标，而且朝着政治、经济与货币同盟的方向发展。经过欧洲经济共同体成员的共同努力，于1993年1月1日建立了欧洲统一大市场，其主要标志是《马斯特里赫特条约》（以下简称《马约》）的签署。《马约》又名《欧洲联盟条约》，它是欧洲共同体关于建设政治联盟和经济与货币联盟的总称，政治联盟的核心是建立共同的外交、防务和安全政策，经济与货币联盟的重点在于建立"单一货币"和欧洲中央银行。欧洲联盟的支柱是经济货币联盟、共同外交与防务政策和司法合作。此外，该条约还扩大了欧洲议会的权限。《马约》于1991年12月在荷兰的马斯特里赫特城由欧共体12国共同签署，目的是在欧共体原有的《罗马条约》的基础上，将以统一大市场为标志的经济一体化进程进一步扩展和深化，在12国范围内建立政治联盟与经济货币联盟。

《马约》原定于1993年1月1日生效，后由于一些成员国延缓批准而推迟。1994年1月1日，《马约》终于在布鲁塞尔欧共体特别首脑会议上宣布开始正式生效，欧洲联盟正式成立。1995年1月1日，奥地利、瑞典、芬兰正式加入欧盟，使欧盟发展成为包括

15个成员国、人口逾3.4亿、国民生产总值6.9万亿美元、经济一体化程度最高、影响最大的经济一体化组织。

《马约》的生效只是欧洲经济共同体走向欧盟的第一步，而更重要的一步则是欧洲统一货币欧元的诞生。1999年1月1日，欧元正式发行。经过3年的过渡时期，到2002年1月1日，欧元正式进入流通领域，替代首批参加欧元区成员国的货币。2002年3月1日，除英国、丹麦、瑞典外，其他12国的货币都退出了流通领域。欧元的成功启动是自布雷顿森林体系崩溃以来世界货币结构最为重大的变化，表明了欧洲经济联盟向货币统一迈出了重要的一步，为建立更加紧密的欧洲联盟奠定了重要的基础。

西欧经济一体化的发展可以从两个方面来看，一方面，其内涵在不断深化，从关税同盟、共同市场发展到现在的经济与货币联盟。成员国之间的商品、劳务、资本、人员实现了自由流动，有了统一的货币和中央银行，内部和外部的经济政策也实现了高度的统一；另一方面，其外延在不断扩大，西欧经济一体化组织的成员国数量不断增加，除了前面提到的15国以外，在21世纪初的2004年5月，东欧10国的波兰、捷克、匈牙利、斯洛伐克、斯洛文尼亚、拉脱维亚、爱沙尼亚、立陶宛、塞浦路斯和马耳他也正式加入欧盟。2007年，罗马尼亚和保加利亚正式加入欧盟。2013年，克罗地亚加入欧盟。至今，欧盟由最初的6国发展到现在的28国。虽然欧盟的一体化日益深化，但由于利益冲突不断，联盟内也出现了一些不协调的发展趋势。2016年英国举行全民公投决定退出欧盟，经过多次谈判拟定于2019年3月29日正式脱欧，但截至目前仍未达成正式的脱欧协议。与此同时，意大利也进行了公投，虽然以失败告终，但也加大了欧盟内部分裂的风险。

（二）北美自由贸易区

1992年8月12日，美国、加拿大和墨西哥3国就北美自由贸易达成协议，同年12月17日3国共同签署《北美自由贸易协定》（NAFTA）。协定的最后文本于1993年在上述3国国会上予以通过，该协定于1994年1月1日起正式生效。一个包括4.2亿人口和11万亿美元的国民生产总值的世界第一个由发达国家和发展中国家组成的经济集团出现在北美大陆，对该地区和全球经济产生了深远的影响。

北美自由贸易协定的主要内容是：(1) 对3国之间流通的上万种商品免征关税。其中近1/2的商品可以立即免税，近15%的商品在5年内逐步予以免税。(2) 设置障碍以防止亚洲和欧洲公司的产品通过墨西哥免税进入美国市场。(3) 墨西哥对美国和加拿大开放自己的银行、保险和证券业，允许美加两国在这些行业进行投资和营业。(4) 成立一个三边委员会，以解决包括环境污染在内的3国之间的一切商业纠纷。

北美自由贸易区除地域更为广阔、经济实力更强以外，在其他方面还具有更重大和更深远的意义。首先，这是世界上第一个由发达国家和人口众多的发展中国家组成的经济贸易集团。其次，北美自由贸易区的实质内容既包括商品贸易，又涉及了服务贸易，并保证3国间的平等流动。

《北美自由贸易协定》无疑对美、加、墨3国的经济发展具有积极的推动作用。对于美国来说，北美自由贸易协定带来的好处首先会使美国对墨西哥的出口额大大增加，预计墨西哥将会超过日本而成为美国的第二大贸易伙伴。其次，出口的增长也会使美国的就业机会随之增加。另外，根据协定，美国的银行业、保险业和证券业将进入墨西哥，这也有助于加强美国这些行业的实力。尽管在保护美国环境与就业保障等方面还存在一些问题，但绝大多数美国企业家对北美自由贸易协定都持欢迎态度。

加拿大国内对北美自由贸易协定的看法有很大分歧。加入北美自由贸易协定无疑会提高加拿大制造业的生产率，增加产品的竞争能力，刺激经济的增长。但由于加拿大与墨西哥的经贸关系远不如美国与墨西哥的关系密切，加拿大对将美加自由贸易区拓展到墨西哥兴趣不大，并担心北美自由贸易区会将本国从美国得到的利益转移至墨西哥，失去北美自由贸易区可能带来的好处。尽管矛盾重重，加拿大在加入北美自由贸易协定上已别无选择，其根本原因在于加拿大在经济上对美国的过度依赖。

对于墨西哥来说，北美自由贸易协定的影响将是全面的。美、加两国的资金和技术将大量流入墨西哥，墨西哥的就业机会将因此而增加，此外墨西哥的经济增长率也将因为资金和技术的流入以及对美、加出口的增加由目前的3%～4%增至7%，并将成为推动全球经济高速增长的因素之一。但是美、加两国的商业和服务业将大举进入墨西哥，使墨西哥各行各业面临空前严峻的竞争。例如，1995年年初墨西哥金融危机的爆发就与北美自由贸易协定有直接关系，即国内市场开放力度过大、进口增长过快导致外贸赤字庞大，国际收支严重失衡，汇率大幅度下跌。总之，墨西哥加入北美自由贸易区是利弊兼蓄，它给墨西哥的政治、经济和社会生活带来深刻的变化。

北美自由贸易协定有利于北美三国之间的经济贸易自由化，但其表现出来的排他性和保护主义色彩也是很强烈的。例如，该协定规定，享受免征关税待遇的汽车必须有65%的零部件是在北美制造的；纺织品必须在北美完成纺纱、织布和裁制等三个过程才能免除关税；北美地区无法供应的丝、麻及其他材料制成的成衣，必须在北美裁制才能享受免税待遇；计算机产品中必须使用北美地区生产的主机板才能享受免税待遇。这些利用原产地规则确保北美制造商利益的做法，都比现行的美国关税优惠的规定苛刻。这些规则的生效使包括中国在内的东亚地区类似产品的出口受到很大影响，对欧洲、拉丁美洲的某些制造业也会产生一定的影响。

北美自由贸易区成立以来区内贸易和投资蓬勃发展，美国同加拿大、墨西哥的贸易量增加了两倍多，三方互为重要的贸易伙伴，加拿大和墨西哥是美国的前两大出口市场，也是第三大和第二大进口来源，美国还是加拿大、墨西哥的第一大出口市场和进口来源。双边投资也快速增长，美国成为墨西哥、加拿大FDI的最大来源。虽然北美自由贸易区给各成员方带来了巨大的经济效益。但自特朗普2017年1月上任美国总统后，就以现有协定损害美国利益为由，要求修订已经施行24年的北美自贸协定条款。此后，美、加、墨三方正式启动谈判，但因分歧巨大，虽经多轮谈判，却一直未有进展。

（三）亚太经济合作组织

亚太经济合作组织（Asia-Pacific Economic Cooperation，APEC）简称亚太经合组织，它是一个区域性的经济论坛和磋商机构。"冷战"结束后，国际形势趋向和缓，世界经济全球化、贸易投资自由化和区域集团化的趋势渐成潮流。在欧洲经济一体化进程加快、北美自由贸易区已显雏形、亚洲地区在世界经济中的比重明显上升等背景下，1989年1月，澳大利亚前总理霍克提出召开亚太地区国家部长级会议，讨论加强相互间经济合作的倡议，得到了美国、加拿大、日本和东盟的积极响应。同年11月，亚太地区的12个国家（美国、日本、澳大利亚、加拿大、新西兰、韩国、马来西亚、泰国、菲律宾、印度尼西亚、新加坡、文莱）在澳大利亚堪培拉举行了第一次部长级会议，拉开了亚太地区广泛开展区域经济合作的序幕。这次会议标志着亚太经济合作组织的成立。该组织的宗旨是：为本地区人民的共同利益保持经济的增长与发展促进成员方经济上的相互依存，加强开放的多边贸易体制和减少区域贸易和投资壁垒，为世界经济的发展作出贡献。此后，该经济组织在1992年吸收了中国、中国台湾、中国香港，1993年增加了墨西哥、巴布亚新几内亚，1994年又增加了智利，现已达到了21个成员。该组织每年举行一届部长年会。从1993年起，每年举行一次成员方首脑非正式会议。成员方首脑非正式会议不仅扩大了亚太经济合作组织的国际影响，而且为今后亚太经济合作组织向贸易投资和技术一体化方向发展注入了政治推动力。

尽管亚太经济合作组织也是一个区域性经济合作组织，但是同其他的经济合作组织相比却有着很大的不同，它有着很鲜明的特色，这主要表现在以下几个方面。

（1）地理跨度大。作为一个区域性的国际经济组织，地跨亚洲、大洋洲、北美洲和南美洲四大洲，是其他任何一个地区性的组织都不能比拟的。

（2）成员多样化，信誉高。该组织的成员具有多样性，其中既有资本主义国家，也有社会主义国家，既有发达国家，也有发展中国家，因此组织内部不设谈判场所和谈判机构设施，整个组织就像一个论坛。

（3）特色鲜明。尽管协商的结果不具有法律效力，但由于首脑们作出的承诺公布于共同宣言和联合声明中，因而有很强的道义和国家名誉上的约束力。

（4）从宗旨上看，它是在亚太地区地域广、民族众多的前提下国际经济组织形式与开展地区合作样式的一种创新，是本地区人民智慧碰撞的结晶。

APEC建立以来，在本地区内的成果更多地反映为机制化的次区域合作，这也是APEC的典型模式。最典型的代表有东盟自由贸易区、"10＋3"机制、美加墨自由贸易区等。由于 APEC 成员具有不同的文化、政治和经济背景,且差距巨大,因而 APEC 内的合作不可能实现较高程度的一体化,但这并不影响其中相近或相邻的成员间实现较密切的合作。APEC《上海共识》重振贸易投资自由化势头,并针对以往 APEC 缺乏有效的执行机制提出"同行审议机制",一定程度上强化了 APEC 的执行机制,对次区域合作机制化起到了进一步的促进作用。

四、区域经济一体化的经济效应

关税同盟是区域经济一体化的典型形式,该理论在区域经济一体化理论中居于主导地位。对内实行自由贸易,对外则保留各种贸易壁垒,是关税同盟的两大特征。这两个特征,会使成员与非成员之间的贸易发生变化,从而给参与关税同盟的各方带来不同的影响。一般认为,关税同盟可为成员方带来静态和动态两方面的效应,但并非在所有的情况下,关税同盟都会增加福利。

(一) 关税同盟的静态效应

美国经济学家雅各布·瓦伊纳在其代表作《关税同盟理论》中将关税同盟的经济效应分为贸易创造和贸易转移两个方面,关税同盟是否获利取决于两种效应的相对强度。

1. 贸易创造 (trade creation)

贸易创造效应是指由于取消了同盟内的贸易壁垒,所带来的贸易规模的扩大和福利水平的提高。由于贸易创造来自因关税同盟的建立而使成员方之间的贸易自由化程度提高,从而使成员方之间按照比较优势原理进行专业化分工,一个成员方的部分国内低效率生产被同盟内其他成员方的高效率生产取代而增加收益。贸易创造效应由生产利益和消费利益构成。关税同盟建立后,一成员方的某些国内生产品从其他生产成本更低的国家进口,一方面使本该用于该种产品生产的资源被更为有效地用于他处,从而提高了生产效率;另一方面使该国该项产品消费支出降低,从而扩大了需求,增加了贸易量。

假定世界市场上有 A、B、C 三国生产同一产品 X。由于生产技术水平不同,三国 X 产品的国内市场价格各不相同,分别为 P_a、P_b、P_c,且 $P_a > P_b > P_c$,假设分别为人民币 25 元、15 元和 10 元。对于 A 国而言,在自由贸易时,不论是从 B 国还是从 C 国进口都将比国内生产更为有利。但 A 国设置了 200% 的进口关税,如表 6-1 所示,由于高关税的保护,A 国所面对的价格以本国的最低,因而 A 会选择自行生产。A、B 两国结成同盟后,A 对 B 取消了关税壁垒,此时该产品从 B 国的进口价格下降,低于 A 国国内价格水平,而 C 国由于仍维持 200% 的关税,价格均高于其他两国,于是 A 国将选择停止生产 X 产品而从 B 国进口,同盟内部实现了生产的专业化和贸易的自由化。停止 X 产品生产的资源可用于生产其他更有优势的产品,从而使 A 国的资源得到充分利用,同时 A 国可以用较低的价格买到 X,从而提高消费水平和福利。对 B 国而言,由于 A 国市场消费的 X 产品均由 B 国生产,则其生产规模扩大,生产成本降低,B 国可获得生产规模扩大的好处。对 C 国而言,由于它原来就未与 A 国发生贸易关系,所以并无影响。

表 6-1　　　　　　　　　贸易创造效应(200%关税)

国家	国内价格(CNY)	关税同盟成立前		AB 结成关税同盟	
		关税	价格	关税	价格
A	25	—	25	—	25
B	15	30	45	—	15
C	10	20	30	20	30
选择结果		A 自行生产		A 从 B 进口	

由此可见,缔结关税同盟以前,由于 A 国设有保护关税,相互之间的贸易被关税隔断了。而在缔结关税同盟后,创造出了专业化的国际分工和从 B 国向 A 国出口的新贸易,这就是所谓的贸易创造效应,它被视为一种正效应(见图 6-1)。

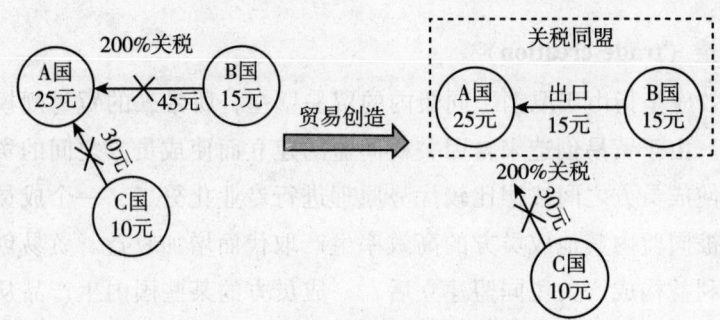

图 6-1　贸易创造效应示例

2. 贸易转移(trade diversion)

贸易转移效应是指成员方之间相互取消贸易壁垒并建立共同的对外关税所带来的相互贸易替代了成员方与非成员方之间的贸易,从而形成贸易方向的转移,导致福利水平的降低。这主要是由于原来由同盟外的低成本成员方提供的产品转由同盟内的高成本成员方提供而造成了某种转移性损失。关税同盟成立前,该国可从世界上生产效率最高、成本最低的国家进口产品;而同盟成立后,一部分进口转由同盟内生产效率最高的国家提供。如果前者是同盟外的国家,且后者的生产效率不如它,则意味着该国的进口成本增加,消费开支扩大,使得同盟内社会福利水平下降。同时,这也意味着同盟外最有效率的生产能力和最有效的资源被闲置，从而降低了世界整体福利水平。

如表6-2所示，仍沿用前述例子，但假设同盟成立前A国的进口税率是100%，此时从C国进口该产品的价格（包括关税）最低，因此，A国会选择从C国进口。同盟成立后，A、B两国之间废除了关税，B国的该产品价格下降到最低水平，于是，A国改从B国进口。这样，贸易就从成本最低的C国转到了同盟内成本最低的B国，这便是贸易转移效应。

表6-2　　　　　　　　贸易转移效应（100%关税）

国家	国内价格（CNY）	关税同盟成立前		A、B结成关税同盟	
		关税	价格	关税	价格
A	25	—	25	—	25
B	15	15	30	—	15
C	10	10	20	10	20
选择结果		A从C进口		A从B进口	

由低成本的供给来源向较高成本的供给来源转移，意味着关税同盟保护了相对落后的产业，贸易转移效应必然表现为贸易保护的加强。A国和C国受到损失的同时，整个世界因不能有效地分配资源而使福利降低（见图6-2）。

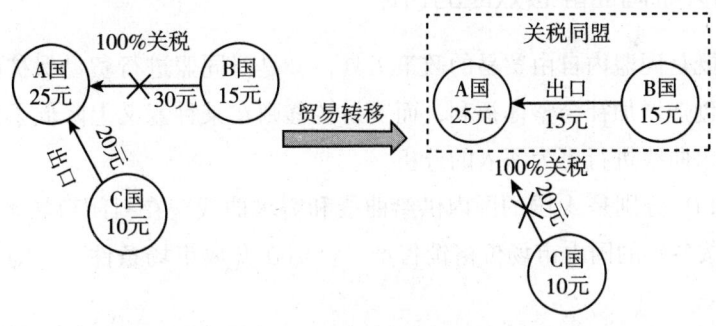

图6-2　贸易转移效应示例

可见，关税同盟以两种截然相反的方式影响贸易和福利。如果说贸易创造代表利益，贸易转移所增加的成本便是代价，所以贸易创造是一种正效应，而贸易转移是一种负效应。

贸易创造与贸易转移的根本差别，在于缔结关税同盟前的状况不相同。在贸易创造情况下，由于存在较高的保护关税，各国都重复生产X商品，而各自的生产率和成本又有高低之分，资源并不是被有效分配的。如果各国生产的不是一种而是两种以上的商品，那么关税所保护的商品范围也是互相重叠的，各国所有商品都是典型的不完全专业化生产。因此，当关税同盟缔结之后，在同盟内可实现专业化分工和自由贸易，相互间的贸易扩大，但此时并未对同盟外开放市场，对外关系暂时没有发生变化。在贸易转移情况下，A 国实施的不是完全禁止性的关税，可以从世界范围内效率最高的 C 国进口，即 A 国对 X 商品实行完全专业化（不生产这种商品）。成立关税同盟后，由于共同关税阻碍了从价格最低的同盟外供给者 C 国进口，体现出了贸易保护的倾向，会减少世界福利。

关税同盟的静态效应除了贸易创造和贸易转移两种主要效应外，还存在贸易扩大、产品替代等效应。贸易扩大效应（trade expansion effect）是指成立关税同盟后，某国能够以更便宜的价格买到某商品而导致消费量和贸易量的增加。无论贸易创造还是贸易转移都能产生贸易扩大效应。产品替代效应（inter-commodity substitution）是指关税同盟成立后，由于成员间相互废除关税，并发生贸易转移，使得国内产品的价格比率发生改变，从而发生产品之间的替代，导致消费结构变化。此外，关税同盟的成立有利于降低成员方的管理成本。由于关税同盟成员方之间互相取消了关税，便无须再配置政府官员来监督越过边境的伙伴的产品及服务，从而减少政府支出，降低管理成本。关税同盟还会扩大同盟体的市场规模，使整体经济力量加强，对外进行贸易谈判时讨价还价的力量也由此增强，从而有利于关税同盟体贸易地位的提高和贸易条件的改善。

（二）对关税同盟静态效应的讨论

关税同盟既是同盟内自由贸易的政策工具，又是对同盟进行贸易保护的工具。从整体来看，贸易创造增加社会整体福利，而贸易转移则在某种意义上降低了这种福利。对此，可利用供求曲线进行更为深入的分析。

假设 S_a 和 D_a 分别是 A 国的国内供给曲线和需求曲线。在封闭市场条件下，A、B、C 三国会分别按各自的国内市场价格销售产品。但在开放市场条件下，则有可能会出现以下三种情况：

其一，假定三国实行完全的自由贸易，则 A、B 两国都可通过从成本最低的 C 国进口而从中获利。其中 A 国无论是从 B 国还是从 C 国进口都可获利，只是获利多少的差别。一般而言，A 国会从成本最低，获利最多的 C 国进口。

其二，假定效率最低的 A 国为保护国内产业而对进口商品征收 t 的进口关税，设 $(P_a - P_c) > t > (P_a - P_b)$ 且 $t > (P_b - P_c)$，则 A 国只会从 C 国进口商品，而绝不会从 B 国进口。因为如从 B 国进口，加上关税，进口总成本 $(P_b + t)$ 将会高于其本身的国内市场价格 P_a。当 A 国以 P_c 价格从 C 国进口并加上进口关税后，其成本为 $(P_c + t)$，设为 P_t，这个进口价仍低于国内市场价格。与封闭市场条件相比，A 国的国内市场价格也由原来的 P_a 降为 P_t，如图 6-3 所示。

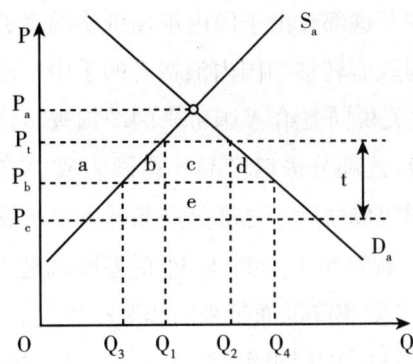

图 6-3 贸易创造与贸易转移效应

其三，假定 A 国与 B 国结成了关税同盟，成员方内部互相取消关税实行自由贸易，但对非成员方仍征收 t 的关税。此时，A 国将不再从 C 国进口而会转由 B 国进口，因为 $P_a > P_b > (P_c + t)$，即从 B 国进口的价格低于国内市场价格。这样，使 A 国的国内市场价格从同盟前的 P_t 降到了同盟后的 P_b。由于价格的变化，会使 A 国的国内福利水平也随之发生变化。

比较以上第二、三种情况不难看出，关税同盟成立后，A 国把进口由 C 国转向 B 国，国内市场价格由 P_t 降至 P_b，进口量也由 Q_1Q_2 增至 Q_3Q_4，其中（$Q_3Q_1 + Q_2Q_4$）为创造出来的贸易量。由于价格降低，使 A 国的消费者剩余增加了（a+b+c+d），而生产者剩余减少了 a，政府失去关税收入，税收减少了（c+e）。与关税同盟成立前相比，A 国的总体福利水平变化为消费者剩余加上生产者剩余和政府税收的总和，即：(a+b+c+d) − a − (c+e) = (b+d) − e。由此看来，关税同盟的建立对同盟成员方福利水平不见得一定是正面的影响。关税同盟对成员方的影响是正面的还是负面的，取决于 (b+d) 和 e 的相互对比关系。

这里的 (b+d) 就是贸易创造效应的结果，它由生产效应和消费效应构成。其中 b 为生产效应，d 为消费效应。从图 6-3 可以看到，由于关税的存在，在同盟成立前 b 对应的 Q_3Q_1 是由效率较 B 国低的 A 国国内自行生产的，但在关税同盟成立后，关税取消了，这部分生产就被生产效率较高的 B 国取代了。因此，b 是由于关税同盟建立后高效率生产替代了低效率生产而创造的收益，称为生产效应。而 d 对应的 Q_2Q_4，是由于关税同盟成立后，A 国国内市场价格降低，使消费者提高了消费量，进而福利增加，所以这部分称为消费效应。

这里的 e 就是贸易转移效应的结果，它其实是 A 国政府在关税同盟成立之前通过对进口商品征收进口关税而带来的关税收入的一部分。关税同盟成立后，Q_1Q_2 这部分进口产品是同盟成立前由 C 国进口现在转移至由 B 国进口。由于 B 国是同盟国，因此在进口这部分产品时政府原来的那部分关税收入就没有了。但并不是全部政府关税收入的减少都成为 A 国的净损失。其中 c 这部分由于国内市场价格的降低而转化为消费者剩余的一部分，即这部分收益由 A 国政府转移到国内消费者的手中，因此它并不构成净损失的一部分。但 e 部分则是因建立关税同盟给 A 国带来的净损失。这部分的损失是因生产效率的降低而导致的。因为 Q_1Q_2 这部分进口产品，在同盟成立前是由世界市场上效率最高的国家 C 国生产的，但在同盟成立后，这部分产品转由生产效率相对低于 C 国的 B 国来生产。此时，进口价格由 P_c 提高至 P_b，P_c 与 P_b 的差额就是 A 对外付出的单位产品的成本。因此，e 就成为由于生产效率降低而带来的福利净损失。

从以上分析可以看到，建立关税同盟会带来正、负两方面的效应。关税同盟的建立能否为同盟国带来好处，取决于关税同盟成立后带来的贸易创造效应和贸易转移效应之间的对比关系。只有在因关税同盟建立而使贸易创造效应大于贸易转移效应时，建立关税同盟才会增加成员方的福利。因此，关税同盟的成功与否，在很大程度上取决于影响贸易创造和贸易转移的各种因素。

（三）影响关税同盟静态效应的因素

建立关税同盟时，应该通盘考虑相关因素，以取得最大的效益。关税同盟静态效应所产生的福利大小主要受到以下因素的影响。

1. 关税同盟成立前同盟方关税水平的高低

关税同盟成立以前同盟方的对外关税水平越高，同盟成立后的贸易创造效应越大。同时同盟方对非成员方的关税税率越高，则进口量越小，贸易转移的效应越小，同盟后其关税损失越少。如果关税同盟成立前，关税是禁止性的，以致同盟方的进口量为零，则关税同盟成立后，就只会产生贸易创造效应，而不存在任何的贸易转移效应。

2. 成员方之间及成员方与非成员方之间的产品价格差异

产品价格差异是由于产品的生产成本差异导致的，它体现了生产效率的高低。同盟方与成员方之间的价格之差越大，即成员方的生产效率越高，则同盟方生产效率的提升空间越大，给同盟方带来的消费者剩余增加量也越大，从而贸易创造效应越大。

同盟方与非成员方的产品成本差异越大意味着产品价格之差越大，则双边贸易规模越大，同盟后贸易转移的关税损失就越大，而给同盟方带来的国内生产减少和消费者剩余增加量却越小，贸易创造效应越小。

3. 同盟成员方规模的大小

关税同盟包括的成员方越多，关税同盟的正效应就越大。因为，成员方越多，就越有可能把世界市场上高效率的国家囊括其中。这也就是说存在着一种理论上的可能性，即当整个世界组成为同一个关税同盟时，就只有贸易创造效应，而不会存在贸易转移效应。

4. 同盟方及非成员方的供求弹性的大小

同盟方的供给和需求弹性越大，贸易创造效应也越大。因为当关税同盟成立，使进口商品的国内市场价格下降时，同盟方国内市场对商品的供给与需求弹性越大，则国内生产的减少越多，国内消费的增加也越多，因此贸易创造的效应也越大。

而同盟方对非成员方的进口需求弹性越低，非成员方对同盟方的出口供给弹性越低，则贸易转移的可能性越小，关税净损失也就减少。

（四）关税同盟的动态效应

关税同盟的建立不但会对各成员方的经济产生静态的影响，还会带来长期动态的影响。关税同盟的动态效应，是指关税同盟成立后，对成员方贸易以外的就业、国民收入、国际收支，国内生产和物价水平等的影响。它又称为次级效应（secondary effet），主要有以下几个方面。

1. 获得规模经济的利益

美国经济学家巴拉萨（B. Balassa）认为，关税同盟可以使生产厂商获得重大的内部与外部规模经济效应。同盟成立后，原分散的成员方国内小市场结成了同盟统一的大市场，使市场容量迅速扩大。随着贸易规模的扩大，将带来产业积聚效果，由此获得专业化与规模生产的经济效益。同时，某一部门的发展又可以带动其他部门的发展，势必带来各行业的相互促进。如欧盟成立后在钢铁、汽车等产品的生产中就取得了显著的规模经济效益。但如果一成员方原有的生产规模已经很大，则关税同盟建立后生产规模继续扩大反而可能导致效率下降。

2. 加强成员方间的竞争

西托夫斯基（T. Scitovsky）认为关税同盟成立后，商品的自由流通可以打破垄断，加强竞争，从而提高经济运行效率和经济福利。在不同的市场结构中，在其他条件不变的情况下，市场的竞争越强，专业化程度越深，导致的效率越高，资源配置更趋合理。关税同盟的建立，打开了各国原受关税保护的市场，使得成员方间的竞争加强，从而迫使生产者在一定程度上降低产品价格，从而提高各国福利水平。同时竞争的加强有助于同盟内部的企业抵御外部企业的竞争，也有助于与别国企业在第三国市场上的竞争。

3. 刺激投资

关税同盟成立后，会刺激同盟内部或外部的投资者增加投资，它可以从三个方面刺激投资：第一，随着市场的扩大，要求企业扩大生产规模来满足需求的增长，同时市场风险与不稳定性降低，会吸引成员方中新的厂商进行投资；第二，为了提高竞争力，原有厂商也会增加投资来扩大生产，并改进产品质量，降低生产成本；第三，迫使非成员方到同盟区域内设立避税工厂（tariff factory），即以直接投资取代出口贸易，以绕开关税壁垒。所以建立同盟后还会吸引到更多的同盟外投资。

4. 促进生产要素的自由流动

关税同盟的成立，在推动商品自由流通的同时，也促进了生产要素的自由流动，从而使资本、技术、劳动力、原材料等资源得到更加合理的配置，降低要素闲置的可能性，提高生产要素的利用率，从而提高经济效益。

由于以上动态效应的实现，最终将使关税同盟内各国的经济得到加速增长。

（五）自由贸易区的经济效应

虽然关税同盟出现的时间较早，但作为区域经济一体化的主要形式之一的自由贸易区，其在实践中的应用比关税同盟更为广泛。自由贸易区成员方在内部实行自由贸易的同时，保留有各自独立的对外贸易政策。与关税同盟一样，建立自由贸易区也会产生贸易创造和贸易转移效应，但它们又存在着差异。自由贸易区与关税同盟的经济效应最大的差异在于，自由贸易区会产生"贸易偏转"现象。

当高关税成员方的需求价格弹性非常大的情况下，建立自由贸易区后，集团内部取消关税使产品价格下降会导致需求大增，进而导致一体化区域内市场供不应求，低关税成员方就会从区域外进口产品再向高关税成员方出口。这样原来需以支付高关税才能进入高关税成员方的产品，现在只要通过低关税成员方的转手就可以以低关税进入高关税成员方市场内。因此，自由贸易区须制定和实施严格的原产地规则来避免由于关税差异导致的"贸易偏转"（trade deflection）现象的产生。但即使如此，自由贸易区仍无法避免"间接贸易偏转"现象的存在。因为只要整个贸易区仍为净进口方，低关税成员方对高关税成员方的供给就会一直持续到达到其全部供给能力为止，此时低关税成员方的国内市场会出现供求缺口，它需要从区域外进口产品予以弥补。这就形成了"间接贸易偏转"。下面进行具体分析。

假设有 A、B 两个国家，在某种产品的生产上，A 国的生产效率低于 B 国。S_A 和 D_A 分别为 A 国的供给与需求曲线，S_{A+B} 为 A 和 B 的全部供给曲线，如图 6-4 所示。

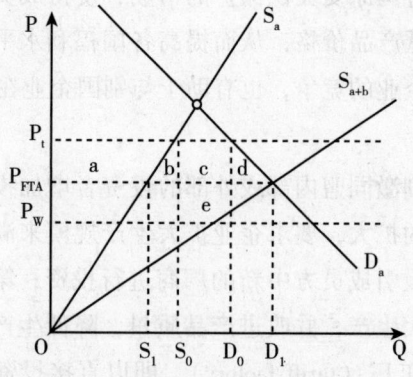

图 6-4 自由贸易区的经济效应

A 国在加入自由贸易区前从世界市场上以 P_W 的价格进口产品,每单位征收 t 幅度的关税后,国内价格为 (P_W+t),设为 P_t,此时 A 国国内供给量与需求量分别为 OS_0 和 OD_0,进口量为 S_0D_0。当 A 与 B 建立自由贸易区后,区内产品价格为设为 P_{FTA}。若整个自由贸易区仍为净进口方,则在 A 国市场上原产于区内的产品价格就会一直介于 P_T 和 P_{FTA} 之间。当价格水平为 P_{FTA} 时,A 国的供给量与需求量分别为 OS_1 和 OD_1,从 B 国的进口为 S_1D_1。其中,S_1S_0 和 D_0D_1 是贸易创造的结果,而 S_0D_0 是贸易转移的结果。

对于 B 国而言,若 B 国的全部生产能够满足 A 国的进口需求,区内价格 P_{FTA} 就与 B 国的国内市场价格相同,否则就会高于 B 国的国内价格,以实现 B 国的出口供给与 A 国的进口需求的均衡。在 B 国向 A 国出口后,其国内需求就需通过区外的进口来满足,这就形成了"间接贸易偏转"。

下面来看建立自由贸易区后,A、B 两国的福利变动情况。A 国国内消费者剩余由于价格的下降而得到提高,增加了 (a+b+c+d);生产者剩余则减少了 a;取消关税导致政府财政收入下降,关税收入损失了 (c+e)。生产者、消费者和政府三者福利相互抵消后,还剩下消费者盈余 (b+d) 和关税损失 e。若关税损失 e 小于消费者盈余 (b+d),则 A 国获得净福利收益;反之,A 国净福利损失。可见,A 国的福利变化与关税同盟情形相似。但 B 国的情形与此会有所不同。

在关税同盟条件下,B 国的国内价格会上升,将导致消费者剩余的损失和负的生产效应。而在自由贸易区条件下,B 国的价格可以不变,就不会形成消费者剩余的损失和负的生产效应,同时,由于贸易偏转,B 国还可从区外的进口中获得关税收入。因此,在自由贸易区条件下 B 国的福利状况将优于关税同盟时。

此外,从外部世界来看,在关税同盟条件下,外部世界的出口会减少,社会福利水平随之下降;而在自由贸易区条件下,外部世界的出口不但不会减少,反而还会增加。这样,外部世界的福利水平也可得到提升。

第四节 国际贸易协调组织的运行

国际贸易协调机制的运行目标是消除贸易不平衡和贸易摩擦、减少贸易障碍,以推动各国及世界经济的增长。在这一领域活动的经济协调组织组成了一个国际贸易协调体系。在该体系中居于核心地位的是世界贸易组织。这表现在两个方面。

一是世界贸易组织进行的国际协调具有全局性。截至目前世界贸易组织的缔约方已达到了 164 个,由这些国家和地区进行的进出口商品贸易占世界贸易的 85% 以上。也就是说,世界上绝大部分的贸易活动都是在世界贸易组织的协调下进行的。而且,世界贸易组织的协调领域十分广泛,协调对象几乎包括所有商品,并在它的前身关贸总协定的乌拉圭回合中把它进一步扩展到农产品贸易和服务贸易领域。

二是世界贸易组织对其他贸易协调活动具有规定和制约作用。世界贸易组织缔约方实行的贸易政策和同其他国家和地区进行的贸易协调必须服从世界贸易组织的基本原则。为了增加各国和地区贸易政策和措施的透明度,促使所有缔约方更好地遵守关贸总协定规则和履行承诺,保证多边贸易体制更有效地发挥作用,世贸组织还建立了贸易政策审议机制,通过定期召开理事会特别会议来审议缔约方的贸易政策和措施对多边贸易体制的影响。世贸组织的原则规定着其他贸易协调的方向,使后者表现为世贸组织规则的延伸。联合国贸发会议的协调活动虽然具有与世贸组织类似的广泛性,但其作用在很大程度上具有论坛的性质,在采取实际国际措施方面还比较薄弱,在全局性的贸易协调中只是对世界贸易组织的一种补充。

在世界贸易组织的总体框架之下,国家(地区)还广泛进行局部协调。局部协调主要采取建立自由贸易区、关税同盟等区域经济集团和贸易协定、国际会议等方式进行,它对世界贸易组织的全面协调起补充和促进的作用,并与其共同组成系统的全球贸易协调机制。

一、国际贸易协调组织的运行

国际贸易协调组织是通过以下途径和方式协调各国贸易政策和管理措施的。

(一)关税政策协调

它通过在国际协商的基础上确定和修改有关国家相互间进口关税水平,达到调整相互贸易关系和贸易状态的目的。关税协调使各国关税的形成方式发生变化,协定关税日益取代自主关税而占据主导地位。关税协调主要是通过改变各国关税结构和关税水平实现的。其变化首先是使关税从单一税率结构向多栏税率发展,目前各国已普遍以复式税则取代了单一税则。在复式税则中,其最惠国税率、普惠制税率、特惠税以及自由贸易区、关税同盟内部的关税免除等都是通过各国关税政策协调之后,才最终确定的。在上述税则中基本上取消了有关各国的自主关税。关税协调的另一影响是使各国税率水平降低。这首先是由于各国关税中协定税率比重较大,而且,世界贸易组织通过不断组织关税减让谈判使各国和地区关税水平进一步下降。

(二)非关税政策及管理措施的协调

非关税协调的根本目标是消除国家间的非关税贸易壁垒。这方面的贸易障碍主要是20世纪30年代以来建立的,并对世界贸易发展造成了巨大损害。基于这一教训,世界贸易组织的前身即第二次世界大战后建立的关贸总协定强调取消进口数量限制、以关税作为唯一保护手段的原则，试图通过推动各国和地区外贸调控手段从非关税措施向关税措施转化，再通过多边贸易谈判降低关税，建立全球范围的自由贸易体制。关贸总协定自肯尼迪回合开始，推动缔约方就限制非关税措施举行谈判，达成了若干有关协议。但是由于各国和地区利益难以协调，关贸总协定不得不放松对缔约方执行上述规则的要求，允许缔约方在例外情况下利用保障条款保护国内市场。另外，在关贸总协定贸易谈判中，就非关税措施达成的协议仅适用于在协定上签字的国家和地区，而非全体缔约方。关贸总协定把涉及货币储备、国际收支、外汇安排的非关税政策协调交由国际货币基金组织处理，要求全体缔约方参加国际货币基金组织并与之合作。这方面最重要的问题是取消各国和地区就经常收支实行的外汇管制，但是由于一些国家和地区国际收支危机严重，难以立即实行，国际货币基金组织允许它们在一定时期内保留对经常项目的外汇管制作为过渡。但在条件许可时，外汇管制应立即取消。

在区域范围进行的具有重要意义的非关税协调是建立经济一体化组织。它能够比较彻底地排除成员方之间的非关税壁垒，并通过吸收新成员扩大协调范围。在不能立即取消外汇管制的情况下，一些国家和地区利用签订清算及支付协定摆脱它对贸易的限制。各国和地区还经常采取协商建立某种出口数量控制机制的做法，避免和取代非协调的单方面进口限制，如原《多种纤维协定》等协调进出口双方行为的国际政府间商品协定以及自动出口限制协议、有秩序销售协议等。

（三）交易活动管理措施的协调

这类国际协调主要存在于出口领域，指若干国家通过原料生产国与输出国组织签订商品协定等，统一规定和调整成员方某种商品的交易数量、价格或者交易商品的种类。发展中国家较多地采取这种协调方式，主要用于对其经济发展具有重要意义的大宗敏感性初级产品的出口管理。发达国家一般对本国出口活动较少干预，但也存在出于政治、军事目的或为了实行经济制裁进行联合出口管制的做法，如巴黎统筹委员会的出口管制、发达国家的联合禁运和封锁、冻结政府贷款以限制国内企业对制裁对象国家的出口等联合行动。

二、各类国家在国际贸易协调中的地位

就目前国际贸易协调的发展状况看，少数发达国家在其中起着主导作用。

（一）发达国家间的协调活动是整个国际经济协调中的主体部分

这表现在以下几个方面。(1) 发达国家已经建立了高级的协调组织形式，如欧盟和

北美自由贸易区。(2) 发达国家协调组织的覆盖范围大、协调活动比较集中，已形成北美、西欧两大经济集团。发展中国家则只在较低层次上形成了众多较小的经济一体化组织。(3) 发达国家协调的组织形式比较完善，既能进行机构性协调，又能进行政策性协调；既有不同领域的专门协调组织，也有进行全面经济协调的组织。从总体上说，发展中国家虽然也具备开展各类协调的组织形式，但这些组织大多数结构松散、协调功能低、协调规则约束力弱。因此，基本上是发达国家在充当世界经济贸易活动的调节者，并以发达国家经济利益为出发点进行调节，发展中国家只能作为调节的被动接受者，其协调活动对整个世界经济的影响也较小。

（二）发达国家进行的政策协调对世界经济的运行具有全局性的影响，发展中国家进行的协调则往往只具有局部意义

西方国家在协调彼此之间的宏观经济政策和对外经济关系方面，对整个世界经济将产生重要影响，如西方七国首脑会议就产业政策、货币政策、财政政策、利率政策、贸易政策达成的协议对整个世界的经济增长、资金流动、商品流向都有直接影响。西方发达国家往往还利用IMF（国际货币基金组织）、WTO（世界贸易组织）、WB（世界银行）等国际组织进行全球性国际协调。而发展中国家之间的经济协调大多在某一领域或局部地区进行，其影响也较小。其他国际协调活动通常通过发展中国家对发达国家政策的依赖和发达国家较少需要发展中国家的政策配合这种不平衡的合作关系表现出来。

造成这两类国家在国际协调中地位不平等的主要原因是发达国家的经济发展水平、经济结构、社会制度、意识形态比较接近，相互间的经济联系比较密切，具有较好的协调基础，发达国家经济实力比较强，经济上的相互影响、制约，经济矛盾比较突出，协调各自经济政策的必要性、迫切性十分明显，因此它们之间的经济协调开展得比较早，发达国家数量较少，相互协调比较容易。发展中国家则情况复杂、利益分歧、数量众多，进行整体协调的难度很大。发达国家的国民生产总值占整个世界的60%以上，它们的政策取向具有左右世界经济运行的能力，因此全球范围的国际协调主要反映发达国家的立场和利益，同时，发达国家在这一范围内的协调可以保持相对独立的存在，其他国家的协调活动则对发达国家的经济政策表现出明显的依赖性。

三、国际贸易协调机制的局限性

第二次世界大战后世界贸易基本上保持着持续增长状态，世界各国和地区间的贸易差额趋于缩小，各种国际贸易组织的作用不断加强，这些都与国际贸易协调机制的运行分不开。但是，从目前世界贸易格局和世界贸易组织所倡导的宗旨和目标看，国际贸易协调机制的运行及其功能仍然存在明显的局限性。

（一）不能有效协调利益的分配

国际经济交往中的利益为各国所分享。发展中国家也能从对外经济活动中受益，如利用发达国家市场扩大出口，利用发达国家资金扩大积累，取得发达国家的经济援助，引进发达国家先进技术以促进民族工业的发展，通过加强相互关系创造和平稳定的国际发展环境等。但是，发展中国家在以上各个方面本应享有的国际经济利益却以不同形式被发达国家获取。国际经济利益共享中存在着许多不利于发展中国家的状况，可以说是一种国际利益分配的倾斜。这种利益的倾斜与国际协调机制的不完善密切相关，也受到发展中国家自身经济条件的影响。

（1）发展中国家的市场地位弱于发达国家，从而在供求调节的利益分配中使自身利益受到损害。这表现在发展中国家进入国际市场的企业组织程度低，发达国家则多为国际垄断组织；发展中国家产品多为竞争性市场结构，发达国家产品具有较强的垄断性质；发展中国家在技术市场上主要是作为购买者，而发达国家作为供方对技术的垄断使技术价格对购买者不利。由于制造业落后、资金短缺和缺乏技术开发能力，发展中国家对发达国家产品、资金、技术的需求强烈并难以取代，使价格、利率等不利于发展中国家。此外，发展中国家还由于经济规模较小，在国际市场上处于被动接受发达国家所进行经济调控的不利地位。

（2）发展中国家不能自主选择参与和协调世界经济活动的方式。以国际货币制度为例，目前发达国家主要实行浮动汇率制。它的正常运行以灵活的金融交易和各国较发达的开放型金融市场为背景，可使频繁的汇率变动在幅度较小的范围内进行。发展中国家显然不具备这些条件，而且，现实汇率主要受资金流动的影响，资金规模和流向的较大变动使发展中国家很难期望在浮动汇率制下保持汇率稳定，而这一点对稳定发展中国家的出口收入和经济发展具有重要意义。鉴于发展中国家的外贸商品结构、地区分布、主要贸易伙伴相对集中，这种被迫的选择使发展中国家利益受到多方面损害。首先是需要较多的国际储备，从而加重了发展中国家的经济负担和外汇短缺状况，而且增加国际储备的方法是在对发行储备货币的少数发达国家的国际收支中取得顺差，这使实际资源向储备货币发行国转移，发展中国家的经济发展受到损害。其次是汇率波动对发展中国家进出口商品价格的影响不一样。对巴西等国的实证分析表明，美元升值时发展中国家贸易条件的变动特征是：出口价格下降幅度大于进口价格下降幅度。结果使发展中国家利益在汇率波动中受到损害。

（3）发展中国家缺乏对国际经济活动的控制能力。例如，发展中国家通常不能对所出口初级产品的加工、运输、销售进行有效控制。在这些产品的最终售价中，发展中国家的收入只占15%左右。发展中国家用进口限制等手段改善贸易条件的能力也相对较低，因为其自身对进口产品的需求刚性强。发展中国家还因缺乏国际交易的经验和知识技巧，对进出口贸易缺乏有效的管理和控制手段而蒙受经济损失。

（二）协调机制渠道不畅

运行机制的协调、资源配置等功能是世界贸易协调发展并实现高效率的保障。但是现实世界贸易的运转远未达到高效、合理、协调发展的理想状态。其中比较突出的问题是最需要借助于国际商品交换和技术转让带动经济增长的发展中国家在国际贸易中的份额却很低，而发达国家又主要发展它们之间的贸易关系，资金流动同样主要在发达国家间进行，外汇及资金严重短缺的发展中国家却得不到所需资金，甚至出现资金倒流现象，对发展中国家现有的国际投资也主要集中于少数经济较发达的地区，国际收支不平衡状态长期得不到解决，特别是发展中国家严重、持续的国际收支逆差导致大量国际债务积累和严重的国际债务危机。这些情况说明，各种运行机制并未能充分、有效地对世界经济状态进行合理调节。

（三）市场机制与政策机制的摩擦

国际贸易协调机制呈多元化结构，但其最基本的特征是市场机制与政策机制二元结构并存。政策机制以市场机制为基础，是对市场机制的补充，但在实际运行中两种机制的作用常常发生矛盾。一是在时效上搭配不当。制定政策、付诸实施、产生效果的政策调节过程启动较慢，对市场变化的反应存在时滞，开始调节时经济波动方向可能已经改变，导致它同市场机制的调节作用相互抵消。二是存在目标矛盾。市场机制的缺陷需要由政策机制来弥补，包括国际经济协调和自主政策协调。但两者之间也存在种种摩擦。其中一个突出的问题是政策分歧或政策对立。它根源于各国国民经济状况的差异、相对独立性和国民经济利益的对立，在此基础上分别进行的自主政策调节往往在方向及措施上相互冲突与矛盾，给世界经济的均衡、协调发展和世界范围的国际收支失衡、债务危机等问题的解决造成障碍，也干扰了国际协调的发展。同时，市场机制具有单一目标导向的特征，政策机制则表现为多重目标，因此政策机制会对市场机制的作用形成干扰。

（四）全球协调与地区协调、多边协调与双边协调的矛盾

在国际贸易协调中，全球性协调与地区性协调并存而且交织在一起，多边协调与双边协调同时进行，同一国家、同一市场的经济活动受到来自不同国际协调组织的干预。一国自主的经济调节也是通过对外经济政策和国内经济政策的间接影响这一多重方式进行的。这就使国际协调机制形成了多层次、多环节结构。如国际资金流动的基本原因是存在预期收益率的国际差异，因此利率机制调节着国际资金的配置与流动。但是同时，由于资金流动在不同的货币区之间进行，汇率也对它产生重要影响，较小的利率差会被汇率波动抵消。

在国际协调中，双边协调较为简便易行，有关双方通过协调能够达到利益一致。但

这种协调往往存在于个别领域，有很大局限性，还不能充分体现国际协调的目标。地区性协调有助于弥补全球性协调干预程度低、采取措施迟缓、约束力不强等缺点，也可以减少全球性协调的多层次和复杂程度，是实现全球性协调的重要途径。但是，地区性协调可能并且很容易导致排他性地区经济集团的形成和经济区域化，破坏世界经济的统一性和协调发展，当区域经济目标和世界经济目标不一致时，就会造成全球性协调与地区性协调的矛盾和冲突，使国际贸易协调机制无法正常运行。

本章习题

一、名词解释题

国际贸易协调、最惠国待遇、经济全球化、区域经济一体化、关税同盟、共同市场、经济同盟、贸易创造、贸易转移。

二、判断题

1. 国家间进行贸易政策协调的目的在于减少贸易壁垒、恢复自由贸易。（　　）
2. 自由贸易区的各成员方保持有独立的对区外成员的贸易壁垒。（　　）
3. 生产要素在关税同盟成员国内可自由流动。（　　）
4. 世界贸易组织的非歧视原则主要体现为最惠国待遇原则和国民待遇原则。（　　）
5. 欧元是欧盟成员国的唯一流通货币。（　　）
6. 北美自由贸易区是全球第一个由发达国家和发展中国家组成的经济集团。（　　）
7. 贸易创造效应由生产效应和消费效应构成。（　　）
8. 贸易转移效应越大对关税同盟国越有利。（　　）
9. 同盟国国内市场对商品的供给与需求弹性越大，贸易创造效应越大。（　　）
10. 发达国家间的协调活动是整个国际经济协调中的主体部分。（　　）

三、简答题

1. 国际贸易协调机制的客观基础是什么？
2. 区域经济一体化的组织形式有哪些？
3. 关税同盟的动态效应体现为哪几个方面？
4. 国际贸易协调机制的协调方式有哪几种？
5. 国际贸易协调机制有哪些局限性？

四、案例分析题

结合下例，谈谈区域一体化对国际贸易协调和各国对外贸易的影响。

共同农业政策（the common agricultural policy, CAP）是欧洲经济一体化的一块基石，也是欧盟最古老最重要的共同政策之一。该政策于1962年实施，是为确保欧洲粮食安全而为农民提供的系列支持。这一体系的实施机制复杂且成本高昂,占欧盟预算的39%。它对欧盟农业相关产业的发展贡献显著,使欧盟从20世纪70年代的农产品净进口,转成了如今仅次于美国的农产品出口集团。但它也因其导致贸易扭曲的国内价格支持、出口补贴和贸易限制而备受诟病。在五十多年的历史中,共同农业政策经历了多次变革,其调整过程实际上就是区域经济一体化和贸易自由化的博弈过程。在这过程中欧盟不断调整共同农业政策的目标、政策手段和政策框架。

(1) 政策目标从强调农业发展转向强调农业、农村并重,越来越多地关注农村环境、可持续发展。

1992年前共同农业政策主要着眼于提高农业效率、稳定市场,保障供应的可靠性和价格的合理性,增加农业从业人员收入。但随着农产品过剩、财政负担过重、农村环境恶化、成员国利益冲突和外部摩擦加剧,共同农业政策开始逐渐调整目标。欧盟委员会1999年通过了《欧盟2000议程》,提出建立欧洲农业模式,将共同农业政策转变为"共同农业和农村发展政策",强调农业的多功能性和可持续性。2013年引入了"绿色发展目标",要求农民必须满足环保标准才能获得欧盟补贴。2010年提出共同农业政策的改革方向是要保障粮食生产、自然资源可持续管理、维护农村地区的平衡发展和多样性,实现《欧洲2020:智慧型、可持续与包容性的增长战略》(Europe 2020 - A strategy for smart, sustainable and inclusive growth,简称为"欧洲2020战略")战略中提出的可持续、智能和包容性增长。

(2) 政策手段由单一价格转为价格支持、收入补贴、农村发展综合措施。

随着共同农业政策目标的挑战,欧盟财政支持的具体措施和手段也不断调整,由直接市场干预转向间接市场调节。1992年开始的改革核心是把以价格支持为基础的机制过渡到以价格和直接补贴为主的机制。2000年的议程改革是继续分步骤、分阶段削减主要农畜产品的价格补贴,降低一些农作物的支持价格,加大对一些贫困地区、生态脆弱地区的补贴和支持。经过改革,农村发展政策与早先的农业市场支持政策一起成为共同农业政策的两大支柱,除少部分产品外,欧盟的大部分农产品价格接近国际市场价格,农村经济社会全面发展。

(3) 政策框架由封闭逐渐转向开放。

共同农业政策最初建立的主导思想就是对内实施高额补贴,对外实行关税保护和出口补贴,由此导致欧盟农产品价格长期高于国际市场。在巨大的外部和欧盟内部压力下,1992年和2000年的改革基本适应乌拉圭回合谈判达成的《农业协定》的宗旨和原则,除利用"蓝箱"政策,在限产计划下继续一部分价格补贴外,削减直接价格支持的"黄箱"政策向"绿箱"政策转变。2017年欧盟计划改革共同农业政策,使其执行权回归各成员国手中。

(资料来源:王锐. 欧盟共同农业政策的演进、走向与启示——基于区域经济一体化和贸易自由化的博弈［J］．国际经贸探索，2012，28（8）：91–101．有删改。）

参考文献

［1］杨荣珍．世界贸易组织规则精解［M］．北京：人民出版社，2001．

［2］罗布森．国际一体化经济学［M］．上海：上海译文出版社，2001．

［3］刘光溪，刘力，WTO与中国经济［M］．北京：中共中央党校出版社，2002．

［4］陈春洁，李小东．中国"入世"问题报告［M］．北京：中国社会科学出版社，2002．

［5］张曙霄．国际贸易学［M］．北京：经济科学出版社，2008．

［6］梁双陆，程小军．国际区域经济一体化理论综述［J］．经济问题探索，2007（1）：40–46．

［7］陈军亚．西方区域经济一体化理论的起源及发展［J］．华中师范大学学报（人文社会科学版），2008，47（6）：57–63．

第七章 国际贸易与外汇汇率

> 引例

"广场协议"导致日元升值

1984年,美国的经常项目赤字达到创纪录的1000亿美元,美国与各国,尤其是与主要逆差来源国日本之间的贸易摩擦加剧。为此,美国希望通过美元贬值来增加产品的出口竞争力,以改善美国国际收支不平衡状况。1985年9月,美国、日本、联邦德国、法国、英国等5个发达国家的财长及央行行长,在纽约广场饭店举行会议,决定五国政府联合干预外汇市场,使美元对主要货币有序地下跌,以增加美国产品的出口竞争能力,解决美国巨额的贸易赤字,史称"广场协议"。

"广场协议"导致美元持续大幅度贬值,其中受影响最大的是日元。1985年9月,日元汇率还在1美元兑250日元上下波动;而在不到三年的时间里,美元兑日元贬值了50%,最低曾跌到1美元兑120日元。随后,日本经济进入十多年低迷期,被称为"失落的十年"。虽然日本经济持续萧条的根源在于经济结构的自身缺陷和日本政府错误的经济政策,但"广场协议"无疑也是日本经济持续萧条的重要因素之一。

索罗斯"狙击"泰铢

1996年,外国短期资本大量流入泰国房地产、股票市场,导致其楼市、股市出现了明显的泡沫,泰国资产被严重高估,国际金融大鳄们预测泰铢会贬值,开始在金融市场上寻找错误的汇率定价中的获利机会。

1997年2月初,以索罗斯为主的国际投资机构向泰国银行借入高达150亿美元的数月期限的远期泰铢合约,而后于现汇市场大规模抛售。当时泰铢实行与美元挂钩的固定汇率制,索罗斯的狙击导致泰铢迅速贬值,多次突破泰国中央银行规定的汇率浮动限制,引起市场恐慌。泰国央行为维护泰铢币值稳定,买入泰铢,但只有区区300亿美元外汇储备的泰国中央银行历经短暂的战斗,便宣告"弹尽粮绝",最后只得放弃已坚持14年的泰铢钉住美元的汇率政策,实行有管理的浮动汇率制。

泰铢大幅贬值后,国际投资机构再以美元低价购回泰铢,用来归还泰铢借款和利息。索罗斯沽空使得他狂赚数十亿美元。泰铢贬值引发了金融危机,沉重地打击了泰国经济发展,成为亚洲金融危机的导火索。

美国量化宽松导致美元波动加剧

2008年11月，为应对美国次贷危机导致的经济衰退，美联储宣布将购买国债和抵押贷款支持证券（MBS），标志着首轮量化宽松政策（QE）的开始。在经济不景气的情况下推出QE可以向市场投放流动性，增加资本供应量，从而刺激内需，带动经济的发展。外汇市场对QE作出激烈反应，美元指数（95.1417, 0.0848, 0.09%）大幅走弱。当第一轮QE宣布推出时，美元指数在一个月内走低12%，而各非美货币走势趋强。由于许多国家都持有占本国外汇储备比例很大的美国国债，此次超常规的量化宽松政策导致美国国债收益率下降，从而使相应持债国家的外汇资产存在非常大的贬值风险。

随着美国经济形势改善，失业率逐渐向正常水平靠拢，美联储自2013年12月开始退出QE，市场流动性逐步趋紧，推动美元升值。由于美元全球储备货币的地位，美国国内货币政策的溢出效应给其他国家带来了风险。相当多国家采取战略性措施规避美元带来的风险，如通过货币互换协议绕开美元，直接采取双边货币进行结算。

（资料来源：毛磊，吴泱. 外汇市场经典案例回顾. 期货日报，2014-07-24（003）. 有删改。）

📖 本章学习要点

1. 国际收支的概念；
2. 外汇及外汇汇率的概念；
3. 汇率的标价方法；
4. 影响汇率变动的因素；
5. 国际贸易中的外汇风险类型与防范对策。

早期的外汇交易与国际贸易和航海的发展密不可分。跨越国界的商品交易及其他经济往来活动带来了国家间货币的流通。进出口商需要用本币兑换成外汇以偿还国外债务，由此产生了外汇交易以及依靠兑换不同国家货币赚钱的兑换商。随着国际关系和国际贸易的发展，了解和把握汇率变动规律与外汇风险，选择合适的计价货币与支付货币对进出口商贸易的利润大小起着越来越重要的作用。同时，一国汇率变动与该国和其他国家的经济关系密切相关。当一国货币贬值时，会导致他国国际收支恶化，影响经济增长，进而导致其他国家的不满、抵制、报复甚至货币恶性贬值或贸易保护，最终导致国际经贸关系恶化。同样，货币汇率的持续升值也会引起国际经济矛盾。因此，外汇市场的稳定也成为维持一国贸易收支平衡和维护国际经贸关系稳定的重要因素。

第一节 国际收支

一、国际收支的概念

国际收支是一种统计报表，它系统地记载了在特定时期内一个经济体与世界其他地方各项经济交易。它有狭义和广义之分。

狭义国际收支是一个国家（或地区）在一定时期（通常是一年）内，由于各种对外交往而发生的、必须立即结清的，来自其他国家的外汇收入总额与付给其他国家的外汇支出总额的对比。凡在报告期内涉及外汇收支的交易，均属于国际收支的范畴。由于狭义国际收支是建立在现金基础上的，其状况就影响着一国的外汇供求关系。第一次世界大战以后至第二次世界大战后初期，各国普遍采用这一概念。

广义国际收支是指一个国家（或者地区）在一定时期（通常是一年）内各种对外往来所产生的全部国际经济交易的统计。它不仅包括一国外汇收支，还包括不涉及外汇收支的各种经济交易，如清算支付协定项下的记账贸易、易货贸易等。

二、经济体中的居民

强调居民和非居民的概念，目的是要正确反映国际收支情况。国际收支反映的是一国（或者地区）对外往来所产生的国际经济交易的状况，发生在居民和非居民之间的各种经济交易才是国际经济交易[①]。居民之间的各种经济交易则是国内经济交易，不属于国际收支的范畴。

（一）居民和非居民

一个经济体由两大类主要机构单位构成：家庭和组成家庭的个人；法定的实体和社会团体，如公司和准公司（如国外直接投资者的分支机构），非营利机构和该经济体中的政府。这些机构单位必须符合一定的条件才能成为经济体中的居民单位。国际收支根据经济领土和经济利益中心的概念来确定居民单位。经济领土是指由一个政府有效实施经济管理的地区。在这一地理领土内，人员、货物和资本自由流动。对于海洋国家来说，地理领土包括同大陆一样置于同一财政、货币当局管辖的岛屿。

[①] 在国际服务贸易统计中也统计编制经济体的外国附属机构（居民）与其他居民之间的交易，但该收支不纳入国际收支的统计（BOP）中，而是属于外国附属机构统计（FATS）范畴。详情参见第十章。

（二）居民身份的确定

确定居民身份的基本原则如下。

1. 家庭和个人的居民属性

身在国外而不代表政府的任何个人依据其"利益中心"（收入的主要来源地）、工作地点或长期居住地确定其居民身份。

2. 企业的居民属性

一个企业一旦在一个国家（经济领土）大规模从事物资或服务的生产，或者拥有土地或者建筑，那么，该企业则被认为具有一个经济中心并作为这个国家的居民单位。该企业必须在这个国家至少拥有一个生产场所，必须计划无限期或者在长时间内经营这一场所。

3. 各级政府居民的属性

各级政府是其所在经济体的居民；一国外交使节、驻外军事人员，不论在国外时间长短，都属于本国居民。

此外，非营利机构是其具有经济利益的国家和经济领土的居民。但国际机构，如国际货币基金组织、世界银行等不是任何国家的居民，而是所有国家的非居民。

第二节 外汇汇率与汇率制度

国际收支平衡表中每一项目的收支，均涉及外汇资金的流动，而外汇与汇率又是紧密相关的一对范畴，汇率的升降，不仅影响每笔进口、出口交易的盈亏，而且还影响出口商品的竞争能力与市场销售，所以对外贸易工作者应当对外汇、汇率及现行的浮动汇率制度有所了解，针对其对进出口业务的影响，采取相应措施。

一、外汇的概念

外汇是国际汇兑（foreign exchange）的简称。外汇的概念可以从动态和静态两个角度加以阐述。动态的外汇，是指把一国货币兑换成另一国货币以清偿国家间债务的金融活动。静态的外汇，又可以分为广义外汇和狭义外汇。广义外汇就是各外汇管理法令所定义的外汇。例如，国务院于1996年1月29日公布，2008年8月1日修订通过《中华人民共和国外汇管理条例》第一章第三条规定，外汇是指下列以外币表示的可以用作国际清偿的支付手段和资产。包括：（1）外币现钞，包括纸币、铸币；（2）外币支付凭证，包括票据、银行存款凭证、银行卡等；（3）外币有价证券，包括债券或支付工具、股票等；（4）特别提款权；（5）其他外汇资产。狭义的外汇，是指以外国货币表示的用于国家间债权债务清算的支付凭证和信用凭证。它包括存放在国外银行的外币存款、在国外能得到偿付的汇票、本票、支票以及外国政府国库券和长短期证券等。

外币支付凭证或信用凭证构成外汇必须具备三个要素。首先，它是债权凭证，即这种支付凭证产生的基础是确实存在的一种债权债务关系。其次，它是自由兑换货币，包括票面货币为自由兑换货币和支付凭证或信用凭证可以在国外市场上兑换成其票面所表示的货币两层含义。最后，它是一国的外汇资产，能够用以偿还国际债务。

二、外汇汇率的概念及标价方法

（一）外汇汇率的概念

所谓外汇汇率，也称汇价或外汇行市，是外汇市场上一种货币兑换另一种货币的比率或比价，也可称为以一种货币表示的另一种货币的价格。在中国，人民币对外币的汇率通常在中国银行挂牌对外公布，因此汇率又称牌价。

外汇汇率是货币价值的对外反映。汇率的高低和变化影响着一国对外经济活动，如果外汇汇率升高，就意味着本国货币贬值，使以外币标价的市场价格走低，有利于一国扩大出口，对国际收支有利；如果外汇汇率走低，就意味着本国货币升值，则不利于出口，而进口相对有利。

外汇汇率还影响着生产企业采购原材料的来源，影响着企业获取资金的来源，影响一国国内的生产和物价的变化。

（二）汇率的标价方法

我们可以用一定单位的本币折合外币来表示"外币的价格"，也可以用一定单位的外币折合本币来表示"外币的价格"。在汇率标价中，数量保持不变的货币为基础货币，数量可变的货币为标价货币。

折算两个国家的货币，先要确定哪个国家的货币作为标准，由于确定的标准不同，存在着外汇汇率的两种标价方法。

1. 直接标价法（direct quotation）

直接标价法又称应付标价法，是指用一个单位或一百个单位的外国货币作为基础货币折算为一定数额的本国货币，就称为直接标价法。在直接标价法下，外国货币的数额固定不变，本国货币的数额则随着外国货币或本国货币币值的变化而改变。世界上大多数国家目前都采用直接标价法，中国外汇牌价也采用直接标价法。如中国银行目前的外汇牌价（见表7-1），100美元=690.50/6.3907元人民币，1英镑=911.49/918.41元人民币。

表7-1　　　中国银行部分外汇牌价（2018-10-16　19：26：48）

货币名称	符号	现汇买入价	现钞买入价*	现汇卖出价	现钞卖出价	中间价
美元	USD	690.50	684.88	693.43	693.43	691.19
日元	JPY	6.1533	5.9621	6.1985	6.1985	6.1816
欧元	EUR	798.61	773.8	804.5	806.1	800.78
英镑	GBP	911.49	883.17	918.2	920.21	909.36
韩元	KRW	0.6132	0.5917	0.6182	0.6406	0.6109
澳元	AUD	491.56	476.29	495.18	496.26	493.32
泰铢	THB	21.13	20.47	21.29	21.95	21.17
新加坡元	SGD	501.29	485.82	504.81	506.07	502.49
印度卢比	INR	—	8.8493	—	9.9791	9.3771
港币	HKD	88.09	87.39	88.44	88.44	88.2
澳门元	MOP	85.66	82.79	86	88.76	85.76
新台币	TWD	—	21.69	—	23.39	22.44

注：现钞汇率是银行买卖外币现钞时使用的汇率。

资料来源：根据中国银行外汇牌价数据整理。http：//www.boc.cn/sourcedb/whpj/enindex.html。

在直接标价法下，如果一定单位的外币折合的本币数较以前多，则表示外币升值，本币贬值，或称外汇汇率上涨，本币汇率下跌；如果一定单位的外币折合的本币数额较以前少，则表示外币贬值，本币升值，或称外汇汇率下跌，本币汇率上涨。

2. 间接标价法（indirect quotation）

间接标价法又称应收标价法，用一个单位或一百个单位的本国货币作为基础货币，折算为一定数量的外国货币，称为间接标价法。在间接标价法下，本国货币的数额固定不变，外国货币的数额则随着本国货币或外国货币币值的变化而变化。美国、英国和欧盟都是采用间接标价法的国家。例如，2011年11月30日，英镑兑美元的汇率：1英镑=1.5511/1.5574美元，美元兑欧元的汇率：1美元=0.7508/0.7538欧元。

在间接标价法下，如果一定单位的本币折合外币的数额较以前多，则表示本币升值，外币贬值，或称为外汇汇率下跌，本币汇率上涨；如果一定单位的本币折合外币的数额较以前少，则表示本币贬值，外币升值，或称为外汇汇率上涨，本币汇率下跌。

上述两种标价方法就对各种货币换算的结果来讲，实质上是无原则区别的（见表7-2）。但由于这两种标价方法对币值升降变化同汇率高低变化的结果是完全相反的，因此，在分析汇率高低变化时，必须说明所采用的标价方法，以免概念混淆，发生错误和矛盾的结论。

表 7-2　　　　　　　　　直接标价法与间接标价法比较

标价法	基准货币	计价货币	汇率变动形式	汇率上升	汇率下降
直接标价法 USD/CNY 1：6.9050	外币 1	本币 6.9050	外币数额固定不变，外币价值的升降以本币数额变化表示	外币越昂贵，本币越便宜	外币贬值，本币升值
间接标价法 USD/GBP 1：0.7560	本币 1	外币 0.7560	本币数额固定不变，本币价值的升降以外币数额变化表示	外币贬值，本币升值	外币升值，本币贬值

（三）汇率的买入价、卖出价和中间价

在外汇市场上，商业银行提供外汇交易的目的是获取一定的费用，其方法是贱买贵卖，赚取买卖差价。商业银行在买入外汇时所采用的汇率，叫买入价；卖出外汇时所采用的汇率，叫卖出价。因此买入价和卖出价的对象是外汇，而非本币，且都是站在银行的角度来讲的。

1. 买入价（buying rate/bid rate）

买入价是银行买入外汇时使用的汇率。

不同的标价方法，买入价的含义不同。在直接标价法下，买入价是指银行买入一定的外币，付给顾客的本币数；在间接标价法下，买入价指银行买入若干外币而付给顾客一定的本币数。

2. 卖出价（selling rate/ask or offer rate）

卖出价是指银行卖出外汇时使用的汇率。

不同的标价方法，卖出价的含义不同。在直接标价法下，卖出价是指银行卖出一定的外币而向顾客收取的若干本币数。

要判断银行的买入价和卖出价，首先须根据所在的外汇市场确定外汇币种，再以"贱买贵卖"的原则进行确定。在直接标价法下，买入价是较小的数，因此买入价在前，卖出价在后；在间接标价法下，买入价是较大的数，卖出价是较小的数，因此卖出价在前，买入价在后。例如，若在直接标价法下，中国外汇市场上 1\$ = 6.9097 ¥ ~ 6.9148 ¥，则 6.9097 为银行的买入价，6.9148 为银行的卖出价；在间接标价法下，伦敦外汇市场上 1£ = 1.3207\$ ~ 1.3211\$，则 1.3207 为银行的卖出价，1.3211 为银行的买入价。

银行外汇交易的买入价和卖出价的表示形式有两种：一种是完整形式，如美元/人

民币=6.9097/6.9148；一种是简写形式，如美元/人民币=6.9097/148。一般将0.0001（日元为0.01）称为1点，例中美元兑人民币的买卖差价是51点。买卖差价是银行的收入，所以在任何情况下外汇的买入价均小于外汇的卖出价。通常而言，大银行与大公司之间的买卖差价较小，而对一般顾客的所谓零售交易的买卖差价较大，一般在2‰~5‰之间。经常参与交易的大货币的买卖差价较小，不经常参与交易的小货币的买卖差异较大。

3. 中间价

中间价是买卖价的平均数，它是剔除了买入与卖出价的差额收益（即汇差）而得到的汇率，计算公式为：中间价=(买入价+卖出价)/2。它通常用于银行之间的交易，不适用一般的客户。

（四）汇率变化对一国外贸的影响

外汇汇率升值，本国货币贬值有扩大出口和削减进口的作用。本国货币对外贬值时，出口企业按贬值前的原价出口商品，所得的等量的外汇收入，在国内可换得的本币比贬值前增加了，在国内通货膨胀低于本币对外贬值幅度的条件下，出口企业的利润增加。出口企业维持原有的本币成本就可以在国际市场上以较前更低的价格竞争，所以外汇汇率升值，本币贬值有利于一国扩大出口；而同样道理，对进口不利。因为，用外汇标价的进口商品，需要用较前更多的本币购买，所以对进口是一种抑制，进口成本增加。相反，一国货币对外升值，外汇汇率下降，则有利于进口，不利于出口，使国际收支出现逆差。

三、影响汇率变化的因素

汇率变化是一个极其复杂的问题，影响汇率变化的因素有很多，既有国内的因素又有国外的因素，既有经济因素又有政治因素。

（一）一国财政经济状况的影响

一国财政经济状况的影响是外汇汇率的基本因素。一国的财政收支或经济状况较以前改善，该国货币对外币就升值；相反，如果一国的财政经济状况较以前恶化，或财政赤字增大，该货币代表的价值量就减少。该货币对外币就贬值。一般来说，财政状况对本国货币的影响相对较慢。

（二）一国国际收支的状况

一国国际收支的状况更是影响该国货币对外比价的直接原因。一国国际收支状况较以前改善或顺差增大，或逆差减小，外汇收入增加，则该国货币就较以前升值，可以以较少的本币换取原来一定量的外币；如果一国国际收支状况较以前恶化，或顺差减少，逆差增加，该国货币就会对外贬值，要以更多的本币换取原来一定量的外币。

（三）一国的利息水平

一国的利息水平对外币汇率也会产生影响。

国际市场存在大量游资，若一国利息率较以前提高，游资持有者就会投向该国，追求较高的利息收入，该国的外汇收入就会增加，外币供大于求，从而使本国货币升值。

（四）其他因素

其他因素如各国的汇率政策、投机活动、重大的国际政治事件等，也会对汇率的变化发生影响。在一定时期内，国际收支是决定汇率基本走势的主导因素。通货膨胀和财政状况、利率水平和汇率政策，也会助长和削弱国际收支的作用。

四、汇率制度

汇率制度（exchange rate system），亦称汇率安排（exchange rate arrangement），它是指一国货币当局对本国货币汇率变动的基本方式所做的基本安排和规定。

（一）固定汇率制度

1. 固定汇率制度的概念

固定汇率制度指两国货币的比价基本固定，或把两国货币汇率的波动界限规定在一定幅度之内。金本位制下的汇率制度以及第二次世界大战后至20世纪70年代初布雷顿森林体系下的汇率制度，都是固定汇率制度。

2. 固定汇率制度的作用

由于固定汇率制度使两国货币比价基本固定，或汇率的波动范围被限制在一定的幅度之内，它便于经营贸易、国际信贷与国际投资的经济主体进行成本和利润的核算，也使进行这些国际经济交易的经济主体面临汇率波动的风险损失较小，而有利于这些国际经济贸易的进行与发展，从而有利于世界经济的发展。

（二）浮动汇率制度

固定汇率制度在1973年石油危机后崩溃，主要西方国家开始实行浮动汇率制，政府对汇率不加固定，也不规定上下浮动界限，听任外汇市场根据外汇的供求，自行决定本国货币对外国货币的汇率。当外国货币供过于求时，外汇汇率就下降；当外国货币求过于供时，外汇汇率就上升。

1. 浮动汇率的类型

按照国家是否干预，可分为以下几种。

（1）自由浮动也称清洁浮动，指一国货币当局不进行干预，完全听任外汇市场的供求来决定本国货币的汇率。

（2）管理浮动也称肮脏浮动，指一国货币当局根据本国经济利益的需要，随时进行干预，以使本国货币汇率符合自己的期望值。

按照各国汇率浮动的类型，可分为以下几种。

（1）单独浮动：它是指一国货币不同任何外国货币有固定比价关系，其汇率只根据外汇市场供求状况和政府干预的程度自行浮动。

（2）联合浮动：指几国组成货币集团，集团内各国货币之间保持固定比价关系，而对集团外国家货币则共同浮动。

（3）钉住汇率制：它是指一国采取使本国货币同某外国货币或一篮子货币保持固定比价关系的做法。一篮子货币，除特别提款权外，还有"其他组合货币"。所谓"其他组合货币"，是一国按照本国同主要贸易伙伴国的贸易比重，来选择和设计的、模仿特别提款权的一篮子货币。

按一套指标调整汇率，是指一些国家将国内物价对比、外汇储备、国际收支、进出口贸易等动态性指标制定出一组指标，根据这一组指标的变动情况，及时调整本国货币汇率。

2. 浮动汇率制度的作用

浮动汇率制度可以发挥其调节国际收支的经济杠杆作用。由于汇率是浮动的，一国的国际收支失衡，可以经由汇率的上浮与下浮，而予以消除；只要国际收支失衡不特别严重，就没有必要调整财政政策，从而不会产生以牺牲内部平衡来换取外部平衡的实现；减少了对储备的需要，并且使逆差国避免了外汇储备的流失。

第三节　国际贸易中的外汇风险

汇率变动会带来贸易效应，若本币贬值，外汇升值，将使本国出口商品以外币表示的价格下降，从而提高出口商品的国际竞争力，从而有利于一国扩大出口。当然，本币贬值是否会带来国内出口的增加，还取决于出口商品的供需弹性、国内经济体制、生产要素利用情况，及其他国家的关税与非关税措施等。由于国际贸易的业务流程时期较长，在进行交易定价时与交易结算时，有可能遇上较大的汇率波动，这将增加国际贸易的不确定性与外汇风险性。

一、外汇风险的概念

外汇风险（foreign exchange exposure）是指一个金融的公司、企业组织、经济实体、国家或个人在一定时期内对外经济、贸易、金融、外汇储备的管理与营运等活动中，以外币表示的资产（债权、权益）与负债（债务、义务）因未预料的外汇汇率的变动而引起的价值的增加或减少的可能性。

从事对外经济、贸易、投资及金融的公司、企业组织、个人及国家外汇储备的管理与营运等，通常在国际范围内收付大量外币，或持有外币债权债务，或以外币标示其资产、负债价值。由于各国使用的货币不同，加上各国间货币汇率经常变化，因此，在国际经济往来中，在国际收付结算时，就会产生外汇风险。

狭义的外汇风险是指汇率风险和利率风险。

广义的外汇风险包括利率风险、汇率风险，也包括信用风险、会计风险、国家风险等。本章我们是从狭义的角度来讨论风险。

从国际外汇市场外汇买卖的角度来看，买卖盈亏未能抵消的那部分，就面临着汇率变动的风险。该部分外汇风险的外币金额称为"受险部分"或"外汇敞口"。

二、外汇风险的种类

外汇风险可分为企业外汇交易风险、业务风险、国家外汇储备风险。

（一）企业外汇交易风险

企业外汇交易风险与结算某一具体交易有关，指企业以外币进行的各种交易过程中，由于汇率变动使折算为本币数额减少而造成的损失。各种交易包括：以信用方式进行的商品或劳务交易、外汇借贷交易、远期外汇交易、以外汇进行投资等。交易还可分为已完成交易和未完成交易。已完成交易为已列入资产负债表项目，如外币表示的应收账款和应付账款；未完成交易则主要为表外项目，如外币表示的将来的采购额、销售额、租金以及预期发生的收支等。

（二）业务风险

（1）外汇买卖风险。银行与外汇买卖业务、代客户买卖、自营买卖过程中带来的风险。

（2）外汇信用风险。在外汇交易中由于当事人违约而给银行带来的风险。

（3）清算风险（settlement risk）。

(三) 国家外汇储备风险

国家外汇储备风险指的是一国所有的外汇储备因储备货币贬值而带来的风险。它主要包括国家外汇库存风险和国家外汇储备投资风险。自1973年国际社会实行浮动汇率制以来，世界各国外汇储备都面临同样的一种运营环境，即储备货币多元化，储备货币以美元为主，包括美元在内的储备货币汇率波动很大。这样，就使各国的外汇储备面临极大的风险。由于外汇储备是国际清偿力的最主要构成，是一国国力大小的一个重要象征，因此外汇储备面临的风险一旦变为现实，其造成的后果是十分严重的。

此外，从其产生的领域看，外汇风险大致可分为商业性汇率风险和金融性汇率风险两大类。

(1) 商业性汇率风险：商业性汇率风险主要是指人们在国际贸易中因汇率变动而遭受损失的可能性，是外汇风险中最常见且最重要的风险。

(2) 金融性汇率风险：金融性汇率风险包括债权债务风险和储备风险。

三、外汇风险的防范

为了规避在交易过程中外汇所带的风险，一般可采用以下几种方法。

(一) 内部防范

技术交易风险防范的内部技术是指企业内部用于防范和降低外汇风险的方法。在签订交易合同前，就采取措施防范风险，如选择有利计价货币、适当调整商品价格等。

(1) 资产债务调整法。以外币表示的资产及债务容易受到汇率波动的影响。币值的变化可能会造成利润下降或者折算成本币后债务增加。资产和债务管理是将这些账户进行重新安排或者转换成最有可能维持自身价值甚至增值的货币。这一方法的核心是：尽量持有硬币资产或软币债务。硬币的价值相对于本币或另一种基础货币而言趋于不变或上升，软币则恰恰相反，它们的价值趋于下降。作为正常业务的一部分，实施资产债务调整策略有利于企业对交易风险进行自然防范。如借贷法，当企业拥有以外币表示的应收账款时，可借入一笔与应收账款等额的外币资金，以达到防范交易风险的目的。

(2) 选择有利的计价货币。外汇风险的大小与外币币种有着密切的联系，交易中收付货币币种不同，所承受的外汇风险会有所不同。在外汇收支中，原则上应争取用硬货币收汇，用软货币付汇。例如，在进出口贸易中，进口付汇争取用软货币，出口收汇争取用硬货币；在借用外资时，争取借软货币，所承受的风险就比较小。

(3) 在合同中订立货币保值条款。在交易谈判时，经过双方协商，在合同中订立适当的保值条款,以防止汇率多变的风险。货币保值条款的种类很多,并无固定模式,但无论采用何种保值方式,只要合同双方同意,并可达到保值目的即可。主要有黄金保值、硬货币保值、"一篮子"货币保值。目前合同中采用的一般是硬货币保值条款。订立这种保值条款时,需注意三点:首先,要明确规定货款到期应支付的货币;其次,选定另一种硬货币保值;最后,在合同中标明结算货币与保值货币在签订合同时的即期汇率。收付货款时,如果结算货币贬值超过合同规定幅度,则按结算货币与保值货币的新汇率将货款加以调整,使其仍等于合同中原折算的保值货币金额。

(4) 适当调整商品的价值。在进出口贸易中,一般应坚持出口收硬币,进口付软币的原则,但有时由于某些原因使出口不得不用软货币成交,进口不得不用硬货币成交,这样就存在外汇风险。为了防范风险,可采取调整价格法,主要有加价保值法和压价保值法两种。

(5) 通过风险分摊防范交易风险。指交易双方按签订的协议分摊因汇率变化造成的风险。其主要过程是:确定产品的基价和基本汇率,确定调整基本汇率的方法和时间,确定以基本汇率为基数的汇率变化幅度,确定交易双方分摊汇率变化风险的比率,根据情况协商调整产品的基价。

(6) 灵活掌握收付时间防范外汇交易风险。在国际金融市场瞬息万变的情况下,提前或推迟收款、付款,对外贸企业来说会产生不同的利益效果。因此,企业应根据实际情况灵活掌握收付时间。作为出口商,当计价货币坚挺,即汇率呈上升趋势时,由于收款日期越向后推就越能收到汇率收益,故企业应在合同规定的履约期限内尽可能推迟出运货物,或向外方提供信用,以延长出口汇票期限。若汇率呈下跌趋势时,应争取提前结汇,即加速履行合同,如以预收货款的方式在货物装运前就收汇。当然,这要在双方协商同意的基础上才能进行。反之,当企业作为进口商时,则做出相应调整。由于使用这种方法,企业所受利益,便是外方的损失,故不易为外方所接受。但企业应对此有所了解,一方面在有条件时可借此避免收汇风险,另一方面则可以防止外方向我方企业转嫁风险。

(二) 外部管理技术

除内部管理技术外,企业还有很多外部套期保值工具可供选用,如远期外汇合同、外汇期权交易等。开展外汇交易是一种实用、直接而科学的方法。

通过远期外汇交易防范交易风险。在进行远期外汇交易时,企业与银行签订合同,在合同中规定买入卖出货币的名称、金额、远期汇率、交割日期等。从签订合同到交割这段时间内汇率不变,可防范日后汇率变动的风险。

远期外汇交易的一个变种是具有日期选择权的远期合约,其允许企业在一个预先规定的时间范围内的任何一天执行外汇交易。当然,远期外汇交易本身是存在风险的,企业能否避免损失和获得好处,关键在于汇率预测是否正确。同时,远期外汇交易在避免了汇率不利变动风险的同时,也丧失了汇率有利变动而带来的获利机会。

以外汇期权交易防范交易风险。所谓外汇期权,是外汇期权交易双方按照协定的汇率,就将来是否购买某种货币,或是否出售某种货币的选择权,预先签订的一个合约。外汇期权合约给期权买方的是权利,而没有义务,期权分为看涨期权和看跌期权。对套期保值者来说,外汇期权有三个其他保值方法无法相比的优点。其一,将外汇风险局限于期权保险费;其二,保留获利的机会;其三,增强了风险管理的灵活性。

(三) 分析现有的数据并制定对冲政策

财务主管或财务部门可能会犯的一个最大错误是:不与他们的业务单位紧密合作去看待过去的外汇风险。

无论是哪种类型的外汇风险,重要的是要确保风险管理策略与企业的整体目标保持一致。这也意味使企业避免现金流风险,现金流风险可能会危及企业追求其战略需要的能力。

1. 分析现有的数据

虽然外汇风险管理是一项单调乏味的手工过程,但重要的是了解你的货币风险以及监控这些风险的执行方式。由于数据完整性的原因,外汇风险管理是最困难的金融工作。因此,分析现有数据是对冲的最关键组成部分。

基础分析是侧重于重要的经济数据和政治新闻,来确定货币价值的走向。所有的货币市场都是相互关联的,将有助于了解当前事件驱动外汇市场经济的方向,做出更好的决策。风险偏好,全球股市和大宗商品市场也能影响到外汇市场,特别是在存在投资流入和流出的国家。基础分析的其他内容包括货币政策的决定、利率市场以及税政和监管法律的变化。

有些公司可能会采用全面的风险管理体系,特别是当风险程度高或者管理层有防御风险的态度时。全面的风险和影响分析,应该考虑经济、监管和操作方面的因素。

然而,由于风险程度低,使得综合风险管理策略的成本大于收益,或者管理层选择采取投机的办法来处理汇率变动,在这两种情况下,重要的是要积极主动地制定你的对冲方针,以应对市场发展情况,以及在你的公司里有合适的媒介可以在适当的水平上快速批准对冲方针。

2. 制定对冲政策

一旦确定并评估风险后,接下来要考虑的是,确定哪些对冲策略可以更好地使公司在其风险偏好范围内实现其战略目标。确定这些以后,公司要根据这些目标制定对冲政策,这很重要。一旦确定了对冲策略,创建政策的内容应该是直接的,因为政策应该在以下几个方面明确对冲策略:使用什么金融工具,谁有权使用这些工具,职责分工,以及如何管理和控制政策,还包括向高级管理人员和董事会报告。

拥有健全的外汇策略，对一个全球性企业的成功至关重要。使用你可用的数据来选择最与公司目标一致的对冲外汇的方法。

本章习题

一、名词解释题

国际收支、外汇、汇率、汇率制度、外汇风险、外汇储备风险、外汇期权。

二、判断题

1. 国际收支中的"居民"是根据常住地来确定的。（　　）
2. 国际收支只反映居民和非居民之间的经济交易状况。（　　）
3. 非营利的国际机构是其具有经济利益的国家和经济领土的居民。（　　）
4. 长期驻外的外交人员是其所驻国的居民。（　　）
5. 不是所有的外国货币都能成为外汇。（　　）
6. 中国的外汇牌价采用的是直接标价法。（　　）
7. 在间接标价法下，银行的买入价是较大的数，卖出价是较小的数。（　　）
8. 一国国际收支顺差减少，则本货升值。（　　）
9. 若几国组成货币集团，集团内各国货币间保持固定比价，而对集团外国家货币则共同浮动的汇率制度属于钉住汇率制。（　　）
10. 在其他情况不变的条件下，本币贬值有利于一国扩大出口。（　　）

三、单项选择题

1. 以下贸易方式下的收支属于狭义国际收支的是（　　）。
   A. 现汇贸易　　B. 记账贸易　　C. 易货贸易　　D. 现货贸易

2. 下列不属于外汇的是（　　）。
   A. 外币现钞　　B. 特别提款权　　C. 外币有价证券　　D. 银行存款

3. 下列导致本币贬值的因素是（　　）。
   A. 经济状况改善　　　　　　　B. 利率下降
   C. 国际收支逆差减少　　　　　D. 财政盈余扩大

4. 第二次世界大战后至20世纪70年代初采用的是（　　）。
   A. 管理汇率制度　　　　　　　B. 浮动汇率制度
   C. 固定汇率制度　　　　　　　D. 钉住汇率制度

5. 在进出口贸易中，（　　）。
   A. 进口付汇争取用硬货币　　　B. 进口使用汇率坚挺的货币
   C. 出口收汇争取用软货币　　　D. 出口使用汇率坚挺的货币

四、多项选择题

1. 外币支付凭证要构成外汇须具备的要素包括（　　）。

 A. 债权凭证　　　B. 自由兑换货币　　　C. 有价证券　　　D. 外汇资产

2. 下列说法正确的是（　　）。

 A. 外汇汇率升高，意味着本货升值，有利于进口

 B. 外汇汇率走低，意味着本货贬值，有利于出口

 C. 外汇汇率升高，意味着本货贬值，有利于出口

 D. 外汇汇率走低，意味着本货升值，有利于进口

3. 属于狭义的外汇风险的是（　　）。

 A. 利率风险　　　B. 信用风险　　　C. 汇率风险　　　D. 会计风险

4. 外汇期权特有的优点是（　　）。

 A. 将外汇风险局限于期权保险费　　　B. 避免了汇率不利变动风险

 C. 保留获利的机会　　　D. 增强了风险管理的灵活性

五、简答题

1. 国际收支核算中，居民与非居民的区别有哪些？
2. 汇率变化对国际贸易的影响如何？
3. 国际贸易中的外汇风险应该如何防范？

六、案例分析题

阅读下面的案例，并了解近十年来中国前三大贸易伙伴的货币相对于人民币的汇率变化情况，分析汇率变动如何影响国际贸易？对人民币汇率变动趋势进行预测，如果你是出口商，会采取什么策略？

在过去的20年，中国与非洲之间的贸易额呈爆发式增长。2000年，中国与非洲的贸易额仅有100亿美元，到2017年，该数字已攀升到了1697.5亿美元，增长了近17倍。中国连续9年成为非洲最大的贸易伙伴。但这种密切的贸易的缺点在于，中国不得不处理货币波动的问题。中国与非洲之间的贸易大多数以美元结算，而美元汇率波动剧烈，且许多国家饱受美元短缺之苦。尽管使用远期合约进行套期保值是一个很好的应对措施，但小出口商可能无法负担这样的费用。而且套期保值也并非毫无风险，错误的判断可能会造成巨额损失。

为更好地应对货币波动，对中国出口商而言，一个直接的解决方案是，坚持要求使用人民币付款。问题是：非洲出口商为什么同意使用人民币。有两个引人注目的原因。第一，如果收入民币，那么中国出口商可以节省7%~10%的成本。若他们给非洲贸易伙伴让利一部分，那么用人民币作为通用交易货币就会成为一个双赢的方案。第二，越来越多的中国企业在非洲从事对外直接投资活动。他们在非洲的子公司允许用人民币从国内购买原材料、组件、加工产品。此外，在当前美元处于升值趋势的情况下，非洲从

中国进口时以人民币结算可以降低美元升值带来的潜在风险。

事实上，中国政府也正在不断推进人民币的国际化步伐。目前，人民币的储备货币地位正在逐渐得到认可，超过 60 个国家和地区已将人民币纳入外汇储备。在非洲，从 2013 年起，通过货币互换协议和购买人民币债券等方式，南非、尼日利亚、肯尼亚、加纳、安哥拉和坦桑尼亚等非洲国家公开宣布持有人民币资产。2018 年 4 月 24 日，中国央行又与尼日利亚央行签署了本币互换协议。5 月，14 个东部和南部非洲国家的央行行长在一份声明中表示，将考虑将人民币作为该地区的储备货币。除了被许多非洲国家纳入外汇储备之外，人民币还成了中非贸易中的结算货币。数据显示，在贸易中采用人民币结算的非洲国家已超过 18 个，2017 年中非贸易总量的 11% 使用人民币结算，2015 年该比例还仅为 5%。预计到 2025 年，人民币在非洲的结算比例有望增至 30%。

虽然人民币在非洲的国际化进程在国家层面已取得一定成功。但不可否认的是，在企业层面，中非贸易走廊两端的人民币采用速度都相对较慢。中国对非洲出口人民币结算比例仍然较低。由于中国从非洲的进口主要是各种原材料，它们普遍以美元计价，因此中国制造商大多更愿意以美元收款，以抵消其美元进口成本，特别是人民币对美元近期持续贬值，使人民币应收账款的吸引力弱于美元应收账款。另外，在中国向非洲出口过程中增加人民币的使用有很大空间，有助于非洲进口商减少汇兑成本。

（资料来源：①郑青亭. 中非贸易人民币结算占比 11% 2025 年有望增至 30%［N］. 21 世纪经济报道，2018－09－12（05）；②彭维刚. 全球商务（第 3 版）［M］. 中国人民大学出版社，2016：179.）

参考文献

［1］樊安群，邵李津. 国际经济学［M］. 北京：清华大学出版社，2016.

［2］傅龙海，邵李津. 国际贸易实务双语教程［M］. 北京：对外经济贸易出版社，2014.

［3］甘碧群，曾伏娥. 国际市场营销学（第三版）［M］. 北京：高等教育出版社，2014.

第八章 国际贸易与资本流动

引例

德国公司的对外直接投资

　　截至2009年，德国一直是世界最大的出口国。然而越来越多的德国公司发现需要减少国内生产并到海外投资。原因在于："德国制造"目前可谓喜忧参半。喜的是，德国的工程、技术以及对可靠性和耐用性的重视赢得全世界顾客的青睐。忧的是，追求完美、过于专注细节和工艺是以德国企业难以承受的高成本为代价的。昂贵的产品到最后并不能给企业带来回头客。尽管宝马和梅赛德斯在汽车领域确立了全球标准，但德国还有许多不为人知但在其领域内同样成功的明星产品。如纽曼（Neumann）话筒，从猫王到席琳·狄翁等多名歌星靠此引吭高歌，可以连续使用2年。但是这种话筒价格昂贵，一款德国生产的顶级产品售价6450美元。纽曼的情况充分说明了许多德国企业面临的困境。在德国生产的成本往往很高，特别是劳动密集型的产品和工艺，其劳动力成本每小时将近20美元。另外，德国的劳动力市场也不够灵活，这些市场通常由支持劳动者的政府规定和工会所管理。因此，德国企业普遍采取了两种应对策略：第一种策略，通过对外直接投资，在海外完成大量的劳动密集型生产活动，然后将零部件运回德国并完成最终产品，从而提升产品价值。因此，德国进口额与出口额的比率1995～2005年由30%上升到40%。

　　第二种策略，也是通过对外直接投资，直接在海外生产整个产品。即使在服务本国市场时，德国企业也发现中国是生产对时间不敏感的商品的理想之地。对于对时间敏感的商品来说，在中欧国家，如保加利亚、匈牙利以及波兰等，通过对外直接投资可以完成大部分的生产。当服务海外市场的消费者时，在消费者附近进行生产，特别是生产大件产品，如汽车等，不仅可以节省劳动力成本，还可以节省高昂的运输成本和保险费用。1990年，宝马等同于"德国制造"，而到了2012年，除了德国之外，宝马公司还在奥地利、巴西、英国、中国、埃及、印度尼西亚、马来西亚、菲律宾、俄罗斯、南非、泰国、美国和越南等地生产汽车。尽管这样做可以降低劳动力成本，但质量是否受影响呢？答案是：有一些，但不大。例如，大陆集团（Continental），一家轮胎制造商在中国和德国都生产轮胎传感器。唯一的区别就是在中国的次品率是百万分之二，而德国的次品率为百万分之零点八，前者略高于后者。

获得对外直接投资的国家自然很开心。特别是，由于德国（和其他欧盟国家）的近岸外包，中欧国家近年来经济快速增长。然而，德国却长期遭受8%的失业率的困扰（虽然不如希腊和西班牙的失业率高，这两个国家的失业率分别为15%和20%）。尽管超过半数的德国失业者已经连续一年以上未能找到工作，但是几乎没人愿意移民到波兰或者保加利亚（更不要说印度、南非或中国）去接受较低的薪金。出于维持失业大军福利的需要，企业和就业者的税负越来越重。由于这种恶性循环，很多德国企业不得不关闭其在德国的工厂并转移至海外。近来，德国大陆公司就关闭了汉诺威附近的工厂，这造成了320人失业，并招致政客们的批评。对此，大陆公司的执行总裁解释说："我的责任是保护公司8万名在世界各地的员工的利益。"他进一步指出，如果工资水平由市场来决定（而不是因为没有弹性的制度规定而居高不下），德国其实会获得更多的就业。

（资料来源：彭维刚.全球商务（第3版）[M]. 中国人民大学出版社，2016：136、137.）

📖 本章学习要点

1. 国际资本流动的概念及其类型；
2. 国际资本流动的原因及其影响；
3. 国际资本流动与国际贸易的替代与互补关系分析；
4. 国际资本流动的风险；
5. 国际资本流动理论及一般模型分析。

21世纪，随着经济一体化的逐步加深，经济全球化已经成为当代世界经济发展的主要特征。经济全球化的趋势为国际资本流动创造了前所未有的广阔空间和多样化的途径。在此背景下，国际资本流动的速度加快，投资自由化程度也进一步加深，各种资源在世界范围内更有效的配置，从而各国国际资金流动越来越与实际生产和交换相脱离而具有自己独立的规律，构成了当今开放经济运行的新的外部环境。资本国际流动不仅促进了国际贸易发展，使得资本实现跨国增值，也推动了世界经济一体化向更深层次发展。

第一节 资本流动概述

国际资本流动和国际资本市场对推动全球经济发展，促进资本和技术在各个地区之间的合理配置做出了很大的贡献,在过去 20 年里,全球 GDP 年均增长速度为 3.8%,国际贸易年均增长速度为 7%,国际资本流动年均增长速度为 14%。也就是说,近 20 年来,国际资本流动的增长速度是国际贸易的 2 倍,是世界经济的 4 倍。国际资本流动在推动国际贸易发展、提高全球经济效益的同时,也为债务危机提供了丰富的土壤。

一、国际资本流动的概念

(一) 资本的国际性

资本,简而言之,是指能够带来剩余价值的价值。资本的形式多种多样。从资本的构成物来看,可分为实物资本和货币资本;从资本的周转时间来看,可分为长期资本和短期资本;从资本的投机性来看,可分为投资资本和投机资本;从资本的构成部门来看,可分商业资本、产业资本、银行资本等。通常所说的资本包括货币资本和借贷资本,以及与国外投资相联系的商品资本和生产资本。不同形式的资本在国家间转移,便构成了国际资本流动。

从本质上讲,资本不受国家或民族地域的界限,是国际性的,国际资本就是从这个角度来论述的。在国家间运行的货币资金、股票、债券等,就是国际资本。国际资本流动,即资本从一个国家或地区转移到另一个国家或地区,它是以资本使用权有偿转让为特征,体现着一种债权债务关系。资本、生产、市场等的国际化,是世界经济国际化的一个重要标志。

(二) 国际资本流动的含义

国际资本流动的狭义概念主要与一国资产负债的日常发生额相联系,反映一国与他国之间的债权债务关系。除此之外,由于一国资本流动还反映在其国际收支平衡表中经常账户的单方面转移项目和金融账户的官方储备变化中,因此国际资本流动的广义概念,还要包括这一部分内容。

国际资本流动,是指资本在国际间转移,或者说,资本在不同国家或地区之间作单向、双向或多向流动,具体包括贷款、援助、输出、输入、投资、债务的增加、债权的取得、利息收支、买方信贷、卖方信贷、外汇买卖、证券发行与流通等。国际资本流动,按其流动方向,可分为国际资本流入和国际资本流出。资本流入 (capital inflows),表现为本国对外国负债的增加和本国在外国的资产的减少,或者说外国在本国资产的增加和外国对本国负债的减少。资本流出 (capital outflows),表现为本国对外国负债的减少和本国在外国资产的增加,或者说外国在本国的资产减少和外国对本国负债的增加。对一个国家或地区来讲,总存在资本流出流入,只不过是流出流入的比例不同而已。一一般来说，发达国家是主要资本流出国，发展中国家是主要资本流入国。在当今世界，国际资本倾向于在发达国家之间对流。

（三）国际资本流动与国际资金流动区别

国际资本流动与国际资金流动也有所区别。一般来说。资金流动是一种不可逆转性的流动，即一次性的资金款项转移，其特点是资金流动呈单向性。资本流动则是一种可逆转性的流动，例如，投资或借贷资本的流出，伴随着的是利润或利息的回流，以及投资资本或贷款本金的遣返，其特点是资本流动呈双向性。

国际资本流动与国际资金流动的区别还可以从四个方面来看。从进行资本流动的主体看，国际资金流动是以跨国金融机构为主，而其他类资本流动以跨国公司为主；从资本流动形式看，国际资金流动仅限于货币金融形式；其他类资本流动的形式则是多样的；从资本流动成因看，国际资金流动主要是由国际金融市场上各种投资活动的收益与风险情况所影响，国际资本流动的成因较为复杂，往往牵涉到企业对专有技术、商标的维护，对企业经营权的控制等；从资本流动特点看，国际资金流动仅反映一种资金融通关系，与实际生产不发生直接联系，国际资本流动直接介入了企业的经营管理，对企业享有永久性权益。

二、国际资本流动的分类

国际资本流动按照不同标准可以划分为不同类型，较为常见的是按照期限划分，分为长期资本流动和短期资本流动。

（一）长期资本流动

长期资本流动（long-term capital flow），是指使用期限在一年以上，或者未规定使用期限的资本流动。长期资本流动主要包括三种类型：国际直接投资、国际间接投资和国际贷款。

（1）国际直接投资（international direct investment）：指一个国家的企业或个人对另一国某企业部门进行的投资，并取得被投资企业的部分或全部管理控制权的一种投资活动。国际直接投资可以通过取得某一企业的全部或部分管理和控制权，也可以直接投资新建企业。按照 IMF 的定义，通过国际直接投资而形成的直接投资企业是"直接投资者进行投资的公司型或非公司型企业，直接投资者是其他经济体的居民，拥有（公司型企业）的 10% 或 10% 以上的流通股或投票权，或拥有（非公司型企业）相应的股权或投票权。"其特点是指投资者能够控制企业的有关设施，并参与企业的管理决策。直接投资往往与生产要素的跨国界流动联系在一起，这些生产要素包括生产设备、技术和专利、管理人员等。因而国际直接投资是改变资源分配的真实资本的流动。国际直接投资已经超过了国际间接投资，成为国际资本流动的主要形式。

国际直接投资一般有五种方式：①创办新企业：即在国外创办新企业，指投资者在另一个国家直接创造力、独资企业、设立跨国公司分支机构或创办合资企业，包括创办独资企业、设立跨国公司分支机构及子公司。②共同投资：与东道国或其他国家共同投资，合作建立合营企业。③直接收购：投资者直接收购现有的外国企业，创办与收购是国际投资的重要方式一。直接收购是指投资者在另一个国家直接购买现有出售的企业。这种直接投资方式相对于创办新企业来说，有如下特点：其一，可以节省创办新企业的时间和资本，简化不必要的环节和手续；其二，可以拥有原来企业的技术、管理经验和营销市场，把产品迅速打入国际市场；其三，可以降低经营成本，提高经济效益。④购买外国企业股票，达到一定比例以上的股权。如若干个美国居民合作拥有外国企业50%以上的有投票权的股票，就算是直接投资，但这种比例因国而异。⑤利润再投资：以投资者在国外企业投资所获利润的一部分或全部作为资本，对该企业进行再投资。这种投资实际上并不存在真正的国际资本流入或流出。

(2) 国际间接投资（international indirect investment），也称为国际证券投资（international portfolio investment），是指通过在国际债券市场上购买外国政府、银行或工商企业发行的中长期债券，或在国际股票市场上购买外国公司股票而进行的对外投资。证券投资与直接投资存在区别，主要表现在：证券投资者只能获取债券、股票回报的股息和红利，对所投资企业无实际控制和管理权。而直接投资者则持有足够的股权来承担被投资企业的盈亏，并享有部分或全部管理控制权。购买他国股票若达不到直接投资所规定的比例，即零星股票购买，不能拥有对企业的经营管理权，一般视为间接投资。

(3) 国际贷款（international loans），是指一国政府、国际金融组织或国际银行对非居民（包括外国政府、银行、企业等）所进行的期限为一年以上的放款活动，故也称为国际中长期信贷。主要包括政府间贷款、国际金融机构贷款、国际商业银行贷款和中长期出口信贷等。

（二）短期资本流动

短期资本流动（short-term capital flow），是指期限在一年或一年以内即期支付的资本流动。短期资本流动包括暂时性的相互借贷、存款，购买一年到期的汇票及债券等，如短期政府债券、商业票据、银行承兑汇票、银行活期存款凭单、大额可转让定期存单等。短期国际资本流动，一般都借助于有关信贷工具，并通过电话、电报、传真等通信方式来进行。由于通过信汇、票汇等方式进行国际资本转移，相对周转较慢，面临的汇率风险也较大，因此短期国际资本流动多利用电话、电报、传真等方式来实现。人们比较关注的国际游资也称为热钱（hot money），从广义来讲，包括各种形式的短期资本，但从狭义上来说，仅指短期资本中的投机性资本。如果投机性资本的大规模流动，所造成的影响将是巨大的。从性质上分类，短期国际资本流动有以下四种类型。

（1）贸易资本流动，是指由国际贸易引起的货币资金在国际间的融通和结算，是最为传统的国际资本流动形式。国际贸易活动的进行必然伴随着国际结算，引起资本从一国或地区流向另一国或地区。各国出口贸易资金的结算，导致出口国或代收国的资本流入；各国进口贸易资金的结算，则导致进口国或代付国的资本流出。随着经济开放程度的提高和国际经济活动的多样化，贸易资本在国际流动资本中的比重已经大为降低。

（2）银行资本流动，是指各国外汇专业银行之间由于调拨资金而引起的资本国际转移。各国外汇专业银行在经营外汇业务过程中，由于外汇业务或谋取利润的需要，经常不断地进行套汇、套利、掉期、外汇头寸的抛补和调拨、短期外汇资金的拆进拆出、国际间银行同业往来的收付和结算等，都要产生频繁的国际短期资本流动。

（3）保值性资本流动，是指短期资本的持有者为了使资本不遭受损失而在国与国之间调动资本所引起的资本国际转移，故又称为"资本外逃"（capital flight）。保值性资本流动产生的原因主要有国内政治动荡、经济状况恶化、加强外汇管制和颁布新的税法、国际收支发生持续性的逆差，从而导致资本外逃到币值相对稳定的国家，以期保值，免遭损失。

（4）投机性资本流动，是指投机者利用国际金融市场上利率差别或汇率差别来谋取利润所引起的资本国际流动。其具体形式主要有：对暂时性汇率变动的投机、对永久性汇率变动的投机、与贸易有关的投机性资本流动、对各国利率差别做出反应的资本流动。由于金融开放与金融创新，国际间投机资本的规模越来越庞大，投机活动也越来越盛行。

三、国际资本流动的原因、特征及影响

（一）国际资本流动的原因

引起国际资本流动的原因复杂多样，归结起来可以从以下几个方面来看。

1. 过剩资本的形成或国际收支大量顺差

过剩资本的形成与国际收支大量顺差是早期国际资本流动"催化剂"。过剩资本是指相对的过剩资本。随着资本主义生产方式的建立，资本主义劳动生产率和资本积累率的提高，资本积累迅速增长，在资本的特性和资本家唯利是图的本性的支配下，大量的过剩资本就被输往国外，追逐高额利润，早期的国际资本流动就由此而产生

了。随着资本主义的发展,资本在国外获得的利润也大量增加,反过来又加速了资本积累,加剧了资本过剩,进而导致资本对外输出规模的扩大,加剧了国际资本流动。近20年来,国际经济关系发生了巨大变化,国际资本、金融、经济等一体化趋势有增无减,加之现代通信技术的发明与运用,资本流动方式的创新与多样化,使当今世界的国际资本流动频繁而快捷,然而过剩资本和国际收支大量顺差仍然是资本国际流动的重要原因。

2. 外资政策的实施

在经济全球化的背景下,无论是发达国家,还是发展中国家,都会不同程度地通过各种政策和手段来吸引外资,以达到自身发展的目的。其中大部分发展中国家,经济相对落后,迫切需要资金来刺激本国经济的发展,因此,往往通过开放市场、提供优惠税收、改善投资软硬环境等措施吸引外资的进入,从而增加或扩大了国际资本的需求,引起或加剧了国际资本流动。

3. 利润收益的驱动

增值是资本运动的内在动力,利润驱动是各种资本输出的共有动机。当投资者预期到一国的资本收益率高于他国,资本就会从他国流向这一国;反之,资本就会从这一国流向他国。此外,当投资者在一国所获得的实际利润高于本国或他国时,该投资者就会增加对这一国的投资,以获取更多的国际超额利润或国际垄断利润,这些也会导致或加剧国际资本流动。在利润机制的驱动下,资本从利率低的国家或地区流往利率高的国家或地区。这是国际资本流动的根本原因。

4. 利率汇率的变化

在一般情况下,利率与汇率呈正相关关系。一国利率提高,其汇率也会上浮;反之,一国利率降低,其汇率则会下浮。例如,1994年美元汇率下滑,为此美国连续进行了7次加息,以期稳定汇率。尽管加息能否完全见效,取决于各种因素,但加息确实已成为各国用来稳定汇率的一种常用方法。20世纪70年代以来,随着浮动汇率制度的普遍建立,主要国家货币汇率经常波动,且幅度大。如果一个国家货币汇率持续上升,则会产生兑换需求,从而导致国际资本流入;如果一个国家货币汇率不稳定或下降,资本持有者可能预期到所持的资本实际价值将会降低,则会把手中的资本或货币资产转换成他国资产,从而导致资本向汇率稳定或升高的国家或地区流动。汇率的变化,势必会引起国际资本流动,同时伴随着的是短期国际资本(游资或热钱)的经常或大量的流动。

5. 通货膨胀的发生

通货膨胀往往与一个国家的财政赤字有关系。如果一个国家出现了财政赤字,该赤字又是以发行纸币来弥补,必然增加了对通货膨胀的压力,一旦发生了严重的通货膨胀,为减少损失,投资者会把国内资产转换成外国债权。如果一个国家发生了财政赤字,而该赤字以出售债券或向外借款来弥补,也可能会导致国际资本流动,因为当某个时期人们预期到政府会通过印发纸币来抵销债务或征收额外赋税来偿付债务,则会把资产从国内转往国外。

6. 政治经济的风险

政治、经济及战争风险的存在,也是影响一个国家资本流动的重要因素。政治风险是指由于一国的投资气候恶化而可能使资本持有者所持有的资本遭受损失。经济风险是指由于一国投资条件发生变化而可能给资本持有者带来的损失。战争风险,是指可能爆发或已经爆发的战争对资本流动造成的可能影响。例如海湾战争,就使国际资本流向发生重大变化,在战争期间许多资金流往以美国为主的几个发达国家(大多为军费)。战后安排又使大量资本涌入中东,尤其是科威特等国。

7. 恶性投机的存在

国际炒家恶性投机,往往出于两种原因:第一,投机者基于对市场走势的判断,纯粹以追逐利润为目的,刻意打压某种货币而抢购另一种货币的行为。这种行为的普遍发生,毫无疑问会导致有关国家货币汇率的大起大落,进而加剧投机,汇率进一步动荡,形成恶性循环,投机者则在"乱"中牟利。这是一种以经济利益为目的的恶性投机。第二,投机者不是以追求盈利为目的,而是基于某种政治理念或对某种社会制度的偏见,动用大规模资金对某国货币进行刻意打压,由此阻碍、破坏该国经济的正常发展。但无论哪种投机,都会导致资本的大规模外逃,并会导致该国经济的衰退,如1997年7月爆发的东南亚货币危机。

8. 其他因素

政治及新闻舆论、谣言、政府对资本市场和外汇市场的干预以及大众对经济发展的心理预期等因素,都会对短期国际资本流动产生极大的影响。

(二)国际资本流动的特征

在当今经济全球化的浪潮中,各国资本在国家间流动频繁,国际资本流动也发生了巨大变化,呈现出了一系列典型的特征。

1. 国际直接投资飞速发展

国际直接投资是资本在国际范围内运动的最高形式。20世纪80年代以来,国际直接投资出现了两个热潮期:一是80年代后半期。据统计,1986~1990年国际投资流出量平均每年以34%的速度增长,每年流出的绝对额也猛增,1985年为533亿美元,1990年高达2250亿美元;国际直接投资累计总额从1985年的6836亿美元,增至1990年的1.7万亿美元。二是1995年以来。1995年国际直接投资总量达3150亿美元,增长率为40%,1996年达3490亿美元,增长率为11%;1997年达4240亿美元,增长率为25%。由此可见,1997年全球国际直接投资并没有因亚洲金融危机而减少,而且各地普遍增长。

2. 国际资本市场规模扩大

国际资本市场的规模，主要指国际借贷（中长期）和国际证券投资的数量。到20世纪80年代末，国际资本市场约5万亿美元，为1970年的34倍。整个80年代，金融市场资本量每年递增16.5%，远超过世界商品贸易每年5%的增长；进入90年代后，该市场进一步扩大。据资料显示，截至1997年7月底，国际银行放款总额达99698亿美元，放款净额达52350亿美元。而至1997年12月，国际证券发行总量高达35314亿美元。这里的证券发行包括国际债券、货币市场工具、欧洲票据等。如果再计算股票市场，则国际资本市场的规模将进一步膨胀。1997年多数发达国家股票市场达到了或接近创纪录的水平。美国道·琼斯指数在1992～1996年翻了一番，1998年又突破9000点大关。目前更高达11000点以上。债券、股市及银团放款市场的兴旺发达是1997年以来国际资本市场发展的一个显著特点。

3. 国际外汇市场交易频繁

国际金融市场中的短期资金和长期资金市场的流动，基本上都要反映到外汇市场的各种交易往来中。根据国际银行的估计，世界各主要外汇市场（伦敦、纽约、东京、新加坡、香港、苏黎世、法兰克福、巴黎等）每日平均外汇交易额在1979年为750亿美元，1984年扩大到1500亿美元。1990年年初国际清算银行一项调查资料表明，当时的全球外汇交易量每天已接近9000亿美元，而目前达1.2万亿美元左右。上述分析表明，国际金融市场上的资金流动，尤其短期资金流动，已占主导地位。货币资本已脱离世界生产和国际贸易而独立运动，而由此形成的货币资本运动与商品运动相分离的现象，也构成了当代资本流动的一个重要特点。

4. 跨国企业资本流动激增

作为国际直接投资的主体，跨国公司在世界经济中扮演着越来越重要的角色。跨国公司拥有巨额的资本、庞大的生产规模、先进的科学技术、全球的经营战略、现代化的管理手段以及世界性的销售网络，其触角遍及全球各个市场，成为国际资本流动的主要承担者。据统计，跨国公司的海外销售总额高达5.5亿美元，而世界出口总额仅为4万亿美元。跨国公司通过国外直接投资控制世界对外直接投资累计总额的90%，其资产总额占世界总产值的40%，贸易额占世界贸易额的50%，控制工业研究与开发的80%、生产技术的90%、世界技术转让的75%，以及发展中国家技术贸易的90%。

5. 资本流动主体显著变化

国际投资主体多元化特征越发明显，国际市场上出现多国或多地区不同规模地向外输出资本的趋势。长期以来，发达国家一直是国际资本输出的主导者，特别是美、日、德、英、法等国始终是国际资金和技术输出的主要来源国，但近些年来许多发展中国家的对外投资发展也十分迅速，同时发达国家之间的资本流动也越加频繁。总体来说，国际投资主体国别逐渐多元化，私人投资规模也随之日益扩大。

（三）国际资本流动的影响

国际资本流动对资本输出国、资本输入国以及国际经济的影响各不相同。

1. 对资本输出国的影响

第一，资本输出，特别是长期资本输出能够提高资本的边际收益，有利于占领世界市场，促进商品和劳务的输出；第二，有助于克服贸易保护壁垒，有利于提高国际地位；第三，长期资本输出可能为资本输出国带来消极影响，如可能减少国内就业，带来同内经济增长停滞和衰退，还可能为本国培养行业竞争对手。

2. 对资本输入国的影响

第一，能够缓和资金短缺的困难；第二，通过提高工业化水平，扩大产品出口数量，增强产品的国际竞争能力；第三，增加新兴工业部门和第三产业部门的就业机会，缓解就业压力；第四，长期资本输入也会对资本输入国产生消极影响，如容易导致经济上的对外依赖和被人控制，还可能造成债务负担过重，而陷入债务危机。

3. 对世界经济的影响

第一，国际资本流动可以调剂国家间的资金余缺，使资源更有效的利用；第二，伴随着国际资本流动，有利于先进科学技术和管理在世界的广泛传播和推广利用，带动发展中国家的经济增长；第三，正常有序的国际资本流动可以帮助一些国家调节国际收支的平衡，维持其汇率及国内经济的稳定；第四，具有投机性质的大量资本在国家间的频繁流动，则会影响各国汇率、利率的稳定，以及国际收支的平衡，同时可能导致国际金融领域的剧烈动荡。

第二节 国际贸易与资本流动

一、贸易发展与要素流动

（一）要素流动含义

生产要素（factors of production），是指进行社会生产经营活动时所需要的各种社会资源，是维系国民经济运行及市场主体生产经营过程中所必须具备的基本因素。生产要素，是经济学中的一个基本范畴，包括一切商品（包括有形的和无形的商品）生产过程中能够帮助生产的各种手段和条件。主要的生产要素一般指劳动力、资本、土地和技术。现代的生产要素除了包括四大要素外，还包括企业家才能、管理经验、信息和知识等新的要素。随着科技的发展和知识产权制度的建立，技术、信息也作为相对独立的要素投入生产。这些生产要素进行市场交换，形成各种各样的生产要素价格及其体系。

古典国际贸易理论和新古典国际贸易理论均假设生产要素能在国内移动，而不能在国家间移动。然而，200多年来国际分工和国际贸易产生和发展的历史，特别是现代国际分工和国际蓬勃发展的客观事实，充分证明，伴随着世界经济一体化和区域一体化的进程，除土地外，生产要素不仅在一国内部自由移动，而且在国家间能够自由地移动。发达国家向发展中国家的劳动密集型产业和资源产业的投资以及发展中国家向发达国家的技术移民都会进一步促进贸易的发展。

（二）国际生产要素转移

生产要素在国家间的流动是国际分工的重要组成部分，并且其相对地位随国际分工的发展而日显突出。要素的流动不仅直接或间接地对国际贸易产生影响，而且它本身就作为联系各国经济的重要渠道在发挥作用。生产要素的国际流动有劳动力的移动、通过国际借贷的资本转移、跨国公司的直接投资以及技术转移等。一般来说，要素的国际流动在政治上比国际贸易更难，受到的限制比国际贸易更多、更严。例如，各国都普遍实施移民政策以对劳动力的国际流动进行限制；许多国家对外国跨国公司的投资持怀疑态度并实行严格的管制。结果是要素流动在实际生活中似乎没有商品贸易那么容易。

自20世纪70年代以来，国际商品贸易和资本流动双双大幅增加。随着经济全球化进程的加剧，现实中商品的国际贸易与资本的国际流动越来越呈现出一体化特征。资本国际流动是资本超越民族及国家的界限，而在国际范围内运动的现象，是资本要素在不同主权国家之间的输出和输入。在新古典理论中，投资是一个长期的概念，其本质是一种推迟消费的行为。进行投资就是用目前的消费换取未来的消费。因此，国际投资也可以看成为一种国际交换，不是以一种商品交换另一种商品，而是用现在的商品去交换未来的商品。同样在新古典理论假设下，资本国际流动的原因在于追逐利益，它总是从资本回报率低的国家流向回报率高的国家。如果用利息率代表资本的收益，资本国际流动的规律为：当一国的利息率高于世界市场利息率时，资本流入该国；当其低于世界市场时，资本流出该国。

二、国际资本流动与国际贸易的关系

对于资本的国际流动对贸易的影响，新古典理论的分析大致可以分为两种作用：替代效应和互补效应。所谓替代效应是指商品的国际流动与资本的国际流动之间，是一种此消彼长的相互替代关系；而所谓互补效应则认为商品和资本的国际流动可以相互促进，共同发展。

（一）资本国际流动是对国际贸易的替代

1999年诺贝尔经济学奖获得者、美国哥伦比亚大学教授罗伯特·蒙代尔（Robert Mundell）是最早研究国际贸易与要素流动之间关系的经济学家。蒙代尔在 H-O 模型的基础上得出国际贸易与要素流动之间是替代关系的结论。他进一步推断，对国际贸易的阻碍会促进要素的流动，而对要素流动的限制则会促进国际贸易。两者都能实现商品价格均等化和要素价格均等化：即使要素不能流动，自由贸易除了使商品价格均等化外，也能使要素价格均等化；同样，即使无法贸易，要素的自由流动除了使要素价格均等化外，也会使商品价格趋同。

为说明要素流动和商品流动的关系，蒙代尔建立了一个模型（Mundell，1957）。标准的 H-O 模型分析框架指除禀赋外，所有国家在技术等其他方面不存在差别；每个国家不完全专业化，即它们同时生产两种产品；要素可以在国内自由流动。

这个模型的基本假设是：

（1）两种生产要素：劳动和资本。

（2）两种可贸易商品：棉花和钢铁，假定棉花是劳动密集型产品，钢铁是资本密集型产品。

（3）两个国家：A 国和 B 国，A 国是劳动充裕的小国，B 国是资本充裕的大国（可以看成为 A 国以外的所有其他国家），A 国的生产条件和要素禀赋变动不会影响 B 国的价格，但 B 国的任何变动会影响 A 国的价格。

（4）生产技术假定：两国生产技术相同，而且边际收益递减，规模报酬不变；资本和劳动的边际生产率内生产中所使用的两种要素的配置比例决定。这是基本的新古典贸易模型假设。

（5）要素假定：劳动和资本可以在国内各部门间自由流动，各国要素禀赋的相对充裕程度排除了完全专业化生产的可能。

在上述假定下蒙代尔分四步来证明关于国际贸易与要素流动之间具有替代关系的假说。

第一步，先假设要素在国家间不能自由流动，但贸易是自由的。这是我们熟悉的情况。A 国出口棉花进口钢铁，两国商品和要素的价格都相等。均衡结果如图 8-1 所示，自由贸易下钢铁的相对价格用 YY 曲线表示。在这一价格下，A 国进口 RS 单位的钢铁，出口 PR 单位的棉花，它的收入用棉花或钢铁表示都是 OY。

第二步，假设资本在国家间可以自由流动。但是，自由贸易下两国资本的边际生产率是相等的，所以资本不会跨国流动，均衡不变。

第三步，假设 A 国对钢铁征收关税。为简单起见，假设关税水平高到使贸易完全停

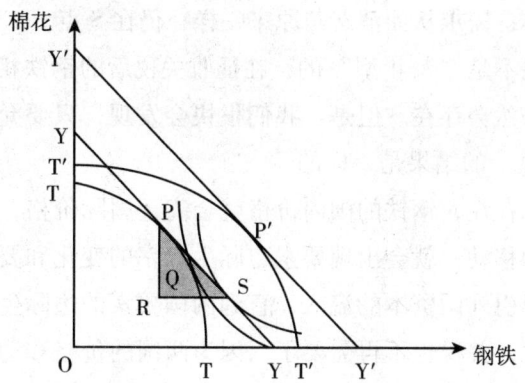

图 8-1 国际资本流动与国际贸易的替代关系

止("禁止型关税"),即关税使钢铁的相对价格上升以致使均衡点退回到自给自足的状况(点 Q)。产品价格的变动对要素价格的影响如何呢?根据"斯托尔珀—萨缪尔森定理",A 国的钢铁相对价格的提高会使生产要素由棉花部门向钢铁部门流动;棉花生产的下降和钢铁生产的增加会产生过度的劳动供给和过度的资本需求,劳动边际生产率下降而资本边际生产率上升,最终导致劳动的实际报酬下降和资本的实际收入上升。

但是资本在国家间是可以流动的,A 国较高的资本报酬会促使资本由 B 国向 A 国流动,从而使 A 国资本变得充裕,A 国的生产可能性曲线外移,在图 8-1 中表现为从 TT 移到了 T′T′(类似"进口替代型增长")。资本的流入会对 A 国产生两个方面的影响。

一方面,随着资本流入,A 国国内的资本存量增加,在商品价格不变的条件下(A 国是小国),国内钢铁的生产不断增加,而棉花的产量不断减少。

另一方面,资本的不断流入会使得 A 国资本的边际产量不断下降,最终使两国的要素边际生产率相等,实现两国之间要素价格的均等化。

因为假设 B 国足够大,所以资本的流出不会影响它的边际劳动生产率,又因为资本流动的最终结果是 A 国和 B 国资本的边际劳动生产率相等,所以资本的国际流动一定会使 A 国劳动和资本的边际生产率恢复到征收关税前的水平。在新的均衡点上,A 国的要素边际生产率与征收关税前相同,因此,A 国商品的相对价格等于 B 国产品的相对价格,也会与没有关税时一样 Y′Y′的斜率等于 Y Y 的斜率。A 国在新的均衡点 P′从事生产。A 国和 B 国的商品价格相等意味着 A 国没有必要再从 B 国进口钢铁,从而两国间贸易中止。这是一种由外国资本流入而产生的"进口替代型增长"。

与本国资本积累产生的进口替代型增长的不同之处是:A 国必须支付 B 国资本的利息。A 国的生产点为 P′。但消费点必须低于 P′点。A 国支付 B 国资本的利息(即 B 国资本在 A 国获得的收益)不能用于 A 国的消费。这部分收入可以用(Y′ - Y)来表示。也就是说,在支付了 B 国资本的利息以后,A 国的实际收入约束线是 Y Y 而不是 T′T′,即与原来的生产可能性曲线 TT 相切的相对价格曲线。这样的话,A 国的要素收入和价格都与没有关税时一样，需求从而消费与原来一样，仍在 S 点。

第四步，假设关税不是"禁止型"的，在征收关税后的钢铁相对价格仍然低于自给自足时的价格，贸易仍然会存在。但是，我们很快会发现，只要允许资本自由流动，这种情况跟"禁止型关税"的结果是一样的。

因为，只要有关税存在，钢铁的国内价格就会高于国际价格，就会出现生产要素从棉花部门向钢铁部门的移动，就会出现要素边际生产率的变化和要素收益的变化。本国资本收益的提高就会吸引外国资本的流入，直到两国要素的边际生产率相等，两国价格趋同，贸易消失。这时，关税也不再需要了。因为两国的价格和边际生产率均等了，关税可以取消而不使资本回流。虽然关税最初限制了贸易，但是造成了资本流动。资本流动后即使取消关税，贸易也变得不再必要。至此，蒙代尔证明了国际贸易与要素流动之间存在着替代关系。

蒙代尔认为，在不存在要素（资本）国际流动时，国际贸易使要素价格均等化。他的分析从进口资本密集型产品的国家对进口产品小幅课税开始。根据斯托尔珀—萨缪尔森定理，关税提高了本国资本的真实收入。如果此时资本可以进行国际流动，本地的资本密集的进口替代产品的产量扩大了。由此引发的资本国际流动，减少了商品的对外贸易。在存在关税的前提下，这一过程持续不断地进行下去，直到所有的商品贸易都被终结了。

综合以上分析，蒙代尔认为在世界范围内有效配置资源，不需商品和要素同时自由流动，只要生产满足一定条件，商品或要素之一完全流动就可以了。蒙代尔的结论为贸易与要素流动是相互替代的：贸易障碍导致了要素流动，反之亦然。实际上，他是用要素比例理论解释商品的国际流动，而用资本边际收益的差异来说明资本的国际流动。由于贸易障碍会导致两个国家的资本边际收益差异，从而导致资本的国际流动，即直接投资。由于这种投资的目的是绕过关税壁垒，以克服贸易障碍对资本效率的抵消作用，因此，这种外国直接投资又被称为关税引致投资。

（二）资本国际流动与国际贸易的互补关系

国际贸易与要素流动之间存在着相互替代的关系，但在一定的条件下，两者还存在互补或相互促进的关系。蒙代尔认为在贸易阻碍国际资本流动的情况下，资本主要是流入进口替代部门。如果资本的流动不是由关税引致，而且主要流入出口部门，那么投资和贸易之间就将表现为一种互补关系而不是替代关系。在这种条件下，资本的国际流动将导致进一步的国际分工和专业化生产，从而扩大贸易规模。

在肯普（Kemp, 1966）的基础上，琼斯（Jones, 1967）研究了两个国家、两种要素和两种产品的条件下，资本流动与国际贸易的关系。Kemp-Jones 的分析从传统的赫克歇尔—俄林理论基础上展开：贸易与要素流动是替代关系。当要素价格均衡存在时，国际贸易成为要素流动的完全替代品。但是，Kemp-Jones 模型放松了资本流动和技术差异的假设：两个国家之间不存在，资本流动的障碍，但是存在大卫·李嘉图式的技术差异。Kemp-Jones 模型首先分析了资本报酬与资本密集型产品价格的关系。在一个国家之内，即不考察要素禀赋时，在非完全专业化条件下，商品价格和要素价格之间的关系呈正相关关系，且资本密集型产品价格—资本价格曲线的位置反映了一个国家的技术。对于两个拥有不同要素禀赋的国家的角度，由于商品价格与要素价格曲线代表了技术水平，先进国家的资本密集型产品与资本价格曲线位于后进国家的下方（见图 8-2）。如果技术差异唯一地形成每个国家的比较优势，贸易模式唯一地依赖于技术的差异——这是大卫·李嘉图式国际贸易理论的结论。

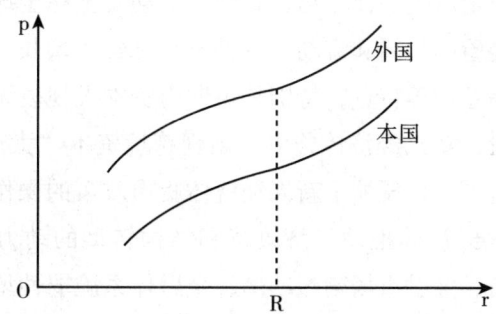

图 8-2　技术差异条件下的资本密集型产品价格变化

　　为了分析商品的国际贸易与资本国际流动之间的关系，假设先进国家在两个行业上都同样先进，不存在"大卫·李嘉图式"的比较优势。在不存在资本流动时，由于两个国家在两种产品生产上具有相同的比较成本优势或劣势，国际贸易不复存在。此时，先进国家将有较高的工资和租金率开放资本流动。由于先进国家租金率较高，资本流向该国。这必然导致雷布钦斯基式的贸易模式变化：先进国家的资本密集产品产量增加，外国资本密集型产品产量下降。贸易量随着先进国家出口资本密集型产品而大大增加。如果两个国家都没有完全专业化，那么先进国家有更高的资本回报率，资本的流动使贸易进一步增加。这意味着贸易和资本流动将趋向于互补，因为贸易会随着资本流动而增加。

　　Kemp-Jones 模型是"大卫·李嘉图式"的，因为它反映了技术差异，而不是禀赋差异。在此基础上，该模型说明资本的国际流动与贸易的关系可能是互补的，而不是替代的。关于资本与商品流动的方向，它说明，当商品价格比从高到低时，资本流动的方向永远是相反的。一种商品相对价格的上升可能吸引资本流入该国，因为该国在该产品生产上存在劣势。

　　马库森（Markusen，1983）对导致贸易和投资之间互补关系的因素进行了研究。他研究了要素比例之外的几个引起贸易的因素：规模报酬、税收和不完全竞争，以及"大卫·李嘉图式"的技术差异。在这些例子中,用的是同一种研究模式:假设除了所研究的那种因素外,国家间在其他一切因素方面均不存在差别。他的分析与 Kemp-Jones 模型有类似之处,结论同样为要素流动引起商品贸易互补性增加。马库森(1983)还进一步研究了要素国际流动对贸易模式的影响。他认为,在存在技术差异的条件下,资本和贸易的互补性不仅没有改变两个国家的比较优势,反而使两个国家在各种原来具有比较优势的产品上,互补性更强了。也就是说,国际资本流动增强了比较优势的差异。

三、国际贸易中资本流动风险防范

跨境资本流动是经济全球化的伴生物,有助于推动资金在全球范围内有效配置,并且带动先进技术和管理经验的传播和流动,有助于全球经济增长。同时,跨境资本流动具有逐利性、顺周期和易超调等特点,特别是短期内资本大规模无序波动可能对经济金融带来冲击。从历史上看,新兴经济体曾多次出现跨境资本"大进大出",引发系统性金融风险。当资本大量流入时,压缩了新兴经济体货币政策的操作空间,推升了资产价格,一定程度降低了新兴经济体推动经济改革和结构转型的动力。当资金大规模流出时,可能会导致货币贬值,金融市场剧烈动荡,金融体系脆弱性增加,进而引发系统性金融风险。

(一)国际资市流动的交易风险

一个国际企业组织的全部活动中,即在它的经营活动过程、结果、预期经营收益中,都存在着由于外汇汇率变化而引起的外汇风险,在经营活动中的风险为交易风险(transaction exposure),在经营活动结果中的风险为会计风险(accounting exposure),预期经营收益的风险为经济风险(economic exposure)。

国际贸易中交易风险指在约定以外币计价成交的交易过程中,由于结算时的汇率与交易发生时即签订合同时的汇率不同而引起收益或亏损的风险。这些风险包括:

(1) 以即期或延期付款为支付条件的商品或劳务的进出口,在货物装运和劳务提供后,而货款或劳务费用尚未收付前,外汇汇率变化所发生的风险。

(2) 以外币计价的国际信贷活动,在债权债务未清偿前所存在的汇率风险。例如,某项目借入是日元,到期归还的也应是日元。而该项目产生效益后收到的是美元。若美元兑日元汇率猛跌,该项要比原计划多花许多美元,才能兑成日元归还本息,结果造成亏损。

(3) 向外筹资中的汇率风险。借入一种外币而需要换成另一种外币使用,则筹资人将承受借入货币与使用货币之间汇率变动的风险。

(4) 待履行的远期外汇合同,约定汇率和到期即期汇率变动而产生的风险。

外汇风险实际上就是汇率风险。从微观上看，国际资本流动中的外汇风险，通过汇率的不正常波动加大企业成本与收益核算的难度，从而影响企业的涉外业务；通过改变企业债权、债务的外汇价值，加大企业的偿债负担，从而造成企业不能按时偿还到期债务的风险。通过上述两方面的影响，外汇风险可能最终会影响到企业的经营战略。从宏观上看，国际资本流动中的外汇风险，可能会因改变贸易商品的国际价格，而造成一国贸易条件的恶化。由于汇率的变化，外汇风险会造成一国旅游业的大幅波动，影响一国资本流动的状况，改变一国经常项目状况，影响一国货币当局外汇储备的结构和数量，从而影响一国的国际收支，最终对一国国民收入和国内就业及经济发展造成不良影响。

（二）国际资本流动的利率风险

在国际资本流动中，利率是国际货币使用权的价格。国际资本流动中的利率风险，总的来说，就是由于国际金融市场的利率变动，使借贷主体遭受损失的可能性。国际银行贷款和国际债券，是涉及利率风险的国际资本流动的两种主要形式。

1. 国际银行贷款

一方面，对借方而言，若借方按照固定利率从国际商业银行借款，在国际商业银行贷款借入日到贷款偿清日的整个借款有效期内，如果国际市场上商业银行贷款利率下降，则借方按照固定利率支付的利息总额，必定高于逐期按市场利率所支付的利息总额；相反，若借款人是按照浮动利率从国际商业银行借款，在整个借款的有效期内，若国际市场利率上升，则借方按照浮动利率逐期支付的利息总额，就会高于按照贷款发放日利率水平所确定的利率所支付的利息总额，这就是借方所面临的利率风险。另一方面，对贷方而言，若商业银行以固定利率发放贷款，但日后市场利率上升，则按其固定利率所收取的利息总额会低于按浮动利率所收取的利息总额；若国际商业银行以浮动利率发放贷款，但日后市场利率下降，则其按浮动利率所收取的利息总额，会低于按发放日当天利率收取的利息总额。除此之外，由于国际商业银行的资金，往往来源于吸收存款或发放金融债券所获得的借款，因而，在其借款和对外放款之间存在利率不匹配的问题。这种不匹配，表现在浮动利率与固定利率的不匹配，也表现在利率期限的不匹配。市场利率的变化，可能造成国际商业银行在支付借款利息和收取贷款利息两方面同时蒙受损失。因此，作为贷方的国际商业银行，其所面临的利率风险要比借方更为复杂。

2. 国际债券

一方面，对债券的发行方来说，面临着与国际银行借款方类似的风险。如果国际债券发行人以固定利率发行国际债券，在其债权有效期内，若市场利率下降，发行人将不能享受这种利率下降带来的好处；相反，若发行人以浮动利率发行国际债券，如果市场利率在债券有效期内上升，发行人将按不断上升的利率支付债券利息，其支付额将大于按发行日市场利率以固定利率发行所发生的支付额。另一方面，对债券投资者来说，若投资者将债券持有到期，其面临的风险与发行人类似。但是，如果投资人在债券未到期时在市场上出售变现，如果是固定利率债券，那么在国际债券购买日到转让日的时间内，市场利率的上升将会造成两方面的损失：一方面，是购买者将要蒙受在此期间内，由于少收利息而带来的经济损失；另一方面，由于市场利率上升，国际债券的流通价格会下跌，低于债券的发行价格，投资者在变现时，会遭受由于债券价格下跌而带来的损失。两种损失之和，就是投资者所蒙受的利率风险。如果是浮动利率债券，在购买日到转让日之间，市场利率的下跌也会造成两方面的影响：一方面，购买者要蒙受在此期间少收利息的损失；另一方面，市场利率的下降，会造成债券流通价格的上升，债券投资者在转让债券时，会获得价格收益。两者之差就是投资者面临的利率风险。此外，国际金融市场利率的变动，还会对国际股票市场、国际衍生品市场产生影响，这种影响也是利率风险的一部分。

（三）国际资本流动的风险防范

国际资本流动的风险防范和化解危机，要从机制分析入手，抓住风险形成的关键环节，既要努力发展实物经济，又要健全自己的货币金融系统，力求标本兼治。具体要做到以下几点。

1. 实施对冲政策

如果汇率体制缺乏灵活性，外汇储备越多，越要避免名义汇率升值。外汇储备增加会引起货币扩张，为了遏制货币总量的扩张，克服总需求膨胀，应采取对冲性货币政策。可供采用对冲性货币政策措施有三种：一是公开市场操作；二是准备金要求；三是公共部门存款管理。

2. 健全金融体系

虽然发生银行危机的国家都有宏观经济方面的原因，但是，银行自身因素却是更直接的原因。如果银行在内控机制和市场纪律方面存在纰漏，加强银行监管则可起到亡羊补牢的作用。监管能够重塑操作环境、强化市场纪律、促进内部治理。健全的金融体系有利于经济的平稳增长，银行体系的健全有助于出口不利时内需的扩大。发展金融机构的长期投资和本币债券业务、扩大内需、减少对国际市场的依赖至关重要。

3. 紧缩财政政策

紧缩财政支出，特别是公共支出，可以减少总需求，降低资本流入的通货膨胀效应。在资本流动出现波动迹象时，采取先发制人的紧缩财政政策有助于把核心收益和支出隔离开来。如果出现了资本流动的严重波动，财政收支需要进一步紧缩，使其变动幅度减小。

第三节 资本流动理论研究的基本内容

一、国际资本流动的一般模型

(一) 国际资本流动一般模型的要旨

国际资本流动的一般模型,亦称麦克杜加尔(G. D. A. Macdougall)模型,或称完全竞争理论,是一种用于解释国际资本流动的动机及其效果的理论,它实际是一种古典经济学理论。这种理论认为:国际资本流动的原因是各国利率和预期利润率存在差异,认为各国的产品和生产要素市场是一个完全竞争的市场,资本可以自由地从资本充裕国向资本稀缺国流动。例如,在19世纪,英国大量资本输出就是基于这两个原因。国家间的资本流动使各国的资本边际产出率趋于一致,从而提高世界的总产量和各国的福利。

(二) 国际资本流动一般模型的分析

该模型的假定条件是:整个世界由两个国家组成,一个资本充裕,另一个资本短缺。世界资本总量为横轴 OO',其中资本充裕国资本量为 OC,资本短缺国资本量为 $O'C$。曲线 AA' 和 BB' 分别表示两个国家在不同投资水平下的资本边际产出率。它意味着:投资水平越高,每增加单位资本投入的产出就越低,亦即两国投资效益分别遵循边际收益递减规律。国际资本流动一般模型如图 8-3 所示。

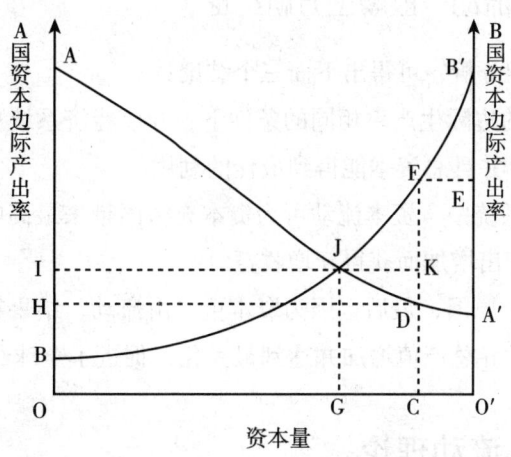

图 8-3 麦克杜加尔模型

针对以上麦克杜加尔模型，可以分两种情况来分析：

第一种情况：对于封闭经济系统。封闭经济系统，是指资本没有互为流动的经济系统。无论是资本充裕国，还是短缺国，资本只能在国内使用。

(1) 如果资本充裕国把其全部资本 QC 投入国内生产，则资本的边际收益为 OH，总产出为曲边梯形 OADC 的面积，其中资本使用者的收益是曲边三角形 HAD 的面积，资本所有者的收益是矩形 OHDC 的面积。

(2) 如果短缺国也将全部资本 O′C 投入国内生产，则其资本的边际收益率为 O′E，总产出为曲边梯形 O′B′FC 的面积。其中，资本使用者的收益是曲边三角形 EB′F 的面积，资本所有者的收益是矩形 O′EFC 的面积。

第二种情况：对于开放经济系统是指有资本互为流动的经济系统。这时，如果资本充裕国把总资本量中的 OG 部分投入本国，而将剩余部分 GC 投入资本短缺国，并假定后者接受这部分投资，则两国的效益会增大，并且达到资本的最优配置。

(1) 就资本输出国而言，输出资本后的国内资本边际收益率由 OH 升高为 OI，国内总产出变为曲边梯形 OAJG，其中资本使用者的国内收益为曲边三角形 IAJ 的面积，资本所有者的国内收益是矩形 OIJG 的面积。

(2) 就资本输入国而言，输入资本后的国内资本总额增为 O′G，总产出为曲边梯形 O′B′JG 的面积，其中总产出增加量为曲边梯形 CFJG 的面积。这部分增加量，又被分为两部分，矩形 CKJG 是资本输出国所有的收益，曲边三角形 JFK 则是资本输入国的所得。

这样，由于资本的输出与输入，就使资本输出国增加了曲边三角形 JKD 面积的收益，而资本输入国也增加了曲边三角形 JFK 面积的收益。资本流动增加的总收益就为这两个分收益之和，即 $S_{\triangle JFK} + S_{\triangle JKD}$。

(三) 国际资本流动一般模型分析结论

从麦克杜加尔模型分析，可得出下面三个结论：

(1) 在各国资本的边际生产率相同的条件下，开放经济系统里的资本利用效益远比封闭经济系统里的高，并且总资本能得到最佳的利用。

(2) 在开放经济系统中，资本流动可为资本充裕国带来最高收益；同时，资本短缺国也因输入资本使总产出增加而获得新增收益。

(3) 由于上述两个原因，最后也因为资本可自由流动，结果在世界范围内可重新进行资本资源配置，使世界总产值增加并达到最大化，促进了全球经济的发展。

二、国际资本流动理论

国际证券投资理论主要研究的是在各种相互关联的、确定与不确定结果的条件下，理性投资者该如何作出最佳投资选择，以降低投资风险，实现投资收益最大化的目标。该理论主要有两种：一是古典国际证券投资理论；二是现代证券投资组合理论。

（一）古典国际证券投资理论

古典国际证券投资理论（classical international securities investment theory），产生于国际直接投资和跨国公司迅猛发展之前。该理论认为，国际证券投资的起因是国际间存在的利率差异，如果一国利率低于另一国利率，则金融资本就会从利率低的国家向利率高的国家流动，直至两国的利率没有差别为止。进一步说，在国际资本能够自由流动的条件下，如果两国的利率存在差异，则两国能够带来同等收益的有价证券的价格也会产生差别，即高利率国家有价证券的价格低，低利率国家有价证券的价格高，这样，低利率国家就会向高利率国家投资购买有价证券。

有价证券的收益、价格和市场利率的关系可表示如下：

$$C = I/r \qquad (8-1)$$

其中，C 表示有价证券的价格，I 表示有价证券的年收益，r 表示资本的市场利率。

假设，在 A、B 两国市场上发行面值为 1000 美元、附有 6% 息票的债券，A 国市场上的利率为 5%，B 国市场上的利率为 5.2%。根据上述计算得出，每一张债券在 A 国的售价为 1200 美元，在 B 国的售价为 1154 美元。可见，由于 A 国的市场利率比 B 国的市场利率低，则同一张债券在 A 国的售价比在 B 国的售价更高。这样，A 国的资本就会流向 B 国购买证券，以获取较高的收益或花费更小的成本，其行为直至两国的市场利率相等为止。

古典国际证券投资理论在解释国际证券投资方面比较有效。按照这一理论，资本流动总是从资本供给相对丰富的国家流向资本供给相对稀缺的国家，但第二次世界大战后的实际情况却是另外一种情形，发达国家不仅资本市场发育较充分，而且相互之间的投资在数量上也占优势。这个现象说明，资本国际流动与利率理论的解释并不完全相符。为了解释这种现象，产生了新古典的利率理论。

古典国际证券投资理论的不足之处主要表现在四个方面：其一，仅说明资本从低利率国家向高利率国家的流动，而未能说明资本为何存在大量的双向流动；其二，该理论以国际资本自由流动为前提，这与现实不符，在现实中各国对资本流动的管制处处可见；其三，实际中，即使国家间存在利率差异，也并不一定会导致国际证券投资；其四，该理论仅以利率作为分析问题的基点，有失准确性。

（二）资产组合理论

1952 年，美国经济学家马科维茨（Harry M. Markowit）在他的学术论文《资产选择：

有效的多样化》中，首次应用资产组合报酬的均值和方差这两个数学概念，从数学上明确地定义了投资者偏好，并以数学化的方式解释投资分散化原理，系统地阐述了资产组合和选择问题，标志着现代资产组合理论（modern portfolio theory，MPT）的开端。该理论认为，投资组合能降低非系统性风险，一个投资组合是由组成的各证券及其权重所确定，选择不相关的证券应是构建投资组合的目标。它在传统投资回报的基础上第一次提出了风险的概念，认为风险而不是回报，是整个投资过程的重心，并提出了投资组合的优化方法，马可维茨因此而获得了1990年诺贝尔经济学奖。

马科维茨认为，最佳投资组合应当是具有风险厌恶特征的投资者的无差异曲线和资产的有效边界线的交点。投资者或"证券组合"管理者的主要意图，是尽可能建立起一个有效组合。那就是在市场上为数众多的证券中，选择若干证券进行组合，以求得单位风险水平上的收益最高，或单位收益水平上风险最小。"不要把所有的鸡蛋放在一个篮子里"就是多元化投资组合的最佳比喻，而这已成为现代金融投资世界中的一条真理。

现代资产组合理论的提出主要是针对化解投资风险的可能性。该理论认为，有些风险与其他证券无关，分散投资对象可以减少个别风险（unique risk or unsystematic risk），由此个别公司的信息就显得不太重要。个别风险属于市场风险，而市场风险一般有两种：个别风险和系统风险（systematic risk），前者是指围绕着个别公司的风险，是对单个公司投资回报的不确定性；后者指整个经济所生的风险无法由分散投资来减轻。虽然分散投资可以降低个别风险，但首先有些风险是与其他或所有证券的风险具有相关性，在风险以相似方式影响市场上的所有证券时，所有证券都会做出类似的反应，因此投资证券组合并不能规避整个系统的风险。其次，即使分散投资也未必是投资在数家不同公司的股票上，而是可能分散在股票、债券、房地产等多方面。最后，未必每位投资者都会采取分散投资的方式，因此，在实践中风险分散并非总是完全有效。

该理论主要解决投资者如何衡量不同的投资风险以及如何合理组合自己的资金以取得最大收益问题。该理论认为组合金融资产的投资风险与收益之间存在一定的特殊关系，投资风险的分散具有规律性。该理论假设市场是有效的，投资者能够得知金融市场上多种收益和风险变动及其原因；假设投资者都是风险厌恶者，都愿意得到较高的收益率，如果要他们承受较大的风险则必须以得到较高的预期收益作为补偿。风险是以收益率的变动性来衡量，用统计上的标准差来代表；假定投资者根据金融资产的预期收益率和标准差来选择投资组合，而他们所选取的投资组合具有较高的收益率或较低的风险；假定多种金融资产之间的收益都是相关的，如果得知每种金融资产之间的相关系数，就有可能选择最低风险的投资组合。

资产组合理论的缺陷主要表现在三个方面。

（1）马科维茨均值方差理论的缺陷。在理论方面，马科维茨为大多数有理性的投资者都是风险的厌恶者这一论点，其真实性值得怀疑。例如，投资者在遇到一种证券能得到 7%~23% 的收益，和另一种证券的收益为 9%~21% 时，他愿意接受前者而放弃后者显然是不理智的，因为两种证券的平均收益都是 15%。按马科维茨的理论设想，预期收益和风险的估计是一个组合及其所包括证券的实际收益和风险的正确度量；相关系数是证券未来关系；方差是度量风险的一个最适当的指标等，这些观点难以让人信服。因为：第一，历史的数字资料不大可能重复出现；第二，由于一种证券的各种变量随着时间的推移而经常变化，因此证券间的相互关系不可能一成不变；第三，理论上，按照马科维茨的理论，应用价格的短期波动去决定一种证券的预期收益，应有一个高的或者一个低的预期方差。可是，在实践中，如果投资者受了有限流动性的约束，或者他们确实是一些证券的保存者，那么，短期价格的波动本身并不对他们产生什么实际意义的风险。

（2）资本资产定价模型的局限。按照资本资产定价模型的构思，应用分析法的投资者愿意接受与市场相等或接近的收益率，排除了投资者比市场干得更好的可能性。这种方法否定了证券的选择性和分析家识别优良证券的投资能力。事实证明建立在大量调研基础上的选择性投资能够取得优异的收益成果。同时市场指数不一定真正反映全部股票的市场情况，一个投资者完全有可能将其资产组合做得与市场指数一样，但在实际市场上的投资却未必能取得预期的收益。资本资产定价模型假定股票市场是均衡的，而且所有投资者对于股票的预期都是相同的。事实并非如此，在证券投资中，有所谓"最乐观的投资者"和"最悲观的出卖者"，这类现象用资本资产定价模型很难加以阐释。随机游走理论家们从根本上反对资产组合理论，他们认为未来的收益率是不可能预计的，因为股票的短期波动全然无法预测。在他们看来，确实的输入资料是不存在的，所以投资组合的构建只不过是一种有趣的数学游戏而已。

（3）套利定价理论的不足。套利定价理论本身没有指明影响证券收益的是些什么因素，哪些是主要的因素，以及因素数目的多寡。一般而言，诸如国民生产总值增长率、通货膨胀率、利率、公司资信、付息等均属影响证券收益的基本因素，但重要因素大致在 10 个。然而，这一问题还有待理论与实务界的进一步探索。概而论之，现代资产组合理论尚存在理论研究假定太多、风险分散方式有限、风险观念判断机械、实际应用操作困难等方方面面的缺陷，要改进完善之，绝非一日之功，未来还有不断探索的漫漫长路。

本章习题

一、名词解释题

国际资本流动、国际直接投资、国际间接投资、国际贷款、生产要素、国际贸易交易风险。

二、判断题

1. 直接投资者须拥有其他经济体企业一半以上的股权。（　　）
2. 国际收支大量顺差是资本国际流动的重要原因之一。（　　）
3. 国际游资属于国际短期资本流动的一种形式。（　　）
4. 一般情况下，利率与汇率呈正相关关系。（　　）
5. 若一国发生通货膨胀，可能会导致国际资本流入。（　　）
6. 目前，国际金融市场上的资金流动主体是短期资金流动。（　　）
7. 当一国的利息率高于世界市场利息率时，资本将流出该国。（　　）
8. 国家间的资本流动会使各国的资本边际产出率趋于一致。（　　）
9. 古典国际证券投资理论认为，只要国家间存在利率差异，就会导致国际证券投资。（　　）
10. 最佳投资组合是具有风险厌恶特征的投资者的无差异曲线和资产的有效边界线的交点。（　　）

三、单项选择题

1. 从资本的构成物来看，可分为（　　）。
   A. 投资资本和投机资本　　　　B. 商业资本和银行资本等
   C. 实物资本和货币资本　　　　D. 商业资本和产业资本

2. 狭义的国际资本流动会反映（　　）。
   A. 一国与他国之间的债权债务关系　　B. 金融账户的官方储备变化
   C. 经常账户的单方面转移　　　　D. 非储备金融账户的变化

3. 国际资本流入表现为（　　）。
   A. 外国在本国资产的减少　　　　B. 外国对本国负债的减少
   C. 本国对外国负债的减少　　　　D. 本国在外国资产的增加

4. 与资金流动相比，资本流动是（　　）。
   A. 不可逆转的　　B. 单向性的　　C. 一次性的　　D. 双向性的

5. 国际贷款的期限为（　　）。
   A. 3个月　　B. 6个月　　C. 1年　　D. 1年以上

6. 长期资本输出会给资本输出国造成的消极影响的是（　　）。
   A. 失业率下降　　　　　　B. 资本的边际收益下降
   C. 国内竞争加剧　　　　　D. 债务负担过重

7. 根据蒙代尔的观点，在存在贸易阻碍的情况下，（　　）。
   A. 会导致资本的国际流动　　　B. 资本的流动不是由关税引致
   C. 资本主要流入出口部门　　　D. 投资和贸易间存在互补关系

8. 在经营活动结果中的风险是（　　）。

A. 交易风险　　　B. 会计风险　　　C. 经济风险　　　D. 利率风险

9. 下列不属于对冲性货币政策措施的是（　　）。

A. 公开市场操作　　　　　　　　B. 准备金要求

C. 降低公共支出　　　　　　　　D. 公共部门存款管理

10. 在各国资本的边际生产率相同的条件下，下列说法不正确的是（　　）。

A. 资本可在世界范围内重新配置

B. 资本流动将增加世界总产值

C. 开放经济系统里的资本利用效益高于封闭经济系统里

D. 资本流动可为资本短缺国带来比资本丰裕国更高的收益

四、多项选择题

1. 长期资本流动主要包括（　　）。

A. 保值性资本流动　B. 国际直接投资　C. 国际间接投资　D. 国际贷款

2. 国际直接投资方式一般有（　　）。

A. 直接收购　　　B. 共同投资　　　C. 创办新企业　　　D. 购买外国企业股票

3. 证券投资与直接投资存在区别在于，证券投资者（　　）。

A. 可参与企业的管理　　　　　　B. 购买他国企业股票少于10%

C. 享有部分决策权　　　　　　　D. 只能获取债券、股票回报的股息和红利

4. 涉及利率风险的国际资本流动类型有（　　）。

A. 国际银行贷款　B. 国际直接投资　C. 国际债券　　　D. 国际共同投资

5. 要防范国际资本流动风险可采取以下措施（　　）。

A. 实施对冲政策　B. 扩张财政政策　C. 健全金融体系　D. 紧缩财政政策

五、简答题

1. 国际资本流动的定义是什么？分为哪几类？

2. 国际资本流动的原因、特征及影响分别有哪些？

3. 国际生产要素转移包括哪些？

4. 简述资本流动与国际贸易的相互关系。

5. 简述资产组合理论的主要内容。

六、案例分析题

根据下列案例分析银行的数字化对国际资本流动有哪些积极作用？存在哪些风险？

数字化助推资本跨境流动

花旗银行（Citibank N. A.），是花旗集团旗下的一家零售银行，总部位于纽约，其主要前身是1812年成立的"纽约城市银行"（City Bank of NewYork）。经过两个世纪的发展和并购，花旗银行已成为美国最大的银行，也是一家在全球150个国家及地区设有分支机构的国际大银行。2012年9月，花旗银行（中国）有限公司在上海宣布在中国的

信用卡业务正式运作。花旗银行平均每天转移 3 万亿美元的企业和机构资金，高峰时每天达到 9 万亿美元，超过美国年度国内生产总值的一半，并且几乎所有这些资金转移都是电子化的。从很多方面讲，花旗认为自己是一家持有银行业务牌照的技术公司。由于 85% 的全球消费者支付仍然是通过纸质工具，因此，从消费者的支付情况看，上述资金转移的数量并不大，仅实现了消费者 15% 的交易量。这也说明了花旗的数字化业务仍有很大改进和增长空间。与此同时，基于当代三个长期的全球性趋势：全球化、城市化和数字化，花旗银行确认了自身发展的数字化战略。

1. 花旗的三支柱数字化战略

花旗数字化战略有三个核心支柱：其一，花旗所做的一切都是以客户为中心的。花旗追求的是向目标委托人和客户提供最优质的体验。其二，花旗的工作必须具有全球适用性。花旗将充分依托花旗的全球经验与遍布全球的营业设施为跨国公司客户提供一站式解决方案。其三，花旗正在创立数字化合作伙伴关系。花旗正在与现有和潜在的伙伴一起努力建立新的销售渠道，通过数字化方式扩展花旗业务的深度和广度。花旗的客户越来越希望通过数字方式与花旗办理业务。目前，花旗与客户之间的互动超过 60% 都是通过在线服务进行的。仅从银行卡业务一项来看，花旗在线支付的增长速度是传统"刷卡—支付"交易方式的两倍。实际上，整个银行业都一致发现，使用数字化服务的群体比不使用群体的满意度高，而使用移动技术的群体的满意度更高。此外，客户越年轻，这种趋势也越明显。

2. 数字化资本流动面临的挑战

作为资本国际流动的主要承载者，银行业一直具有创新性和革命性，如从发明新产品信用卡到发现，并以银行的资源在背后支撑具有划时代意义的项目。例如，花旗向跨大西洋海底电缆和巴拿马运河工程提供了不可缺少的资金支持，这两个项目在当时都是具有革命性的通信和交通工程。花旗一直在全世界寻找新思想和技术创新，从花旗在硅谷的开拓性业务，到花旗遍布全球的数字化实验室，并使这些创新具有安全性、稳健性和规模效益，这是全球化银行体系所必须做的。花旗通过向客户提供最优服务以满足其金融需求，帮助个人管理资金和积累财富，帮助政府向全世界数十亿人提供服务，以及帮助企业创新，并向未来具有划时代意义的项目投资等途径。虽然数字化创造了国际资本流动的奇迹，然而其安全性仍是数字化应用中所面临的最大挑战。这些风险远远不止是媒体头条所披露的数据泄露和网络盗窃。例如，在数字化环境下，银行业多年来一直在努力打击的洗钱等问题会更加突出。对全球经济来说，数据的转移与货币的转移同样重要。这不仅对银行，而且对花旗那些确实在许多国家办理业务的客户都是至关重要的。就像资金跨境流动一样，数据跨境流动使企业能够整合人力资源、管理全球供应链和客户网络、保持国际竞争力，而这些都是企业成长和壮大所必需的。

3. 数字化助力资本跨境流动

花旗大力将数字化技术运用于国际业务中,同时积极与客户一起开发新的数字化分销渠道,以满足他们的特定需求。例如,在墨西哥,花旗与美洲电信一起,创建了"转账"移动支付平台,向没有银行账户的群体提供服务。墨西哥政府目前正在使用这一平台来发放款项,而且墨西哥最大的便利店 Oxxo 也加入这一平台。消费者可以利用该平台存取现金和购物。该平台 2012 年 5 月启用,目前有 120 万名活跃的消费者,每月增加 12 万人,其中 60% 是首次接触银行业务,而且其中 80% 是花旗银行的新客户。这一平台对消费者有利,对花旗有利,对金融体系有利,对本地经济发展也有利。花旗尽全力利用花旗的全球银行业务平台和能力,帮助创造新的数字化生态系统和价值。但花旗认识到,成功不仅依赖于花旗本身,花旗需要在整个价值链上建立合作伙伴关系,也期待其他机构能够带来不同的能量。

(资料来源:①百度百科. http://baike.baidu.com/view/35354.htm?fr=Aladdin. ②(http://www.citigroup.com/citi/news/executive/140225Ea.htm)花旗集团首席执行官高沛德 2014 年 2 月 25 日在西班牙巴塞罗那举行的世界移动通信大会(Mobile World Congress)上的演讲。)

参考文献

[1] 刘素霞. 国际经济学 [M]. 郑州:郑州大学出版社,2012.

[2] 托马斯·A. 普格尔. 国际贸易 [M]. 北京:中国人民大学出版社,2014.

[3] 何国华. 国际金融理论最新发展 [M]. 北京:中国人民大学出版社,2014.

[4] 罗艺,徐桂华. 国际金融原理与实务 [M]. 北京:清华大学出版社,2016.

[5] 刘园. 国际金融学 [M]. 北京:机械工业出版社,2016.

[6] 盛雯雯. 金融发展视角下的国际贸易、资本流动与经济增长 [M]. 北京:经济科学出版社,2016.

[7] 李静玉. 国际贸易 [M]. 北京:清华大学出版社,2016.

[8] 张巍. 资本的规则 [M]. 北京:中国法制出版社,2017.

第九章　国际贸易与跨国公司

> **引例**

西麦斯集团：异乎寻常的地方成长起来的跨国公司的典范

西麦斯集团（Cementos Mexicanos S. A., CEMEX）是一个从1990年开始迅速成为跨国公司的企业，它之所以异乎寻常是因为它位于墨西哥，是发展中国家的小型但日益成长的跨国企业的榜样。

该公司始建于1906年，经营水泥，当时这家公司的绝大多数产品都在墨西哥市场上销售。水泥的物流费用很高，如果要漂洋过海，运输费用更是高昂。因此大多数水泥都是运往水泥厂附近300英里以内的客户。20世纪80年代大多数的水泥生产商都是按照这种传统商业模式营运的当地生产商。西麦斯的新任经理们打破成规，在传统的运营方式中引入广泛的自动化操作、信息技术和卫星定位的沟通网络。他们用科技提高质量控制，并为高层管理人员提供实时的详细的生产、销售和分销信息。为城市里的工程项目提供搅拌好的混凝土尤其具有挑战性。水泥公司一般只能保证在3小时内送货上门，但西麦斯率先使用了计算机和全球定位系统，确保在20分钟内送货到工地现场。这些创新成就了公司特有的优势。到90年代，在其本国西麦斯发展成为第一大水泥企业集团，垄断了70%的水泥生产企业。

随着国内市场的饱和，西麦斯开始向外扩张。利用水运虽然相当昂贵，但也不是完全不可能。在20世纪80年代，西麦斯开始用海运的方式积极地向美国出口，日益获得成功。然而，美国水泥生产商向美国政府投诉，导致1990年西麦斯向美国的出口被征收了58%的反倾销税。由于其向美国的出口受反倾销税所限，西麦斯开始在其他国家寻求发展机会，90年代初开始向国外扩张业务。

1991年，它开始向西班牙出口；1992年它第一次对外直接投资，并购了两家西班牙的水泥厂。西麦斯第一次对外投资是在语言相同并有相似文化的国家，以便将内部劣势最小化。此外，西麦斯向欧洲扩张以应对瑞士公司豪西盟（Holcim）在墨西哥水泥领域的投资。

西麦斯派出的重组收购管理团队惊讶地发现西班牙子公司几乎不使用个人电脑，仍在使用手工记录。他们给子公司升级了西麦斯技术和管理方法。通过内部转移西麦斯无形资产的方式提升了公司运营模式,其效果令人叹为观止——两年内,子公司的利润率从7%上升到24%。自那以后,西麦斯进行了一系列对外直接投资,并购了拉丁美洲(包括委内瑞拉、巴拿马、多米尼加、哥伦比亚和哥斯达黎加)、美国、英国、菲律宾、印度尼西亚和埃及等地的一些水泥厂。西麦斯用相同的方法给它新的外国子公司更新了技术和管理方式,基本上实现了业绩的大规模提升。在短短的几年内,西麦斯由一个内向型的企业发展成为仅次于位于法国的拉法基(Lafarge)和瑞士的豪西盟之后的世界第三大水泥制造商,公司60%以上的有形资产都在海外,同时它也是世界上最大的水泥出口商(这证实了对外直接投资和贸易互为补充的观点),白水泥生产占世界第一。

(资料来源:托马斯·A. 普格尔(Thomas A. Pugel)著. 赵曙东,沈艳枝译. 国际贸易(第15版)[M]. 北京:中国人民大学出版社,2014:283,284. 有删改。)

本章学习要点

1. 跨国公司的概念及其特征;
2. 跨国并购的概念及分类;
3. 跨国公司的主要市场进入模式及其特点;
4. 内部贸易及转移价格的概念;
5. 跨国公司与国际贸易的关系;
6. 跨国公司的相关理论。

在经济全球化的背景下,国际分工日益细化,不仅越来越多的消费品具有了可贸易性,日益增多的中间产品和劳务也进入了国际交换领域,国际贸易的范围随之不断扩大。同时,资本和生产的国际化也为国际贸易提供了更加便利的条件。跨国资本流动的发展,特别是产业资本的国际化,不但使国际贸易的规模和发展呈现出许多新特点,而且使国际贸易出现了内部化现象,从而使跨国公司在世界经济发展中扮演着越来越重要的角色,大量跨国公司实施全球化的经营战略,推动了世界经济一体化向更深层次发展。

第一节 跨国公司概述

一、跨国公司的概念及特征

跨国公司主要是指发达资本主义国家的垄断企业,以本国为基地,通过对外直接投资,在世界各地设立分支机构或子公司,从事国际化生产和经营活动的垄断企业。20世纪 90 年代以来，国际市场上跨国公司的构成和发展模式经历了深层次的变化，同时我国企业跨国投资活动也在蓬勃发展，不断涌现出世界级水平的中国跨国公司。

（一）跨国公司的定义

跨国公司（transnational corporation，TNC），又称多国公司（multi-national enterprise）、国际公司（international firm）、超国家公司（supernational enterprise）和宇宙公司（cosmo-corporation）等。20 世纪 70 年代初，联合国经济及社会理事会组成了由知名人士参加的小组，较为全面地考察了跨国公司的各种准则和定义后，于 1974 年作出决议，决定统一采用"跨国公司"（transnational corporations）这一名称。

比较有权威性的定义是联合国跨国中心于 1986 年最终定稿的《跨国公司行为守则》的提法："本守则中使用的'跨国公司'一词是指由两个或更多国家的实体所组成的公营、私营或混合所有制企业，不论这些实体的法律形式和活动领域如何；该企业在一个决策体系下运营，以便通过一个或更多决策中心制定协调的政策和共同的战略；该企业中各个实体通过所有权或其他方式结合在一起，从而其中一个或更多的实体能够对其他实体的活动施加有效的影响，特别是与其他实体分享知识、资源和责任。"

从 1995 年开始，联合国贸易和发展会议在《世界投资报告》中对跨国公司的定义是跨国公司是由母公司及其国外分支机构组成的股份制企业或非股份制企业。

上述两个定义均具有较高的科学性和权威性。这两个定义对企业的规模、跨越国界的程度、所有权及全球战略等都没有严格的要求，可以较大限度地囊括"跨国经营"的企业，具有很强的包容性。

（二）跨国公司的特征

跨国公司是从事国际化生产的企业组织，它要对产品的生产、运销、资金筹措及资金投放等各种经济活动进行国际化的安排。企业跨国化就是其经营规模逐渐扩大，并日趋国际化和多样化，竞争和管理优势愈益强化，企业对世界市场控制力加深的过程。因而跨国企业通常具有以下几方面的特点。

（1）经营投资的跨国化。

跨国公司以母国为基地，由母国实力雄厚的大企业为主体，将其子公司分布于不同的国家和地区，在多个国家从事投资和经营活动，利用当地丰富的资源和廉价劳动力，就地进行生产、销售和其他经营活动，使再生产过程的不同环节在国际范围内实现。发展对外直接投资是跨国公司实行国际化生产经营的主要途径。

（2）内部管理的一体化。

实行内部一体化管理模式是跨国公司实现全球化战略目标的基本条件。内部一体化管理模式是指跨国公司在世界各地的子公司及分支机构的重大决策，都由母公司根据集中与分散相结合的原则，统筹安排。集中与分散的程度如何，要根据产品结构、地区分布业务性质、风险程度等因素确定。在统一的所有权支配下，跨国企业尽可能将交易内部化，以降低交易成本。

（3）经营战略的全球化。

跨国公司通过对公司所处的竞争环境和公司自身条件的分析，充分利用各国和各地区的优势，制订全球性经营战略，以取得最大限度的利润和长远的利益。在制订经营决策时，跨国公司不是孤立地考虑某一子公司所在国的市场、资源等情况和某一子公司的局部得失，而是从全球角度考虑整个公司的发展。这是跨国公司区别于其他一般企业的主要特征之一。

二、跨国公司的形成与发展

跨国公司产生和初步发展在于19世纪中叶的西方主要资本主义国家，并在第二次世界大战后得到空前的发展。20世纪80年代以后，发展中国家的跨国公司也开始蓬勃发展。

（一）跨国公司的初步形成（19世纪中叶至第一次世界大战前）

从19世纪60年代开始，一批制造业大公司通过对外直接投资，在海外设立分支机构和子公司，成为现代跨国公司的先驱。1868年，美国的胜家缝纫机公司在英国设立工厂，在当地进行生产，这标志着世界上第一家跨国公司的诞生。此后，德国的拜耳化学公司、西门子公司，美国的美孚石油公司、福特汽车公司等纷纷在国外投资建厂，形成了早期的跨国公司。到1913年，英国跨国公司的海外子公司数已达140家，欧洲大陆国家达175家，美国达118家。早期的跨国公司在欧美制造业出现的主要原因：一是保护技术垄断优势的需要，如美国的胜家缝纫机公司首先在美国获得发明专利权，然后在英国投资建厂，进行生产和销售，逐步垄断了欧洲市场；二是绕开贸易保护壁垒，如美国的威斯汀豪斯空气刹车公司到法国投资建厂，是为了避开法国铁路公司规定的空气刹车必须由当地厂商供应的限制。

（二）跨国公司的缓慢发展（两次世界大战期间）

在两次世界大战期间，由于受战争和世界性经济危机的影响，跨国公司处于低谷时期，总体发展速度较为缓慢。除了美国等极少数国家的跨国公司有所发展外，西方国家的跨国公司基本处于停滞不前或倒退状态。尽管如此，跨国公司之间的竞争仍然十分激烈。例如，英伊石油公司、英荷壳牌两家公司占领了中东石油生产的76%，成为美孚的强劲对手。在两次世界大战期间，许多参战国遭受了巨大的战争损失，但美国对外直接投资却由于受战争的刺激而迅速增长，美国的跨国公司也获得了较快的发展。据统计，美国的187家制造业大公司在海外设立的分支机构由1913年的116家增加到1939年的715家。

（三）跨国公司的高速发展（第二次世界大战后至20世纪80年代末）

第二次世界大战以后，全球对外直接投资发展迅猛，跨国公司开始进入高速发展时期。这主要表现在两个方面：一方面，跨国公司的数量大大增加。1949年，全世界跨国公司母公司有512家，1956年迅速增至1724家，到1978年，全世界跨国公司的总数已达到10727家。另一方面，跨国公司的地区分布和产业分布更加广泛。到20世纪70年代末，跨国公司的投资所在地已经超过160个国家和地区，几乎遍布世界的每一个角落。投资领域由过去的铁路、采矿、石油等生产初级产品的产业转向电子、飞机制造、计算机、汽车、化工、机械、石油化工等新兴工业部门。

这一时期的跨国公司得到高速发展，主要有以下三个原因：第一，第二次世界大战胜利使得战争不再成为威胁经济发展的主要因素，国际投资得到了巨大发展；第二，新科技革命的大量科技成果得以运用，带来交通、通信的现代化，也促进了生产和销售的国际化；第三，第二次世界大战后美国获得政治和经济上的霸权，企业兼并的浪潮使企业的规模和国际竞争力得以增强。由此可见，在20世纪90年代以前，跨国公司基本限于发达资本主义国家，企业类型以工业企业为主，对外投资来源国主要集中在美、英、日等少数发达资本主义。

（四）跨国公司在发展中国家的崛起（20世纪90年代以来）

进入20世纪90年代以来，跨国公司已经成为一种全球现象，不但各发达国家群雄逐鹿，相互竞争，相互渗透，快速发展，而且发展中国家也开始到国外投资建厂，开拓国际市场，在世界经济舞台中登场亮相。它们在吸收发达国家跨国公司先进经验的同时，积极参与国际市场竞争。在经营实践中，越来越多的发展中国家跨国公司已具备了全球竞争力，成为具有世界影响力的大型跨国公司。目前，全世界共有82000多家跨国公司，其国外子公司共计810000家。这些公司在世界经济中发挥着主要作用，且作用越来越大。例如，跨国公司国外子公司的出口估计占全世界商品和服务出口总量的1/3，2008年的全球雇员人数达到7700万人，超过德国劳动力总数的2倍（见表9-1）。

表9-1 世界最大100家跨国公司情况

指标类别		2004年	2005年	2006年	2012年	2013年	2014年
国外资产指标（单位：10亿美元）	国外资产	4728	4732	5245	7888	8249	8266
	总资产	8852	8683	9239	13323	14008	13847
	国外资产比率	53.4%	54.5%	56.8%	59.0%	59.0%	60.0%

续表

指标类别		2004年	2005年	2006年	2012年	2013年	2014年
国外销量指标（单位：10亿美元）	国外销售额	3407	3742	4078	5900	6053	6132
	总销售额	6102	6623	7088	8955	9316	9233
	国外销售额比率	55.8%	56.5%	57.5%	66.0%	65.0%	66.0%
国外员工指标（单位：千人）	雇用人数	7379	8025	8582	9821	9562	9599
	国外雇用人数	14850	15107	15388	16946	16697	16810
	国外雇用人数比率	49.7%	53.1%	55.8%	58.0%	57.0%	57.0%

资料来源：UNCTAD，《世界投资报告》，各年资料。

21世纪以来，跨国公司发展更加迅速，其数量、规模、经济实力、科研开发能力都达到空前水平，成为推动世界经济发展、实现经济全球化和一体化的重要力量。首先，跨国公司虽然数量增长，但是集中化趋势更加显著。在国际直接投资领域占主导地位的仍然是发达国家，美国、德国、英国、日本和法国这五大对外直接投资国的对外直接投资约占世界对外直接投资的2/3，绝大部分对外直接投资主要是由为数不多的数家大型跨国公司做出的。其次，新兴经济体的跨国公司成为直接外资的生力军。2007年年底以来的世界金融危机给发达国家经济带来了极大打击，但这对发展中国家而言却是一次发展的契机，更多发展中国家的跨国公司开始涉足欧美等发达国家市场。最后，知识型投资成为跨国公司投资新热点。基于技术进步，尤其是信息技术、互联网技术的飞速发展，跨国公司国际直接投资正逐渐改变其形式，以寻求知识创新为导向的高级形式取代传统的以寻求自然资源或廉价劳动力为导向的初级形式和以寻求规模扩张及市场渗透为导向的中级形式，即知识型投资将成为未来跨国公司国际投资的主流趋向。

三、跨国公司的经营战略与竞争方式

（一）跨国公司的战略联盟

战略联盟的概念是由美国DEC总裁霍普兰德（Hopland）与管理学家奈格尔（Nigel）首先提出的。跨国公司战略联盟（strategic alliances of transnational corporation），又称公司间协议（inter firm agreement）或国际战略联盟（international strategic alliances），是指两个或两个以上的跨国公司为实现某一或若干战略目标，以签订长期或短期契约为形式而建立的局部性互助协作、彼此互补的合伙、合作联合关系，其主要目的就是通过外部合伙关系而非内部增值来提高企业的经营价值。

建立战略联盟是一种较低股权安排或非股权的企业外部联合，在某种程度上能帮助企业实现外部国际市场的内部化，越来越成为跨国公司的重要扩展模式。20世纪90年代以来，大约 60% 的跨国公司已建立起战略联盟，这种现象在高科技领域尤为突出。跨国公司之间的战略联盟既有联合开发、交叉许可与交叉分销等非股权形式，如索尼公司与飞利浦公司之间关于制定 CD 盘统一技术标准的协议；也有股权投资方式，如福特公司与马自达公司通过交叉控股建立的战略联盟。国际战略联盟具有以下几个基本特征。

（1）国际战略联盟的交易方式介于完全市场和完全内部化之间。跨国公司一方面要避免由于市场不完全导致的交易成本的提高，另一方面又要规避由于完全的内部化造成的企业内部协调成本的增加，于是便出现了这种特殊的组织形态。

（2）国际战略联盟的合作方式较其他合作方式更为灵活多样。其合作领域既可以是贯穿整个价值生产链，也可以是局部范围；合作期限既可以是长期合作，也可以是短期合作；合作紧密度既可以是较为紧密的相互参股，也可以仅签订一般的合作协议。

（3）国际战略联盟的组织方式具有竞争性和创新性。国际战略联盟通常选择战略性合作竞争的方式，联盟各方在一些认为需要合作的领域开展合作，但在其他领域仍然进行竞争，呈现合作、互补、共存、竞争的态势。常见的契约式联盟也使得企业的边界变得模糊，而在一定程度上以虚拟网络的形式存在，并通过这种网络来交换信息和配置资源，从而实现企业集合及合作竞争的经济效应。

（二）跨国公司的兼并收购

跨国并购（cross-border mergers and acquisitions，M&A），是指外国投资者通过一定的法律程序取得东道国企业或在当地外国企业（被并购企业或目标企业）的全部或部分所有权，并对其实施经营控制的投资行为。从 20 世纪 80 年代中期开始，跨国公司的兼并收购（即跨国并购）逐渐取代新建投资，成为 FDI 的主要方式。尤其是在 20 世纪 90 年代，跨国并购得到进一步发展，据 UNCTAI 的统计，1998 年，全球跨国并购额为 4000 亿元，1999 年达到 7200 亿美元，增长了 80%，2000 年达到了 110000 亿美元。近些年，由于受到国际金融危机的冲击，全球跨国并购总量受到了一定影响，2010 年为 3390 亿美元。跨国并购已成为近些年来推动 FDI 增长的主要动力，也成为跨国公司 FDI 最重要的方式。

按照联合国贸易与发展会议的定义，跨国并购包括：外国企业与境内企业合并；收购境内企业的股权达 10% 以上，使境内企业的资产和经营的控制权转移到外国企业。从本质上说，跨国并购是公司产权的交易行为，并非一种简单的买卖关系，而是一种在国际范围内的直接投资。投资者进行外资并购时，必须按照其拥有的一定数量的股权或资产，对其所投资的目标企业的经营管理拥有一定的控制权。至于拥有多少股份才能构成直接投资，各国的立法并不一致，但多数国家认为持股数必须达到一定比例。跨国并购可以按不同的划分标准进行分类。

（1）根据并购产品或产业方向异同，可分为横向并购、纵向并购和混合并购。横向并购（horizontal merger），指发生在同一行业竞争企业之间的并购。通过整合资源，进行合并的企业旨在获得协同效果——其资产的联合价值超过这些企业独立时各自资产的总和，并常常是为了加强市场力量。出现横向并购的典型行业有制药业、汽车业、石油业，并且越来越多地包括一些服务业。纵向并购（vertical merger），指在两个以上国家或地区处于同一或者相似产品却又各居不同生产阶段的企业之间的并购活动。纵向并购通常是寻求降低生产链前向和后向关联的不确定性与交易成本以及获得规模经济的收益，如零部件生产商与客户之间的并购。混合并购（conglomerate merger），指在经营活动无关联的公司之间进行的并购。混合并购通常是为了业务多元化以分散风险的战略目标。

（2）根据是否经由中介实施并购，可划分为直接并购和间接并购。直接并购也称协议收购（negotiated acquisition），因并购发起方的不同，可以进一步分为两种：一是由并购企业主动发起的并购。并购企业直接向目标企业提出拥有控制所有权的要求，双方通过一定的程序进行磋商，事先商定条件，然后根据双方的协议完成所有权的转移。当并购后的存续企业是收购方时，被称为前向直接并购；当并购后的目标企业仍然存续时，被称其为反向直接并购。二是由目标企业主动发起的并购。向收购企业表达转让股权意向，原因可能是目标企业经营业绩不佳或面临债务危机。间接并购，是指不是由射手公司直接向靶子公司提出并购要求，而是在市场上收购目标公司已发行和流通并具有表决权的普通股票，从而获得对靶子公司控制权的市场行为。

（3）根据并购支付方式不同，可划分为股票互换、债券互换、现金收购和杠杆收购。

股票互换，指股票作为并购的支付方式，并购方增发新股换取被并购企业的旧股。股票互换优点是被并购公司的股东并不会失去所有权，而是被转移到了并购企业，并随之成为并购企业的新股东。

债券互换，指增加发行并购公司的债权，用以代替目标公司的债权，使目标公司的债务转到并购公司。可进行债券互换的债券类型包括担保债券、契约债券、债券式股票等。

现金收购，指凡不涉及发行新股票或新债券的公司的并购。现金收购的性质很单纯，购买方支付了议定的现金后即取得目标公司的所有权，而目标公司一旦得到其所持有股份的现金即失去所有权。

杠杆收购，指一家或几家射手企业在银行贷款或在金融市场融资的情况下所进行的企业收购行为。一般操作方式是由收购企业设立一家直接收购公司，再以该公司的名义向银行贷款，或以该公司的名义在证券市场发行债券或融资票据获得收购资金。因为它是以少量自有资金撬动企业收购，所以被称为杠杆收购。杠杆收购与传统收购相比有两个特点：一是融资结构发生变化，收购引起的负债主要由靶子公司的资产或现金流量来支付和偿还，其次才是投资者的投资；二是杠杆收购交易过程中存在相当关键的经纪人。

（三）跨国公司的多元化经营战略

多元化经营战略又称为多角化经营战略（strategy of diversification），亦称多角化增长战略（diversification growth strategies）、多样化战略或多产品战略，指企业同时经营两种以上基本经济用途不同的产品或服务的一种发展战略。跨国公司的多元化战略是相对企业专业化经营而言的，是对跨国公司市场进入模式的总体运用，其内容包括：产品的多元化、市场的多元化和资本的多元化。跨国企业利用多元化经营战略规避市场波动带来的风险，以保证企业收入和利润的稳定性。

(1) 产品的多元化。跨国企业生产的新产品可能为多系列的，甚至是跨越多行业的。例如，企业可以针对不同需求的顾客，开发多种不同系列或不同种类的产品；工业企业可向金融、房地产等其他行业扩展，占领多个行业的市场。

(2) 市场的多元化。所谓市场的多元化，就是根据国与国、地区与地区在发展、需求、民族文化等方面的差异、所处商业周期的不同，而采用不同的市场开发策略。例如，美国的福特公司针对北美、南美、欧洲以及东南亚市场需求的差异，开发出不同档次的产品，全方位地开展市场争夺，在满足不同地区顾客需求的同时，保证了公司在各个市场的竞争实力。

(3) 资本的多元化。跨国公司的融资结构（financial structure），又称资本结构（capital structure），是指跨国公司各项资金来源的组合状况。跨国公司可采取多种融资方式实现资本的多元化，常见的有内部融资与外部融资、直接融资与间接融资、权益性融资、负债性融资与股权交换性融资等。最佳的资本结构不仅有效地保障了跨国公司的市场价值，而且提升了企业的融资能力、治理结构、资本运行状况，有利于公司的长期战略目标的实现。

第二节　国际贸易与跨国公司

一、跨国公司的市场进入模式

国际市场的进入模式，是指企业将产品、技术、人力、管理经验和其他资源转移到其他国家的方式。例如，可以在本国生产，然后将最终产品出口；也可以将技术、资本、人力等资源转移到外国开展直接投资等。跨国公司要进入国际市场，有很多可供选择的方式，本章主要介绍以下三种市场进入模式。

（一）贸易型市场进入模式

贸易型市场进入模式，又称为出口市场进入模式（export entry modes），其特点是跨国公司的最终产品或中间产品是在目标国境外生产，然后再运输到销售地的。其包含直接出口和间接出口两种方式。

1. 直接出口

直接出口是通过立足于目标国的代理商或本公司在国外的分支机构进行出口。许多国际化经营专家把直接出口作为企业国际化经营的起点。跨国公司开展直接出口主要有以下几个方面工作。

（1）选择海外市场。当直接出口时，跨国公司管理层首先要做的工作是选择合适的海外市场。从理论上说，跨国公司可以把全球作为其目标市场，但在实践中，某些市场规模可能太小，某些市场竞争可能太激烈，或某些市场可能贸易限制太多。因此，跨国公司要考虑各方面因素来决定哪些市场是合适的。

（2）筛选市场代表。跨国公司必须选定目标市场后，可在目标市场确认几个分销候选人，这些候选人的名单可以从不同渠道获得，如东道国的商务部、公司母国在东道国的使领馆以及东道国的商会、银行、运输公司等。如果市场较大，跨国公司实力较雄厚，则可以在当地建立自己的销售子公司，然后向子公司出口。

（3）确定出口定价。跨国公司直接出口的定价需要考虑诸多内容。例如，出口时以整个成本定价还是以边际成本定价；以美元报价还是以其他货币报价；报价使用离岸价还是到岸价；关税和其他附加费用如何处理等。

2. 间接出口

制造商通过本国的中间商出口其产品称为间接出口。间接出口是利用本国的经销商或者代理商从事出口业务。制造商与国外市场无直接联系，也没有直接的涉外业务活动，因此不必专设机构与雇用专职人员经营出口。间接出口优点是既可以节省费用，又不必承担出口风险；缺点是无法获得国际化经营的直接经验，信息反馈不及时，无法控制产品进入外国市场的过程。中小制造厂商限于实力与经验，大多采用间接出口。间接出口有以下三种方式：

（1）利用出口管理公司出口。该方法的优点是跨国公司可以利用出口管理公司的信用，而且利用出口管理公司的业务和经验立即进入海外市场。

（2）合作出口。合作出口可由当地行业协会牵头，也可由一些大型企业牵头建立合作出口协会，使相互竞争的公司在出口营销方面进行合作。通过合作，跨国公司可以更有效地联合调查海外市场，并更有效地占领海外市场。

（3）寄生出口。寄生出口涉及两家利益不同的公司，一家是销售者，另一家是寄售者。销售者是实际从事出口的公司，它通常是建立了出口设施和海外销售渠道的大公司。寄生出口的具体操作方法有两类：一是销售方按佣金提成的方式销售寄售方的产品，如同代理或出口管理公司；二是销售方买下寄售方的产品，如同独立的分销商。

（二）契约型市场进入模式

契约型市场进入模式，又称为合同进入模式（contractual entry modes），是指跨国公司通过与目标国的法人实体签订长期的非权益性合同，使公司的技术或服务从本国转移到外国。契约型市场进入模式有以下几种类型。

1. 许可证转让模式

许可证转让模式，也称授权经营模式，是契约型进入模式的主要类型，指本国公司（授权方）允许外国公司（受让方）使用其无形资产，如专利、商标、公司名等，同时获得版权费或其他回报。通常，这些无形资产的转移都伴随一定的技术服务，以确保资产的适当使用。也就是许可证转让方要为受让方提供：专利权、商标权、版权、产品或工艺的专有知识。这些东西可以在某一外国市场使用，或允许授权方在一个区域或几个国家的范围内使用。作为交换，许可证购买方通常承诺在规定的地区推销许可产品或根据产品销量支付许可使用费。

许可证转让模式对转让方的吸引力体现在四个方面：第一，许可证转让方不需要太多的资本投入，即便是规模较小的公司也可以采用这种方式；第二，许可证转让方式能使转让方快速地扩展海外市场；第三，有利于转让方快速获取当地的信息资源；第四，较容易得到东道国政府的认可。

2. 服务合同模式

服务合同模式主要是指跨国公司通过工程咨询服务、销售与商业服务、管理咨询服务、人员培训等"软技术"转让的方式介入东道国的目标市场。

3. 设施合同或生产合同

设施合同或生产合同是通过代理的方式在国外生产。按照这种方式，海外市场销售公司的产品是由另外一家生产商根据合同生产的。由于合同只涉及生产，因此营销工作仍然由跨国公司自己负责。如果跨国公司能找到有能力保质保量生产规定产品的外国生产商，设施合同或生产合同就是完全可行的。

（三）投资型市场进入模式

跨国公司投资型市场进入模式主要包括独资经营模式和合资经营模式。各个跨国公司会根据不同的内外部环境与条件在不同的时点选择不同的模式。

1. 独资经营模式

外商独资企业（wholly owned enterprise），是指由某一外国的投资者根据东道国的法律，在东道国境内设立的全部资本为该投资者所有的企业。独资企业是跨国公司对外直接投资的主要经营模式之一。跨国公司独资企业的形式主要包括母公司的分公司、母公司的子公司等。母公司可以通过新建与跨国并购方式设立独资公司。分公司，是指一家母公司为扩大生产规模或经营范围在依法设立的、并在组织和资产上构成母公司的一个不可分割部分的国外企业。分公司在法律上与经济上没有独立性，即不具有法人资格。设立分公司对母公司在纳税上具有一定的优惠。例如，许多国家规定把国外分公司的所得或亏损并入母公司盈亏额来一起计算纳税所得。若分公司发生亏损，可以在母公司的利润中予以扣除，从而整个公司应税的收益部分减少，即减轻了税收负担。而且分公司在汇出红利时，不必缴纳预扣税。所谓预扣税，是指东道国政府对支付给外国投资者的红利或利息所征收的一种税，一般情况下，必须缴税后红利或利息才准许汇出东道国。

对于跨国公司来讲，独资经营模式的优势在于：独资经营能使跨国公司避免外部生产失效而建立具有绝对控制权的海外子公司，形成垂直一体化或水平一体化的内部网络结构，避免来自东道国在经营方面的干扰因素。在通常情况下，跨国公司更愿意在政治和经济环境较为优越的东道国，采用独资经营的进入方式。

2. 合资经营模式

合资经营模式，是指跨国公司与东道国的企业在东道国法律管辖范围内共同投资组建生产经营企业，并共同管理、共负盈亏、一起承担经营风险的经营方式。合资经营方式是在独资经营方式基础上的合作模式的飞跃。一方面，第二次世界大战后，国际政治和经济环境都发生了重大变化，许多发展中国家政治自主独立，经济迅猛发展，迫使发达国家的跨国公司考虑新的跨国经营方式；另一方面，从投资的安全性来看，合资经营方式也是跨国公司对一些开放程度不高、法制法规不健全、政治经济风险较高的发展中国家开展对外直接投资的首选方式。

跨国公司采用合资经营方式的优点有：(1) 比独资经营更容易进入东道国，可以减少或避免政治风险；(2) 合资经营企业不仅享受对外资的某些优惠外，还可获得国民待遇；(3) 利用东道国当地合伙方与政府及社会各界的公共关系，使开展各种经济业务活动更为便利；(4) 对于拥有技术优势的跨国公司来说，企业投产后相当长时间内原材料、配件、中间产品等往往还依赖跨国公司供给，从而使母国投资者成为物资供应商，增加了母国产品的出口。

跨国公司采用合资经营方式也存在着不足之处：(1) 合资双方容易在经营目标和利润分配等方面产生冲突；(2) 技术信息泄露的风险比独资企业大。例如，合资方毁约或合资方员工辞职等，都易造成技术和管理信息泄露的安全隐患。

二、跨国公司的内部贸易

第二次世界大战后，随着跨国公司对外直接投资和本国生产的增加，企业内原材料、零部件等中间产品及最终产品的国际贸易迅速扩大，从而促进了产业内、产品内及企业内国际贸易的发展。可以说第二次世界大战后全球国际贸易的大力发展，很大程度上是由于跨国企业内的国际贸易的飞速发展。跨国公司的对外直接投资及企业内贸易已经成为国际贸易和世界经济发展的重要推动力。

（一）内部贸易的含义及形成原因

1. 跨国公司内部贸易的含义

跨国公司的内部贸易（internal transaction），也称为企业内国际贸易，是指跨国公司母公司与国外子公司之间以及国外子公司之间的贸易关系，涵盖了各种对象或形式的交换和转移。内部贸易是跨国公司为降低外部市场交易的不确定性、防止技术优势的扩散和丧失而采取的一种战略。其交易的对象既包括原材料、零部件、最终产品、技术、设备等，也包括经营过程中所发生的广告、会计、律师等活动绕过高成本的外部市场在公司内部进行交易。据联合国贸易与发展会议（UNCTAD）报告，2001年跨国公司的企业内贸易占世界贸易总额的30%，跨国公司单方面参与的国际贸易占世界贸易总额的60%。

2. 跨国公司内部贸易形成原因

内部交易是跨国公司将外部市场内部化的一种交易方式，其交易价格不是由国际市场供需关系所决定的，而是由公司内部根据自身利益等因素制定的。跨国公司内部交易的利益原则，往往以综合交易获利为基础，而非单次交易获利为基础。内部交易是跨国公司自身发展的需要，也是其发展的必然结果。

（1）内部贸易是跨国公司对外直接投资的必然结果。跨国公司是19世纪六七十年代产生的一种以全球市场为经营目标的企业形态，近几十年来跨国经营活动在数量和规模上取得了前所未有的飞速发展，它们在国际贸易中的作用也在日益加强。进入20世纪90年代，跨国经营企业在世界贸易中所占的份额已经超过了70%。跨国公司对外直接投资的兴起，从根本上说是为了追求高额利润，而内部贸易是跨国供求追求更高利润的有效途径。

（2）内部贸易是技术进步和国际分工进一步发展的结果。技术进步和国际分工的发展使传统的公司间分工相当大的部分转化为公司内部分工，在公司的内部分工中，传统的水平分工也逐步让位于垂直分工，其结果必然使公司内部的贸易量大大增长。对技术的垄断是跨国公司的特有优势，也是其存在和发展的关键，如果公司的技术产品在公司外部交易中，有可能被竞争对手模仿而蒙受损失，内部交易避免技术泄露，确保跨国经营的优势。

（3）内部贸易是跨国公司追求利润最大化的结果。公司内部贸易可以大幅度减少通过外部市场交易所付的费用，节约交易成本，增加利润。在内部贸易过程中，由于交易双方同为一个统一经济利益主体即跨国经营企业整体中的一个内部成员，因而上述外部市场交易所特有的成本的支出就得以从中避免，而成本付出的节省便是实现经济利益最大化的一条。内部贸易还可以降低外部市场造成的经营不确定风险，并且充分利用转移定价攫取高额利润。

（4）内部贸易是解决跨国公司内部各利益中心之间矛盾的产物。跨国公司的母公司与子公司之间关系一般由股权份额决定。正是由于母公司对子公司控股程度有所不同，它们之间经济利益统一程度也不一致，进行无偿调拨无法满足各方利益。因此，在跨国公司的内部交换过程中，采取贸易的方式，通过内部市场机制满足各方的经济利益，以解决内部经济利益的矛盾。

3. 跨国公司内部贸易的特点

与跨国公司的外部贸易相比，其内部贸易有以下特点。

（1）跨国公司内部交易与研发支出额呈一定的相关性，研发投入越大的企业，其内部贸易比率就越高。产品具有相当的技术含量且附加值较高的企业，企业内贸易比率越高。跨国公司常年投入巨额的研发费用，以维持技术上的优势，而为了防止技术被模仿和扩散，跨国公司则更多选择内部贸易的方式。尤其是在技术贸易领域，跨国公司的企业内技术贸易比率远高于企业内商品贸易比率，表明跨国公司主要是在企业内部转让技术。例如，2003年美国跨国公司从国外净收入的专利使用费及许可证使用共计282亿美元，其中195亿美元来自国外的子公司，占了其国外总净收入的69.1%。

（2）跨国企业内部贸易与中间产品贸易（intermediate products trade）比率的上升有一定的关联性。公司贸易的内部化率与产品加工程度呈正相关关系，即产品的加工程度越高，其内部化率越高；反之，内部化率越低。最终产品的内部化率相对较高。20世纪80年代以来世界贸易中中间产品贸易比率的迅速提高是企业内国际贸易扩大的直接结果。据统计，世界贸易总额中中间产品贸易所占比率从1980年的39.8%上升为2005年的45.9%，东亚、欧洲及北美的区域内贸易中中间产品贸易所占比率同期从46.0%上升为52.3%，尤其是东亚区域内该比率高达60%以上。

（3）跨国公司内部贸易的价格并不是由国际市场上的供求关系所决定，而是采用转移定价的方式进行的。转移定价并不完全反映商品投入要素的价值。一般来说，跨国公司的最高经营层从本企业的经营战略和全球利润最大化的原则出发人为制定的价格（转让价格）。它时而可以大大高于国际市场价格，时而可以大大低于国际市场价格。转让价格的制定出自企业的高层，整个过程不为外人所知。具体来说，跨国公司的内部贸易可以降低交易成本，降低外部市场交易造成的经营不确定性风险，增强公司生产协调与反应的灵活性和经营的稳定性，维护和增强公司拥有的垄断优势以及充分利用转移定价来谋取利益。

（二）内部贸易的转移价格

转移价格又称划拨价格或内部调拨价格，是指跨国公司体系内部，母公司与子公司、子公司与子公司之间相互约定的出口和采购商品、劳务和技术时所规定的价格。转移价格不受价值规律和供求关系的影响，而是根据跨国公司的全球战略目标和利润最大化目标，由公司总部上层决策者人为确定。跨国公司着眼于全球战略，通过实施内部贸易的方式，来协调母公司与子公司之间的关系，其中转移价格发挥着重要的作用。

1. 转移价格的目的及定价方法

跨国公司分布在全球的各个区域，各个子公司的生产、经营及收益情况会由于子公司本身的经营水平与各国的税收、价格及货币走向不同而有差异。针对不同的环境，跨国公司会进行不同的调整。此时，转移价格的运用尤为重要。

一般来讲，运用转移价格的目的是降低和逃避税务负担，转移资金和调节利润水平。跨国公司在东道国投资经营虽然必须按章纳税，但追求所交纳税额最小甚至为零则是跨国公司的基本目标。跨国公司通过操纵转移价格，可以将其全球性税务负担降低到最低水平，以此增加公司的利润总额。跨国公司还可以通过在避税港设立分支机构来规避纳税。在避税港，外国公司纳税税率极低或根本无须纳税，当地政府对跨国公司的管理和监督极为宽松。跨国公司只须在避税港设立象征性的分支机构，就可以达到规避税收的目的，将利润转移到避税港。跨国公司运用价格转移的方式来转移资金的原则是考虑资金流动的安全性和资金使用的效益。为实现资金使用效益这一目标，跨国公司可以利用各个子公司所在国利率的差异，将在低利率国家的子公司的资金调到高利率国家的子公司。

转移价格的定价方法有以下四种：（1）当中间产品为完全竞争市场时，其市场价格扣除销售、运输、收款等费用后可以规定的水平内即可。（2）当存在中间产品不完全竞争市场时，协商制定转移价格比较合适。（3）当存在中间产品外部市场时，从整个公司利润最大化角度看，应将转移价格定在作为适当的转移价格。机制的因素，在边际成本上加一个与固定成本成比例的费用可能会更为适合评估、激励等于上游部门单位边际成本的水平，但要考虑到上游部门固定成本的补偿。（4）当各子公司作为利润中心而不是成本中心存在时，完全成本的转移价格更为合适，虽然从经济学角度看其对整个公司而言并非最优。

2. 转移价格的运行机制

从原理上来讲，转移价格问题中重要的是"如何转移"这一机制性问题。跨国公司通过制定转移价格来影响企业的收益和成本以实现资金、利润和税收的转移。实施转移价格至少要具备三个要素："母子联系""关联性""参照性"。"母子联系"是指实施转移价格的主体必须是同一家跨国公司的母公司和子公司，这个前提条件是由于转移价格的实施需要相互之间的配合行动，因此同一家跨国公司的不同子公司之间也具有类似的属性；"关联性"是指母公司与子公司或子公司之间必须有业务往来，如一方提供原材料，另一方提供产品；"参照性"则是指价格和税率不同。

根据具体做法和依赖的条件不同，转移价格可以分为逃税型转移价格和避税型转移价格两种。逃税型转移价格是以尽可能少缴纳税为目标的转移价格，即在税收＝利润×税率公式中虽然追求低税率，但税率大于零的情况下使用的转移价格。跨国公司将高税率国公司的利润转到低税率国的公司，这样就能够减少向高税率国家缴纳税款。通过"高买低卖"的方式与低税率国家的子公司进行交易，使得高税率国家的子公司从低税率国家的子公司高价进口需要付出大量资金以增加成本，同时，由于高税率国家子公司的低价向低税率国家子公司出口而减少收入。这样的增减可以造成高税率国家子公司的利润大量减少甚至亏损，从而达到减少缴税的目的。而避税型转移价格是以完全不缴纳税收为目标的转移价格，即在税收＝利润×税率公式中追求税率等于零情况下的转移价格。实施这一策略的前提条件是必须有税率为零的地方，也就是避税港，如巴哈马、百慕大、开曼群岛等。避税型价格转移的要素与逃税型价格转移相同，不同的是在税率参照系中多了一个税率为零的中转地，以避税港为中介来开展公司内的交易，将盈利人为地集中在避税港，从而使得整个跨国公司免于税务负担。

（三）国际避税与反国际避税

由于各国之间存在着税收的差异，跨国公司为了在激烈的国际市场竞争中立于不败之地，常常利用各国税收政策差异，尽可能地降低税收费用，以降低其国际经营的成本。

1. 国际避税

国际避税是指跨国应纳税人以合法的方式，利用各国税收法规的漏洞和差异，利用国际税收协定中的缺陷，通过变更其经营地点、经营方式以及人和财产跨越税境的流动、非流动等方法来谋求最大限度地减轻或规避税收负担的行为。由于各个国家法律标准不同，差异较大，往往在某一个国家纳税者所进行的某种减轻税务的行为，在一个国家是逃税行为，而在另一个国家就是避税行为。由此，避税是一个相对的概念。

国际避税行为的产生有主观和客观两个方面的原因。从主观方面来说，每个跨国纳税人都具有独立的物质利益，都力求实现利润的最大化。要达到利润最大化的目标，除了改善生产和经营能力增强自身的竞争力外，尽量减少纳税是个重要的手段。减轻或免除税务负担的方法多种多样，但是最有效果、风险最小的方式莫过于避税。所以纳税人避税的动机具有持久性，只有强弱之分，并没有有无之分。当税收负担沉重时，避税的动机越发强烈；当国际竞争激烈时，避税动机同样越为突出。国际避税产生的客观原因主要是各国税收制度的差异以及由此产生的税负轻重的差异。各国之间的税收制度存在着差别，使得纳税人国际避税企图的实现成为可能。如果各国税收制度完全相同，国际避税的可能性就不会存在。国家间税收差别的存在，也就是意味着收入来源或资金的流动，都可能给税收带来实际的变化。

国际避税的方法各种各样，并且带有很强的隐蔽性，常见的有以下四种方式。

(1) 转移定价避税。转移定价是关联公司之间在转让商品、技术、提供贷款、提供劳务时所定的价格。这些价格不受价值规律和供求关系的影响，可以用来转移利润进行避税。

(2) 避税港避税。所谓避税港，一般是指三类国家和地区：第一种是不征收所得税和财产税国家和地区；第二种是所得税和财产税税率很低且对境外收入全部免税的国家和地区；第三种是虽然税率不低但一定有特殊税收优惠，纳税人可以利用其转移税收负担的国家和地区。跨国公司利用避税港进行避税的主要形式是在避税港建立"基地公司"。基地公司是指在避税港设立而实际受外国股东控制的公司。这些公司的建立不仅是为了获得避税的好处，有的是为了获取廉价劳动力，有的是为了躲避国有化、战争、政局不稳的风险，有的则是为了逃避本国某些法律的约束用于避税目的的基地公司，主要通过虚构中转销售、持股公司、信托公司等形式，将避税港境外的财产和所得汇集在本公司账户下，从而减轻或逃避有关政府的税收。

(3) 电子商务避税。电子商务是指交易双方利用国际互联网、局域网、企业内部网进行商品和劳务的交易。电子商务给跨国公司的国际避税提供了更加安全隐蔽的环境。跨国公司利用电子商务快速的流动性，虚拟避税港营业，逃避所得税、增值税和消费税；利用电子商务对税基的侵蚀性，隐蔽进出口货物交易和劳务数量，逃避关税等。

(4) 资本弱化方式避税。资本弱化的表现有两个方面：一是资本结构不合理，在公司设立时就资金不到位或注入资金过多，甚至虚假出借；二是公司设置后资本金实质减少，跨国公司抽取资金而不充实资本。大多数情况下，跨国公司会利用第二种方式进行国际避税。

2. 反国际避税

国际避税在一定程度上造成了竞争条件的扭曲和国际资本的不正常流动，甚至严重影响国家的财政收入。各国纷纷实施了反国际避税手段，通过采用对转移价格的约束、防止利用避税港避税、限制利用信托避税等反国际避税的相关措施来保障本国的合法税收。

另外，针对国际避税港的特殊税收优惠办法，一些国家从维护自身的税收权益出发，分别在本国的税法中做出相应的规定，以防止国际避税的发生。为了防止跨国公司滥用信托的"分离功能"，美国的《国内收入法典》中列入了被称为"委托人信托"的特殊规定，一项信托的委托人，如果在该信托中保留相当程度的控制欲支配权，或在信托中享有超过信托资产5%的"将来应享有的利益"，即被认定为"委托人信托"，该委托人仍然是信托财产的所有人，并对该项信托所得有纳税的义务。

三、跨国公司与国际贸易的相互关系

第二次世界大战后，随着科学技术的发展和世界市场的形成和完善，跨国公司和国际贸易在数量上和规模上都有了巨大的发展。从跨国公司的发展历史看，国际贸易的发展促进了跨国公司的形成。而通过研究第二次世界大战后国际贸易的发展情况，可知跨国公司无论从国际技术贸易、国际劳务贸易、国际贸易结构，还是在贸易内部化等方面对国际贸易的内容、方式、领域等发挥了强有力的推动作用，是战后国际贸易获得空前发展的重要积极因素。

（一）国际贸易对跨国公司的影响

1. 国际贸易的发展促进跨国公司的形成

随着社会的进步和生产力的发展，贸易活动几乎遍及全球，使世界日益形成一个统一的大市场，市场竞争激烈，使国际性企业不得不站在全球角度上进行经营，在市场竞争的全球化进一步加强的趋势下，企业都要向跨国经营方向努力。跨国公司的生产体系实际上是企业内部的分工在国际范围内的体现。母公司与国外的分、子公司之间以及各分、子公司之间必须通过内部交易，跨国公司才能作为一个国际化生产体系正常运转。而一个统一体系下的各国间贸易活动又降低了市场不完善的影响作用，促进了跨国公司的发展。各国间贸易的密切程度又影响了相互直接投资力度，影响了跨国经营的方向。

2. 国际贸易的特点影响了跨国公司的经营方式

传统的国际贸易是跨国经营的最古老的形式。随着生产力的发展和商品生产、交换的不断扩大，产生了货币，商品交换由物物交换变成了以货币为媒介的商品流通。私有财产的产生与商品流通的扩大，产生了专门从事贸易的商人；随着国家的出现，商品流通超出国界产生了对外贸易，也就出现了跨国经营。在资本主义原始积累时期，国际贸易的特点是资本主义国家对原始材料的获取和资本的积累，而且还向殖民地进行商品的倾销，独占殖民地的贸易；随着产业革命兴起，国际分工日益扩大，促进了对外贸易，也弥补了要素分布不均的不足。第三次科技革命又引起了国际分工的巨大变化，使国际贸易的方式逐渐起了重大的变化。国际分工过去受要素禀赋所限制，现在则以科技优势为转移，科技进步减轻甚至摆脱了对自然资源的依赖，科学技术在生产要素中占了主导地位。所以当前的跨国公司在海外生产并不以获得自然资源优势作为主要战略目标，主要是为了市场竞争及科研发展等为主要目标，这主要表现在资源及初级产品在世界贸易中所占地位下降，而服务、技术贸易在贸易总额和贸易结构中的比重上升。

（二）跨国公司对国际贸易的影响

跨国公司实行的国际生产专业化策略使国际贸易的很大份额成为跨国公司的内部贸易，使国际市场更集中、更垄断，而国际贸易有了更多的方式，在此背景下，国际贸易与跨国公司及其理论均有了长足的发展。跨国公司对国际贸易影响主要体现在以下几个方面。

1. 跨国公司发展促进国际贸易总量增长

随着对外直接投资的增加，跨国公司的内部贸易迅猛发展。新技术和国际生产分工促进了贸易自由化，使自由贸易提升到新的水平，大大促进了国际贸易总额的增长。目前跨国公司的总产值占世界总产值的 1/3，跨国公司及其子公司对外直接投资总额为 2 万亿美元，控制了国际贸易的 50% 以上。跨国公司的销售额（不包括内部贸易额）相当于世界出口总额的 70%。

2. 跨国公司影响贸易商品结构和地区分布

通常对外直接投资部门结构及变化往往与国际贸易商品结构及变化一致。贸易流与 FDI 流存在着相关性，都集中在发达国家。跨国公司海外投资的 3/4 集中于发达国家和地区，其设立的子公司有 2/3 在发达国家和地区。发达国家的贸易多是跨国公司的贸易，近些年发达国家间的相互贸易日益增多。

3. 跨国公司控制了国际技术贸易发展

跨国公司影响国际贸易的方式，跨国公司通过 FDI、转移价格、垄断价格、内部贸易等方式对国际贸易的方式产生不同程度的影响。间接投资追求利息或红利等投资收益的投资；直接投资以展开经营活动为目的的企业向外国扩张。跨国公司还通过转移价格避税、垄断价格等获得高额利润，并利用其巨大的规模控制发展中国家的出口市场，形成买方垄断，压低初级产品的价格。原料垄断低价，制成品垄断高价，从而获得丰厚的垄断利润。

第三节　跨国公司理论研究的基本内容

一、垄断优势论

（一）基本情况

垄断优势理论（monopolistic advantage theory），又称不完全市场竞争理论，所有权优势理论或公司特有优势理论，由美国麻省理工学院教授海默（Stephen H. Hymer）于 1960 年在他的博士论文中首先提出的，是最早研究对外直接投资的独立理论，被称为对外直接投资理论的先驱。海默试图从市场的不完全竞争导致的垄断来解释企业的对外直接投资行为。之后，不少西方学者在海默的理论框架下，对垄断优势理论进行了补充和充实。

（二）主要观点

垄断优势理论主要是回答一家外国企业的分支机构为什么能够与当地企业进行有效的竞争，并能长期生存和发展下去。海默提出两个重要的前提和概念：一是市场不完全性；二是企业特定优势。海默从分析市场的不完全性出发，论述了跨国公司之所以能在对外直接投资中获益，主要由于具有当地竞争者所没有的企业特定优势。

海默认为，市场的不完全性是对外直接投资的根本原因，同时跨国公司的垄断优势是对外直接投资获利的条件。市场具有不完全性产生于四个方面：（1）产品市场不完全。这主要与商品特异、商标、特殊的市场技能或价格联盟等因素有关。（2）生产要素市场的不完全。这主要是特殊的管理技能、在资本市场上的便利及受专利制度保护的技术差异等原因造成的。（3）规模经济引起的市场不完全。（4）由于政府的有关税收、关税、利率和汇率等政策原因造成的市场不完全。

海默比较了美国和其他国家跨国公司的发展过程，认为一个企业之所以要对外直接投资，是因为它有比东道国同类企业有利的垄断优势，从而在国外进行生产可以赚取更多的利润。这种垄断优势可以划分为两类：一类是包括生产技术、管理与组织技能及销售技能等一切无形资产在内的知识资产优势；另一类是由于企业规模大而产生的规模经济优势。在东道国市场不完全的条件下，跨国公司可利用其垄断优势排斥自由竞争，维持垄断高价以获得超额利润。因此，对外直接投资是具有某种优势的寡头垄断企业为追求控制不完全市场而采取的一种行为方式。

（三）贡献与缺陷

垄断优势理论突破了国家间资本流动导致对外直接投资的传统贸易理论框架，突出了知识资产和技术优势在形成跨国公司中的重要作用，指出对外直接投资是以不完全竞争为前提的，是一种企业寡头垄断和市场集中相联系的现象。因而，垄断优势理论在20世纪60～70年代中期，对西方学者产生过较深刻的影响。垄断优势论从理论上开创了以国际直接投资为对象的新研究领域，使国际直接投资的理论研究开始成为独立学科。这一理论既解释了跨国公司为了在更大范围内发挥垄断优势而进行的横向投资，也解释了跨国公司为了维护垄断地位而将部分工序，尤其劳动密集型工序，转移到国外生产的纵向投资，因而对跨国公司对外直接投资理论发展产生很大影响。

该理论的缺陷如下：该理论偏重于静态研究，忽略了时间因素和区位因素在对外直接投资中的动态作用；没有充分说明企业垄断优势如何形成；不能很好解释对外直接投资流向的产业分布或地理分布；主要以20世纪60年代初对西欧大量投资的美国跨国公司统计资料为依据，对美国跨国公司对外直接投资的动因有很好的解释力，但却无法解释60年代后期日益增多的发展中国家跨国公司的对外直接投资。

二、产品生命周期论

（一）基本情况

产品生命周期理论（product life cycle theory），由美国哈佛大学教授雷蒙德·弗农

(raymond vernon)于 1966 年在其《产品周期中的国际投资与国际贸易》一文中首次提出。该理论从产品生命周期和产品技术垄断的角度，侧重从技术创新、技术进步和技术传播的角度来分析国际贸易产生的基础，将国际贸易中的比较利益动态化，分析企业对外直接投资的原因以及国际贸易和对外直接投资之间的关系，研究产品出口优势在不同国家间的传导。

（二）主要观点

弗农认为，就产品而言，如生命周期一样，要经历一个开发、引进、成长、成熟、衰退的阶段。而这个周期在不同的技术水平的国家里，发生的时间和过程是不一样的，期间存在一个较大的差距和时差，正是这一时差，表现为不同国家在技术上的差距，它反映了同一产品在不同国家市场上竞争地位的差异，从而决定了国际贸易和国际投资的变化。产品生命周期理论包含以下几个阶段内容。

（1）产品创新阶段：少数在技术上领先的创新国家的创新企业根据本国资源条件和市场需求首先开发出新产品，而后在国内投入生产。研究与开发资金较多的发达国家，一般最有可能开发新产品，因此新产品的创新企业一般在发达国家，尤其是在美国。

（2）产品成熟阶段：该阶段产品创新国已经依靠密集使用资本来组织大规模生产，产品已经趋于资本密集型，市场不断扩大，同时国内竞争也日益加剧，促使产品向收入水平相似的国家（即其他发达国家）出口。为了维持原有市场份额，创新企业往往通过对外直接投资来保护自己的竞争优势。

（3）产品标准化阶段：在这个阶段产品由成熟趋向于标准化。由于产品生产日益标准化，密集使用的生产要素也由资本逐渐转向劳动力，技术优势不复存在，资本优势也日益衰败，低成本低价格在市场中日益重要。此时由于发达国家劳动力价格较高，生产的最佳地点从发达国家转向劳动力丰富且价格低廉的发展中国家。创新国的技术优势已不复存在，国内对此类产品的需求转向从国外进口。创新企业若想继续保持优势，选择只有一个，继续进行新产品的发明创新。

产品生命周期理论是一种动态经济理论。它从产品的生命运动过程出发，将其与赫俄学说相结合，来说明比较利益是一个随着产品生命周期的变化从一类国家转移到另一类国家的动态过程，不存在一国永远具有相对优势的产品，不同国家应生产那些在生命周期中本国资源处在相对优势阶段的产品。

（三）贡献与缺陷

产品生命周期理论从技术及产品垄断的角度，将国际贸易与直接投资理论有机地结合在一起，动态地揭示了跨国公司对外直接投资的动因和选择。借助产品生命周期理论，可以分析判断产品处于生命周期的哪一阶段，推测产品今后发展的趋势，正确把握产品的市场寿命，并根据不同阶段的特点，采取相应的市场营销组合策略，增强企业竞争力，提高企业的经济效益。产品生命周期用以解释工业制成品的动态变化具有一定现实意义，对解释国际贸易有重要参考作用。通过产品的生命周期，可以了解和掌握出口的动态变化，为正确制订对外贸易的产品战略和市场战略提供了理论依据。

产品生命周期理论的缺点是：产品生命周期各阶段的起止点划分标准不易确认，也无法确定产品生命周期曲线到底适合单一产品项目层次还是一个产品集合层次；产品生命周期曲线只考虑销售和时间的关系，未涉及成本及价格等其他影响销售的变数；无法有效解释许多跨国公司直接投资于有潜力的国外市场，而非使用先出口后投资国外市场的战略。

三、内部化理论

（一）基本情况

自 20 世纪 70 年代中期，以英国里丁大学学者巴克莱（Peter. J. Buckley）、卡森（Mark Casson）与加拿大学者拉格曼（A. M. Rugman）为主要代表人物的西方学者，以发达国家跨国公司（不含日本）为研究对象，沿用了美国学者科斯（R. H. Coase）的新厂商理论和市场不完全的基本假定，于 1976 年在《跨国公司的未来》（*The Future of Multinational Enterprise*）一书中提出的，建立了跨国公司的一般理论——内部化理论（the theory of internalization），又称市场内部化理论，是当前解释对外直接投资的一种比较流行的理论，主要回答了为什么和在怎样的情况下，到国外投资是一种比出口产品和转让许可证更为有利的经营方式。后来，经济学家罗格曼、吉狄、杨等进一步丰富和发展了该理论。

（二）主要观点

内部化理论从国际分工不通过世界市场，而是通过跨国公司内部来进行这点出发，研究了世界市场的不完全性以及跨国公司的性质，并由此解释了跨国公司对外直接投资的动机与决定因素，其中市场不完全性及企业的性质是内部化理论的核心。内部化理论建立在三个假设的基础上：第一，企业在不完全市场上从事经营的目的是追求利润的最大化；第二，当生产要素特别是中间产品的市场不完全时，企业就有可能以内部市场取代外部市场，统一管理经营活动；第三，内部化超越国界时就产生了多国公司。

内部化理论强调企业通过内部组织体系以较低成本，在内部转移该优势的能力，并把这种能力当作企业对外直接投资的真正动因。在市场不完全的情况下，企业为了谋求整体利润的最大化，倾向于将中间产品特别是知识产品在企业内部转让，以内部市场来代替外部市场。内部化理论认为：

(1) 由于市场不完全性的存在,外部市场机制失败。这主要同中间产品(如原材料、半成品、技术、信息、商誉等)的性质和买方不确定性有关。企业更倾向于通过对外直接投资开辟内部市场,将原来通过外部市场进行的交易转化为内部所属企业间的交易以降低交易成本。

(2) 交易成本受各种因素的影响,公司无法控制全部因素。如果实现市场内部化,即把市场建立在公司内部,通过内部转移价格就可以起到润滑作用。

(3) 市场内部化可以合理配置资源,提高经济效率。国际直接投资倾向于高技术产业,强调管理能力,使交易成本最小化,保证跨国公司经验优势,都是为了实现上述各方面要求。

该理论有助于说明各种类型跨国公司形成的基础,试图解释了跨国公司在出口、直接投资与许可证安排这三种方式之间选择的根据。其后有些学者将技术优势及内部化概念进一步引申,以解释发展中国家跨国公司的发展。

(三) 贡献与缺陷

内部化理论是西方学者跨国公司理论研究的一个重要转折。以前的理论主要研究发达国家(主要是美国)企业海外投资的动机与决定因素,而内部化理论则研究各国(主要是发达国家)企业之间的产品交换形式与企业国际分工与生产的组织形式,认为跨国公司正是企业国际分工的组织形式。与其他理论相比,内部化理论属于一般理论,能解释大部分对外直接投资的动因,也较好地解释了第二次世界大战后跨国公司的迅速扩展及发达国家之间的相互投资现象。

该理论的缺陷是仅从微观层面解释跨国公司对外直接投资的动机,而未从宏观经济层面分析国际经济环境影响;仅从纵向一体化角度解释跨国投资行为,而忽略对横向一体化及经营多样化的跨国行为进行解释;没有充分解释跨国公司组织和管理内部化能力的能力来源。

四、国际生产折衷理论

(一) 基本情况

国际生产折衷理论(the eclectic theory of international production),又称国际生产综合理论,由英国雷丁大学教授邓宁(J. H. Dunning)1977 年在《贸易,经济活动的区位和跨国企业:折衷理论方法探索》中提出。1981 年,他在其《国际生产和跨国企业》一书中对折衷理论又进行进一步阐述。邓宁认为,通过企业对外直接投资所能够利用的是所有权优势、内部化优势和区位优势,只有当企业同时具备这三种优势时,才完全具备了对外直接投资的条件。

（二）主要观点

国际生产折衷理论认为，决定国际企业行为和国际直接投资的三个最基本的要素：所有权优势（ownership）、市场内部化优势（internalization）和区位优势（location）。这就是所谓的 OIL 模式，即国际生产折衷理论的核心。该理论认为企业必须同时兼备所有权优势、内部化优势和区位优势才能从事有利的海外直接投资活动。

1. 所有权优势理论

所有权优势理论是发生国际投资的必要条件，指一国企业拥有或是能获得的国外企业所没有或无法获得的特定优势。其中包括：第一，技术优势。即国际企业向外投资应具有的生产诀窍、销售技巧和研究开发能力等方面的优势。第二，企业规模。企业规模越大，就越容易向外扩张，这实际上是一种垄断优势。第三，组织管理能力。大公司具有的组织管理能力与企业家才能，能在向外扩张中得到充分的发挥。第四，金融与货币优势。大公司往往有较好的资金来源渠道和较强的融资能力，从而在直接投资中发挥优势。

2. 内部化优势

内部化优势是为避免不完全市场给企业带来的影响将其拥有的资产加以内部化而保持企业所拥有的优势。也就是企业将拥有的资产通过内部化转移给国外子公司，使得比通过市场交易转移获得更多的利益。企业选择资产内部化还是外部化往往取决于效用的比较。

3. 区位优势

区位优势是指投资的国家或地区对投资者来说在投资环境方面所具有的优势。形成区位优势的四个条件：其一，劳动力成本。一般直接投资总把目标放在劳动力成本较低的地区，以寻求成本优势。其二，市场潜力。即东道国的市场必须能够让国际企业进入，并具有足够的发展规模。其三，贸易壁垒。包括关税与非关税壁垒，这是国际企业选择出口或投资的决定因素之一。其四，政府政策。是直接投资国家风险的主要决定因素。

折衷理论认为，所有权优势、区位优势和内部化优势的组合不仅能说明国际企业或跨国公司是否具有直接投资的优势，而且还可以帮助企业选择国际营销的途径和建立优势的方式。表 9-2 是邓宁教授提出的选择方案。

表 9-2　　　　　　　　国际化经营方式与"OIL 优势"选择表

国际化经营方式	所有权优势（O）	内部化优势（I）	区位优势（L）
对外直接投资（投资式）	√	√	√
出口（贸易式）	√	√	×
无形资产转让（契约式）	√	×	×

注："√"代表具有或应用某种优势；"×"代表缺乏或丧失某种优势。

如果企业仅有所有权优势和内部化优势，而不具备区位优势，这就意味着缺乏有利的海外投资场所，因此企业只能将有关优势在国内加以利用，而后依靠产品出口来供应当地市场；如果企业只有所有权优势，则说明企业拥有的所有权优势难以在内部利用，只能将其转让给外国企业；如果企业具备了内部化优势和区位优势而无所有权优势，则意味着企业缺乏对外直接投资的基本前提，海外扩张无法成功。

（三）贡献与缺陷

国际生产折衷理论吸收了多种相关理论，对各家所长兼容并蓄，不仅解释了不同层面的国际经济活动，还给跨国公司选择进入国际市场的方式提供决策参考。尤其是20世纪80年代邓宁对原有理论作了拓展后，对跨国公司国际生产活动的解释力和预测性进一步提高。

该理论的局限性表现在以下几个方面：其一，该理论无法充分解释并不同时具备三种优势阶段的发展中国家迅速发展的对外直接投资行为，特别是向发达国家的直接投资活动；其二，该理论仅在微观层面对企业跨国化进行分析，忽略从宏观角度来分析不同国家跨国企业的对外直接投资动因；其三，该理论侧重于成本分析而忽略收入分析。

五、国际化经营理论

自20世纪80年代以来，特别是近10年来，全球经济迅猛发展，世界格局朝多极化、区域集团化和全球化方向发展的趋势继续加强，全球经济一体化取得了令人瞩目的发展。这一切引发学术界对跨国公司理论的进一步研究，如跨国公司兼并浪潮、跨国公司战略管理、战略联盟、网络组织形式、发展中国家对外直接投资研究等。跨国公司在国际经营活动中的战略联盟及众多的合同安排形式的急剧发展，打破了以往以企业内部组织为边界的企业形式，出现了边界模糊的虚拟企业形式。在跨国公司理论不断演进的过程中，比较突出的是战略管理理论、战略联盟理论以及战略选择权理论，这些国际化经营理论从企业管理的角度进行研究，解释了企业战略与决策对企业跨国经营的决定作用。

（一）战略管理理论

美国学者斯托普福德（J. M. Stopford）与威尔士（L. T. Well）于1972年在《管理多国企业》一书中，提出跨国公司战略管理理论，引入外销比例和外销产品多元化程度这两个战略变量，并考察它们与国际部、产品部、矩阵式和混合式等企业组织结构之间的关系，将钱德勒（A. D. Chandler）关于组织战略和组织结构相关的研究拓展至国际范畴。战略管理理论研究着重以下两个问题：一是跨国公司怎样改变其组织结构以适应复杂的战略；二是哪些因素影响跨国公司把外国合作者纳入其分支机构的决策。通过对

187家美国跨国公司的分析，他们宣称企业战略组织结构及控股权选择之间具有紧密的联系。此后的研究实际上是沿着这两个方向在发展：一个是组织理论的研究，偏重于分析企业战略与组织结构的关系，以及组织结构的演进规律；另一个是权变理论的研究，偏重于分析组织战略、组织结构或管理模式与环境之间的关系，强调企业业绩是企业组织适应环境的结果。两个方向的研究均以战略关系研究为中心，从不同的侧面突出了战略管理与协调的重要性，因而也被人们称为跨国公司战略管理学派。

战略管理学派把跨国公司跨国经营的发展态势作为研究的出发点和归宿，突破了传统的跨国公司理论范畴，促使跨国公司研究的重点由存在机制逐步向发展机制转移，因此激发了人们对有关跨国公司理论问题的重新认识。

（二）战略联盟理论

国际性战略联盟也称为合作性安排，是一种新的国际竞争形式，指两个或两个以上的跨国公司出于对整个世界市场的预期目标和企业各自总体经营目标的需要，而采取的一种联合的经营方式。在这种行为过程中，联合是自发的、非强制的，联合各方仍旧保持着本公司经营管理的独立性和完全自主的经营权，彼此之间通过达成各种各样的协议结合成一个松散的联合体。

战略联盟等国际合作安排方式的迅速发展已经对传统的跨国公司理论产生了很大的冲击。在联盟战略下，许多昔日的竞争对手变成了今日的合作伙伴，并由此形成了群体网络。相应地，跨国公司被尝试性定义为由外部组织网络所包容的内部差别化网络组织。对这种组织的深入研究，势必将导致跨国公司理论的根本变革。

（三）战略选择权理论

梅耶（Myers）等人提出的战略选择权，即现在进行的投资相当于跨国公司购买了某种权利的选择权，因此对现在的投资进行评估时必须考虑这种选择权的价值。现在的投资可以从未来可能的投资选择中体现出其价值，即现在的投资相当于未来投资的一个"平台"。在标准的投资决策理论中，跨国公司何时进行对外投资可以通过建立在成本—收益分析基础上的净现值法（net profit value，NPV）计算加以确定，跨国公司可以将外部的不确定性视作内生变量，通过某些对外直接投资活动来分散所面临的风险。进入20世纪90年代，选择权理论被运用于跨国公司的战略制定，形成了战略选择权理论。

该理论认为，在环境不确定的条件下，跨国公司决定现在不投资也许是一个更好的选择。因为一旦决定投资现在，投资就意味着放弃了不投资的选择权，而在某些情形中这种不投资的选择权可能是很有价值的。例如，许多外部信息必须随着时间的推移才能得以披露；即使按标准的评估方法计算，某些项目的净现值可能为正，但如果跨国公司决定推迟投资，可能会因为等待和观望而获得更多好处。

本章习题

一、名词解释题

跨国公司、跨国公司战略联盟、跨国并购、独资经营、合资经营、内部贸易、转移价格、国际避税、国际性战略联盟。

二、判断题

1. 跨国公司是由母公司及其国外分支机构组成的股份制企业。（　　）
2. 20世纪初出现了早期的跨国公司。（　　）
3. 21世纪以来，新兴经济体的跨国公司成为国际直接外资领域主导力量。（　　）
4. 跨国并购是跨国公司FDI的主要方式。（　　）
5. 跨国公司的内部贸易仅指跨国公司母公司与国外子公司之间的贸易关系。（　　）
6. 内部贸易是跨国供求追求利润最大化的结果。（　　）
7. 根据具体做法和依赖的条件不同，转移价格可以分为逃税型转移价格和避税型转移价格两种。（　　）
8. 世界出口中约70%是由跨国公司实现的。（　　）
9. 产品生命周期的三个阶段依次是创新阶段、标准化阶段和成熟阶段。（　　）
10. 内部化理论对横向一体化及经营多样化的跨国行为进行了解释。（　　）

三、单项选择题

1. 发展是跨国公司实行国际化生产经营的主要途径是（　　）。
   A. 对外贸易　　B. 对外直接投资　　C. 对外兼并　　D. 对外收购
2. 未来跨国公司国际投资的主流趋向是（　　）。
   A. 寻求自然资源或廉价劳动力　　B. 规模扩张
   C. 知识型投资　　D. 市场渗透
3. 销售方按佣金提成的方式销售寄售方的产品属于（　　）。
   A. 直接出口　　B. 间接出口　　C. 合作出口　　D. 寄生出口
4. 跨国公司内部贸易的价格由（　　）决定的。
   A. 国际市场供求关系　　B. 经营成本
   C. 转移定价　　D. 母公司的指导价格
5. 国际避税产生的客观原因主要是以及由此产生的税负轻重的差异。
   A. 各国税收制度的差异　　B. 实现利润的最大化
   C. 关税过高　　D. 增强自身的竞争力
6. 当（　　）时，完全成本的转移价格更为合适。

A. 中间产品为不完全竞争市场　　B. 存在中间产品外部市场
C. 中间产品为完全竞争市场　　　D. 各子公司作为利润中心

7. 垄断优势理论认为，对外直接投资的根本原因是（　　）。
A. 追求垄断利润　　　　　　　　B. 市场不完全性
C. 技术差异　　　　　　　　　　D. 企业特定优势

8. 产品生命周期理论的三个阶段，产品要素密集性质依次为（　　）。
A. 劳动密集型、资本密集型、技术密集型
B. 资本密集型、劳动密集型、技术密集型
C. 技术密集型、劳动密集型、资本密集型
D. 技术密集型、资本密集型、劳动密集型

9. 国际生产折衷理论认为，当企业拥有其他两个优势但无法拥有（　　）时，只能通过出口而无法对外直接投资。
A. 区位优势　　B. 所有权优势　　C. 内部化优势　　D. 技术优势

10. 国际生产折衷理论认为，当企业只拥有所有权优势时，只能开展（　　）。
A. 产品出口贸易　　B. 对外并购　　C. 对外直接投资　　D. 许可贸易

四、多项选择题

1. 早期的跨国公司在欧美制造业出现的主要原因是（　　）。
A. 保护技术垄断优势　　　　　　B. 扩大出口市场
C. 扩大进口市场　　　　　　　　D. 绕开贸易保护壁垒

2. 属于按照并购支付方式不同划分的跨国并购包括（　　）。
A. 现金收购　　B. 横向并购　　C. 债券互换　　D. 纵向并购

3. 投资型市场进入模式主要包括（　　）。
A. 许可证转让模式　　　　　　　B. 独资经营模式
C. 合资经营模式　　　　　　　　D. 服务合同模式

4. 跨国公司转移价格的目的是（　　）。
A. 降低和逃避税务负担　　　　　B. 转移资金
C. 改善生产和经营能力　　　　　D. 调节利润水平

5. 国际避税的常见方式有（　　）。
A. 避税港避税　　　　　　　　　B. 转移定价避税
C. 电子商务避税　　　　　　　　D. 资本弱化方式避税

五、简答题

1. 跨国公司的基本特征是什么？
2. 跨国公司战略联盟有哪些特点？
3. 跨国公司的市场进入模式有哪几种？其特点分别是什么？

4. 简述跨国公司与国际贸易的相互关系。

5. 简述国际生产折衷理论的主要内容。

六、案例分析题

根据下列案例分析苹果公司的全球经营战略对于国际贸易的影响。

苹果公司全球新战略

苹果公司（Apple Inc.）于1976年4月1日成立，创始人为史蒂夫·乔布斯等三人，是目前全球最著名的跨国公司之一，在高科技企业中以创新而闻名。苹果公司是目前全球利润率最高的手机生产商，也是全球主要的PC厂商，知名的产品有iPhone手机、iPad平板电脑、Macbook笔记本电脑、iPod音乐播放器、iTunes商店、iMac一体机等。苹果公司连续多年成为全球市值最大公司，在2012年曾经创下6235亿美元纪录，2013年后企业市值缩水24%为4779亿美元，但仍然是全球市值最大的公司之一。蒂姆·库克（Timothy D. Cook）为苹果公司现任首席执行官（CEO）。苹果公司成功的商业模式以及全球战略让其在跨国经营及国际贸易中获得丰厚的利润，树立了卓越的企业品牌。

1. 持续的技术创新使其在行业处于世界领先地位

在准确把握消费趋势的前提下，苹果公司始终站在市场前面引导市场，通过持续的技术创新使自己始终处于行业领先地位。在苹果公司近10年中所推出的产中，iPhone、iMac、iPod等无不如此，其简洁时尚的外形、实用的功能、便利的操作，令人耳目一新。这些高价值的溢价产品给苹果带来的是令同行垂涎的超额利润。苹果公司推出的产品形成一个封闭的体系，封闭的体系虽然会使开发成本增加，但同样带来系统稳定性的优势，进一步增强对客户的黏性，同时也意味着苹果公司出售的每件产品今后会为苹果带来更多收入。

2. 对全球范围内产业链的充分利用和有效整合

产业链本质上是社会分工的体现，对产业链的利用就是对社会分工网络的利用，需要创新与突破，不断培育自身的核心竞争力，才是企业在激烈竞争中能够脱颖而出的不二法门。在担任CEO之前，蒂姆·库克曾是苹果的COO，帮助这家科技巨头打造了公司历史上最高效的供应链。因而，苹果很少会因为库存的积压而导致成本上升；制造过程中出错的概率也大幅减少，这些改变帮助苹果保持了较高的利润率。苹果公司自己生产iPad微处理器芯片、自己开发操作系统，打破30多年来计算机业的传统，由不同企业生产不同产品，相互协助最终形成一台PC的模式。它的环环相扣的设计和生产过程让竞争对手很难做出与它匹敌的产品。

3. 优化产品升级以在跨国经营中维护不断创新的产品周期

回顾苹果全部周期内的升级，会看到一个相当长的产品清单：RetinaMac-BookPro和MacBookAir升级，新产品搭载新款处理器，多年以来，苹果一直都在以这样的方式，推动Mac产品线的内部规格提升。但128GB的第四代iPad、带有VESA底座的iMac、新的

16GB无后置摄像头 iPod Touch，都大大颠覆了苹果传统的产品周期。所有这些升级都来得悄无声息，与苹果以往奢华的新闻发布活动相比，一反常态地低调。苹果16GB iPod-Touch，更是毫无征兆地在苹果在线商店直接上线。这些改变，证明苹果在不断进行产品迭代升级，甚至产品发布周期，也会发生很大的变化。

4. 进一步打开发展中国家市场以增加国际贸易额

苹果CEO蒂姆·库克多次访华，积极深入了解中国市场，与中国工业和信息化部部长进行了会面，就中国新兴的信息与通信行业交流了意见。另外，库克还参观了富士康（Foxconn）在郑州和天津的工厂。虽然中国是苹果公司仅次于美国的第二大市场，但库克也想要尝试进一步打开中国市场，做了以下努力：第一，在中国开设更多苹果零售店。中国人口超过13亿人，但苹果在这个国家的实体零售店却少得可怜。很明显，增加零售网点肯定能提高公司在中国的知名度。第二，与知名运营商中国移动等合作。中国移动是全球最大的手机运营商，双方合作均会获得丰厚的利润，问题的关键仅是利益分配协商。中国第二和第三大运营商——中国联通和中国电信，它也需要与iPhone手机来拉动销售。第三，提供相对低廉价格的iPhone手机，扩大在中国的消费者人群。

5. 实施收购新战略以扩大跨国多元化业务领域

2014年，苹果宣布将以32亿美元收购Dr. Dre的Beats耳机，这表明苹果的收购策略出现了重大改变。此前，苹果的收购大部分集中在技术和供应链整合上，如对NeXT的收购和对液晶屏材料生产上GT的收购。这些收购都是对苹果已有业务的补充。对Beats耳机的收购则将带领苹果进入耳机和音乐流媒体业务，两个全新的业务业务领域。苹果最终选择Beats不仅是因为Beats耳机一直是苹果零售店里最受欢迎的配件之一，而且希望Beats提供的流媒体音乐服务能弥补iTunes商店音乐市场的经营不足，使其在流媒体音乐服务领域能够有更高市场份额。

（资料来源：①陈灿. 搜索：苹果公司和它的产品［J］. 软件工程师. 2007（11）：50－51；②姜霖. 苹果电脑iMac的案例分析.//刘永翔. 产品设计［M］. 北京：机械工业出版社，2008：98－101；③苹果收购Beats意味着收购战略重大变化［EB/OL］. 福布斯中文网，2014－05－09，https：//www.forbes.com/asia/forbeschina/homepage/#31655b5f542d。）

参考文献

［1］马昀. 中国企业跨国并购与风险控制［M］. 北京：经济科学出版社，2013.

［2］徐盛华，章征文. 国际贸易学［M］. 北京：清华大学出版社，2014.

［3］陈建安. 国际直接投资与跨国公司的全球经营［M］. 上海：复旦大学出版社，2016.

[4] 李可. 国际企业经营与管理案例 [M]. 北京：经济科学出版社，2016.

[5] 约翰·H. 邓宁，萨琳安娜·M. 伦丹. 跨国公司与全球经济 [M]. 北京：中国人民大学出版社，2016.

[6] 爱奇渥士. 国际贸易平衡 [M]. 上海：上海社会科学院出版社，2016.

[7] 王晶，杨宏恩，霍朋军. 开放经济下跨国公司直接投资研究 [M]. 北京：社会科学文献出版社，2016.

[8] 刘红红，田力. 跨国公司转让定价策略研究 [M]. 北京：光明日报出版社，2017.

第十章　国际服务贸易

> **引例**

在20世纪50年代初到70年代末，IBM大型计算机凭借其优越的性能，在美国甚至世界计算机行业都处于领先地位。但大型机的丰厚利润令IBM忽视了个人计算机的巨大市场，也最终失去了增长的机遇，90年代初IBM陷入机构臃肿、颓势显现的局面。1993年，IBM的年收入下降到627.1亿美元，较1992年下降2.8%，纯利润下降到-81亿美元，较上一年下降了63.1%。到1994年年底，公司累计亏损达150亿美元，超过了前三年亏损之和，IBM的市值也从1050亿美元暴跌至320亿美元。

1993年美国运通公司CEO郭士纳临危授命担任IBM首席执行官，开启了IBM战略转型之路，从大型计算机转到包括个人计算机在内的分布式计算系统再到服务与软件上，这家曾经的信息产业硬件巨头转型为向客户提供产品和服务的整体解决方案提供商，并开启了信息产业的电子商务时代。1995年，IBM在很多人还不知道电子商务为何物的情况下，提出了"电子商务"（e-Business）的战略理念。IBM所提供的"电子商务"包含硬件、软件的信息架构构建和企业流程改造，这个以网络为中心的模式不同于卖硬件的价格战，也不同于卖软件的版本升级，它的内涵是替客户进行信息架构、企业流程的重新改造。这一理念的提出驱使IBM实现硬件厂商到"软件+硬件"的转型。

在服务转型的历程中IBM开发了很多基于产品的增值服务，如基于IBM硬件产品的优化调试、系统整合、存储系统的设计，乃至互联网数据中心的设计，甚至包括互联网数据中心的机房建设、运营维护系统、安全系统等。

到2000年，IBM公司40%的利润已来自服务业务，软件利润占比达到25%，硬件业务利润下降至24%，全球融资业务占比11%。到2001年，IBM已成功转型为一家完全与众不同的IT解决方案提供商。

但随着互联网泡沫的破灭，2002年第一季度，IBM连续三季度出现利润及营收下滑，下滑幅度达到十年之最。此时，彭明盛接替郭士纳担任IBM的CEO，延续了郭士纳时代开创的软件策略，并适时提出了电子商务随需应变的战略。围绕"随需应变"理念，IBM从收购普华永道的咨询业务、卖掉包括PC业务在内的许多低附加价值的业务，到同时收购多家软件公司，IBM全面转向更高端和高附加值的知识服务、软件和顾问等服务业务，力求通过打包齐全的软件产品，向客户提供从战略、运营、流程，直至IT的咨询到解决方案的一体化服务。

一个典型的例子就是IBM公司和宝洁公司签订了一个为期10年价值4亿美元的全球协议，为全球近80个国家的9.8万名宝洁雇员提供整体性的员工管理服务，包括工资管理、津贴管理、补偿计划、移居国外和相关的安置服务，差旅和相关费用的管理，以及人力资源数据管理，并且为宝洁的人力资源系统提供应用开发和管理服务。这种咨询服务带动了IBM其他的相关业务，包括技术服务、硬件销售和软件销售，使IBM各个业务线之间能够相互借力。

到2009年，IBM公司42%的利润来自软件，另外42%的利润来自服务业务（包括全球业务咨询、全球技术咨询）；硬件的利润进一步降至7%；融资租赁利润占比9%。

现今，云计算、大数据和人工智能组成的ABC融合模式（AI + BigData + Cloud），已日益成为现代企业发展的方向。事实上，2008年左右IBM就开始推动私有云，但硬件和软件以及服务的捆绑销售，让客户面临巨额的成本负担，导致了客户的远离和业绩的衰退，也错失了公有云市场的发展。为补齐云计算、大数据领域缺乏人才和经验的短板，IBM进行了数十笔与云计算相关的大手笔并购。

2012年罗睿兰接替彭明盛，担任IBM的CEO。从罗睿兰和其他IBM高管多次在公共场合提到"智慧地球"（Smarter Planet）① 可以看出，基于云计算的智能化综合管理服务将是IBM公司接下来战略转型的重中之重。这次转型被业界认为是IBM具有颠覆性的一次产业转型，使IBM一脚跨出IT领域，不仅提供IT服务解决方案，也提供商业和战略咨询。

2014年IBM发布了沃森健康（Watson Health），开始进军医疗人工智能领域。沃森健康目前已经被美国在内的一些国家用于医学诊疗领域。从2015年到2016年，近两年时间内IBM收购了Phytel、Explorys、Merge Healthcare和Truven Health Analytics四家医疗健康服务商，加快了其深入医疗健康领域的步伐。

在CES 2016大会上，IBM宣布了Waston CCP与家用电器厂商惠而浦（Whirlpool）、体育用品公司安德玛（Under Armour）、软银机器人控股公司（SBRH）、医疗技术与服务公司美敦力（Medtronic）等4家公司在消费领域的合作，为相关行业自身的变革提供幕后的智能化支持。

---

① 早在2008年IBM就提出了"智慧地球"的理念。2008年11月，时任IBM董事长兼CEO的彭明盛（Samuel Palmisano）在纽约召开的外国关系理事会上，正式提出"智慧地球"。"智慧地球"战略的理念是，将IT产业下一阶段的任务确立为把新一代IT技术充分运用到各行各业之中，即把感应器嵌入和装备到电网、铁路、桥梁、隧道、公路、建筑、供水系统、大坝、油气管道等各种物体中，并且被普遍连接，形成所谓"物联网"。通过超级计算机和云计算将"物联网"整合起来，实现人类社会与物理系统的整合。在此基础上，人类可以以更加精细和动态的方式管理生产和生活，从而达到"智慧"状态。

企业的战略转型之路并非一帆风顺，机遇与挑战总是并存。在以云计算、认知计算、大数据、区块链为战略转型业务主体的过程中，对百年企业的 IBM 来说，能否把握住时代发展的方向，为自己赢得先机和财富将是一个巨大的挑战。

（资料来源：①网络资料整理；②黎群. IBM 公司战略转型与文化变革的经验与启示［J］. 企业文明，2016（5）. 有删改。）

📖 本章学习要点

1. 服务及国际服务贸易的含义以及它们的分类与特征；
2. 国际服务贸易的统计体系；
3. 服务贸易自由化与保护之分；
4. 国际服务外包。

国际贸易作为一种跨境的商品交换活动，大规模国际贸易的开展在 16～17 世纪就开始了，但长期以来被人们所熟知的国际贸易是指国际货物贸易，现在人们所说的诸如运输、金融等服务还仅是作为实现货物贸易的手段而出现，带有从属的性质。直至 20 世纪 70 年代，服务贸易才为人们所认识，其概念的提出也还不到 50 年的时间。但服务贸易自从脱离货物贸易从属物的性质开始就展示出了无限的活力与魅力，吸引了众多国家政府、学者和民众的目光，相关的贸易政策、研究成果层出不穷。

第一节　国际服务贸易概述

作为跨境交换的国际贸易商品，既可以是有形的货物（goods）商品，也可以是无形的服务（services）商品。国际服务贸易中所交换的正是"服务"这一特殊的商品，许多服务与货物有着不同程度的关联，但它比货物更难界定，某些服务是通过抽象的概念而不是按任何物理属性或实际功能来界定的，因此对国际服务贸易的理解须先明确服务的概念及其分类。

一、服务的定义与特征

（一）服务的定义

中国汉语《辞海》中所说的服务是指"为集体（或别人的）利益或为某种事业而

工作"。这种定义比较宽泛,不能体现出服务的特性。在历史上也有不少名人对服务概念的进行过表述,主要有:

萨伊(1767~1832)在其《政治经济学概念》认为,"无形产品(服务)同样是人类劳动的果实,是资本的产物"。

巴斯夏(1801~1850)《和谐经济论》中,"劳务必须含有转让的意思,因为劳务不被人接受也就不可能提供,而且劳务同样包含努力的意思,但不去判断价值同努力是否成比例"。

马克思(1818~1883)认为,"服务这个名词,一般地说,不过是指这种劳动所提供的特殊使用价值,就像其他一切商品也提供自己的特殊使用价值一样;但是这种劳动的特殊使用价值在这里取得了'服务'这个特殊名称,是因为劳动不是作为物,而是作为活动提供服务的"。[①]

霍尔(1977)认为,"服务是指人或隶属于一定经济单位的物在事先合意的前提下由于其他经济单位的活动所发生的变化。服务的生产和消费同时进行,即消费者单位的变化和生产者单位的变化同时发生,这种变化是同一的。服务一旦生产出来必须由消费者获得而不能储存,这与其物理特征无关,而只是逻辑上的不可能"[②]。

M. 沙洛特科夫(1980)在《非生产领域经济学》中指出,"劳务具有双重定义。第一,劳务可解释为作为活动所耗费的劳动的一种特殊使用价格。第二,如果劳动同收入相交换,劳务可理解为非生产性劳动的形式"。

瑞德尔(1986)认为,"在服务为服务接受者带来一种变化时,它是提供时间、地点和形态效用的经济活动。服务是靠生产者对接受者有所活动而产生的;接受者提供一部分劳动;和(或)接受者与生产者在相互作用中产生服务"。

从萨伊的概念可以看出,服务是人的劳动的结果,并且是无形的。巴斯夏则将服务的价值体现于交换之中,并隐含着服务价值判断的复杂性,因为它无法用劳动本身来判断。马克思更进一步指出,服务使用价值的特殊性,是一种活动而非物品。其他人的定义也指出了服务的特殊性,生产与消费的不可分离性,进而体现出服务的不可存储性。霍尔的定义常被引用,但存在局限,其服务需以生产者和消费者的物理接近为前提,因而没能考虑到生产和消费地点在空间和时间上分离的服务,一些服务也可能包含在货物中难以区别。除了这些研究者的定义外,一些国际组织也对服务进行了界定。

联合国《1993年国民账户体系》(SNA1993)中的服务被定义为:"服务不是能够确定所有权的独立实体。它们不能脱离生产单独地进行交易,服务是定做生产的异质产

[①] 中共中央编译局. 马克思恩格斯全集(第26卷 I)[M]. 北京:人民出版社,1979:435.

[②] T. P. Hill, On goods and services, Review of income and wealth, series 23, No. 4, 1977:318.

出。它一般是由生产者按照消费者的需要进行的活动，从而实现消费单位的状况的变化，到生产完成时，它们必定已经提供给消费者。"[①] 此定义中的服务在修订后的《2008年国民账户体系》中被界定为"促成改变的服务"，或称为"转化服务"，它与"盈利服务"共同构成了《2008年国民账户体系》所定义的服务——"服务是一项生产活动的成果，它改变了消费单位的状况，或是促进了产品或金融资产的交换。"后者即"盈利服务"，指"在某一机构单位的协助下，货物、存储知识的产品、某些服务或金融资金的所有权在另外两个机构单位之间发生改变"而形成的服务。

国际货币基金组织（IMF）《国际收支手册》中对服务的定义与联合国相似，BPM6指的服务是"改变消费单位条件或促进产品或金融资产交换的生产活动成果"。

总之，不论哪一种定义，从经济学角度来说，服务是个人或社会组织为消费者直接或凭借某种工具、设备、设施或媒体等所作的工作或进行的一种经济活动，是以活动形式满足其他经济单位或个人的需要，从而增加其价值或效用。

服务不仅是国际贸易的重要商品，还是许多货物商品生产的重要投入品。服务产品以《服务贸易总协定》（general agreemen ton trade in services，GATS）的形式纳入WTO多边贸易体系，成为多边贸易谈判的主要议题之一。

（二）服务的特征

从前面的定义可以知道，服务在许多方面与货物是不相同的，它具有自身的特殊性，包括：

1. 非物质性。服务的本质特征在于其非物质性，即它通常是一种无形的产品，没有人们肉眼所能辨识的形态，因此，比之属于有形物质产品的货物有着更为复杂的性质。

2. 非独立性。与有形物品可确立主体在经济关系上的所有关系不同，许多服务不能脱离服务供给而独立地持久拥有特定的服务，服务的生产和消费过程须同步进行，服务接受者须参与到服务的提供过程中才能消费到服务。

3. 不可分离性。服务的不可分离性体现在供应方和消费方关系的直接性上。许多服务是不可运输的，其生产、交易和消费过程须同时进行，即要求供应方和消费方在实体上的接近。如理发服务要求理发师与顾客同时在场，服务的提供与消费不可分离。但一些知识获取型产品，如计算机软件和其他知识产权产品，可以像货物一样与其生产过程分开进行单独交易。

4. 不可存储性。由于服务产品的非物质性特征，也导致了许多服务无法像有形的货物一般储存起来。但在一些特殊的服务物品上，它可以承载于某些有形物质上，而使其

[①] 国家统计局经济核算司译．国民经济核算体系．中国统计出版社，1995.

具备了可存储性与生产和消费的可分离性,如信息、软件、视听产品等。

服务贸易标的物的这些特殊性质,也导致了服务贸易有别于货物贸易,它不具有以下特征的包装物越过关境:有一个国际公认的商品编码;有内装物说明;有关于数量、原产地和目的地的信息;有发票以及负责收集上述数据的关税征收管理系统。因此并不容易收集到诸如服务内容、价格、数量、来源和目的地等数据信息,也无法在海关统计中显示,对其监管的难度也较大。

二、服务业的分类

服务业是服务贸易的产业基础。与货物贸易一样,国际服务贸易是在一个国家内的服务经济基础上通过服务业的国际化和国际分工而发展起来的,是国内商业活动的国际延伸,其发展离不开一国国内服务业的发展。服务业作为一国的支柱产业之一,随着全球产业结构的调整,在国民经济中扮演着越来越重要的角色,服务业占 GDP 的比值大小已被视为生产力发展水平高低和社会进步的象征之一,其发展水平和竞争力是获得服务贸易竞争优势的基础和关键。

(一)服务业的界定

产业是从事相同或相近事业的企业集群,因此服务业就是专门从事生产服务产品的行业或部门的综合。相对于农业、工业而言,服务业是一个抽象的概念,其门类繁杂、行业众多,不同行业间的差别较大。但它生产的服务产品与实物产品一样具有价值和使用价值,是可供交换的经济物品。

在中国,并无服务业的专门定义,与之密切相关的一个名词是第三产业,一般认为服务业即第三产业。从产业范围来看,第三产业的界定采用剩余法,将除第一、第二产业以外的所有经济活动统称为第三产业。国内第三产业的发展壮大构成了国际服务贸易兴盛的基础。经济发达国家的第三产业在 GDP 中所占的比重都比较高,它们也成为世界服务贸易的主要地区(见表 10-1)。

表 10-1　　　部分国家和地区第三产业增长率、占 GDP 比重　　　单位:%

	年增长率	GDP 占比
世界水平	2.8	69.0
高收入国家(地区)	2.1	74.2
中等收入国家(地区)	4.6	58.0
低收入国家(地区)	1.9	48.1

续表

	年增长率	GDP 占比
美国	2.6	78.9
日本	1.1	70.0
法国	1.3	79.2
中国	7.9	51.6
俄罗斯	-2.5	62.8
印度	9.7	53.8
巴西	-2.8	73.3
南非	1.6	68.6

资料来源：根据世界银行数据库相关数据整理所得。https://data.worldbank.org.cn。

（二）服务业的分类

从不同的角度和标准可以将服务业分成不同的类型，常见的是统计上的分类。国际通用的一般是联合国《产品总分类》第二版（Central Product Classification，CPC）第5节至第9节的定义对服务产品或产出进行分类，以及采用《所有经济活动的国际标准行业分类》修订4（International Standard Industrial Classification，ISIC，参见联合国文件ST/ESA/STAT/SER. M/4/Rev. 4）门类 G 到 S 作为服务行业（或活动）[1]，即 G 批发和零售业，汽车和摩托车修理；H 运输与存储；I 食宿服务；J 信息和通信；K 金融和保险；L 房地产；M 专业、科学和技术；N 行政和辅助；O 公共管理与国防，强制性社会保障；P 教育；Q 人体健康和社会工作；R 艺术、娱乐和文娱；S 其他服务。《产品总分类》主要依照工业原产地标准和产品性质标准制定，是货物和服务分类的主要工具，其大组类别类似于《国际标准行业分类》，但它对应的是服务业的产品或产出，可用来确定服务的类型。标准行业分类是对所有经济活动的统计分类，行业正是从事相同或类似经济活动的生产单位的总称，它与三次产业分类法有着稳定的联系，有利于各国制订相应的国家标准及进行国家间的产业结构比较研究。

服务业是开展服务贸易的基础，乌拉圭回合谈判期间暂行的 CPC 即被用于确定服务类型。1991年，《关税及贸易总协定》秘书处编写了一份"GNS/W/120 服务部门分类目录"，明确了国内服务规章所涉及的相关部门和分部门，但它更适用于世贸组织成员

---

[1] 其中，由于电力、煤气、蒸汽和空调的供应（ISIC4，门类 D）、供水、污水处理、废物管理和补救活动（ISIC4，门类 E）以及建筑（ISIC4，门类 F）等部门的生产活动被视为与货物关系更为密切，而未纳入服务范畴。

对这些规章作出具体的承诺并进行谈判,而不是作为统计分类。

1991 年 GATT GNS/W/120 目录中的 12 种主要服务类型包括:

1. 商业服务;
2. 通信服务;
3. 建筑及相关的工程服务;
4. 经销服务;
5. 教育服务;
6. 环境服务;
7. 金融服务;
8. 保健和社会服务;
9. 旅游和与旅行有关的服务;
10. 娱乐、文化和体育服务;
11. 运输服务;
12. 别处未包括的其他服务。

虽然当前《产品总分类》《国际收支与国际投资寸头手册》(第六版)和《国际收支服务扩展分类》等①国际统计分类已经修订,但为了维护 WTO 成员方各项承诺的稳定和可比性,WTO 未对其服务类型实施修订。但为体现灵活性,在服务贸易谈判中也可采用其他分类方法。

由于服务业各行业的性质和特点差异大,在中国也并没有专门的服务业统计分类体系,它一直以来都是以第三产业的分类为基础,由国民经济行业分类形成了服务的垂直行业分类②。中国发布的《国民经济行业分类与代码》也是参照《全部经济活动的国际标准行业分类》制定,服务业主要包括:F~T 门类的批发和零售业,交通运输、仓储和邮政业,住宿和餐饮业,信息传输、软件和信息技术服务业,金融业,房地产业,租赁和商务服务业,科学研究和技术服务业,水利、环境和公共设施管理业,居民服务、修理和其他服务业,教育,卫生和社会工作,文化、体育和娱乐业,公共管理、社会保障和社会组织,国际组织,以及 A 门类农、林、牧、渔业中的农、林、牧、渔服务业,B 门类采矿业中的开采辅助活动③,C 门类制造业中的金属制品、

---

① 2010 年《国际收支服务扩展分类》和修订后的《产品总分类》(CPC 第二版)对照表可参见 https://unstats.un.org/unsd/tradeserv/TFSITS/msits2010/ebops2cpc.htm,《所有经济活动的国际标准行业分类》修订 4 与《产品总分类》第二版对照表可参见 http://unstats.un.org/unsd/class/default.asp。

② 国家统计局在 2012 年根据 2011 版的《国民经济行业分类》即 GB 4754—2011(该标准已由 GB 4754—2017 代替,并于 2017 年 10 月 1 日实施)制定了《三次产业划分规定》,在其中明确"第三产业即服务业"。

③ 此两项在《三次产业划分规定(2012)》的修订中,分别被更名为"农、林、牧、渔专业及辅助性活动"和"开采专业及辅助性活动"。其他的与第三产业相关的修订,具体可参见国家统计局发布的国统设管函〔2018〕74 号附件"三次产业分类"。

机械和设备修理业。

此外，按照用途/需求为标准可以将这些行业划分为两大类型，生产性服务业和生活性服务业。前者主要是为经济各部门的企业和其他经济组织的生产活动提供中间投入的服务业，即中间需求性服务业；后者则主要是为消费者提供服务产品的服务业，即最终需求性服务业。中国国家统计局分别于 2015 年和 2017 年对这两类服务业的范围进行了明确规定。其在 2015 年发布了《生产性服务业统计分类（2015）》，它是以《国民经济行业分类》为基础所进行的对符合生产性服务业特征有关活动的再分类，涵盖范围包括为生产活动提供的研发设计与其他技术服务、货物运输仓储和邮政快递服务、信息服务、金融服务、节能与环保服务、生产性租赁服务、商务服务、人力资源管理与培训服务、批发经纪代理服务、生产性支持服务。2017 年《生活性服务业统计分类（试行）》的通知规定，生活性服务业的范围包括居民和家庭服务、健康服务、养老服务、旅游游览和娱乐服务、体育服务、文化服务、居民零售和互联网销售服务、居民出行服务、住宿餐饮服务、教育培训服务、居民住房服务，以及其他生活性服务等十二大领域。

三、国际服务贸易的定义

服务历来被视为国内经济活动或是商品贸易的附属活动，有些服务部门甚至长期为政府所严格管制，如医疗、教育、保险等领域。在《关税与贸易总协定》（关贸总协定，GATT）1947 生效后近半个世纪中，人们对服务贸易的关注度仍远不如货物贸易。而服务贸易的概念从提出到现在也还不到 50 年的历史。

20 世纪 70 年代初，国际服务贸易问题得到了官方的认同。1972 年 9 月，经济合作与发展组织（OECD）在一份对关税与贸易总协定（GATT）"东京回合"谈判所涉及的问题进行探讨的报告《高级专家对贸易和有关问题的看法》中，首次提到服务贸易一词。1974 年，美国在其《1974 年贸易法》第 301 条款中使用了"世界服务贸易"的说法，并授予总统对设置服务贸易壁垒的国家实施报复的权限。1988 年 UNCTAD 在《世界经济中的服务贸易》中对服务贸易进行了重点介绍，引起人们的广泛关注。1993 年国际货币基金组织在《国际收支手册》（第五版）中正式使用了"服务贸易"的概念。

伴随服务贸易的发展，服务议题也不断被纳入多边、区域性和双边的贸易谈判中。关贸总协定乌拉圭回合谈判（第八轮多边贸易谈判）于 1994 年最终形成了《服务贸易总协定》并于 1995 年 1 月生效。GATS 成为全球第一个也是唯一一个协调成员间国际服务贸易的多边协议，服务贸易自此纳入 WTO 的管辖领域（见图 10-1）。

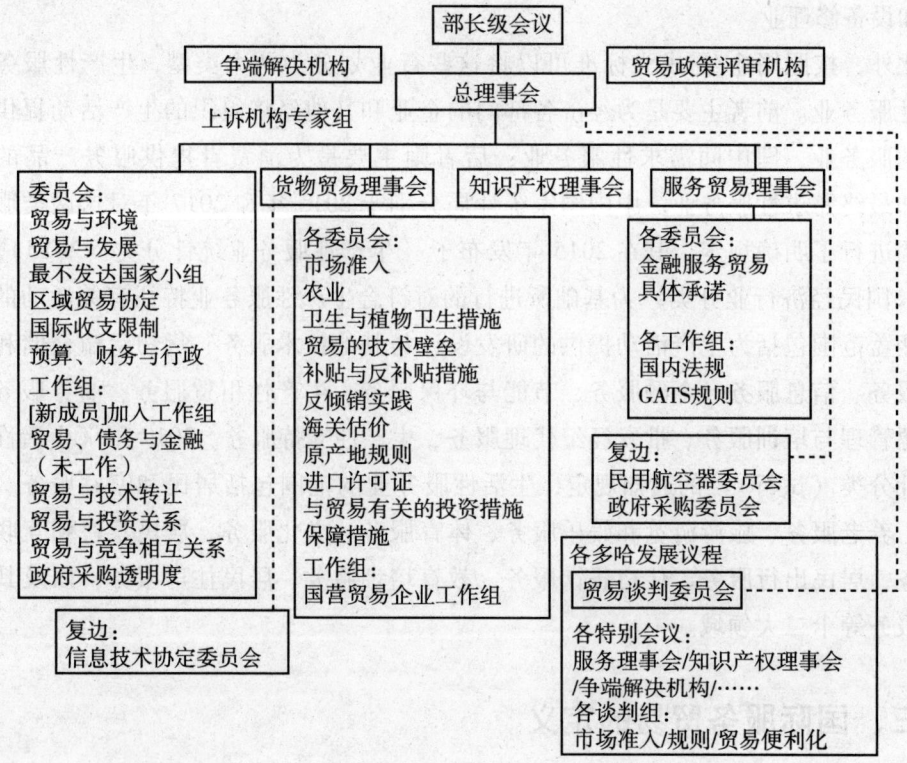

图10-1 世界贸易组织（WTO）机构（局部）

资料来源：https：//www.wto.org/english/thewto_e/whatis_e/tif_e/org2_e.htm.

（一）服务贸易的传统定义

如果从传统的进出口角度来理解服务贸易，则各国的服务进出口活动便构成国际的服务贸易，其贸易额为服务总出口额或总进口额。服务出口指一国（地区）的服务提供者向另一国（地区）的消费者（法人或自然人）提供服务，并相应获得外汇收入；服务进口指一国（地区）消费者购买他国（地区）提供的服务。

传统的贸易定义更多的是对产品越境形式的国际服务贸易进行界定，对于多样化的服务贸易形式，该定义往往无法准确、全面地进行描述。

（二）几种常见的服务贸易定义

1.《美国和加拿大自由贸易协定》（FTA）的定义

美国的服务业和服务贸易都在世界上居于领先地位，美加协定是世界上第一个在国家间贸易协议上正式定义服务贸易的法律文件。

服务贸易是指由或代表其他缔约方的一个人，在其境内或进入一缔约方提供所指定的一项服务。

2. 联合国贸发会议的定义

货物的加工、装配、维修以及货币、人员、信息等生产要素为非本国居民提供服务并取得收入的活动，是一国与他国进行服务交换的行为。

该定义侧重于生产要素所形成的跨境服务。

3. 国际货币基金组织的定义

国际货币基金组织（IMF）在 BPM5 所阐述的服务贸易定义，是指某一经济体中居民与非居民之间服务的输出/输入。但要注意的是，居民与非居民的划分不是以国籍为标准，而是以交易者的经济利益中心所在地为依据，即从事生产、消费等经济活动和交易达一年以上的所在地才是交易者的经济利益中心。

该定义是服务贸易的常规统计定义，它是基于国际收支统计从国际收支平衡出发，以国境为界进行划分的，其服务的提供和被服务的对象是跨境的，对居住或生活、工作在另一国境的人销售的服务将被当作国际服务贸易。但非跨境的服务并未纳入此范畴，因此该定义无法涵盖全部的服务贸易。

4. 世界贸易组织（WTO）的定义

WTO 的《服务贸易总协定》（GATS）是世界第一个专门针对服务贸易的多边贸易协定。GATS 第一条第二款[①]所指的服务贸易包括：

（1）from the territory of one Member into the territory of any other Member；服务的提供者在一成员的境内向另一成员境内的消费者提供服务。

（2）in the territory of one Member to the service consumer of any other Member；服务的提供者在一成员的境内向另一成员的消费者提供服务。

（3）by a service supplier of one Member, through commercial presence in the territory of anyother Member；一成员的服务提供者在另一成员境内设立商业机构或专业机构提供服务。

（4）by a service supplier of one Member, through presence of natural persons of a Member in the territory of any other Member；一成员的服务提供者以自然人身份进入另一成员的境内提供服务。

即，它有四种供应模式，如图 10-2 所示。

➤ 模式 1：跨境交付（cross-border supply）

该模式的服务贸易类似于传统意义上的国际贸易，它与货物贸易一样，涉及服务商品本身的跨境流动，消费者与供应者仍留在各自的境内。例如，可以通过电话、传真、电视、互联网或其他计算机媒体的连接，提供各类远程咨询、设计、通信、视听等服务，与货物贸易密切相关的运输服务也是该模式的典型实例。

---

① https://www.wto.org/english/docs_e/legal_e/26-gats_01_e.htm.

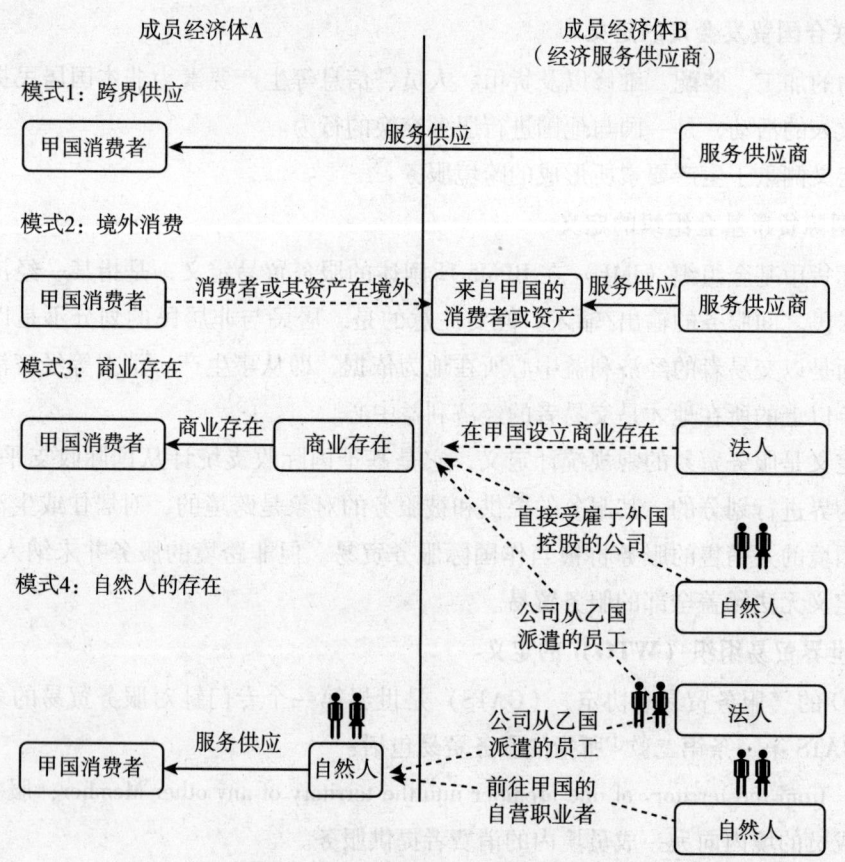

图10-2 服务贸易的四种供应模式

注：①通过商业存在和自然人的存在，可以向成员经济体 A 或另一经济体提供服务。

②GATS 中的自然人指该成员经济体的国民，或是有权在该成员经济体常住的自然人；法人是指根据所适用法律正当组建或以其他方式组织的任何法人实体，无论是否为盈利或其他目的，无论是私人所有还是政府所有。

资料来源：国际服务贸易统计手册2010，第29页。

➤ 模式2：境外消费（consumption abroad）

在该模式下，服务商品本身并没有发生跨境移动，而是消费者跨境移动而形成的服务交易，典型的有境外旅游、留学、医疗等。

➤ 模式3：商业存在（commercial presence）

在该模式的服务贸易中，不论是服务商品本身，还是服务的消费者和提供者都没有发生跨境移动，但它通过直接投资在东道国（和地区）设立（或并购）分公司、子公司或控股公司的形式来提供服务，如境外分支银行、酒店、建筑公司、学校、医院等。

➤ 模式4：自然人移动（movement of natural persons）

该模式下的服务商品没有发生跨境移动，消费者本身也未跨境，但服务提供者［在服务消费者的国家（地区）境内非长期就业①的个人或自然人〕的移动同样使跨境服务贸易成为可能。它涉及两种类型自然人——自营人员（供应商本人）和非自营人员（供应商的雇员），如外国专家、顾问或外国服务公司雇员在消费国境内所提供的医疗、金融审计、娱乐等服务。

四种模式的服务贸易区分依据主要在于服务供应商和消费者在提供服务时所处的位置，同时照顾到其国籍或原籍。服务产品、供应者、消费者或其他人是否为了实现服务交易而从一个国家（地区）迁往另一个国家（地区），不同的移动方式就形成了不同的服务供应模式。

WTO从四种供应模式出发界定了服务贸易，但对服务的实际内容并没有给出明确定义，因此其服务的适用范围广泛，除了某些特定部门，如核心空运服务（影响空中交通权利及直接相关服务）和行使政府权力所提供服务（既不以商业方式提供服务，也不存在一个或多个服务供应商的竞争，如警察、消防、货币政策操作、强制性社会保障制度以及税务和海关管理等）外，涵盖了几乎所有的服务类型，它与IMF定义的差异参见表10-2。

表10-2　　　　　　　　　IMF定义与WTO定义的比较

	IMF	WTO
判断服务交易者归属国（地区）的标准	立足于交易者的常住性，倾向于国境原则	立足于生产要素所有者的角度，倾向于国民原则
对国际服务贸易范围的界定	居民和非居民之间的跨境交易	扩展到居民与居民之间的交易
考察国际服务贸易的目的	偏重考察不同国家（地区）服务产品的流向及随后的资金流向	偏重考察各国（地区）服务业的开放程度

值得注意的是，IMF定义与WTO定义所涵盖的服务贸易范围差异主要体现在以商业存在形式提供的服务归属上。我们可以从下面的例子来理解它们之间的差异。假设B国所有的某外国附属机构在A国进行长期经营，其所发生的服务流量如图10-3所示。

根据IMF定义，虽然该附属机构的所有权归B国，但由于它在A国的经济领土内长期从事经济活动，因此是A国的常住单位。按此原则，该商业存在向A国常住单位（不论归哪国所有）提供的服务都属于A国的国内贸易，即图10-3中①、②、③所示部分的交易；该商业存在向A国非常住单位提供的服务属于A国的国际服务贸易，即图中④、⑤、⑥和⑦所示部分的交易。

---

① 《服务贸易总协定》中并未对"非长期"就业做出界定，通常该时期为两到五年，但会因自然人类型不同而不同。

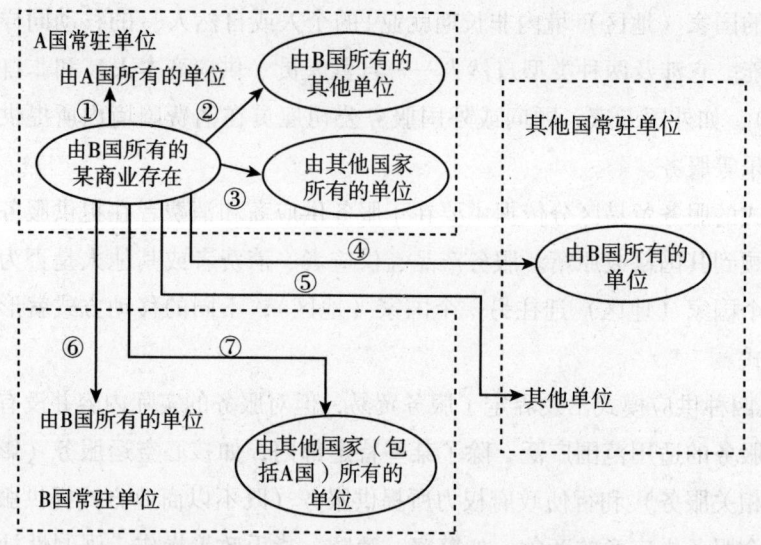

图 10-3　商业存在模式的服务贸易

根据 WTO 定义，由于该附属机构的所有权归 B 国，因此它向 A 国和其他国家拥有所有权的单位（不论在哪一国）提供的服务都属于 B 国的国际服务贸易，如图 10-3 中①、③、⑤和⑦所示部分的交易；该商业存在向 B 国拥有所有权的单位提供的服务属于 B 国的国内贸易，即图 10-3 中②、④和⑥所示部分的交易。

第二节　国际服务贸易的统计体系与分类

要研究一国对外贸易在各历史发展阶段的变化及其规律性，以及进行各国间的比较和分析，就需要对每一时期的进口和出口贸易状况进行记录和汇总。全球的贸易统计是以单个国家对外贸易统计为基础加以汇总，因此须形成统一的统计指标和统计体系。对国家间以及国家与地区间货物（goods）流动信息有国际商品贸易统计（international merchandise trade statistics，IMTS）进行详细的记录，该统计体系已相当成熟。而记录服务（services）流动信息的国际服务贸易统计（statistics of international tradein services，SITS），因服务本身的复杂性及人们对其认识的不足，该统计体系还在不断完善中。

一、国际服务贸易统计体系

（一）国际服务贸易统计历史沿革

国际服务贸易统计的发展历史可分为两个阶段：第一阶段是 20 世纪 80~90 年代，

以 1993 年 IMF 制定的《国际收支手册》（第五版）为标志，对居民与非居民之间的服务贸易统计进行规范；第二阶段是以 2001 年联合国统计委员会正式通过的《国际服务贸易统计手册》为标志，以居民与非居民之间的服务交易及外国生产要素生产者在一经济体内实现的服务销售和购买作为统计范畴。

由联合国（UN）、欧洲共同体委员会（EU）、国际货币基金组织（IMF）、经济合作与发展组织（OECD）、联合国贸易和发展会议（UNCTAD）、世界贸易组织（WTO）等六大机构联合制定的《国际服务贸易统计手册》（manual on statistics of international trade in services，MSITS），形成了居民与非居民之间的服务贸易（balance of payments，BOP）和通过本国境内的外国附属机构所提供的服务贸易（foreign affiliates trade，FATS）两种基本的服务贸易统计体系，由此构成了国际服务贸易统计的基本框架。该统计框架是建立在国民核算体系（SNA）[①]、国际收支统计手册（BPM）、中心产品分类（CPC）、全部经济活动的国际标准产业分类（ISIC）等国际标准统计体系和统计分类的基础之上的，为各国进行服务贸易谈判提供了便利。目前世界上主要发达国家均遵循《国际服务贸易统计手册》的统计框架，进行 BOP 和 FATS 两种类型的服务贸易统计。以下将进行具体介绍。

（二）BOP 统计体系

BOP（balance of payments）统计是内含于国民经济核算的国际收支统计核算体系，其依据的国际标准是国际货币基金组织（IMF）的《国际收支手册》（balance of payments manual，BPM）。IMF 于 1948 年首次颁布了第一版《国际收支手册》，奠定了成员向基金组织定期提供具有国际标准的报告的基础。此后基金组织分别于 1950 年、1961 年、1977 年、1993 年和 2008 年进行修订。其中，第三版《国际收支手册》开始基金组织为成员提供了一整套国际收支原则，第五版《国际收支手册》可与同期编制的《1993 年国民账户体系》相协调，也是从该版开始服务从初次收入（此前称要素服务）中剥离，设置独立的跨境服务贸易核算项目，并对国际投资头寸统计进行了探讨。最新版的手册即 BPM6 更名为《国际收支和国际投资头寸手册》（第六版），更加重视国际投资头寸的统计，并首次涉及货币联盟的内容。

《国际收支手册》以一国居民与非居民之间的服务贸易作为统计对象，在国际收支平衡表的"经常账户"项下设置"服务"子项目，分别以贷方和借方的方式表示服务经济活动的国际收支流量，由此可体现一定时期内服务贸易出口和进口的具体金额。这些子项目覆盖了服务贸易四种供应模式中的模式 1（跨境交付）、模式 2（境外消费）的全

[①] 联合国的"国民经济核算体系"（system of national accounts，SNA），又译为"国民账户体系"，由英国始创，1953 年以联合国统计委员会名义发布，并分别于 1968 年、1993 年和 2008 年进行了修订，是当今世界绝大多数国家所采用的国民经济核算体系。

部行业，及模式3（商业存在）和模式4（自然人流动）的部分行业。

由于 BOP 只统计一经济体的居民与非居民之间的服务性贸易，是以经济领土为统计范畴的跨境交易。按照 BPM6 的定义，一经济体由作为特定经济领土居民的所有机构单位组成，经济领土是指由一个政府有效实施经济管理的地区，在这里货币联盟与经济联盟也被视为经济领土。判别特定经济领土居民的标准取决于其主要经济利益中心所在地，时期以一年或一年以上为准。同时，服务的提供在各会计期间按权责发生制记录，即在服务提供时记录。

因此，对境内外资企业对境内的服务贸易并未包括在内，服务贸易与货物贸易的界限也不够清晰，例如，有些服务项目的价值包括一些货物的价值，如旅行、建设和别处未涵盖的政府货物和服务；有些服务，特别是生产服务、维修和货物运输也与货物密切相关，也导致货物计值中包括出口经济体内的运输和无法从货物价格中区分的批发和零售服务。同时 BOP 项目是非强制性标准，各国可以依据自己的需要进行选择和变更，导致各国间的服务统计项目与统计时间都可能存在差异，削弱地区间的对比性。

（三）FATS 统计体系

据 UNCTAD 历年的《世界投资报告》统计显示，服务业是国际投资流动最大的受益行业，从 20 世纪末开始越来越多的外商直接投资流向了服务业，至 21 世纪初服务业 FDI 的流动已占全球 FDI 流量的一半以上，甚至曾超过六成，是制造业的两倍还多。因此将通过 FDI 实现的服务贸易纳入统计体系势在必行。FATS（foreign affiliates trade in service，FATS）统计是基于 GATS 的外国附属机构服务贸易统计核算体系，其依据的是《国际服务贸易统计手册》（MSITS）（以下简称《手册》）标准，以外国直接投资服务企业提供的服务贸易作为统计对象，它既包括外国附属机构与母国或第三国居民的交易（跨境），又包括外国附属机构与东道国居民的交易（非跨境），但核心放在后者，即非跨境交易上（见图10-4）。《手册》推荐各国可按照国际标准产业分类（ISIC）所述的业务，对跨国公司活动和 FATS 统计数据进行分类，并根据 ISIC 的国外服务分支机构类别（ICFA）进行分组。

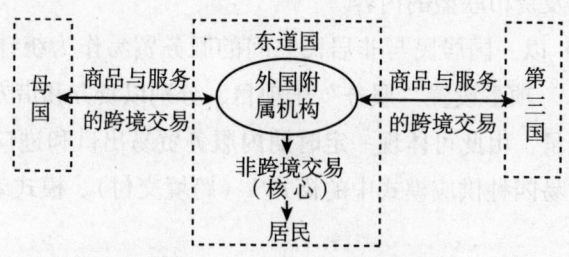

图 10-4　FATS 统计对象

外国直接投资是建立商业存在的前提条件，但两者存在差异，FATS 统计记录的是外国附属机构的经营情况，其统计的主要指标包括销售额（营业额）和/或产值、增加值、就业人数、货物和服务的进出口，以及企业数量等；FDI 统计则是对外国直接投资和本国对外直接投资的流量和存量的记录，统计的主要指标是直接投资收益、金融交易、相关投资头寸（存量）等。同时，国际直接投资企业的范围与国际服务贸易所指的外国附属机构也不尽相同。直接投资（FDI）企业指受到直接投资者控制或重大影响的实体，可能是子公司（拥有多数股权的公司）、合伙人（10%~50%）或分支（全部或联合拥有的非股份有限公司）。直接投资者对直接投资企业的控制或影响可以通过拥有股权，获得对一个企业的表决权来直接实现，一般以拥有 10% 或以上的表决权为标准；也可通过在另一个对该企业具有表决权的企业中拥有表决权而间接实现。MSITS2010 中的外国附属机构则是指拥有多数所有权控制的企业，即，由在所有权链的各个环节均拥有超过 50% 的投票权的直接投资者的分支机构组成。因此，FATS 统计的相关总体只是 FDI 领域的一个子集（见图 10-5）。

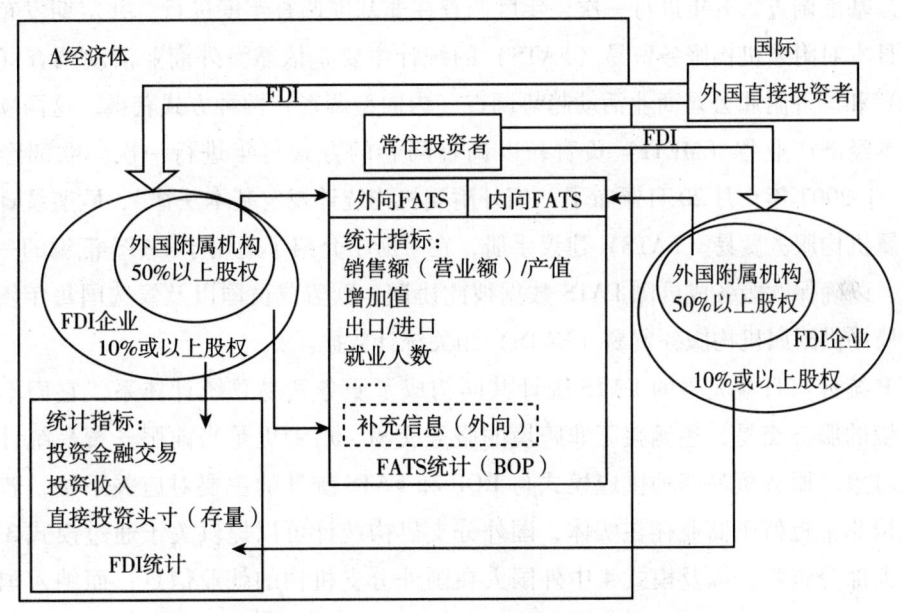

图 10-5　FDI 与 FATS 统计示意图

注：《BPM6》中用最终控股机构（UCI）概念取代了《BPM5》中最终受益所有人（UBO）概念。

附属机构服务贸易（FATS）统计的范围包括 WTO 四种服务贸易模式中的全部的商业存在和一部分的自然人流动①。通常，FATS 的统计根据国际资本流动方向的不同，又

---

① 由于自然人流动的定义难以界定以及可行的统计指标有限，目前该模式还未成为国际服务贸易统计的主要组成部分。

分为内向型 FATS（本国境内外国附属机构提供的服务，即服务的进口）和外向型 FATS（本国在外国境内的附属机构提供的服务，即服务的出口）两种。

与 BOP 统计相比，FATS 统计还处于发展初期。一直以来，FATS 数据的采集、分类与汇总在各国都是统计的难点，由于内向型 FATS 和外向型 FATS 两者针对的是不同的群体，因此，在统计方法与数据获取手段上存在差别。其中，外向型 FATS 统计是针对一国母公司在国外的分支机构所开展的服务活动进行调查，因而信息获取的难度更大。在没有 FATS 数据时，FDI 统计可提供商业存在的替代性临时指标。

（四）BOP 统计与 FATS 统计的比较

BOP 统计由来已久，而 FATS 统计由于其复杂性，实施难度较大，但近来也取得了很大进展。一些发达国家及欧洲统计局、OECD 和 UNCTAD 等国际和地区组织都非常重视 FATS 数据的收集和传播工作。自 1977 年起，美国就开始对附属机构服务贸易（FATS）统计数据进行连续采集，统计调查采取基准调查、季度调查、年度调查相结合的形式，基准调查每五年进行一次，年度调查在非基准调查年度进行，并定期发布统计数据。日本对附属机构服务贸易（FATS）的统计主要是依靠海外商业活动调查（外向型调查）和国外附属公司商业活动趋势调查（内向型调查）两种方式获得。这两项调查都由日本经济产业省（METI）负责，以调查问卷的方式每年进行一次。欧洲经济区（EEA）于 2007 年 6 月 20 日颁布了"国外附属机构统计规定基本法律"，欧盟统计局发布了附属机构服务贸易（FATS）建议手册，在手册中介绍了适用于 FATS 汇编的一般方法体系，以确保欧盟各成员国 FATS 数据彼此协调。欧盟成员国以及候选国每年须向欧盟统计局提供附属机构服务贸易（FATS）相关统计数据。

BOP 统计与日益完善的 FATS 统计共同构成了服务贸易总统计体系，它们不仅涵盖了跨境的服务交易，还涵盖了非跨境的服务交易，后者更是当前服务贸易统计的重点研究对象。服务贸易四种供应模式与 BOP 和 FATS 统计的主要对应关系是，若国外分支机构非常近似于商业存在实体，国外分支机构统计可以提供关于通过模式 3 提供服务的大部分资料，以及模式 4 中外国人在国外分支机构的就业信息；而纳入国际收支账户的常住者与非常住者之间的服务交易则普遍包含了模式 1、模式 2 和模式 4 的内容，在必要的时候，国际收支账户中的 FDI 数据还可提供某些重要的补充信息（参见表 10-3）。

表 10-3　　　　　　　　　BOP 统计与 FATS 统计的比较

	BOP 统计	FATS 统计
统计分类	根据服务的种类分类	根据境内外外资企业的主要行业分类
统计对象	跨境交易	跨境与非跨境交易

续表

	BOP 统计	FATS 统计
统计范围*	模式1：商业服务（旅行和建筑业除外）	
	模式2：旅行	
	模式3：建筑服务，FDI 数据（补充信息）	模式3：ICFA 的各类服务
	模式4：商业服务（旅行除外）	模式4：外国人在外国附属机构中就业

注：*①这里的 BOP 和 FATS 的统计领域所对应的供应模式并不是完全精确的，例如，运输被认为主要是通过模式1（跨境交付）完成的，但运输载体在外国港口的支持和辅助服务被算在了模式2（境外消费）中；计算机和信息服务，个人、文化和娱乐活动可能通过模式1和模式4完成；建筑服务可能通过模式3和模式4完成。

②ICFA 指产生于联合国《全部经济活动的国际产业标准分类》（ISIC）的外国附属机构类别分组。该模式的统计分类更侧重于企业活动即生产者的行业而不是其所提供的服务类型。

由此可见，可以从国际收支服务统计和国外分支机构统计中获取按不同供应模式分类的服务交易资料。当然，要明确的是，虽然 BOP 与 FATS 互为补充，但不能简单相加，服务贸易四种供应模式与它们的关系是：GATS 服务贸易统计 ≈ BOP 统计 + FATS 统计。

四种供应模式的服务供应价值的简化统计标准如图10-6所示。

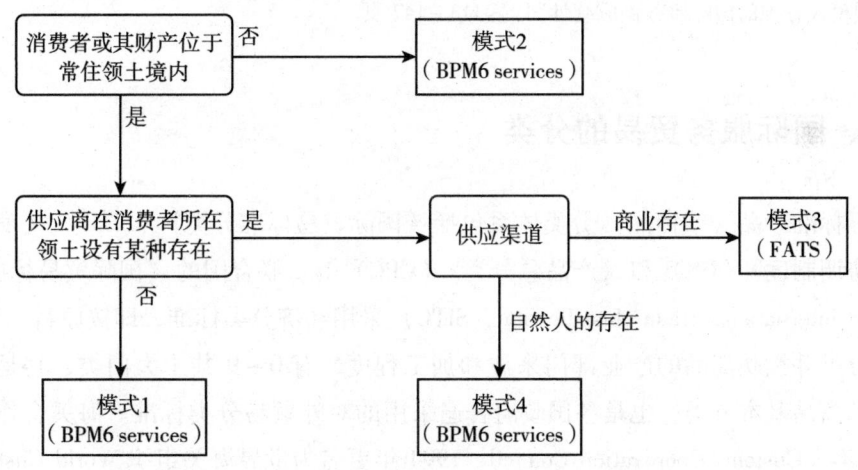

图10-6 四种供应模式的服务供应价值的简化统计标准

资料来源：《国际服务贸易统计手册（2010）》，第124页。

为了便于统计，可以基于提供服务时交易者（消费者和供应商）所处的领土位置以及供应商的类型（个人或商业企业，在 GATS 中分别称为"自然人"和"法人"）按不同供应模式编制简化的统计准则（参见图10-6）。最理想的情况是，每一笔国际收支服务交易都可以归入某一种供应模式，但它存在一定的困难。因为在很多情况下，一项服务交易可能涉及多种供应模式。所以，只能将按照《2010年国际收支服务扩展分类》细分的每一类服务初步归入某一种主导模式,在没有单一主导模式的情况下,则归入一种最重要的供应模式。按服务贸易四种供应模式分配的服务贸易统计范围可详见表10-4。

表 10-4　　　　　　　　　服务贸易四种供应模式的统计范围

供应模式	统计范围
模式1:跨境交付	BPM6:运输(大部分);保险和养老金服务;金融服务;知识产权使用费;电信和信息服务;部分其他商业服务;个人、文化和娱乐服务等
模式2:境外消费	BPM6:旅行(旅行者购买的货物除外);运输(在外国港口对船只进行的修理、支持和辅助服务等)
模式3:商业存在	FATS BPM6:建设服务 FDI 有关信息
模式4:自然人移动	BPM6:建设服务;计算机和信息服务;其他商业服务 FATS(补充信息):外国人在国外分支机构中就业 BPM6(补充信息):与劳务有关的流量 其他来源:ISCO,RSIM,ICSE 等部分类别

资料来源:根据《国际服务贸易统计手册2010》整理,更为详细的划分信息可参见该手册"第五章 按不同模式分类的国际服务供应统计",第113~147页。

二、国际服务贸易的分类

国际标准产品(或商品)分类体系包括《国际贸易标准分类》(SITC)、《商品名称及编码协调制度》(HS)和《产品总分类》(CPC)等。联合国的《国际贸易标准分类》(standard international trade classification,SITC)采用经济分类标准,即按原料、半成品、制成品分类并反映商品的产业部门来源和加工程度,有0~9共十大门类,它是国际贸易统计的商品基本分类,也是各国政府普遍采用的对外贸易分类标准。海关合作理事会于1974年(Customs Cooperation Council,1994年更名为世界海关组织 World Customs Organization,WCO)主持制定了《关于简化和协调海关手续的国际公约》(《京都公约》),后形成了《商品名称及编码协调制度》(the harmonized commodity description and coding system)简称协调制度(harmonized system,HS)。HS 是将商品按照生产部门、自然属性和不同功能用途等进行分类,共划分为21类,涵盖了《海关合作理事会税则商品分类目录》(CCCN)和联合国的《国际贸易标准分类》(SITC)两大分类编码体系,于1988年1月1日正式实施,一般4~6年修订1次,目前2017年的新版《协调制度》已在各有关国家和地区陆续实施,全球贸易总量98%以上的货物都是以 HS 分类,WTO 的许多产品协议、大多数成员方的关税减让表也均采用 HS 编码。但上述两种标准仅反映有形商品——货物贸易的分类，而对服务贸易并无统一标准。而作为国际经济和社会分类系统一部分的《产品总分类》，是经济活动产出的所有产品的综合性标准分类，包括可运输及不可运输的货物和服务以及原始产品，为国际服务贸易的分类提供了指导。

常见的服务贸易分类有按行业或部门、按统计方式、按生产要素密集度、按生产过程和按企业的业务运作方式等，其中，被人们所广泛接受和应用的是货币基金组织和世贸组织的分类，世贸组织的分类是典型的按行业或部门分类法，而货币基金组织则是统计分类的典范，在此对这两者进行具体介绍。

（一）IMF 分类

在 IMF《国际收支手册》中，国际收支是指特定时期内居民与非居民之间的经济交易汇总，服务项目即设在国际收支账户中的"经常账户"项下。标准服务主要有 12 个组成部分，分别为：(1) 制造服务；(2) 保养和维修服务；(3) 运输；(4) 旅游；(5) 建筑服务；(6) 保险和养老金服务；(7) 金融服务；(8) 知识产权使用费；(9) 通信、计算机和信息服务；(10) 其他商业服务；(11) 个人、文化和娱乐服务；(12) 别处未提及的政府服务。该分类主要基于产品，即根据服务类型而不是提供服务的单位进行，但对于旅行、建设以及别处未涵盖的政府服务，则以交易者为基础。

《国际收支手册》自 1948 年以来已经过了多次的修订，目前最新版本的《国际收支和国际投资头寸手册》即 BPM6，与前一版 BPM5 相比，货物与服务贸易的部分子项目有较大的调整和更改，特别是在加工贸易和转口贸易的统计上。具体来看主要有以下几方面修正。

1. 加工贸易项目的调整

未发生所有权变化的加工贸易从 BPM5 的"货物贸易"移到了"服务贸易"项下，BPM6 将其定义为不涉及所有权转移的贸易。在过去，如果货物由所有者提供并返还给所有者，则服务价值纳入货物价值统计；如果货物不是由所有者提供或没有返还给所有者，则纳入其他商业、专业和技术服务。但在 BPM6 中，对他人拥有所有权的实物投入品的制造服务[①]都被记录为服务。

来料加工和进料加工作为中国加工贸易的两种主要形式，将因其所有权转移的差异而列入不同的项目。来料加工由于所有权未转移，其加工费归入服务贸易项下，而对于大部分进料加工贸易而言，其货物所有权发生了转移，与一般贸易没有本质区别，仍记录在货物贸易项下。

---

① 指一经济体居民为作为货物所有者的另一经济体居民为货物所做的所有工作，如炼油、天然气液化、服装和电子装配、安装（不包括建筑预制件安装，计入建设）、贴标签和包装（不包括用于运输的包装，计入运输服务）。

2. 转手买卖项目的调整

在涉及第三国的交易中，BPM5 将转口贸易（转手买卖）归在服务贸易项下，而在 BPM6 中，是否发生货物形态的改变、货物所有权的转移是否经过编报经济体，将使该交易计入不同的贸易项目。

再出口作为一个补充项目被界定和引入。与其之前进口时的状态相比无实质改变的外国货物①出口可被称为再出口，但须为经济体居民购买后转售，且经过所有者领土，若未经过所有者领土的货物，将作为转手买卖下的货物处理②。过境货物不计入进口或再出口，退回的货物也与再出口不同，它不存在所有权的变更。如果进口货物没有经过所有者经济体，但其实物形态由于在另一经济体内的加工而发生重大改变（HS 编码发生变化），则该货物出口应记为本国一般商品出口，而非再出口或转手买卖，其中的加工费记为所有者支付的制造服务（具体区别可参加专栏）。

BPM6 中还描述了服务的转手买卖并解释其处理方法。购买和转售服务的安排也被称作"外包"，它们应归入恰当的特定服务分类，如运输、建设、计算机或其他商业服务。

3. 维修服务项目的调整

根据产品总分类重新命名别处未涵盖的维修服务，划入服务而非货物项下，它包括使货物正常运转的小修，以及提高货物效率、性能或延长其使用寿命的大修。需注意的是，船舶、飞机和其他运输设备的维护和维修计入本项，但各类运输设备的清洁计入运输服务，建设工程维护和维修不包括在内，而是计入建设，计算机的维护和维修计入计算机服务。

4. 运输服务项目的调整

根据产品总分类重新命名运输服务（transportation，过去称为"transport"），包括客运服务、货运服务、其他运输服务，及邮政和邮递服务。

5. 旅行项目的调整

旅行并不是某种具体产品，而是包含非常住者在东道经济体内消费的一系列货物和服务。所以它是指非常住者在访问某一经济体期间在该经济体境内购买的用于自用或赠送他人的货物和服务，但旅游者获得的供自身使用或赠送他人的、超过海关限额的货物将被划入一般商品，而非旅行。旅行所包括的运输仅指当地运输，而国际运输计入客运。

需注意的是，移民的个人物品不列入一般商品或国际账户的任何其他项目。

6. 建设服务项目的调整

修改对非居民建筑企业在其所运营的经济体获得的货物和服务的分类，在补充基础

---

① 指在其他经济体生产且在之前进口的货物。
② 此类货物未记入该经济体的海关系统，因此须在经济体的国际账户统计中单独列示。

上单独列示境外建设和编报经济体内的建设。负责建设工程的企业在当地获得的货物和服务划入此项,过去则划入其他商业服务项下。明确将房屋(不包括土地部分)划入建设项下。由于上述变更,该项目的名称是建设(construction),而非建筑服务(construction services)。

7. 金融服务项目的调整

金融服务是指金融中介和附属服务,保险企业和养老金计划提供的金融服务除外。金融交易商的价差被放在了服务项下讨论(过去只在讨论金融账户时提及)。

对资产持有实体向其所有者提供的服务(资产管理费取自于收入)予以确认。

间接测算的金融中介服务和其他隐含的金融服务列入服务,采用以参考利率为基础的计算方法。

8. 知识产权的处理

"别处未涵盖的知识产权使用费"替代"专用权使用费和特许费"一词。研究和开发的结果(如专利、版权、工业流程和设计)被视为生产资产,列入了研发服务(过去被视为非生产资产并列入资本账户),但为使用研发所产生的专有权而支付的款项,则被计入别处未涵盖的知识产权使用费。与知识产权相关的流量处理具体参见表10-5。

表10-5　　　　　　　　　　　　知识产权的处理

特许权和商标	知识产权的使用		所有权的销售/购买③
	别处未涵盖的知识产权使用费		资本账户分录
研发成果	别处未涵盖的知识产权使用费		研发服务
计算机服务;视听和相关服务 (a)定制所有类型 (b)非定制——下载的或以其他电子形式交付的 (c)非定制——以物理介质提供,定期支付许可费 (d)非定制——以物理介质提供,具有永久使用权	不包括复制和传播在内的使用许可① 相关服务项目④ 相关服务项目④ 相关服务项目④ 货物	复制和/或传播许可② 别处未涵盖的知识产权使用费	相关服务项目④

注:①包括两种情况:相关知识产权的经济所有权发生整体变更,卖方对于相关知识产权不再享有任何权利或义务,以及知识产权的第二次及后续无条件出售。

②包括的一种情况,是在提供具体产品的同时提供了蕴含其中的知识产权的使用权,但不得复制以用于继续销售。

③包括的一种情况,是复制和/或销售知识产权的权利由其所有者授权。

④相关项目属于计算机服务或音像制品及相关产品,视所提供内容的性质而定。

来源:《国际收支和国际投资头寸手册》。

9. 其他项目的调整

除上述变更外,BPM6 还讨论了环境服务,如碳补偿与截存、废物处理及废料处理;澄清别处未涵盖的政府货物和服务的范围,并讨论了对政府执照、许可等的处理方法。BPM6 与 BPM5 服务子项目差异如表 10-6 所示。

表 10-6　　　　　　　　BPM6 与 BPM5 服务子项目差异

BPM6	BPM5
1. 对他人拥有的实物投入的制造服务（加工服务） Manufacturing services on physical inputs owned by others	
2. 别处未涵盖的维护和修理服务 Maintenance and repair services n. i. e.	
3. 运输 Transport	1. 运输 Transportation
4. 旅行 Travel	2. 旅行 Travel
5. 建设 Construction	4. 建筑服务 Construction services
6. 保险和养老金服务 Insurance and pension services	5. 保险服务 Insurance services
7. 金融服务 Financial services	6. 金融服务 Financial services
8. 别处未涵盖的知识产权使用费 Charges for the use of intellectual property n. i. e.	8. 特许费和为使用专有权而进行的支付 Royalties and license fees
9. 电信、计算机和信息服务 Telecommunications, computer, and information services	3. 通信服务 Communications services 7. 计算机和信息服务 Computer and information services
10. 其他商业服务 Other business services	9. 其他商业服务 Other business services
11. 个人、文化和娱乐服务 Personal, cultural, and recreational services	10. 个人、文化和娱乐服务 Personal, cultural, and recreational services
12. 别处未涵盖的政府服务 Government goods and services n. i. e.	11. 别处未包括的政府服务 Government services n. i. e.

资料来源：根据 BPM6 和 BPM5 整理,http://www.imf.org/external/pubs/ft/bop/2007/pdf/chap10.pdf,http://www.imf.org/~/media/Websites/IMF/imported-full-text-pdf/external/pubs/ft/bopman/_bopman.ashx.

转手买卖货物和对他人拥有的实物投入的制造服务（加工服务）

示例1 带有不改变货物状况的制造服务的转手买卖。

经济体 A 的居民向经济体 B 的居民购买书，价格为 10 个货币单位。经济体 A 的居民将购买的书发给经济体 C 的居民进行重新包装，由经济体 A 的居民支付费用 3 个货币单位。之后，经济体 A 的居民将书向经济体 D 的居民出售，价格为 20 个货币单位，如表 10-7 所示。

表 10-7　　　　　　　　　经济体 A 的货物和服务账户

	项目	贷记（出口）	借记（进口）
货物	1. 转手买卖货物	-10	
	2. 转手买卖货物	20	
	转手买卖货物的净出口	10	
服务	3. 对他人拥有的实物投入的制造服务		3

注：1 为与经济体 B 之间，2 为与经济体 D 之间，3 为与经济体 C 之间；经济体 B 和 D 的对应账户项目分别记录为一般商品的出口和进口，经济体 C 记录制造服务的出口。

示例2 改变货物状况的制造服务。

经济体 A 的居民从经济体 B 的居民处购买石油，价格为 10 个货币单位。石油发往经济体 C，未经过经济体 A，由经济体 C 的居民进行提炼，收费 15 个货币单位；经济体 A 的居民仍然持有石油，然后向经济体 D 的居民出售，价格为 30 个货币单位，如表 10-8 所示。

表 10-8　　　　　　　　　经济体 A 的货物和服务账户

	项目	贷记（出口）	借记（进口）
货物	1. 一般商品		10
	2. 一般商品	30	
服务	3. 对他人拥有的实物投入的制造服务		15

注：1 为与经济体 B 之间，2 为与经济体 D 之间，3 为与经济体 C 之间；经济体 B 和 D 的对应账户项目分别记录为一般商品的出口和进口，经济体 C 记录制造服务的出口。

从上述例子可以看出，对他人拥有的实物进行的制造服务所收取的费用，不一定等同于货物在加工前与加工后的价值之差，加工前后的差价除了加工费外，还可能包括所有者利得、间接费用等。

（二）WTO 分类

WTO 的服务贸易分类系统是以 GATS 为基础，与《联合国中心产品分类系统》（CPC system）相协调，将服务部门分为 12 个核心业务部门（参见前面服务业的分类），这些部门下又进一步细分为大约 160 个子部门（详见 WTO 文件 MTN. GNS/W/120）。除少数项目外，WTO 的 12 项服务与 IMF 所覆盖的产品范围基本吻合。但 IMF 的统计涵盖了"别处未包括的政府服务"，而 WTO 将此项服务排除在外[①]；GATS 中作为服务的某些交易在 BPM6 中被计入货物（主要涉及大多数批发及零售贸易服务，包括与经营货物有关的服务）；BPM6 中的某些内容（特别是"别处未包括的保养和维修服务""旅行"和"建筑"）包含货物价值；BPM6 中包括知识产权使用费，但这其中的部分内容没有列入《服务部门分类清单》（W/120）中。

三、服务贸易统计制度新进展

由于服务贸易的特殊性和统计制度上的不完善，长期以来，各国的服务贸易统计缺乏统一的标准和统计框架，包括中国在内的许多国家对外公布的服务贸易统计数据仅包括基于国际收支（BOP）的服务贸易额。在中国，虽然已建立起"BOP + FATS"统计制度，但直到 2017 年 6 月，商务部才会同有关部门首次发布了外国附属机构服务贸易统计数据。

（一）国际服务贸易统计进展

《国际服务贸易统计手册》（MSITS）是国际服务贸易数据的又一重要来源。联合国经济和社会事务部统计司于 2002 年正式发布了《国际服务贸易统计手册》（文件编号：ST/ESA/STAT/SER. M/86），基于 IMF 的《国际收支手册》所述分类，《国际服务贸易统计手册》通过"扩展的国际收支服务分类"（EBOPS）按服务类型对交易做了进一步分类。同时还扩展了服务贸易的范围，将外国附属机构提供的服务涵盖在内，为各国政府和国际组织在国际服务贸易谈判和资料统计方面提供了可操作性工具。

《国际服务贸易统计手册》的国际服务贸易统计基本原则是，遵循《服务贸易总协定》关于国际服务贸易的定义，确定以四种供应模式，即跨境提供、境外消费、商业存在和自然人移动作为服务贸易统计的内容。在具体操作上，以居民与非居民间的服务贸易（services transactions between residents and non-residents），即国际收支项下的服务贸易

---

① 政府行使行政职权的服务和政府的行政服务收费，可在国家（或地区）间产生跨境收入和支出，但都不划入 WTO 的服务贸易范畴。如使领馆提供签证服务，各国（或地区）政府给其他国家（或地区）使领馆提供车辆维修、房屋租赁、技术援助等服务。

和通过外国附属机构实现的服务贸易（即 foreign affiliates trade in services，FATS）两条主线进行服务贸易统计。其中对于居民与非居民之间的服务贸易统计，建议按照更为详细的服务贸易分类体系（即扩大的国际收支服务分类，extended balance of payments services，EBOPS）和按照贸易伙伴国编制统计数据，并将居民与非居民之间的各类服务贸易按不同供应模式进行分配。对于 FATS 统计则分别进行内外向统计。其中，本国境内外国附属机构提供的服务作为内向 FATS，本国在外国境内的附属机构提供的服务作为外向 FATS。

自《国际服务贸易统计手册》（以下简称《手册》）第一版问世以来，《国民账户体系》（SNA 2008）和《国际收支与国际投资寸头手册》（BPM 6）的内容有了很大改动，以及《产品总分类》（CPC2.0）和《所有经济活动的国际标准行业分类》（ISIC 修订 4）等相关分类情况出现了很大变化，《经合组织外国直接投资基准定义》第四版（BD4）也有所修订。为保持概念和定义的统一，并适应国际服务贸易的发展现实和 GATS 相关谈判需要，《手册》也做了相应更新。由联合国统计委员会授权的国际服务贸易统计机构间工作组（interagency task force on statistics of international trade in services，TFSITS）在 2005~2010 年对 2002 年第 1 版的《手册》（MSITS 2002）进行了更新和修订，包括原六个机构和世界旅游组织在内的七个国际组织于 2010 年联合发布了新版的《手册》，即 2010 年《国际服务贸易统计手册》（MSITS 2010）[1]。MSITS 2010 对 MSITS 2002 的修订主要包括以下几点。

1. 明确了"服务"和"国际服务贸易"的概念

MSITS2010 采用了 SNA2008 对"服务"的定义，分为变化促成服务和增值服务两类，即服务是生产活动的结果，通过这些生产活动，可以改变消费单位的状况，或促进产品或金融资产的交换。

MSITS2002 中扩大了国际服务贸易的定义，使其不仅包括传统的居民与非居民之间的服务交易，还包括外国附属机构提供的服务和通过自然人流动提供的服务。MSITS2010 进一步明确了通过外国附属机构提供的服务的内向 FATS 和外向 FATS 之分。

2. 明确货物与服务的界限及服务的类别

2008 年《国民账户体系》提出严格实施经济所有权改变原则的建议，货物在不发生所有权变更的情况下送往海外加工后返销（加工货物）从货物账下转入服务账下；就商贸服务而言，则从服务账下转入货物账下；对设备的修理也由货物账户改为服务账户。因此，《扩展的国际收支服务分类》（EBOPS）对国际收支主要服务部分的扩展，列入"对他人拥有的实物投入的制造服务"和"未列入其他项下的保养和维修"（前者记

---

[1] 《扩展的国际收支服务分类》EBOPS（2010 年）与《产品总分类》第 2 版之间的对应关系表具体可参见联合国官网中的 Correspondence between the EBOPS 2010 and the Central Product Classification（CPC, version 2），具体链接为：https：//unstats. un. org/unsd/tradeserv/TFSITS/msits2010/ebops2cpc. htm。

录有关经济体加工者收取的加工费，后者记录经济体居民对非居民拥有的货物所做的保养和维修服务）。

服务贸易的其他各子项目也有较大变更，如明确商品转售交易的归类；电信服务由原先的通信服务分离，并入计算机和信息服务；保险服务做了修订；在金融服务中引入从投资收益下调整过来的间接测度的金融中介服务；明确了知识产权使用费范围；将"商贸服务"从"其他商业服务"项下删除。

3. 明确区分内向型和外向型国外附属机构统计

MSITS2010 以"国外附属机构统计"取代了"国外附属机构服务贸易统计"（但为保持一致，仍采用 FATS 的缩写），并放弃了普通股或多数所有权的概念，而采用了国外附属机构控股概念（即多数所有权）[①]。"最终控股机构"（UCI）概念也取代了"最终受益所有人"（UBO）概念。

对应 ISIC 修订 4 中的修订，MSITS2010 对 ISIC 中的国外分支机构服务类别（ICFA）进行了修订，形成 ICFA 订正 1，两者的主要区别参见表 10-9。

表 10-9　　　　　　　　ICFA 与 ICFA 订正 1 的比较

ICFA	ICFA, REV. 1
1. 农业、狩猎、林业和渔业	1. 农业、林业和渔业
2. 采矿和采石	2. 采矿及采石业
3. 制造业	3. 制造业
4. 电力、煤气和水供应	4. 电力、煤气和水供应
5. 建筑	5. 供水；污水处理、废物管理和补救活动
6. 贸易和修理	6. 建筑
7. 旅馆和饭店	7. 批发和零售贸易；机动车辆和摩托车修理
8. 运输、贮存和通信	8. 运输和储存
9. 金融中介活动	9. 住宿和餐饮服务活动
10. 房地产活动	10. 信息和通信
11. 不配备操作人员的设备以及私人和家用物品的出租	11. 金融和保险活动
12. 计算机及相关活动	12. 房地产活动
13. 研究和开发	13. 专业、科学及技术活动
14. 其他商业活动	14. 行政和援助服务活动
15. 教育	15. 教育

---

① 对应所有权链条的每个阶段的投票权的多数所有权，这种控制是法理上的控制而不是实际控制。

ICFA	ICFA，REV.1
16. 保健和社会工作	16. 人类健康和社会工作活动
17. 污水和废料处理、卫生和类似活动	17. 艺术、表演和娱乐
18. 未另行分类的成员组织的活动	18. 其他服务活动
19. 娱乐、文化和体育活动	
20. 其他服务活动	

4. 完善自然人流动统计

自然人流动是 GATS 所确定的国际服务贸易四种提供模式之一（模式4），但由于自然人流动范围界定的困难，此前的 BOP 统计和 FATS 统计结合的统计框架并不完善，MSITS 2002 虽然在附件1中对自然人流动统计进行了探讨，但未形成完整的统计范围和可操作的统计方法，MSITS 2010 对此进行了完善。

MSITS 2010 重点在于衡量通过某一经济体境内的自然人的流动（流量）和存在（存量）提供服务的情况（即模式4及其对服务供应的总体影响），从停留期限、停留目的和技能水平三个方面规定了自然人的范围，指出自然人包括各种技能水平、以商业服务供应为目的、暂时在国外的人员，但属于外国母公司的东道国公司雇用的非居民不包括在内。自然人的类别通常包括：签约服务供应商（可以是自营职业者或外国服务供应商的雇员）、公司内部调动人员和直接受雇于境外分支机构的外籍雇员，以及服务销售者和设立商业存在的负责人。自然人流动方式提供的服务应是"临时性"的，虽然 MSITS 2010 中并未就"临时性"也即人员短期停留的期限加以特殊的限制，但可按 WTO 成员方具体承诺的停留长度进行判断。MSITS2010 还提出了自然人流动模式国际服务供应的估算方法。涉及通过自然人流动提供国际服务价值估算的主要集中在国际收支统计12个服务贸易分类中的五个分类：建筑，电信、计算机和信息服务，其他商业服务，个人、文化和娱乐服务，别处未包括的政府服务。在这五个分类中，除了"其他商业服务"项下的"农业、林业和渔业附带服务"和"采矿、和石油和天然气开采的附带服务"两个小类可以确定为独立通过自然人流动提供，其他涉及的分类都要模式4与其他模式结合提供，对于落在这些分类下的交易，需要进一步分析和实证资料以确定模式4的独立识别和估计。自然人流动额外指标的获取主要是自然人流动（流量）和自然人存在（存量）人员信息的获取。其获取渠道主要有国外附属机构统计、旅游和移民统计、国际收支统计等统计体系，MSITS2010 提出了详细的获取有用信息的方法。

根据交易合同的类型，可以区分通过自然人的存在提供服务（模式4）和劳工流动。模式4涉及某一经济体境内的供应商同另一经济体境内的消费者之间的服务合同，而劳工流动的交易合同为就业合同。

5. 国际服务贸易领域新现象的统计规定

MSITS 2010 对国际服务贸易领域中的新现象包括服务外包、转包，及电子商务等进行了规定。对于外包，MSITS 2010 规定按提供服务的类型进行归类，如提供计算机支持的呼叫中心服务包括在计算机服务中。对于服务的转包，MSITS 2010 建议两种方法进行处理：或者在服务组织者的经济体的进口和出口的价值在总值的基础上被记录，或者在代理的情况下记录为佣金，这些服务被纳入相应的具体服务类别。对于电子商务，MSITS 2010 规定仅对于通过电子方式提供产品的收费包括在服务中（如与电子商务有关的运输、金融等服务），而通过电子方式订购货物以及跨境供应货物，基本上属于货物类别（但属于服务范畴的产品除外）。

（二）国际服务贸易统计新领域

在当前环境保护问题日益严峻的情况下，有关环境产品的贸易也日益受到人们的关注。环境产品既涉及货物也涉及服务，目前还没有统一的清晰界定和分类标准，经济合作发展组织和欧盟统计局将其界定为，为环境中水、空气和土壤的破坏以及有关废弃物、噪声和生态系统问题提供测量、防治、限制，使之最小化或得到纠正的产品；WTO 认为环境产品是由空气污染控制、可再生能源、废物管理和废水处理及补救、环境技术、其他几个部分构成的。

1. 环境产品范围

一些区域经济合作组织成员通常采用四种方式对环境产品的范围进行界定：一是清单法，以经过拟订确定的清单的方式来划分环境产品的范围；二是项目法，即各个会员的政府所实行的环境项目，如节能管理项目、可再生能源设施项目、水资源管理与废物处理项目、空气污染控制项目等；三是"项目+清单"综合法；四是"申请和提供"法，就是各成员选取其本国（地区）的环境产品，向其他国家（地区）申请供应自由化贸易环境产品清单，再通过双方商议确定各自的减免税产品目录。

但目前开展的环境产品谈判基本限于环境货物领域，且主要采用清单法进行。除 OECD、欧盟等区域间的环境产品谈判外，美国、欧盟和中国等 14 个 WTO 成员于 2014 年 7 月正式展开了《环境产品协定》（environmental goods agreement，EGA）的诸边贸易谈判。该谈判建立在亚太经合组织（APEC）环境产品清单（54 项）的基础之上，旨在推动全球环境产品自由贸易。经过多轮的谈判，虽然取得了一定的进展，但并未能就协定所涵盖的产品清单等问题达成一致意见。

2. 环境服务类别

在环境服务领域，关贸总协定（MTN. GNS/W/120，1991）是对环境服务进行具体分类的早期文件。在 GATS 服务分类中，环境服务作为单独的服务部门出现，近似对应联合国中心产品分类 94 章的产品，ISIC4.0 中的"E 供水；污水处理、废物管理和补救活动",在 EBOPS 中可对应"垃圾处理和清除污染",此外,OECD、欧盟、美国、中国等也都有对环境服务的分类,这些分类标准和范围并不统一,缺乏国家与国家之间的环境服务统计协调(见表 10 – 10)。

表 10 – 10　　　　　　　　各分类中的环境服务范围

分类标准	环境服务范围
ISIC	水的收集、处理和供给
	污水处理
	废物的收集、处理与处置活动,废物利用
	补救活动和其他废物管理服务
GATS/CPC1.0	污水处理服务
	废物处置服务
	卫生和类似服务
	其他环境服务
OECD/EUROSTAT	废水管理
	固体废弃物管理
	空气污染管制
	噪声与振动减少
	土壤、地表水及地下水之复原及清理服务
	其他环境服务
欧盟	饮用水以及污水处理
	固体/有害废弃物处理
	空气与气候保护
	土壤以及水整治与清理
	噪声及震动防治
	生物多样性与景观之保护
	其他环境与相关服务
美国	环境测试与分析服务
	污水处理服务
	固体废物管理
	清洁与环境修复服务
	环境咨询与工程设计

续表

分类标准	环境服务范围
中国	空气污染防治服务
	水污染防治服务
	废弃物处理服务
	土壤污染清除及地下水整治服务
	噪音及振动防治服务
	环境检测、监视及评估服务
	环保研究及发展
	环境教育、训练及资讯
	病媒防治

3. 环境服务统计

2009 年欧盟统计署制定了环境货物和服务部门（environmental goods and services sector，EGSS）统计框架，将分散于各个行业部门中的具有环境功能和效应的产品和服务进行整合，为成员提供一套统一的数据收集和整理方法。EGSS 统计框架用于统计生产最终环境技术、产品和服务的生产者（不包括提供商和经销商）的营业额、附加值、就业和出口额等数据。用于欧盟内部统计的《欧盟环境货物和服务部门统计使用手册》将环境货物和服务部门分为两大类型：一类是环境保护活动（CEPA），另一类是资源管理活动（CReMA）。这两类活动的产出又有三种，环境产品、环境服务和环境技术。环境产品包括环境关联产品和改进型产品。环境服务包括环境专项服务和环境关联服务，而环境技术包括末端处理技术和综合改进技术。

目前，EGSS 统计框架已成为国际认可的专门用于环境保护产业统计的框架体系，并被联合国统计署作为一套国际标准纳入"环境与经济综合核算体系"（system of environmental-economic accounting，SEEA）中，以便反映经济活动中绿色成分所占的份额。EGSS 统计框架也已经列入欧盟相关法律，自 2017 年起成员将被强制要求上报 EGSS 数据。除欧盟以外，加拿大、墨西哥、澳大利亚、韩国、日本及中国等也开展了 EGSS 统计的相关探索。

（三）中国的服务贸易统计制度

中国的服务贸易统计建设从 20 世纪 90 年代就开始了，但一直未形成规范的统计制度。初期的服务贸易统计基本依赖于国际收支体系中的国际收支平衡表"经常项目"下的"服务"项目，因此只局限于 BOP 项下的服务进出口。由于 BOP 仅统计居民与非居民之间的服务贸易，而缺乏外国附属机构的服务贸易统计数据，无法真实、全面地反映中国的国际服务提供能力和水平。FDI 统计数据显示，2016 年中国服务业利用外资占外商直接投资总额的比重达到 70.3%，服务业对外投资占对外投资总额的 75%。可以预见，商业存在形式的服务贸易总额已远超国际收支（BOP）统计口径下的服务进出口额。因此统计外国附属机构的服务贸易额显得尤其重要。

为形成更准确和更具国际可比性的服务贸易统计，2007 年 11 月，在遵循联合国的《国民经济核算体系》、联合国等的《国际服务贸易统计手册》和世界贸易组织的《服务贸易总协定》等有关标准的基础上，结合中国实际情况，商务部与国家统计局联合制定和发布了首版的《国际服务贸易统计制度》（商服贸发〔2007〕464 号），该制度于 2008 年 1 月 1 日正式实施，由此形成了包含服务进出口（BOP）以及附属机构服务贸易（FATS）数据的中国服务贸易统计制度的基本框架。此后为适应服务贸易发展的新情况、新特点，商务部与国家统计局分别于 2010 年、2012 年、2014 年和 2016 年对《国际服务贸易统计制度》进行修订，最终形成了《国际服务贸易统计监测制度》。2017 年 6 月商务部会同有关部门首次发布了外国附属机构服务贸易统计数据，标志着中国对外服务贸易"BOP + FATS"统计制度逐步走向成熟。

根据《国际服务贸易统计制度》规定，中国的服务贸易统计主要包括服务进出口统计、外国附属机构服务贸易统计和自然人移动统计三个方面。其中，外国附属机构服务贸易（FATS）的统计对象是受投资国母公司控制[①]的直接投资企业，包括内向附属机构服务贸易和外向附属机构服务贸易，其中内向附属机构服务贸易指外国或地区的企业通过直接投资方式控制（直接投资者拥有 50% 以上的股权）的中国关境内企业在中国关境内实现的服务销售；外向附属机构服务贸易指中国关境内的企业通过直接投资方式控制（直接投资者拥有 50% 以上的股权）另一国家或地区企业而在该国或地区关境内实现的服务销售。国际收支统计口径下的服务进出口主要遵从了《国际服务贸易统计手册》以及 WTO 关于服务贸易的分类，而附属机构服务贸易的企业行业分类主要执行《国民经济行业分类》。FATS 数据采集无须地方商务主管部门和企业填报，若是金融类的通过银监会、证监会、保监会的统计系统收集，而若是非金融类的则通过商务部外商直接投资调查系统和商务部对外直接投资调查系统收集。

自然人移动统计包括中国关境内的服务提供者在其他国家或地区以自然人移动的形式提供的服务；以及其他国家或地区的服务提供者在中国关境内以自然人移动的形式提供的服务。自然人移动统计数据由各省商务主管部门上报。但自然人移动的统计目前还存在诸多困难，因此中国也还仅是统计境外来中国和中国赴境外自然人的人次，而未全面开展此项服务贸易额的统计工作。

---

① "受外国母公司控制"通常有三种标准：一是将拥有股权 50% 以上作为标准；二是将实际控制作为标准；三是将所有股权在 10% 以上者均划入统计范围。中国的 FATS 统计将外商投资企业和境外直接投资企业持有股权 50% 以上的企业作为统计对象。

中国的服务贸易统计框架如表 10-11 所示。

表 10-11　　　　　　　中国的服务贸易统计框架

统计内容	统计范围	数据来源	申报方式	统计方法
服务进出口	建筑及相关工程服务	服务贸易统计直报系统	直接申报	全面调查
	运输、旅游等	有关部门资料及其他	间接申报	以相关部门数据为主体,辅助结合其他统计方法
	计算机和信息服务、特许使用费和许可费	软件出口和服务外包统计系统、技术进出口信息管理系统	直接申报	全面调查
外国(境外)附属机构服务贸易	非金融类服务贸易	现有统计系统采集,商务部提供	直接申报	全面调查
	银行、证券、保险类服务贸易	有关部门资料及其他	间接申报	以相关部门数据为主体,辅助结合其他统计方法
自然人移动	境内(外)服务提供者在境内(外)以自然人移动的形式提供服务	服务贸易直报系统	间接申报	地方商务主管部门收集数据申报
服务贸易总额	跨境交付、境外消费、商业存在、自然人流动	调查对象申报及其他		商务部根据申报数据及其他数据源综合整理

资料来源:根据《国际服务贸易统计监测制度》整理所得。http://file.mofcom.gov.cn/article/gkml/201612/20161202425182.shtml.

第三节　国际服务贸易政策与国际协调

由于服务贸易项目众多、内容繁杂,且对一国的经济、政治、文化和安全有着重要的影响,各国出于自身发展水平的差异,所实施的服务贸易政策比之货物贸易更加复杂而又多样。

一、自由贸易政策与保护贸易政策

一国的对外贸易政策取向可以是对妨碍或阻止国际贸易开展的障碍加以限制或取消（如降低或取消关税、消除贸易歧视、扩大市场准入度），也可以是偏向于对国家间商品或劳务交换设置各种限制措施（如提高关税、设置配额、实施许可证制度、提高技术标准），若将前者称为"自由贸易政策"，则后者可冠以"保护贸易政策"之名。

（一）全球服务贸易政策趋向

大规模的服务贸易兴起于第二次世界大战之后，早期的国际服务贸易集中于运输和金融等传统服务领域，贸易规模小、项目单一，贸易限制也比较少。第二次世界大战后，电子信息、计算机软件等新兴服务业才逐渐发展起来。这一时期的服务贸易发达国家占绝对的主导地位，整体上看，它们对服务贸易采取的是较为宽松的政策，较少设置贸易壁垒，但发展中国家此时对服务贸易持回避态度。

20世纪60年代，服务业在国民经济中的地位逐渐上升，特别是发达国家，服务业成为主导产业，服务贸易也成为各国获取外汇收入的重要途径，同时基于国家政治、文化、军事和安全的需要，各国纷纷对服务贸易设置了各种限制措施。这时期的贸易自由化焦点在货物贸易，服务贸易自由化未能得到重视。

20世纪80年代后，国际服务贸易得到了迅速发展，在经济全球化与货物贸易自由化的推动下，各国政府也纷纷开放本国的服务市场，尤其是在乌拉圭回合及此后的服务贸易谈判中，包括发展中国家在内也都在服务贸易领域达成了许多实质性的开放承诺，由此形成了服务贸易自由化趋势。其中，WTO是推动全球范围内的贸易与投资自由化的主要机构，《服务贸易总协定》是其在服务贸易领域最重要的自由化成果，也是全球多边服务贸易自由化的具体体现。

一个国家是采取贸易自由化政策还是采取保护贸易政策，与其国内的经济政治状况和所处的国际环境密切相关。从历史发展来看，一国越强势的服务业越倾向于主张开放市场，而弱势部门则主张寻求保护；经济发展水平高的发达国家比经济落后的发展中国家更加热衷于开放服务市场，而发展中国家只能以开放本国服务市场作为交换条件，来换取发达国家对其开放商品市场。

（二）服务贸易保护政策

一般而言，贸易保护政策往往会对贸易的开展形成阻碍作用，因此这些政策也被称为贸易壁垒。与货物贸易壁垒不同的是，由于服务本身的特性，服务贸易壁垒通常体现为以各种法规、标准或政府的行政管理措施为代表的非关税壁垒。

1. 服务贸易壁垒的概念（barrier of services trade）

贸易壁垒在广义上包括自然壁垒和人为壁垒，前者指因语言文化、风俗习惯等因素而对国家与国家之间商品或劳务的交换所形成的限制，后者则是指对国家与国家之间商品或劳务交换所设置的各种人为的限制措施。自然壁垒的形成是社会发展的长期结果，对其进行消除或取消并非一朝一夕可完成的，所以狭义上的贸易壁垒特指人为壁垒，它们多出于扶植本国产业部门、增强其竞争力，同时抵制外国产品或要素的进入、削弱外国企业竞争力的目的而由一国政府人为制定。可以说，凡直接或间接地使外国服务生产者或提供者增加生产或销售成本的政策措施，都有可能被外国服务厂商认为属于贸易壁垒。因此，国际服务贸易壁垒就是指一国政府对外国服务生产者或提供者的服务提供或销售所设置的有障碍作用的政策措施。

2. 服务贸易壁垒的特点

由于服务本身的特性，服务贸易壁垒也呈现出与货物贸易不同的特点，主要差异有：

（1）管制形式不同。

服务的无形性和贸易跨境形式的特殊性使海关无法对服务贸易产品形成有效的监管，关税政策及过境监管措施对其也就失去了限制作用，因而，服务贸易壁垒以国内立法或政策为主的非关税形式来施行。

（2）发挥作用与涵盖的范围不同。

货物贸易壁垒往往设置在国（关）境上，针对货物产品的出入境进行管制，而服务贸易所涵盖的范围更加宽广。除了部分"过境交付"模式的服务产品外，服务贸易壁垒只能较多地对"人"（不仅包括服务提供主体，还包括服务的接受者及其他经济组织）的资格与活动进行限制，从而间接地对服务产品的国际交换形成障碍，对国内产业形成一种限入式的防御性保护。

（3）形式复杂多样、灵活隐蔽，保护力强。

以规章制度为主的服务贸易壁垒形式多样、庞杂繁复，它们由国内各个不同部门掌握和制定，不仅有对产品移动的壁垒，还有对人员移动、资本移动、信息移动、市场准入等设置的壁垒，它们往往具有"合理"的外衣，灵活性和隐蔽性都极高，可以对国内产业形成强而有力的保护。

（4）保护的目的更加复杂。

除了保护商业贸易的利益外，保护国家的安全与主权利益是服务贸易壁垒形成的一个重要原因。如交通运输、电力、金融等领域作为一国经济的关键部门，一旦被外国控制，国家的经济独立性就会受大极大威胁。而教育、文化、娱乐等部门属于意识形态领域，对保持本国政治、文化的独立性起到关键性作用。

由于服务贸易壁垒所涉及范围广、不确定因素多，而且想要建立一个有效的服务贸易自由化体系除了要消除各国的贸易壁垒外，还需要建立一个合适的国内法制框架，修改和调整相关的法律及规章制度。由于国家间利益的协调较之货物更加困难，要达成服务贸易自由化的统一规则的难度很大，所花费时间也长。

3. 服务贸易壁垒的类型

服务贸易壁垒的形式复杂多样，会因服务类型、实施壁垒的国家以及行业的不同而不同。凡是会限制外国服务提供者的各种法律法规、行政措施都可构成服务贸易壁垒，为更清晰地了解服务贸易壁垒的形式，可从不同角度对其进行分类。目前主要的分类方式有：

（1）按服务贸易要素分类。

根据不同的服务贸易提供方式（跨境交付、境外消费、商业存在、自然人移动），服务贸易的要素主要涉及产品、人员、资本和信息等，因此服务贸易壁垒也就存在产品移动、人员移动、资本移动和信息移动四种形式。

产品移动壁垒是针对外国服务进入本国市场的限制，如产品数量限制、当地成分或本地要求、政府补贴或采购、歧视性技术标准或税收制度、知识产权保护等。

人员移动壁垒主要为各国针对人员出入境、移民所设的限制，如出入境烦琐的手续、雇用条件与待遇歧视、出入境携带的外汇与用汇限制、出境征税等。

资本移动壁垒主要涉及商业存在问题，它与服务业的对外直接投资密切相关。当制造业对外直接投资更多的是为了绕过出口壁垒，把东道国作为生产基地而更依赖于东道国的资源、要素等硬环境时，服务业对外直接投资则更多的是为了将服务出口至东道国的当地市场，而更看重东道国的法律法规、政策等软环境。因此，东道国是否允许外国企业在本国设立机构、开展业务及投资或收益的汇入/汇出，就构成了服务贸易的壁垒，如市场准入、所有权或控制权限制、经营限制、外汇管制等。

信息移动壁垒指对国家间信息传递设置的限制或歧视性措施。由于信息传统涉及垄断经营、私人秘密、国家主权和安全等敏感性问题，因此各国政府都会设置一些技术标准、网络进入、数据处理及使用、传输等方面的控制措施。

（2）按 GATS 的分类。

按乌拉圭回合谈判所达成的《服务贸易总协定》（GATS）采纳的方案，可将服务贸易壁垒分为市场准入壁垒和国民待遇壁垒两种类型。

市场准入壁垒的目的主要在于限制服务的提供"主体"，它包括开业资格的限制（或称开业权限制，对外国的个人和/或组织在本国经营某种服务业的权利加以限制）、股权的限制（要求外国企业有本国企业控股或参股）、经营的限制（对外国服务提供者在本国的活动权限加以规定）、信息的限制（对基于电讯传递技术而开展的国际信息交流加以限制）、技术标准限制（设立不同技术标准限制外国服务提供者的进入或加大其进入成本）等。

国民待遇壁垒指有利于本国企业但歧视外国企业的措施，它会为国内生产者提供成本优势，或增加外国生产者进入本国市场的成本。主要有税收歧视（对外国经济组织或个人提供的服务或购买的服务征收过高或额外国内的税费）、政府补贴（本国政府通过直接拨款或税收优惠等手段形式，对本国的某些服务业进行补贴）、国家垄断与政府购买（政府偏向于购买本国服务产品）、外汇管制（外汇出入境管制、控制外汇的流通与兑换）等。

《服务贸易总协定》第十六条规定了市场准入规定所涉及的六种限制：

①服务供应商的数量；

②服务交易或资产的价值；

③操作数或输出量；

④提供服务的自然人人数；

⑤法人或合资企业的类型；

⑥外国资本的参与。

与国民待遇不同，市场准入中的⑤和⑥会对本国和外国服务提供商都造成限制，而非只是单单不利于外国服务商，因此被列为非歧视性的措施。

（3）按世界银行的分类。

根据世界银行的分类，服务贸易壁垒可分为进入限制和经营限制。前者指政府对外国服务的进入设置的障碍；后者指对外国服务提供者在该国境内从事服务活动的阻碍。

（三）服务贸易自由化

国际服务贸易自由化指各国政府通过立法和国际协议，对服务的国际交换逐渐减少政府干预，放松贸易管制的过程和结果。服务生产的膨胀、服务贸易的兴盛和经济全球化的发展客观上要求打破国家壁垒，实现自由化发展。国际服务贸易自由化的实现途径包括多边自由化与区域自由化，其中多边自由化以 GATS 为基础，发达国家是服务贸易自由化的积极倡导者和推动者。第二次世界大战后科学技术的发展为服务贸易的全球扩张与自由化奠定了坚实的基础。

在 GATS 产生之前，欧盟、北美自由贸易区、澳新自由贸易区等区域性经济一体化组织就已经有了对服务贸易自由化的大量规定。服务贸易自由化历程可追溯至 20 世纪 50 年代，欧洲经济合作组织在成员国内部推行并完善了《无形贸易自由化法案》，以及涉及服务贸易区域一体化的较早文件为 1958 年 1 月 1 日生效的《欧洲共同体条约》（treaty establishing the European economic community，EC treaty），其与《欧洲原子能共同体条约》（EURATOM treaty）被人合称为《罗马条约》（treaty of Rome），它们也构成了此后欧盟服务贸易协定的主要内容，包括第三篇第三章的"服务"及散见于其他各章节的有关规定（主要涉及金融、运输和电信领域），成为规范欧盟区域内服务贸易的重要法律文件。

20 世纪 70 年代，美国开始积极推行服务贸易的自由化。《北美自由贸易协定》是《美加自由贸易协定》的进一步扩大，协定除了涵盖服务业、投资外，还引入了知识产权、政府采购，及劳动力和环境问题。涉及的行业领域较广，包括金融、电信、旅游、咨询、建筑、分销、教育、医疗、陆地运输等，协定的相关规定在一定程度上成为乌拉圭回合谈判《服务贸易总协定》的范本。

1986 年，服务贸易被正式列为新一轮谈判的议题。WTO 的三项重要协议包括《1994 年关税及贸易总协定》《服务贸易总协定》和《与贸易有关的知识产权协议》。其中，《服务贸易总协定》是第一部通过多边谈判制定的、可依法执行的国际服务贸易纪律规范，它通过市场准入、国民待遇、最惠国待遇和逐步自由化等方面的规定，大大推动了服务贸易自由化和全球化趋势。

二、国际服务贸易的多边规则与区域协定

《服务贸易总协定》是 1986 年 9 月启动到 1993 年 12 月结束的关税与贸易总协定（GATT）第 8 轮乌拉圭回合谈判中，经各方努力最终达成的服务贸易领域多边贸易协定，1994 年 4 月 14 日由 111 个国家（地区）的代表在马拉喀什签署，1995 年 1 月 1 日正式生效。其目的是建立一个服务贸易原则和规则的多边框架，实现服务贸易自由化水平的逐步提高。宗旨是在透明度和逐步自由化的条件下，扩大全球服务贸易，并促进各成员的经济增长和发展中国家成员服务业的发展。

（一）多边服务贸易谈判的背景与历程

国际服务贸易的多边谈判是在发达国家的积极倡导下展开的。GATT 前期的七轮多边贸易谈判已基本实现大部分货物贸易领域的市场开放，而剩下的诸如农产品等领域在短期内难以取得进展。1979～1982 年经济危机后，美国在国际货物贸易中的逆差与日俱增，但它在服务贸易领域却占据明显优势，连年顺差。作为世界最大的服务贸易出口国，美国亟须打开其他国家的服务贸易市场，通过扩大服务出口来平衡货物贸易逆差，拉动经济增长，因此积极倡导推行全球服务贸易自由化。

早在东京回合谈判中，美国政府根据《1974 年贸易法》的授权，就试图将服务贸易列为谈判的议题之一。虽然最后由于其他原因，没有提出服务贸易的减让谈判，但在该回合谈判中所达成的海关估价、政府采购协议中写入了一些服务贸易的内容。美国国会在《1984 年贸易与关税法》中授权政府就服务贸易等进行谈判，并授权对不在这些问题上妥协的国家进行报复。一些发达国家和发展中国家一开始对美国的提议持有疑虑或进行抵制，但后来逐渐转变了态度。

欧共体经过调查发现欧共体的服务贸易出口比美国还高出 2 倍，许多服务出口项目都居世界首位，于是转而坚决支持美国的主张。日本虽然是服务贸易的最大进口国，长期以来都存在服务逆差，但由于其对美国和欧共体在国际货物贸易中存在巨额的顺差，为了调和与美国、欧共体之间日益尖锐的贸易摩擦，也积极支持美国。一些新兴经济体的某些服务业在国际上也已取得了相当的优势（如韩国的建筑工程承包、新加坡的航空运输业），希望通过谈判扩大本国优势服务的出口。而大多数发展中国家迫于发达国家的压力，及出于参与国际服务贸易规则的制定的需求，也先后转变态度，同意进行服务贸易谈判。1986 年 9 月，服务贸易被正式纳入关贸总协定新一轮的多边贸易谈判（即乌拉圭回合）议题中。乌拉圭回合服务贸易谈判大致经历了四个阶段：

第一阶段（1986 年 10 月 27 日~1988 年 12 月中期审议前）

最初谈判的分歧议题是有关谈判的程序，美国、欧共体和发展中国家都持有不同的立场，经过多次磋商后，各方达成一致意见，采取了发展中国家的建议——服务贸易谈判在关贸总协定框架之外单独进行，即按照货物贸易与服务贸易分离的"双轨制"方式进行。

1987 年 1 月 28 日，服务贸易谈判组最终形成了谈判的初步安排，主要内容包括：服务贸易定义；适用服务贸易的一般原则、规则；服务贸易协定的范围；现行国际规则、协定的规定；服务贸易的发展及壁垒等方面。这一阶段的谈判持续了近两年，但谈判没有取得实质性的进展。各方的分歧很大，主要集中在对国际服务贸易如何界定问题上，发展中国家要求对国际服务贸易做比较狭窄的定义，将跨国公司内部交易和诸如金融、保险、咨询、法律规范服务等不必跨越国境的交易排除在外面，而美国等发达国家主张较为广泛的定义，将所有涉及不同国民或国土的服务贸易归为国际服务贸易一类。多边谈判最终基本采取了欧共体的折衷意见，即不预先确定谈判的范围，根据谈判需要对国际服务贸易采取不同定义。

第二阶段（1988 年 12 月中期审议~1990 年 6 月）

在加拿大蒙特利尔举行的中期审议会上，谈判的重点集中在透明度、逐步自由化、国民待遇、最惠国待遇、市场准入、发展中国家更多参与、保障条款和例外等服务贸易的基本原则，此后的工作主要集中于通信、建筑、交通运输、旅游、金融和专业服务各具体部门的谈判。与此同时，各国代表同意采纳一套服务贸易的准则，以消除服务贸易中的诸多障碍。各国分别提出自己的方案，阐述了各自的立场和观点，其中 1990 年 5 月 4 日，中国、印度、喀麦隆、埃及、肯尼亚、尼日利亚和坦桑尼亚几个亚非国家向服务贸易谈判组联合提交了《服务贸易多边框架原则与规则》提案（简称"亚非提案"），对最惠国待遇、透明度、发展中国家更多参与等一般义务及市场准入、国民待遇等特定义务作了区分。后来，《服务贸易总协定》的文本结构采纳了"亚非提案"的主张，并承认成员方发展水平的差异，对发展中国家作出了很多保留和例外，一定程度上反映了发展中国家的利益和要求。

第三阶段（1990年7月~1993年12月）

这一阶段由《服务贸易总协定》的框架内容的基本明朗到最终达成《服务贸易总协定》。在这一阶段，发达国家与发展中国家在服务部门清单的列举方式是采用"肯定列表"还是"否定列表"方面存在分歧，最终 GATS 文本采纳了发展中国家的主张，对市场准入和国民待遇等特定义务按"肯定列表"法确定。1990年12月的布鲁塞尔部长级会议上，服务贸易谈判组修订了"服务贸易总协定多边框架协议草案"文本，但由于美国与欧共体在农产品补贴问题上的重大分歧而没有能够最终结束谈判。经过进一步谈判，在1991年年底形成了《服务贸易总协定》草案，该草案包括6个部分35个条款和5个附件，规定了最惠国待遇、透明度、发展中国家更多参与、市场准入、国民待遇、争端解决等重要条款，基本上确定了协定的结构框架。经过各国的继续磋商谈判，协议草案根据各国的要求进一步修改，1993年12月5日，贸易谈判委员会在搁置了数项一时难以解决的具体服务部门谈判后，最终通过了《服务贸易总协定》。

第四阶段（1994年1月~1995年1月）

1994年4月15日，各成员方在马拉喀什正式签署《服务贸易总协定》，它作为乌拉圭回合一揽子协议的组成部分，于1995年1月1日和世界贸易组织同时生效。至此，长达8年的乌拉圭回合谈判终于告以结束，虽然有几个具体服务部门的协议尚待进一步磋商谈判，但《服务贸易总协定》作为多边贸易体制下规范国际服务贸易的框架性法律文件，它的出现是服务贸易自由化进程中的一个里程碑。

（二）《服务贸易总协定》的主要内容

《服务贸易总协定》是在多边贸易体制下第一个有关国际服务贸易的框架性法律文件，为服务贸易的国际化、自由化与法制化奠定了基础。GATS 文本由四大部分组成，框架协定与附件两个部分构成了 GATS 文本的主体内容。

第一部分是正文，即协定条款本身（又称为框架协定），为协定文本主体部分的前28条，规定了有关服务贸易的原则、规则与一般定义和范围。

第二部分是附件，为文本的第29条，即部门协议，共有8个附件，涵盖航空服务、金融服务、海运服务、电信服务、自然人移动等多个服务贸易领域。

第三部分为各成员的市场准入承诺表，是具体反映各成员服务业和服务贸易部门开放的条件和状况的有效文件。承诺细目表采用统一格式，以便于成员间的比较分析。

第四部分为部长级会议决定和谅解，包括具体部门、具体义务和具体原则在内的11项内容，从制度上进一步保证了 GATS 及其附件的顺利执行。

在乌拉圭回合的后续谈判中，世贸组织在金融服务、基础电信和信息技术等领域取得了突破性成果，签署了《金融服务协议》（1999年3月1日生效）、《全球基础电信协议》（1998年1月1日生效）和《信息技术产品协议》（1997年7月1日生效）。这三个协议的达成，将服务贸易自由化原则向具体成果方面推进了一大步。

GATS的生效为各国（地区）形成了一个共同的协调和管理全球服务贸易的国际规则和运行机制，对协调成员方利益、消除国际贸易壁垒、推进服务贸易本身和相关货物贸易自由化起到了重要作用。但自乌拉圭回合后，2001年开启的多哈回合谈判因各方利益分歧而曾一度搁浅，多边服务贸易自由化规则也并无重大进展，许多关键领域的问题，如紧急保障措施、补贴、政府采购、国内管制等由于各方分歧较大也未能得到有效解决，于是区域贸易协定被视为多边自由化的"替代"，成为规则创新和解决新兴领域或新兴议题（如电子商务、快递服务、电子金融服务、健康服务等）的"试验田"。

此外，由于多哈回合谈判的长期停滞，美澳等部分WTO成员发起组成的次级团体WTO"服务业挚友"（real good friends of services，RGF）于2012年年初成立，并于2013年正式展开国际服务贸易协定（trade in services agreement，TISA）的诸边谈判以继续推进全球服务贸易自由化进程。

（三）国际服务贸易区域协定

GATT/WTO允许各成员在WTO体系之外，参与推动区域贸易自由化的协议。GATS第5条也明确承认WTO成员有权缔结服务贸易领域的区域经济一体化协定（economic integration agreement，EIA）。区域协定的目标也是推动贸易、投资的自由化和经济一体化，因此在一定程度上对多边贸易体制起到补充作用。整体来看，区域服务协定表现出较明显的GATS+的特征，不仅有着更广泛的议题，还涉及一些GATS所没有的敏感部门的开放，有些协定甚至包含相互承认和协调等更高层次的制度设计。

由于服务贸易本身的特性及发达国家与发展中国家之间的巨大差异，服务贸易的相关协定相比货物贸易更为复杂。WTO规定，每个成员都有义务至少每年向服务贸易理事会通报，那些会影响作出具体承诺的服务部门的贸易的所有新的或修改的法律、法规和行政规章。从1947年关税与贸易总协定成立到1995年后的世界贸易组织一直至2017年年底的61年间，共有673个区域贸易协定向GATT/WTO通报，其中287个仍然有效。这287个仍然生效的区域贸易协定中，除了一个专门的服务贸易协定①外，有144个既涉及货物领域又涉及服务领域，其余142个都是货物贸易协定②。

总的来说，区域贸易协定中有关服务贸易规则的主要内容基本包括以下几个方面③：

---

① 即欧洲经济区（European Economic Area，EEA），其于1994年1月1日正式成立，由欧洲自由贸易联盟（European Free Trade Association，EFTA）和原欧共体的部分成员组成，原始成员国包括法国、德国、意大利、荷兰、比利时、卢森堡、英国、爱尔兰、丹麦、希腊、西班牙、葡萄牙、冰岛、挪威和列支敦士登等15国，目前成员国有31个。EEA的贸易协定涉及货物、人员、服务、资本的自由流动及研发、环境、教育和社会等相关领域。

② 具体信息可在WTO官方网站上进行查询：http://rtais.wto.org/UI/PublicAllRTAList.aspx.

③ http://tradeinservices.mofcom.gov.cn/article/zhishi/xiangguanwd/201710/3265.html.

第一,服务的范围。它包括服务部门与服务的提供方式,有的协定采用"否定清单"方式,有的采用"列明清单"(肯定清单)方式来列明所适用的服务部门的范围。除部分在服务贸易出口方面有重大利益和优势的国家如美国、欧盟采用"否定式清单"外,大部分国家采用"肯定式清单"方式。

第二,国民待遇和最惠国待遇。区域贸易协定中一般规定各成员在协定生效或生效后的一段时间内,在承诺开放的服务部门要消除与国民待遇原则和最惠国待遇原则相抵触的限制服务贸易自由化的措施。

第三,市场准入。区域贸易协定通常规定了给予来自成员的服务和服务提供者在承诺开放的部门所享受的待遇,即在条款、限制和条件方面,不得低于其在具体承诺表中所同意和列明的内容,并不得维持和采取协定列举的限制措施。

第四,透明度原则。区域内的服务领域(做出保留者除外)均受协定相关规定的约束。因此,每一成员必须保证其与协定相关的法律、法规、程序及行政规章及时出版或以其他形式公布。

第五,许可及证书。成员对有关服务的许可及证书的要求及核准应基于客观、公开的标准,以能够提供服务的质量为限,而不应增加不必要的负担,从而构成对所涉服务的限制。

第六,垄断性行业的服务提供者。对于垄断及国企的服务提供者,协定通常规定:不得采取与协定义务不一致的措施;在购买或提供垄断性服务时,必须仅以商业考虑行事;对于其他缔约方的服务提供者不得歧视;不得滥用垄断优势直接或间接在非垄断性市场上采取不正当竞争手段。

第七,服务提供者的"国籍"或利益的拒绝。区域贸易协定中的服务贸易安排没有专门针对服务或服务提供者原产地的规定,而是通过定义条款和"利益的拒绝"等条款来规定的。

NAFTA 否定式清单的承诺方式与 GATS 肯定式清单的承诺方式,共同构成了区域服务贸易协定的两大基本类型——NAFTA 型和 GATS 型。而各国(地区)在签订服务贸易区域协定时又在这两大框架基础上也做了相应的修改,形成了四大类型——GATS 型、NAFTA 型、EU 型①和其他类型。其中,GATS 型可细分为完全肯定式清单和 GATS 混合型②,而 NAFTA 型又有第一代和第二代的差别。GATS 型的主要特征是,采用肯定式清单的承诺方式,覆盖四种提供方式,基于 GATS 第 16 条数量限制条款下的市场准入条款,以类似服务和类似服务提供者作为基准的国民待遇条款,无单独的投资章节,也没

---

① 主要指 2002 年后由欧盟主导的一系列区域服务贸易协定,EU 的早期协定更多的关于合作与发展的议题和设想,2002 年后 EU 型协定更倾向于同时处理贸易与发展问题,覆盖范围广,纳入了许多敏感性议题,如非法移民、恐怖主义、人权等问题。

② 完全肯定式协定数量很少,通常所说的 GATS 型主要指 GATS 混合型,后者结合了 GATS 和 NAFTA 的特点。

有现状或棘轮责任，无明确的绩效或对高级管理层、董事会组成要求的条款，也无当地存在或国内监管最有效的相关承诺；而 NAFTA 型的主要特征是，采用否定式清单的承诺方式，基于类似环境测试的国民待遇条款，跨境服务章节与投资章节分立，有现状和棘轮原则，明确覆盖了绩效要求、高级管理层和董事会的组成、当地存在要求及相互认证谈判，且涉及国内管制规则的改革（见表 10-12）。

表 10-12　　　　　　　　不同类型区域服务贸易协定的比较

	GATS 型	NAFTA 型	EE 型
原则	=	+	+
保留措施/限制	=	=	=
未来措施	=	-	=
约束（binding）	=	+	=
静止条款	+	=	+
管制例外	-	-	-
部门清单	=	+	=
审查，期限	+	-	-

注："="表示 GATS 中性，与 GATS 没有差别，"+"表示对 GATS 有所超越，"-"表示开放程度不如 GATS。

资料来源：Marconini, Mario (2009)。

整体来看，各区域服务贸易协定的法律承诺差距并不大，它们的差别在于协定的效力不同，也就是协定各项具体条款所承载的自由化规则[①]。三大类型协定对 GATS 的改进各有差别：(1) 从自由化机制来看，GATS 型对 GATS 的改进最少，但在静止条款和审查、期限等方面有所改进；EU 型在原则和静止条款上也对 GATS 有所超越；而 NAFTA 型对 GATS 的超越最多，包括自由化原则（最惠国待遇和国民待遇等）、约束规则及部门清单等方面。(2) 在针对 GATS 现有缺陷上，GATS 型侧重于解决 GATS 没有做出实际开放约束及国民待遇和市场准入存在冲突的问题；NAFTA 型主要解决 GATS 某些多边规则缺失和对服务贸易新变化的反映，包括引入静止条款和棘轮规则及追授权、设立竞争政策、服务及投资的独立章节等；EU 型则引入了发展相关议题，填补了 GATS 的空白，同时其在自然人流动方面的开放程度最大。

在多边协定没有解决的问题上，区域协定虽有所改进，但整体变化并不大。其中：(1) 在服务业补贴上，除了 EU 型很少排除补贴外，大多数协定对补贴并没有特别的规定。同样，在紧急保障措施（ESM）方面，大多数协定同 GATS 一样并无实质性规定，

---

① 占芬. 区域服务贸易协定的多样性及其 GATS 特征分析. 国际商务——对外经济贸易大学学报, 2014 (10).

即使少数协定中有但也未被真正执行，如加勒比海共同市场、东盟协定。(2) 同 GATS 一样，政府采购都被区域服务贸易协定排除在外，区域层面的开放更倾向于通过采购协商进行。国内管制上，很多区域协定也并无改进，有的甚至比 GATS 的效力还弱。(3) 与服务业相关的标准和认证，GATS 型和 NAFTA 型对 GATS 并无改进，EU 型确定了一些有限开放部门并明确了谈判期限。(4) 自然人流动方面的改进有较多的进展，一些区域协定增加了新的工人类型。

三、服务贸易壁垒的测量

对贸易壁垒的测量，在货物贸易方面可以通过考察关税状况及其对价格的影响来测算贸易壁垒大小和措施实施的效果，但对于通常采用国内规制限制的服务贸易而言，要知道这些限制措施的程度与效果并不容易，它们无法如关税般直观地获得答案。但仍有许多研究者在尝试开展这项测量工作，并取得了不少的成果。目前关于服务贸易壁垒的测量主要有两个方面：一个是利用以频率指标、数量指标、价格指标为代表的规模指标对服务贸易壁垒的规模进行测量；另一个是通过影响指标对服务贸易壁垒经济效应所进行的测量。

（一）服务贸易壁垒规模的测量

对服务贸易壁垒规模的测量可用的方法主要有频度指标法、数量指标法和价格指标法三种。频度工具由于计算简便、易于操作，成为测度服务贸易壁垒中应用最广的测量工具之一。

1. 频度指标法

频度指标法，又称为频率指标法，在频度测量的研究中，Hoekman 方法是最早也是最具有代表性的一种，它主要用来测量服务贸易的对外开放水平。

（1）Hoekman 频度指标。

1995 年，Hoekman 为了对 GATS 各成员作出的承诺水平进行量化，根据 GATS 谈判达成的成员承诺时间表①，将承诺分为没有限制、部分限制和不作承诺三种，并分别赋予 1、0.5、0 的权重，称其为开放/约束因子。再计算国家或部门覆盖率指标（又称 Hoekman 指数），有三种方法：第一种是直接用一国（地区）在 GATS 时间表中所作承诺数除以最大可能值 620；第二种是把用开放/约束因子加权的所列部门/模式数除以最大可能值，该指标也称"平均覆盖率"；第三种则是用"没有限制"承诺除以成员全部承诺或最大部门数 155。以这三种方法计算得到的指标值越高（越接近1），意味着该部

---

① 在 GATS 中，有 155 个服务部门，每个部门有四种提供方式，将产生 620 项承诺。

门的贸易自由化倾向越强,也意味着越高的服务贸易开放度。

通过频度指标的构造,可显示服务壁垒规模相对大小,并进行部门比较。由于频度指标值大小显示的是服务贸易自由化水平的高低,因此要表示贸易壁垒的大小,需用1减去 Hoekman 指数,所得到的数值即可显示服务贸易壁垒水平高低。以保护主义最严重国家的关税等值估计值为基准乘以限制指数,可以估计出"关税等值",这样进行部门(地区)间比较就具有了可行性。此外,频度指标可被用以估计数量或价格指数,还可作为服务自由化效应分析的投入数据。

由于其对不同部门采用的是相同的信息来源和权重体系,计算方法又简便易行,因此 Hoekman 频度指标被广泛用于对服务贸易壁垒的测量。但我们也要看到,由于它是以一个很不完整的现有壁垒目录——GATS 承诺时间表为基础来测量壁垒水平,而且该方法没有考虑不同壁垒的实际经济影响,简单地对所有限制(不论其限制程度如何)都赋予同样分值,因此所得结果相对来讲是比较粗糙的。

(2) 贸易限制指数(trade restricted indexes)。

澳大利亚生产力委员会(ANU)和澳大利亚国立大学合作对 Hoekman (1995) 频度指标进行改进①,形成六个部门的频率指标,对外国和本国服务供应商的服务贸易限制的数量和程度进行测量。这六个部门是电信业、银行业、海洋运输业、教育业、批发和零售业及专业性服务业(包括会计、建筑、工程、法律等)。

这里所体现的服务贸易壁垒有一个关键特征,即保护现有的服务供应商,使之免遭任何竞争,无论这竞争是来自本国的或外国新入市者的。因此形成了只用于外国服务提供者的限制(外国指数,歧视性限制)和用于国内所有服务提供者的限制(国内指数,非歧视性限制)两种形式的壁垒。

澳大利亚贸易限制指数对 Hoekman (1995) 指标的改进,不仅体现在国内限制和国外限制的区分上,它还根据限制对经济影响的主观判断构造了更具体的加权评分系统,以便于更精确地测算出实际的服务贸易壁垒水平。为了达到这个目的,它们扩大了测算资料的来源,包括国际组织、行业协会等机构的研究报告、各国服务领域的贸易与投资相关法律、法规和政策措施,以及一些相关的问卷调查和访谈记录等②。贸易限制指数中的服务贸易壁垒量化方法为:

首先,把贸易限制分为对开业权的限制和对业务的限制。在此基础上,将它们进一步分为非歧视性限制与歧视性限制两种。

其次,将管制性限制的定性信息转换为定量指数,量化的方法是对各类限制根据其对部门经济影响作用大小赋予权重,如表 10-13 所示,再根据各限制在各个行业的严厉

---

① 这项研究工作的具体情况和研究成果可在澳大利亚生产力委员会的官方网站上获得详细的资料:http://www.pc.gov.au/research/supporting/services-restriction.

② 黄建忠,杨扬. 服务贸易壁垒测量的体系与框架 [J]. 亚太经济, 2009 (01): 49-53.

性赋予具体分值（0~1），限制越严厉分值越大，如表10-14所示。

表10-13　　　　　　　　服务贸易不限制措施的权重赋值

类别	非歧视性限制	权重	歧视性限制	权重
开业权限制	建立形式	0.08	国外资本参与形式	0.08
	非专业投资者投资或独资	0.05	国外专业服务或投资	0.05
	当地服务的许可和审查	0.05	国籍要求	0.135
			当地要求	0.135
			配额	0.1
			当地审查	0.1
			永久性自然人流动	0.02
业务限制	法律中专业服务规定的行为	0.05	管理的许可要求	0.02
	多边专业服务惯例	0.05	其他限制	0.02
	广告营销	0.05	短暂自然人流动	0.01
	费用设置	0.05		

表10-14　　　　　　　　行业限制严厉性赋值

类别	限制程度	分值
银行许可限制	不颁发新的银行许可证	1
	最多只发三张	0.75
	最多只发六张	0.5
	最多只发十张	0.25
	不限制	0

最后，根据上述分值和权数进行加权计算，可得到各部门的两组服务贸易限制性指数——国外指数和国内指数。前者可用于衡量国外服务提供者进入各国或开展业务的限制，后者反映对国内所有服务提供者的限制，两者的差额可以衡量一国对国外服务提供者的歧视程度。

与Hoekman指数相比，澳大利亚小组的贸易限制指数在信息含量上更丰富，但它对数据及资料来源的要求也更高。由于对具体的贸易限制进行细分，后者能够更精确地衡量壁垒的实际大小，对具体行业的解释能力会比较强。但它对不同部门和限制的分别赋值，降低了行业间比较的可行性，适用范围相对会窄一些。而且由于测算方法中的赋值常依赖于研究者的经验判断，主观性较强，也导致改进的澳大利亚小组指数可信度较前者要差。当然，也有部分研究运用因子分析（或主成分分析）来降低主观经验判断对测算结果偏差的影响。但这种分析方法也可能导致自相矛盾的结果，越重要的限制措施要是被各国广泛地使用，国家间的变化就会很小，导致该要素的因子权重反而变得很低。

因此，贸易限制指数更适用于对特定行业的研究，但研究涉及多个国家、多个行业，且缺少具体可比性的详细数据时，Hoekman 指数更具有意义。

（3）服务业 FDI 壁垒的测量。

FDI 壁垒也构成了服务贸易领域的一种壁垒。但在早期的研究里很少将 FDI 纳入服务交付方式的多国研究中，1997 年，Petri 首次开展了这项工作。然而多国研究中即使纳入 FDI 因素，也多是针对单一部门的研究，而鲜见多部门分析。Hardin 和 Holmes 于 1997 年利用实际限制信息，对 15 个 APEC 成员的多种服务部门的 FDI 壁垒进行了研究。它们构造的限制指数方法与澳大利亚法相同。

对主要取自于 APEC 成员单边行动计划和 APEC 成员经济体投资制度指南的限制信息分为 5 类，并根据对这些限制经济成本的主观判断指定分值，从完全禁止 FDI 的 1 到完全开放的 0 不等，而后为每个 GATS 次部门加总分值，并进一步为 11 个大部门加总分值（用次部门指数简单加权得到）。

2. 数量指标法

数量指标法是通过比较没有壁垒情况下（即自由贸易）的贸易额与存在壁垒时的实际贸易额的差异来衡量服务贸易壁垒。

由于现实中并不存在没有壁垒情况下的贸易额，因此自由贸易额的测算是该方法的一个难点。通常做法是，根据某些标准贸易模型（如 H-O 的比较优势模型、Helpman-Krugman 的产品差别化模型以及引力模型等），构造一种接近自由贸易的理想情形，用计量模型回归估计残差（实际贸易水平与模型预测水平差额）或各种虚拟变量来以间接度量壁垒规模。

3. 财务指标法

财务指标法，又称价格指标法，是通过国内价格（存在限制情况的价格）与国外价格（没有进入壁垒的市场价格）的差异来估计壁垒规模。国内价格与国外价格差额可类似于关税壁垒的形式。由于各国服务产品和市场结构的异质性，以及服务价格数据可获得性较差，该方法的应用也具有一定的难度。因此需要寻找服务价格的替代方法。

Francois 和 Hoekman 是利用营业毛利率来构建价格指标对贸易壁垒进行测量的早期学者，他们认为可以利用证券交易所列出的历年企业财务数据来计算其营业毛利率，即总营业利润与总营业之间的比值，从而显示出不同企业之间的相对获利性和可能存在的进入壁垒的相对大小。营业毛利率的计算公式为：

$$营业毛利率 = (总销售收入 - 总平均成本)/总平均成本$$

相应的数据可从股票交易所企业各年的财务报告中获取，通过计算营业毛利率，可以比较不同行业的相对获利性，进而衡量行业的壁垒规模。一般而言，若剔除其他因素，毛利率越大，间接说明壁垒越高。将样本国利润率与"自由贸易"基准国平均利润率做比较，或以制造业为基准（因为大部分服务业毛利率水平高于制造业水平）进行比较，可以衡量不同国家或行业的壁垒规模。通常来看，服务业比较发达的国家，服务业的竞争越充分，营业毛利率就越低，贸易壁垒水平也越低。

利用营业毛利率法来度量服务贸易壁垒水平，使跨部门和跨国比较成为可能。但它最合适的分析场景是，那些有较高开放水平的市场经济国家，且市场上没有新的国内竞争中者而只有国外竞争者进入的情形。对于存在较强政府干预的地区，市场的价格规律无法有效运行，行业毛利率的下降就不能真实地反映壁垒的削减情况。

总的来说，上述三类测量服务贸易壁垒的方法各有优缺点，其适用范围也存在差异。

在信息含量与数据及资料来源要求上。频度指标仅以成员国承诺表为基础进行测算，一国没有在承诺表中作出承诺的都将被视为有限制看待，它只能反映显性壁垒。财务和数量测量法的信息含量比频度测量法更丰富，不仅可反映显性壁垒，而且能反映隐性壁垒。但它们对数据与资源的要求也高，计量模型较难界定，且不同服务部门之间的可比性较差，限制了其使用范围。

从提供贸易谈判的角度看，频度工具测量法能够为衡量谈判目标国的服务贸易壁垒水平和自由化进度提供充足的信息，更适合作为贸易谈判的参考。一般而言，频率指标更适用于考察开放的起步阶段，而财务和数量指标则更能够反映开放的结果。

（二）服务贸易壁垒影响的测量

影响指标的测量一般是以前述提及的几种规模指标之一为参数值，对所构建的经济模型进行校正而计算所得。对服务贸易壁垒影响的测量，实际上就是测量服务贸易壁垒的存在与取消如何影响各部门之间和各国家之间的竞争条件、生产率、资源配置和经济福利，即研究服务贸易自由化的经济效应。通常有两种方法构建经济模型：一种是采用一般均衡分析法，构建可计算一般均衡（CGE）模型（常用的有全球贸易分析项目 GTAP 模型和世界生产与贸易的密歇根模型等）对服务贸易壁垒对整个经济的影响进行分析；另一种是采用局部均衡法，利用供给曲线和消费曲线，对单个服务部门壁垒的经济效应进行分析（包括对生产者、消费者、政府和整体社会净福利的影响），该方法还关注一个行业的政策与市场结构，可以有效运用于对某种特定服务贸易壁垒的评估。

其中，在一般均衡分析中，有的研究直接采用货物贸易自由化的研究模型，没有区分不同的服务贸易方式，有的则引入外国直接投资（FDI），不仅考察跨境交付的服务贸易，而且考察了商业存在的服务贸易。各类研究发现，服务贸易自由化会带来生产率的变化，投资回报率的提高与福利的增加。目前，各学者对服务贸易壁垒的影响研究，得到的主要结论有：

第一，如果假设市场竞争是不完全的，考虑了规模经济的效应，服务贸易自由化得到的收益会比较大。

第二，引入服务部门的外国直接投资的研究也考察了资本重新配置的效应。

第三，通过服务贸易传递的技术外溢效应是服务贸易自由化收益的重要来源。

第四，在收益分配问题上，初始服务贸易壁垒较高的国家从服务贸易自由化过程中得到的收益也较大。对发展中国家服务贸易壁垒的估计一般比较高，因此发展中国家是服务贸易自由化中主要的赢家。

第五，当只涉及单一类型的服务贸易限制被取消时，很难使一些经济体从部分贸易自由化中获利的同时，而不会损害其他经济体的利益。这意味着，实现服务贸易自由化的最优策略，是通过谈判同时使所有类型的限制都得到逐步的削减。

通过一般均衡分析，可以对全球范围内服务贸易壁垒进行整体评价，也可将服务部门与其他经济部门联系在一起，分析贸易壁垒和相关政策对多个国家、多个部门的经济影响，从而可为进一步的贸易谈判提供借鉴。但该分析方法依赖于服务贸易和服务贸易壁垒的数据以及模型的构建，而且不能考察全部的服务贸易模式（如自然人移动）。

从前述的分析可以看到，规模指标仅能告诉我们服务贸易壁垒的大小，在实际贸易谈判中，规模指标更具有指导实际操作的意义，而影响指标能为我们提供更丰富的信息，包括资源如何重新配置、消费者福利和厂商福利如何变化等，都可以从影响指标的分析中获得。它有助于人们了解服务贸易自由化的好处，使贸易自由化得到各国政府的支持。同时也能够为政府在服务贸易开放次序和开放速度方面提供决策参考。但对壁垒影响的测量需要大量数据和资源的支持，其分析结果对模型假设和结构高度依赖，也会影响测量分析结果的精确度和可信度，在进行贸易谈判前，将规模指标与影响指标结合起来考察，同时有必要比较不同测量方法所得结果的差异，以确定更优的谈判方案。

第四节　国际服务外包

随着全球技术进步和产业升级的加快，全球产业转移逐渐从制造业向服务业延伸，20世纪80年代以来，服务外包异军突起，一些发达国家跨国公司为节约成本、提高运营效率和强化核心能力，开始将其非核心的IT服务业务外包给其他更低成本的专业服务提供商。经过多年的发展,服务外包市场规模迅速扩大,业务范围也由最初的 IT 信息技术外包(ITO)扩大至更高层次的业务流程外包(BPO)乃至知识流程外包(KPO)。服务外包成为跨国公司进行业务调整和转移、寻求全球战略布局和提升国际竞争力的新方式,推动了当代服务业生产方式变革。

一、外包与服务外包

(一)外包的概念与分类

外包(outsourcing)一词,在 1990 年哈默和普哈达(Gary Hamel and C. K. Prahalad)为《哈佛商业评论》所写的题为《企业的核心竞争力》(*The Core Competence of the Corporation*)[①] 一文中首次出现。它由 out 和 sourcing 两个词组成,意为"从外部寻找资源"。在经济活动中,它一般是指企业的生产活动从内部转移到外部。科贝特(Corbett,2004)将外包定义为企业或其他机构将过去自我从事(或预期自我从事)的工作转移给外部供应商。2008 年联合国《国民账户体系》(SNA 2008)将产出范围划分出"G 中间消耗"类别,并在第 8 条中把"外包"产出单列。

但并不是所有企业从内部转移到外部的活动都属于外包。例如,IBM 把 PC 业务出售给联想,对 IBM 来说 PC 业务发生了"从内到外转移",但这种活动不属于外包范畴,而是整个业务的转手出售。企业业务可分为核心业务和非核心业务,后者又可分为核心业务相关业务、支持性业务与可抛弃业务。外包的基本特征在于外包企业保留有特定产品的生产供应,只向外部转移产品生产中的某些特定工序或流程活动。其目的主要是提高生产效率或降低成本,而将非核心业务转移给企业的外部供应商,以使企业更专注于核心业务和更快地适应市场的变动。

因此,外包是指特定企业在保持最终产出或产出组合不变的前提下,把生产过程涉及的某些环节区段的活动或工作,通过合同方式转移给外部厂商来承担的经济活动。从实质上讲,外包属于产品内分工,是产品生产过程中的不同工序、区段和流程,被拆散分到不同企业,在不同空间进行,形成以工序、区段和环节为对象的分工体系。

按照产出的两种基本形态——物品和服务,可将外包依据转移或交易对象的不同分为制造外包和服务外包。制造外包又称生产外包,其转移或交易对象为制造加工零部件、中间产品的工序活动,或以中间产品、半成品、最终产品的组装或总装为对象的活动,如国际贸易中的委托加工、补偿贸易等即属于这种类型的外包。服务外包继制造外包之后,成为全球外包市场发展趋势。服务外包的转移对象是特定服务活动或流程,接

[①] Prahalad C. K., Hamel G. The Core Competence of the Corporation, Harvard business review, 68 (3), 1990: 79–91.

包方为发包方提供的是定制服务，并作为发包方商业活动的中间环节或中间投入，而非最终产品，也不是如制造外包一般提供的是有形产品。例如，A 公司承接 B 公司的产品外包装生产，该活动属于制造外包；若它承接的是 B 公司的外包装设计，则属于服务外包范畴。

（二）服务外包的定义

《商务大词典》将服务外包定义为：依据双方议定的标准、成本和条件的合约，把原先由内部人员提供的服务转移给外部组织承担。如法律、运输、餐饮、保安等传统外包服务，及 IT、培训、公关等新兴外包领域。

BPM6 中，服务外包是公司与另一家（专业）公司签约，由后者提供原属于公司内部职能的服务。

国际数据公司（IDC）认为 IT 外包（ITO）和主要水平业务外包（BPO）共同组成了服务外包。与此相似，GARTNER 按照最终用户与 IT 服务提供商所使用的主要购买方法分，IT 服务市场分为离散式服务和服务外包。其中，服务外包也分为 IT 外包（ITO）和业务流程外包（BPO）两类。

2007 年中国首次发布了《服务外包统计报表制度》（以下简称《制度》），对中国的服务外包统计进行规范，经过 2012 年、2015 年的修订，服务外包的内涵和外延有了更为科学的界定。2012 年版《制度》中，服务外包是指"机构将原本由内部完成的非核心业务剥离出来外包给外部专业服务提供商，并借助信息技术和现代通信手段进行交付的经济活动"。企业通过价值链重组来将有限资源集中于其核心业务上，可以达到优化资源配置、降低成本、提高效率，从而增强企业核心竞争力的目的。2015 年新版《制度》将服务外包的定义修订为"指专业服务供应商通过契约的方式，为组织（企业、政府、社团等）提供服务，完成组织内部现有或新增的业务流程中持续投入的中间服务的经济活动"。

中国新版定义与 2012 年版定义的差别主要在于：①由原先的发包方角度转变为接包方角度，更符合中国支持接包、深化分工的政策导向；②放宽对核心业务外包的限制，体现了技术进步和产业转型升级的趋势；③取消信息技术和现代通信手段交付的限制，更符合服务外包垂直行业发展方向。

服务外包的新版中国定义，不仅是基于中国服务外包发展实际制定，更可与 NASSCOM（印度软件与服务外包企业联合会）、IDC（国际数据公司）统计体系接轨，其在参与主体、本质属性、业务范围、合同周期等四个方面都有着明确的规定。

①参与主体。服务外包的参与主体涉及发包方（服务购买方）和接包方（服务提供方）两个方面。这里的发包方包括企业、政府机构、事业单位、社会团体等各类组织，接包方指具有业务经验及专业资质的服务提供商。无论是发包方还是接包方都是

指组织，而非个人。因此，B2B 的模式属于服务外包，而 B2C、C2C 等都不属于服务外包范畴。

②本质属性。服务外包本质上是发包方利用外部专业服务商的智力资源，承担自身经营环节中需要投入的中间业务流程或职能，以达到降低成本、提高效率、提升竞争力等目的，归根结底其本质目的是优化发包方产出目标或提高效率。

③业务范围。在发包业务的选择上，不再拘泥于非核心业务或辅助业务流程，而是随着对接包方管理控制力及接包方业务成熟度的提高，将部分中间业务或流程交由接包方完成，但是不包括法定必须由第三方提供的专业服务。

④合同周期。接包方和发包方以签订契约的方式执行合约相关内容，既包括短期、定制的服务内容，也包括长期、持续性的服务内容。

（三）服务外包与服务贸易关系

服务外包是服务贸易的一种重要实现方式，但并非所有的服务外包都属于服务贸易，通过离岸方式和通过外国附属机构实现的服务外包才能归入服务贸易范畴。按照 GATS 中的服务贸易定义，服务贸易分为跨境交付、境外消费、商业存在和自然人流动四种类型。服务外包的交付方式决定了服务外包的贸易类别归属。

服务外包的早期业务模式为接包公司派遣员工到发包公司完成相应的外包业务，这种人员派遣方式的服务外包应属于服务贸易中的自然人流动。随着越来越多的跨国公司在接包国设立离岸开发中心，以承接母公司的离岸外包业务，这类服务外包方式属于服务贸易中的商业存在。此外，接包公司通过电子方式，如电话、传真、互联网等实现外包交付时，属于服务贸易中的跨境交付。

（四）服务外包产业的特点

1. 资源消耗低、环境污染少

与传统制造业外包相比，服务外包属于低消耗、低污染的绿色产业。服务外包对经济增长的贡献率是来料加工制造业的 20 倍，而资源和能源消耗只有制造业的 20%，污染排放极低。

2. 依赖于信息技术的基础支持，以人力资源为核心，具有高增加值

服务外包依赖于计算机、互联网技术与人力资本的紧密结合，属于知识、技术密集型产业。其产业载体为信息，对人力资源的知识和技能水平要求高，因此其所体现的增加值也高。制造业的增加值最高不超过 15%，而服务外包的增加值可达 100%。

3. 发包方与接包方之间为合同关系

服务业的国际化途径有国际贸易和国际投资两种方式，服务外包是国际服务贸易的一种类型，它与服务业的对外直接投资（FDI）都可以带动产业的国际转移，虽然都是为了追求企业的利润最大化，但仍有着本质上的差异。一般而言，FDI 是"国内一体化"在国家间的延伸，但并未超越企业边界，投资方往往要参与被投资企业的生产经营活动，母公司与子公司主要通过产权联系起来，母公司对子公司拥有所有权或控制权；服务外包是"国内外包"在国家间的延伸，发包方不直接参与接包方的生产经营活动，两者是独立的两个企业，之间不存在隶属关系，而仅仅只是合同关系。

4. 不受地域限制

服务外包主要依靠信息技术和网络传播，传播速度快、质量高，而且对业务发生的地域限制小。

5. 可度量性差

同一服务会由于提供者的知识、技能水平差异而存在差异，即使是同一服务提供者的服务也会因接受者的水平、感受和体验的不同而做出差别的价值判断，因此服务外包的成果也难以量化，各外包产品价格差异大。

二、国际服务外包的类型

通过外包把一体化的生产系统拆分为以特定工序和流程为基本单元的产品内分工系统，也使特定的生产环节有可能取得规模经济的效益。国际服务外包形式多样，总体来看可以划分为以下几种类型。

（一）按外包的部门划分

1. 服务产品生产的服务工序流程外包

以服务为最终产出的服务企业或机构，把某些内部生产性服务活动或流程转移给外部提供。如美国银行和一些金融机构把回应顾客咨询的呼叫业务委托给印度或菲律宾的呼叫中心提供。

2. 物品生产过程中某些支持性服务流程外包

制造业等非服务企业或机构，把某些内部生产性服务活动或流程转移给外部提供。如联想把笔记本电脑生产需要的部分 IT 支持服务流程外包给 IBM。

（二）依据地理分布划分

1. 在岸服务外包（onshore outsourcing）

又称境内服务外包，接包方承接的是本国境内企业的服务外包业务，接包方和发包方属于同一国的法人，可以是本土企业，也可以是投资该国的外国企业，如图 10-7 所示。美、日、欧企业为保证外包的质量将外包业务发给在岸的接包方，如 IBM、EDS、

Accenture、NTT Data、BRI、NEC 等。

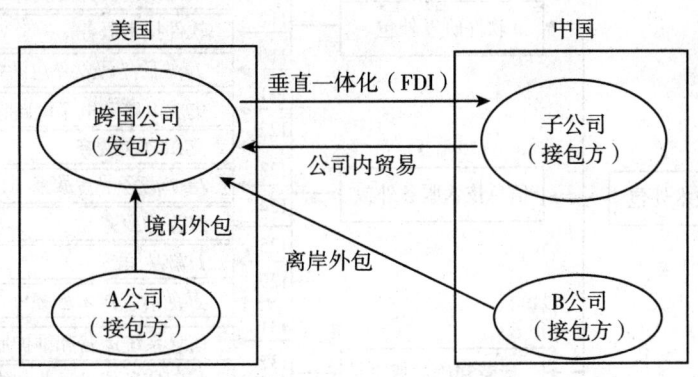

图 10-7 服务外包示意图

2. 离岸服务外包（offshore outsourcing）

离岸服务外包是企业将其服务业务转移给其他国家的独立企业的一种外包模式，它又被称为国际服务外包，接包方和发包方为不同国家的法人，属于国际服务贸易的一种。离岸服务外包可以利用其他国家的廉价劳动力来大幅降低成本和更好地满足全球各地客户的服务需求。此类外包以美国为代表。开展离岸服务外包，成本是首要的考虑因素，其次是接包方的知识产权保护状况、技术能力、服务质量和服务供应商能力等因素。因此，印度、中国、菲律宾等发展中国家以其较低廉的人力资源成为离岸服务外包的主要接包方，如印度成为全球最重要的软件接包大国，其中一个原因就在于其劳动力成本优势。在发达国家离岸外包中，还有一种是以欧洲、日本为代表的近岸外包，其主要选择与本国距离较近和文化接近的地区进行服务外包。如欧盟偏好于选择东欧国家和俄罗斯为外包承接地，而日本的外包业务约有一半在中国进行。

（三）依据业务类型划分

中国《服务外包统计报表制度》以服务外包的水平业务为基本要素，将服务外包分为 3 个门类、9 个大类和 35 个中类。3 个门类按对接包方技术要求和附加值的逐渐提升，分别为基础操行型的信息技术外包、中端技能型的业务流程外包和高端智力型的知识流程外包三种形式（具体类别参见图 10-8）。

1. 信息技术外包（information technology outsourcing，ITO）

ITO 是最早的服务外包形式，服务外包就是从软件开发外包和测试外包开始逐渐发展起来的。它是指发包方（企业、政府或其他社会机构）以合同的方式委托信息技术服务提供商向发包方提供部分或全部的信息技术服务功能。它主要包括系统操作服务（operation services）、系统应用服务（application management）和技术支持服务（help desk management）等。

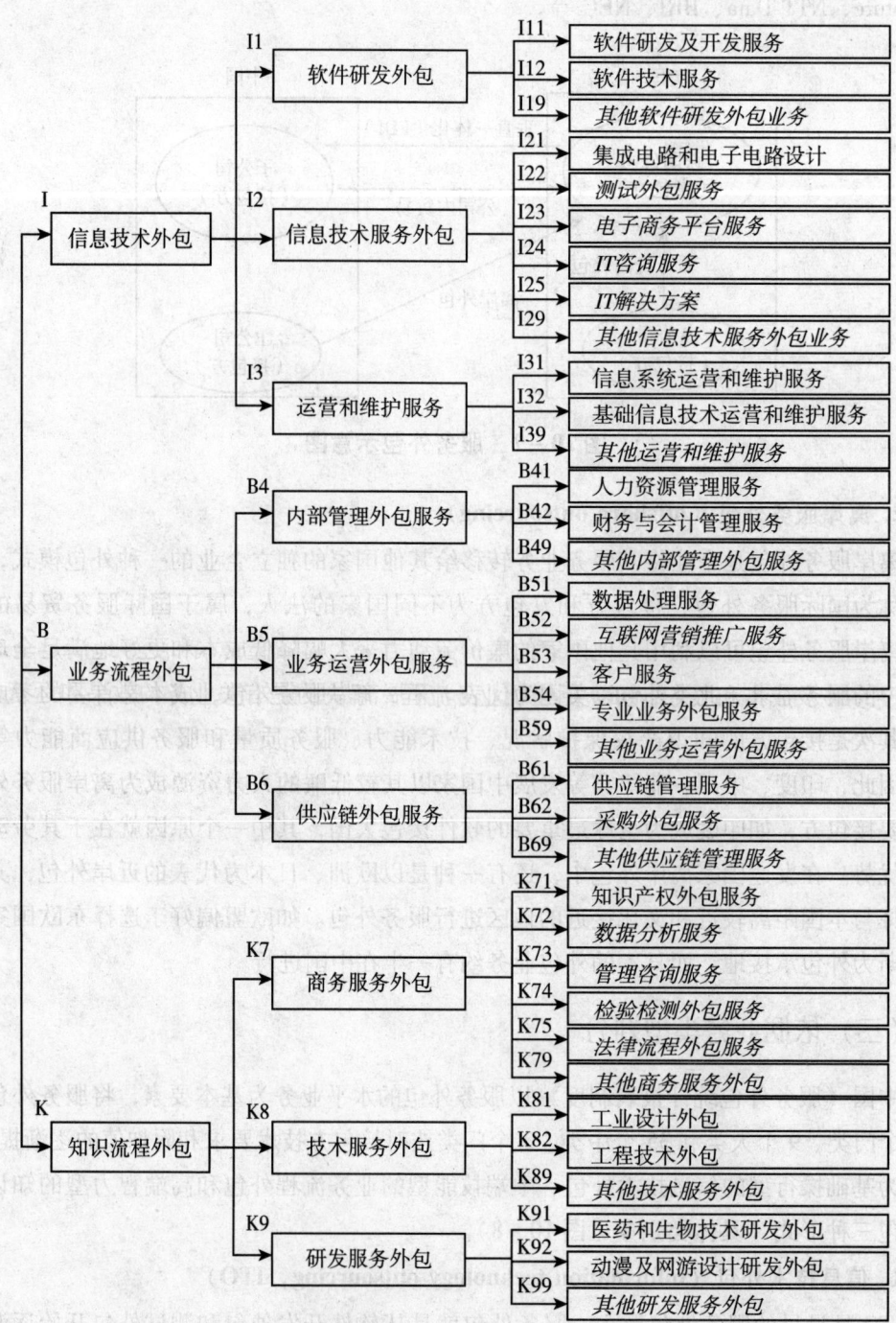

图 10-8 服务外包统计分类

注：斜体表示 2015 年版《服务外包统计报表制度》新增及调整的内容。
资料来源：《服务外包统计操作指引》。

2. 业务流程外包（business process qutsourcing，BPO）

BPO 指服务外包发包商将一个或多个原本为企业内部的职能转移给外部服务提供商，由后者拥有、运作和管理这些职能。这种形式的服务外包主要是一些重复性业务流程，如人力资源管理、供应链管理、客户服务、财务会计、物流、后勤服务等。BPO 的开展也必须依托 IT 技术，它不把有形产品作为载体，而是利用接包方的廉价劳动力，并把信息技术与业务流程紧密结合起来而形成业务流程或某些业务活动的信息化，因此也被称为基于 IT 的服务外包，即 IT–BPO。BPO 的业务范围涉及 IT 制造业、金融、保险、医院和消费品业等众多行业。

3. 知识流程外包（knowledge process outsourcing，KPO）

KPO 是在 BPO 基础上发展起来的一种服务外包业务模式，指发包商委托接包商通过多途径获取的大量信息经过即时、综合分析后形成的报告，作为决策的依据。其业务重点集中在企业价值链流程的高端，需要有高知识含量的分析和研究，因而对提供外包服务的人员素质要求较高，需具备较强的专业分析能力和判断能力，目前在诸如知识产权研究、医药生物技术研发、数据分析、金融保险研究等领域已开展 KPO。

上述三种业务种类都是基于 IT 技术的服务外包，但侧重点有所差异，ITO 强调技术，更多涉及成本和服务；BPO 更强调业务流程，解决的是有关业务的效果和运营的效益问题；KPO 则是帮助客户研究解决方案。后两者所具有的意义和影响更重大。

三、服务外包主要行业

（一）服务外包行业结构

从服务外包业务层级架构来看，可分为三个层面，从底层的操作外包到职能外包再到战略外包，外包服务的战略价值在逐渐提升、对服务商的专业性要求和对高级人才的需求也越来越高。

操作外包指企业将一项业务中的一个或者多个业务操作环节上的管理与执行转移给外部服务供应商的外包形式，这些业务重复性高，易于实现流程标准化和自动化，因此外包的附加值较低，主要以规模取胜；职能外包是将一项以上的完整的业务流程或业务职能的管理与执行转移给外部服务供应商的外包形式，外包提供商将参与业务职能的决策，因此此类外包主要是以专业取胜，对行业及职能专家的要求较高；而战略外包是以整个企业战略规划、整体业务流程改造为目标的外包服务，会影响到企业战略定位与决策，这一层面的服务外包附加值最高，通常以价值取胜，因而对高级人才的要求也最高。随着信息技术的发展，外包业务也由 1∶1 特定客户解决方案的传统交付方式，向 1∶N 标准解决方案的网络远程交付方式转变。服务外包产业的"金字塔"结构如图 10–9 所示。

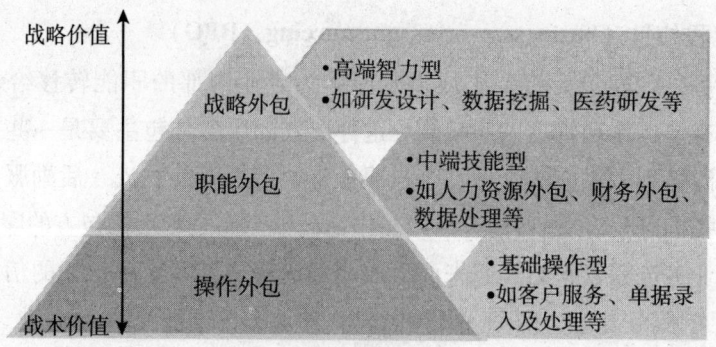

图 10-9　服务外包产业的"金字塔"结构

（二）服务外包主要行业与企业

IBM、埃森哲、塔塔集团等都是跨国服务外包行业的知名企业。虽然中国的服务外包起步较晚，但经过十多年的发展，离岸服务外包规模已跻身世界第二位，在各个业务领域也形成了一批创新性强、有代表性的服务外包企业（见表 10-15）。

表 10-15　　　　　中国服务外包市场领先企业（排名不分先后）

类型	ITO	BPO	KPO
企业	文思信息技术有限公司 东软集团股份有限公司 海辉软件（国际）集团公司 浙大网新科技股份有限公司 大连华信计算机技术股份有限公司 中软国际有限公司 浪潮集团有限公司 新宇软件（苏州工业园区）有限公司	华道数据处理（北京）有限公司 软通动力控股有限公司 柯莱特信息系统有限公司 上海微创软件股份有限公司 易才集团 华拓金服数码科技有限公司 飞翱集团 北京立思辰科技股份有限公司	药明康德新药开发有限公司 尚华医药研发服务集团

1. 软件与信息服务外包

软件与信息服务外包是软件和信息技术服务业的重要组成部分。软件与信息技术服务业是指利用计算机、通信网络等技术对信息进行生产、收集、处理、加工、存储、运输、检索和利用，并提供信息服务的业务活动。软件与信息服务外包就包括向客户提供信息技术外包服务和基于信息技术的业务流程外包服务两种类型。

企业对于软件及信息服务外包的绝大多数需求来自职能层与操作层。目前在国内，大多数软件及信息服务外包是隶属于某个或者某些职能之下的某项业务操作的外包，称为操作外包，而并非完整的业务职能的管理外包。

2. 医药外包

医药外包是指医药企业采用购买第三方服务的形式，承包方负责合同范围内的研发、生产或销售业务部分，并承担相应业务投资风险。医药外包业务范围覆盖药物生命周期的各个主要阶段，医药外包企业一般可分为 CRO、CMO、CSO 等类型。其中，①研发外包组织（contract research organization，CRO）是通过合同形式向制药企业提供新药的临床或临床前研究等服务的专业机构，承担某些新药研制试验和申报注册的工作任务，主要服务于新药上市及之前的阶段；②加工外包组织（contract manufacture organization，CMO）是指接受制药公司合同委托，提供药品生产所需工艺开发、配方设计、临床试验用药、原料药、中间体、制剂生产、包装等服务的机构，主要服务于新药生产阶段；③销售外包组织（contract sales organization，CSO）是受制药公司的销售委托，承担药品销售推广工作的专门组织，主要服务于新药上市销售阶段。

根据统计，生产部分投入占到药品总成本的 30%，将这部分成本外包转移给 CMO，可以有效利用其规模效应扩大生产，减少药企固定资产投资压力。由于亚洲国家和地区的成本仅相当于欧美发达国家的 50%，成为 CMO 外包的主要市场。其中印度更是 CMO 的吸引中心，它拥有 100 多家获得 FDA 认可的制药厂商，是除美国以外获得此认证最多的国家。

3. 金融外包

金融外包是指金融企业持续地利用外包服务商（可以是集团内的附属实体或集团以外的实体）来完成以前由自身承担的业务活动。外包可以是将某项业务（或业务的一部分）从金融企业转交给服务商操作，或由服务商进一步转移给另一服务商（即"转包"）。

金融外包始于 20 世纪 70 年代的欧美，证券行业的金融机构为节约成本，将一些准事务性业务（如打印和存储记录等）外包。经济全球化进程的加快和信息网络等技术的日益进步，致使金融服务外包产业应运而生，且在全球范围内逐渐形成了分工协作的链条，从而成为一种新的全球产业组织形态。在 ITO 服务、BPO 服务和 BPO 服务三大金融服务外包类别下又分为众多细分金融服务类别，遍布各个金融服务产业链。美国、英国、德国和法国是全球最重要的金融服务外包发包地，印度是金融服务外包的最大受益者，在金融离岸外包市场中，印度的市场占有率达 80%，并以 20% 的年增长率持续增长。相比之下，国内金融外包仍在起步阶段，随着国家政策的不断落实，以及国内金融业的发展，金融外包服务有望获得较大的发展空间。

4. 数据中心外包

在信息化社会，数据是企业的命脉。如何高效安全地利用和存储海量数据，并科学地分类归档以及有效地管理是保障企业业务连续性的重要基础。受场地空间、能耗以及成本的限制，自建数据中心并不是许多企业的最优选择，因而企业对数据中心的外包需求也就应运而生。

IDC 业务是互联网数据中心（internet data center）业务的简称，属于第一类增值电信业务（B11 类）。IDC 外包是指利用相应的机房设施和互联网，以外包出租的方式为用户的服务器等互联网或其他网络相关设备提供放置、代理维护、系统配置及管理服务，以及提供数据库系统或服务器等设备的出租及其存储空间的出租、通信线路和出口带宽的代理租用和其他应用等相关增值服务。

（三）国际服务外包的几个经典案例

1. ICT 融复合服务外包——韩国三星 SDS 公司

三星 SDS 是全球著名的 ICT 服务商，一直对外接包各类海外智能城市等项目，提供教育、医疗、安保、交通等多样化融复合 ICT 服务，在海外拥有共 29 个分支机构。

三星 SDS 承接各类新兴国家公共基础设施外包项目。自 2006 年起，三星 SDS 曾先后承接斯里兰卡 475 个政府机构行政网络构建项目，项目总额超过 2000 万美元。此外，还承接了斯里兰卡国税厅电算网构建项目，以及越南、哥斯达黎加政府电子采购系统项目，并逐步出口周边国家。

2010 年，三星 SDS 曾成功获得科威特油井设施安保系统综合项目服务外包合同，合同数额达 4.4 亿美元。三星 SDS 负责构建物理、智能及 IT 安保在内的综合安保系统，用以帮助科威特监控全境 92 个油井设施。这是当时韩国国内 ICT 服务领域最大规模的海外项目。

三星 SDS 还是"数字化空间智能"（smart converged space，SCS）服务领域最领先服务供应商之一。2012 年，三星 SDS 获得全球最大石油生产商沙特阿拉伯 Aramco 公司建于阿拉伯札哈兰的世界文化中心 IT 项目，这是韩国最大规模的数字化空间智能服务领域项目。此后，三星 SDS 还获得英国伯明翰大学、牛津大学图书馆智能系统外包项目等。三星 SDS "数字化空间智能"服务还出口至越南、蒙古国、哥斯达黎加、突尼斯、马来西亚、印度、中国、美国等国。

2014 年，三星 SDS 的海外销售额达到 3.4988 兆韩元，较 2013 年增长 28.1%，并希望继续提升海外销售比重。

三星 SDS 的部分数字化空间离岸外包项目如表 10 - 16 所示。

表 10 - 16　　　　三星 SDS 的部分数字化空间离岸外包项目

年份	国家	项目内容
2013	英国	牛津大学 Bodleian 图书馆智能融合空间项目
2013	巴西	圣保罗国际机场智能融合空间项目
2013	阿联酋	迪拜公园智能融合空间项目
2013	美国	麦当劳数字化商店项目
2011	美国	Ratail 银行服务设计咨询及内容管理项目
2010	沙特阿拉伯	世界文化中心 IT 项目

资料来源：朱苏远. 服务外包全球化案例分析. 上海情报服务平台. http：//www.istis.sh.cn/list/list.aspx？id = 10882.

2. IT 服务外包——中国东软集团

20 世纪 80 年代末,柯达公司宣布将其 IT 功能定向给 IBM、DEC 及 Businessland 来实现,高达 1 亿美元的柯达公司外包合同成为 IT 外包服务发展的一个重要里程碑,后来被称为"柯达效应"。此后,越来越多的企业将自己的 IT 业务外包以节约成本,提高效率。中国的 IT 服务外包始于 1998 年,以惠普为爱立信(中国)提供 IT 服务外包作为开端。初期,IT 服务供应商仅限于少数国际大公司,国内企业极少涉及。随着中国 IT 服务外包行业的迅速发展,本土软件企业中涌现出一批颇具实力的 IT 服务外包供应商,如东软集团、中软国际、文思信息等公司。

作为中国一家大型的 IT 服务提供商和 IT 解决方案提供商,东软集团在中国的软件离岸外包市场上具有很强的竞争优势。其提供的服务包括应用开发和维护、ERP 实施与咨询服务、专业测试及性能工程服务、软件全球化与本地化服务、IT 基础设施服务、业务流程外包(BPO)、IT 教育培训等业务。其中,在业务流程外包(BPO)方面,东软面向日本、韩国、欧美等国际市场和国内市场提供多语言、多类别的一站式 BPO 服务,包括客户服务、技术支持、应用系统支持、Help Desk 等 Front Office 外包服务,以及 HR 外包、网站内容服务等 Back Office 外包服务,涉及 IT、教育、政府、通信、互联网、制造、个人消费品等众多行业领域。东软 IT Outsourcing 服务内容主要包括对应用系统、数据库、相关硬件和网络进行日常维护以及故障处理,还可根据客户的现有业务模型及服务需求,为客户定制客户化的服务流程。目前已为海尔集团、宝马汽车、北京电力、山东烟草等知名大型企业提供全面的 IT Outsourcing 服务解决方案。

东软的部分服务外包项目如表 10-17 所示。

表 10-17　　　　　　　　　东软的部分服务外包项目

服务内容	客户应用
应用开发和维护	海尔海外贸易公司 SAP ERP 及外围系统运维 中国五矿 SAP ERP 系统运维 阿尔派中国、匈牙利 SAP ERP 系统运维
ERP 实施与咨询服务	酒泉钢铁(集团)有限责任公司 ERP 实施项目 大连阿尔派电子有限公司 SAP ERP 系统实施项目 海尔集团 LES 二次物流配送系统推广项目
IT 基础设施服务	海尔集团服务器系统、海尔商流和物流 IT 系统外包服务 中国移动集团十省(市)网络系统维护支持服务 中外运数据库系统维护支持服务 中国外汇交易管理中心 IT 设备维护支持服务
客户联络中心	东软呼叫中心

资料来源:东软官网资料整理. http://www.neusoft.com/cn/services/0566/

3. 人力资源服务外包——日本索尼公司

国际上人力资源外包（human resource service process outsourcing，HRSPO）行业已是一个成熟的行业。在欧洲，有60%~70%的企业把人力资源工作外包出去，在美国，这个数字大约是85%。

国际知名企业索尼电子有限公司在美国拥有14000名员工，其中人力资源专员主要分布在七个地点。尽管他们投资开发了一个peoplesoft软件并以此作为通用平台，但索尼所有的人力资源应用软件中，各地统一化的比率仅占18%，因此造成低效率。为了更有效地管理和降低人力资源服务成本，并提升人力资源职能的战略角色，索尼采用了人力资源职能外包方案，与翰威特建立了外包合作关系。在这种新型合作关系中，翰威特提供人力资源技术管理方案和主机、人力资源用户门户并进行内容管理。这样索尼可以为员工和经理提供查询所有的人力资源方案和服务内容提供方便。此外，翰威特提供综合性的客户服务中心、数据管理支持及后台软件服务。

在实施人力资源外包后，除整合和改善人力资源政策外，这一变革改变了索尼80%的工作内容，数据接口数量减少了2/3。2004年，索尼的人力资源部门节省了15%左右的年度成本。

但人力资源服务外包在为企业带来便利和益处的同时，也存在着许多风险，如法律、安全、文化冲突等，需引起高度注意。

4. 云外包服务——美国IBM公司

2013年，IBM将原本低利润的外包业务向外出售，并提出将集中云计算等高利润业务。IBM不仅收购了数十家云计算服务公司，并与一些云计算服务公司展开合作，还表示将在全球五大洲建立15个数据中心，推动云计算服务。截至2014年，IBM已经投资了80亿美元，收购全球18家云服务公司，全球云数据中心的建设投入也已超过10亿美元。数据显示，2014年，IBM的云计算业务收入达70亿美元，增幅高达60%，其中云服务收入达30亿美元，增长75%，是IBM全球外包服务业务增长的主要动力。2014年，IBM在墨尔本、巴黎、墨西哥城、东京、法兰克福等地新增了云计算处理中心。

IBM的云数据中心遍布全球，公司超过120种SaaS（软件即服务）软件服务，并为全球500强企业中前25位中的24家企业提供云计算服务。此外，IBM拥有名为SoftLayer的IaaS（基础架构即服务）基础设施及名为Bluemix的PaaS（平台即服务）服务平台。IBM正在努力帮助既有的及新的外包企业客户，使其外包业务转向IBM的混合云平台。

5. 动漫外包——日本动画公司

日本是全球最大的动漫输出国，国内动漫产业链已非常成熟。但竞争大而收益小的现状给日本动画界带来不少冲击，上下游公司面临业绩大幅下滑或者破产风险。影响力甚大的GONZO、AIC、Manglobe、Studio Fantasia、Artland等制作公司接连倒下。

成立于1992年，以《青色6号》崛起的动画公司GONZO，2004年上市，但最终还是没能逃过2008年的金融危机，并在2009年宣布破产，还被传出隐瞒债务高达23.05亿日元的负面消息。成立于1982年的老牌动画公司Anime国际公司（又称动画国际公司，Anime International Company，Inc.，AIC），是一家著名的动画企划与制作公司，但截至2013年12月，AIC的负债总额高达6亿日元。次年，被母公司以8000日元（500元人民币）的价格，将100%的股份转让给该公司的社长三浦亨。而于1967年成立的TRANS ARTS，自1975年左右开始以1话为单位接受其他动画公司的制作外包，后期经常独立制作整季动画。该公司也于2012年3月30日办理了破产手续。2015年9月底，动画制作公司Manglobe突然宣布破产倒闭震惊业界，激起人们对日本动画制作行业还有几年的激烈讨论。

在进入2016年后日本的动画制作行业依旧理想丰满现实严峻，伴随着2016年下半年几部新番动画宣布延期播出的事情，日本动画业界濒临极限的制作者们已经不堪重负的现状也得到了大规模的曝光，在行业一片哀号的情况下再度出现了动画制作公司倒闭。2016年11月16日，专门做动画外包公司的Studio Fantasia申请破产。

大多数日本动画制作公司在成立初期都会接很多的外包动画制作订单来磨合团队培育业界口碑，但有的动画公司类似PA这样先做外包之后再担任某部动画的主制作公司，有的就是在某些动画制作工序上专精成为专业的细分领域制作公司，例如专做美术背景设定的草薙还有专门做3DCG的Orange，还有的就是干脆一直承接各种动画的外包工作。这样的外包制作公司的好处在于没有很大的经营压力，不用去承担主制作公司在制作动画上面临的巨大风险，但依赖于外包工作也会让外包公司失去了业务上的自主性和独立性。

Studio Fantasia曾以主制作公司身份做过《海底娇娃蓝华》《你所期望的永远》《星空防卫队》《AIKa ZERO》《七虹香电击大作战》等TV动画，《最终兵器彼女》的OVA，还做过R18里番动画和擦边球福利动画OVA等。除此之外就基本上是承接大量的动画外包，如《猫的报恩》《偶像活动》《幕末ROCK》《轮回的拉格朗日》《宇宙战舰大和号2199》《伪恋》《天使与龙的轮舞》《军火女王》等动画的制作。但伴随着业界环境越来越严峻，这家外包公司的业绩也持续低迷，最终走上破产倒闭的道路。2006年9月时，其年收入报告尚有3.84亿日元，而到2015年9月时，其年收入已经只有1亿日元，且背负债务。申请破产时，该公司负债1.9亿日元，约有50名债权人。

上述案例资料来源：①朱苏远．服务外包全球化案例分析．上海情报服务平台 http：//www. istis. sh. cn/list/list. aspx？id=10882；②东软官网资料整理 http：//www. neusoft. com/cn/services/0566/；③人力资源外包成功的例子3个，搜狐网 https：//www. sohu. com/a/113986952_484691；④ACGdoge及其他互联网资料整理。

本章习题

一、名词解释题

国际服务贸易、BOP 统计、FATS 统计、服务贸易壁垒、服务外包、ITO、BPO、离岸服务外包。

二、判断题

1. 服务是不可存储的。   （   ）
2. 服务业与第三产业的范围是一致的。   （   ）
3. 本国在外国境内的附属机构提供的服务是外向型 FATS。   （   ）
4. 外国直接投资企业提供的服务都属于服务贸易范畴。   （   ）
5. BPM6 中，加工贸易属于"服务贸易"项下。   （   ）
6. 判断下列 A 向 B 提供的业务是否属于服务外包？如果是，它们分别属于哪一种类型？   （   ）

（1）A 向 B 提供嵌入式软件；

（2）A 向 B 提供嵌入式软件开发和运营维护 ITO；

（3）A 向 B 提供管理咨询服务 KPO；

（4）A 为 B 代理销售产品；

（5）A 为 B 搭建电子商务平台并提供技术支持 ITO。

三、单项选择题

1. 服务贸易的交易对象是（   ）。

　A. 货物商品　　　　B. 服务商品　　　　C. 机器设备　　　　D. 货币资本

2. 服务贸易总协定的英文简称为（   ）。

　A. GATT　　　　　 B. TRIPS　　　　　C. GATS　　　　　 D. TRIMS

3. 下列不是《服务贸易总协定》所涵盖的服务贸易部门是（   ）。

　A. 国际经济援助　　B. 国际租赁　　　　C. 国际咨询　　　　D. 国际旅游

4. 如果一国的服务提供者在其他国家境内的某商业机构进行提供服务，这种服务贸易形式称为（   ）。

　A. 跨境交付　　　　B. 境外消费　　　　C. 商业存在　　　　D. 自然人流动

5. 一国公民到另一国留学进修属于（   ）类型服务贸易模式。

　A. 跨境交付　　　　B. 境外消费　　　　C. 商业存在　　　　D. 自然人流动

6. 市场准入、所有权或控制权限制、经营限制、外汇管制等属于服务贸易的（   ）壁垒。

A. 产品移动　　　　B. 人员移动　　　　C. 资本移动　　　　D. 信息移动

7. 下列属于 FATS 统计的指标的是（　　）。

A. 销售额　　　　　B. 金融交易　　　　C. 投资寸头　　　　D. 直接投资收益

8. 服务贸易壁垒的大小可用（　　）来测量，在货物贸易方面可以通过考察状况及其对价格的影响来测算贸易壁垒大小和措施实施的效果。

A. 关税水平　　　　B. 配额水平　　　　C. 贸易规模　　　　D. 国内规制情况

9. 《服务贸易总协定》于（　　）正式生效。启动到结束的关税与贸易总协定（GATT）第 8 轮乌拉圭回合谈判中，经各方努力最终达成的服务贸易领域多边贸易协定，由 111 个国家（或地区）的代表在马拉喀什签署。

A. 1986 年 12 月 1 日　　　　　　　　B. 1995 年 1 月 1 日

C. 1994 年 1 月 1 日　　　　　　　　D. 1993 年 12 月 1 日

10. 下列属于服务外包的是（　　）。

A. 承接中间产品的制造加工活动　　　　B. 承接零部件的组装

C. 承接软件开发服务　　　　　　　　　D. 承接运输仓储服务

四、多项选择题

1. IMF 界定的服务贸易（　　）。

A. 采用国境原则

B. 采用国民原则

C. 只研究居民和非居民之间的服务交易

D. 目的在于考察各国服务业的开放程度

2. 下列对转手买卖说法不正确的是（　　）。

A. 货物形态未发生改变

B. 在编报经济体发生货物所有权的转移

C. 货物形态发生改变

D. 在编报经济体之外发生货物所有权的转移

3. 下列计入"别处未涵盖的维修服务"的是（　　）。

A. 各类运输设备的清洁　　　　　　　B. 使货物正常运转的维修

C. 建设工程维护和维修　　　　　　　D. 各类运输设备的维护和维修

E. 为延长货物使用寿命而进行的维修

4. 频度指标可以用来测量（　　）。

A. 服务壁垒的规模　　　　　　　　　B. 服务贸易的对外开放水平

C. 服务贸易的发展水平　　　　　　　D. 显性壁垒

5. 服务外包按业务类型可分为（　　）。

A. BOP　　　　　　B. MPO　　　　　　C. ITO　　　　　　D. KPO

五、案例分析题

阅读下面的案例，分析服务贸易争端的主要解决方式有哪些？并讨论国际服务贸易协调与货物贸易有何不同？

2004年，WTO专家组审结了美国与墨西哥之间的一起关于电信服务贸易的争端，该案是WTO建立以来处理的第一个关于服务贸易的争端，其争议焦点是WTO历来十分关注的电信服务。具体案情如下：

1997年之前，墨西哥的国内长途和国际电信服务一直由Telmex公司所垄断；1997年之后，墨西哥政府授权多个电信运营商可以提供国际电信服务，但根据墨西哥国内法，在国际电信市场上对外呼叫业务最多的运营商有权利与境外运营商谈判线路对接条件，而Telmex公司作为墨西哥对外呼叫业务最多的运营商，自然就享有了该项谈判权利，事实上就拥有了排除外部竞争者的权力，从而引发了希望大举进入墨西哥市场的美国电信业巨头的不满。2000年8月17日，美国以墨西哥的基础电信规则和增值电信规则违背了墨西哥在GATS中的承诺为由，向墨西哥提出磋商请求，之后，美墨双方进行了两次磋商，但未能达成共识。2002年4月17日，根据DSU第6款，成立了专家组，因双方未能在规定期限内就专家组的组成达成一致，同年8月26日，WTO总干事最终任命了以Ernst-Ulrich Petersman为首的三人专家组。另有澳大利亚、巴西、加拿大、欧共体、古巴、日本、印度、危地马拉、洪都拉斯和尼加拉瓜等十国提交了它们的书面意见。专家组分别于2003年11月21日和2004年4月2日作出裁决，提交了中期报告和最终报告。2004年6月1日，经过再次磋商，墨西哥放弃了上诉，正式接受了专家组的最终报告，并就此电信服务争端与美国达成协议。协议中，墨西哥同意废除本国法律中引起争议的条款，并最终同意在2005年引进用于转售的国际电信服务；美国同意墨西哥继续对国际简式电信服务进行严格限制以组织非授权的电信传输。

（资料来源：屠新泉，彭程，孙威. 服务贸易争端第一案——美墨电信服务争端案 [J]. 世界贸易组织动态与研究，2005（12）：35-39+7.）

参考文献

[1] IMF. 国际收支和国际投资头寸手册（第六版）[EB/OL]. http://www.imf.org/external/chinese/pubs/ft/bop/2007/bopman6c.pdf

[2] 经济合作与发展组织. 外国直接投资基准定义（第四版）：252.

[3] 商务部. 2015年中国附属机构服务贸易统计解读 [EB/OL]. 中华人民共和国商务部网站，（2017-06-26）[2018-03-28], http://fms.mofcom.gov.cn/article/jingjidongtai/201706/20170602600114.shtml

[4] 李静萍. 国际服务贸易统计体系的比较研究 [J]. 统计研究，2002，19（8）：

32-35.

[5] 周海静. 国际服务贸易统计手册 2010（MSITS 2010）结构研究 [D]. 东北财经大学，2012.

[6] 户艳辉. 国际服务贸易统计的新进展 [J]. 统计与决策，2014（7）：34-38.

[7] 户艳辉. 自然人流动统计的新进展 [J]. 统计与决策，2014（2）：33-36.

[8] Aaditya Mattoo，Carsten Fink，吴幼华，廖传杰. 论区域协定和服务贸易的政策问题 [J]. 经济资料译丛，2005（3）：20-38.

[9] 吴飞霞. 基于频度与价格指标法比较的服务贸易壁垒研究 [J]. 重庆工商大学学报（社会科学版），2015，32（6）：10-18.

[10] Philippa Dee，蔡玉贞，王洋. 服务贸易壁垒的测量与建模——兼谈澳大利亚经验 [J]. 经济资料译丛，2005（4）：73-96.

[11] 商务部. 服务外包统计操作指引.

第十一章 国际贸易实践

> **引例**

中美贸易摩擦，美国大豆将何去何从？

自 2018 年 3 月，美国启动对钢铁等征收高关税的进口限制后，中国、欧盟、加拿大、墨西哥等国家和地区对美国农产品也征收了报复性关税。而随着中美贸易摩擦的升级，中国于 7 月份开始对美国大豆等商品加征 25% 的关税，美国大豆进口急剧下降。第三季度中国自美国的大豆进口量仅占美国提前采购量的 17%，相比过去十年平均水平下降了 60%。而截至 2018 年 9 月中旬，中国进口美国大豆总量较上年同期的 1200 万吨相比，骤降近 90%，总量仅为 120 万吨左右。美豆进口占中国总进口量的 3%，而上年同期这一数据高达 30% 以上。

作为全球最大的大豆进口国，中国消化了全球出口大豆的 62.6%（2017 年进口量高达 9550 万吨），在过去 20 年，全球大豆贸易增幅的 85% 来自中国。美国市场也严重依赖中国，其大豆出口 6 成以上在中国。随着中国市场的锐减，美国大豆出口面临了不少困难，其价格也自 4 月以来下跌近 20%，达到十年来的最低点。为解决美国豆农售粮难以及大豆损失，特朗普为美国豆农签发了 120 亿美元的补贴。然而这点补贴对于美国豆农来说显得杯水车薪，就拿 2017 年来说，出口至中国的大豆就价值 340 亿美元。不少美国豆农甚至发出了"不要补贴，要市场"的呼吁。因此对美国来说，当务之急就是找到能代替中国的大豆买家。为此，美国多次试图打开欧盟市场，取代中国大豆减少的空缺。

在继荷兰、西班牙、意大利、墨西哥、巴西等国计划增加购买美国大豆后，7 月 25 日，美国与欧盟达成了零税收贸易协议。该协议缓解了此前美欧间紧张的关系。欧盟对此作出让步——同意下调工业税，并从美国进口更多的大豆和液化天然气。虽然欧盟自己也生产大豆，意大利、法国、罗马尼亚、克罗地亚、奥地利和匈牙利都是欧盟主要的大豆生产国，但这些国家加起来的年产量也不过 350 万吨。因此，为了满足食品、饲料和工业用途，欧盟超过 80% 的压榨大豆和超过 60% 的豆粕需要进口（主要是巴西和美国），并因此成为全球仅次于中国的第二大豆进口国。如今双方握手言和，美欧协议刚刚签订完一周，欧盟从美国进口的大豆就飙升了两倍。截至 7 月 30 日的五个星期内，欧盟从美国进口了 36 万吨美国大豆，是去年同期水平的三倍之多。目前，欧盟进口量占据了美国大豆市场的 37%，而去年仅为 9%。除了大豆以外，7 月欧盟由美国进口的豆粕量为 18.5 万吨，远高于去年同期的约 5000 吨。

但即使欧盟扩大进口，也是远水难解近渴。全球大豆进口中欧盟地区只占了约 9.9%，约为 1500 万吨。这还包括了许多来自大豆出口国的大豆进口，如巴西和南美洲等地区。而美国每年的大豆产量约为 1.1 亿吨，其中国内市场消费约占 50%，另有 50% 是用来出口的，出口的这一部分又有 6 成以上出口到中国。仅在 2017 年，美国就向中国出口了大豆 3286 万吨，约占美国大豆总出口量的近三分之一，这个巨大的"缺口"就算两个欧盟都填补不上。而且截至 2018 年 9 月中旬，欧盟实际上总共仅进口了 147 万吨美国大豆。

于是美国又将下一个目标瞄向了日本，然而据了解，日本市场仅仅不过 10 亿美元的体量，即便拿下日本大豆市场，也依旧难以解决剩余的 1600 万吨大豆额度。

路透社专栏作家 Karen Braun 认为，美国农民可能正在成为全球经贸博弈中最大的输家，而美国大豆或将受到永久的创伤。这体现在美国大豆种植户正将"亿吨之国"的大豆市场让出给全球多国农民。

📖 本章学习要点

1. 国际贸易的发展历史；
2. 国际服务贸易的发展状况；
3. 世界主要经济体的对外贸易状况。

当代国际贸易体系包括货物贸易、服务贸易和技术贸易，但在相当长的历史时期中，传统的国际贸易即指国际货物贸易。而服务贸易最初是作为货物贸易的附属物而存在的，如运输业；技术贸易则是随着技术革命的发生和国家间技术转移而出现的。虽然服务贸易和技术贸易在第二次世界大战后特别是 20 世纪 90 年代以来得到了蓬勃发展，近年来年均增速更是超越了货物贸易增速，但后者仍在国际贸易体系中居于主导地位。

第一节 国际贸易发展简史

贸易作为一种商品交换的活动，是人类社会生产力发展到一定阶段才产生的。具有可供交换的剩余产品和私有制的出现，是贸易得以产生的两个基本前提。人类社会的三次社会大分工促进了生产力的不断提升，也由此促使商品交易超越国界，形成国际贸易。

一、古代的国际贸易

（一）国际贸易的萌发

国际货物贸易的产生和发展历史悠久，早期的国际贸易由区域间贸易发展而来。供

国际贸易

给王室和奴隶主等贵族阶级的奢侈品和奴隶是当时的主要贸易品。贯通欧亚大陆的"丝绸之路"成为东西方金银、珠宝、香料、丝绸和瓷器等贸易的陆上交通要道,而中世纪后期地中海海上通道的繁荣,也使西欧势力迅速扩张。早期的国际贸易中心位于地中海东部,公元11世纪以后,国际贸易的范围逐步扩大到地中海、北海、波罗的海和黑海沿岸。至14世纪,全球形成了几个重要的贸易区,在欧洲有地中海贸易区、北海和波罗的海贸易区、东欧罗斯贸易区、不列颠贸易区等,亚洲则有以中国、朝鲜和日本为主的东亚贸易区,占婆(今越南南部)和扶南(今柬埔寨)等国的东南亚贸易区以及以印度为主的南亚贸易区等。

但这一时期自然经济占据主导地位,国际贸易还仅是出于互通有无的目的而交易,多局限于部分区域,各国(地区)间的贸易处于一种不连续、不稳定的状态,还不是真正意义上的国际贸易。

(二)地理大发现后的国际贸易

15~17世纪欧洲航海者"发现"新大陆和开辟新航路等一系列地理大发现加速了资本的原始积累,促进了以西欧为中心的世界市场,也产生了真正意义上的国际贸易。城市手工业的发展是推动当时国际贸易国发展的一个重要因素,而国际贸易的发展又促进了社会经济的进步,并促进了资本主义因素的发展。重商主义成为这个时期西方主流的贸易思想,推动了西欧资本原始积累和资本主义生产方式的发展。

地理大发现引发了长达两个世纪的殖民扩张和殖民贸易。国际贸易商品极大地丰富起来,除了早期的奢侈品和奴隶贸易外,烟酒、茶、咖啡、纺织品等商品开始了大规模贸易。国际贸易不再只是自然经济的互通有无,而是作为主要的谋利手段,成为人类经济活动中的必要组成部分。

二、近现代的国际贸易

世界近代史传统上是以1640年英国资产阶级革命为开始,世界现代史以1917年俄国十月革命为起点。因此,近现代的国际贸易指的是工业革命以后到20世纪末的贸易史。

(一)工业革命后的国际贸易

自18世纪60年代英国发起第一次产业革命开始到19世纪末,工业革命在欧美主要国家率先完成,世界社会生产力水平大幅提高,工业生产力也由西方向全球传播,工业革命极大地推动了各国经济和贸易的发展与繁荣。世界日益成为一个经济整体,形成了一个以西欧、北美国家(地区)生产和出口制成品,其余国家生产和出口初级产品的国际分工和世界贸易格局。

第二次世界大战前的国际贸易主要是较为发达的西方工业国与殖民地等落后的发展

中国家之间的工业制成品与原材料、农产品的贸易。英国作为工业革命的先驱国，依靠雄厚的技术基础，成为世界工业霸主和国际贸易中心国，虽然在后期受到了法国、德国和美国的挑战，在世界货物贸易中所占份额不断下降，但在第一次世界大战前一直位居世界出口第一。

（二）第二次世界大战后的国际贸易

与工业革命后的国际贸易相比，第二次世界大战后的国际贸易发展呈现出以下几个特征。

1. 全球贸易自由化进程加快，各国对外贸的依赖程度不断增强

货物和服务出口总额及占国内生产总值的比重整体都呈现出逐年上升的趋势，各国间的依赖程度日益加深。全球贸易自由化进程加快，国际贸易增长迅速，世界货物出口贸易总额由1948年的590亿美元增长至2016年的15.46万亿美元。近年斯洛伐克、新加坡和匈牙利等国出口依存度高达90%以上，全球货物贸易排名第五位的荷兰该数值也接近90，为86.46%。其他各国的对外贸易依存度也基本呈上升趋势。中国自2006年达到36%的高点后开始逐年下降，2017年中国的出口依存度降为19.76%（见图11-1）。

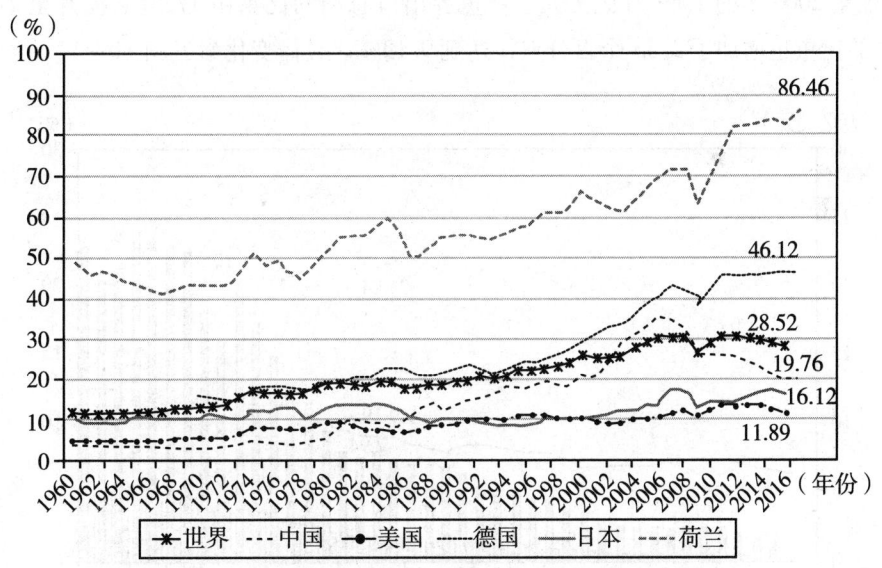

图11-1　世界各国货物和服务出口总额占GDP比例

资料来源：世界银行数据库，https：//data.worldbank.org.cn/indicator/NE.TRD.GNFS.ZS?view=chart.

2. 发达国家在国际贸易中占据主导地位，但市场逐渐多元化

第二次世界大战之后，国际分工体系由垂直分工变成了水平分工，发达国家间的产业内贸易逐渐取代了发达国家和发展中国家间的产业间贸易而居主导地位。但随着发展中国家的崛起，国际市场逐渐多元化。在全球贸易中居于前几位的国家（地区）除了中国、印度等国家外几乎都是发达的高收入经济体,仅美国和德国两国的出口额之和就接近全球的 1/5。据世界银行数据统计,2016 年全球向高收入经济体的商品出口占商品出口总额的比重为 68.9%,该比值曾在 1999 年达到 81.46% 的高点。而向地区外的发展中经济体的商品出口占比最高仅为 26.39%(2013 年),之后缓慢下降,2016 年时降为 25.21%。但从整体趋势来看,发展中国家的贸易份额在逐年上升,贸易增速超过发达经济体,它们在国际贸易事务中也发挥着越来越重要的作用。

3. 货物贸易商品结构不断优化,工业制成品出口比重持续增加

第二次世界大战后工业制成品贸易增速普遍高于初级产品,在国际货物贸易中所占的比重不断增加,而农产品所占比重不断下降。1950 年,工业制成品出口的占世界总出口额约 35%;20 世纪 60 年代,该比重上升至 50% 以上;70 年代受世界能源价格上涨的影响,此数值曾一度在 50%~60% 之间徘徊;80 年代中期以后,工业制成品的出口比重逐渐攀升,2002 年时接近 75%,之后又有所下调,但整体保持在近 70% 的水平。

4. 服务贸易迅速增长,成为世界贸易的重要组成部分

20 世纪 70 年代以来,随着国际分工的深化和产业结构的升级,国际服务贸易迅速增长,1976~2000 年,国际服务贸易年均增速约为 8%,服务出口总额由 1977 年的 0.24 万亿美元增加至 2000 年的 1.69 万亿美元,占世界出口总额的比重由 17.57% 提升至 21.24%,占 GDP 的比重也增加了 2.55 个百分点,达到 9.19%。具体变化参见图 11-2。

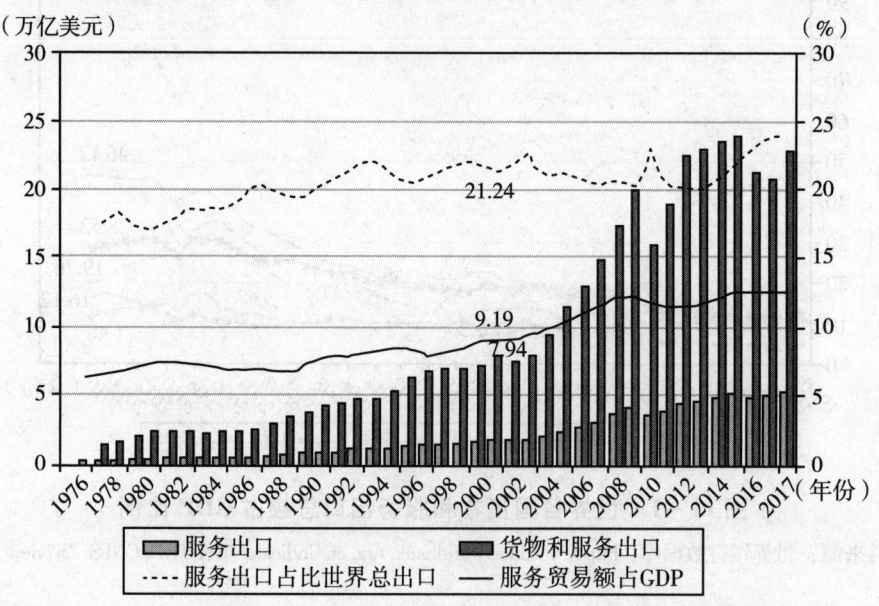

图 11-2 第二次世界大战后世界服务贸易发展情况(1976~2017 年)

资料来源:根据国际货币基金组织的《国际收支统计年鉴》数据整理。

5. 区域集团化趋势发展强劲，区域性贸易迅速发展

第二次世界大战后区域性贸易协定的数量迅速增加，形成两次增长高峰，一次是20世纪70年代，一次是20世纪90年代以来，尤其是后者，呈现出了爆发式增长态势。1947~1995年世界贸易组织（WTO）成立前的关税与贸易总协定（GATT）近五十年的时期内，共有149个区域贸易协定向GATT通报，平均每年仅约3个。而自1995年1月1日WTO诞生后至2017年年底的23年间，有522个区域贸易协定向WTO通报，加上GATT时期的共有673个，其中287个仍然有效（见图11-3）。

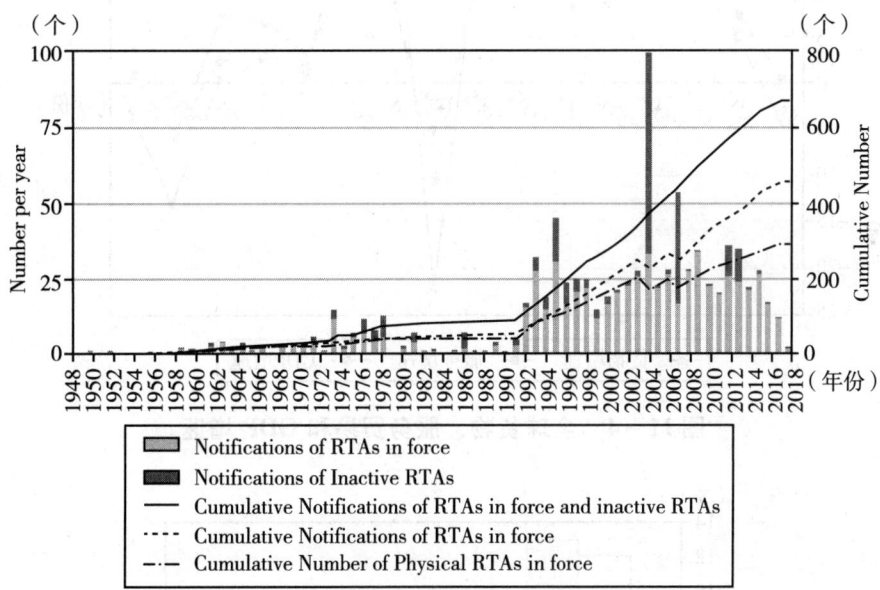

图11-3　第二次世界大战后区域性贸易协定发展情况（1948~2018年）
资料来源：世界贸易组织，http：//rtais.wto.org/UI/charts.aspx.

三、21世纪以来的国际贸易

进入21世纪后，全球经济和贸易快速增长，但受2008年金融危机的影响，全球经济增速放缓，国际贸易也增长乏力。

1. 从增长速度上看，国际贸易总体呈现增长趋势，但危机前后有较大差异

国际贸易整体呈现增长趋势，但危机前后有较大的差异，且服务贸易与货物贸易有着不同的增长特征。2009年前，国际货物贸易年增长率均高于同期GDP增长率，金融危机后2009年货物贸易额暴跌22%，虽然2010年和2011年有恢复性的高增长，但随后落入低谷，自2012年起已连续5年低于GDP增速，且2015年和2016年同比增速连续两年下降。2017年恢复为4.7%的增长率，为6年来的最高（见图11-4和图11-5）。

与此相反，服务贸易除2009年外，总体上看，年增长率始终高于GDP增速，除个别年份外也高于货物贸易增速，2017年服务贸易出口增长8%。但由于基础的差异，服务贸易与GDP增速差距缩小，而与货物贸易差距拉大。

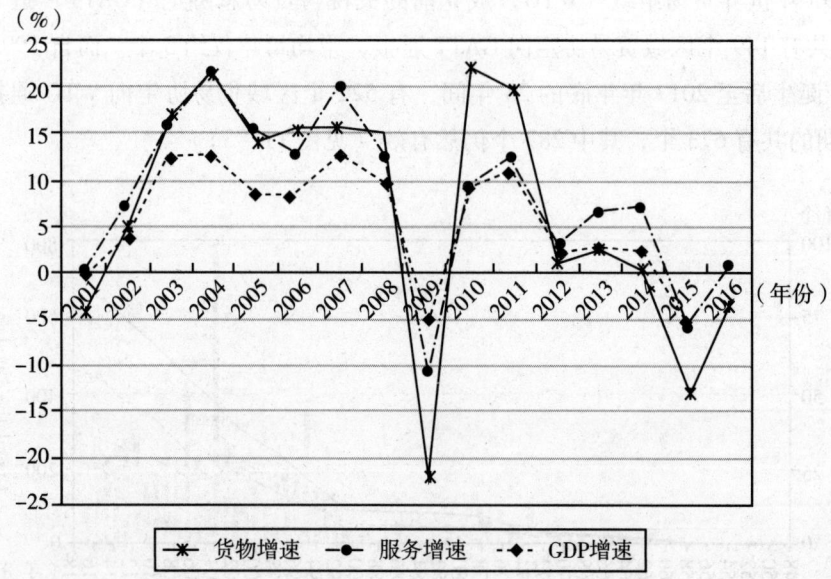

图11-4　全球货物、服务贸易和GDP增速

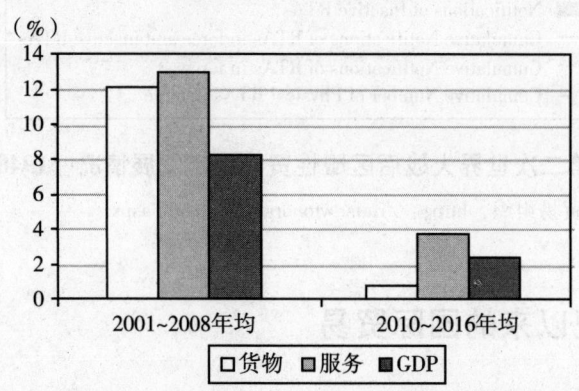

图11-5　2009年前后全球货物、服务贸易和GDP年均增速对比

资料来源：货物和服务贸易数据根据WTO数据整理，服务贸易数据2004年（含）前统计口径依据为BPM5，之后则以BPM6为依据；GDP数据根据联合国统计司数据整理。

2. 从商品结构上看，货物贸易仍是全球贸易的主体

虽然服务贸易增速高于货物贸易，但全球贸易中货物贸易仍占主体地位，其中制成品贸易占比最大，2017年全球制成品出口贸易总额占货物贸易总额的66.83%，其中有17.88%为高科技产品出口。服务和技术贸易出口在总贸易中占比还不够高，但增长速度快于货物贸易,其地位在不断上升,已成为21世纪世界经济贸易的重要组成部分和主要推动力。2000年后,全球服务出口占总出口的比重持续上升至2017年的23.49%,总额达到5.37万亿美元,其中有高达33.32%为信息和通信技术(ICT)服务出口。

另外,值得一提的是,随着互联网和通信技术的发展,电子商务贸易迅速崛起。2016年,全球电子商务总额为27.7万亿美元,比2012年(19.3万亿美元)增加了8.4亿美元,其中又以B2B模式为主,是B2C模式的6倍。

3. 从地理结构上看,发达国家仍在国际贸易中占据支配地位,但新兴经济体迅速崛起

发达国家在国际贸易中仍居主导地位,多数发达国家是商品贸易的逆差国,而发展中国家多为顺差国。在地区分布上,不论是进口还是出口,欧洲始终位于世界贸易的首位,亚洲紧随其后。具体国别看,中国发展最为迅速,2000年仅排名世界第八,近几年一度跃居世界首位。以中国、印度为代表的新兴经济体成为全球贸易增长的动力源。虽然北美洲的对外贸易额较其他地区要低,但仅美国一国的贸易额便占了整个北美地区的90%,是除中国外全球最大的贸易国。欧盟则是最具活力的自由贸易区,占全球出口的比重达1/3;欧盟和北美合计占全球制成品出口的48%。世界排名前三的商品贸易国分别是中国、美国和德国,2017年三国商品出口总额约为5.3万亿美元,占全球总出口的30%。同期,排名前三的商业服务出口国分别为美国、英国和德国;美国、中国和德国则是排名前三的进口国。中国服务贸易年增长率以28%的速度位居第二,仅次于新加坡(36%)。

4. 从贸易条件上看,除转型国家和最不发达国家及部分欠发达国家外,各经济体的贸易条件变动都较为平稳

2000~2016年,对外贸易条件在发达经济体中几乎保持不变,在发展中国家中略有增加(17%),但在过去四年中,转型经济体、欠发达国家中的海地、非洲和最不发达国家的贸易条件都有所下降(见图11-6)。

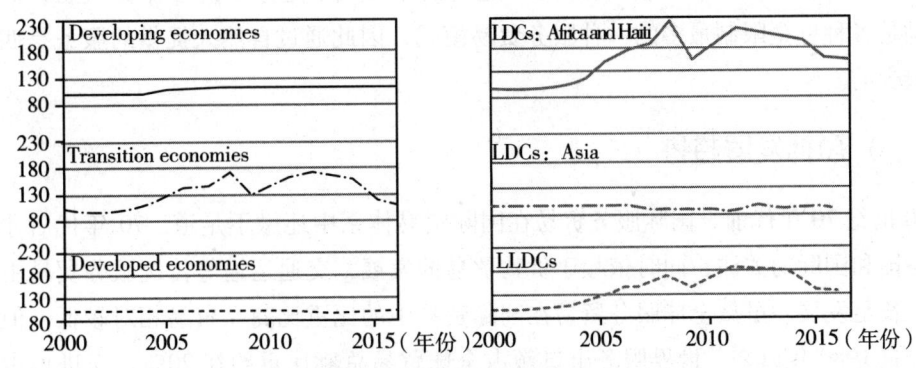

图11-6 各经济体对外贸易条件变化比较(2000=100)

资料来源:UNCTAD, 2017 Handbook of Statistics 联合国贸易和发展会议《统计手册2017》P.28, Figure 1.4.1, http://unctad.org/en/PublicationsLibrary/tdstat42_en.pdf.

由于大宗商品价格在经历了多年的衰退之后，2016年开始出现逆转现象，2017年大宗商品市场整体价格保持温和上涨，这对依赖大宗商品出口的发展中经济体的贸易条件产生了积极的影响。

5. 从贸易开放度上看，各经济体的贸易开放度都有所下降

在过去的十年中，货物贸易相对于国内经济产出的重要性在发展中国家和转型经济体中显著下降。在发展中经济体中，贸易开放度（即货物进出口总额的平均值与GDP总值的比率）从2006年的31%下降到2016年的22%。在转型经济体的贸易开放度从27%下降到22%。发达经济体的贸易开放度相对较低。在2011年达到22%的峰值后开始下降，2016的比率为19%，与2006年持平。

第二节　国际服务贸易格局

一、全球服务贸易概况

服务贸易的快速发展也与各国国内服务业及跨国公司对外直接投资的发展有着密切的关系。服务业占GDP比重从联合国《世界投资报告》可以看到，发达国家的对外直接投资在1970年第二产业占着首要地位，其份额达到45.2%，而服务业仅31.4%；1985年时服务业FDI已达42.8%，超过了第二产业的38.7%；1990年，服务业FDI超过了第一产业、第二产业的总和，达到50.1%，且该比例持续上升。虽然近几年，服务业跨境投资累计增幅不及制造业，但其仍是国际直接投资的主流。在服务贸易的四种供应模式中，一些发达国家通过商业存在[①]进行的服务贸易超过了跨境服务贸易，而自然人流动是各种壁垒限制最多的一种服务贸易模式，因此通过自然人提供的服务是四种模式中最少的。

（一）总体发展趋势

20世纪70年代前，国际服务贸易在国际贸易体系中还微不足道。70年代后才日益受到各国和国际的关注，同时依赖于货物贸易的发展，交通运输等传统服务贸易由此也获得了长足发展。虽然全球服务贸易在国际贸易中的比重比商品贸易相对较低，但增长快速。自1980年以来，世界服务出口额占全球贸易总额比重约在20%，而进口占比除

---

① 全球有开展FATS统计的国家（地区）并不多，目前大约有26个。其中，23个国家统计内向FATS，13个国家统计外向FATS，同时统计内、外向FATS且指标齐全的有3个（美国、日本和葡萄牙）。由于统计制度的完善，还无法进行全球范围内的FATS数据比较。

个别年份外基本维持在20%以上。总体来看，在经济持续增长期间，服务贸易增速略低于货物贸易，而在经济低迷期间，服务贸易所受冲击要略好于货物贸易。2008年金融危机后，服务贸易跌幅小于货物贸易，整体增速超越货物贸易增速，2009~2014年稳步增长之后，2015年再次负增长，2016年稳步回升，2017年服务贸易出口额占全球总出口额已达23.5%。

（二）国际服务贸易的商品结构

国际服务贸易逐渐由以传统服务贸易为主导向以知识技术密集型的现代服务贸易为主导转变，贸易结构日益趋向高级化。以运输、旅游等为代表的传统服务贸易额所占比重逐渐下降，且运输服务的降幅大于旅游；而以通信、保险、金融、计算机和信息服务、专利权等现代服务成为世界服务贸易中增长最快的领域，这些行业的年均增速均超过了运输和旅游，特别是计算机服务的年均增速甚至接近10%。

20世纪90年代，运输服务增速略慢于旅游服务贸易，但自2000年开始这一情况发生了转变。由于货物贸易的强劲增长和运输成本的大幅提升，在2009年受金融危机影响而大幅下跌前，运输服务增速超过了旅游增速。受金融危机和货物贸易下降影响，运输服务占比由危机前的22.98%下降至17.64%。旅游占比则在24.5%上下浮动。

别处未提及的修理和维修服务强劲增长，年均增长率达9%，是唯一的一个即使在金融危机期间和2015年服务贸易整体负增长时也始终保持着正增长的领域。计算机和信息服务及知识产权使用费除了2008年负增长外，其余时期也都维持着较高的增长速度，是年均增长率最高的两个领域，占总服务贸易额的比重目前分别已达10%和7%。金融和建筑在危机前曾以超过20%的速度增长，此后增速大幅下降，两者之和占总服务贸易额的比重在10%左右波动。

（三）国际服务贸易的地区结构

与货物贸易一样，服务的出口和进口也主要来自发达经济体，它们合计大约占服务总额的2/3。美国服务贸易的各项指标均位居全球第一的位置，特别是在总额和出口上都远超其他各国。在全球服务贸易排名前20位的国家中，仅有3个为发展中国家，即中国、印度和俄罗斯。当然也应看到，发展中国家服务贸易在持续扩大，年均增长率超过了发达国家。特别是一些亚洲发展中经济体在其中发挥了重要作用，成为全球服务贸易快速增长的重要推动力。前5个亚洲发展经济体在2017年占据了全球约15%的市场份额，与所有其他发展中经济体的总和相同。这其中发挥最大作用的是中国，2017年以6956.79亿美元占据世界第二的位置；其次是排名第9的印度，以3379.94亿美元紧随日本之后。

但服务贸易的地区分布一直集中于欧洲、亚洲和北美洲，占服务贸易额的80%以上，其中又约有一半以上集中在欧洲地区。非洲和南美洲的许多经济体，服务占比不足10%，而且其服务进口额大于出口额，多处于逆差状态。在服务出口额已经很低的情况下，2016年进一步下降。它们的服务发展之路还很漫长。

二、特定地区服务贸易发展状况

（一）欧盟

服务业是欧盟经济的一个重要部门，约占GDP总值和就业的2/3，历年服务贸易都保持着顺差，在全球服务贸易排名前20位的国家中，有大约一半为欧盟国家。2017年欧盟服务贸易总额为4.21万亿美元，其中出口2.28万亿美元，进口1.93万亿美元，分别占全球的42.41%和37.92%，是世界第一大服务贸易进、出口市场。

1. 欧盟服务贸易自由化的法律基础

欧盟前身欧洲经济共同体成立目的就在于要实现在欧共体境内的经济合作和自由发展。服务的自由流动是1958年生效的《罗马条约》中确立的内部统一市场要实现的"货物、人员、服务和资本"四大自由流动之一。联盟内服务业的开放包括自由设立企业和自由提供服务两方面。"自由提供服务"指那些不受关于货物、资金及人员条款管束的，通常为获取报酬而提供的服务。《罗马条约》最核心组成的《欧共体条约》第49条至第55条（原条约的第59条~第63条）就是关于"服务自由"的规定，按其规定共同体内任何限制自由提供服务的规定都必须废止，任何基于国籍的区别待遇也都是被禁止的。此外，条约第39条~第42条"人员流动自由"和第43条~第48条"开业流动自由"也同样与联盟内的服务贸易自由化密切相关。在2006年的指令中，服务指"个体经营者所进行的经济活动，通常为了得到报酬"，服务贸易的要素包括服务提供者、服务接受者或服务行为本身有跨越国境的事实。

欧盟的二级立法①也为一些诸如保险、传媒、金融、电信、电子商务等服务行业提供自由贸易的法律基础。服务贸易自由化也随着案例而得到不断壮大，欧盟法院在其中发挥着重要的作用。法院案例涉及各个行业、各个角度，为1987年及其后的立法进程加速"四大自由流动"起到积极的推动作用。

2. 欧盟服务贸易发展概况

欧盟机构中设立的专门统计部门——欧洲统计局（Eurostat）的主要职能是与成员国统计机构和中央银行合作，制定统一的统计口径和标准，在欧盟共同政策下汇总各国的相关统计数据。

---

① 一级立法包括条约、宪法性规定和国际公约，适用于所有成员国。二级立法是由一级立法派生的立法，主要有规则、指令、决定、建议和意见等，适用于特定的主体和领域。

(1) 整体规模大，持续多年贸易顺差。

欧盟是全球最大的服务贸易参与者，多年来服务贸易占欧盟总贸易额一直保持在20%以上，目前该比例已接近30%。整体服务贸易额占世界服务贸易总额的比重超过40%，但2000年来欧盟的年均服务出口增长率约为6.76%，进口为5.98%，均略低于世界平均水平，导致占世界总额的比例与20世纪相比有所下降。欧盟的服务贸易不仅贸易量大，而且始终保持贸易顺差，除1999年、2009年、2015年和2016年外，顺差规模整体保持上升态势，2017年达0.34万亿美元，比上年扩大了34.65%，创2010年来的新高。

(2) 各成员国发展不均衡。

欧盟服务主要市场多为西欧国家，英国（2017年3605.88亿美元，占欧盟总出口15.84%）、德国（3086.77亿美元，13.56%）、法国（2657.18亿美元，11.67%）、爱尔兰（1823.37亿美元，8.01%）和荷兰（1587.41亿美元，6.97%）是前五大出口国，而后期加入联盟的中东欧国家都处于末几位，排在最后六位的是斯洛伐克、立陶宛、保加利亚、斯洛文尼亚、爱沙尼亚和拉脱维亚等国，2017年各国的服务出口额都不足100亿美元，六国总和仅约占欧盟总出口的2.13%（484.26亿美元）。德国（3270.76亿美元，13.56%）、法国（2447.01亿美元，11.67%）、英国（2017年2225.66亿美元，占欧盟总出口15.84%）、爱尔兰（1956.15亿美元，8.01%）和荷兰（1647.38亿美元，6.97%）等国同样分别占据欧盟进口前五位。

服务贸易顺差最多的是英国，自1996年以来，其服务贸易就一直保持顺差，2017年达1380.22亿美元；其次是西班牙和法国以631.58亿美元和210.17亿美元分列第二、第三位。而德国、爱尔兰、意大利和芬兰一直以来都处于服务逆差状态。其中，逆差最高的是德国，2017年逆差达195.89亿美元，其次为爱尔兰（132.78亿美元）、意大利（－42.44亿美元）和芬兰（13.02亿美元）。

(3) 进出口部门发展差异大。

从分部门来看，旅游、运输、金融及电信与计算机等行业是欧盟的服务优势部门。传统的运输和旅游服务规模呈下降趋势，占欧盟服务贸易的比重有所下降，但仍居主导地位。其中，旅游服务曾一度处于逆差状态，但目前已转为顺差。2017年运输和旅游服务出口额分别为3980亿美元和4170亿美元，分别占服务总出口的17.38%和18.23%；进口额分别为3480千亿美元和3700亿美元，分别占服务总进口的17.73%和18.89%。

通信、计算机及信息行业是欧盟的一个新兴部门，但出口增长快速，20多年来一直保持盈余增长，已成为欧盟第三大服务贸易部门（2017年占10.4%），该行业也是其服务贸易顺差的主要来源之一。2017年欧盟服务贸易顺差主要来源于通信、计算机及信息（1366.26亿美元），金融（1080.95亿美元），交通（499.7亿美元）和旅游（467.95亿美元）。金融服务也是欧盟第四大服务贸易部门（占8.6%），整体保持稳定增长趋势,为欧盟的服务贸易顺差做出了较大贡献。

别处未提及的修理与维修服务及知识产权使用费占欧盟服务贸易总额的比重虽然都不太高,前者在1.5%以上,后者仅约6%,但增长速度快。其中,修理与维修服务2008~2017年进出口年均增速分别达到14.4%和8.39%,是近年来欧盟服务贸易增长最快的部门,分别由2008年的79.85亿美元和157.02亿美元,增长至2017年的268.04亿美元和324.16亿美元。而知识产权使用费2017年进出口额分别为2.12千亿美元和1.51千亿美元,分别是2008年的1.56倍和1.68倍,年均分别增长5.07%与5.98%。但它却是欧盟最大的服务贸易逆差来源,2017年逆差达604.54亿美元,比上年有所缩减,但比排第二位的逆差来源行业研究与开发服务多出了将近350亿美元。其他的服务贸易逆差则来自政府服务(54.59亿美元),管理咨询服务(6.14亿美元)及个人、娱乐和卫生服务(0.79亿美元),但它们的逆差规模都在逐年缩小。

(4)贸易市场集中度高。

除了知识产权使用费和保险服务外,欧盟对外服务贸易总额中有一半以上发生在欧盟成员国之间,特别是旅游服务曾超过了70%,近几年即使有所下降,2017年仍达到65%。但欧盟与联盟外国家的服务贸易额在不断上升,美国是欧盟服务贸易的最大伙伴国。在出口方面,美国占联盟外总出口额的比重约为20%,中国以11%的份额排名第二,之后依次是瑞士、日本和俄罗斯;主要进口市场中,中国于2017年超过美国,成为欧盟的最大进口来源市场(占联盟外总进口额的20%)。欧盟服务贸易顺差主要来自瑞士、美国、中国、日本和俄罗斯。而在主要服务贸易伙伴中,欧盟仅对印度存在逆差。欧盟对中国进出口贸易一直存在顺差,差额虽小范围浮动,但整体呈上升趋势,2017年约为1760亿欧元。

(二)美国

美国的国内服务业发达,在国民经济中所占的比重极高,许多贸易指标在个体国家中都名列前茅,有的甚至长期保持世界第一的位置。第二次世界大战后服务业在美国经济中的比重就超过了制造业,从1958年占GDP超过一半以来持续上升,目前服务业增加值占美国GDP的比重约80%,对GDP的贡献率普遍高于制造业。美国也是最早发展服务贸易的国家之一,1970年服务贸易额仅占GDP的2.4%,此后逐年攀升,在2014年达到7%的高点后回落至2017年的6.8%。

1. 美国服务贸易发展历史

在服务贸易发展的初期,即从第二次世界大战后到20世纪70年代前,国际服务贸易在世界经贸关系中还未受到过多的关注和重视,70年代后才有了突飞猛进的发展。美国也是诸如交通运输和旅游业等传统服务业占据主导地位。其中,交通运输业优势更为明显,但所占比重有所下降;而旅游业平稳增长,占比逐渐加大。80年代,美国的服务业与制造业增长并驾齐驱,共同构成了美国的两大支柱产业,为服务贸易的长足发展奠定了基础,传统服务贸易整体比例下降,知识技术密集型新兴服务业增长显著。这一时期,旅游业发展迅猛,80年代中期超过运输和政府服务跃居首位,后两者虽然贸易规模仍在扩大,但在比重上总体呈现下降趋势。与金融业的平稳发展形成差别的是,专利服务和其他商业服务迅速发展,增速超过了传统服务业,所占比重也持续上升。现代服务业在90年代持续保持扩张,以保险、金融、特许权使用费及计算机和信息技术为代表的知识技术密集型现代服务业大幅增长。服务贸易整体上呈现出总额大、顺差多、增长快的特征。自1996年起,美国的服务贸易进出口总额一直位居全球第一,而且增长迅速,除受金融危机影响的期间外,年增长率接近10%,出口增长普遍快于进口,服务贸易顺差额急剧扩大。

2. 21世纪以来的美国服务贸易

进入21世纪以来,美国的服务贸易发展继续领跑全球,其发展呈现以下几个特征:

(1) 服务贸易规模和竞争力优势明显。

美国是世界上最大的和最具竞争力的服务出口国。自1985年以来美国服务业增加值占比已高达70%以上,且整体处于上升趋势,2017年占比已达80.05%,比1947年时的59.34%上升了20.71个百分点。其服务贸易在国际贸易中的地位也远高于排名第二的中国。美国的服务贸易从有详细统计数据以来就一直处于贸易顺差的地位,服务出口在其外贸总出口中的比重从20世纪80年代中期开始就基本保持在30%上下浮动,20世纪90年代以来即使是最低的2000年的占比也达到27%,2017年为33.49%。

2008年金融危机后,美国服务贸易一改此前的两位数增长之势,增速开始放缓,2016年服务出口比上年微弱下降0.1%,成为自1970年以来的第三次负增长,前两次是2001年(-5.53%)和2009年(-3.77%),但与前两次的进出口双双负增长不同的是,2016年的服务进口增长了2.63%。2017年形势转好,服务贸易出口7808.8亿美元,同比增长3.79%,进口5381.07亿美元,同比增长6.63%,顺差达2427.73亿美元,比同期排名世界第6位的荷兰全年出口总额还高了近250亿美元。

(2) 服务贸易结构较为合理。

美国的许多服务行业排在世界前列,特别是在知识、技术密集型和高附加值的服务部门都占有重要的地位,服务贸易结构较为合理。

作为旅游出口大国,美国每年吸引了大量国外游客入境,旅行服务占据了美国跨境服务的最大份额,约为33%。而专业服务业是第二大类别,与旅行、金融和分销服务等的衰退不同,包括业务和管理咨询在内的专业服务增长强劲,2011~2015年年均增长6.1%,2016年为7.1%。商务和管理咨询服务、研发服务、维护和维修服务是目前美国的三大专业服务进出口部门。

许多计算机和数据处理服务业全球领先的公司总部都位于美国。2011~2016年,美国在计算机和数据处理服务方面出现贸易逆差，但出口增速快于进口。2016年，计算机和数据处理服务跨境出口额为173亿美元（比2015年增长9.2%），进口额达290亿美元（比上年增长5.4%）。其中，英国和加拿大是美国最大的计算机和数据处理服务出口市场；进口方面，印度的出口额占到美国近一半的比重。

美国还是全球最大的电信服务市场，2016年，其电信服务市场价值约为3380亿美元，占全球的22.8%。美国运营商主要通过美国在外国当地的子公司为外国客户提供电信服务，而跨境电信服务规模较小。美国跨境电信服务出口额2011~2015年基本无增长，2016年甚至下降3%；而进口额2011~2015年下降11%，2016年下降13%。2016年，跨境电信服务进出口总额分别为55亿美元和122亿美元，贸易顺差达67亿美元。

美国和中国是全球前两大电影市场，两国电影总收入占据了全球票房总收入将近一半的份额。2016年，两国票房总收入达386亿美元（约合人民币2505.1亿元）。尽管印度和中国拍摄的电影数量比美国多，而且有更多的电影院入场，但美国仍是全球最大的票房收入市场。虽然2016年音像服务出口额继续超过其进口额，但与上年相比，出口额下降204亿美元，跌幅为5%；进口额增长100亿美元，涨幅为25%。对亚太地区的出口市场有所增加，但英国仍然是美国视听服务出口的最大市场，而英国、巴西和墨西哥是进口的最大来源。

美国大部分的跨境服务贸易为顺差，最大的顺差部门为旅行服务，其次是专业服务、金融服务以及知识产权使用费用。分销、保险、海运和计算机服务是少部分逆差的行业。这些行业发生逆差的原因不一，分销服务逆差主要是由于运输服务逆差，主要原因在于货物贸易的巨额逆差及运费和港口费的支付；保险服务主要是由于给国外再保险公司的支付；计算机服务逆差在很大程度上是由于美国将后台处理和其他信息技术服务外包给国外，特别是印度的供应商而导致的。2016年，美国从印度进口的计算机服务达137亿美元，比加拿大（第二大进口来源）的四倍还多。

（3）服务贸易伙伴渐趋多元化。

欧盟、中南美洲、英国、加拿大、日本、德国、中国、OPEC、巴西、墨西哥是美国服务出口的主要目的地。传统的主要服务出口目的地英国、德国、日本、加拿大等增速较慢，服务出口占比呈下降趋势。欧盟一直是美国最大的服务进出口地，进口和出口占比分别在35%和30%以上。中国是美国服务出口增长速度最快的一个国家，中国2015年就超过日本，成为美国的第5大服务出口地。2017年中国占比7.18%，与第四名的加拿大仅有0.34%的差距。

欧盟、中南美洲、英国、德国、加拿大、日本是美国最大的六个服务贸易进口国家和地区。印度是对美国服务出口增速最快的国家，其对美国的服务出口占比从2005年的1.56%上升至2017年的5.33%。英国是除欧盟外美国最重要的服务进口来源地，但其占比也有所下降。中国对美国的服务进口在2017年分别以111.27亿美元和87.26亿美元的差距排在印度和墨西哥之后。美国是目前中国技术进口第一大来源国,中国近 1/3 的技术进口合同都是向美国购买的。2017 年,据美方统计,中国向美国购买知识产权的花费达 85.3 亿美元,同比增长 7.2%。而除个别年份外,我国对美国技术进口金额增速亦高达两位数。

除印度、英国、意大利外,美国对其他几大贸易伙伴的服务贸易都是顺差。与中国的服务贸易顺差增长速度最快,2017 年美中服务贸易顺差规模排在欧盟和中南美洲国家之后。2005～2017 年,美中服务贸易顺差占美国服务贸易顺差的比重从 2.69% 上升到 15.85%,2015 年中国超过加拿大成为美国最大的贸易顺差国家。中国的香港和台湾及法国都从与美国服务贸易的逆差转为了顺差。

(4) 外国附属机构服务。

外国附属机构实现的服务进出口在美国服务贸易中占有重要的地位,跨国公司在全球范围内的直接投资带动了美国服务销售的大幅增长。美国对海外公司在美国设立分支机构审查严格,市场准入和复杂的法律法规限制导致外资服务企业进入美国市场难度重重,而通过模式 3(商业存在)方式,在国外设立分支机构并提供服务则是美国服务贸易出口最重要的形式。

从 1986 年起,美国商务部开始收集外国附属机构服务贸易数据。自 1996 年美国通过附属机构实现的销售额(模式 3)超过了跨境出口额,近年来 FATS 统计的贸易额约是 BOP 统计额的 2 倍。但在某些行业,如运输、使用知识产权的费用,仍主要通过跨境交付(模式 1)发生。在一些国家也表现出与美国不同的贸易模式:新西兰对世界的服务出口约有 80% 通过模式 3 发生,而印度的服务出口仅占 14%。

根据《美国服务贸易最新趋势报告》[①] 数据显示,2015 年美国外国附属机构实现服务出口 14635 亿美元,增长了 1.3%,低于 2011～2014 年 6.4% 的平均增长率;进口 9525 亿美元,顺差 5110 亿美元。超过 80% 的出口额发生在分销服务(28.4%)、其他商业服务(24%)、金融服务(20%)和电子服务(19%);进口中,分销仍是最大的类别,占比达 30%,金融以 18.6% 排名第二,其他商业服务和电子服务分别占 18% 和 14%。其中,通过电子服务[②]方式实现的销售额为 2701 亿美元,占美国所有外国子公司总销售额的 18.5%,而外国电子服务公司在美国的销售为 1327 亿美元,占总额的 13.9%。

美国外国附属机构服务最大的几个销售市场为英国(15.8%)、加拿大(8.3%)和爱尔兰(7.9%),最大的购买份额则来自日本的公司(16%)、英国(14.1%)和德国(13.9%)。

---

① USITC 年度报告 https://www.usitc.gov/research_and_analysis/recent_trends.htm。
② 指使用计算机技术通过电信网络进行开发、加工、打包和交付数据和视听内容。

（三）日本

与商品贸易相比，日本的服务贸易相对落后，长期处于逆差状态。目前服务贸易额占 GDP 的比重已超过 7%，但一直以来都远低于 OECD 国家平均水平（约 13%）。服务出口在总贸易体系中占据着越来越重要的地位，而进口在贸易结构中的地位略有降低，出口年均增速快于进口，服务逆差总体呈下降趋势。近年来日本服务贸易发展的主要特点有：

1. 服务贸易进出口总额仍居世界前列，但地位下降

数据显示，日本服务贸易整体为上升发展态势，在全球中的地位曾于 2006 年和 2007 年升至第四位，但此后又不断下降，2017 年出口额和进口额的世界占比分别降为 3.47% 和 3.79%，进出口排名已退居全球第八位。

2. 出口增长快于进口，贸易逆差规模呈缩减之势

自 2001 年起，日本服务贸易出口和进口均呈现波浪式上升趋势，在经历经济危机的负增长后已逐渐恢复并超越危机前水平。2000~2017 年，出口和进口的年均增速分别为 6.39% 和 2.84%，出口的增势明显强于进口，贸易逆差规模总体呈缩减之势。2017 年，日本服务贸易逆差已减至 65.1 亿美元，比 1996 年下降了 89.45%。

3. 现代服务业发展迅速，进出口集中于运输、旅行和知识产权使用费等行业

运输为日本第一大服务贸易进出口行业，2008 年前日本运输出口增长率超过了 10%，占日本服务总出口的比重也超过 35%。但受金融危机影响后，运输出口多年负增长，规模日益缩小，其占比也迅速下降至 18.9%，比 2005 年（35.89%）下降了约 17 个百分点；进口的占比也由 29.37% 下降至 21.18%。2017 年，日本运输服务出口 340.37 亿美元，扭转了前几年的颓势，比上年增 7.55%，但仍不及危机前水平；进口 399.98 亿美元，同比增长 5.45%，弱于出口。出口的走弱也导致运输服务逆差高居不下，2012 年曾高达 124.16 亿美元，后回落至 2017 年的 59.61 亿美元，成为日本第三大服务逆差来源行业。

旅行服务已由日本的第二大服务贸易行业退居第三，进出口发展趋势相异，出口整体呈上升态势，年均增长 8.72%，而进口连续多年负增长，年均下降 5.86%，致使旅行服务于 2015 年由服务贸易第一大逆差行业转变为了顺差。2017 年该行业出口额为 339.13 亿美元，比上年增长 10.55%，进口为 181.91 亿美元，比上年下降了 1.59%。旅行服务出口和进口在日本服务贸易出口总额和进口总额中分别占有 17.96% 和 9.63% 的份额，与 2005 年相比，前者上升了约 8.9 个百分点，而后者却降了 17.69 个百分点。

知识产权使用费进出口整体呈上升趋势，2005~2017 年出口年均增长 7.45%，快于进口的 2.9%。2017 年，知识产权使用费出口 417.22 亿美元，为 2005 年的 1.08 倍，占比也由 2005 年的 12.82% 上升到 22.09%，成为日本第一大服务出口行业；进口 206.15 亿美元，同比增长 4.78%，所占比重为 10.92%。由于出口的快速增长，顺差规模也迅速扩大，2017 年达 211.08 亿美元，是 2005 年的 6.07 倍，成为日本最大的服务贸易顺差来源。其他少数几个顺差行业是金融（36.95 亿美元）、政府服务（27.36 亿美元）和建设服务（21.41 亿美元）。

整体来看，十多年来日本金融服务出口增长较快，年均增长 6.13%，但 2017 年金融服务出口大幅下跌（11%，除危机期间外的最大跌幅），降为 103.56 亿美元（在服务贸易出口总额中占有 5.48% 的份额）；进口 66.6 亿美元，同比增长 7.57%；当年实现顺差 36.95 亿美元，比上年缩减了 32.11%，但仍是日本第二大服务贸易顺差行业。

自 2001 年年初开始，日本积极实施了"电子日本"（e-Japan）战略，大力推进信息服务业的发展。2004 年，又推出国家信息化战略，电信计算机和信息服务得到快速发展，虽然在服务贸易结构中的占比还不高，但 2005～2017 年，出口年均增长 9.86%，占比提高至 2.49%；进口年均增长高达 13.29%，占比由 2.23% 快速上升到 7.24%，成为发展最快的服务行业，也是日本第二大服务逆差来源。2017 年电信计算机和信息服务出口显著上升，为 47.03 亿美元，同比增幅 24.12%；进口 136.76 亿美元，比上年下降 2.5%，成为少数几个进口负增长的行业之一。

日本的服务贸易逆差主要来源于研究与开发服务，2017 年逆差规模高达 108.16 亿美元，比上年略有下降，但却是 2005 年的将近两倍。2005～2017 年研发服务进口年均增长 7.63%，高于出口增长（5.28%），但 2017 年进出口规模都比上年下降，出口仅为上年的 88.12%，进口也下降了 6.79%，是日本当年唯一双负增长的服务贸易行业。

（四）新加坡

新兴工业化国家新加坡经过多年的发展，产业结构已由制造业向工商业进而向交通运输、金融、通信和商务服务为主导成功转型，凭借其优越的自然条件优势，成为继伦敦、纽约和我国香港之后的全球第四大金融中心，也成为亚洲乃至全球最重要的航运和转口贸易中心之一。20 世纪 90 年代，新加坡的服务贸易总额占 GDP 的比重就超过了 50%，此后一直居于世界前列。

1. 服务贸易增长平稳，国际地位逐年上升

除受经济危机的影响期间，服务贸易进出口减少外，其他年份一直都平稳发展，年均增速超过 10%。1999 年前一直为服务贸易顺差国，1999 年出现了 15.7 亿美元逆差，逆差额在 2004 年达到 101.81 亿美元高点后逐渐回落，2017 年为 61.16 亿美元逆差。2017 年服务出口占总出口 29.33%，比 2000 年的 14.32% 提升了 15 个百分点。国际市场占有率也由同期的 1.54% 上升至 3.07%，世界排名稳步上升，由第 15 位升至第 10 位。

2. 服务贸易市场集中于欧美和东亚、东南亚

新加坡的服务贸易伙伴主要分布在欧美和东亚、东南亚，近几年来排名前十位的国家（地区）分别是美国、中国、日本、澳大利亚、英国、中国香港、荷兰、瑞士、马来西亚和印度，这十国（地区）与新加坡的服务贸易总额合计占新加坡对外服务贸易总额约一半的份额。其中，又有一半以上为美国、中国和日本三国所贡献（2015年，占25.14%）。虽然中国在新加坡服务出口和进口市场中分别仅居前四位和前三位，但在总额上自2014年以来已跻身第二位。

3. 传统服务业主导地位下降，新兴服务业占比提升

新加坡主要服务贸易类别是运输（占32.1%）、旅行（占13.21%）、管理咨询服务（占13.12%）、知识产权使用费（占8.39%）和金融（占8.14%）。运输和旅行服务一直是新加坡最重要的两大服务贸易行业，旅行服务长期处于逆差状态，交通服务在经历了2007~2014年连续8年顺差后，又转为逆差状态，逆差规模持续扩大。知识产权使用费服务也长期逆差，但出口增长快速，2005~2017年年均增长率大于26.02%。管理咨询服务和金融服务则一直是顺差状态，金融业是新加坡经济重要的支柱产业，是新加坡服务贸易顺差的最大来源，贸易规模整体处于上升状态；管理咨询服务是仅次于金融的新加坡第二大服务顺差来源行业，不论是顺差规模还是贸易规模都呈现上升趋势。

（五）韩国

与其他经合组织成员相比，韩国的服务业不论是在就业、增加值占GDP比重还是贸易额，都相对薄弱。作为一个新兴工业化国家，工业在国民经济中具有比较重要的地位，在产业结构中的比重自1960年的17%不断攀升至1991年36.49%的高点后逐渐回落，经过2002年和2008年的两个低点后又缓慢回升至2017年的35.87%。而服务业在韩国经济中总体保持增长态势，其占GDP的比重1978年就已达到39.63%，自1996年起该比值就一直超过50%，2008年达到55.22%，但此后小幅下降，2017年降至52.85%。

1. 服务贸易发展迅速，占GDP比重较高

2009年前韩国的服务贸易总额多年保持两位数增长，服务贸易占GDP比重不断增加，2008年达到18.88%。但2009年受危机影响，进出口大幅下跌，经过2010~2014年的恢复性增长后，2015年再次遭受重创，出口额连续三年下降，由2014年的1121.06亿美元降至2017年的874.97亿美元；进口也经历了两年小幅下跌后强力反弹，2017年实现了8.28%的增长率，使服务贸易总额有了微弱的增长。同期服务贸易占GDP比重也下降至13.68%，略高于世界平均水平。

2. 进出口发展不平衡，服务贸易逆差大

1990年前韩国的服务贸易一直处于贸易顺差状态，自1991起服务进口额超过出口额，韩国由服务贸易顺差国转为逆差国，此后除1998年和1999年外，长期维持逆差，且持续扩大。2000~2017年，服务贸易进出口额分别从336.4亿美元和326.67亿美元增长至1219.69亿美元和874.97亿美元，2017年成为35个OECD国家中唯一一个服务贸易出口呈负增长的国家，逆差额由2000年的9.73亿美元扩大至344.72亿美元。占世界服务贸易额的比重，进口上升但出口下降，2017年分别为1.63%和2.4%。

韩国的服务出口占货物和服务总出口额比重偏低，除1977~1985年超过20%外，其他年份都在15%上下徘徊，2017年仅为13.16%，远低于OECD国家26.72%的平均水平；服务进口占比则在20%左右。

3. 产业附加值偏低，知识密集型等高附加值服务业较弱

韩国服务出口下降，除受韩元走强等临时因素影响外，根本原因在于服务业竞争力低下。韩国服务业虽为出口主导型发展模式，但其服务业附加值生产增长率偏低，服务业集中在零售、餐饮住宿、房地产租赁等附加值较低的行业，产业竞争力较世界发达国家仍存在较大差距。自2000年起，韩国服务业年均增速与1980~2000年相比有较大回落，各年增速在3%左右，2016年仅为2.44%，落后同期3.28%的工业增长率。服务业占比也一直低于OECD国家甚至世界平均水平，2016年服务业占比为53.75%，约低于OECD国家平均水平16个百分点（69.69%）。

4. 传统服务业占主导，但新兴服务业发展迅速

2005~2017年，韩国以电信计算机和信息（21.77%）、个人文娱（17.12%）、金融（12.23%）和研发服务（11.56%）为代表的现代服务业年均增速大大超过了以运输（1.62%）、建筑（5.88%）和旅行（6.27%）为代表的传统服务业增速。但运输和旅游服务在韩国服务贸易中仍占据重要地位，两者合计约占服务贸易总额一半的份额。

运输服务是韩国进出口第一大行业，占服务贸易比重大，曾是韩国服务贸易第一大顺差来源。2013年前，运输服务出口占韩国服务总出口超过40%，虽然逐年下降，但至2017年仍占了28.46%的份额。进口方面在2010年前也一直是韩国第一大进口部门（占比超过30%），2011年起被其他商业服务取代，目前所占比重约25%。由于自2015年起连续三年降幅超过10%，2016年运输服务一改此前的顺差态势，出现了较大的逆差，2017年逆差额继续扩大，达52.95亿美元。

旅行是韩国第三大服务贸易行业和第一大逆差来源，呈现出口增速波浪式上升、进口先降后升、逆差阶梯式上涨的特征。旅游服务出口增长明显，2005~2017年年均增长7.24%，占日本服务总出口比重由11.77%上升至15.53%；进口年均增速5.89%，2017年实现12.32%的增长，占比约为25%。

金融服务贸易波动较大，进出口总额整体呈增长趋势，是韩国发展最快的行业之一，曾是仅次于运输服务的第二大顺差来源行业，却也出现多年贸易逆差，规模曾高达86.6亿美元。

韩国的建设服务 2009 年前经历了高速发展的阶段，一些年份增速接近 50%，此后大幅波动，自 2014 年起连续四年负增长，2017 年的贸易规模已不及 2013 年最高水平的一半。但建筑服务却是韩国最大的顺差来源，中东和亚洲等地的海外工程承包业成绩斐然，建设服务出口在韩国服务出口行业中排第四位，出口占比超过 10%。2017 年在进出口双重下降的基础上，实现了 77.09 亿美元的顺差，顺差规模缩减。

电信计算机和信息服务、个人文化和娱乐服务既是韩国增长最快的两个行业，又是由长期逆差转为顺差的行业。电信计算机和信息服务贸易额占韩国服务贸易总额比重并不高，仅约 3.6%，但出口除 2009 年负增长外，长期保持高速发展，2017 年出口额为 43.01 亿美元，同比增长 15.64，出口规模比 2005 年扩大了 7.73 倍；进口也实现了 17.08 的增长，规模为 31.94 亿美元，实现 11.06 亿美元顺差额，成为韩国第三大顺差来源。

（六）印度

服务业在印度国民经济中的地位逐渐上升，但与其他国家相比仍处于弱势，占 GDP 的比重长期低于世界平均水平，至今不足 50%，2017 年为 48.93%，比上年略有提升，但也低于同为"金砖国家"的巴西（63.07%）、俄罗斯（56.18%）、南非（61.49%）等国。

虽然服务业在经济中占比不高，但服务贸易在印度的经济中却有着重要的地位，其 GDP 占比已由 1975 年的 1.95% 提升至 2017 年的 11.27%，高于巴西（5%）、俄罗斯（9.3%）、南非（9.13%）等国。服务出口在贸易结构中的占比一直保持在 30% 以上，进口占比则在 20% 左右。

一直以来，世界服务出口国大多为发达国家。中国与印度是唯一的两个排名前 10 位的发展中国家。中国自 2005 年以来就一直位居前 10，2017 年已是全球第二大服务出口国，而印度 2017 年位居第 9。自 20 世纪末，除个别年份外，印度的服务贸易都以两位数增长，且出口增速普遍高于进口，2000~2017 年，出口年均增长 15.16%，高于进口 4.1 个百分点（10.76%）。自 2007 年起，印度的服务贸易就处于顺差状态，且顺差规模不断扩大，2017 年达到了 299.81 亿美元。

运输服务、电信计算机和信息服务、管理咨询服务及旅行服务分别占据印度服务贸易前四位。运输服务进口曾在印度的服务总进口中占据了一半以上的份额，但目前已下降至 40% 以下，运输出口占比也已不足 10%，贸易逆差居高不下，2017 年逆差额 401.24 亿美元，比 2005 年扩大近一倍。与运输服务不同的是，旅行服务历年来在印度服务贸易中的地位一直都比较稳定，占比在 10%~14% 之间呈波浪式微升状态，2017 年总规模达 457.93 亿美元，同比增长 18.01%。与运输服务形成鲜明对比，电信计算机和信息服务出口规模大大超过了进口。作为全球著名的软件外包基地，计算机和信息技术是印度最重要的出口行业之一，其通信和计算机等服务出口占本国服务总出口的比重，自 1998 年始即大于 50%，2016 年达到 64.79%，均超过了美国（46.92%）、德国（55.59%）等服务贸易大国。管理咨询服务是印度的另一大出口行业，它与电信计算机和信息服务构成了印度服务贸易顺差最为主要的两大来源。2012 年前除危机影响的 2009 年负增长外，长期保持两位数增长率，2005 年时其出口规模占印度服务出口总额的比重就超过了 16%，2017 年该比值已达 22.53%。

三、全球服务外包发展现状与趋势

服务贸易已日益成为拉动全球贸易增长的主要驱动力，服务贸易的快速增长很大一部分原因要归功于全球服务外包的发展。

（一）服务外包发展历史

服务外包的兴起与跨国公司的国际产业转移密不可分，20 世纪五六十年代发达国家跨国公司开始大规模进行制造业外包，这一阶段主要是将部分劳动密集型加工装配环节或劳动密集型产业转移到日本、韩国等亚洲市场。80 年代后期，跨国公司不再依靠对产品价值链的整体占有，而开始转移服务业，服务外包最早从 IT 领域硬件外包开始，发展到软件测试和维护服务业务的外包；早期 BPO 以提供数据处理的服务为主。到 90 年代全球化和信息技术的飞速发展使原来非贸易的服务变得可交易，服务分工进一步细化，跨国公司的研发业务也发生转移。进入 21 世纪，互联网技术的快速发展为服务外包跨越时空障碍提供了技术支持，同时也大幅度降低了信息处理的成本，一些跨国公司甚至转移地区总部，服务外包成为国际服务业转移的主要方式。

从地域上看，自 20 世纪 80 年代以来，离岸服务外包由发达国家逐渐向新兴经济体延伸，主要经历了三个阶段：（1）第一阶段。美国与英国最先动作。美国率先、英国紧随其后实施离岸服务外包，这一时期的服务外包以发包国周边国家的近岸外包为主要形式。其初衷是为了降低成本，并获得通信工具与网络的支持。（2）第二阶段，服务外包波及西欧，促使呼叫/客户服务中心大量兴起，主要是 WTO 的有关约定促进了制造业和商业服务领域中的外包快速发展。（3）第三阶段，服务外包在整个欧洲市场广泛延伸，波及波兰、捷克、匈牙利等国家。欧洲的统一税制推动爱尔兰、斯洛文尼亚、保加尼亚、罗马尼亚等国企业承接离岸服务外包。随着知识经济和信息化社会加速发展、通信及 IT 基础设施等软硬件环境不断健全完善，印度、中国及其他发展中国家开始逐渐成为全球离岸服务外包主要承接地。

（二）发展现状

20 世纪 90 年代以前，跨国公司主要是将部分劳动密集型产业或加工装配环节转移到其他劳动力成本低的区域，形成了大规模的制造外包，而服务外包此时还尚未形成规模。90年代后期，跨国公司的发展战略逐渐转向了新产品研发和高附加值环节，而将设计、采购、销售和售后等生产服务环节转移向其他地区的企业。全球化和信息技术的发展，推动了国际服务外包的飞速发展，年增长率超过20%，并逐渐从最基础的技术层面外包业务转向高层次的服务流程外包业务。近年来，全球服务外包发展状况如下：

1. 全球服务外包平稳增长，R&D 服务发展迅速

根据 ISG 发布的全球外包市场指数显示，2017 年全球外包市场总体增长率达到 15%，较上年翻了一番。其中，传统外包市场增长仅约 3%，而云服务市场增长率高达 36%。

而 IDC 的数据显示，2016 年全球离岸服务外包总支出为 2697.7 亿美元，同比增长 15%，预计到 2021 年，该数字将达到 5125.7 亿美元，复合增长率达 13.7%。2010 年前 ITO 外包占据了全球服务外包市场 60% 以上的份额，但 BPO 和 R&D 服务，特别是 R&D 外包快速增长，所占份额不断增加，正逐渐成为行业发展新的增长点。全球 R&D 服务由 2012 的 366.4 亿美元发展到了 2016 年的 812.7 亿美元，年均增长 22.04%，均超过了 ITO（14%）和 BPO（18.45%）的增长率，占三类服务市场总额的比重提升了 4.5 个百分点。

2. 以美国、西欧为主的发包市场需求持续增长，亚太地区成为全球离岸外包的首要目的地

在市场结构上，美国、日本、欧洲等发达国家是国际服务外包的主要发包国，全球外包市场严重依赖于美日欧。其中，美国是全球最主要的服务外包发包国，约占全球市场的 2/3，欧洲和日本分别约占 20% 和 10%。美国的离岸服务外包发展异常迅速，据统计，美国是全球第一大软件发包国，其软件服务外包规模占全球市场的 60% 以上；西欧紧随其后居世界第二，欧洲的服务外包以近岸外包为主，英国、德国、法国、奥地利和瑞士是主要的发包国，而东欧、爱尔兰、印度和中国是其主要目的地；日本的离岸外包规模居全球第三位，其接包地是以中国为主的周边国家，它也是进入中国最早的发包国家，在中国的软件外包市场中占据主导地位。

从接包国来看，各接包方层次不一，它们既有澳大利亚、新西兰、爱尔兰、加拿大等中等发达国家，又有中国、印度、菲律宾、巴西、墨西哥等亚太和拉美地区的发展中国家，但后者的发展更为迅速，已成为全球服务外包市场的主要承接国，发达国家已不占优势。在这其中，印度是全球最大的离岸服务外包接包国，也是主要的软件出口国，其 90% 的外包市场来自美国和欧洲；而作为发达国家的爱尔兰则是全球最大的软件出口国，它也是欧洲最大的服务接包国；中国的外包市场起步较晚，但发展迅速，目前已成为全球第二大接包国。2016 年，中国和印度分别承接了全球 15.9% 和 43.3% 份额的离岸服务外包。

3. 外包行业结构日益高级化

从发包行业看，一些技术含量高、附加值高的行业的服务外包业务发展迅速，金融、能源、医疗保健等服务外包需求量较大，日益成为主要的发包行业。服务外包逐渐向以云计算、数字化、智能化、个性化为特征的解决方案、系统集成、数据挖掘等高端服务转型。根据 ISG 的研究，2016 年传统外包服务的费用是 2009 年以来的最低水平。在大额的外包合同中，IT 和业务流程外包合同的总支出中有 1/4 是基于云计算的服务合同。全球离岸外包服务的主要承接地区的服务领域如表 11-1 所示。

表 11-1　　　　全球离岸外包服务的主要承接地区的服务领域

承接国	主要服务领域
中国	嵌入式软件硬件服务
印度	应用服务外包、ITO、BPO、产品研发、呼叫中心
俄罗斯	高端软件机械工程
菲律宾	BPO、呼叫中心
以色列	高端软件、学习系统
爱尔兰	打包的应用程序、本地化、产品研发
加拿大	应用服务外包、BPO 呼叫中心

（三）发展趋势

互联网和通信技术的快速发展为全球服务外包产业带来巨大的发展空间，未来几年全球服务外包的发展趋势是：

1. 全球发包市场集中发达国家，服务接包方向亚太地区转移

当前全球外包市场主要集中在美、日、欧等发达国家，其中北美是最主要的发包地区，其增速预计将快于西欧和日韩。2008 年金融危机后，传统发包国家的跨国公司纷纷将非核心业务外包，中国、印度、菲律宾等亚太国家日益取代爱尔兰等中等发达国家成为全球外包市场的主要承接国。

2. 以信息技术为主导的外包规模不断扩大

从产业构成来看，ITO 仍占据主要地位，但 BPO 呈现加速发展态势。服务外包由维持系统的可供性向企业所有业务流程转变，高科技、高附加值的服务外包业务占比越来越高。当前正从基础的技术层面的 ITO 向高层次的 BPO 甚至更高附加值的 KPO 转变。

3. 离岸服务外包市场持续扩大

未来全球服务外包市场将持续扩大，离岸服务外包增幅将持续高于在岸增幅，KPO

所占比重将进一步提升。据国际数据公司（IDC）的预测，到2020年全球离岸服务外包市场规模将达到4100.22亿美元，复合年均增长率约为16.6%。

4. 电子服务外包

随着信息技术的不断发展演变，大数据、云计算、移动互联等现代信息技术深刻改变着人类的生产生活方式，数字化将成为信息技术服务的核心驱动力，促使服务外包向智能化、数字化转型，要求服务供应商更灵活地运用各种新兴技术为买家制定个性化的解决方案。

第三节　中国的对外贸易

改革开放前，中国的对外贸易在国民经济中的占比并不高，但在实施对外开放政策后，对外贸易额迅速增长，贸易规模不断扩大，逐渐由初级产品出口占主导转向工业制成品为主导的阶段，加工贸易成为主要贸易方式。加入世界贸易组织（WTO）后，对外贸易发展势头更加迅猛，在全球货物、服务贸易中的地位也将不断提升，目前已为全球第一大货物贸易国和第二大服务贸易国。

一、中国对外贸易体制与政策演变简史

新中国成立至1978年前，由于国内外政治与经济形势的影响，中国的对外贸易政策一直处于计划经济体制下的保护状态，实行指令性计划和统负盈亏的高度集中的外贸体制。这一时期的外贸政策捍卫了中国独立自主的经济，促进了对外贸易的恢复与发展，但发展较为缓慢。1978年十一届三中全会后，中国开始实施改革开放战略，进行包括外贸体制改革在内的经济体制改革。外贸政策转向了有计划商品经济体制下的开放式保护贸易政策[①]。1992年前，该时期的外贸领域改革主要是放开部分贸易经营权（包括对外资企业）和贸易公司的自主化改革，由单一的指令性计划转为指令性、指导性计划和市场调节相结合的方式，国家高度垄断转向外贸承包经营责任制。

1992年以后，随着社会主义市场经济体制的确立与发展，中国的对外贸易实践进入了一个新的历史时期，形成了加入世贸组织前具有贸易自由化倾向的保护贸易政策。2001年中国正式加入WTO后，逐渐建立起与WTO规则相适应的规范的公平与保护并存的贸易政策。

---

① 刘似臣. 中国对外贸易政策的演变与走向[J]. 中国国情国力，2004（8）：48-50.

中国对外贸易政策的历史变迁如表 11-2 所示。

表 11-2　　　　　　　　　中国对外贸易政策的历史变迁

时期	政策类型	主要内容
1949~1978 年	封闭式保护贸易政策	国家以指令性计划和行政命令统制贸易，国家统一对外贸易经营权、统一外汇管理权、统负外贸盈亏
1978~1992 年	开放式保护贸易政策	增设对外贸易口岸，下放部分外贸经营权；指令性、指导性计划和市场调节相结合；实施和完善外贸承包经营责任制；放宽外汇管制
1992~2001 年	贸易自由化倾向的保护贸易政策	取消进出口指令性计划，加强市场经济体制的调节作用；多次降低关税，减少非关税措施；开放外贸经营权；完善经贸领域法律法规改革，1994 年颁布首部《对外贸易法》；实施汇率并轨，建立以市场供求为基础的单一的有管理的浮动汇率制度
2001 年至今	开放型的公平与保护并存的贸易政策	适应国际贸易规范和 WTO 规则，加强多边贸易体制，推进双边和区域自由贸易

二、中国对外贸易发展现状

自 2009 年以来，面对国内外经济增速趋缓的新形势，中国对外贸易着力于"稳增长、调结构、促平衡"，进出口整体保持平稳较快发展，贸易结构也不断优化。2017 年货物贸易总额 27.79 万亿元人民币，重回全球第一的位置。同期服务贸易保持了较快增长，服务贸易规模连续 4 年保持全球第二位，2017 年服务贸易总额为 46991.1 亿元，同比增长 6.8%，占对外贸易的比重攀升至 18%，服务出口增速自 2011 年来首次高于进口，但仍有 1.62 万亿元的逆差。在服务出口上，以技术服务、维护和维修服务、广告服务等为代表的高附加值服务出口增速较快，贸易结构持续优化。由近年来中国对外贸易变动状况来看，其发展主要呈现以下几个特征。

（一）对外贸易增长速度趋于平稳，整体来看进口贸易增速相对出口贸易较慢

中国对外贸易已由加入世贸组织后的高速增长转向了较为平稳的增长，近十年来的进出口总值总体上呈上升趋势。其中，2009 年有所下滑，之后稳健回升。但受全球经济改善迟缓、主要国家需求低迷、国际市场大宗商品价格下降等因素影响，近两年又持续下降，2016 年的进口降幅较 2015 年有所收窄，但出口降幅进一步扩大，2017 年进出口

实现了10%以上的增长。

通过出口总值与进口总值的对比，可以发现中国的进口额始终小于出口额，2009～2013年差额有一定的缩小，但在近几年又有逐渐拉开差距的趋势。

（二）货物贸易商品结构以工业制品为主，但出口货物种类较集中，进口货物种类较分散

中国初级产品贸易占总贸易额比重在逐年下降，工业制成品贸易额占比则持续上升。

近十年来，中国对外出口的商品以机电产品、高新技术产品、数据处理设备等电子技术产品位居头筹，尤其是机电产品的销售额高达130多万美元。相比之下，中国的农产品以及化学原料在国外市场的前景普遍较差。在进口商品上，机电产业仍然处于首位，除去2015年，其余年份的进口总额均有大幅增长。相比出口贸易，进口货物在种类方面较为分散，除了高新技术产品外，农产品、工业用品、医药品等系列的商品也进入了排名前十。

（三）对外贸易区域市场分布以亚洲为主，国别上则以发达国家为主

在洲际贸易上，中国与亚洲各国的进出口贸易额最大，从2012年起，贸易总额就突破了20亿美元。紧随其后的是欧洲地区，非洲地区排列最后。亚洲与欧洲的进出口贸易额总体呈增长趋势，近五年增长速度趋缓。非洲在2015年之前的发展势头十分迅猛，但在2015年时急剧下跌。

在国别贸易上，在亚洲地区中国同日本的进出口额最高，但由于近几年中日双方紧张的往来局势，进出口贸易总额自2012年起开始小幅下跌。至于欧洲和非洲地区进出口贸易额最高的分别是德国和南非。虽然北美洲的对外贸易额与其他地区相比数额较低，但单单美国一国的进出口总额便占了整个北美地区的90%，甚至远远超过日本近乎一半的贸易总值。可见中国与美国的贸易往来最为频繁，彼此也成为对方最大的贸易进出口市场。

（四）服务贸易在总贸易体系中的地位不断提升

近几年，中国积极推进产业结构转型升级，服务业规模持续扩大，已成为国民经济的主要组成部分，2017年服务业增加值占国民经济比重达到51.6%。服务贸易也成为国民经济发展的主要推动力和新的增长点。

1. 服务出口增速高于进口增速，逆差幅度不断缩小

与近期货物贸易增长乏力相比，中国的服务贸易保持着较好的发展势头，年均增速约15%，远高于同期的国内生产总值和货物贸易增速，也高于同期的世界主要经济体。

虽然服务贸易额仍呈逆差态势，但整体出口增速高于进口增速，逆差幅度在不断缩小。2017 年我国服务出口增幅达 10.6%，是 2011 年以来出口的最高增速；出口增速比进口高 5.5 个百分点，7 年来我国服务出口增速首次高于进口。2017 年全年服务进出口总额 46991.1 亿元（人民币，下同），同比增长 6.8%。其中，出口 15406.8 亿元，进口 31584.3 亿元；服务逆差 16177.4 亿元，与上年基本持平。其中，旅行项的逆差占服务贸易逆差总额的 84.6%。

2. 服务贸易结构进一步优化，新兴服务领域快速增长

以技术、品牌、质量和服务为核心的新兴服务优势不断显现，新兴服务领域进出口保持均衡快速增长。2017 年，旅行、运输和建筑等三大传统服务占比下降 1.1 个百分点，而新兴服务进口和出口分别为 7271.7 亿元和 7328.4 亿元，同比分别增长 10.6% 和 11.5%；进出口同比增长 11.1%，高于整体增速 4.3 个百分点，占比达 31.1%，提升 1.2 个百分点。其中，电信计算机和信息服务、知识产权使用费和个人文化娱乐进口同比分别增长 54.9%、21% 和 30.6%，而知识产权使用费、金融服务、维修维护出口分别增长 316.6%、30%、18.2% 和 15.7%。

3. 外国附属机构服务贸易发展迅速，但呈现不平衡特征

根据商务部统计数据显示，2016 年我国服务业附属机构服务贸易规模居全球第二，销售额规模达 10.25 万亿元，同比增长 10.5%，是当年 BOP 服务贸易总额的 2.3 倍。

（1）中国附属机构服务贸易呈现出内外向服务贸易不均衡，内向附属机构服务贸易明显高于外向附属机构服务贸易。2016 年，内向服务业附属机构销售收入 5.66 万亿元，同比增长 3.2%，高于外向服务销售收入 1.1 万亿元。其中，美国在华服务业附属机构销售收入 2096.2 亿元，是同期我国在美国销售收入的 3.1 倍。

（2）内外向服务业附属机构行业发展领域明显分化。2016 年内向服务业附属机构销售收入前十大行业中，增速最快的是房地产业、金融业和建筑业，分别增长 27.5%、18% 和 17%。其中，建筑业增速是同期国内建筑业总体增速的 2.8 倍；外向服务业附属机构销售收入前十大行业中，增速最快的是文化体育和娱乐业、信息技术服务业，分别增长 1257.7% 和 423.1%。

（3）主要贸易伙伴也集中于发达国家（地区），但逐渐多元化。"一带一路"极大地推动了中国服务业"走出去"，2016 年中国外向服务附属机构在"一带一路"沿线国家销售收入合计 8929 亿元，占比为 19.4%。其中，在新加坡、沙特阿拉伯、巴基斯坦和哈萨克斯坦 4 国的外向服务业附属机构销售收入排名居前十，且同比增速均在 30% 以上。

4. 服务贸易国际竞争力持续提升

1982~2017 年，中国服务贸易总额由 46.94 亿美元扩张到了 2017 年的 6783.24 亿美元，年均增长率达 15.27%，大大高于同期货物贸易增长速度，也远高于发展中国家和全球服务贸易平均增速。自加入 WTO 以来，中国的服务贸易总量持续提升，对外贸易规模不断扩大，但进出口增速在危机前后形成鲜明对比，危机前的2001~2007年，出口增速普遍高于进口，而危机后，进口增速远超出口。持续2015年的出口规模下降趋势，2017年负增长0.94%，但进口实现了6.87%的正增长。

自2014年起中国已连续四年保持世界排名第二的地位，仅次于美国。服务贸易国际市场占有率逐年提高，从2001年的3.88%提升至2017年的6.49%。其中，进口占比上升较快，由2.39%升至9.27%，但出口占比有所下降，由同期的5.34%降至3.85%。

5. 服务外包成为服务出口增长新引擎

近年，"互联网+"、大数据、人工智能、"一带一路"等国家战略更是推动服务外包强劲增长，截至2017年年底，中国服务外包的业务范围已经遍及五大洲200多个国家和地区，服务外包执行额超亿元的国家和地区达到130个。2016年离岸服务外包规模已约占世界市场的33%，位居世界第二。2017年全年承接服务外包总额12182.4亿元人民币，执行额8501.6亿元，同比分别增长26.8%和20.1%，增长率创历史新高。离岸服务外包占新兴服务出口的比重达到73.3%，对服务出口增长的贡献率达到46%。数据分析、电子商务平台、互联网营销推广和供应链管理等服务新业态新模式也快速发展，执行额同比分别增长55.4%、44%、40.6%和17.8%，逐步形成相互渗透、协同发展的产业新生态。在"一带一路"倡议的引领下，中国与沿线国家加强在信息技术、工业设计、工程技术等领域的服务外包合作，执行额达到1029.3亿元，首次突破1000亿元，同比增长27.7%。

三、中国与"一带一路"国家经贸合作状况

（一）"一带一路"倡议背景

2013年，习近平总书记正式提出包含"丝绸之路经济带"和"21世纪海上丝绸之路"的"一带一路"倡议理念；2016年3月列入"十三五"时期主要目标任务和重大举措，进入了全面落实阶段。在国际产能合作、贸易升级、高标准自由贸易区网络建设方面发力，基本形成开放型经济新体制新格局。

"一带一路"倡议的提出为国家层面的政策沟通、机制协调搭建了广泛的国际合作平台，也为中国与沿线国家的经济贸易往来和共同繁荣提供了一个新的契机。2013年以来，中国与沿线国家的经贸合作日益深化，双边贸易与投资都呈现上涨趋势。2016年，在全球贸易整体低迷的形势下，中国与"一带一路"沿线国家贸易额占中国对外贸易总额的比例由25.4%上升至25.7%。其中，与东南亚地区投资贸易表现最好，在对外直接投资和进出口贸易中世界占比不断提升。中亚、南亚、西亚和北非投资和贸易额相对较小，且相对平稳。

(二)"一带一路"沿线国家合作概况

按照最初规划,"一带一路"沿线有64个国家,大多为经济实力一般但经济增速较快的国家(见表11-3)。2015年,这些地区总人口约44亿、GDP为23万亿美元,分别占世界总量的63%、29%,贸易总量只占全球1/4。

表11-3　　　　　　　　　"一带一路"沿线国家范围

地区	国　　家	数量
东北亚	俄罗斯、蒙古国	2
中亚	哈萨克斯坦、乌兹别克斯坦、土库曼斯坦、塔吉克斯坦、吉尔吉斯斯坦	5
东南亚	新加坡、马来西亚、印度尼西亚、缅甸、泰国、老挝、柬埔寨、越南、文莱、菲律宾、东帝汶	11
南亚	印度、巴基斯坦、孟加拉国、斯里兰卡、马尔代夫、尼泊尔、不丹	7
西亚和北非	伊朗、伊拉克、土耳其、叙利亚、约旦、黎巴嫩、以色列、巴勒斯坦、沙特阿拉伯、也门、阿曼、阿联酋、卡塔尔、科威特、阿塞拜疆、格鲁吉亚、亚美尼亚、阿富汗、埃及、巴林	20
中东欧	波兰、立陶宛、爱沙尼亚、拉脱维亚、捷克、斯洛伐克、匈牙利、斯洛文尼亚、克罗地亚、波黑、黑山、塞尔维亚、阿尔巴尼亚、罗马尼亚、保加利亚、马其顿、乌克兰、白罗斯、摩尔多瓦	19
合计		64

资料来源:"一带一路"大数据报告。

随着世界多极化、经济全球化、文化多样化的不断加深,共建"一带一路"成为中国进一步扩大对外开放力度的一项重要措施。目前,"一带一路"涉及的国家已经延伸至西欧的英国、法国、德国等,非洲的南非,澳大利亚以及南美洲的部分国家和地区。现已有100多个国家和国际组织参与到"一带一路"建设中。至2017年,中国已与43个沿线国家发布联合声明/公报,与58国签署了各类投资贸易协定,"单一窗口"综合简化率达59%,与36国及欧盟、东盟分别签订了双边海运(河运)协定(截至2017年5月),国家交通运输物流公共信息平台实现与全球31个港口的物流信息互联互享(截至2017年11月),中国民航与43国实现空中直航(截至2017年5月),与13个沿线国家签署或升级5个自贸协定,与沿线14个国家实现了AEO(Authorized Economic Operation,认证经营者)制度的互认(截至2018年年初)。

从与沿线国家政府所签署的各项合作协议类型来看,主要集中在经贸合作与战略和政策对接方面,两者均占24%(见图11-7)。而在经贸合作上,中国与沿线国家贸易合作模式主要有四种类型,按照合作深度由高到低分别为全面合作型、潜力增长型、结构单一型和有待加强型(详见表11-4)。

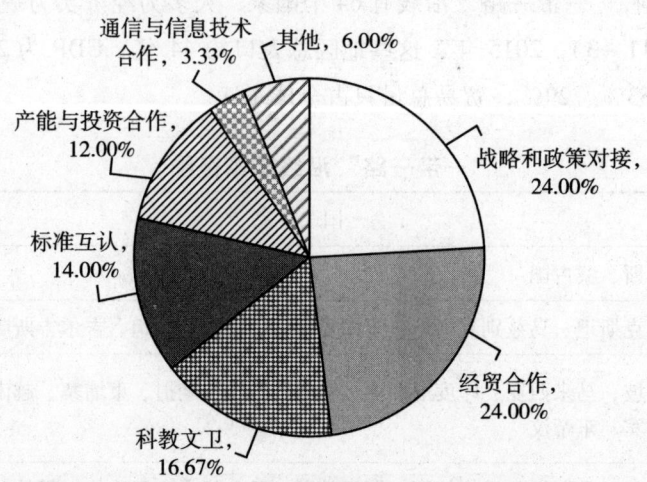

图11-7 中国与沿线国家合作协议类型

资料来源:《"一带一路"大数据报告(2017)》。

表11-4 "一带一路"沿线各国与中国贸易合作模式分类

序号	合作模式分类		国　家
	合作类型	细分类型	
1	全面合作型(7个)	贸易额增长	越南、泰国、菲律宾
		贸易额下降	马来西亚、新加坡、印度、印度尼西亚
2	潜力增长型(19个)	贸易额大于100亿美元	巴基斯坦、波兰、孟加拉国、以色列、捷克
		贸易额小于100亿美元	匈牙利、吉尔吉斯斯坦、斯洛伐克、罗马尼亚、柬埔寨、斯里兰卡、斯洛文尼亚、立陶宛、克罗地亚、尼泊尔、塞尔维亚、阿富汗、马尔代夫、东帝汶
3	结构单一型(22个)	能源为主	俄罗斯、沙特阿拉伯、阿联酋、伊朗、伊拉克、阿曼、埃及、科威特、土库曼斯坦、卡塔尔、也门、阿塞拜疆、文莱
		矿砂为主	蒙古国、阿尔巴尼亚、亚美尼亚、黑山
		铜为主	黎巴嫩、保加利亚
		珠宝为主	缅甸
		棉花为主	乌兹别克斯坦
		木材为主	拉脱维亚

续表

序号	合作模式分类		国　　家
	合作类型	细分类型	
4	有待加强型（16个）	贸易额大于100亿美元	土耳其、哈萨克斯坦
		贸易额小于100亿美元	乌克兰、约旦、老挝、塔吉克斯坦、白罗斯、爱沙尼亚、叙利亚、巴林、格鲁吉亚、马其顿、波黑、摩尔多瓦、巴勒斯坦、不丹

资料来源：《"一带一路"贸易合作大数据报告（2017）》。

（三）中国与"一带一路"沿线国家基本贸易格局

"一带一路"沿线64个国家的GDP总额占全球比重约18%，而对外贸易额占全球贸易比重近几年虽有所下降，但仍超过1/4，2017年达到28%，比上一年提升6.3个百分点。随着"一带一路"倡议的深化，中国与沿线国家的贸易量不断增长，外贸增速普遍高于同期中国整体外贸增速，双边贸易关系日益密切，目前已成为25个沿线国家最大的贸易伙伴，与13个沿线国家签署或升级5个自贸协定，与沿线33个有AEO制度的国家中的14个实现了互认。

1. 整体来看，中国与"一带一路"沿线国家的贸易比重持续上升且保持较大顺差额

"一带一路"倡议的推行为中国以及沿线国家贸易的发展带来了巨大变化。2017年中国货物贸易进出口总额达41045.04亿美元，其中与"一带一路"沿线国家双边贸易额为14403.1亿美元，同比增长12.1%，略高于全国贸易总额增长率（11.4%），占全国货物贸易额的35.09%，与2001年的16.5%相比，提高了18.59个百分点。可见，中国与"一带一路"沿线国家的经贸关系越来越密切。从整体来看，2000年以来中国与"一带一路"沿线国家的贸易发展态势良好，除2014年有小幅回落外，出口总额整体呈不断增长趋势。在2008年之前，中国对"一带一路"国家出口贸易额的增长速度较为缓慢，在2008年金融危机之后，双边贸易进入了快速发展阶段。中国对"一带一路"沿线国家出口额从2010年的305亿美元到2017年的7742.6亿美元，年均增速达58.73%。表明，中国与"一带一路"沿线国家的贸易在中国对外贸易中发挥着重要作用，尤其在发达国家市场需求出现疲软的情况下，扩大对"一带一路"沿线国家的贸易对中国经济的发展具有重要意义。

2011~2017年，中国与沿线国家的贸易顺差额整体呈扩大趋势，2016年出现首次下降（较上年少48.7亿美元），2017年进口增速首超出口，使得当年顺差额持续下降为

1082.1亿美元，约占中国贸易顺差总额的25.61%，是2011年（142.9亿美元）的6.57倍。在64个国家中，中国与52个国家贸易顺差，其中与印度的顺差额最大；与12个国家贸易逆差，其中与马来西亚的逆差额最大（见图11-8）。

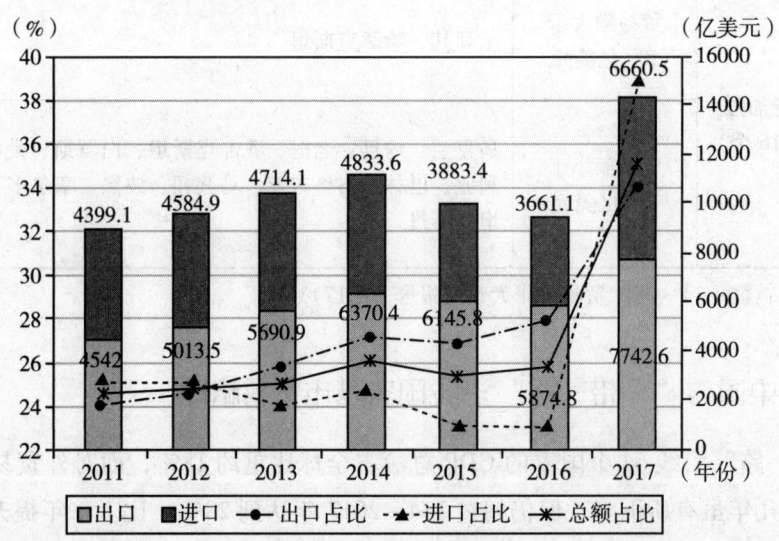

图11-8　中国与"一带一路"沿线国家贸易额及占中国对外贸易额的比重

2. 从进出口市场分布上看，"一带一路"沿线各区域与中国的贸易呈现不同程度的增长

中国是沿线主要贸易国家的主要进口和出口市场，但与各国（地区）的贸易发展并不平衡，东南亚、东欧和西亚北非等三个地区占比合计超过了87%。2016年，中国与28个沿线国家贸易额保持增长态势，较上年增加了9个。2017年，中国与卡塔尔、黑山、蒙古国、哈萨克斯坦、文莱等国的货物贸易额增长较快，增速都在46%~37%，但与塔吉克斯坦、东帝汶、埃塞俄比亚、马尔代夫以及中国香港等12个经济体的货物贸易额增速出现不同程度下降。其中，对老挝、哈萨克斯坦、乌兹别克斯坦、亚美尼亚、不丹出口额增长超过了28%；而从东帝汶、也门、马尔代夫、埃及、黑山等国的进口额约扩大了1~4倍。

从区域来看，在悠久的合作历史基础上，中国对东南亚国家的出口贸易额最大，2000~2015年中国对东南亚国家的出口额从17.3亿美元增至279.02亿美元，平均每年增长17.4亿美元。但是近年来由于南海问题而不断引起纷争，对外贸易环境受到了一定影响。中国对西亚中东19国的出口规模位列第二，占中国与沿线国家贸易总额的23%。自2014年起，中国对中亚贸易由逆差转为顺差且顺差规模逐年扩大，与中亚国家贸易增长较为迅速，发展潜力巨大。2016年前与中亚地区最大的贸易伙伴哈萨克斯坦的贸易年增速在20%~25%，土库曼斯坦多达40%~56%；2017年对哈萨克斯坦的出口额出现大幅增长，达41.1%。蒙俄、中东欧国家发展速度较为平缓，年增速不到20%。西亚、中东和南亚国家处于发展中期,年增速在20%~30%。由此表明,中国与大多数新兴国家的贸易发展比较迅速,由于市场需求比较大,双方合作空间还有待提高,而一些政治局势相对不稳定的中东国家则呈缓慢增长状态。

3. 从外贸商品结构上看,电机电气设备是最主要的贸易产品

中国对沿线国家贸易中,出口额和进口额最高的产品是"电机、电气设备及其零件",2017年分别为1798.8亿美元(占总出口23.2%)和1781.6亿美元(占总进口26.7%),较上年增长15.8%和17.7%。"锅炉、机器、机械器具及零件"与"矿物燃料、矿物油及其蒸馏产品等"分别是位列第二的出口和进口产品,其中燃料的增速显著,达34.1%。前两大进出口产品的贸易额占据了中国与沿线国家贸易大约38%(出口)和50%(进口)的份额。

(四)中国与"一带一路"沿线国家贸易结合度分析

贸易结合度指数(TI)是由小岛清(1958)等人在经济学家布朗(A.J. Brown,1947)的研究基础上提出的,用来衡量两个国家在贸易方面的相互依存度指数。它是一个比较综合性的指标,指一个国家对另一个贸易伙伴国的出口额占该国出口总额的比重以及该贸易伙伴国进口总额占世界进口总额的比重之比,指数越大,表明两国在贸易方面的联系越紧密[①]。公式如下:

$$TCD_{ab} = (X_{ab}/X_a)/(M_b/M_w)$$

其中,a代表中国,b代表"一带一路"沿线国家,w代表世界。

1. 贸易关系比较松散,处于不断增长阶段

(1)近年来,中国与中亚地区贸易往来逐渐增多,但双方间贸易关系仍较为松散。

数据表明,中国与哈萨克斯坦、吉尔吉斯斯坦两国间的贸易结合度指数均小于1,贸易关系松散。2013年,"一带一路"倡议提出之后,中国与哈萨克斯坦的贸易结合度指数有所提高,2015年达到0.67,表明中国与哈萨克斯坦之间的贸易关系取得进一步发展。而中国与吉尔吉斯斯坦的贸易结合度指数趋于0,两国间的贸易关系基本处于停滞状态。中亚地区落后的交通设施使得其与中国的贸易往来受到限制,但从时间上来看,中国与哈萨克斯坦、吉尔吉斯斯坦间的贸易结合度指数基本呈不断增加态势,表明中国与中亚地区的贸易发展前景良好。

(2)中国与蒙俄经济互补性较强,贸易合作空间广阔。

中国与蒙古国间的贸易结合度指数偏低,两国间的贸易发展基本保持在同一个水平。蒙古国具有丰富的煤炭资源,中国可与其发展煤炭贸易,促进双方间贸易的发展。

---

① 张俊娟. 中韩贸易结合度及互补性分析 [J]. 商业时代,2007,6(3):23-25.

而由于两国铁路轨道不一致,导致火车无法进入境内,只能在边境将货物卸下,增加了贸易成本,延长了贸易时间,对双方贸易产生一定影响。相比蒙古国而言,中国与俄罗斯的贸易往来较为频繁,近年来贸易结合度指数基本保持在0.7左右,表明中俄间的贸易合作发展还存在大量空白,发展空间较大。俄罗斯主要出口产品为油气能源,而中国主要出口工业品,进口能源和原材料,双方间形成贸易互补,可在此基础上大力发展能源贸易。俄罗斯拥有全球最长油气管道,但主要是输往欧洲的,缺乏完善的运输设备阻碍中俄间的贸易。

2. 贸易往来较为密切,地区发展不平衡

(1) 中国与东南亚国家贸易往来频繁,关系密切。

数据表明,在"一带一路"沿线国家中,中国与东南亚国家的贸易结合度最高,尤其是新加坡、马来西亚、泰国、越南、印度尼西亚、菲律宾这几个国家,贸易结合度基本保持在1以上,表明中国与东南亚国家的贸易关系较为密切。其中,中国与越南的贸易结合度最高,2014年达到3.51,是2000年以来最高值。2015年中国和越南的贸易额达到了958亿美元,相比2014年增长了14.6%。除越南外,中国与菲律宾的贸易结合度也比较高,近年来保持在2左右,贸易关系密切。新加坡具有先进的技术,中国可与之发展服务贸易,同时向其出口劳动密集型产品,互补不足,促进双方贸易共同发展。柬埔寨、泰国、印度尼西亚自然资源丰富,可与中国进行能源合作。

(2) 中国与南亚国家贸易发展不均衡,呈现较为明显的两极化现象。

相关数据显示,中国与南亚国家贸易总额从2000年的57亿美元增长到2013年的963亿美元,年均增幅超过26%,贸易发展势头良好。南亚国家拥有丰富的自然资源,两国在经济结构上形成互补,具有各自的产业优势。孟加拉国与中国的贸易结合度指数相对而言较大,基本保持在2~3之间,表明两国间的贸易关系密切。斯里兰卡与中国的贸易结合度指数也都大于1,贸易往来频繁,除发展货物贸易以外,还可大力发展服务贸易,如旅游服务,促进两国间贸易的发展。印度和马尔代夫的贸易结合度指数最低,印度近年来保持在1左右,两国间的贸易还是比较频繁的,而马尔代夫的贸易结合度指数都小于1,与中国的贸易关系并未得到发展,还有较大的发展空间。

3. 中国与中东欧国家贸易关系得到发展,贸易关系日益密切

据统计,2013年中国与中东欧国家进出口贸易额为551亿美元,2015年增至562亿美元,占同期中国与欧洲进出口贸易的比重由7.5%升至9.1%。中国与中东欧国家的贸易往来日益频繁,双方间的贸易结合度指数不断增加。其中,拉脱维亚、乌克兰贸易结合度指数相对较高,趋于1,表明中国与拉脱维亚、乌克兰间的贸易较为频繁,双方间具有相对坚实的贸易基础,对促进贸易额发展具有积极影响。

4. 中国与西亚中东国家能源贸易频繁,但个别国家仍存在较大发展空间

西亚中东国家能源丰富,其在对外贸易中具有比较优势的产品,中国对西亚中东国家的能源依赖性比较强,能源产品是中国对西亚中东国家主要进口产品。中国与约旦贸易较为频繁,贸易结合度保持在1左右。2014年双边贸易额达36.28亿美元。其中,中国对约旦出口额为33.65亿美元,进口额为2.63亿美元。中国对约旦主要出口纺织产品、机电、通信产品,从约旦主要进口化学肥料,在贸易结构上形成互补,有利于双方贸易稳定发展。沙特阿拉伯同中国的贸易结合度指数基本保持在1左右,贸易关系密切。丰富的石油资源是沙特阿拉伯的出口优势,但是沙特阿拉伯在轻、重工业方面并未形成较为完备的系统,故对外依赖性相对比较强,正好同中国形成优势互补,有利于贸易关系的改善。土耳其、卡塔尔、以色列等国家的贸易结合度比较低,双方贸易关系疏松,双方应加强相关设施的建设,以促进贸易发展。

由于"一带一路"倡议涉及国家众多,在经济水平、基础设施、文化风俗等方面都存在着较大差异,中国与沿线国家的经贸合作,要将政治互信、经济融合、文化包容等作为建设的核心目标,提升政策沟通、设施联通、贸易畅通、资金融通、民心相通建设水平。

四、中国服务外包概况

全球服务外包行业呈现逐渐增长态势,美日欧仍占据全球服务外包发包市场的主导地位,而以印度、中国为代表的发展中国家成为主要的接包国。中国的服务外包产业起步较晚,但发展迅速,与全球第一大离岸服务外包接包地的印度在产业规模上的差距日益缩小。

近十年来,中国服务外包产业经历了从小到大快速发展的起步阶段,党中央、国务院先后出台了一系列政策措施,引导通过创新促进产业向高新技术、高附加值方向发展。自2006年启动服务外包"千百十"工程以来,经过十多年的发展,中国已初步建立了系统的服务外包促进政策体系和以服务外包示范城市为主体的发展体系。2016年是商务部服务外包"千百十"工程实施十周年,2017年则是服务外包产业发展"十三五"规划实施之年,也是中国服务外包示范城市扩围至31个后的第一年。面向全球市场,中国服务外包将由"接包方"向"接发包并重"的身份转变,实现发展规模与质量的双提升。

(一)中国服务外包的政策梳理

中国自20世纪90年代就有一些政府部门和企业家开始关注国外软件外包,并在政策和企业实践层面展开探索,但此时还未进入政府决策优先考虑层面。随着IT技术和信息化的兴起,21世纪初期,大力发展软件产业成为学术界和决策界的共识,国家发改委、商务部、信息产业部、科技部等18个部委联合制定政策,推动软件和服务外包产业发展。2000年国务院颁布《关于鼓励软件外包服务产业与集成电路发展的若干政策》、

"十五"规划出台了利用信息化促进工业化的指导方针、2002年出台了《振兴软件产业行动纲要》，这些举措促进了中国软件产业的发展与出口增长，但这一时期对发展软件业与积极参与国际软件外包之间的正向互动关系还尚未给予足够重视。这一情况在"十一五"时期发生了转变，服务外包得到了中央和各级政府的重视，各类政策密集出台。

1. 政策体系日趋完善

2006年，《国民经济与社会发展"十一五"规划纲要》首次将服务外包纳入，指出要"加快转变对外贸易增长方式""鼓励外资参与软件开发、跨境外包、物流服务、……建设若干服务业外包基地，有序承接国际服务业转移"。"国际服务外包承接业务量明显增加，沿海地区和内陆重点城市建成10家左右示范性服务外包基地"成为《服务贸易发展"十一五"规划纲要》的主要目标之一。同年10月，商务部实施了"千百十"工程，计划在"十一五"期间，在全国建设10个具有一定国际竞争力的服务外包基地城市，推动100家世界著名跨国公司将其服务外包业务转移到中国，培养1000家取得国际资质、具有发展潜力的中国优秀服务外包企业，全方位承接国际服务外包业务。商务部、信息产业部与科技部于当年先后两批认定大连、西安、成都、上海、深圳、天津、北京、南京、杭州、武汉、济南等11个城市为中国服务外包基地城市[①]。此后，国务院和各级地方政府连续出台多项推进和扶持发展服务外包优惠政策，推动服务外包成为落实国家"保增长、扩内需、调结构、促就业"的战略需要和经济转型发展、产业创新升级的重要手段。

2007年《政府工作报告》进一步强调，要"大力承接国际服务外包，提高我国服务业发展水平"。同年3月，《国务院关于加快发展服务业的若干意见》（以下简称《意见》）明确提出，要"把承接国际服务外包作为扩大服务贸易的重点，发挥我国人力资源丰富的优势，积极承接信息管理、数据处理、财会核算、技术研发、工业设计等国际服务外包业务"。为贯彻落实《意见》，4月商务部会同国家统计局联合编制了《服务外包统计报表制度》，以此规范中国的服务外包统计，并及时掌握中国服务外包的情况。《服务外包统计报表制度》于2007年5月1日开始正式执行，并于2012年、2015年进行了修订。

2008年《政府工作报告》继续强调"扩大服务出口，发展服务外包"。大力发展服务外包产业也成为中国"十二五"时期的一项重要任务。次年1月，国务院办公厅下发了《关于促进服务外包产业发展问题的复函》（国办函〔2009〕9号），批复了商务部会同有关部委共同制定的促进服务外包发展的政策措施，指出将服务外包产业的发展提升到国家战略高度，在已有服务外包基地城市的基础上新增4个城市（南昌、大庆、苏州和无锡），共20个城市[②]确定为中国服务外包示范城市，深入开展承接国际服务外包业

[①] 截至2008年年底，服务外包基地城市逐渐增至16个，新增基地城市为广州、重庆和哈尔滨。
[②] 2010年又增列厦门市为第21个服务外包示范城市。

务，促进服务外包产业发展试点。

2010 年，《国民经济和社会发展第十二个五年规划纲要》明确提出，要"大力发展服务外包，建设若干服务外包基地"，为此 2012 年商务部、发改委联合发布了中国第一部专门面向服务外包产业的发展规划《中国国际服务外包产业发展规划纲要（2011～2015）纲要》（商服贸发〔2012〕431 号），这是中国服务外包产业从起步到加快有序发展的必然产物和内在要求，为中国"十二五"期间服务外包产业的发展指明方向，有利于实现服务外包产业量的增长和质的提升。

2010～2016 年，国务院相继下发了《关于鼓励服务外包产业加快发展的复函》（国办函〔2010〕69 号）、《关于进一步促进服务外包产业发展的复函》（国办函〔2013〕33 号）、《关于促进服务外包产业加快发展的意见》（国发〔2014〕67 号）、《国务院关于同意开展服务贸易创新发展试点的批复》（国函〔2016〕40 号）等文件，引导中国服务外包产业发展方向。由此，此前的试点城市到 2016 年已扩展至 31 个。同时还在天津、上海、海南、深圳、杭州、武汉、广州、成都、苏州、威海和哈尔滨新区、江北新区、两江新区、贵安新区、西咸新区等省市（区域）开展服务贸易创新发展试点。创新发展试点的任务之一是探索创新服务贸易发展模式，其中一点就是要积极"承接离岸服务外包，提升服务跨境交付能力"。服务贸易的结构调整与创新将为服务外包带来新的发展空间。

2. 具体政策分析

自 2006 年以来，国家先后颁布多份文件，国务院有关部委和各地方政府积极创造条件相继实施了一系列相关政策以推进服务外包产业实现跨越式发展。国家层面的优惠政策主要包括税收减免、财政支持、人力资源建设、资金扶持、服务支持等方面。

（1）财税扶持。

财税扶持方面政策的出台主要是为了降低企业运行成本，增强服务外包企业的国际竞争力。主要政策包括对特定服务企业的企业所得税、营业税等的减税或免税，相关国际认证项目的资金支持，中西部特定企业的中央财政贴息，中小服务外包企业发展基金支持及示范城市的服务外包公共平台建设资金支持等。

（2）人力资源。

人力资源方面政策的出台主要是为了降低用工成本、提高工资效率，促进服务外包人才培养和高层次人才引进。主要政策包括对特定企业服务外包人才培训给予一定的经费支持，实施特殊工时工作制，高层次人才在出入境、子女入学、户口迁移、家属就业等方面的优惠政策，高校服务外包人才培训支持等。

（3）金融外汇。

金融外汇方面政策的出台主要目的在于创新融资渠道和融资品种，加速做大做强服务外包企业，大力发展离岸服务外包。主要政策包括鼓励开拓多元化的融资渠道、为服务外包企业提供贸易融资便利化和业务程序简化、监管权限下放等。

(4) 配套服务。

配套服务方面政策的出台主要是为了降低企业运行成本，为开拓离岸业务，提供通信、通关方便，并鼓励外资投资和企业"走出去"。主要政策包括免费安装和维护与政府部门联网的计算机软件、通信服务和海关通关便利化、放开特定服务外包市场的外资股权比例限制、境外投资审批手续简化等。

"十三五"时期，商务部联合发展改革委、教育部、科技部以及工业和信息化部于2017年共同发布《国际服务外包产业"十三五"规划》提出，服务外包产业的发展目标到2020年中国企业承接离岸服务外包合同执行金额超过1000亿美元，年均增长10%以上；产业结构更加优化，数字化、智能化的高技术含量、高附加值服务外包比重明显提升。规划对促进服务外包转型升级和协调发展具有重要意义。

（二）中国服务外包发展现状

丰富的劳动力资源和低廉的劳动力价格为中国承接国际服务外包创造了巨大的优势。经过十多年的快速扩张，中国服务外包产业规模已达1807.5亿美元，其中离岸外包服务规模为1112.1亿美元，目前占全球服务外包市场份额约为1/3。在经济新常态下，中国的服务外包正由规模扩张向量、质并举转变，在国民经济中的地位和作用也日益凸显。

1. 服务外包规模持续快速扩大，"一带一路"建设推动服务外包强劲增长

2006~2016年10年间，中国服务外包执行金额从13.8亿美元增长到现在的1064.6亿美元，年均增长54.43%（详见图11-9），服务外包企业从500多家扩展至近4万家，从业人员由不足6万人增长到现在的856万多人，其中大学以上学历人员551万人，成为中国高学历人才集聚度最高的行业。2017年中国服务外包继续保持良好发展态势，中国企业全年承接服务外包合同额1807.5亿美元，同比增长25.1%；完成服务外包执行金额1261.4亿美元，同比增长18.5%。其中，离岸服务外包合同签约金额、执行金额分别为1112.1亿美元、796.7亿美元，同比分别增长16.7%、13.15%，增长速度领先服务贸易出口速度，成为新兴服务业出口的核心。中国离岸服务外包规模约占世界市场的33%，稳居世界第二，离岸外包执行额占中国服务贸易出口总额的1/4，占新兴服务出口的比重高达73.3%，对服务出口增长的贡献率达到46%。中国服务外包由离岸起步，2006年在岸服务外包几乎为零，通过政策的引导和支持，在岸外包实现快速发展，2017年在岸外包执行额已占36.84%。

与此同时，"一带一路"倡议的实施与深入推进，促进了中国服务外包新兴市场的开拓，中国与沿线国家加强在信息技术、工业设计、工程技术等领域的服务外包合作，加快了中国高铁、核电、通信、移动支付等世界领先的技术和标准"走出去"步伐，与"一带一路"沿线国家服务外包合作发展加速，特别是承接东南亚、西亚北非国家服务外包增长显著。2017年，与沿线国家的服务外包合同执行额达到152.7亿美元（约合人

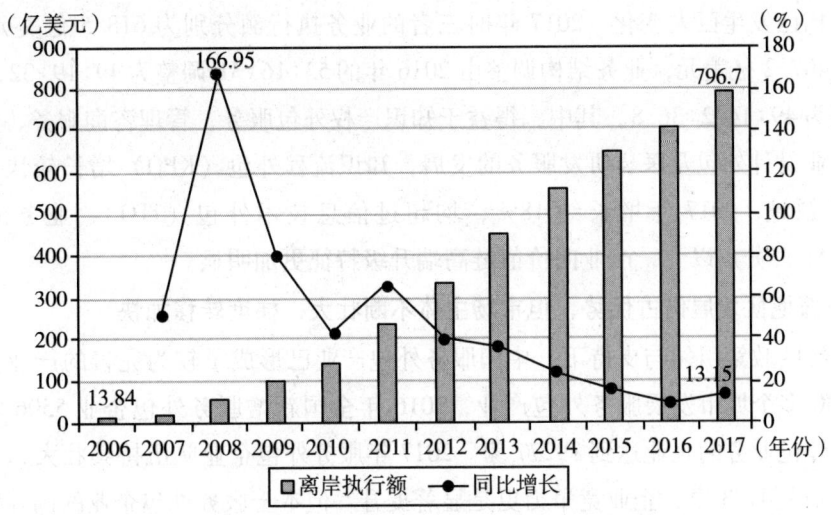

图 11-9 2006~2017 年中国离岸服务外包情况

民币 1029.3 亿元，首次突破 1000 亿元），同比增长 25.9%，占离岸服务外包执行总额的 19.17%，比上一年提升约 2 个百分点。其中，东南亚 11 国是规模最大的区域，承接该区域合同执行额 78.81 亿美元，占该区域总额比重超过 51%；西亚北非 16 国是增长最快的区域，合同执行额同比增长 44.9%，2016 年为 26.30%。

2. 外包业务结构向高端化升级

传统的互联网与信息技术向以"云计算、大数据、移动互联、物联网"为核心的新一代信息技术转变，带动了中国服务外包从"成本套利"走向"智能化服务"，服务外包业务领域逐渐向垂直行业和价值链高端拓展与延伸，由单一技术服务向综合行业解决方案服务、高附加值业务转型，知识流程外包占比明显提高，服务外包产业价值链层级不断提升。

中国起步较早也较成熟的是 IT 服务外包，它由硬件产品支持服务发展起来，逐步拓展到软件开发、支持服务和 IT 运营服务。2006 年，中国服务外包企业提供的服务中知识流程外包几乎为零，业务流程外包在发展的初期阶段也只能提供低端的数据处理为主的服务，且限于银行、保险、制造业等以客户关怀、人力资源和财务外包等几个有限的职能上。但到 2016 年以研发、设计为主的知识流程外包占比超过了 30%。当前中国电信计算机信息服务、金融服务等新兴服务出口的 70% 是通过承接全球服务外包，特别是生产性服务外包实现的，2017 年中国研发、设计、维修维护服务等生产性服务外包执行额达到 2902.6 亿元，同比增长 24%。

从三大类业务占比来看，知识流程外包（KPO）占比持续提升，信息技术外包（ITO）占比整体呈下降趋势，而业务流程外包（BPO）的占比近几年虽有波动但基本稳定。2008 年时，ITO、BPO 和 KPO 的执行额占比分别为 68.4%、22.6% 和 9%，十年后该业务结构已发生巨大变化。2017年时三者的业务执行额分别为618.5亿美元、235.7亿美元、407.2亿美元，业务结构调整由2016年的53∶16∶31调整为49∶19∶32，2015年时该比例为49∶14.2∶36.8。其中，得益于知识产权外包服务、管理咨询服务、数据分析服务、工业设计外包及医药研发服务的发展，知识流程外包（KPO）增长较快，特别是国际业务领域，2017年增长约18%，均超过信息技术外包（ITO）、业务流程外包（BPO）7个百分点以上，产业向价值链高端升级特征更加明显。

3. 东部地区发展仍占优势，但市场主体不断壮大，梯度转移加快

在多年的政策引领与支持下，中国服务外包产业已形成了较为完善的产业生态，全国已有130多个城市发展服务外包产业，2016年全国新增服务外包企业5506家，累计从事服务外包业务的企业达到39277家。2017年服务外包企业队伍持续壮大，全国新增服务外包企业4173家，企业竞争力更是显著提升。但本土服务外包企业的国际竞争力偏低，不论是在企业规模、运营能力、市场推广，还是在专业服务水平等方面，即使是国内的领军企业也不仅无法与IBM等国际巨头相比，与印度较大企业相比也有很大差距。2018年2月21日在佛罗里达州奥兰多举行的2018年外包世界峰会上，国际外包专业协会（international association of outsourcing professionals，IAOP）发布了2018年全球外包100强榜单（the global outsourcing 100），该年度榜单收录了全球范围内表现最佳的外包服务供应商。其中，中国仅有软通动力和微创两家企业上榜。2017年度上榜的中国企业也只有两家，分别为中软国际和文思海辉。

从境内分区域看，随着劳动力成本、商务成本的攀升，服务外包产业由东向西、由南向北加快梯度转移。虽然东部地区外包规模明显大于中西部地区，但后者增速明显高于东部沿海地区。2016年，东部地区离岸服务外包执行额895亿元；中西部地区离岸服务外包39亿元，增长达到17%，表明部分劳动力密集型服务外包业务开始向中西部转移。2017年中部、西部、东北部地区完成合同执行额分别比前一年增长26.5%、22.9%、26.6%，均超过东部地区17.3%的增长速度。东部地区服务外包合同执行额占比从2016年的85.5%下滑至84.6%。中部、西部、东北地区占比均有所上升。其中，中部地区占比6.7%，上升4个百分点，增长最为显著。

服务外包市场主体的不断壮大得益于中国不同批次示范城市的传导带动。自2009年以来，国务院先后确立了31个国家级服务外包示范城市。2016年，国务院印发《关于新增中国服务外包示范城市的通知》，将沈阳等10个城市确定为中国服务外包示范城市，示范城市数量从21个增加到31个，引导市场资源继续向示范城市集聚发展，31个服务外包示范城市2016年承接的离岸服务外包执行额达657.88亿美元，增长8.58%，占全国总额的93.4%。其中，新晋示范城市完成服务外包合同执行额102.1亿美元，占31个示范城市执行额总规模的5.1%。2017年31个服务外包示范城市完成服务外包执行额共1018.4亿美元。其中，执行额超过70亿美元的城市包括南京、无锡、苏州、深圳、广州、杭州、上海7地，比前一年增加3家。新晋10个示范城市2017年完成服务外包执行额同比增长33%。其中，沈阳、南通、南宁、乌鲁木齐等城市实现50%以上的高速增长。各示范城市依据各自区位和产业的优势，不断探索发展的道路，逐步形成了以长三角、珠三角、环渤海为龙头，东中西部城市有序发展的区域化格局。

2017年，商务部推进实施示范城市动态管理，推动在示范城市范围内实行的技术先进型服务企业所得税优惠政策向全国推广，系列举措为非示范城市发展带来利好。非示范城市服务外包产业发展各项指标占比均有所提升，企业占比由2016年的26.7%升至2017年的28.1%，合同执行金额占比由6.1%上升至8.5%。

4. 仍以承接美、日、欧等境外发包业务为主，但逐渐向多元化市场转变

中国当前仍以承接国际服务外发包业务为主，作为服务进口的发包尚未纳入服务外包统计范畴。但国际市场逐渐多元化，从以日本为主拓展到北美、欧洲、东南亚、大洋洲、中东欧、拉美和非洲等近200个国家和地区。截至2016年年底，中国服务外包企业累计获得软件能力成熟度等国际资质认证10417项。

美、日、欧等传统市场在中国境外服务外包市场中仍占主导，但在总体保持较快发展的同时，它们的相对地位出现了新变化，美国依旧是最大的发包国，欧盟是主要发包市场中增长最快的地区，但日本经济、汇率、成本上升、中日政治关系等多重因素的影响，中日服务外包合作一度放缓，2017年对日外包市场回暖向好，当年承接日本的服务外包业务同比增长19.5%。中国香港的发包市场地位明显提升，已接近中国第二大离岸发包市场欧盟。2017年，内地企业共完成来自上述四个区域的服务外包执行金额491.4亿美元，占比61.7%。

五、当前中国对外贸易发展所面临的新问题

现阶段中国国际地位不断加强，已成为第一大货物贸易国和第二大服务贸易国。但传统对外贸易发展模式，出于片面追求贸易增长速度与规模的目的，走"高投入、高消耗、低效益"的数量型发展模式，消耗了大量的资源和能源，环境成本高，对外贸易的资源环境逆差大，使贸易发展日益呈现出不可持续性。具体表现为以下几点。

（一）出口产品附加值与生态含量普遍较低

中国虽然是世界出口贸易大国，但出口产品整体层次比较低，大部分出口产品属于资源和劳动密集型产品。近年来高新技术产品有了较大发展，但在国际分工体系中，中国仍处于产业链的低端环节，占中国出口贸易主体的工业制成品多为负责组装或装配，技术含量和附加值较低。

通过一系列的政策，中国各部门最终产品的单位能耗强度与排放强度均有不同程度

的下降,但仍远高于同期世界平均水平,中国以能源资源消耗和环境污染为代价来维持经济、贸易增长的模式还没发生实质性的改变。2015年,中国以消耗全世界22.9%的能源创造了世界14.9%的GDP,单位GDP能耗达到3.89吨标准煤/万美元。依赖于高碳能源消费的产业结构,也使中国成为世界最大的碳排放国。

在贸易上,自2005年开始,中国已逐步降低了高耗能、高污染与资源密集型产品("两高一资"产品)的出口退税率,控制此类产品出口,但整体来看,出口产品的能耗量和排放量仍然比较大。许多研究显示,中国出口产品单位价值能耗总体仍然较高,出口所换取的经济价值仍低于对能源的损耗,对外贸易结构依然明显的粗放型特征[①]。各行业的出口贸易隐含碳量整体上也不断增加。占出口比重较大的纺织服装业、金属加工业和制造业等都属于高污染、高排放的行业,导致中国出口贸易的碳排放随着总体贸易量的增加而不断增加。

(二)特殊进口贸易领域的生态环境影响大

在中国的整体进口结构中,资本技术密集型的工业制成品是主要的进口产品。随着国内资源的短缺,原材料、能源等初级产品的进口比重日益增加。在某些特殊进口产品中,会耗费大量的国内环境资源,这主要体现在一些国外废弃物不规范进口和利用上,如电子垃圾,有毒、危险废物等。此外通过外商直接投资而形成的污染产业转移也将对环境造成巨大影响。

进口废物原料的法定称谓是"进口可作原料的固体废物",具体指列入限制进口和自动许可进口目录的固体废物;而"洋垃圾"是指《禁止进口固体废物目录》所列境外产生的电子垃圾、生活垃圾、医用垃圾、工业矿渣、旧服装、建筑垃圾等。进口废物有利于缓解国内资源紧张的局面,但废物利用技术水平的落后、环保意识的欠缺、进口废物管理机制上的不完善等问题,使进口废物成为"洋垃圾",非法转移有害废物也时有发生,给中国的环境和民众健康与安全带来巨大压力和危害。

同时,进口废物原料作为一种回收资源,属于敏感进口商品,其来源复杂、形式多样、种类繁多,在回收过程中容易混入其他夹杂物,从而产生环保、卫生、安全等方面的风险隐患,如外来生物入境、有毒有害废物入境、禁止类废物入境等。

(三)传统比较优势正加速弱化

在出口贸易上,中国最大的比较优势是劳动力与资源等成本优势,特别是庞大的低成本劳动力,使中国成为世界的"加工厂",中国制造遍布全球市场。但随着人口结构的变化,15~59岁劳动力年龄人口逐步减少,人口红利不断消逝的同时,劳动力成本日

---

① 刘强,庄幸,姜克隽等.中国出口贸易中的载能量及碳排放量分析[J].中国工业经济,2008(08):51.

益上涨，与周边一些国家相比，中国的成本竞争优势正逐渐丧失。

根据全球咨询公司 Willis Towers Watson（WTW）发布的最新研究报告指出，一些东南亚经济体低廉的劳动力成本，正对中国的竞争力产生负面影响。数据显示，中国各个行业的基本工资要比东盟国家中劳动力成本最昂贵的印度尼西亚还高出 5%~44%，基础专业人员工资平均值要比越南和菲律宾高出 1.9~2.2 倍。中国社会科学院经济学部发布的《经济蓝皮书春季号：2016 年中国经济前景分析》同样证实了，目前中国很多地区尤其是东部地区，工人工资水平已远超东南亚国家。即使与美国等发达国家相比，中国的制造成本优势也不明显，当前中国在人工成本上还具有一定优势，但土地成本、物流成本、资金成本、能源成本、配件成本等均高于美国。

劳动力成本的提升正促使第二次世界大战后亚洲的第三次产业转移进程不断加速，越来越多的跨国公司和国内企业把生产基地从中国向东盟及其他低收入国家转移。例如，耐克、阿迪达斯等跨国公司早于 2009 年、2012 年就关闭了其在中国的工厂。数据显示，2000 年，40% 的耐克运动鞋由中国制造，13% 由越南制造。而到 2013 年，中国制造只占 30%，而越南制造猛增到 42%。

（四）频繁遭遇绿色贸易壁垒

中国产品自身的生产技术水平限制和一些领域的恶性竞争以及国际经济领域中国要素的提升都使中国的对外贸易备受关注，不论是发达国家还是发展中家都不断对中国设置贸易壁垒，贸易摩擦频发。绿色贸易领域的贸易壁垒主要有绿色关税，与环境、健康、安全有关的技术性贸易壁垒等。

绿色关税特指对影响生态环境的进口产品征收环境进口附加税，如碳关税就是针对高耗能的排放密集型产品进口征收二氧化碳排放关税。中国作为世界工厂，以碳关税为代表的低碳壁垒必然会对国内的工业品出口造成重大影响。

中国现行的低碳政策更多依赖于结构性减排（即依靠关闭高能耗企业来实现），未来应转向技术性减排。而国家碳排放管理的起点是碳核算，应加强对减排能力、潜力及减排对经济发展影响的研究与评估，以做出合适的减排行动。

相对于绿色关税，环境、健康、安全有关的技术性贸易壁垒所涵盖的范围非常宽泛。广义上讲，绿色技术标准、卫生与植物卫生检验检疫标准、绿色补贴、生产过程与加工方法（PPM，如社会责任、动物福利、绿色包装和绿色标志制度、ISO14000 环境质量管理体系认证、危害分析及关键控制点制度等）都属于技术性贸易壁垒。这些标准大多依据发达国家的生产技术水平制定，中国达到标准还存在一定差距，因而构成了对包括中国在内的发展中国家的贸易壁垒。

因此，继续依靠增加生产要素投入的粗放式贸易已难以为继，绿色、低碳、循环发展是当今世界的新趋势，发展绿色贸易将是中国解决经济社会发展中的经济社会生态效益相统一和可持续的重要路径。

第四节　世界其他主要经济体的对外贸易

一、欧盟的对外贸易

第二次世界大战后，西欧进入了经济高速增长的"黄金时代"，20世纪70年代在经历了低速增长、高通胀和高失业率并存的曲折波动的经济"滞胀阶段"，西欧的主要经济指标在80年代终于赶上美国，形成美、日、欧三足鼎立之势。1993年，建立于1958年的欧洲共同体演化为欧洲联盟（简称"欧盟"），经过7次的扩张，成为世界上有着28个成员国[①]的一体化程度最高的区域经济集团。

虽然受到2008年金融危机和英国"脱欧"等一系列事件的打击，欧盟的经济增长在2009年（-5.81%）和2010年（-5.45%）时大幅下滑，但整体经济实力仍十分强大，联盟总GDP额占全球GDP总额的比重一直保持在1/3左右，不仅高于美国，更远超过日本。据IMF数据，2017年欧盟国内生产总值17.11万亿美元，人均达3.35万美元（中国仅有8000美元）。

（一）欧盟对外贸易概况

1. 对外贸易发展较快，贸易规模大，但在全球的贸易地位有所下降

2008年前，欧盟的对外贸易基本保持增长态势，增长速度快，由1993年的2.1万亿美元持续增加至2008年的12.198万亿美元，2009年出口额明显萎缩，出现了有史以来的最大一次跌幅，高达23.6%，之后在不断波动中缓慢恢复，2017年实现了11.701万亿美元总贸易额（出口5.9万亿美元，进口5.8万亿美元），比上年增长了9.96%。

2014年前欧盟是全球第一大出口市场，之后被中国取代，屈居第二位。其出口额占世界总出口的比重近几年略有下降，但仍占较大的比重，目前约在15.5%左右，高出美国约4个百分点。欧盟的进口额占比也持续下降，2012年起全球第一大进口市场的地位被美国所取代，与排名第三的中国之间的差距也在不断缩小，2016年其进口占比为14.8%，高于中国2.4个百分点，比2008年9.6个百分点的差距有了明显的缩小。

---

① 英国于2016年6月23日举行全民公投决定退出欧盟，并订于2019年3月29日正式脱欧。但其与欧盟之间还尚未达成一致的脱欧协议。2018年3月19日欧洲委员会登刊了一项协议草案，为英国脱欧订立21个月过渡期，其间，英国仍然是欧盟内部市场及关税同盟的一员。故本书中的统计仍包括英国。

2. 成员国之间的贸易发展较快，所占比重较大

由于地缘优势及内部贸易便利化的提高，欧盟内部贸易额迅速扩大，1992年时仅8000多亿欧元，2017年已达6.62万亿欧元，比上年增长7.48%，内部贸易额占欧盟总贸易额的比重长期在60%以上。

2017年，28个欧盟成员国出口总额为5.226万亿欧元，其中3.345万亿欧元（占比64%）出口到另一个欧盟成员国。除了德国、爱尔兰和英国（主要出口美国）以及塞浦路斯（主要出口利比亚）和立陶宛（主要出口俄罗斯）外，2017年几乎所有欧盟成员国都主要出口商品到另一成员国，而德国是大多数成员国的主要出口目的地。总体来看，德国是17个成员国的主要出口目的地，在22个成员国出口目的地中排名前三。2017年，28个欧盟成员国进口总额为5.131万亿欧元，其中3.279万亿欧元（占比63.8%）来自另一个欧盟成员国。除了立陶宛（主要自俄罗斯进口）和荷兰（主要从中国进口）外，德国是欧盟一半以上成员国的主要进口来源地。除爱尔兰和塞浦路斯外，德国在其他所有欧盟成员国进口来源地中排前三位。

3. 贸易伙伴以发达国家为主

欧盟的贸易伙伴以发达国家为主。其中，美国、中国、瑞士、俄罗斯和土耳其是前五大出口市场；中国、美国、瑞士、俄罗斯和日本是前五大进口来源。前五大逆差来源地依次是中国、俄罗斯、越南、孟加拉国和日本。其中，中国对欧盟贸易顺差已经连续10年维持在1300亿美元左右。欧盟的贸易顺差则主要来自美国、阿联酋和瑞士等。

各贸易伙伴在欧盟对外贸易中的地位有着不同的发展趋势。2000～2011年美国与欧盟的贸易占欧盟贸易总额的比重几乎是连续下降的，之后在2015年和2016年增至接近18%，2017年略有下降。自2000年以来，中国的占比几乎增加了两倍，从5.5%升至2017年的15.3%。美国和中国一直是欧盟的最大的两个贸易伙伴，两者占欧盟贸易总额的比重远超其他主要贸易伙伴，2017年两者合计占比约1/3。其中，欧美贸易额为6310亿欧元，占欧盟贸易总额的16.9%；欧中贸易额为5730亿欧元，占欧盟贸易总额的15.3%。

俄罗斯在欧盟的对外贸易中地位不断下降。俄罗斯的占比自2012年以来一直在下降，从近10%降至2016年的约6%，并在2017年略有回升。日本的占比下降超过一半，从2000年的7.5%降至2017年的3.5%。至于瑞士和土耳其，它们各自的占比在整个时期内相对持稳。

4. 工业制成品是主要的贸易商品

欧盟主要以制成品的出口为主，出口占比在74%～83%，2000～2012年，比重曾一度下滑，之后逐渐回升，2017年升至80.02%；进口方面同样以制成品的进口为主，比重介于65%～78%，与出口占比的变化趋势相似，2017年为72.49%，比上年略有下降。

分商品看，机械和运输设备、其他制成品和化学品是欧盟贸易产品的主要类别。在欧盟的主要出口商品中，2016年机电产品、运输设备和化工产品出口额分别占欧盟出口

总额的25.7%、16.8%和16.0%，为4997.2亿美元、3263.0亿美元和3102.7亿美元，分别减少1.4%、0.8%和0.6%。另外，贵金属及制品的出口额降幅较大，下降29.1%。欧盟前三大类进口商品是机电产品、矿产品和化工产品，2016年进口额分别为4617.5亿美元、3143.0亿美元和1812.8亿美元，分别减少0.2%、19.5%和1.4%。另外，贵金属及制品的进口额增幅较多，增长61.6%。

（二）欧盟对外贸易管理制度

作为世界上最大的区域经济集团，欧盟的主要活动是制定法律，它具有完善的立法机制和法律体系。

1. 贸易主管部门及职能

欧盟各机构在对外贸易管理中承担不同的职能。理事会是欧盟的最高立法和决策机构，代表欧盟各成员国，发布贸易政策指令。欧委会则具有动议立法权和执行权，负责处理具体的多双边贸易事务，向理事会和议会提出政策建议。在欧委会内部，贸易总司（DG TRADE）专门负责欧盟贸易事务。贸易总司下设8个司，分别负责水平议题和双边经贸关系等问题，与中国经贸关系由B司负责，贸易救济措施由H司负责。欧洲议会代表公民，就有关贸易政策问题接受咨询。《里斯本条约》生效后，欧洲议会权力上升，在共同贸易政策中获共决权，有权审批欧盟对外签署的贸易投资协定，并就欧盟重大贸易投资问题提出意见和建议。欧盟法院负责监督欧盟法律实施，解决争端并进行司法解释。

2. 对外贸易法律体系

欧盟涉及对外贸易的法律主要有：

（1）基础条约及其后续条约。《建立欧洲经济共同体条约》（EEC条约）和其后的《欧洲联盟条约》（《马斯特里赫特条约》，即"马约"）。

（2）各机构依授权而制度的各种法令。目前欧盟制定的与贸易有关的法律大多是理事会颁布的贸易规则，主要包括共同关税税则（理事会1886/89号规则）、共同进口规则（理事会288/82号规则）、共同出口规则（理事会2603/69号规则）、关于国营贸易国家的几个进口安排（1765/82号规则和3420/83号规则）、数量限制管理的共同程序（1023/70号规则）、新贸易政策工具（2641/84号规则）、反倾销反补贴条例（2423/88号规则）等。

（3）区域贸易协定。欧盟与其他国家或地区签订的贸易条约或协定也是欧盟法律体系的重要组成部分，对成员国具有约束力。如关税与贸易总协定（世界贸易组织协定）、洛美协定、与地中海国家和南方市场国家的协定等。

（4）法院判例。欧盟许多具体的部门法是通过司法判例创建的，如关税贸易制度与工业产权制度等。

3. 欧盟贸易管理规定

(1) 进口管理法规。

欧盟进口许可制度主要包括监控、配额、保障措施三类。此外,欧盟还将各种技术标准、卫生和植物卫生标准作为进口管理手段。目前,欧盟采取进口监控措施的产品包括来自第三国的部分钢铁产品、部分农产品以及来自中国的纺织品。

欧盟实行统一进口配额管理制度,并制定配额的分配方法、进口许可证的管理原则及管理中的行政决定程序等①。进口管理的法律依据为1994年制定的《关于对进口实施共同规则的(EC)3285/94号法规》《关于对某些第三国实施共同进口规则的(EC)519/94号法规》。后者适用于欧盟定义的"国有贸易国家"。

鉴于纺织品和农产品在多边贸易框架中的特殊安排,欧盟分别制定了纺织品和农产品的进口管理法规。适用于纺织品的进口贸易立法主要包括《关于对某些纺织品进口实施共同规则的(EC)3030/93号法规》《关于对某些第三国纺织品实施共同进口规则的(EC)517/94号法规》,后者随着2005年1月1日世界纺织品贸易实现一体化而终止。农产品进口贸易立法主要包括《关于实施乌拉圭回合农业协议所需采取措施的(EC)974/95号法规》《关于农产品共同关税术语调整程序的(EEC)234/79号法规》《关于某些农产品加工产品的贸易安排的(EC)3448/93号法规》等。

(2) 出口管理法规。

欧盟鼓励出口,一般产品均可自由出口,仅对少数产品实施出口管理措施。出口管理法规主要包括《关于实施共同出口规则的(EEC)2603/69号法规》《关于文化产品出口的(EEC)3911/92号法规》《关于危险化学品进出口的(EEC)2455/92号法规》《关于出口信贷保险、信贷担保和融资信贷的咨询与信息程序的(EEC)2455/92号决定》、《关于在官方支持的出口信贷领域适用项目融资框架协议原则的(EC)77/2001号决定》《关于设定农产品出口退税术语的(EC)3846/87号法规》以及《关于建立两用产品及技术出口控制体系的(EC)1183/2007号法规》等。

根据欧盟出口管理法规,当短缺物资、敏感技术、初级产品出口将导致共同体产业损害时,成员国须马上通报欧委会及其他成员国。欧委会和成员国代表组成咨询委员会启动磋商,采取出口数量限制等措施减小损害。保护措施可针对某些第三国或针对某些欧盟成员国的出口。原则上讲,此类措施应由理事会以有效多数作出,欧委会在紧急情况下也可直接采取措施。欧盟法规还规定,出于公共道德、公共政策、人类和动植物健康保护、国家文化遗产等需要,或为防止某些重要产品供应出现严重短缺,欧委会和成员国政府有权对出口产品实行限制。

欧盟出口贸易限制政策属于欧盟共同外交与安全政策的一部分,如欧盟对中国的武

---

① 欧盟贸易投资管理体制[N]. 公共商务信息导报,2005-08-12:4.

器出口禁令。此外，欧盟还对两用产品和技术实行出口管制。欧盟理事会第 1183/2007 号法规附有一份禁止出口长单，并详细规定了共同体出口授权体系、信息交换条例、成员国间磋商等内容。

(3) 进出口商品检验检疫。

欧盟对食品、动植物及其产品和各种工业产品制定了严格的检验检疫管理法规和标准。无论在欧盟内部流通的商品，还是从第三国进口或出口的商品都必须符合欧盟相关的法规和标准要求。对于不同的产品，有不同的检验检疫管理方式，有的需要对整个产品的管理体系进行符合性评估，有的需要在边境实施逐批检验、检疫，或抽查检验、检疫，有的需要在市场实施抽查、监督，有的需要加贴 CE 安全标等。

根据欧盟通用产品安全指令 (GPSD)，生产者和进口商的责任是保证投放欧盟市场产品的安全，并采取适当的预防性措施，出现问题时有义务立即行动并通报主管机构。为了有效实施消费者保护政策，欧盟近年来还建立了一系列快速预警系统，如非食品类消费品预警系统 (RAPEX)、食品和饲料预警系统 (RASFF) 以及医疗器械和药品等专门系统。

欧盟还对一些涉及安全的工业产品通过安全认证，即加贴 CE 标志进行管理。CE 标志在欧盟市场属强制性认证标志，凡属于 CE 认证范围内的产品，如计算机、玩具和电器设备，不论是欧盟内部企业生产，还是其他国家生产，要想在欧盟市场上自由流通，就必须加贴 CE 标志，以表明产品符合欧盟《技术协调和标准的新方法决议》指令的基本要求。

(4) 关税制度。

关税同盟是欧盟的重要支柱，于 1968 年建成，在成员国间实行共同关税政策，执行统一的对外关税和管理制度。1992 年欧盟理事会制定了《关于建立欧盟海关法典的第 (EEC) 2913/92 号法规》，对共同海关税则（包括商品分类目录、一般关税率、优惠关税措施以及普惠制等方面）、原产地规则（包括一般规则和特殊规则）以及海关估价等作了统一的规定[①]。每年会以委员会指令的形式对外发布一次更新后的税率表。

1992 年 8 月颁布的《欧洲共同体海关法典》成为欧共体立法领域最具深远意义的法律整合。2016 年 5 月生效的《欧盟海关法典》对 1992 年的海关法规进行全面修订，简化了联盟内的报关立法和报关程序，促使向无纸化、电子化和交互通关环境的转型，让通关变得更加便捷、高效和现代化。

(5) 贸易壁垒调查制度。

1984 年之前，欧盟主要的贸易政策工具仍限于通过反倾销、反补贴和保障措施等贸

---

① 沈四宝，付荣. 欧盟与北美自由贸易区法律制度之比较分析 [J]. 宁波大学学报（人文科学版），2008 (4): 102 – 109.

易救济措施救济同盟内产业。1983年，欧盟委员会（简称欧委会）向欧盟部长理事会提交了关于《新贸易政策工具》的建议，强调应运用《新贸易政策工具》保护欧盟在第三国市场上遭遇壁垒的出口产品。《新贸易政策工具》（new commercial policy instrument, NCPI）于1984年9月17日正式颁布，标志着欧盟初步建立起贸易壁垒调查程序规则，为欧盟保护其在多边规则框架中的合法权益，对第三国采取的不正当贸易做法进行调查及采取相应措施确立了程序规则。但随着经济全球化的不断深入，国际贸易自由化不断加强，NCPI无法完全满足欧盟在新形势下维护其自身利益的需求。

1994年12月22日，欧盟部长理事会颁布《贸易壁垒规则》（trade barriers regulation, TBR）取代了NCPI，并于1995年1月1日起生效。1995年2月20日，欧盟部长理事会对TBR第15条第2款和第16条进行了修改。TBR在贸易政策领域为欧盟维护其在多边贸易体制中的合法权益提供了一套完整的程序规则。

欧盟的新反倾销措施也于2017年12月20日生效。这是自1995年以来，欧盟首度大幅改革其反倾销及反补贴工具。2018年4月16日，欧盟部长理事会通过欧盟贸易防卫规则现代化方案。主要的修订包括有条件撤销"从低征税"规则（lesser-duty rule）、计算损害幅度时须顾及社会和环境标准、预先披露问题以及堵塞"海上漏洞"（maritime loophole）等。

（三）欧盟对外贸易政策

共同贸易政策（common commercial policy，CCP）是规范欧盟成员国统一执行的、针对第三国的贸易政策、共同海关税则和法律体系。主要包括共同关税政策（又称关税同盟）和贸易壁垒措施（关税和非关税壁垒）的共同进口政策和共同出口政策。

早在1968年，欧共体建成关税同盟时，"共同贸易政策"即已启动。但最初的内容仅涉及关税税率的改变、关税和贸易协定的缔结。进出口政策在1999年5月生效的《阿姆斯特丹条约》之前只包括货物贸易，《阿姆斯特丹条约》将其覆盖范围扩展到大部分服务贸易，2003年2月生效的《尼斯条约》又将其扩及所有服务贸易和与贸易相关的知识产权。2009年12月生效的《里斯本条约》则重点在外国直接投资（FDI）领域进一步扩大了欧盟在贸易政策领域的权限。

目前，欧盟内部已达到了相当高的经济一体化程度，对外也积极参与双边或多边自由贸易谈判，与世界其他许多国家缔结了贸易协定、经贸合作协定或其他协定，并与一些地区性组织建立了较密切的经贸关系。

经过GATT的多轮谈判，欧盟的平均名义关税水平由第二次世界大战后的超过40%削减到目前的4%左右，减幅高达90%。可以看出，随着经济全球化和贸易自由化的不断深入，在欧盟的贸易政策中，关税特别是工业品关税的功能正逐步弱化，关税的重要性日益下降。但欧盟市场的名义关税水平虽然不断削减，有效保护程度却远远高于其名义保护程度。欧盟使用非关税壁垒的程度也在逐渐加强，非关税壁垒的手段多样，以数量限制、配额、"自动"出口限制额、技术性贸易壁垒、绿色贸易壁垒、市场准入战略、安全技术标准、反倾销策略和修改普惠制产品清单等非关税手段限制进口，并采取出口资助和保险、出口补贴的方式促进出口，农业一直是其出口补贴的主要对象[①]。

欧盟针对发达国家和发展中国家的贸易政策存在较大的差异，与发达国家的关系中强调"欧盟"的整体形象，强化在欧洲事务中的主导地位，通过建立单一货币实现内部的高度团结和增强整体竞争力。在对待发展中国家上除保持对外政策的共同性外，还通过普惠制等措施增强与发展中国家的联系。

二、美国的对外贸易

（一）美国对外贸易概况

1. 全球经济与贸易强国

美国是全球经济与贸易强国，2012年前长期居世界贸易首位，但2013年被中国超越后除了2016年暂时反超外一直都处于世界第二位。美国的货物进口总额除了2008~2011年被欧盟超越外，长期居世界第一，2016年占比达17.6%；出口方面，在很长一段时期内，其与德国交替占据第一的位置，直到2007年被中国取代，由世界第二退居第三，2010年返回第二位。2017年，美国的货物总出口为1.547万亿美元，进口总额为2.343万亿美元，分别同比增长2.7%和3.9%。

美国也是世界服务业最发达的国家，在服务贸易领域，至今仍遥遥领先于其他国家，稳居世界第一。2016年美国的商业服务进、出口总额分别为4819.6亿美元和7325.5亿美元，各占世界10.27%和15.24%的比重。

2. 以工业制成品贸易为主，农产品贸易盈余大

美国的商品贸易以工业制成品为主，自第二次世界大战后到20世纪70年代，美国的制成品出口一直居世界首位，但从60年代后期受到西欧、日本及新兴经济体国家的强劲竞争，占世界出口总额的比重不断下降，但进口比重有所增加。目前工业制成品出口约占美国货物出口总额的60%多。具体来看，机电产品、运输设备、化工产品和矿产品是美国的主要进出口商品。机电产品和运输设备不论是出口还是进口，都排在前两位，两者合计占美国总出口和总进口的比重分别约为41%和43%。化工产品和矿产品也是美国的重要贸易产品，分列第三、第四位，2017年贸易占比分别为9.17%和8.94%。在工业制成品中，美国的高科技产品出口不论是规模还是占比都一直高于其他贸易

---

① 王江雨. 欧盟统一对外贸易制度及其对中国的影响 [J]. 国际商务. 对外经济贸易大学学报，1996（3）：19-25.

大国。

美国的农作物产量居世界第二位,仅次于中国,农产品贸易在美国出口贸易中有着非常重要的地位,许多产品出口量全球第一。农产品也是传统的盈余项目,在20世纪70年代初曾是美国出口贸易的最大盈余项目,是弥补外贸逆差的一个重要因素。70年代末受欧共体、巴西等国的冲击,美国农产品贸易所占份额下降,但直到目前也仍是世界最大的农产品出口国,传统作物出口约占全球的1/4,其中优势农产品,如玉米、大豆等的全球占比高达40%。2017年,美国农产品出口额1519.1亿美元①,创下历史第三高点,贸易盈余831亿美元。

3. 货物贸易长期处于逆差,但服务贸易为顺差

虽然美国的对外贸易规模大,长期居世界前列,但在货物贸易上长期处于逆差状态,2006年逆差额曾高达8279.71亿美元,之后十年逆差额在波动中曲折下滑,2017年仍实现了7961.72亿美元逆差,该数值超过了当年世界贸易排名第14位的印度全年的贸易总额(7456.17亿美元)。

虽然货物贸易上存在巨额的逆差,但美国在服务贸易却长期处于贸易顺差的地位,服务出口在其外贸总出口中的比重从20世纪80年代中期开始就基本保持在30%上下浮动,90年代以来即使是最低的2000年的占比也达到27%,2017年为33.49%。

4. 贸易伙伴以发达国家为主

美国对外贸易地理分布主要集中于西欧、北美和亚洲。欧盟与美国互为第一大贸易伙伴。2017年,欧盟、加拿大和墨西哥作为美国的三大货物出口市场,分别占据了其总出口的18.3%、18.3%和15.7%,第四大市场的中国与此差距甚大,仅有8.4%。它们同时也是除中国(21.6%)外,美国最主要的进口来源地(欧盟18.6%,墨西哥13.4%,加拿大12.8%)。欧盟还是美国服务贸易的最大出口市场(2017年30.51%)和进口来源地(2017年35.39%),紧随其后的是加拿大(24.01%和17.2%)。

美国的前四大贸易逆差来源地依次是中国(2017年3470.16亿美元)、墨西哥(643.54亿美元)、日本(688.1亿美元)和德国(647.36亿美元);顺差主要来自中国香港(324.7亿美元)、荷兰(244.87亿美元)和阿联酋(156.82亿美元)。

(二)美国对外贸易体制

美国的对外贸易体制是所有WTO成员中最复杂的。《美国宪法》明确授予国会关税制定权、征收权及商业管制权,而总统未被授予此领域的任何权力,总统仅与众议院共享缔约权,负责与外国谈判双边条约,其在国际贸易领域的权力只能来自立法部门的

---

① 这里的农产品包括食物、饲料和饮料,及工业原材料中属农业部分的产品。根据BEA初步统计数据整理计算 June 20, 2018 [2018.09.10] https://apps.bea.gov/iTable/iTable.cfm? ReqID=62&step=1.

授权。

1. 贸易主管部门及职能

美国作为联邦制共和政体，实行的是二元制的立法与行政管理体制，联邦和各州有独立的立法和行政管理权，但在对外贸易领域却例外，是由联邦统一管理，实行统一的对外贸易政策和法律，国会、总统、对外贸易管理机构共同决定对外贸易政策、法律、贸易协议的制定与实施。

（1）国会：美国的各项贸易管制立法均源于国会及其授权。

国会拥有对外贸易的最高权力，是美国贸易政策的主要决策者和重要监督者，其所享有的对外贸易管理权，可通过制定法律、批准条约、决定征税以及掌握开支等方式行使。

（2）总统：根据国会授权执行外贸管理权力。

国会授予总统外贸管理的权力主要有两方面：一是贸易协议谈判权，二是争端解决谈判权。在20世纪30年代前，美国的外贸权限由国会独享，总统主要扮演执行国会立法的角色。直到1934年国会通过《互惠贸易协定法》，才第一次授予总统有条件的关税制定权或称贸易协议谈判权，其可在规定时期与他国签署互惠贸易协定。《1974年贸易法》及东京回合谈判期间，最终确立了国会与总统分享对外贸易决策权。

（3）对外贸易管理机构：负责外贸法的执行。

国会通过一系列法案，将一些贸易职能授权行政部门。美国行政部门参与对外贸易政策制定与管理的组织机构有三类，包括总统行政办公室，平行的部、署等部门和机构，以及跨机构协调组织等①。

在行政方面，由总统办公室牵头和掌握重大决策，国际贸易委员会和贸易代表办公室（USTR）将总统的具体决策转变为多部门协调或者单个部门运行的集体决策；贸易代表办公室制定和协调美国对外贸易和投资政策，并代表国家对外进行贸易谈判和贸易调查等；商务部负责外贸管理和进出口归口协调；各部委根据专业商品实行分工管理，如农业部负责农产品有关的商品贸易、能源部负责能源进出口政策、国防部负责战略物资出口管理和国际安全事务等。在监督实施方面，国土安全部下属的海关边防保护局和移民海关执法局负责关税、进出口监管以及核定审查贸易法规的执行状况；国际贸易委员会对"不正当竞争"行为进行立案调查；联邦检察院负责对进出口违法事件提起公诉。在贸易协调方面，主要通过贸易政策工作委员会、贸易政策审议小组及国家经济委员会来协调外贸政策的制定工作②。

2. 对外贸易法律体系

美国的对外贸易政策主要通过贸易立法的形式实现，其与贸易有关的法律体系既包

---

① 焦方太. 美国贸易政策制定体制的特点与借鉴 [J]. 国际经贸探索，2005（2）：40-43.
② 美国贸易投资管理体制概述（二）[N]. 公共商务信息导报，2006-05-16：4.

括成文法也包括有效的法院判例。成文法收编于《法律汇编》，而判例则存在于各法律报告中。美国对外贸易的成文法规主要由三大部分组成：基本法（《宪法》相关内容）、部门法和国际协定。美国宪法中明确规定，由国会直接掌握对外贸易的管理权，其管理权力主要通过决定征税、核准条约、制定法律以及明确开支等实现，政府行政部门则负责对外贸易法的具体实施。以《1934年互惠贸易协定法》《1962年贸易扩展法》《1974年贸易法》《1988年综合贸易与竞争法》等为代表的各法案，主要涉及贸易待遇、贸易救济与贸易秩序、贸易促进与管制等方面的内容。

美国对外贸易法律体系的重要特征在于，始终以美国国家利益作为核心目标，如《1930年关税法》对进口贸易中的不公平做法，《1962年贸易扩展法》出台的主要目的之一就在于促进美国的出口、扩大国际市场份额、维护美国国家安全；《1974年贸易法》增加了对国内产业的保护措施，通过政府来消除贸易伙伴"不合理"的贸易政策或做法；《1988年综合贸易与竞争法》赋予总统对其他贸易合作国家不公平、不合理的贸易做法采取制裁措施的权力，"337条款""232条款""301条款""特别301条款""超级301条款"等具有浓厚保护主义色彩的条文皆出自于它们。

美国对外贸易法律体系如图11-10所示。

3. 对外贸易管理制度

（1）出口管制。

出口管制不仅是经济问题，还与国家安全和战略利益密切相关。除《禁运法案》《与敌贸易法案》《中立法案》等法规之外，《1949年贸易管制法》（现采用1988年文本）、《1979年出口管理法》《武器出口管制法》《国际紧急经济权力法案》等构成了美国出口管制体系的基础。由于美国宪法规定"禁止国会征收出口关税"，因此美国对出口贸易的管制主要通过出口许可证制度实现。其出口管制有两种类型：一是用于军事或防务目的的装备、专用物资等产品和技术的出口管制，主要为美国国务院颁布的《武器国际运输条例》中《美国防务目录》所规定的受管制产品；二是包括核、生化、电子设备等军民两用的敏感产品和技术的出口管制。第二类作为商业管制，与企业的对外关系最为密切。它主要是根据《出口管理法》中的商业出口管制制度，由美国商务部工业和安全局（Bureau of Industry and Security, United States Department of Commerce, BIS）主导制定的《出口管理条例》作为法律依据，通过对特定产品和特定对象（包括特定的国家、社团组织、公司、个人）的禁运来进行监管，被禁运产品或对象需取得出口许可证才能进行交易[①]。BIS在其网站上公布了"出口管理与合规计划"（export management

---

① 方建伟，乔亦眉. 美国出口管制制度与企业合规建设［EB/OL］. 2017.03.16，http：//www.zhonglun.com/content/2017/03-16/1109532901.html.

and compliance program，EMCP）指引①，供美国出口企业对自身出口活动的合规性进行管理和监控。

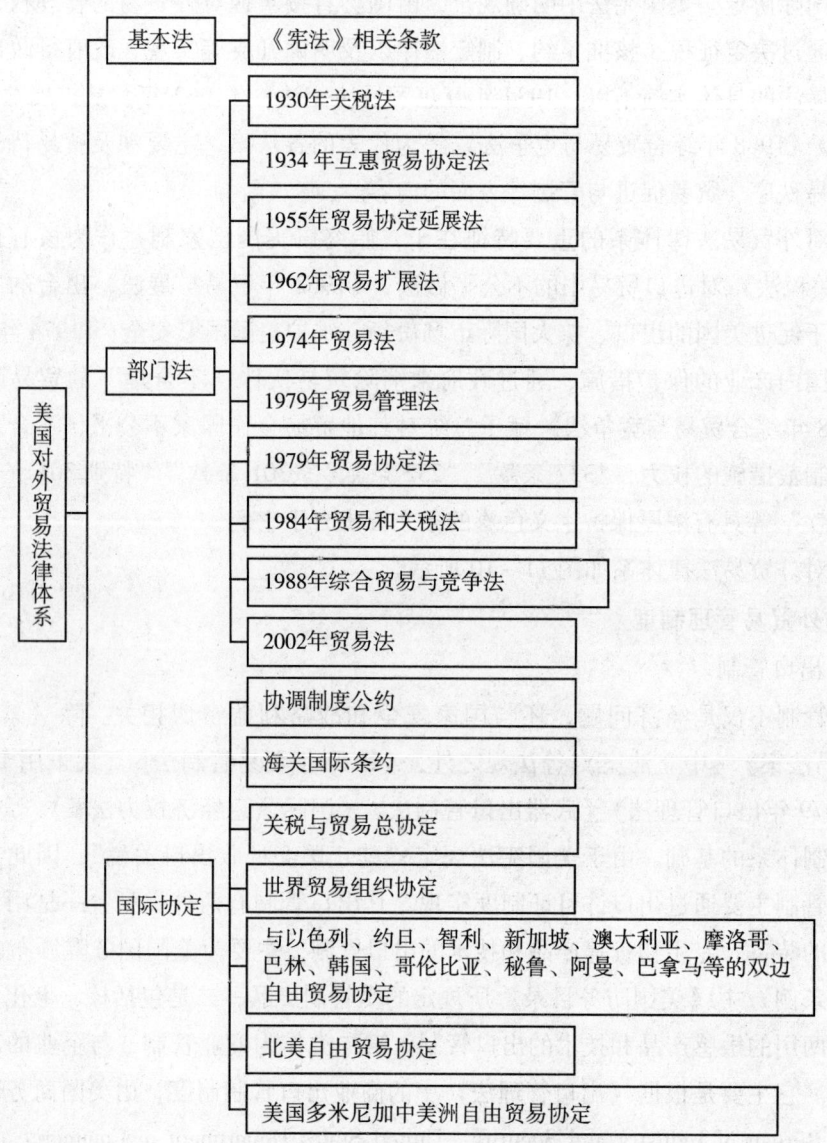

图 11-10　美国对外贸易法律体系

（2）进口管制。

美国的进口管制法律主要涉及《1930 年美国关税法案》《协调关税表》《1974 年贸易法案》《1984 年贸易须关税法案》《1988 年综合贸易与竞争法》等，它们由不同的政

---

① https：//www.bis.doc.gov/index.php/forms-documents/compliance-training/export-management-compliance/1256-emcp-guidelines-november-2013/file.

府机关执行。海关负责监管入境的物品、货物和运输工具,限制或禁止某些货物进口、征收关税等。国际贸易委员会可对进口中的"不正当竞争"行为实施立案调查,并作出终局裁决,拒绝违法货物进口和对违法者发出停止违法行为的命令。农业部、卫生部、国防部、能源部、劳工部以及一般的行政服务处等政府机构负责相应部门的外国货物入境管理。

进口限制除了关税措施外,还有进口限额制(包括绝对配额和关税配额两种形式)、贸易禁运(对某些特定国家除特批许可的商品外,禁止其他一切货物的进口)或禁止进口(某些特别商品被禁止进口或特批进口,如野生动物的皮革及羽毛、有毒物质等)等。美国还经常援引国内法中的一些具体规定对进口实施单边贸易保护,如"301条款""337条款""201条款""232条款"等。"301条款"其正式成文于《1974年贸易法》,后历经《1979年贸易协定法》《1984年贸易和关税法》《1988年综合贸易与竞争法》等多次修改,形成了包括一般"301条款""特别301条款""超级301条款"和配套措施在内的针对知识产权、外国贸易障碍、外国政府采购等不公正、不合理行为实施的一系列措施。"337条款"源于《1930年关税法》,其针对的是一切不公平竞争行为和进口产品的任何不公平贸易行为,特别是与知识产权有关的不公平竞争。与"特别301条款"目的主要在于防止侵权行为的发生,推动外国改善知识产权体制不同的是,"337调查"是对侵犯美国知识产权的私人厂商及其产品实施制裁,阻止侵权产品进入美国市场。"201条款"是除反倾销、反补贴之外的另一主要贸易救济措施,依据《1974年贸易法》规定,针对来自其他国家的进口产品数量激增以致给国内产业造成严重损害或严重损害威胁的行为予以实施高关税、配额或数量限制等制裁措施。"232条款"则是根据《1962年贸易扩展法》对威胁美国国家安全的特定产品进口采取限制措施。

(3)关税制度。

美国关税制度的主要法律规定于《美国法典》(United States Code)第19卷——"关税"卷。而各联邦机构公布的法规条例、所有的总统公告和行政令以及总统认为具有普遍适用性和法律约束力的或国会要求公开的文件中与关税有关的,由美国联邦公报办公室编撰入《联邦法规汇编》(Code of Federal Regulations,CFR)第19卷"关税"卷。

由于对出口不征收关税,因此关税管理是对进口而言的。其进口关税除古巴和朝鲜外普遍适用的是最惠国税率。在最惠国税之外的优惠税率方面主要有两种:一是美国单边给予的,包括给予发展国家的普惠税和给予加勒比地区国家(CBERA/CBTPA)、非洲地区国家(AGOA)、安第斯地区国家(ATPA/ATPDEA)的单边关税优惠;二是双边或区域自由贸易协定约定的,目前已与20个国家签有14个自贸协定,多以零关税的方式实施。

美国的整体关税水平较低,目前平均税率约为2.9%。高关税主要集中在农产品、纺织品、鞋类、塑料、餐具、珠宝、餐具、陶瓷等部门。联邦政府会根据形势随时对税率进行修改,具体进口关税税率可在美国海关网站进行查询。

(4) 对外贸易统计制度。

美国有着完善的货物贸易和服务贸易统计制度。其中,货物贸易数据由商务部普查局提供,而服务贸易统计由商务部经济分析局负责。

根据美国《国际投资和服务贸易调查法》的授权,美国商务部经济分析局(Bureau of Economic Analysis,BEA)是美国服务贸易统计的主要机构,也是服务贸易统计数据首要的发布机构。自1982年开始,BEA开始编写美国服务贸易统计数据,并定期发布,首先是在每月新闻公报《美国货物和服务的国际贸易》上以概要形式发布月度货物和服务贸易数据(仅指跨境服务贸易),其中的货物贸易数据由商务部普查局提供,服务贸易数据由BEA提供。其次是在《国际收支平衡表》上发布季度的贸易数据。最后是在每年最后一期的《现行企业调查》(survey of current business)中刊登一篇详细分析上年度美国服务贸易数据的文章,数据主要涵盖两种服务贸易提供方式:一是跨境贸易(BOP);二是附属机构的服务销售(FATS)。其中FATS统计采用基准调查和目录抽样调查相结合的方式,内向FATS主要通过"外国直接投资调查"实现,外向FATS则主要通过"美国跨国公司统计"实现。目前在FATS统计上,美国是全球最早开展也是最为完善的FATS统计制度,而世界其他的绝大多数国家还尚未有可靠的可供国际比较的统计数据。美国自1982年开始采集与匹配国际组织推荐方案的美国公司的外国附属机构贸易数据,外国公司在美附属机构贸易数据则从1977年开始。据统计,1998年美国公司的国外分支机构向国外市场提供的服务以及外国公司的美国分支机构向美国市场提供的服务都分别超过了美国国际收支记录的服务进出口值[①]。

除BEA外,美国国际贸易委员会(US International Trade Commission,ITC)自1994年起,每年都对美国服务贸易趋势进行综合分析,并以《美国服务贸易最新趋势》(recent trends in US services trade)年度报告的方式发表。但其数据来源主要是BEA。

(三) 美国对外贸易政策

从1783年独立至今,美国已由一个经济弱势的殖民地转变成了一个全球经济强国,成为国际经济体系的主导者。其对外贸易政策也由早期的以关税为主的贸易保护政策,转变为了以多边贸易协定、区域贸易协定和单边措施相结合的现代贸易政策。从整个历史时期来看,美国的对外贸易政策大致经历了四个阶段。

1. 贸易保护政策阶段(建国初期到"罗斯福新政"时期)

美国从建国到19世纪20年代的全面贸易保护主义,推动了美国的工业化进程。在美国建国初期,以汉密尔顿为代表的联邦党人就积极倡导贸易保护主义。在汉密尔顿的

---

① 美国经济分析局. 当今商业调查(华盛顿). 2000 - 10.

支持下，1789年国会通过了提高联邦政府财政收入和保护工业的美国第一个关税法案，但此时税率还比较低，为5%~15%。1791年，汉密尔顿又向国会提交了著名的《关于制造业的报告》，建议政府用政府信用贷款为私营企业提供启动资本，保护新兴工业，限制重要原料的出口；补贴日用品生产企业，对极端必需的原料实行免税。虽然该法案受到主张自由贸易的南方大农场主阶级的阻挠而未能实施，但之后的1807年的《禁运法案》和英美战争致使美国的对外贸易中断，资本由此流入国内工业。从19世纪初期，美国开始不断提高关税，1816年时关税税率为7.5%~30%，1824年平均税率已提高到40%，1828年又提高到45%[①]。

一直到1861年南北战争前，美国的外贸政策一直在促进资本主义工业发展的贸易保护主义和满足南部奴隶种植园经济的自由贸易政策之间摇摆，关税税率也随着南北方经济势力的变化而波动。但毫无疑问，保护关税使美国工业得以避免外国竞争而顺利发展，并很快赶上了英国。至19世纪80年代，美国的工业产值跃居世界首位。

从南北战争到罗斯福新政，虽然这一时期贸易保护仍是美国的对外贸易政策主流，但已有了自由化的趋向。1912年4月民主党人威尔逊总统发表的一份关税咨文是美国政府外贸政策的转折点。随后，国会通过了安得伍德关税法，对美国在国际市场中占有领先地位的产品关税进行了减免。然而第一次世界大战后，代表工业垄断势力利益的哈定政府为维护大垄断集团利益又恢复了全面的高额保护关税。一直到1929年经济危机的前夕都采取了坚决的贸易保护主义政策，《霍利—斯穆特法》是这一政策的极端体现，导致1930年美国的对外贸易额急剧下降，全年贸易总额仅29亿美元，降幅接近70%[②]。

2. 自由贸易政策阶段（"罗斯福新政"到19世纪70年代初）

经济大危机时期，为了缓解危机，罗斯福改变了一贯以来的贸易保护政策全力支持贸易自由化，1934年通过了《互惠贸易协定法》，积极减让关税并开始建立多边贸易体制。至1937年，美国同22个国家签订了互惠贸易协定，关税税率平均降低了约13%。第二次世界大战后的"冷战"期间，为与苏联等社会主义国家对抗，美国总统以维护国家利益与安全为名，将对外贸易政策作为外交政策的一部分。美国开始极力对外扩张市场，凭借着强大的经济和政治实力，通过"欧洲复兴法案"在对欧洲进行经济援助的同时，大肆推行其自由贸易主张，建立起以美国为主导、以关税及贸易总协定（GATT）为基础的国际贸易体系。借助于GATT，美国在全球范围开展大规模的多边和双边贸易谈判，1947~1962年，美国分别同西欧、拉美、东南亚各国签署减让关税协定达157项[③]，关税水平下降了35%。《1962年贸易扩展法》进一步扩大了总统在对外贸易及削减关税方面的权力，工业品的平均关税大幅削减，幅度达37%。

---

① 迈克尔·赫德森. 保护主义——美国经济崛起的秘诀 [M]. 北京：中国人民大学出版社，2010.
② 喻志军. 国际贸易 [M]. 北京：企业管理出版社，2015：362－363.
③ 张小青. 论美国的贸易保护主义——从历史角度进行的分析 [J]. 美国研究，1988（1）：106－124＋5.

20世纪60年代末,随着西欧、日本的恢复,美国与它们在国际市场上的竞争日趋激烈,其对外贸易形势也日益恶化,1971年进口贸易额首次超过了出口贸易额,出现了22亿美元贸易逆差,此后逆差额持续扩大。1971年,尼克松政府宣布美国将对进口物品一律征收10%的附加关税,美国外贸政策重新向贸易保护主义倾斜。

3. 公平贸易政策阶段（20世纪70年代中期到次贷危机前）

20世纪70年代,石油输出国组织（OPEC）崛起,国际政治局势从两极化走向多极化,一些发展中国家和地区大力发展外向型经济,成功跻身贸易大国,美国的外贸竞争力不断削弱,外贸政策也由全面自由贸易转向了"以自由贸易为基调的有限的贸易保护"[1],形成具有"两面性"的"公平贸易政策",外贸政策也成为美国实施政治和外交政策的重要手段。美国的"公平贸易政策"主要体现在:

一方面,积极推动关贸总协定和世界贸易组织等多边贸易谈判,鼓励和扶持美国商品对外输出的同时,利用多边贸易规则保护本国产业、国民、国家利益免受侵害。1974年美国国会首次提出了来自国外的竞争有"公平而有害"和"不公平"一说[2],《1974年贸易改革法》成为实施技术性贸易壁垒和反倾销、反补贴的有力依据。虽然自第二次世界大战以来,以美国为首的发达国家推动了世界范围内贸易的自由化,全球关税水平大幅下降,但其他非关税壁垒却层出不穷,从最初的配额、许可证,到后来的技术性贸易壁垒,隐蔽性和有效性更高的非关税壁垒已成为西方贸易保护的主流手段。

另一方面,美国还通过区域性贸易协定或双边条约巩固和扩大其贸易利益。第二次世界大战后多边协定是美国贸易政策的首选,但随着多边贸易谈判的受挫和各区域贸易协定的纷纷订立,美国对世界贸易的主导力日渐减弱,因此也开始转向了"次佳"选项——积极参与和支持双边自由化,与一些国家建立双边互惠关系。1985年美国签署了史上第一个区域贸易协定,即美以自由贸易协定;1988年美加自由贸易协定正式签署,并于1989年生效,在此基础上衍生出的北美自由贸易协定也于1994年生效,北美自由贸易区（NAFTA）宣告成立。进入21世纪,得益于《促进贸易授权法》,美国签订自由贸易协议的周期不断缩短,截至目前,已与20个国家签署了14个区域贸易协定[3],合作国家遍及亚洲、欧洲、拉丁美洲和大洋洲,但其主战场仍在美洲地区。

4. 隐性贸易保护政策（后危机时代至今）

2008年金融危机使美国股市大幅下跌,失业率上升,贸易逆差持续扩大。为恢复经济时任总统奥巴马在强调公平贸易的基础上制定了一系列刺激国内经济和对外贸易发展的政策。为刺激本国经济发展,通过立法等形式提出"购买美国货""国家出口动议",并推动制造业回流。在多边贸易体系问题上不再积极推动其发展,而是致力于维护美国

---

[1] 穆良平,张静春. 中美贸易逆差与美国贸易保护的转变[J]. 国际经济评论,2004（5）:48-51.
[2] 《1974年贸易法》第421条款。
[3] https://ustr.gov/trade-agreements/free-trade-agreements.

利益，强调用地区和双边贸易来弥补多边贸易的不足。自特朗普就任美国总统以来，美国政府更是以"美国优先"的名义推行强硬的单边主义外交政策和贸易保护政策，先后提出退出 TPP（跨太平洋伙伴关系协定）、重启 NAFTA（北美自由贸易协定）谈判、修订美韩自贸协定、对钢铝产品进口开展"232 调查"、对中国开展"301 调查"并对相关产品加征高关税、设置投资限制等一系列贸易保护措施。

虽然美国在推动全球和区域贸易自由化方面有着积极的作用，但其所实施的贸易保护措施也在逐年增加，特别是金融危机后，2009～2017 年，美国共实施贸易保护措施 1392 起，占全球总额的 14%，平均每年高达 154 起，明显高于其他国家。2013～2016 年美国实施的贸易保护措施呈下降态势，但在特朗普上台的第一年即 2017 年又开始增加。在金融危机后，加拿大成为美国实施贸易保护措施最多的国家，明显高于第二名的中国，而电力能源和钢铁类产品是美国发起贸易保护最多的产业。但 2017 年，钢铁产品成为发起贸易保护措施排名第一的产业，而中国超过加拿大成为最大的受害国。

三、日本的对外贸易

日本在第二次世界大战后的对外贸易受美国影响较大，在美国的扶持下曾成为仅次于美国的世界第二大经济体和第三大贸易国。但在 2004 年世界第三大出口国的位置被中国取代后，一直居世界第四位。

（一）日本对外贸易概况

1. 贸易增长快速，基本保持顺差国地位

整体来看，第二次世界大战后至 21 世纪初期日本的对外贸易都基本呈现增长态势，除个别年份外在很长一段时期内都处于贸易顺差地位，但自 2011 年开始持续逆差，直到 2016 年恢复顺差。1949 年开始，在美国的扶植下，到了 1955 年日本的主要经济指标除了外贸（贸易总额增长但一直是贸易逆差）外，全部恢复甚至超过第二次世界大战前最高水平。同时在美国的大力支持下，日本于 1955 年加入关贸总协定，国民经济与外向型经济都得到了快速发展，70 年代中期甚至超过德国成为仅次于美国的世界第二大经济强国。此后，到 1995 年为止，日本对外贸易增速受两次石油危机的影响有了明显回落，贸易收支曾出现短期逆差，但仍保持着强劲的增长势头。1997 年和 2001 年的两次世界经济危机再次打击了日本的对外贸易，直到 2003 年，日本的进出口才再次恢复增长，到 2006 年，日本的出口额比上年增长 14.61%，进口额比上年增长 18.25%，但这一增长势头在 2007 年美国次贷危机发生后再次中断，贸易形势大逆转。2008 年日本的贸易顺差急剧下降，2011 年甚至出现了自 1981 年以来的首次贸易逆差，并自此连年逆差且逆差额呈现扩大趋势，由此结束了日本长达 31 年的贸易顺

差史。在连续5年贸易逆差后,2016年和2017年又恢复为贸易顺差,进出口也结束了此前的持续负增长状态,2017年实现了出口8.3%、进口10.5%的增长,贸易总额为1.37万亿美元,比上年增9.3%。

2. 长期以来以美国为主要贸易伙伴,但与中国等亚洲国家的贸易比重逐渐上升

第二次世界大战前,日本的对外贸易市场主要是亚洲和美洲,对这两个地区的出口和进口分别占其总出口和总进口的3/4和2/3以上。第二次世界大战后,对中国的出口急剧下降,对美洲的出口大幅增长,超过了对亚洲的增长率;美国一直是日本最主要的贸易伙伴,一直到20世纪80年代后期,日本与亚洲各国的贸易比重才逐渐上升。中日建交后,中日贸易迅速增加,中国成为日本第二大贸易伙伴。进口在第二次世界大战初期大部分来自美国,之后扩大了从亚非拉能源国和东亚各国的进口,美国的比重明显下降,但仍占第一位。

目前,日本前三大出口贸易伙伴是美国、中国和韩国,2017年日本对三国分别出口1347.9亿美元、1328.6亿美元和533.3亿美元,分别占日本出口总额的19.3%、19.0%和7.6%;而日本进口排名前三位的国家依次是中国、美国和澳大利亚,2017年日本自三国分别进口1644.2亿美元、720.3亿美元和389.8亿美元,分别占日本进口总额的24.5%、10.7%和5.8%。

21世纪以来,日本贸易逆差主要来源国是中国、澳大利亚和中东产油国。2017年来自中国的逆差大幅缩减(-26.2%),但仍以315.67亿美元居第一位,澳大利亚以229.63亿美元名列第三,而居于第二、第四和第五位的逆差来源地都是中东产油国,分别是沙特阿拉伯(240.17亿美元)、阿联酋(135.17亿美元)和卡塔尔(97.96亿美元)。美国、中国香港和韩国是日本前三大贸易顺差来源地,2017年顺差额分别为627.61亿美元、336.28亿美元和252.06亿美元。

3. 贸易商品结构不断优化

长期以来,货物贸易一直在日本的对外贸易中占主导地位,其贸易结构具有明显的产业升级特征。第二次世界大战后初期,纺织品是日本的主要出口产业,占总出口额近一半的比重。之后纺织品比重不断降低,而机械机器类产品比重日益提高,到20世纪70年代初期其占比已达50%以上,1988年达到74.3%,一直到1995年都基本保持在70%左右,之后逐渐下降。在进口方面,食品在第二次世界大战后初期占日本进口比重在40%以上,是最主要的进口产品,其次为纺织原料,约为38%。之后食品及纺织原料进口比重急速下降,而金属原料、矿物燃料及机械机器类产品的比重大幅提高,其中矿物燃料到60年代成为日本最主要进口产品,其他产品(除纺织原料)进口占比较为稳定。70年代的两次石油危机使矿物燃料的进口比重进一步提升,到80年代初甚至达到了50%。之后日本产业转型,矿物燃料的进口占比下降,2000年恢复增长趋势,2008年后又再次下降,但仍是主要的进口产品。2011年福岛核泄漏事件后,日本从海外大量进口原油和液化天然气，导致能源进口额又急剧攀升。进口中，另一大类产品是机械机器及运输设备，其增长速度快，自20世纪70年代的约10%提升至21世纪初的28%以上，随后有所下降，但仍保持较高比重。

目前，机电产品、运输设备和贱金属及制品是日本的主要出口商品，2017年出口额分别为2440.8亿美元、1640.8亿美元和544.1亿美元，分别占日本出口总额的35.0%、23.5%和7.8%。矿产品、机电产品和化工产品为前三大类进口商品，2017年进口额分别为1633.4亿美元、1628.5亿美元和584.0亿美元，分别占日本进口总额的24.3%、24.3%和8.7%。

（二）日本对外贸易管理制度

在第二次世界大战后到1949年，日本的进出口权主要掌握在美国手中，对外贸易由美国和日本政府垄断，私人无法参与。1949年后随着国际政治形势的变化，美国对日本的政策由限制变成扶植，在贸易领域则逐渐将对外贸易管理权移交给日本政府，由此民间贸易也开始恢复和发展。20世纪50年代确立了贸易立国的方针，1955年加入《关贸总协定》，1958年撤销贸易进口管制。日本除专门从事贸易交易的商社（或称贸易商业者）外，制造企业和个人均可从事对外贸易，政府一般对民间贸易不加以干预，仅从事宏观上的贸易管理，必要时以劝告方式对贸易商进行"行政指导"，但对涉及国家安全及具有特殊意义的行业实现政府专控。

1. 贸易主管部门及职能

日本进出口贸易的主管部门是经济产业省，其他相关的管理部门还包括财务省及其下属机构海关、厚生劳动省下属机构商检部门、日本银行及授权的外汇银行等，如图11-11所示。

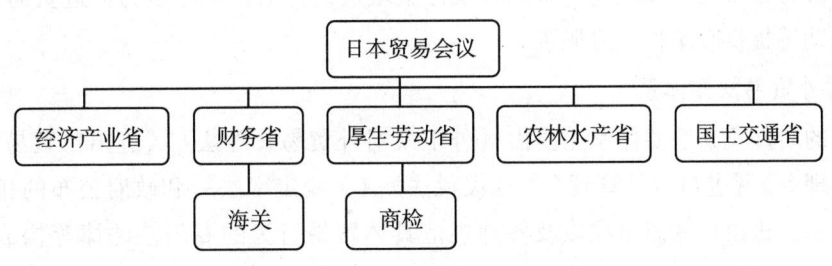

图11-11 对外贸易管理机构

（1）政府部门。

1949年5月，原商工省与贸易厅合并组成"通商产业省"（简称通产省），成为协调产业和贸易政策的重要机构。通产省下设贸易局和通商政策局，前者管理进出口和外汇，后者负责制定和执行外贸政策，推进对外经济技术合作等。2001年，通产省改组为经济产业省（Ministry of Economy Trade and Industry，METI），主要职责是综合管理日本各经济产业部门，制定与贸易有关的政策方针①。经济产业大臣有权规定进、出口审批制度。经产省在日本全国主要城市设有地方分支机构（经济产业政策局、通商政策局等），各分支结构在经产省授权下负责审批、许可等贸易管理工作。

财务省和金融厅（主要负责银行监管）2001年由原大藏省分解而来，主要负责财政、金融、税收的管理。其中，财务省在贸易管理方面的职能主要是指定结算货币和结算条件、对贸易活动的结算方式进行审批和确认、对具有支付手段性质的货物（贵金属、货币等）的进出口进行审批等。

日本海关是财务省的一个下属机构，主要职责是对进出境的货物、物品、船舶、航空器进行监管、征收关税，对部分进出口贸易进行审批②。海关主要依据《出口贸易管理令》《进口贸易管理令》，对经产省、外汇银行对外贸活动的审批进行确认，并由经济产业大臣授权对部分进出口贸易进行审批。

此外，农林水产省负责一部分农产品的对外贸易管理，国土交通省负责物流、建筑业等的管理。

（2）其他机构。

日本贸易振兴机构（JETRO）前身为"日本贸易振兴会"，成立于1958年。在贸易方面的任务主要有：帮助日本中小企业扩大出口，收集分析海外贸易信息，提供贸易洽谈咨询服务，收集并提供发展中国家信息，为外国投资提供支持与服务等。

各行业、商品的出口商协会（Exporter's Association）和进口商协会（Importers' Association）由经济产业大臣的授权，负责办理各自行业和商品的进出口审批手续。

日本银行是日本的中央银行，负责处理有关外汇业务的报告、审查、审批和编制有关统计等。

国际协力银行是一家政府出资的政策性金融机构，主要职能是为促进贸易发展、海外经济活动等提供政策性金融服务。

2. 对外贸易法律体系

日本的对外贸易法律体系主要由《外汇及对外贸易管理法》《进出口贸易法》《出口贸易管理令》《进口贸易管理令》《关税法》《关税定率法》和政府公布的相关政令、省令、告示、进出口注意事项以及各种规范具体贸易行为的专门性法律等构成。其中，《外汇及对外贸易管理法》是管理日本对外贸易的基本法，1949年12月1日颁布，20世纪70年代后期做了较大修正，并与原《外资法》合并，于1979年12月18日颁布，次年12月1日生效。《外汇及对外贸易管理法》的修订进一步简化了进出口手续，废止

---

① http://www.ccpit.org/Contents/Channel_4131/2016/0727/675795/content_675795.htm.
② 广州海关科技处——市场准入. http://std.gdciq.gov.cn/gssw/res/emergingmarket/japan/2150_1530623_25.html.

了出口认证制度、放宽了出口管理手续。《进出口贸易法》主要目的在于避免企业在对外贸易中进行恶性竞争，允许日本贸易商之间在价格、数量、品质等贸易条件上结成联盟，组建贸易组织（如出口协会、进口协会等），必要时政府可通过命令的形式对外贸进行调控。在这两个法律的基础上，政府制定了《出口贸易管理令》和《进口贸易管理令》对货物进行分类并管理。《关税法》是日本关税法律体系的中心内容，对关税征收、货物通关等方面做出了明确规定。

3. 进出口管理的主要措施

（1）出口管理措施。

日本不仅是《瓦森纳协定》成员国，还加入了绝大部分国际出口管理体系，对相关国际条约所规定的货物实施审查、许可等出口管理措施。根据《外汇及对外贸易管理法》日本对出口贸易实行对某些特殊货物的出口限制，对货款结算方式、交易方式的限制，对出口商品品质的限制，对贵金属、货币、证券出口的限制等。

（2）进口管理措施。

在进口关税方面，总体来看，日本除农产品、少数奢侈品和一些特殊商品仍保持较高的关税外，其他商品基本是低关税甚至免税，对外开放的程度较高。它的进口管理主要有两种：一是进口配额制，出于保护某种产业、人体和动植物健康、国家安全等目的而设置；二是进口事前许可制，对某些特定的商品和来自指定的原产地或启运地的商品、采用特殊的贸易方式或结算方式的商品等的进口时须获得经济产业大臣的进口审批许可。

（三）日本对外贸易政策

日本在第二次世界大战之后确立了贸易立国的战略，十分重视对外贸易，其对外直接投资也一直是以发展和扩大对外贸易为中心展开的。第二次世界大战后日本的对外贸易政策可划分为几大阶段。

1. 第二次世界大战后初期经济复苏时期带有保护贸易色彩的战略性贸易政策阶段（1945~1955 年）

第二次世界大战给日本经济带来了沉重的打击，复苏经济是这一时期的主要任务。在面临着国内资源和资本匮乏、生产技术落后和大量剩余劳动力的现实，日本并未走上劳动密集型的工业化道路，而是大力扶持煤炭、钢铁、汽车、机械产业的发展。20 世纪 50 年代成立了日本贸易振兴会来实施国家出口战略，此时日本在对外贸易上的重点是通过信贷、税收等优惠政策鼓励和扶植具有规模经济效应的产品出口，而进口方面则通过结构性关税、外汇管制等方式限制工业品进口，同时鼓励引进国外先进技术，推行以提高本国重化工业国际竞争力为主要目标的保护贸易政策。

2. 经济快速增长时期由保护贸易向贸易自由化转变的战略性贸易政策阶段（1955～1973年）

经过第二次世界大战后的经济复苏阶段，在政府的保护和扶持下，日本国内工业得到飞速发展，实现了日本经济重化工业化。其工业品在国际市场上形成很强的竞争力，出口贸易迅速发展，成为世界第一大出口国。20世纪60年代，日本的国民经济也实现了高达两位数的年增长率，于70年代中期一跃成为世界第二大经济国。

1955年加入关贸总协，标志着日本开始从"管理贸易"向"自由贸易"转变。自20世纪60年代起持续扩大的巨额贸易顺差，也导致日本对外贸易摩擦不断加剧，在关贸总协定和各国的压力下，60年代起逐步开放国内市场，由限制进口、替代出口的贸易保护政策转向扩大出口、出口导向的贸易自由化方向。

1960年，日本实施了《贸易、汇兑自由化大纲》，分期分批放宽进口限制。1964年加入了经济合作与发展组织（OECD），推行贸易自由化成了必然的选择。相关贸易政策由直接进口数量限制为主转向了以灵活的关税制度与严格的技术、环境和卫生检疫的制度等非关税为主。1971年开始对发展中国家实施进口普惠制，扩大与发展中国家的对外贸易。

3. 石油危机后更高层次的贸易与投资自由化的战略性贸易政策阶段（1973～1995年）

20世纪70年代后期世界经济的衰退和贸易摩擦的加剧促使日本的贸易立国战略向科技立国和扩大内需战略转变，并进一步实施贸易自由化，积极开展与其他国家的政策协调，加强多边贸易，贸易战略重心开始向亚太地区倾斜。提出了以"美日共霸"为基础的国际分工战略构想，即"环太平洋经济圈构想"，积极促进亚太经济合作组织的发展。80年代开始对相关地区进行了大规模的海外投资，以改善贸易收支失衡和减少贸易摩擦。

努力提高市场占有率是日本对外投资一个重要的目标，但从20世纪90年代开始建立国际性生产流通网络的投资迅速提高，1993年时以该目标所进行的投资比重由1990年的几乎为0上升至接近20%。

4. 由多边到双边的战略性贸易政策阶段（1995年至今）

第二次世界大战后日本一直奉行多边主义，一直都在关贸总协定与WTO的多边协定下开展贸易，不参与区域或双边优惠协定。但20世纪90年代后，在经历了经济的长期停滞，同时以欧盟、美国、中国等为代表的地区和国家都在纷纷加快区域贸易自由化的背景下，日本逐渐改变了一贯的多边主义立场，开始了多层面的贸易政策新主张，进一步对外开放商品和要素市场。2002年与新加坡签订的日本史上第一个具有双边性质的贸易协定，拉开了日本双边贸易自由化的序幕。随后在2005年和2006年又分别与墨西哥和马来西亚签订了双边贸易协定。2005～2016年，几乎每年都有对外签署自贸协定。2018年7月17日，日本又与欧盟签署了"经济伙伴关系协定"（economic partnership agreement，EPA）。至此，日本已签署的EPA/FTA共有16个。在已生效的15个中，除与

ASEAN 的为区域性的外,其他 14 个都是双边的。此外还与哥伦比亚、中国和韩国、土耳其、海湾合作委员会(GCC)、加拿大等展开自由贸易谈判①。

本章习题

一、判断题

1. 在奴隶社会后期国际贸易就已广泛开展。（   ）
2. 国际贸易中发达国家已不再居于主导地位。（   ）
3. 第二次世界大战后,以农产品为主的国际贸易结构被工业制品为主所取代。（   ）
4. 全球贸易中,货物贸易一直占据主体地位。（   ）
5. 自然人流动是各种壁垒限制最多的一种服务贸易模式。（   ）
6. 当前通过商业存在开展的服务贸易超过了跨境服务贸易。（   ）
7. 仅有中国、印度和俄罗斯等三个发展中国家在全球服务贸易中排名前二十。（   ）
8. 美国的对外贸易长期处于逆差状态。（   ）
9. 亚太地区是目前全球离岸外包的首要目的地。（   ）
10. 2017 年,中国离岸服务外包规模居世界第二,离岸外包执行额约占中国服务贸易出口总额的 25%。（   ）

二、单项选择题

1. 第一次世界大战前位居世界出口第一位的国家是（   ）。
   A. 美国　　　　B. 英国　　　　C. 中国　　　　D. 日本

2. 第二次世界大战后,区域性贸易协定数量的爆发式增长发生在（   ）。
   A. 20 世纪初　　　　　　　　B. 20 世纪 70 年代
   C. 20 世纪 90 年代以来　　　　D. 21 世纪初

3. 进入 21 世纪后,增长速度较快的是（   ）。
   A. GDP　　　　B. 农产品贸易　　　　C. 货物贸易　　　　D. 服务贸易

4. 2017 年,商品贸易世界排名前三的国家分别是（   ）。
   A. 中国、美国和德国　　　　B. 美国、中国和欧盟
   C. 美国、中国和德国　　　　D. 欧盟、美国和中国

5. 下列服务贸易中近几年增长速度较快的是（   ）。

---

① 日本外务省官网,https://www.mofa.go.jp/policy/economy/fta/index.html。

A. 运输　　　　　B. 旅游　　　　　C. 传统服务　　　　D. 计算机和信息服务

6. 下列国家中，除（　　）外，其他国家一直都处于服务贸易逆差状态。

A. 英国　　　　　B. 德国　　　　　C. 意大利　　　　　D. 爱尔兰

7. （　　）是欧盟出口补贴的主要对象。

A. 工业　　　　　B. 农业　　　　　C. 服务业　　　　　D. 第三产业

8. 美国最主要的服务贸易出口形式是（　　）。

A. 模式1　　　　B. 模式2　　　　C. 模式3　　　　　D. 模式4

9. 印度的第一大服务出口行业是（　　）。

A. 运输服务　　　　　　　　　　　B. 旅行服务

C. 通信和计算机服务　　　　　　　D. 管理咨询服务

10. 从产业构成来看，（　　）占据服务外包的主要地位。

A. ITO　　　　　B. R&D　　　　　C. BPO　　　　　　D. KPO

11. 当前，中国的对外贸易政策属于（　　）。

A. 国家统制型的封闭式保护贸易政策　　B. 开放型的公平与保护并存的贸易政策

C. 国家统制型的开放式保护贸易政策　　D. 贸易自由化倾向的保护贸易政策

三、多项选择题

1. 近年来，在新加坡服务贸易中排名前十位的国家有（　　）。

A. 美国　　　　　B. 中国　　　　　C. 日本　　　　　　D. 马来西亚

2. 下列传统服务贸易占主导的国家是（　　）。

A. 欧盟　　　　　B. 美国　　　　　C. 日本　　　　　　D. 新加坡

3. 2017年，中国与"一带一路"沿线国家的前两大合作领域为（　　）。

A. 产能与投资合作　　　　　　　　B. 经贸合作

C. 战略和政策对接　　　　　　　　D. 通信与信息技术合作

4. 美国对（　　）的服务贸易是逆差。

A. 印度　　　　　B. 法国　　　　　C. 英国　　　　　　D. 意大利

5. 在日本货物贸易进口中排名前三位的国家是（　　）。

A. 中国　　　　　B. 美国　　　　　C. 韩国　　　　　　D. 澳大利亚

四、简答题

1. 简述21世纪以来全球贸易的发展状况。
2. 简述中国与"一带一路"沿线国家基本贸易格局。
3. 当前中国对外贸易发展面临哪些新问题？

参考文献

[1] 陈秋竹. 欧共体初期"开业和服务"法律一体化的历史考察（1957～1987）

[D]. 西南政法大学, 2009.

[2] 廖福霖等著. 绿色发展转化为新综合国力和国际竞争新优势研究：以福建为例 [M]. 北京：中国林业出版社, 2017.

[3] 王晓红, 张素龙, 李庭辉. 中国服务外包产业发展报告（2016~2017）[M]. 北京：人民出版社, 2018.

[4] 任燿廷. 日本服務貿易統計之研究：FATS 之統計分析 [J]. 2007.

[5] 薛洁. FATS 统计在中国的实践问题 [J]. 调研世界, 2012（5）：54-57.

[6] 国家信息中心"一带一路"大数据中心, 大连瀚闻资讯有限公司. "一带一路"贸易合作大数据报告（2018）[EB/OL]. 中国一带一路网 https：//www.yidaiyilu.gov.cn/mydsjbg.htm#p=1.

[7] 邹嘉龄, 刘春腊, 尹国庆等. 中国与"一带一路"沿线国家贸易格局及其经济贡献 [J]. 地理科学进展, 2015, 6（4）：178-183.

[8] 李晓北. 论日本货物贸易政策体系 [D]. 北京：对外经济贸易大学, 2007.

[9] 杨梅. 中国服务外包转型发展路径更明晰 [N]. 2018-03-07, 国际商报第 8931 期, 第三版.

[10] 临朐县商务局. 我国服务外包现有政策基本状况分析 [EB/OL]. http://xxgk.linqu.gov.cn/XSWJ/201608/t20160817_347031.htm, 2016-07-06.

[11] 中国服务外包产业十年发展报告（2006~2015）[EB/OL]. http://www.doc88.com/p-1806396955065.html.

[12] 欧盟对外贸易法规和政策. [EB/OL]. http://eu.mofcom.gov.cn/article/ddfg/f/201601/20160101230175.shtml 中华人民共和国商务部.

[13] 商务部. 国别贸易报告 [EB/OL]. https://countryreport.mofcom.gov.cn/record/index.asp.